D1721418

Ludwig Reiners
Stilkunst

Ludwig Reiners
Stilkunst

Ein Lehrbuch
deutscher Prosa

Verlag C. H. Beck München

Neubearbeitung von Stephan Meyer und Jürgen Schiewe
129.–140. Tausend der Gesamtauflage, 1991

CIP-Titelaufnahme der Deutschen Bibliothek

Reiners, Ludwig: Stilkunst : ein Lehrbuch deutscher Prosa
/ Ludwig Reiners. – Völlig überarb. Ausg., 129. – 140.
Tsd. – München : Beck, 1991
ISBN 3-406-34985-4

ISBN 3 406 34985 4

Völlig überarbeitete Ausgabe. 1991
© C. H. Beck'sche Verlagsbuchhandlung (Oscar Beck), München 1943
Satz: Fotosatz Otto Gutfreund, Darmstadt
Druck- und Bindearbeiten: May + Co, Darmstadt
Printed in Germany

Den Stil verbessern –
das heißt den Gedanken verbessern
und nichts weiter!

Nietzsche

Vorwort

Jedes Buch ist ein Zwiegespräch zwischen Autor und Leser. Wer etwas schreibt, muß sich einen Zuhörer vorstellen, und die Art, wie er diese Figur vor sich sieht, der Blick, den er über seinen Schreibtisch zu ihm hinüberschweifen läßt, ist entscheidend für den Stil, für den Rang des Buches. Der Autor muß sich seinen Leser so feinfühlend im Verstehen, so unbeirrbar im Urteil vorstellen, daß er nie versucht, ihn mit groben Mitteln zu verführen oder mit dunklen Reden einzulullen. Und doch muß ihm sein Leser wieder so hilfsbedürftig erscheinen, daß er kein Mittel scheut, um die Belehrung verständlich, die Erzählung ergötzlich zu machen. Er darf den Zuhörer weder mit dem strafenden Stirnrunzeln des Schulmeisters betrachten noch mit dem unsicheren Blick des Bedienten, noch mit dem buhlerischen Augenaufschlag des Komödianten; er muß auf ihn mit der ruhigen Würde und dem herzlichen Wohlwollen des Freundes schauen.

Aber vielen Autoren gelingt es nicht, in ihrem Geiste einen Leser zu schaffen, der Würde und Wohlwollen verdient und erzwingt. Der Gelehrte vor allem lebt in einem anderen Reich: wenn er das zerfurchte Antlitz von seinen Blättern emporhebt, vermag der unwirsche Blick das ferne Gewimmel der Zuhörer nicht mehr zu erreichen. Dem Leser die Mitarbeit zu erleichtern, die Form lebendig und durchsichtig zu gestalten, achtet er für unnütz: all seine Sorge und Liebe schuldet er dem Gegenstand des Buches, nicht der belanglosen Figur des Lesers. Aber nichts gefährdet Stil, Rang und Widerhall eines Werkes stärker als Verachtung der Leserwelt. So ist es gekommen, daß in Deutschland die Kunst der Prosa – und gar der gelehrten – nie jenen Rang erreicht hat, den ihre Schwestern – Poesie und Malerei, Musik und Baukunst – von jeher einnehmen.

Aus solchen Gedanken ist das Buch entstanden. Ursprünglich sollte es eine Abhandlung werden über die *Kunst zu lehren*. Aber als ich diesem Problem nach allen Seiten nachging, wuchs mir das Buch unter den Händen zu einer *Deutschen Stilkunst*.

Ludwig Reiners

Inhalt

Dritter Teil
Stilkrankheiten

Vierter Teil
Probleme der inneren Form

Fünfter Teil
Fremdwort und Neuwort

Sechster Teil

Einzelfragen

Anhang

Erster Teil
VORFRAGEN

Es ist bekannt, daß die Sprache ein Spiegel des Verstandes ist und daß die Völker, wenn sie den Verstand hoch schwingen, auch zugleich die Sprache wohl ausüben...

Leibniz

Die Bedeutung der Sprache

> Die Sprache ist gleichsam die äußere Erscheinung
> des Geistes der Völker. Man kann sich beide nicht
> identisch genug denken.
>
> *Wilhelm v. Humboldt*

Waren die Griechen farbenblind?

Euripides sagt in der «Iphigenie», die Simse des Altars seien vom Blute *xanthon* gewesen; das Wort scheint also *rot* zu bedeuten und bei lateinischen Schriftstellern wird es auch ausdrücklich mit *ruber (rot)* gleichgesetzt. Aber Äschylos nennt in den «Persern» die Blätter des Ölbaumes *xanthon;* danach wäre es eher mit *grün* zu übersetzen. Doch auch der Honig wird gelegentlich *xanthon* genannt; die Bedeutung des Wortes spielt also auch ins Gelbliche hinüber. Waren die Griechen farbenblind?

Ähnlich schwankend verwenden die Griechen auch andere Farbnamen. *Ochron* bezeichnet im allgemeinen die Hautfarbe und wird meist mit *blaß* übersetzt. Aber in einem ärztlichen Buch wird auf die Frage, woran der Arzt die Fieberhitze erkenne, geantwortet: daran, daß der Kranke *ochron* wird; Hippokrates sagt sogar einmal ausdrücklich, *ochron* sei wie die Farbe des Feuers. Zu allem Unglück wird jedoch bei wieder einem anderen Schriftsteller die Farbe des Frosches *ochron* genannt; sollte *ochron* auch *grün* bedeuten?

Hyakinthon schließlich hat Luther in der Bibel mit *gelb* übersetzt, andere Übersetzer mit *grün*. Heute glauben wir, daß hyakinthon *blau* bedeutet.

Angesichts dieses wunderlichen Farbenlabyrinths haben manche Forscher die Hypothese aufgestellt, die Griechen seien samt und sonders farbenblind gewesen. Aber diese Ansicht hat sich nicht durchgesetzt. Wir wissen heute: für dieses ganze Problem ist nicht der Augenarzt zuständig, sondern der Sprachforscher. Ja, das Problem ist geeignet, sich das Wesen der Sprache klarzumachen.

In seinem Buch «Muttersprache und Geistesbildung» erzählt Leo Weisgerber von einem Hirnverletzten, dessen Sprachzentrum zerstört war. Diesem Mann gab man eine Anzahl bunter Fäden in allen Schattierungen zum Ordnen. Er konnte die Farben sichtlich einwandfrei unterscheiden, denn er suchte auf Wunsch die Farbe der Erdbeere oder der Kornblume richtig heraus. Als man ihn aber bat, alle roten Farbtöne zusammenzustellen, war er ratlos. Er behauptete, jeder Faden habe eine andere Farbe; offenbar war er nicht fähig, die Schattierungen von rosa bis blutfarbig in dem Begriff *rot* zusammenzufassen. Er hatte durch die Verletzung des Sprachzentrums mit dem Wort *rot* auch den Begriff *rot* eingebüßt. Denn die Wirklichkeit selbst kennt ja nicht etwa nur die sieben Farben des Regenbogens, sondern ein unübersehbares Meer von lauter verschiedenen Farbtönen. In dieses Meer bringen wir eine gewisse Ordnung, indem wir mit dem Worte *rot* oder *blau* bestimmte ähnliche Schattierungen zu einem Begriff zusammenfassen. Wenn das Kind das Wort *rot* lernt, lernt es auch den Begriff *rot.*

Nun ist es durchaus denkbar, daß ein anderes Volk aus der unendlichen Mannigfaltigkeit der Farbschattierungen andere Farbtöne zu einem Begriff vereinigt als wir. Die Farbe des Heideröschens und die Farbe des Blutes haben etwas gemeinsam, was wir *rot* nennen, und so fassen wir diese Farbtöne unter dem Namen *rot* zusammen. Aber ein anderes Volk findet vielleicht, die Farbe des Heideröschens und die Farbe eines jungen Birkenblättchens hätten ein gemeinsames Merkmal, nämlich die Helligkeit; dies Volk würde aus rosa und hellgrün den Begriff *hellfarbig* bilden und nie zu den Worten *grün* und *rot* gelangen.

So haben die Griechen offenbar ganz andere Töne zu einheitlichen Farbbegriffen vereinigt. Auch die lateinischen Farbnamen stimmen nicht mit den unseren überein. Wer etwa *purpureus* mit *purpurfarbig* übersetzen wollte, wird erstaunt sein, daß Horaz auch den Schwan *purpureus* nennt; die Römer gaben glänzend weißen und glänzend schwarzen Gegenständen die Bezeichnung *purpurn.*

Amerikanische Urwaldstämme haben fünfzig verschiedene Wörter für die Spielarten der grünen Farbe, dagegen kein gemeinsames Wort für grün; ihnen ist die Unterscheidung der verschiedenen Grün so wichtig, daß sie für das Gemeinsame dieser Farbtöne gar keinen Ausdruck benötigen. In all diesen Fällen faßt eine andere Sprache die unendliche Welt der Farbtöne zu anderen Begriffen zusammen als die deutsche Sprache.

Die Sprache gliedert die Welt

Erleben wir dies nur bei den Farben? Keineswegs! Im Serbischen gibt es kein einheitliches Wort für *Onkel,* sondern drei verschiedene Worte für den Vaterbruder, den Mutterbruder und für den Gatten der Vater- oder Mutterschwester. Der Serbe empfindet also den Onkel väterlicherseits und den Onkel mütterlicherseits als zwei verschiedene Arten von Verwandten. Er besitzt auch kein einheitliches Wort für den Schwager: der Bruder des Ehemannes heißt *dever,* der Bruder der Ehefrau *sura.* Auch im Mittelhochdeutschen gibt es ähnliche Unterschiede. Das Chinesische kennt sogar kein Wort für *Bruder,* sondern nur zwei Wörter: eines für den älteren Bruder und eines für den jüngeren Bruder; so wesentlich erscheint ihm dieser Unterschied. Manche Südseeinsulaner haben keine Zahlwörter schlechthin, sondern sie haben für jede Zahl verschiedene

Wörter, je nachdem ob es sich um Menschen oder Kokosnüsse oder Häuser oder Pflanzungen handelt. Ihre Sprache ist also noch weit anschaulicher als die unsere. Sie bildet nicht den abstrakten Begriff *zwei*, sondern stellt sich Zahlen nur in Verbindung mit bestimmten Dingen vor. Einige Indianersprachen haben auch dreizehn verschiedene Zeitwörter für das Waschen, je nachdem ob Hände, Gesicht, Kleider oder Schüssel gewaschen werden.

Bei diesen Beispielen unterscheiden diese Sprachen genauer als die unsere, das heißt, sie trennen mehrere Begriffe, während wir nur einen Begriff kennen. Umgekehrt werfen fremde Sprachen auch oft in einem Wort Dinge zusammen, die wir auseinanderhalten. Ein Missionar fand bei einem Negerstamm ein Wort zur Bezeichnung des höchsten Gutes und übersetzte es mit *Gott*. Leider mußte er später feststellen, daß das Wort auch das Wildfleisch bezeichnet. *Gott* und *Wildfleisch* waren für diese Menschen ein einziger ununterscheidbarer Begriff, so wie wir den Vaterbruder und den Mutterbruder unter dem Wort *Onkel* zu einem Begriff zusammenziehen. Selbst bei banalen Gegenständen können die Begriffe verschieden gebildet werden. Die Möbel zum Sitzen und Liegen heißen im Englischen: *stool, chair, armchair, form, chesterfield, bank, settle, divan, sofa, couch, ottoman, fauteuil.* Im Deutschen gibt es: *Stuhl, Sessel, Schemel, Hocker, Bank, Sofa, Liegestuhl.* Keineswegs entspricht nun jedes deutsche Wort genau einem englischen: der Engländer macht hier andere Unterschiede als der Deutsche.

Der naive Mensch glaubt: die Worte sind Etiketten, die der Menschengeist auf verschiedene Dinge aufklebt, oder − wissenschaftlicher ausgedrückt − Worte sind Laute, die bestimmten Dingen zugeordnet sind. Aber dieser Glaube ist irrig. Es gibt in der Wirklichkeit keine klar abgegrenzten Dinge, denen man ein Wort aufkleben könnte. Es gibt nur eine unbegrenzte Mannigfaltigkeit von Einzelerscheinungen wie ein laufendes Filmband von Eindrücken. Aus dieser Mannigfaltigkeit wählt die Sprache einzelne Erscheinungen mit bestimmten Merkmalen aus und faßt sie in einem Wort zusammen. Sie *greift* diese Erscheinungen heraus und legt sie gleichsam in eine Schublade: den *Be-griff.* Bei dieser Begriffsschöpfung greifen nun die verschiedenen Sprachen mit sehr verschiedenen Händen, je nach dem Gesichtspunkt, der sie leitet. Unsere Worte *Gemüse* und *Obst* zum Beispiel fassen höchst verschiedenartige Pflanzen zusammen, und zwar nur unter dem Gesichtspunkt der Nützlichkeit für den Menschen.

Ja, auch dieselbe Erscheinung erhält verschiedene Namen je nach dem Gesichtspunkt, auf den es ankommt. Ein Pferd ist, je nach seinen Eigenschaften, *Hengst, Stute* oder *Wallach; Roß, Renner, Mähre* oder *Gaul; Schimmel, Rappe* oder *Falbe.* In Wirklichkeit ist es immer dasselbe vierbeinige Geschöpf; nur die Gesichtspunkte, unter denen ich bestimmte

Einzelgebilde zu einem Begriff zusammenfasse, sind verschieden. Daß sich die alten Römer mit dem Wort *equus* und – mit leichter Abwandlung – *equa* begnügten, zeigt, daß sie nicht das Bedürfnis nach so vielen Unterscheidungen hatten wie die Germanen. Im Sanskrit gibt es wiederum für den Elefanten mehrere Wörter; von ihnen bedeutet das eine den Zweizahnigen, das andere den mit einer Hand Versehenen, das dritte den zweimal Trinkenden; sie werden je nach dem Zusammenhang des Satzes angewandt. Eine Ansammlung von H_2O kann im Deutschen je nach dem Sinnzusammenhang *Wasser, Träne, Fleck* oder *Pfütze* genannt werden.

Das Wort ist also kein Etikett, das wir auf einen ‹gegebenen› Gegenstand kleben, sondern es greift vielmehr aus dem Meer der Erscheinungen einige Gebilde heraus und gibt ihnen einen Namen; manchmal gehören diese Erscheinungen logisch zusammen, manchmal gefühlsmäßig. Mit dem Zauberstab des Wortes bildet der Mensch aus der Formlosigkeit und Bewegtheit der Welt die ordnenden Gestalten der Begriffe.

Diesen Zauberstab verwendet jedes Volk verschieden, und in der Art, wie es ihn handhabt, prägen sich seine Anschauungen aus. Im Deutschen gibt es beim Zeitwort nur zwei Modi (Aussageweisen): *er hatte* und *er hätte;* die Koreaner, ein besonders förmliches, in strengen Kasten geschiedenes Volk, kennen zwanzig Modi, je nach dem Rangverhältnis zwischen Sprecher und Hörer. In einigen afrikanischen Dialekten beginnt jedes Wort mit einer von siebzehn Vorsilben; mit ihnen wird die Welt in siebzehn Grundkategorien eingeteilt. Der Knabe heißt *rei-susu;* hierbei ist *rei* die Vorsilbe, die vor jeder Personenbezeichnung steht. Durch diese Art der Wortbildung wird die ganze Welt geordnet. Das Oberhaupt einer Stadt nennen wir *Bürgermeister,* ursprünglich *Burgemeister,* also *Meister der Burg;* in der Sprache der Zigeuner heißt das Stadtoberhaupt *peso rai,* das ist *dicker Herr* . . . «Die Verschiedenheit der Sprachen» – sagt Wilhelm v. Humboldt – «ist nicht eine Verschiedenheit an Schällen und Zeichen, sondern eine Verschiedenheit der Weltansichten selbst.»

Es gibt keine sinngleichen Wörter

Nehmen wir einen ganz einfachen Satz, der – wie auch einige andere Beispiele – aus Georg Schmidt-Rohrs Buch «Mutter Sprache» stammt: *he tries to cut the diamond – er versucht, den Diamanten zu schleifen.* Die Übersetzung gibt den Sinn des Satzes genau wieder; aber kann man etwa darum sagen, die einzelnen Wörter *to try, to cut* und *the diamond* ‹deckten› sich genau mit *versuchen, schleifen* und *Diamant?* Gewiß nicht! *To try* bedeutet auch *prüfen, anprobieren, reinigen, anstrengen, untersuchen, entscheiden.* Umgekehrt muß man das deutsche *versuchen* in anderen Fällen übersetzen mit *to attempt, to put to the test, to tempt, to make an effort*. *To try* und *versuchen* gleichen also bestenfalls zwei Scheiben, die mit einem Teil ihrer Fläche übereinanderliegen, mit der übrigen Fläche aber ganz andere Worte der anderen Sprache decken. *To cut* heißt in anderen Fällen *bohren, brechen, schneiden, fällen, drücken, umackern*. Ja, selbst *the diamond* entspricht nicht genau dem Diamanten, denn in dem englischen Wort klingt noch der Begriff *rautenförmig* mit, den der Deutsche mit Diamant nicht verbindet. Genau genommen deckt sich nie ein Wort einer Sprache mit dem einer anderen, eben weil die Worte keine Etiketten gegebener Dinge sind, sondern mannigfaltige Erscheinungen zu einheitlichen Begriffen zusammenfassen. In jeder Sprache gibt es eine Anzahl Wörter, für welche andere Sprachen überhaupt nichts Entsprechendes haben: *élan, échec, entamer, esprit, frivolité, routine, engager* sind Beispiele aus dem Französischen; *Gemüt, Sehnsucht, Stimmung, Gesinnung, fördern, wandern* Beispiele aus dem Deutschen. Oder wer wollte vollends ein Wort wie *walten* in irgendeine andere Sprache übersetzen?

Self-conscious und *selbstbewußt* bedeuten dem Ursprung nach dasselbe, dem Sinne nach das Gegenteil: *self-conscious* bedeutet *gehemmt, unsicher; selbstbewußt* dagegen *von seinem Wert überzeugt*.

Daher kann man auch nicht aus einer Sprache in die andere übersetzen, ohne daß ein unübersetzbarer Rest bleibt. «Traduttore traditore – der Übersetzer ist ein Täuscher», sagt ein italienisches Wortspiel. Als man Aristoteles ins Lateinische, Arabische und Deutsche übersetzte, kamen drei verschiedene Lesarten des Aristoteles heraus, und Jacob Burckhardt weist einmal darauf hin, daß es ganz unmöglich wäre, eine Seite Platon ins Hebräische zu übersetzen. Ein großer Kenner der alten Sprache, Ulrich von Wilamowitz, erzählt, bei seiner Doktorprüfung habe ihn sein Lehrer Moritz Haupt eine lange Stelle aus Lukrez vorlesen lassen; als er beginnen wollte zu übersetzen, sagte Haupt: «Es ist gut. Verstehen tun wir's beide und übersetzen können wir's beide nicht.»

Zwei verschiedene Sprachen sind zwei verschiedene Weltansichten. Jede Übersetzung muß gleichsam den Gedanken erst von den fremden Worten entblößen und mit den Worten der eigenen Sprache neu bekleiden, daher denn schon Schopenhauer gesagt hat, in jeder Übersetzung müsse der Geist einen neuen Leib bekommen; jede Übersetzung sei also eine Seelenwanderung. Jean Paul hat sogar erklärt, was man übersetzen könne, sei des Übersetzens nicht wert; er übertrieb aus guten Gründen, denn er selbst ließe sich kaum in eine andere Sprache übersetzen; seine Schönheit lebt von den Vorzügen und Schwächen der deutschen Sprache.

Die Bedeutung der Sprache

Der große Chemiker Ostwald hat den Satz aufgestellt: «Die Sprache ist ein Verkehrsmittel»; so wie die Eisenbahn die Güter von Leipzig nach Dresden fahre, so transportiere die Sprache die Gedanken von einem Kopf zu anderen. Aber die Köpfe sind keine Lagerhäuser und die Worte sind keine Güterwagen. Will man einen wirtschaftlichen Vergleich anwenden, so entspricht die Sprache nicht dem Verkehrsgewerbe, sondern den güterschaffenden, wertgestaltenden Teilen der Wirtschaft: die Sprache gibt der Welt ihre Form. Sie ist keine bloße Sammlung etikettierender Wörter, sondern sie ordnet die Vielfalt der Erscheinungen in die Schubladen von Wörtern. Wenn wir dies oder jenes Wort nicht hätten, so hätten wir auch nicht den mit ihm geschaffenen Begriff. Kein mittelalterlicher Mensch konnte den Gedanken ausdrücken: *dieser Mann ist gescheit.* Denn, wie Jost Trier sehr klar darlegt: alle mittelhochdeutschen Wörter dieses Begriffsfeldes – *wise, witzec, sinnec, listec, kündec* – beurteilen den Menschen als Ganzes. Sie umfassen auch charakterliche, religiöse und ständische Eigenschaften. Sie rühmen ihm Vorzüge nach, deren Kern in dem Ideal eines vollkommenen Ritters liegt. Für die rein verstandesmäßige Begabung – losgelöst von der Gesamtpersönlichkeit – fehlte Wort und Begriff. Und umgekehrt können wir das mittelalterliche Wort *wise* nicht wiedergeben, das ein ganz bestimmtes Idealbild jener Zeit umschreibt.

«Ein Volk hat keine Idee, zu der es kein Wort hat: die lebhafteste Anschauung bleibt dunkles Gefühl, bis die Seele ein Merkmal findet und es durchs Wort dem Gedächtnis, der Rückerinnerung, ja endlich dem Verstande der Menschen, der Tradition einverleibt.» (Herder)

Die Sprache zwingt uns, in bestimmten Formen zu denken, zu fühlen, ja sogar wahrzunehmen. «Der Mensch lebt mit den Gegenständen so wie sie die Sprache ihm zuführt.» (Wilhelm v. Humboldt) Das Netz von Denkmöglichkeiten, das die Sprache über die bunte Welt der Erscheinungen geworfen hat, hält unser Denken gefangen. An diese Denkbahnen bleiben wir gebunden, mit diesem inneren Auge müssen wir die Welt betrachten. Wenn ein Volk gleichartig denkt, so beruht dies zum guten Teile auf den gemeinsamen Sprachformen. «Erst in der Sprache nimmt die Welt ihre geistige Gestalt an.» (Karl Vossler) Goethe hat mit einem schönen Beispiel anschaulich gemacht, welche Bedeutung allein der grammatische Aufbau einer Sprache für die Weltanschauung hat:

«Welch eine andre wissenschaftliche Ansicht würde die Welt gewonnen haben, wenn die griechische Sprache lebendig geblieben wäre und sich anstatt der lateinischen verbreitet hätte. Das Griechische ist durchaus naiver, zu einem natürlichen, heitern, geistreichen, ästhetischen Vortrag glücklicher Naturansichten viel geschickter. Die Art, durch Verba, besonders durch Infinitive und Partizipien zu sprechen, macht jeden Ausdruck läßlich; es wird eigentlich durch das Wort nichts bestimmt, bepfählt und festgesetzt, es ist nur eine Andeutung, um den Gegenstand in der Einbildungskraft hervorzurufen.»

Die Sprache ordnet die Welt, und eben darum regiert sie zum guten Teil den geistigen Haushalt der Nation.

Warum ist das scholastische Denken des Mittelalters in England und Frankreich viel schneller und gründlicher untergegangen als in Deutschland? Weil – wie schon Leibniz darlegt – die Engländer und Franzosen viel früher angefangen haben, in ihrer Muttersprache zu philosophieren; sie haben die scholastischen Lehren aus dem Latein in lebendige Menschenreden übersetzt, die das Volk selbst verstehen und beurteilen konnte; diese Prüfung haben die scholastischen Gedankengebäude nicht ausgehalten.

Die Geschichte eines Volkes und die seiner Sprache sind eng verschwistert. Solange die Gedanken der Aufklärung nur von englischen Philosophen vorgetragen wurden, waren sie politisch harmlos. Sobald sie aber ins Französische übergingen, sobald Diderot und Voltaire sie mit dem Glanz der französischen Lebendigkeit, mit dem Feuer ihrer Antithesen versahen, da klangen sie viel schroffer, kühner und wirksamer als im Original. Ja, das aufziehende Gewitter kündigte sich sogar in der reinen Sprachgeschichte, in dem spielerischen Esprit der Régencezeit, in ihrem polemischen Übermut, ihrem Mangel an seelischer Offenheit schon früher an als in der politischen Geschichte.

«Die Geschichte zeigt, daß alle herrschenden Völker der Weltperioden nicht durch Waffen allein, sondern vielmehr durch Verstand, Kunst und durch eine ausgebildete Sprache über andere Völker oft Jahrtausende hin geherrscht haben.» (Herder)

Wenn Frankreich Jahrhunderte hindurch die führende Macht Europas war: die französische Sprache hat ihrem Volk den Weg bereitet. Weil das Französische damals schöner, wohltuender und geschmeidiger war als andre Sprachen, weil in französischer Sprache die witzigsten und verständlichsten Bücher geschrieben wurden, deshalb blickte Europa zu den Franzosen auf, deshalb drang Hand in Hand mit der französischen Sprache die französische Kultur und der französische Machtanspruch bis in die letzten Winkel Europas. Die großen französischen Könige pflegten ihre Sprache als Werkzeug politischer Macht. Voltaire war gewiß kein französischer Patriot, aber seine Feder hat der Macht Frankreichs mehr genützt als der Degen Turennes; mit seinen witzigen und überzeugenden Schriften trug Voltaire die Kenntnis der französischen Sprache und zugleich die Ansicht von der Überlegenheit französischer Kultur bis an die Grenzen Europas.

Welche Bedeutung haben nun diese Tatsachen für die Welt des gelebten Lebens, für Stilkunst und Sprachpflege? Sie sind das Fundament jeder angewandten Sprachwissenschaft, jeder sprachlichen Kunstpolitik! Denn

wie zwei verschiedene Sprachen zwei verschiedene Weltansichten verkörpern, so bedeuten auch zwei verschiedene Zustände derselben Sprache zwei verschiedene Formen des Denkens und Fühlens. Von der Verfassung, in der sich eine Sprache befindet, hängt es ab, was in ihr gedacht
und gesagt werden kann. Wenn in einer Sprache das abstrakte Wort das
anschauliche verdrängt, der allgemeine Ausdruck den besondren, wenn
Hauptwörter an die Stelle der Tatwörter treten, wenn die Sprache immer
formelhafter wird und überall landesübliche Worte und Wendungen mechanisch eingesetzt werden und den individuellen und treffenden Ausdruck ersetzen sollen: dann beginnt die Sprache zu erstarren, der Wortschatz verarmt, Neubildungen werden nicht mehr gewagt, der Ausdruck wird blaß und verschwommen, und von der alten Lebendigkeit
der Umgangssprache und ursprünglichen Kraft der Mundarten hinweg
führt der Weg abwärts in das Nebelreich abgeschliffener Formen und ge-
künstelter, papierener Sätze.

Solche Verflachung der Sprache verflacht auch das Denken. Wenn
Tausende von Wörtern vergessen werden, gehen mit ihnen Tausende
von Begriffen unter. Wenn die Sprache schablonenhaft wird und die Modewörter des Tages den anspruchslosen Sprachbedarf von Millionen befriedigen, dann läuft auch das Denken Gefahr, in einem allgemeinen Brei
verschwommener Begriffe zu verkleistern. Wird der Ausdruck unentschieden, der Satzbau unübersichtlich und verschränkt, dann verlieren
beide – Sprache und Denken – Schwung, Tatkraft und Leidenschaft.

Spracherziehung ist Erziehung des Geistes und des Charakters. «Den
Stil verbessern heißt den Gedanken verbessern.» (Nietzsche). Der
Mensch bildet sein Werkzeug, aber die Werkzeuge wirken auch zurück
auf die Menschen.

Glanz und Elend
der deutschen Sprache

> Ein Deutscher ist großer Dinge fähig, aber es ist un-
> wahrscheinlich, daß er sie tut.
>
> *Nietzsche*

Möglichkeit und Wirklichkeit

Die deutsche Sprache steht an Kraft und Ausdruck den meisten lebenden
Sprachen in nichts nach. Aber die Mehrzahl der deutschen Prosabücher
bleibt an Schönheit und Lebendigkeit der Darstellung seit drei Jahrhunderten hinter der Prosa anderer Völker zurück.

Diese beiden Thesen widersprechen einander nicht. Der erste Satz handelt von der Möglichkeit der deutschen Sprache, der zweite von ihrer Wirklichkeit. Der erste gibt an, wessen unsre Sprache fähig ist; der zweite, wie das Antlitz unsrer durchschnittlichen Schriftsprache aussieht. Das Wort Nietzsches, das über diesem Kapitel steht, ist – wenn man es auf den deutschen Volkscharakter anwendet – eine giftige Übersteigerung, aber den Gang der deutschen Sprachgeschichte trifft dieser bittre Satz recht genau.

Wortschatz

Was sind die Vorzüge unserer Sprache? Beginnen wir mit dem Einfachsten: der deutsche Wortschatz scheint größer zu sein als der englische und der französische; genaue Zahlenangaben sind freilich nicht möglich, denn wer könnte verbindlich entscheiden, wieviel zusammengesetzte Wörter, Fremd- und Lehnwörter oder Fachausdrücke zu dem Wortschatz eines Volkes gerechnet werden sollen. Um diesem Satz durch einige beliebig herausgegriffene Beispiele Farbe zu geben: dem Französischen fehlen alle Ausdrücke der Bewegung: *gehen, fahren, reiten, fliegen, segeln, steigen, sinken* werden sämtlich mit dem einen Wort *aller* wiedergegeben; es fehlen im Französichen auch *stehen, sitzen* und *liegen.* Überhaupt versucht der Franzose mit den drei Zeitwörtern *faire, mettre* und *prendre* Begriffe wiederzugeben, für die das Deutsche einige Dutzend Wörter bereithält. Ähnlich verwendet der Engländer *to get* an Stelle von hundert verschiedenen deutschen Ausdrücken. Der Reichtum des Deutschen beruht zum großen Teil darauf, durch Vor- und Nachsilben und durch Zusammensetzungen neue Wörter zu schaffen. Der Deutsche bildet etwa zu dem Wort *fallen* Dutzende von Ableitungen: *hinfallen, abfallen, ausfallen, zusammenfallen, verfallen, herunterfallen, niederfallen, einfallen;* der Franzose hat für alle nur das eine Wort *tomber.* Welche Sprache kann so bequem wie die deutsche alles *sagen* und *versagen, ansagen* und *aussagen, vorsagen* und *nachsagen, aufsagen* und *untersagen?* Wer kann so leicht wie wir sich *sattessen* und *kranklachen, gesundbeten* und *totschwitzen?* Mühelos verschmilzt die deutsche Sprache Hauptwort, Zeitwort und Beiwort und bildet mit allen Schattierungen *hoffnungsvoll, hoffnungslos, hoffnungsreich, hoffnungsarm.* Für das Wort *Liebe* nennt das Grimmsche Wörterbuch mehrere hundert Zusammensetzungen. Der Reichtum an Vor- und Nachsilben erlaubt es der deutschen Sprache noch heute, neue Wörter aus eigenen Wortstämmen zu prägen.

Das Französische hat im 17. Jahrhundert eine Hungerkur durchmachen müssen: um eines möglichst reinen Stiles willen warf man alles über Bord, was veraltet oder unklar oder undefinierbar erschien; alles Mundartliche, Niedrige, Bourgeoismäßige, alle Sonderausdrücke der Soldaten, Handwerker, Gelehrten und Arbeiter. Der Mensch sollte, von allen Abhängigkeiten seines Stammes und Standes befreit, als abstrakte *personnage* eine allgemeine Sprache reden: klar wie destilliertes Wasser und gemeinverständlich wie das Einmaleins.

Aber der Reichtum an Wörtern ist nicht der wichtigste Reichtum unserer Sprache. Die entscheidenden Sprachfragen liegen jenseits der Statistik. Mag das Französische oder das Englische keine 50 000 Wörter haben: Shakespeare ist mit 20 000 ausgekommen, Homer mit 9000 und das Neue Testament mit 5000. Wenn der Franzose auch nicht *Festtag* zu bilden vermag, so feiert er den *jour de fête* nicht minder. Die wesentlichen Unterschiede liegen tiefer.

Die deutsche Sprache beruht weitgehend auf germanischen Wurzeln, die französische dagegen auf lateinischen, und auch die Engländer haben eine Fülle französischer Wurzeln in ihre Sprache aufgenommen, als 1066 die französisch sprechenden Normannen das Land eroberten und die Angelsachsen unterwarfen. Diese Mischung germanischer und romanischer Wurzeln hat das Englische auch besonders anfällig gemacht für immer neue Fremdwörter. Ein witziger Kopf hat einmal einige Sätze in drei Arten von Englisch wiedergegeben: zunächst in lauter Worten aus angelsächsischen Wurzeln, sodann in Worten, die aus dem Normannischen kamen und schließlich in einem modernen fremdwörtelnden Englisch.

«1. Stung by the foe's twitting, our forefathers (bold wights!) drew nigh their trusty friends and were heartily welcomed; taught by a former mishap, they began the fight on that spot and showed themselves unaffrighted by threatening forebodings of woe.

2. Provoked by the enemy's abuse, our ancestors (brave creatures!) approached their faithful allies and were nobly received; instructed by a previous misfortune, they commenced the battle in that place and proved themselves undismayed by menacing predictions of misery.

3. Exacerbated by the antagonist's vituperation, our progenitors (audacious individuals!) approximated to their reliable auxiliaries and were ovated with empressement; indoctrinated by a preliminary contretemps, the inaugurated hostilities in that locality and demonstrated themselves as unintimidated by minatory vaticinations of catastrophe.»

Mag der Scherz ein wenig gekünstelt sein: er zeigt deutlich die Risse, die durch die englische Sprache hindurchlaufen. Die englische Bibelübersetzung enthält zu 97 vom Hundert angelsächsische Wörter, Shakespeare noch zu 85, Gibbon zu 50, aber bei den modernen Schriftstellern geraten die angelsächsischen Wörter meist in die Minderheit. Besonders für Begriffe des geistigen und seelischen Lebens haben sich die normannischen Wörter durchgesetzt; die Normannen bildeten die geistig führende Oberschicht. Nun haben Wörter aus fremder Wurzel weniger bildlichen Gehalt für den, der sie heute spricht. Sie sind ihm oft ein leerer

Schall, dessen Laut ihn an nichts Bekanntes erinnert. Der Deutsche hört bei *Grundsatz* den Anklang an Grund und Boden, der Engländer und Franzose spürt in *principe* oder *principle* kaum etwas von dem Wort *primus,* mit dem sie verwandt sind.

Aber man darf auch dies Argument nicht überanstrengen. Gewiß, in *Begriff* und *Erfahrung* könnte der Deutsche noch die anschaulichen Wurzeln *be-greifen* und *er-fahren* heraushören, aber tut er dies wirklich? Hat der Engländer wirklich bei dem angelsächsischen *sorrow* eine so ganz andere Empfindung als bei dem normannischen *grief,* bei *remember* eine andere als bei *remind?* Wir wollen uns damit begnügen, die Wurzelhaftigkeit der deutschen Sprache festzustellen.

Wortstellung

Ein bedeutender Vorzug des Deutschen ist die Freiheit der Wortstellung. Die Ausdrucksfähigkeit einer Sprache hängt nicht nur von dem Wortschatz ab, sondern ebenso von der Art der Wortfolge. Wir können in dem Satz *Vater hat mir gestern den Apfel geschenkt* die Wörter auf fünf verschiedene Arten stellen und so mit denselben Wörtern fünf verschiedene Gedanken ausdrücken.

Ohne Umschreibung können die meisten lebenden Sprachen das nicht wiedergeben. Das Englische und das Französische können sich diese Freiheit der Wortstellung nicht gestatten, weil sie den Nominativ (Werfall) und den Akkusativ (Wenfall) in der Form nicht unterscheiden; *le père aime le fils* kann man nicht einfach umstellen, denn wenn man den Sohn voranstellt, so ist er es, der liebt. Dieser Freiheit der Wortstellung verdanken wir eine erstaunliche Schattierung des Ausdrucks.

Betonung

Die deutsche Sprache benötigt die festen Regeln der französischen Wortstellung auch deshalb nicht, weil sie das Verständnis durch andere Mittel erleichtert: durch die Eigenart ihrer Betonung. Der Ton liegt im Deutschen stets auf der Stammsilbe; die Logik geht allen Klangerwägungen voraus.

Dies also sind die Vorzüge der deutschen Sprache: Wortreichtum, Wurzelhaftigkeit, freie Wortstellung, Logik der Betonung. Hebbel hat einige dieser Vorzüge in einem Gedicht zusammengestellt:

«Schön erscheint sie mir nicht, die deutsche Sprache, und schön ist
   auch die französische nicht, nur die italische klingt.
Aber ich finde sie reich, wie irgend eine der Völker,
   finde den köstlichen Schatz treffender Wörter gehäuft,

finde unendliche Freiheit, sie so und anders zu stellen,
  bis der Gedanke die Form, bis er die Färbung erlangt,
  bis er sich leicht verwebt mit fremden Gedanken und dennoch
  das Gepräge des Ichs, dem er entsprang, nicht verliert.
Denn der Genius, welcher im Ganzen und Großen hier waltet,
  fesselt den schaffenden Geist nicht durch ein strenges Gesetz,
  überläßt ihn sich selbst, vergönnt ihm die freiste Bewegung
  und bewahrt sich dadurch ewig lebendigen Reiz.»

Zustand

Von den *Möglichkeiten* der deutschen Sprache haben wir gehandelt, von
dem Instrument, das sie uns zur Verfügung stellt. Aber welche Melodien
hat man auf diesem Instrument gespielt?

Wir besitzen eine lange Kette von Werken in Poesie und Prosa, von
denen der volle Glanz der deutschen Sprache ausstrahlt. Und wir haben
eine Fülle ausdrucksfähiger Mundarten, kräftige und anmutige Quellen,
aus denen die Schriftsprache schöpfen sollte. Aber was dazwischen liegt
– die Prosa der Wissenschaft, die Sprache der mittleren Unterhaltungsliteratur, der Briefstil der Kaufleute, das Umgangsdeutsch der meisten
Städter –, das alles ist seit dreihundert Jahren ein Gegenstand unaufhörlicher Sorge gewesen.

Um 1700 schreibt Leibniz:
«Wer nicht durch unzeitigen Eifer verblendet, muß gestehen, was bei uns
für wohl geschrieben geachtet wird, sei insgemein kaum dem zu vergleichen, so in Frankreich auf der untersten Staffel stehet. Hingegen wer also
französisch schreiben wollte, wie bei uns oft deutsch geschrieben wird,
der würde auch von Frauenzimmern getadelt und bei den Versammlun-
gen verlachet werden.»

Um 1800 Bürger:
«Mir ist aus der ganzen Literaturgeschichte kein Volk bekannt, welches
im ganzen so schlecht mit seiner Sprache umgegangen wäre, welches so
nachlässig, so unbekümmert um Richtigkeit und Schönheit, ja welches
so liederlich geschrieben hätte als bisher unser deutsches Volk.»

Um 1850 Schopenhauer:
«Die deutsche Sprache ist jetzt völlig vogelfrei für jeden Skribler, der im
Dienst eines Buchhändlers oder Zeitungsschreibers das Papier beklext:
wenn dies so fortgeht: so wird über 100 Jahre die deutsche Sprache, die
Sprache, in der unsere Klassiker geschrieben haben, eine tote sein, und
statt ihrer in Deutschland ein wortarmer und grammatisch ungelenker
Jargon, das Werk obiger Reformatoren, geredet werden.»

Um 1870 Treitschke:

«Dem Durchschnitt des lebenden Geschlechtes gebricht das Sprachgefühl so gänzlich wie keiner anderen Generation seit Lessings Tagen. Ja, selbst die Deutschen des 17. Jahrhunderts versündigten sich an ihrer Sprache nicht so frech wie die heutigen.»

Um 1880 Nietzsche:

«Keines der jetzigen Kulturvölker hat eine so schlechte Prosa als das deutsche; und wenn geistreiche und verwöhnte Franzosen sagen: es gibt keine deutsche Prosa – so dürfte man eigentlich nicht böse werden, da es artiger gemeint ist als wir es verdienen.»

Ursachen

Was sind die Ursachen für den tiefen Stand des durchschnittlichen deutschen Prosastils? Die Geschichte unserer Sprache in den letzten dreihundert Jahren ist eine Leidensgeschichte, denn sie ist das Spiegelbild unserer politischen Geschichte. Als Luther die neue deutsche Prosakunst schuf, regierte in Deutschland ein burgundischer Edelmann, von dem das vielzitierte Wort stammt: «Mit Männern soll man französisch reden, mit seiner Geliebten italienisch, mit seinem Gotte spanisch und deutsch mit seinen Pferden.» Über dies Urteil Karls V. zu reden, lohnt nicht, denn dieser deutsche Kaiser konnte die deutsche Sprache nur radebrechen; aber wie er dachte damals die ganze Oberschicht Deutschlands. Bis ins 18. Jahrhundert war in Deutschland die Umgangssprache der Gebildeten Französisch, die Sprache der Wissenschaft Lateinisch. Noch Lessing wollte ursprünglich den «Laokoon» französisch schreiben. Friedrich der Große sprach und schrieb französisch flüssiger als deutsch und hat seine Bücher in dieser Sprache verfaßt und veröffentlicht. Sogar eine Gestalt wie Wilhelm I. griff noch zum Französischen, wenn er sich im Brief schnell und bequem ausdrücken wollte. In der Berliner Akademie der Wissenschaften, der die Pflege der deutschen Sprache zur Hauptaufgabe gesetzt war, war noch 1810 die Verhandlungssprache Französisch. Bis zur Zeit Bismarcks haben die deutschen Gesandten ihre Berichte französisch abfassen müssen.

Noch hartnäckiger war die Herrschaft des Lateinischen in Verwaltung, Schule und Wissenschaft. Lateinisch war die Sprache der Reichsversammlungen und Konzile, lateinisch abgefaßt wurden die kaiserlichen Gesetze und alle gerichtlichen Urkunden; selbst die alten Volksrechte ließ Karl der Große lateinisch aufzeichnen. Lateinisch war die Sprache des Gottesdienstes; auch der Laie mußte Vaterunser und Glaubensbekenntnis lateinisch hersagen können und hielt sie oft für fremdartige Zaubersprüche mit besonderer Wunderkraft. Lateinisch geschrieben waren 1570 drei

Viertel aller Bücher, und auch noch hundert Jahre später waren lateinische Bücher in der Mehrzahl. Als Ludwig XIV. 1682 Straßburg erobert hatte, beriet der Reichstag lange, in welcher Sprache man Einspruch erheben sollte: französisch oder lateinisch, aber beileibe nicht deutsch. 1665 schreibt ein deutscher Gelehrter, Conring, daß die Franzosen, Engländer, Italiener, Niederländer und Spanier wissenschaftliche Bücher jetzt in ihrer Muttersprache schrieben statt in Latein, das sei eines Gelehrten unwürdig. Als zweiundzwanzig Jahre später Thomasius an der Universität in Leipzig als erster Vorlesungen in deutscher Sprache ankündigte, brandete ihm eine Welle der Empörung entgegen, daß er das ‹ehrliche schwarze Brett› damit entwürdigt habe. Als Jakob Grimm 1830 aus dem geliebten Hessen nach Göttingen übersiedelte, da wählte er zum Gegenstand seiner Antrittsvorlesung das Heimweh; aber er mußte die Rede lateinisch halten: de desiderio patriae. In Frankreich dagegen hatte man schon dreihundert Jahre früher verboten, im amtlichen Verkehr die lateinische Sprache zu verwenden. Noch in der Mitte des vorigen Jahrhunderts hat der große Gauß seine mathematischen Werke lateinisch geschrieben, und Schopenhauer bezeichnete es als eine «Schweinerei und Infamie», daß Anmerkungen zu lateinischen Schriftstellern in deutscher Sprache abgefaßt würden; man schreibe doch nicht «für schwadronierende Barbiergesellen».

Die Wiege der französischen Prosa stand in den französischen Salons; das Deutsche aber war nie die Sprache einer großen Geselligkeit. Das Neuhochdeutsche Luthers wurde in den ersten hundert Jahren in keinem Winkel Deutschlands gesprochen, es war nur eine Sprache der Bücher und Kanzleien. Ein leiser Duft von Kanzel und Katheder haftet der deutschen Prosa noch heute an. Der Schwung der lebendigen Konversation, die Luft der großen Welt ist ihr ferngeblieben. Der Deutsche ist kein geborener Unterhalter. Allzu unbekümmert ist er bestrebt, sein Eigenes zur Geltung zu bringen; ein jeder spricht gern und viel und laut und zieht es oft vor, die genaue Wiedergabe seiner Empfindungen der Betonung, dem Stimmaufwand und der Sprechweise anzuvertrauen und nicht den Geheimnissen der Stilkunst. So wird die Unterhaltung nicht leicht zum wirklichen Gespräch; das Gespräch verlangt vor allem den gescheiten Zuhörer, der auf die Worte des anderen eingeht und ihm die Fragen und Stichworte bringt, statt nur zu warten, bis er Atem schöpft. Die Unterhaltung schwankt daher oft zwischen schulmeisterlicher Belehrung und belanglosem Alltagsgerede hin und her und ist nur selten schwerelose Plauderei, in der die Künste der Sprache geübt und entwickelt werden. Mit bitteren Worten hat Schiller dieses Übel beklagt: «Die Sprache der Gelehrten ist der Leichtigkeit, Humanität und Lebendigkeit nicht fähig, welche der Weltmann mit Recht verlangt. Es ist das Unglück der Deutschen, daß man ihre Sprache nicht gewürdigt hat, das Organ des feinen

Umgangs zu werden, und noch lange wird sie die übeln Folgen dieser
Ausschließung empfinden.»

Kurze Zusammenfassung

Die deutsche Sprache ist ihren Anlagen nach äußerst vielseitig, differen-
ziert und ausdrucksstark. Reichtum und Wurzelhaftigkeit ihres Wortschatzes, Fähigkeit zur Neubildung, Logik der Betonung und Freiheit
ihrer gesamten Gestaltung machen sie zu einer sehr kräftigen und nuan-
cenreichen Sprache. Aber diese Möglichkeiten unserer Muttersprache haben nur wenige
voll ausgeschöpft. Die durchschnittliche deutsche Prosa nützt die Möglichkeiten der deutschen Sprache oft nicht aus und erreicht meist nicht
die lebendige Anschauung und die durchsichtige Klarheit unserer Nach-
barsprachen. Daß unsere Sprache sich seit dreihundert Jahren nicht voll
entfaltet hat, liegt in unserer politischen Geschichte begründet. Jahrhunderte hindurch stand Deutschland politisch, geistig und sprachlich unter
dem Einfluß anderer Nationen. Das Französische versperrte unserer
Sprache den Weg zur Gesellschaft, das Lateinische den Weg zu den Gelehrten und die politische Bevormundung den Weg zur öffentlichen
Rede. Ein großer Teil der deutschen Prosa behielt etwas Undurchsichti-
ges und Unlebendiges, das auch heute noch oftmals unserer Schriftsprache anhaftet.

Sprachmenschen und Sachmenschen –
Ein Gespräch

> Wieviel in der Welt auf Vortrag ankommt, kann man
> schon daraus sehen, daß Kaffee aus Weingläsern ge-
> trunken ein sehr elendes Getränk ist; oder Fleisch bei
> Tische mit der Schere geschnitten, oder gar, wie ich
> einmal gesehen habe, Butterbrot mit einem alten,
> wiewohl sehr reinen Schermesser geschmiert – wem
> wollte das wohl behagen?
>
> *Lichtenberg*

ANDREAS: Ich möchte dir ein paar Sätze vorlesen, die ich mir gestern für
dich angestrichen habe. Du magst erraten, von wem sie stammen:
 «Beredte Menschen sprechen mit solcher Klarheit, daß die meisten
sich nicht vorstellen können, sie sprächen auch tief. Schwerfällige Köpfe

erkennen die Philosophie nicht an, wenn die Beredsamkeit sie gemeinverständlich macht. Sie betrachten diesen Glanz des Ausdrucks, der den
Beweis großer Gedanken in sich schließt, als oberflächlich und leichtfer-
tig.»

CLEMENS: Der Satz stammt von einem Franzosen, einem der Morali-
sten, versteht sich . . .

ANDREAS: Es ist Vauvenargues.

CLEMENS: Ich hätte es erraten sollen! Wer mit dreißig Jahren stirbt, der
darf glauben, der Glanz des Ausdrucks schließe den Beweis großer Gedanken in sich. Man ist nicht ungestraft ein junger Franzose des ach-
zehnten Jahrhunderts.

ANDREAS: Man ist auch nicht ungestraft ein Deutscher des zwanzig-
sten! Man glaubt dann wie du, die abgerundete Form sei verdächtig, und
ein schlechtsitzender Anzug gewährleistet einen soliden Charakter.

CLEMENS: Daß der Träger nicht eitel ist, beweist er jedenfalls. Und
damit ist ein gut Teil des Weges zur Wahrheit zurückgelegt. Mögen
ein paar Feuilletonisten, denen die Wirkung wichtiger ist als die
Wissenschaft, den vertragenen Rock eines altmodischen Gelehrten belächeln: er hat eine vortreffliche Funktion im deutschen Geistesleben:
indem er auf allen Schein verzichtet, schützt er uns vor dem Schwindel.

ANDREAS: Als ob der Glanz der Form immer im Dienst des Schwindels
stünde! Als ob nicht auch eine solide Arbeit uns zugleich das Glück der
eleganten, der gewinnenden, der bezaubernden Form schenken könnte.
Wenn so viele deutsche Gelehrte die Geduld nicht haben, ihre Gedanken
immer und immer wieder durchzuschleifen, bis der Ausdruck durchsichtig wird wie ein Kristall, sollen wir deshalb diese Bequemlichkeit in
eine nationale Tugend umfälschen, welche die Form nur verschmähe,
um den Gehalt nicht zu gefährden? Nein, der Gehalt kann seine ganze
Strenge gerade dort bewahren, wo eine vollendete Form ihm das Verständnis des Lesers sichert. Die Gründe, warum du und so viele deutsche
Gelehrte die geschliffene Form verachten, liegen tiefer; ich will sie dir an
einem Beispiel verdeutlichen. Es gibt schwerlich ein schwierigeres und
trockeneres Gebiet als die höhere Mathematik, ein Thema, bei dem sich
niemand die Durchsichtigkeit der Darstellung dadurch erleichtern kann,
daß er die Tatbestände vereinfacht und die Probleme unter den Tisch fallen läßt. Eines der besten Lehrbücher, das wir über diesen Gegenstand
haben, ist das des Amerikaners Thompson. Die Vorrede zu diesem Buch
will ich vorlesen:

«Die Männer, welche Lehrbücher für fortgeschrittene Mathematiker
verfassen, geben sich selten Mühe, uns zu zeigen, daß tatsächlich viele
Rechenverfahren im Grunde recht einfach und leichtverständlich sind.
Sie scheinen im Gegenteil nur den Wunsch zu haben, uns durch abstrakte

Beweise ihren Scharfsinn darzutun, und schlagen deshalb oft den dornenvollen Weg ein, um das gesteckte Ziel zu erreichen.

Da ich mir selbst nun auch nicht allzu viel zutrauen kann, mußte ich mir diese Schwierigkeiten allein aus dem Weg räumen. Jetzt ist jedoch an mich der Ruf ergangen, meine armen Mitmenschen mit den Rechenverfahren bekanntzumachen, soweit sie nicht gar zu schwer sind. Wenn wir diese erst gründlich beherrschen, wird das übrige ganz von selbst kommen – was ein Durchschnittsmensch kann, kann ein anderer auch.»

Dann beginnt er mit einem Kapitel «Beseitigung der anfänglichen Furcht» und führt den Leser schonungsvoll und behutsam in das Labyrinth hinein. Er sieht, wenn er schreibt, stets den Leser vor sich, und er läßt es sich sauer werden, ihm die Arbeit zu erleichtern. Hier liegt der entscheidende Unterschied: Thompson liebt den Leser, der deutsche Gelehrte liebt nur den Stoff. Deswegen beherrschen wir Deutschen – wie schon Goethe gesagt hat – «die Kunst, die Wissenschaften unzugänglich zu machen.» Nationalökonomische Abhandlungen der Engländer sind oft spannender als deutsche Kriminalromane. Mancher deutsche Gelehrte gleicht in seinen Abhandlungen einem Mathematiker, der mit dem Rücken zum Hörsaal auf seinem Katheder steht und auf der schwarzen Tafel endlose kunstreiche Rechnungen durchführt; er schaut sich nicht um, es ist ihm ganz gleichgültig, daß ein Hörer nach dem anderen überwältigt von seinen Zahlenlawinen den Faden verloren hat, daß ein Teil der Hörer längst Zeitung liest, ein Teil schläft, ein Teil wegegangen ist: unbeteiligt wie ein Monument steht er da, den Rücken zum Publikum, vor dem Kopf das schwarze Brett, das ihm die Welt bedeutet, und rechnet und rechnet, bis die Glocke schellt. Gewiß haben auch wir eine Reihe von Gelehrten, die in ihrer Darstellungskunst die ausländischen Fachgenossen erreichen oder gar übertreffen, aber sie sind Ausnahmen. Deutsche haben in den Wissenschaften sicherlich viel geleistet; aber so viele bedeutende Köpfe sich auch unter ihnen befinden mögen: sie sind zumeist die langweiligeren Schriftsteller. Wissenschaftliche Bücher, die ihren Gegenstand in gefälliger, ja amüsanter Form behandeln, sind bei uns selten und den Fachgenossen verdächtig.

CLEMENS: So wie der A-Theist ein Mann ist, der Gott leugnet, so könnte man meinen, a-müsant bezeichne einen Menschen, der die Musen verleugnet; es gibt kein blamableres Wort. Das Amüsement ist Sache der amusischen Menschen. Ich danke Gott, daß deutsche Gelehrte selten amüsant sind. Vor zweitausend Jahren hat König Ptolemäus den Euklid gebeten, ihm Mathematik zu lehren, aber auf einem mühelosen Wege. Euklid erwidert: «In der Mathematik gibt es keinen Eingang für Herrschaften.» Wer Wissen wirklich erringen, wer es mit seiner Persönlichkeit verschmelzen will, muß es Schritt für Schritt erarbeiten, muß bereit sein, harte Bretter zu bohren. Pallas Athene ist eine spröde Göttin, ihre

Gunst wird nicht verschenkt, sondern nur in unermüdlichem Ringen
erobert. Wenn manche Leute dieses Ringen scheuen und dem Heiligtum
der Göttin Wissenschaft fernbleiben: um so besser; die Wissenschaft
kann nur Schaden leiden, wenn sie auf die breite Heerstraße der Popula-
risierung hinausgezerrt wird. Du wirfst uns vor, wir könnten nicht elegant schreiben! Nein, wir wollen nicht elegant schreiben! Wir Deutschen
sind nun einmal Sachmenschen und keine Sprachmenschen! Wir wollen
uns mit den Worten Fausts an Wagner trösten:

> «Such Er den redlichen Gewinn!
> Sei Er kein schellenlauter Tor!
> Es trägt Verstand und rechter Sinn
> mit wenig Kunst sich selber vor.»

ANDREAS: Die Fassung im «Urfaust» lautet ein wenig anders:

> «Mein Herr Magister, hab Er Kraft!
> Sei Er kein schellenlauter Tor!
> Und Freundschaft, Liebe, Brüderschaft,
> trägt die sich nicht von selber vor?»

Wie so oft, ist die Fassung des Urfausts treffender! Aber auch wenn man
den Satz auf allen rechten Sinn ausdehnt, so bleibt es doch dabei: was
Goethe ablehnt, ist nur die Bemerkung Wagners, daß der Pfarrer vom
Komödianten lernen solle. Daß man verständlich, durchsichtig, lebendig
schreiben müsse, hat er nie bestritten, sondern oft verlangt und vor allem
selbst bestätigt. Und gerade von den wissenschaftlichen Büchern hat er
gesagt: «Lehrbücher sollen anlockend sein; das werden sie nur, wenn sie
die heiterste und zugänglichste Seite der Wissenschaft darbieten.»

CLEMENS: Eine apodiktische Behauptung wird durch eine große Unterschrift noch nicht bewiesen. Lehrbücher sollen gerade nicht anlockend
sein, weil sie den Menschen das Leben nicht zu leicht machen sollen.
Wenn du daber glaubst, daß man den andern mit Zitaten aus den Klassikern zum Schweigen bringen könne, so empfehle ich dir, Schillers Abhandlung «Über die notwendigen Grenzen im Gebrauch schöner Formen» nachzulesen. Sie wägt sehr genau ab, wo schöne Form hingehört
und wohin nicht.

ANDREAS: Schiller war gottlob zu gescheit, um sich selbst nach der von
ihm gepredigten puritanischen Methode zu richten. Studiere nicht seine
Kochrezepte, sondern iß seine Speisen. Du wirst dann finden: gerade er
hat über die schwierigsten Gegenstände durchsichtig und mitreißend geschrieben.

Wenn ich von deinen Worten, welche übrigens den Reiz der zugespitzten Form zwar verachten, aber nicht verschmähen, das Flittergewand
der Vergleiche herunterziehe, dann bleibt als nüchterner Kern übrig: was

zu schnell in den Geist eindringt, geht nicht in die Tiefe; erst die Schwierigkeit erzwingt die Gründlichkeit. Nun sind aber überall die Schwierigkeiten groß genug, die in der Sache selbst liegen. Auch wenn man mit dem glänzenden Lehrbuch von Thompson die höhere Mathematik studiert, bleibt viel Kopfzerbrechen übrig. Der Weg zur Wissenschaft ist von Natur steil und hart, man braucht nicht noch die Felsen der undurchsichtigen, verschwommenen oder langweiligen Darstellung in den Weg zu wälzen, um die Unberufenen fernzuhalten und bei den Berufenen den Schweiß fließen zu lassen. Oder mit deinem Vergleich: die Bretter sind von Natur hart genug, man braucht sie nicht noch mit Blech zu beschlagen, damit der Bohrer keinen Ansatz findet.

Denn es ist ja gerade umgekehrt, als du glaubst: die geschliffene, durchsichtige Form der Darstellung versperrt nicht das gründliche Verständnis, sie ist im Gegenteil der einzige Weg, um dieses Verständnis zu erreichen. Jede tiefgründige Untersuchung ist an sich schon so schwierig, daß die glänzendste Darstellung gerade hinreicht, sie verständlich zu machen. Wenn der Leser die Hälfte seiner begrenzten Kraft aufwenden muß, um sich durch den Irrgarten verschachtelter Riesensätze oder durch die Wüste unnötiger Abschweifungen hindurchzuarbeiten, reicht die andere Hälfte nicht mehr aus, um ihn ans Ziel zu bringen. Und darum müssen wir ihm helfen. Der Romanist Hugo Schuchardt hat gesagt, manche deutschen Gelehrten glauben allen Ernstes, die Sprache bestehe zu dem Zwecke, die Gedanken zu verbergen; wenn man sie auf eine Unklarheit des Ausdrucks hinweise, so erwiderten sie mit bewundernswerter Unerschrockenheit, daß der Gedanke ja klar sei; solche Leute haben kein Erbarmen mit ihren Mitmenschen, und so verbittern sie uns die Stunden, die zu ruhigem Genuß bestimmt seien.

CLEMENS: Als jemand dem Philologen Moritz Haupt empfahl, erklärende Anmerkungen zu machen, erwiderte Haupt schnöde, aber zutreffend: «Ich kann nicht wissen, was die Leute alles nicht verstehen.»

ANDREAS: Daran erkenn' ich den gelehrten Herrn! Du sagst: wir wollen nicht elegant schreiben. Aber ihr wollt ja auch nicht einmal faßlich schreiben. Der deutsche Autor behandelt sein Publikum wie eine eroberte Geliebte, in deren Gegenwart man sich keinen Zwang mehr auferlegt, sondern der man in jedem Aufzug recht und willkommen zu sein glaubt. Er fliegt ins Zimmer, wirft sich aufs Sofa, spricht etwas Geistreiches oder Dummes, schläft ein, wacht wieder auf, nimmt seinen Hut und empfiehlt sich. Der Vergleich ist hundert Jahre alt, aber nach diesen Gewohnheiten behandeln auch heute die meisten gelehrten Schriftsteller ihre Leser und manche ungelehrten auch. Sie denken im Grunde wie Wilhelm von Humboldt: «Habe ich mir eine Idee entwickelt, so ekelt es mich an, sie nun auch anderen auszuknäueln, und solange mich nicht äußere Umstände zwingen, überwinde ich diesen Ekel nicht.» Das Geheimnis des deutschen Gelehrtenstils: sie verachten die Form, weil sie den Leser verachten. Dem Gegenstand schulden sie Gründlichkeit, dem Leser schulden sie gar nichts. Ihre ganze Kraft wird von der Sache beansprucht; für die Form bleibt nichts übrig. Noch kürzlich wurde in der Fakultätssitzung einer großen Universität gegen die Berufung eines jungen angesehenen Wissenschaftlers eingewandt, der Mann habe auch gemeinverständliche Bücher geschrieben. Es ist seltsam: die antike Überlieferung ist in dieser Frage ohne Einfluß geblieben. Die Hellenen besaßen einen so starken, niemals aussetzenden Schönheitssinn, eine solche selbstverständliche Liebe zur Harmonie, daß sie Werke ohne künstlerische Form überhaupt nicht zur Kenntnis nahmen. Der gebildete Grieche las die Evangelien nicht, weil sie in schlechtem Griechisch geschrieben waren. Selbst für Werke der Tierarzneikunde verlangte man die *Charis,* die Anmut, und Plinius beginnt seine Naturgeschichte mit einer Entschuldigung, daß sich dieser spröde Stoff nicht kunstvoller habe darlegen lassen. Bücher in schlechtem Stil las damals kein gebildeter Mensch.

CLEMENS: Dieses Stichwort darf ich mir nicht entgehen lassen. Ja, du hast ganz recht, und noch zu der Zeit, als in Deutschland Luther mit dem Teufel rang, hat in Rom der Kardinal Pietro Bembo erklärt, er habe niemals die Briefe des Apostels Paulus gelesen, um sich nicht seinen Stil zu verderben. Aber merkst du denn nicht gerade hieran, worin diese Überschätzung der bloßen Form führt?

Zu jener Rethorik führt sie, welche Poesie und Prosa der Griechen gleichermaßen zugrunde gerichtet hat. Zu jener Rhetorik des Protagoras und Isokrates, welche die Menschen die Kunst lehrt, zwei entgegengesetzte Thesen gleich gut zu verteidigen; die ihnen beibrachte, wie man dank der Macht der Dialektik über den Staat so gut reden könne wie über Naturphilosophie oder über jeden anderen Gegenstand. Als Hannibal in Ephesus landete, ließ man zu seiner Unterhaltung den Rhetor Phormio einen Vortrag halten: zur Erbitterung des großen Feldherrn sprach der Mann über Strategie. Und hierin blieben die Formbeherrscher sich immer gleich – über zweitausend Jahre hinweg.

Der Unterricht der Rhetoren umfaßte jede Art der Prosa; als Anfängeraufsatz galt die philosophische Abhandlung, als Gipfel die Gerichtsrede. Man gab damit unverfroren zu, daß die Form alles sei und der Inhalt nichts. Die glanzvolle Form versprach die mitreißende Wirkung auf den Leser oder Hörer, die schon die hellenistischen Wortkünstler über alles verehrten.

Ja, in der hellenistischen Zeit galt der große Redner mehr als der Staatsmann. Und was war das Ende dieses Formenkultes? Pointierte Sentenzen, deklamatorisches Pathos, zerhackter Satzbau, Vermischung von Poesie und Prosa, Ziererei, Schwulst, verwegene Neuworte, belie-

bige Wortstellung, bacchantischer Taumel und allgemeines Schellenge-
läute. Der Inhalt wird zum belanglosen Füllsel, das der Virtuose je nach
Interesse oder Bestellung so oder so liefert.

Die Anpreisung der Form ist eine Verfallserscheinung, die den Zeiten
der gewachsenen Literatur fernliegt. Wenn Form und Methode zum
Hauptproblem erhoben werden, ist es ein sicheres Anzeichen für den Beginn einer geistigen Dekadenz. Jeder verständige Mensch empfindet
Unbehagen gegenüber Leuten, die zu gewandt reden. Wer sich gut ausdrückt, hat schwerlich tief empfunden. Der speech appeal ist uns gleichgültig, ja verdächtig. Bedenke die Worte, die George Sand an Flaubert
geschrieben hat: «Nähre dich von deinen Ideen und Gefühlen; die Form,
von der du soviel Worte machst, wird ganz von allein aus diesem Prozeß
hervorgehen. Sie ist kein Ziel, sondern eine Wirkung.» Jedoch, ich habe
das Gefühl, als sei ich ein wenig von unserem Gegenstand abgekommen.

ANDREAS: Dies Gefühl täuscht dich nicht! Denn was hast du eigentlich
gesagt? Daß man die bloße Form überschätzen kann und daß dies meist
in den Zeiten des Verfalls geschehen ist. Aber weil es Stutzer gibt, die die
Pflege der Kleidung überschätzen und übertreiben: sollen wir darum
keine sauberen und ordentlichen Gewänder mehr tragen? Nicht den
übertriebenen, einseitigen Brillantenstil habe ich empfohlen, sondern
jene Eindruckskraft, welche auf Klarheit und Lebendigkeit der Darstellung beruht. Die einzelnen Mittel hierfür will ich heute nicht erörtern.
Mir geht es jetzt nur um das Ob, nicht um das Wie. Denn zunächst muß
man überhaupt einsehen, daß der Schreiber verpflichtet ist, dem Leser
das Leben so leicht und angenehm zu machen, wie es der Gegenstand
eben zuläßt. Die Gedanken, so wie sie zunächst kommen, sind nichts
wert, man muß sie erst so zusammenkochen, daß sie dem Leser
schmackhaft und verdaulich werden.

CLEMENS: Wenn nur bei diesen Kochkunststücken nicht so oft eine
Kleinigkeit verlorenginge, nämlich die Wahrheit. Plutarch, auch so ein
Kochkünstler, hätte Cäsar glatt die Schlacht bei Pharsalus verlieren lassen, wenn das seinen Satz um eine Nuance runder gemacht hätte. Voltaire hat in seinen Geschichtswerken Anekdoten erfunden, um seine
Auffassung eines Helden ‹lebendig› zu machen. Denn es kam ihm ja
nicht auf die Wirklichkeit an, sondern auf die ‹innere Wahrheit›, das heißt
auf seine vorgefaßten Ideen. Die Tatsachen waren ihm nur Illustrationen
dieser von ihm entdeckten ‹Gesetze›, und Illustrationen kann man ruhig
ein wenig korrigieren.

Und gar die modernen Schönfärber! Ihr Gott ist der Effekt, der Eindruck auf die Leser. Diesen Effekt erzielt man mit einer eleganten,
durchsichtigen Darstellung. Nun hat aber die Wirklichkeit eine schlechte
Eigenschaft: sie ist nicht elegant, sie ist nicht einfach, sie ist im Gegenteil
verwickelt. Die Dinge sind nicht schwarz oder weiß, sondern tausend-

farbig. Hat ein wirklicher Gelehrter für irgendein Problem die Lösung gefunden, so stößt er am folgenden Tag auf eine Tatsache, die die Lösung umwirft, und er muß die gestern gefundene These mit ‹wenn› und ‹aber› einschränken, wobei sie freilich an Eleganz einbüßt.

Die literarischen Schönschreiber haben es leichter: die unangenehme Tatsache wird verschwiegen. Man muß eben Einzelheiten abschleifen zugunsten der ‹großen Linie›. Wenn man lange genug an der Wahrheit herumgeölt hat, dann entsteht jene geschmeidige glatte Darstellung, die dem Leser eingeht wie Honig, nur ist sie leider nicht so nahrhaft. Wie feßle ich meinen Leser? Ich dramatisiere die Handlung, spitze mein eigenes Urteil epigrammatisch zu und setze alle Ideen der Vergangenheit in ein modernes behagliches Licht. Zuviel Erörterung und Untersuchung ist überhaupt lästig und unelegant; besser, man setzt einzelne Bilder nebeneinander, wie es der erfolgreiche Verwandte, der Film, ja auch macht. Anekdoten will der Leser, nicht ungelöste Probleme; hingetupfte Einzelbilder, nicht komplizierte Entwicklungen; pointierte Werturteile, nicht schwerfällige Erörterungen. Wenn man sich mit solchen Taschenspielerstückchen die Sache vereinfacht hat, dann entsteht der flüssige Stil von selber; bergab und ohne Stromschnellen fließt das Wasser leicht. Die Wahrheit der Schönheit zu opfern, ist ein uralter Kunstgriff. Schon von jenem Isokrates, der ein glänzender Stilist war und ein armseliger Schriftsteller, von jenem Schaumschläger, den die allgemeine Bildung als ihren Ahnherrn verehren sollte, sagt Wilamowitz, er habe einen Stil geschaffen, vollkommen wie der dorische Tempel, aber er habe hierfür auch die Gedanken drehen und wenden und hohle Füllstücke einfügen müssen, bis sich alles in diese Form fügte.

Aber eines Tages werden die Menschen die schillernden Feuilletonisten und die historischen Belletristen satt haben und sich nach dem soliden Schweinsleder der Kompendien zurücksehnen, die Belehrung bieten und nicht Unterhaltung.

Mit der notwendigen Schärfe hat Kurt Breysig erklärt, daß «für den Gelehrten schon das Umgießen seiner Forschungen in verständliche Worte etwas seiner ursprünglichen Aufgabe Fremdes sei». Künstlerhochmut wäre es, zu fordern, der Gelehrte solle in der Form mit dem Künstler rivalisieren. Man müsse diesen Hochmut in seine Schranken weisen; man müsse im Gegenteil – nach dem Vorbild der Naturwissenschaften – zu viel unzugänglicheren Ausdrucksmitteln übergehen. Dann brauche der Gelehrte seine Arbeit nicht vor Herrn Jedermanns Augen auszubreiten und von mittelmäßigen Literaten den Vorwurf zu hören, er schreibe nicht gemeinverständlich genug.

Wer von seinen Gedanken wahrhaft bedrängt ist, hat weder Zeit noch Lust, sie gefällig aufmarschieren zu lassen. Er wird dies getrost den Verfassern gemeinverständlicher Bücher, dem geistigen Zwischenhandel, den Leuten überlassen, die das Gold der Wissenschaft in Kupferpfennige für den großen Haufen umwechseln.

ANDREAS: Du machst es dir etwas leicht, die Formlosigkeit der deutschen Durchschnittsprosa zu rechtfertigen. Daß man die Wahrheit der Schönheit opfern kann und oft genug geopfert hat: wer will das bestreiten? Aber daß man sie opfern muß: wer will das behaupten? Gewiß, Gründlichkeit und Eleganz sind zwei Göttinnen, die stets miteinander im Kriege liegen. Bei jeder Seite wissenschaftlicher Prosa stehen wir vor dem Problem, Genauigkeit und Durchsichtigkeit zu versöhnen. Aber daß dies Problem lösbar ist, das läßt sich empirisch beweisen. Denn Hunderte von Schriftstellern aller Nationen haben diese Aufgabe gelöst: die nie befriedigte Zähigkeit des Sammlers, die unermüdliche Kraft des Forschers, den bitteren Ernst des Wieder- und Wieder-Prüfens: das alles spüren wir in ihren Büchern, aber wir spüren es nur an den Früchten, die sie uns darbieten; denn das alles ist eingeschmolzen in den Gang einer Untersuchung, die die Kunst der Darstellung mit der gleichen Souveränität meistert, mit der sie vorher den Stoff gemeistert hatte. Gerade die völlige Beherrschung des Gegenstandes erlaubt es, ihm die vollendete Form zu geben. Den Ausdruck zuzuschleifen bis zur höchsten Leuchtkraft, war ihnen keine unliebe Zumutung von außen, sondern der natürliche Drang eines gebildeten Geistes, dem das Gestaltlose gerade so verhaßt ist wie das Gehaltlose, die pedantische Unform gerade so wie der dilettantische Schwindel.

Freilich hat die Vollendung der Form auch eine verführerische Gewalt, aber von ihr gilt wie von allen großen Lebensmächten: nur was stark genug ist, uns in den Abgrund zu reißen, ist auch stark genug, uns auf die Gipfel zu heben. Die mittleren Kräfte, die uns weder gefährden noch beglücken, belassen uns in dem grauen Nebelreich eines mittelmäßigen Durchschnitts, aus dem keine Pfade nach oben führen.

All deine Argumente beruhen auf dem einen Grundirrtum: die durchsichtige Darstellung sei nur auf Kosten des Inhalts möglich. Aber Hunderte von Büchern widerlegen dieses Vorurteil.

CLEMENS: Ich will dir entgegenkommen: eine gefällige Form beweist nicht immer die Wertlosigkeit des Inhalts. Sie ist kein Laster, aber auch kein Vorzug.

ANDREAS: Sie ist kein Vorzug, sondern eine Notwendigkeit! Es wäre ein Unglück, wenn wir die wissenschaftliche Literatur in zwei Teile spalten müßten: hier die strengwissenschaftlichen Lehrbücher und Abhandlungen, geschrieben von seriösen Gelehrten in einer wissenschaftlichen Geheimsprache – dort die populäre belehrende Literatur, elegant geschrieben von wissenschaftlich Halbgebildeten in dem flach plätschernden Fluß seichter Aufklärung. Es wäre ein Unglück für beide Teile. Zunächst einmal wäre sie verhängnisvoll für diese gemeinverständlichen

Bücher, denn nur der kann solche Bücher wahrhaft schreiben, der selbst geforscht und nicht nur Forschungsergebnisse anderer auf neue Flaschen zieht. Aber diese Trennung wäre ein noch größeres Unglück für die Wissenschaft selbst. Ein unzureichender Stil schadet dem Schreiber noch mehr als dem Leser. Die Form ist der Prüfstein für den Inhalt. Lessing spricht in der Abhandlung über die Fabel verächtlich von jenen Gedanken, «die man sich nur zu haben begnügt, ohne ihnen durch den Ausdruck die nötige Präzision zu geben». Noch ausführlicher hat Benedetto Croce diesen Gedanken begründet: So wie ein Mensch, der sich über seinen Reichtum an Geld falsche Vorstellungen macht, von der Arithmetik überführt werde, die ihm genau sagt, wie hoch der Betrag seines Vermögens sei, genau so werde derjenige, der sich über den Reichtum seiner Gedanken und Phantasie Illusionen hingebe, zur Wahrheit zurückgeführt, wenn er gezwungen sei, die Eselsbrücke des Ausdrucks zu überschreiten. Und falls dir dieser italienische Philosoph nicht maßgebend genug ist, so will ich dir noch einen Satz von einem deutschen Dichter zitieren, der gewiß kein Blender und Schönredner war, sondern zeitlebens eine unerwiderte Neigung zur schönen Form gehabt hat, nämlich Wilhelm von Humboldt: «Man besitzt in Ideen nur ganz, was man außer sich dargestellt in andere übergehen lassen kann.» Eben deshalb haben die bedeutendsten Gelehrten die große mitreißende Form wo nicht erreicht, so doch gerühmt und erstrebt.

Und damit erst kommen wir zu dem Kern unseres Problems. Die Form ist ja kein Kleid, das sich jedermann nach Belieben umhängen könnte. Die Form ist die Kontur des Gehaltes, die Leiblichkeit des Gedankens. Der Gehalt kommt erst zur Welt, indem er sich in den Worten verkörpert. Deshalb gibt es auch keinen bedeutenden Gehalt ohne bedeutende Darstellung. Erst wenn sie Gestalt gewinnt, vermögen wir die Idee zu sehen und zu lieben. «Man ist um den Preis Künstler», sagt Nietzsche, «daß man das, was alle Nicht-Künstler Form nennen, als Inhalt, als die ‹Sache selbst›, empfindet.»

Eben darum gilt das entscheidende Wort: Den Stil verbessern heißt den Gedanken verbessern. Freilich, hier und da ein Bild aufleimen, einige Sätze kürzer hacken, ein paar funkelnde Antithesen zuspitzen, solche gut gemeinten Ränke sind nutzlos. Wahrhaftigkeit ist die erste Quelle guten Stils, der Verzicht auf alle eitlen Abschweifungen und Anspielungen und vor allem auf das nichtswürdige Taschenspielerkunststück, den banalsten Gedanken durch ausgefallene Worte oder tönende Phrasen den Anstrich der Bedeutung zu verleihen. Gründlichkeit ist die zweite Quelle, der immer von neuem gefaßte Entschluß, sich nicht zu begnügen mit dem allgemeinen, abstrakten und verschwommenen Ausdruck, sondern bis zu dem gegenständlichen, anschaulichen, treffenden Wort vorzustoßen. Fleiß muß hinzukommen, der sich nicht zufrieden gibt, dem Leser die

Gedanken hinzuschütten, wie sie gerade gekommen sind, sondern sie immer wieder umzugliedern, bis der ganze Gedankengang völlig durchsichtig wird, ja bis er selbst dem schläfrigen Leser eingeht. Diese Gestaltung ist es, die den Gedanken verbessert; sie wird nicht von außen aufgeprägt, sondern muß ihn von innen neu erfüllen. Der unklare Ausdruck ist ein Argument gegen den Gedanken. Wer jemals versucht hat, einen schwierigen Gedankengang so darzustellen, daß ihn nicht nur der Fachgenosse versteht, sondern auch der gebildete Laie, der weiß: eine solche Aufgabe nötigt unerbittlich, uns den genauen Sachverhalt völlig klarzumachen, und verhindert uns, Lücken mit Fachausdrücken zu verkleistern. Der Kampf um eine klare Form zwingt zur Einfachheit und Wahrheit.

Und diese einfache Wahrheit trägt tausendfachen Segen. Wir wollen uns nicht täuschen: die Form ist es, von der die Wirkung eines Werkes abhängt. Ein guter Teil aller Schriftsteller sagt nicht viel Neues, aber sie sagen das Alte auf neue Weise. «Die originalsten Autoren der neuesten Zeit sind es nicht deswegen, weil sie etwas Neues hervorbringen, sondern allein, weil sie fähig sind, dergleichen Dinge zu sagen, als wenn sie vorher niemals gesagt worden wären», sagt Goethe ohne alle Ironie. Die Gestalt ist das Schicksal des Werkes.

Wissenschaftliche Werke werden vergessen, sobald ihr Inhalt überholt oder selbstverständlich geworden ist, seien sie auch ihrer Form nach Kunstwerke. Ja, mehr noch: wer sich nicht bemüht, seinen Stil bis zum letzten durchzuschleifen, der hält nur Monologe; niemand liest ihn wahrhaft gründlich, auch die wenigen verkauften Exemplare stehen unaufgeschnitten in verstaubten Buchregalen; selbst die Fachgenossen beschränken sich darauf, ihn zu rezensieren. Wenn jede Seite verblassen würde, auf der zehn Jahr lang kein Menschenauge geruht hat, dann würden neun Zehntel aller Werke der Sachprosa in öffentlichen und privaten Büchereien nur weiße Blätter aufweisen. Es gibt unendlich viel gelehrte Bücher, die nie ein anderer Mensch gründlich gelesen hat als der Setzer und der Verfasser. Wie eine hochpolierte Metallfäche auch mechanischen Angriffen stärker widersteht als eine stumpfe, so haben auch in der Literatur nur die gut geschriebenen Bücher die Wirkung auf das Geschlecht von heute und die Hoffnung auf das von morgen. Gerade darum müssen wir die Form pflegen. Vor der Duldung verschwommener Unform muß uns Einsicht und Belehrung schützen.

Der Naturforscher Du Bois-Reymond hat der deutschen Wissenschaft die Sätze zugerufen:

«Wie viele unter den deutschen Gelehrten gibt es denn, welchen der Gedanke, daß eine wissenschaftliche Abhandlung ein Kunstwerk sein könne wie eine Novelle, nicht als eine wunderliche Grille erscheint? Sie meinen, gutes Deutsch sei ein Geschenk des Himmels, um das, wer es nicht besitzt, umsonst sich bemühe, und welches überdies nicht wert sei, daß man sich darum plage. Unbekümmert um die äußere Erscheinung treten sie im Schlafrock vor die Öffentlichkeit und, was kaum minder schlimm ist, die Öffentlichkeit ist es zufrieden. Ja, sie suchen etwas darin, äußerer Hilfsmittel sich zu entschlagen, als ob die Wahrheit unter gefälliger Form litte, als ob formale Durchbildung eines Gedankengefüges nicht der sicherste Weg wäre, übersehene Lücken und Felder aufzudecken, und als ob nicht gerade die Hochmeister des Gedankens, beispielsweise ein Gauß, ihre Arbeiten auch äußerlich mit der größten Sorgfalt vollendet hätten... Diese Art hat die Deutschen daran gewöhnt, ungenau Gedachtes, locker Geschlossenes, mitunter Sinnloses, unter dem Schutz orakelhafter Dunkelheit und einer irreleitenden Kunstsprache, als tiefe Weisheit sich bieten zu lassen. Sie hat sie in dem Fehler bestärkt, zu dem sie ohnehin neigen, ihre Gedanken nicht zu voller Schärfe auszuarbeiten und bei deren Ausdruck gleichsam mit einer ersten Annäherung sich zu begnügen.»

Die vollendete Form – weit entfernt, den Gedanken zu gefährden – ist vielmehr das einzige Mittel, ihn wahrhaft lebendig zu machen und ihm jene Zeugungskraft zu verleihen, die nur lebendige Gestalten besitzen. Die wahre Form ist zugleich Inhalt. Sowenig wir bei einem Menschen entscheiden können, ob das Lächeln seines Mundes, das Aufschlagen der Lider, der Schimmer des Haares und der Klang der Stimme nur Äußerlichkeiten sind oder Erscheinungsformen eines inneren Gehalts, sowenig können wir bei einem Kunstwerk der Sprache das Innere und das Äußere mit dem Messer des Chirurgen auseinandertrennen. Wer bei einem Sprachgebilde die Form zerbricht, zerbricht den Inhalt; und wer die eine notwendige Form eines Gedankens nicht hätte schaffen können, der hätte auch den Gedanken nie gefunden. Der «Torquato Tasso» in Prosa, Kleists «Michael Kohlhaas» im Stil eines Unterhaltungsromans, Burckhardts «Kultur der Renaissance» im durchschnittlichen Gelehrtendeutsch: das hieße nicht nur Formen zerstören, sondern ein Werk austilgen. Die Form ist nicht das Gefäß, in das wir einen Inhalt schütten, sondern die Kontur, die von ihrem Gebilde untrennbar ist.

Was ist guter Stil?
Ein Briefwechsel über Qualitätsprobleme und Wissenschaft

> Die Kunst ist die Vermittlerin des Unaussprechlichen; darum scheint es eine Torheit, sie wieder durch Worte vermitteln zu wollen. Doch indem wir uns darum bemühen, findet sich für den Verstand so mancher Gewinn, der dem ausübenden Vermögen auch wieder zugute kommt.
>
> *Goethe*

Lieber Freund!

Mit Befriedigung habe ich in Deinem Brief gelesen, daß Du ein Buch über deutsche Stilkunst schreibst. Aber mit Bedauern habe ich ihm entnommen, daß dies Buch auch die Wege zu einem guten Stil aufzeigen soll. Denn ein Buch, das solche Versuche unternimmt, hört auf, ein wissenschaftliches Buch zu sein.

Was kann eine Stilistik leisten? Sie kann die verschiedenen Stilmittel beschreiben – zum Beispiel Bild und Antithese, Humor und Ironie. Sie kann bestimmte Stiltypen unterscheiden – den breiten und den knappen, den schlichten und den ausgeschmückten Stil. Sie kann darlegen, welche Eigenarten der Stil Goethes oder Nietzsches besitzt, sie kann ermitteln, was daran Zeitstil und was Individualstil ist, sie kann schließlich untersuchen, welche seelischen Hintergründe, welche geistesgeschichtlichen Zusammenhänge den Quellgrund der einzelnen Stilerscheinungen bilden; kurzum sie kann die Welt des Stils betrachten, so wie sie ist. Aber eines kann die Stilistik nicht: sie kann kein Urteil darüber abgeben, was guter Stil und was schlechter Stil ist; sie kann daher auch nicht vorschreiben, wie der Stil sein soll.

Es gibt keinen wissenschaftlichen Maßstab, um guten und schlechten Stil zu unterscheiden. Ob jemandem der durchsichtige Stil Schopenhauers gefällt oder der dunkle, rätselhafte Hamanns, ist Sache des persönlichen Geschmacks, Sache der Weltanschauung. Beweisen können wir weder die Überlegenheit des einen noch die des anderen. Daher denn auch die Urteile über Kunstwerke zu allen Zeiten auf das seltsamste geschwankt haben.

Ästhetische Werturteile wissenschaftlich begründen zu wollen, ist ein naiver Traum. Es gibt keine wissenschaftlichen Normen über das Gute in der Kunst. Woher sollte auch die Wissenschaft solche Normen gewinnen? Aus dem, was ist, folgt niemals, ob etwas sein soll; aus bloßen Tatsachen kann man nicht ableiten, was als schön zu gelten hat. Und daß man aus irgendwelchen geheimnisvollen Oberbegriffen Regeln für die Künstler herausdestillieren könne, dieser Gedanke ist schlechtes achtzehntes Jahrhundert.

Die Wissenschaft besagt immer nur etwas über das Sein und niemals über das Sollen. Der Zoologe kann Hunde und Katzen beschreiben, aber er kann nicht wissenschaftlich entscheiden, was wir vorziehen sollen. Tatsachen und Werturteile dürfen wir nicht vermengen.

Was das Handeln angeht, so kann die Wissenschaft nur sagen: wenn Ihr die und die Maßnahmen trefft, so werden erfahrungsgemäß die und die Folgen eintreten. Sie kann also nur, wenn das Ziel gegeben ist, geeignete Mittel namhaft machen. Selbst Ziele zu setzen, gehört nicht zu ihren Aufgaben.

Die Wissenschaft muß auf Werturteile verzichten – nicht etwa weil Werturteile unwichtig sind, sondern im Gegenteil, weil sie oberhalb ihres Bannkreises liegen. Sie gehören in den Herrschaftsbereich der Politik, der Religion, der Weltanschauung. Mit dieser Wertaskese müssen wir Gelehrten uns in schlichter und anständiger Resignation abfinden. Das Qualitätsproblem liegt jenseits der Grenzen der Wissenschaft. Wenn jemand erklärt, der Prosastil der Marlitt erscheine ihm schöner als der des «Egmont», so können wir ihn wissenschaftlich nicht widerlegen.

Begnüge Dich damit, die Welt des Stils zu beschreiben, wie sie ist, und verzichte darauf, einen Kurszettel der Stilwerte zu verfassen.

In Freundschaft

Franz

Lieber Freund!

Deine Darlegungen klingen zunächst ebenso überzeugend wie verdrießlich. Überzeugend – denn die wissenschaftlichen Werturteile scheinen danach wirklich unrettbar; verdrießlich – denn unser ganzes Empfinden sträubt sich dagegen, daß die Wissenschaft jenem, der die Marlitt über den «Egmont» setzt, kein Wort soll entgegnen können. Aus solcher Empfindung heraus hat Friedrich Theodor Vischer einmal geschrieben: »Wenn jemand die Parthenonskulpturen von Phidias oder die Deckengemälde der sixtinischen Kapelle von Michelangelo nicht schön findet, werden wir dann mit dem lange Umstände machen und ihm einräumen: ja, du hast eigentlich recht, ein Gesetz gibt es nicht: das ist ganz dem Zufall der Individualität anheimgegeben? Nein, wir werden ihn stehen lassen und denken: du bist ein Esel; denn wir halten die Richtigkeit unserer Ansicht hierüber für so gewiß als zwei mal zwei gleich vier ist.«

Aber schelten ist leichter als widerlegen. Prüfen wir, ob Deine Wertaskese wirklich unwiderlegbar ist.

Du schreibst mit Recht: wenn die Ziele gegeben sind, so kann die Wissenschaft angeben, welche Mittel zu diesen Zielen hinführen. Es ist dies offenbar das Gebiet der angewandten Wissenschaften. In der Medizin zum Beispiel ist das Ziel stillschweigend gegeben; es ist die Erhaltung der Gesundheit und des Lebens. Daher kann der Arzt alles, was diesen Zielen dient, als gut und richtig, und alles, was die Ziele gefährdet, als falsch und schädlich bezeichnen. So können wir auch die Stilistik als angewandte Sprachwissenschaft ansehen. Im Reich der Stilkunst ist es das stillschweigende Ziel des Autoren, im Leser bestimmte Gedanken, Gefühle, Stimmungen oder Entschlüsse hervorzurufen. Je mehr daher der Stil eines Buches geeignet ist, diese Wirkung zu erzielen, je angemessener er also ist, desto besser wird er uns erscheinen.

Aber wir wollen uns nicht täuschen: wir haben mit diesem Maßstab des Angemessenen das Problem nicht gelöst. Die Werke der Literatur sind keine bloßen Mittel, um einen bestimmten geistigen Gehalt aus einem Kopf in den anderen zu befördern. Die Sprache ist eine spontane Lebensäußerung. Würden wir uns mit dem Maßstab des angemessenen Mittels begnügen, so würden wir die Stilkunst zur bloßen Stiltechnik erniedrigen. Wenn wir von einem Werk sagen, es sei in einem guten Stil geschrieben, so meinen wir mehr als bloße Angemessenheit.

Der Maßstab des Angemessenen ist von gewisser Bedeutung, wenn es sich darum handelt, Werke der Sachprosa zu beurteilen, also Werke, die uns einen bestimmten sachlichen Inhalt vermitteln sollen: die wissenschaftliche Literatur, das volkstümlich belehrende Schrifttum, die Gesetze, Zeitungen, Geschäftsbriefe und so fort. Für Romane und Novellen dagegen besagt dieser Maßstab wenig. Auch ist er überhaupt mehr geeignet, das offenkundig Falsche zu entlarven als das wahrhaft Schöne herauszufinden.

Hat die Wissenschaft über diese Frage des Schönen wirklich gar nichts zu sagen? Ich glaube, die Antwort auf diese Frage ist schon in Kants «Kritik der Urteilskraft» gegeben worden. In diesem Werk – von dem Goethe gesagt hat, er verdanke ihm eine freudige Epoche seines Lebens – hat Kant dem Problem Deines Briefes lange und scharfsinnige Überlegungen gewidmet:

Die Urteile über das Schöne – so legt er dar – sind überaus seltsamer Natur. Wenn jemand sagt: «Diese Speise schmeckt angenehm», so ist er sich bewußt, daß dieser Satz kein allgemeingültiges, sondern ein privates Urteil ist. Wenn er dagegen erklärt: «Dies Gemälde ist schön», so ist er überzeugt, ein allgemeingültiges Urteil abgegeben zu haben. So oft der Mensch etwas als schön bezeichnet, so mutet er anderen dasselbe Wohlgefallen zu. Es ist daher ganz falsch, in ästhetischen Fragen zu sagen: jedermann hat seinen Geschmack. «Denn dieses würde soviel heißen, als:

es gibt gar keinen Geschmack, das heißt es gäbe dann kein ästhetisches Urteil, das auf jedermanns Beistimmung rechtmäßigen Anspruch machen könnte.« Aber unser Urteil, daß ein Gemälde schön sei, beruht nicht auf begrifflich faßbaren Merkmalen dieses Gemäldes. Wir urteilen vielmehr einzig auf Grund unseres Gefallens. Schön ist, was ohne Begriff allgemein gefällt. Daher läßt sich auch die Richtigkeit der Urteile über das Schöne niemals durch ästhetische Normen beweisen. Die ästhetischen Urteile besitzen nur eine subjektive Allgemeinheit. Das Geschmacksurteil postuliert nicht jedermanns Einstimmung (denn das kann nur ein logisch allgemeines, weil es Gründe anführen kann); es sinnt nur jedermann diese Einstimmung an. Ästhetische Urteile sind unbeweisbar, aber auch unabweisbar. Kant setzt sodann auseinander, wie die subjektive Allgemeingültigkeit der ästhetischen Urteile begründet sei in der Natur des menschlichen Erkenntnisvermögens.

Was Kant hier darlegt, wird jedermann einleuchten. Denn wir alle sind ja zunächst überzeugt, daß es tatsächlich gute und minder gute Kunstwerke gibt und daß manche Menschen, die wir Kenner nennen, über diese Fragen ein besonders sicheres Urteil haben. Wenn wir aber gefragt werden, worin das Gute in der Kunst bestehe, beginnen wir zu stammeln und kommen über unzulängliche Andeutungen nicht hinaus. Aber dieses unser Unvermögen beweist noch nicht, daß das rätselhafte Gute nicht vorhanden sei. Es beweist nur, daß wir es nicht begrifflich erfassen können.

Aber wir können versuchen, uns ihm zu nähern, auch wenn wir nicht hoffen dürfen, zu einer begrifflichen Eindeutigkeit des Urteils zu gelangen. Wir können nur untersuchen, was jene Kunstwerke gemeinsam haben, welche wir als gut empfinden und welche von allen Kennern als gut bezeichnet werden. In seinem tiefsinnigen «Traktat über das Schöne» hat Kurt Riezler versucht, das Geheimnis zu enträtseln.

Riezler unterscheidet Zeichen und Ausdruck. Beide spiegeln etwas anderes wider, aber in sehr verschiedener Weise. Eine Note ist Zeichen, wir wissen, welcher Ton gemeint ist, aber die Note ist nicht der Ton selbst. Der Ausdruck dagegen ist in einem bestimmten Grad das Ausgedrückte selbst. Das Selbstbildnis Dürers ist nicht ein Zeichen, welches das Individuum Albrecht Dürer repräsentiert, sondern es ist zugleich Albrecht Dürer selbst. Jedes gute Kunstwerk hat es damit zu tun, daß es das Ausgedrückte nicht nur bezeichnet, sondern daß das Ausgedrückte in ihm enthalten ist. Diese Gewalt besitzt auch die Kunst des Wortes. In Goethes Gedicht «Über allen Gipfeln ist Ruh» wird nicht über die Ruhe geredet, sondern wir haben die Empfindung, daß sie in diesen Versen gleichsam leibhaftig verkörpert ist. Es ist nicht geredet, es ist gestaltet.

Riezler legt dann weiter dar: wenn wir unser Urteil über ein gutes Bild begründen wollen, dann unterlaufen uns oft Sätze wie: *es ist zart und doch kräftig* oder *es ist heiter und doch ernst*. Solche Überwölbung von Gegensätzen ist das Wesen des Lebendigen. Lebendigkeit ist Mitgegenwart des Einen im Anderen. Dieses Zwischen hat für die Güte eines Kunstwerkes eine geheimnisvolle Bedeutung. Das gute Kunstwerk stellt nicht etwa Gegensätze nebeneinander, sondern es läßt uns das Gegensätzliche in einem unsichtbaren Hintergrunde ahnen. In dem Leichten ist das Schwere mitgegenwärtig. Das Wesen des Kitsches ist es dagegen, daß in ihm das Süße nur süß ist. Jedes gute Kunstwerk enthält in sich Spannungen und überwindet sie. Es reiht nicht Teile nebeneinander, sondern jeder Teil lebt – wie in einem Organismus – das Leben des Ganzen.

Was können wir für unser Problem aus all diesen Darlegungen entnehmen? Die Lehre Kants stimmt in einem Punkt offenbar mit Deiner Ansicht überein: es gibt keine Schneiderelle, mit der jedermann nachmessen könnte, ob ein Kunstwerk schön ist. Wer ein Buch über Stilkunst schreibt, kann nicht etwa einige ästhetische Normen festsetzen, die aus jedem Einfaltspinsel einen Sprachmeister machen. Er muß sich mit einem bescheideneren Ziel begnügen. Er kann nur Beispiele dessen, was ihm guter und schlechter Stil zu sein scheint, vor seine Leser hinstellen und in planmäßiger Analyse zu klären suchen, welche Eigentümlichkeiten den einen Stil schön und den anderen unschön machen und wie diese Eigentümlichkeiten mit der gesamten Struktur unserer geistigen Welt zusammenhängen. Er wird darlegen, daß und warum der eine Text nur Zeichen ist, nicht Ausdruck, nur geredet, nicht gestaltet oder warum wir einen anderen als lebendig empfinden oder warum ein dritter nicht einmal dem bescheidenen Anspruch der Angemessenheit genügt. Er kann sodann seinem Leser ‹ansinnen›, diesen Werturteilen beizustimmen, und muß versuchen, sie ihm so evident, so augenscheinlich zu machen, daß er die ‹Beweise›, die die Ästhetik ihm freilich schuldig bleiben muß, weder vermißt noch beansprucht. Indem er das Gemeinsame aller jener Stilschöpfungen herausarbeitet, die uns schön erscheinen, indem er sie kontrastiert mit den Gebilden, die nach seinem Urteil mißglückt sind, wird er das Stilgefühl des Lesers schulen, und es wird sich sehr bald ergeben, daß auf dem Gebiet des Prosastils über die Fundamente des Urteils kaum ein Widerstreit besteht.

Wenn ich so die Wertaskese ablehne, die Du predigst, so habe ich ein gewichtiges Argument auf meiner Seite: Es hat nie wertfreie Stilistiken gegeben. Mancher Verfasser eines Stilbuches versichert zwar im ersten Kapitel, er werde rein wissenschaftlich nur die Stilmöglichkeiten beschreiben und auf jede Wertung verzichten. Aber schon wenige Seiten später steckt er mit Wendungen wie *trocken* oder *lebendig, weitschweifig* oder *affektiert* inmitten von lauter Werturteilen. Wir können nichts Besseres tun, als diese Werturteile offen auszusprechen, statt uns um das Qualitätsproblem scheu herumzudrücken. Daß die Abgabe solcher Werturteile nicht den Methoden der reinen Erfahrungswissenschaft entspricht, ist offenkundig. Daß sie aber die Bezeichnung Wissenschaft verwirkt haben, wird nur der behaupten können, der den Begriff der Wissenschaft auf das Begrifflich-Beweisbare einengt. So gewiß es aber für die empirische Wissenschaft ein Gebot geistiger Rechtschaffenheit ist, Tatsachen und Werturteile zu trennen, so unmöglich ist es, im Reich der Ästhetik auf jede Wertung zu verzichten. Denn – wie der Kunstkenner Emil Preetorius gesagt hat – «wenn Kunsthistoriker meinen, ihre Forschung müsse jenseits vom Problem künstlerischer Qualität bleiben, so bleibt sie auch jenseits von Wesen und Wahrheit der Kunst.»

Jenem aber, der den Stil der Marlitt über den Stil des «Egmont» setzt, werden wir getrost erklären, daß er ein Banause sei. Und wenn er gegen dieses Urteil protestiert, so werden wir ihm mit unerbittlicher Höflichkeit erwidern, daß diese Charakteristik ein wissenschaftlich begründetes Werturteil sei, bei dem wir zwar nicht die Zustimmung aller erzwingen, wohl aber sie jedermann ansinnen könnten.

In Freundschaft

L.

Ist guter Stil lehrbar?

Rem tene, verba sequentur.
Cato

Jeder Versuch, einen guten Prosastil zu lehren, unterliegt drei Einwänden. Wir wollen sie der Reihe nach untersuchen.

Der erste Einwand sagt: Der Stil ist die Physiognomie des Geistes. Wie soll man diese Physiognomie verbessern, da doch der Geist, der sich in ihr ausdrückt, fest gegeben ist? Man kann vielleicht einige kosmetische Operationen an dieser Physiognomie vornehmen, ein paar falsche Zähne einsetzen, die Augenbrauen ein wenig hochziehen und etwas Schminke der Leidenschaft auflegen: aber mit all diesen Künsten kann man niemals eine stilistische Galgenphysiognomie in ein Apostelantlitz verwandeln. Wenn – wie im dritten Kapitel gezeigt – die Form die Kontur des Inhalts ist, so wird jedermann nur schreiben und dichten können, wie er gedacht, gefühlt und gelebt hat. Was ein Gebilde nicht von innen durchdringt, kann man ihm von außen nicht aufprägen. Nach dem oft zitierten Wort Buffons ist der Stil der Mensch, und auch Goethe meinte, daß der Stil den Menschen widerspiegele:

«Im ganzen ist der Stil eines Schriftstellers ein treuer Abdruck seines Innern: Will jemand einen klaren Stil schreiben, so sei es ihm zuvor klar in seiner Seele; und will jemand einen großartigen Stil schreiben, so habe er einen großartigen Charakter.» Wie soll man da den Stil verbessern? Bei allen Stilanleitungen bleibt «ein Erdenrest, zu tragen peinlich»; man fragt sich, ob man nicht lieber auf alle solche Lehrbücher verzichten und jedem die Stilphysiognomie belassen solle, die ihm die Natur mitgegeben hat.

Dichterische Prosa und Sachprosa

Aber hier gibt es zwei Dinge zu unterscheiden. Unmöglich und lächerlich ist es, einen Menschen zum Schriftsteller abrichten zu wollen, wie man ihn zum Tischler oder Schlosser ausbilden kann. Möglich und nötig ist es dagegen, denen zu helfen, die ihr Beruf gelegentlich zum Schreiben zwingt, bei denen also der Inhalt gegeben ist und die nur wissen wollen, in welche Worte sie ihn am besten kleiden. Solcher gibt es viele: Richter verfassen Urteile, Verwaltungsbeamte Verordnungen, Gelehrte Abhandlungen, Kaufleute Geschäftsbriefe. An die Verfasser dieser zweckgebundenen Prosa, dieser Gebrauchsprosa oder Sachprosa wendet sich eine Stilistik in erster Linie. Und auch ihnen kann sie nur beibringen, sich klar und treffend auszudrücken, sie kann sie aber nicht lehren, wie man die Sprache eines Dichters schreibt.

Der Hauptsatz einer jeden Stilistik ist der Satz des alten Cato: «Rem tene, verba sequentur. – Beherrsche die Sache, dann folgen die Worte.» Kein Lehrbuch der Stilkunde kann dem Menschen die Gabe verleihen, aus nichts etwas oder aus wenig viel zu machen. Im Gegenteil, die geistig Armen werden, wenn sie die Ratschläge eines guten Stilbuchs befolgen, in ihrer ganzen Nacktheit vor uns stehen. «Daher ist die erste, ja schon für sich allein beinahe ausreichende Regel des guten Stils, daß man etwas zu sagen habe: o, damit kommt man weit.» (Schopenhauer) Wer wirklich etwas zu sagen hat, der kann lernen, es klar und treffend zu sagen. Gewiß kann niemand in seinem Stil die Grenzen sprengen, die Charakter und Begabung ihm ziehen, aber innerhalb dieser Grenzen hängt es von seinen stilistischen Einsichten und Kenntnissen ab, wieweit es ihm gelingt, sich gut auszudrücken, so wie auch die Kunst eines Klavierspielers nicht nur auf seiner Begabung beruht, sondern auch auf dem, was er gelernt und geübt hat.

Methoden der Stillehre

Freilich gerade jene Gaben, die jeder Lernende am meisten liebt, kann die Stillehre nicht bieten: feste Regeln und sichere Kunstgriffe. Wenn sich die

Stilistik darauf beschränken wollte, Menschen in dem Gebrauch bestimmter Schmuckmittel – etwa den sogenannten Stilfiguren – abzurich-
ten, so würde sie nichts anderes großziehen als Blendwerk und Gaukel-
spiel. Werke der Stilkunst sind keine Mosaikarbeit, bei der man hier ein
prächtiges Bild einsetzen und dort eine kleine Antithese anleimen
könnte. Der Stil muß aus dem Innern des Schreibers hervorgehen; ein
Lehrbuch der Stilkunst darf sich deshalb nicht begnügen, an dem Ausdruck herumzubasteln, es muß vielmehr bei der geistigen Leistung einsetzen, die dem Ausdruck zugrunde liegt. Um bis dorthin durchzusto-
ßen, muß es zunächst bestimmte Einsichten vermitteln, die oft mehr
ethischer als ästhetischer Natur sind: zum Beispiel die Einsicht, daß nur
eine Prosa, die der lebendigen Menschenrede nahe bleibt, die Menschen
ergreift oder daß jede Darstellung so knapp sein muß, wie es Klarheit
und Wohlklang irgend zulassen. Es ist die Eitelkeit und Unerfahrenheit
vieler Schreiber, die sie glauben macht, der gekünstelte Ausdruck sei
wirkungsvoller als der einfache. Sie wollen das schlichte Rindfleisch, das
sie uns vorzusetzen haben, mit einer frischgelernten Sauce gesuchter
Ausdrücke pikant machen; aber sie machen es damit nur ungenießbar.
Und es ist die Bequemlichkeit, die andere zu dem Irrtum verleitet, die
erste Fassung könne schon eine gute Fassung sein. Nur auf *einem* Weg
kann man diese Einsichten einem Menschen so überzeugend darlegen,
daß sie ganz mit seiner Persönlichkeit verschmelzen und seine unbewußte Richtschnur werden: indem man ihm unermüdlich die Beispiele
des Falschen drohend vor Augen führt. Wer sich immer wieder durch
das Gedröhn der Phrasentrommler, durch die Wüste der Papierdeutschen
oder durch das Nebelreich der Stilgecken hat hindurchquälen müssen,
wer erlebt hat, wie leicht wir diesen Unrat in eine lebendige Menschen-
sprache verwandeln können, der empfindet bald eine unbezähmbare Abneigung gegen alle Stillaster und fühlt sich von selbst dazu gedrängt, einfach, anschaulich und lebendig zu schreiben. Indem er das Falsche und
das Richtige nebeneinander sieht und vergleicht, entwickelt er sein Stilgefühl. Daher ist jede Stilanleitung zum guten Teil negativer Natur: es ist
wichtiger und leichter, Stillaster abzulegen als Stiltugenden zu erlernen.
Der gute Stil ist keine Sammlung von Stilschönheiten; er fällt nicht auf,
so wie ein gutgekleideter Mensch nicht auffällt. Der Vers Wilhelm
Buschs

«Das Gute – dieser Satz steht fest –
Ist stets das Böse, was man läßt»,

mag in der Ethik umstritten sein: für die Stillehre gilt er unbedingt. Wer
all die Gebrechen abgelegt hat, die in dem Abschnitt über Stilkrankheiten beschrieben werden, der ist bereits ein guter Stilist. Aus solchen päd-

agogischen Erwägungen ist auch der Abschnitt «Stilkrankheiten» in diesem Buche vorangestellt.

Eine Stillehre muß also zugleich eine Beispielsammlung sein, so wie eine Kunstgeschichte Bilder enthält. Die Beispiele des Falschen dienen als Warnung, die des Guten als Vorbild. Bei den Vorbildern bedarf es aber der Vorsicht. Beispiele ‹schönen Stils› aus den Werken dichterischer Prosa nützen wenig. Die Schönheit lehrt nichts, sie verführt nur, wenigstens in der Stilistik. Die Mittel, auf denen die Stilschönheit jener Werke beruht, kann der Leser nie beherrschen. Die Freier auf Ithaka boten einen traurigen Anblick, als sie versuchten, den Bogen des Odysseus zu spannen. Man lasse solche Waffen, die für überirdische Gestalten gedacht sind, unberührt stehen und lese Lessings Fabeln, Hebels «Schatzkästlein» und Brehms «Tierleben». Stendhal pflegte, bevor er zu schreiben begann, den Code Napoléon zu studieren. In solchen Werken findet man das einzige, was gelehrt werden kann: den knappen, schlichten und angemessenen Ausdruck. Ihn zu lernen ist möglich, ihn zu lehren ist nötig.

Aber die bloße Betrachtung der Stilbeispiele genügt nicht, um das Stilgefühl zu bilden. Die Stillehre muß im einzelnen darlegen, warum dieser oder jener Satz so leer, so formelhaft, so abgeschmackt klingt und auf welchen Wegen man den Fehler vermeiden kann. Sie muß die Beispiele in ihre Elemente zerlegen und muß die unendlichen Möglichkeiten aufführen, ordnen und beurteilen, die es bei jedem Stilproblem gibt. Auch der Stil hat seine handwerkliche Seite, und man darf diese Seite ebensowenig vernachlässigen wie die Verwurzelung des Ausdrucks in Geist und Charakter. Durch bloßes Lesen erwirbt man kein Stilgefühl, sowenig wie man durch Spazierengehen in Bildergalerien das Malen erlernt. Auch die bloße Denkschulung verhilft noch nicht zum guten Stil; die Methoden des Ausdrucks müssen Schritt für Schritt erarbeitet werden.

Fülle der Stilarten

Der zweite Einwand sagt: Es gibt eine Fülle legitimer Stilarten. Jede Zeit zum Beispiel hat ihren Zeitstil: die Aufklärung schrieb breit, überredend, nüchtern; die Romantik fließend, spielerisch, gefühlvoll; der Expressionismus kühn, kantig und wider das Herkommen. Jeder Zeitstil hat seine Rechte.

Und auch jede sprachliche Aufgabe verlangt ihren eigenen Stil: ein Reiseführer muß in einer anderen Sprache geschrieben sein als ein Roman, ein Lehrbuch für Studierende anders als eine Abhandlung für Fachgenossen.

Wie soll eine Stillehre dieser Buntheit der Stilwelt gerecht werden? Welchen Stil soll sie lehren? Sie soll gar keinen festen Stil lehren! Die Lebensluft der Sprache ist die Freiheit. Jeder Versuch, die Sprache zu schematisieren, muß die sprachliche Kultur zugrunde richten. Wir können hier das Wort des Evangeliums abwandeln: Im Hause der Mutter Sprache sind viele Wohnungen.

Aber darum brauchen wir noch nicht an der Möglichkeit einer Stilschulung zu zweifeln. Jener Einwand trifft nur eine Stillehre, die sich damit begnügt, dem Leser einen Schatz fester Regeln auf den Weg zu geben. Wenn eine Stillehre dagegen versucht, durch immer neue Beispiele das Stilgefühl des Lesers zu schulen, dann wird der Leser von selbst empfinden, daß verschiedene Ziele auch verschiedene Wege erfordern und daß wir hier wie überall nicht den einzelnen Griff erlernen können, den die Stunde erfordert, sondern nur den Geist, der jeden Griff erfüllen muß. In der Schule lernen in der ersten Klasse alle Schüler dieselbe Handschrift, und in der letzten Klasse schreibt jeder seine eigene.

Es ist weder möglich noch nötig, eine Typenlehre aller legitimen Stilarten aufzustellen. Möglich und nötig ist dagegen eine Beschreibung der Stilkrankheiten. Denn so sehr wir auch die Vielfalt der Stilmöglichkeiten gelten lassen: wir brauchen darum nicht in einem bequemen Wert-Relativismus auf die Unterscheidung zwischen gutem und schlechtem Stil zu verzichten. Die aufdröselnde Geschwätzigkeit Gottscheds wird durch den Stilcharakter der Aufklärungszeit historisch erklärt, aber nicht entschuldigt; trotz ihrer geschichtlichen Legitimation empfinden wir Leser des 20. Jahrhunderts sie als quälend und stehen nicht an, vor dieser zerfließenden Breite zu warnen. Daß Jean Paul in seinen geistigen Anlagen vom Rokoko herkommt, kann uns die Eigenart seines spielerischen Prosastils begreiflich machen, aber seine Bücher werden durch diese Einsicht nicht leichter lesbar. Auch wer die Vielfalt der Stilmöglichkeiten anerkennt und liebt, braucht deshalb noch nicht zum stilistischen Omnivoren zu werden; als Omnivoren bezeichnet die Zoologie Lebewesen, die jede Nahrung verschlingen. Es führen viele Wege nach Rom, aber nicht alle.

Meister und Schüler

Der dritte Einwand beruht auf einer Eigenart unserer Sprache. Das Deutsche kennt eine Reihe von Kunstmitteln, die nur die Hand des Meisters regieren kann, die aber in den Fingern unsicherer Lehrlinge eine Flut des Verderbens über unsere Prosa hereinbrechen lassen. Zu diesen Stilmitteln gehören etwa die langen, dem Lateinischen entlehnten Perioden.

Eine Stillehre, die ihren pädagogischen Charakter nirgends verleugnen kann, wird vor solchen Problemen mehr an die Lehrlinge denken als an den Meister, zumindest in der Anordnung ihrer Darstellung. Sie wird also zunächst warnend hinweisen auf die unzähligen Unglücklichen, die

in den Labyrinthen ihrer Schachtelsätze elend zugrunde gegangen sind,
und sie wird erst zum Schluß die wenigen großen Zauberkünstler erwähnen, die allein berechtigt sind, solche Mittel dem stilistischen Giftschrank zu entnehmen, um dann freilich mit ihnen die seltsamsten Wun-
derkuren zu vollbringen.

Dieser dritte Einwand berührt sich mit dem zweiten. Weitschweifigkeit etwa ist eine Stilkrankheit, die für den Durchschnittsautor tödlich zu
verlaufen pflegt; in der Hand Jean Pauls oder Wilhelm Raabes kann sie zu
einem wirkungsvollen Kunstmittel werden. Verworrenheit des Stils hat
Hunderte von deutschen Büchern zugrunde gerichtet, aber einige wenige Meister haben auch diese gefährliche Waffe zu handhaben gewußt.

Bettina von Arnim eröffnet ihr Goethebuch mit dem Satz: «Dieses
Buch ist für die Guten und nicht für die Bösen.» Christian Friedrich
Grabbes Rezension des Buches beginnt mit den Worten: «Aber die Guten
werden bös werden, wenn sie es lesen!» So möchte ich auch sagen: Dies
Buch ist für die Schüler, nicht für die Meister. Und ich kann nicht einmal
hinzufügen: Aber Schüler werden Meister werden, wenn sie es lesen.

Wer ernsthaft versucht, nicht durch Erlernung einzelner Stilmätzchen,
sondern durch allmähliche Schulung seines Stilgefühls seinen Stil zu verbessern, wer sich hartnäckig bemüht, anschaulich, knapp und lebendig
zu schreiben, der wird mit Erstaunen feststellen: das Ringen um den
Ausdruck ist ein Ringen um den Inhalt. Um einen Gedanken knapp und
kristallklar zu formulieren, muß man ihn bis zum Ende durchdacht haben; um anschaulich schreiben zu können, muß man die Augen aufge-
macht haben; um lebendig zu schildern, muß man lebendig empfunden
haben. Die Form ist der Prüfstein des Gehalts. Wer gewohnt ist, an seinen Stil unabdingbare Ansprüche zu stellen, der ist immer wieder gezwungen, seine Gedanken neu zu durchdenken, ihre Echtheit von Grund
auf zu prüfen und vielleicht sogar – schönster Erfolg einer Stillehre – auf
ihre Niederschrift ganz zu verzichten.

Zweiter Teil
WORT UND SATZ

Ein Haufen Steine ist noch kein Haus, eine Menge Wörter noch keine Rede.

Carl Gustav Jochmann

Wortwahl

Was die Schreiberei unserer Philosophaster so überaus gedankenarm und dadurch marternd langweilig macht, ist zunächst Dieses, daß ihr Vortrag sich durchgängig in höchst abstrakten, allgemeinen und überaus weiten Begriffen bewegt, daher auch meistens nur in unbestimmten, schwankenden, verblasenen Ausdrücken einherschreitet. Zu diesem aerobatischen (in der Luft schwebenden) Gange sind sie genötigt, weil sie sich hüten müssen, die Erde zu berühren, als wo sie, auf das Reale, Bestimmte, Einzelne und Klare stoßend, lauter gefährliche Klippen antreffen würden, an denen ihre Wort-Dreimaster scheitern könnten.

Schopenhauer

Der allgemeine Ausdruck und der besondere

Im Evangelium Matthäus heißt es in Kapitel 6 Vers 28/30:

«Und warum macht ihr euch Gedanken wegen eurer Lebensbedürfnisse? Schauet die Blumen in der Natur, wie sie an Größe zunehmen, sie verrichten keinerlei Arbeit; ich erkläre euch, daß ein Fürst in seinem herrlichsten Staatsgewand nicht so geschmückt ist wie sie. Wenn nun die Vorsehung Gottes die pflanzlichen Organismen so verschönert, die doch nur kurze Zeit bestehen und bald zu den gewöhnlichsten Zwecken verbraucht werden, um wieviel eher wird er nicht euch zu einer Bekleidung verhelfen.»

Lautet die Stelle wirklich so? Gottlob hat sie Luther ein wenig anders übersetzt:

«Und warum sorget ihr für die Kleidung? Schauet die Lilien auf dem Felde, wie sie wachsen; sie arbeiten nicht, auch spinnen sie nicht.

Ich sage euch, daß auch Salomo in all seiner Herrlichkeit nicht bekleidet gewesen ist als derselbigen eine.

Und wenn Gott das Gras auf dem Felde also kleidet, das doch heute stehet und morgen in den Ofen geworfen wird; sollte er das nicht viel mehr euch tun, o ihr Kleingläubigen?»

Wie unterscheiden sich die beiden Texte? Luther wählt stets den besonderen Ausdruck statt des allgemeinen: er sagt nicht *Lebensbedürfnisse*, sondern *Kleidung*; nicht *Blumen*, sondern *Lilien*; nicht *an Größe zunehmen*, sondern *wachsen*; nicht *Arbeit verrichten*, sondern *spinnen*; nicht *Fürst*, sondern *Salomo*; nicht *pflanzliche Organismen*, sondern *Gras*.

Ob wir einen allgemeinen Ausdruck wählen sollen oder einen speziellen, besonderen: das ist eines der Hauptprobleme der Wortwahl. – Unsere Sprache hat kein genau passendes Wort für *speziell*. Wenn wir sagen, *Lilie ist der spezielle Begriff, der Unterbegriff, Blume der allgemeine, der Oberbegriff*, so ist das Fremdwort nicht leicht zu ersetzen. Wir können sagen *der besondere Begriff*, aber das Wort *besondere* hat einen Beigeschmack von *absonderlich, ausgefallen*. Wir wollen es trotzdem in diesem Sinne verwenden.

Für jedes Ding, für jede Tätigkeit, für jeden Begriff, den wir bezeichnen wollen, stehen anscheinend viele Wörter zur Auswahl. Jemand gibt einem anderen etwas. Wieviel Wörter hat die deutsche Sprache für diesen Vorgang?

abtreten, beglücken, bewirten, anbieten, aushelfen, bescheren, beschenken, bedenken, beisteuern, aushändigen, ausstatten, bewilligen, bieten, darreichen, einhändigen, austeilen, aussetzen, jn. aushalten, gewähren, gönnen, herausrücken, hinterlassen, kredenzen, sich entäußern, freihalten, liefern, stützen, schenken, spenden, spendieren, stiften, verehren, überlassen, überreichen, übergeben, überantworten, übereignen, übermachen, versehen, versorgen, zuschießen, zubuttern, zueignen, zuteilen, zuwenden, zuschanzen, zustecken, zum besten geben, unter die Arme greifen, zukommen lassen.

Aber haben wir wirklich zwischen diesen Worten die Wahl? Offenbar nicht! Denn jedes dieser Worte besagt etwas anderes; jedes hat einen anderen Beigeschmack, es gehört zu einer anderen Stilschicht, selbst zwischen *spenden* und *spendieren* besteht ein handgreiflicher Unterschied; *spendieren* zieht den Vorgang ins Heitere; das Abendmahl kann man nur spenden, eine Flasche Sekt wird man besser spendieren.

Ein anderes Beispiel: etwas *beginnt*, eine Rede, ein Sturm, ein Wachstum, eine Reise. Wir können hierfür die allgemeinen Ausdrücke *beginnen* oder *anfangen* verwenden, wir können aber auch eines der besonderen Worte wählen, die unsere Sprache bereit hält: *anbrechen, losbrechen, angehen, anheben, sich anschicken, ansetzen, antreten, auftauchen, ausbrechen, auskriechen, ausschlüpfen, dämmern, einsetzen, sich entspinnen, entspringen, entstehen, sich erheben, erscheinen, erstehen, keimen, loslegen, losmachen, losschießen, sprießen, sprossen, starten, die Bahn brechen, eine Frage anschneiden, den Bann brechen, den Stein ins Rollen bringen, im Anzug sein.*

Ein drittes Beispiel: von der Fortbewegung eines Tieres können wir sagen: *es bewegt sich*. Aber wenn wir etwas genauer hinschauen, dann werden wir uns nicht so unbestimmt und allgemein ausdrücken:

Das Pferd *trabt* den Weg entlang – das Kamel *trottet* – der Fuchs *schnürt* – der Storch *stelzt* durch den Sumpf – die Eidechse *huscht* in das Laub – die Schlange *kriecht* – das Wiesel *schlüpft* durch den Zaun – der Hirsch *bricht* durchs Gehölz – die Lerche *steigt* empor – der Habicht *steht* über dem Feld – die Ente *watet* durch den Tümpel oder *watschelt* in den Stall – der

Schmetterling *gaukelt* von Blume zu Blume - der junge Vogel *flattert* ängstlich - der Frosch *rudert* durch den Teich usw.

Wer flüchtig beobachtet und sich schlampig ausdrückt, der wählt immer den allgemeineren Ausdruck. Der allgemeine Ausdruck ist bequem: er paßt zur Not immer. Sein Umfang ist weit, aber gerade deshalb enthält er nichts von den Besonderheiten der einzelnen Sache. Allgemeine Begriffe sind weit, aber leer. Sie sind deshalb auch unanschaulich und langweilig; alles Eigentümliche geht verloren. Wenn ein Mensch dicht vor uns steht, können wir sein Mienenspiel wahrnehmen. Ist er einige Meter entfernt, so erkennen wir noch, wer es ist. Vergrößert sich der Abstand, so unterscheiden wir gerade noch, ob Mann oder Frau. Wächst die Entfernung auf eine Meile, so erraten wir nur, daß es ein Mensch ist; verschwindet er am Horizont, so sehen wir nur mehr ein Etwas. Schlechte Schriftsteller schreiben nur von einem Etwas. Der allgemeine Ausdruck und damit der unbestimmteste ist ihnen der liebste. Sie brauchen dann nicht nachzudenken, was genau vorliegt, und nicht nachzusuchen, ob es dafür einen besonderen Ausdruck gibt. Nie kann man bei ihren Ausdrücken das Weiße im Auge sehen, immer bleibt alles am Horizont und in weiter, gleichgültiger Ferne. Für das Kind ist alles, was läuft, ein Wauwau und alles, was fliegt, ein Vogel. Manche Schreiber bleiben immer bei diesem Wauwau-Stil. Sie decken ihren Bedarf an Zeitwörtern mit *machen, tun, haben, sein, sich befinden, kommen, sehen, setzen und sagen.* Die Vielgestaltigkeit der Welt ist an sie verschwendet. Der Geograph Friedrich Ratzel sagte einmal:

«Wer die Sprache lebendig erhalten will, vermeidet die matten abgegriffenen Zeitwörter *bilden, betragen, vorkommen* und ähnliche. Die Ebbe bildet nicht die Grenze der Küste, sondern zieht sie, bestimmt sie; die Bucht bildet nicht den natürlichen Eingang in das Land, sondern sie öffnet ihn oder kurz: die Bucht ist das Tor in das Land.»

Aufgaben

Das Wasser fließt. Gut! Jedenfalls schon besser, als wenn es sich nur bewegen würde. Aber schreiben Sie einmal auf, was alles das Wasser noch tun kann. Wortsuchübungen bereichern den Wortschatz:

Welche Bezeichnungen haben wir für die verschiedenen Arten von Gefäßen, in denen man Flüssigkeiten aufbewahren kann?

Welche Ausdrücke haben wir für *Mißerfolg haben?*

Wie heißen die Gegensatzbegriffe zu: *breit, eng, lose, stumpf, rauh, gewissenhaft, kostbar, lästig, übermütig, zänkisch, leugnen, abhärten, wachsen, plötzlich, Ewigkeit, Ebenmaß, Bindung, Überschuß?*

Welche Ausdrücke haben wir für das Trinken von Mensch und Tier?

Oder betrachten Sie einmal die beiden Abbildungen auf den folgenden

Der Kuhstall. Der Pferdestall

Seiten und geben Sie an, welches Wort zu jeder Ziffer gehört (zum Beispiel *punktiert* zu Ziffer 1 der Flächenmuster). Die Abbildungen stammen
aus der ersten Auflage des «Bild Dudens», einem hervorragenden, überaus vergnüglichen Mittel zur Schulung des Wortschatzes.
  Die Lösung all dieser Aufgaben steht am Schluß des Buches.

Beispiele

Der besondere Ausdruck, nicht der allgemeine, ist es, der den Stil anschaulich und gehaltvoll macht. Man kann das auch auf anderen Wegen
ausprobieren. Man lese einigen Menschen eine Seite Prosa eines guten
Erzählers vor, etwa von Gottfried Keller, und bitte sie dann wiederzuer-
zählen oder niederzuschreiben, was sie gehört haben. Wenn einer der Zuhörer ein besonders gutes Gedächtnis besitzt, so lasse man vorher eine
halbe Stunde verstreichen. Das Ergebnis sieht vielleicht etwa so aus:

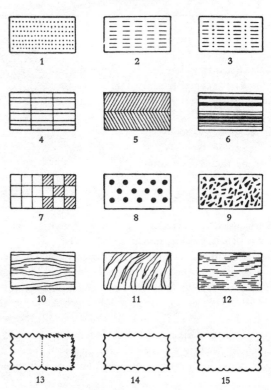

Flächenmuster und Ränder

Urtext:

«Nachdenklich ritt er, nur von einem Diener begleitet, über Dietlikon langsam nach Hause. Auf den Torfmooren webte schon die Dämmerung; zur Rechten begann die Abendröte über den Waldrükken zu verglühen, und zur Linken stieg der abnehmende Mond hinter den Gebirgszügen des zürcherischen Oberlandes herauf – eine Stimmung und Lage, in welcher der Landvogt erst recht aufzuleben, ganz Auge zu werden und nur dem stillen Walten der Natur zu lauschen pflegte. Heute aber stimmten ihn die glänzenden

Wiedergabe:

Er ritt mit seinem Diener langsam nach Hause, während die Dämmerung über den Feldern lag. Die Abendröte strahlte im Westen über dem Wald; im Osten stieg der Mond über die Berge herauf. In solcher Landschaftsstimmung, pflegte er sich ganz dem Gefühl des Lauschens und Schauens zu überlassen. Die Nähe der Nacht stimmte ihn feierlich und weich. Während er überlegte, wie er jene Korbspenderin empfangen solle, fiel ihm ein, außer ihr noch einige Mädchen einzuladen, die er einst geliebt hatte.

Himmelslichter und das leise Walten nah und fern noch feierlicher
als gewöhnlich und beinahe etwas
weich, und als er den Empfang be-
dachte, den er jener artigen Korbspenderin entgegenbringen wolle,
befiel ihn plötzlich der Wunsch,
nicht nur diese, sondern auch noch
drei oder vier weitere Stück
schöne Wesen bei sich zu versam-
meln, zu denen er einst in ähnlichen Beziehungen gestanden.»

Wort für Wort enthält die Wiedergabe den allgemeinen, der Urtext den
besonderen Ausdruck, das Eigenwort.

Französische Schriftsteller pflegen zu behaupten, die Deutschen hätten
gar nicht den Begriff des mot propre, des Eigenworts; sie legten keinen
Wert darauf, für jeden Gedanken den einen allein bezeichnenden, eigen-
tümlichen Ausdruck zu finden; sie begnügten sich damit, in der Gegend
des Begriffs herumzutappen, ihn nur ungefähr auszudrücken; sie glaubten, daß man jeden Gedanken auf verschiedene Art ausdrücken könne
und daß es nicht so wichtig sei, welchen Ausdruck man gerade zu fassen
bekäme. Viele deutsche Schriftsteller befänden sich immer ‹à côté de la
pensée›.

Es ist leichter, solche Anschuldigungen zu mißbilligen als sie zu widerlegen. Die deutsche Sprache besitzt einen sehr großen Wortschatz. Dieser
große Wortschatz würde zwar gerade gestatten, jede Sache besonders genau zu bezeichnen, aber er vergrößert die Mühe der Auswahl. So sitzt
der Ausdruck in der Tat oft hart neben den Gedanken. Gerade deshalb
muß man immer wiederholen:

«Die Wahrhaftigkeit alles Stils besteht in der Richtigkeit der Worte.
Eine Sprache hat keine Synonyme (sinngleiche Wörter). Ein Gedanke,
ein Gefühl, eine Sinneseigenschaft hat nur ihren einzigen Ausdruck: Sache des gewissenhaften Schriftstellers ist es, sich nicht zufrieden zu geben, bis er das Wort findet, das auf seinen Gedanken paßt und ihn dar-
stellt, wie der gute Handschuh die Hand zeichnet, die er bekleidet.»
(Karl Hillebrand)

Börries von Münchhausen erzählt, wie eine Frau, deren Mann gestorben war, auf die Frage, wie es ihr ginge, geantwortet habe: *Ganz gut; der
Gram bekommt mir besser als der Ärger.* Die Frau war eine Meisterin der
Wortwahl. Sie verstand es, sinnverwandte Wörter zu unterscheiden und
den besonderen Ausdruck zu treffen.

Die große Stilregel: ‹Wähle das besondere Wort, nicht das allgemeine› ist uralt. Vor hundertfünfzig Jahren hat Christian Gotthilf Salzmann in seinem Buch über die Erziehung der Erzieher geschrieben:

«Vermeide so viel du kannst allgemeine Ausdrücke, weil diese Kindern weniger faßlich sind, und nenne lieber die Sachen einzeln, die dadurch bezeichnet werden. Du kannst z. B. sagen: Die Mutter, als sie von ihrer Reise zurückkam, brachte ihren Kindern Früchte und Spielwerk mit; du kannst diesen Satz aber auch so ausdrücken: Da die Mutter von ihrer Reise zurückkam, brachte sie Fränzchen und Wilhelminchen allerlei artige Sachen mit, Äpfel, Birnen, Haselnüsse, eine Schachtel voll kleiner Teller, Leuchter, Schüsseln, Löffel, Bilder u. dgl. Die letzte Darstellung hat für die Kinder sicher mehr Reiz als die erste.»

Gott möge uns jedoch davor bewahren, daß unsere Schriftsteller etwa zu Franziska und Wilhelmine so reden wollten, als ob sie noch Fränzchen und Wilhelminchen wären. Aber eines haben die Erwachsenen mit den Kindern gemeinsam: das Individuelle, das Besondere rührt sie tiefer als das Allgemeine.

Wer etwas geschrieben hat, soll sich, wenn er es durchliest, bei jedem Satz die Frage vorlegen: kann ich an irgendeiner Stelle einen spezielleren Ausdruck einsetzen? Je weniger allgemein ein Wort ist, desto besser ist es, desto genauer bezeichnet es die Sache:

Blasser allgemeiner Ausdruck:
Schlitten um Schlitten fährt bei dem Palast vor. Ein plötzlicher Halt, daß die Pferde ausgleiten; die Leute steigen aus den Schlitten; im großen Bogen schwingt der pelzgekleidete Kutscher die Peitsche über die Pferde; schweratmend mit lebhafter Bewegung fangen sie wieder an zu laufen, rennen weiter und sind in der dichten Schneenacht nicht mehr zu sehen.
Ich ging schwankend hinunter und begegnete vor dem Haus zwei Totengräbern; der eine hielt mich fragend an, indem er mir ins Gesicht leuchtete. Der andere zog einen kleinen Wagen geräuschvoll mit sich.

Scharfer besonderer Ausdruck:
«Troika um Troika fegte vor das Tor des Palastes. Ein Ruck, daß sich die Rosse auf die Hinterbakken setzten – die Schlitten leeren sich – weit ausholend knallt der pelzvermummte Kutscher über das Dreigespann – schnaubend und schlagend springen die Rosse ins Geschirr, fliegen hinein ins Schneetreiben, das sie verschluckt.» (Georg Schmückle)
«Ich taumelte die Stiege hinab und stieß vor dem Haus auf zwei Totengräber: der eine hielt mir seine Laterne ins Gesicht und fragte mich, was ich suche. Der andere schob seine ächzende knirschende Karre vor die Haustür.» (Hugo v. Hofmannsthal)

Nur der besondere Ausdruck kennzeichnet die Sache: dieser Satz gilt nicht nur von greifbaren Dingen, sondern auch von abstrakten Begriffen: *Als wesentlicher Faktor für die weitere Entwicklung war die unbefriedigte Stimmung des Camillus zu betrachten.* Was heißt das? Wie war Camillus gestimmt? Nach welcher Richtung wirkte diese Stimmung auf die Entwicklung ein? Welche Entwicklung wurde dadurch beeinflußt? Wenn wir diese Fragen geklärt haben, so finden wir, daß der Satz wohl heißen müßte: *Der unbefriedigte Ehrgeiz des Camillus war ein gefährlicher Hemmschuh für die Einigung des Volkes.* Wörter wie *Faktor, Element, Moment* sind Schwammwörter, sie passen überall hin und sind deshalb nirgends am Platze. Sooft man in einem Text auf einen Begriff von großer Allgemeinheit stößt, soll man sogleich mißtrauisch werden und sich fragen: welcher besondere Begriff wäre eigentlich an die Stelle dieses Allgemeinbegriffes zu setzen?

Wie findet man nun den richtigen, den besonderen Ausdruck? Den richtigen Ausdruck findet, wer die Welt kennt! Die allgemeinen Phrasen entstammen meist einer Wirklichkeitsverdünnung, einer Blindheit für das Gegenständliche, einem Mangel an Erfahrung, einer Unwissenheit, die durch Unbestimmtheit des Ausdrucks verhüllt werden soll. Dies gilt im kleinen wie im großen. Wer die Ausdrücke *Brise, Böe, Föhn, Orkan, Passat, Schirokko, Taifun, Windhose, Wirbelwind* nie gehört hat oder nicht greifbar hält, der wird immer *Wind* und *Sturm* sagen. Wer *Bruch, Fenn, Lache, Marsch, Moor, Moos, Morast, Pfuhl, Ried, Schlick* und *Watt* nicht unterscheiden kann, der wird immer *Sumpf* schreiben.

In einem Roman von Hans Fallada wird beschrieben, wie der Held in einem Stralsunder Hotel sitzt und darangeht, sein verlassenes, zugrunde gerichtetes Bauerngut, den Warderhof, wiedereinzurichten:

«Nun aber sitzt Gäntschow da und schreibt. Er ist nicht etwa in Stralsund im Goldenen Löwen, er ist daheim auf Warderhof. Er geht von Stall zu Stall und schreibt.

Acht Kühe, schreibt er. Vier tragende Färsen, schreibt er. Drei Melkschemel. Eine Dungforke. Eine Dungkarre, schreibt er. Zwölf Kuhketten, schreibt er. Ein Rübenschneider. Ein Ölkuchenbrecher. Vier Stalleimer. Sechs Melkeimer. Zwei Strickhalfter, schreibt er. Er sieht sich um im Stall. Zwei, nein, drei Glühbirnen.

Und nun das Futter: Heu, Stroh, Schrot, Erdnußkuchenmehl, Sojaschrot, Leinsamen, Salzsteine...

Ach, dieser Mann, dieser große Mann von einem Zentner siebzig – da sitzt er und phantasiert, er rechnet! Er rechnet aus: soundsoviel Heu je Tag und Kopf, die und die Futtermischung...

Er fängt an zu kaufen – oh, die hatten gedacht, sie hätten einen Flachkopf vor sich, einen Idioten, dem es nicht aufs Geld ankommt. Sie haben einen Bauernsohn vor sich, selbst einen Bauern. Er geht lachend aus ihren Ställen, spottend über diese Mißgeburten von Kühen, diese Gäule mit abgeschliffenen Zahnkunden wie aus der Eiszeit. Er läßt sie jammernd und beteuernd hinter sich herlaufen, die Händler. Widerwillig geht er noch einmal in den Stall, sagt ein letztes Wort. Dann ein allerletztes. Geht wieder fort, in gespieltem Zorn. Er wickelt alle heiligen Riten des Viehhandels ab, er zelebriert die Messe des Geldes, und langsam kommt er vorwärts.

Drei Tage lang kauft er zäh, besonnen, geizig ein. Er will nur das Beste. Aber das Beste will er billig. Er hat unendlich viel zu bedenken, zu disponieren, zu bestimmen. Ehe das Vieh auf den leeren Hof kommt, muß Futter da sein. Ehe das Futter da ist, muß Gerät da sein, es zu verstauen. Ehe das Gerät da ist, müssen Leute, Arbeiter da sein. Ehe die Leute da sind, müssen Einrichtungsgegenstände, Eßgeräte da sein...»

Warum ist das gut erzählt? Weil jedes Wort sitzt, weil dieser Gäntschow sich nicht in Allgemeinheiten über Wiederaufbau ergeht, sondern von Melkschemeln, Dungkarren und Strickhalftern redet. Weil Fallada die Welt kennt und sie deshalb wiedergeben kann.

Aber es genügt nicht, daß jemand in der Welt umhergetrieben wurde: er muß sie auch beobachtet haben. Der Weg zum genauen Ausdruck geht über die genaue Beobachtung, der Weg zur genauen Beobachtung geht über geschulte Sinne.

In vielen deutschen Lesebüchern stand früher ein Aufsatz über den Fuchs von Hermann Masius. Er fängt so an:

«Der Regen verzieht, der Wald schüttelt die lauen Tropfen aus dem Haupte, und von den Wacholderbüschen der Heide steigt's erfrischend und würzig in die Abendluft. In allen Schlupfwinkeln regen sich Flügel und Füße. Die Mücken beginnen ihre Tänze; die Ameisen kriechen hervor, ihre verschwemmten Straßen wiederherzustellen; Finken und Lerchen schmettern um die Wette; der Hase schießt Kapriolen, und auch der Fuchs verspürt ein heimliches Rühren. Dort lauscht er zwischen den Wurzeln einer alten Eiche. Er ‹windet›; denn ‹Vorsicht ist die Mutter der Weisheit›. Aber alles ist sicher, die ganze Natur wiegt sich frühlingstrunken in dem erfrischten Element. Und nun mit einem Satze ist Reineke vor der Tür. Jetzt könnt ihr ihn deutlich sehen. Wie er dasteht, so vornehm lässig, so voll Bewußtsein! Schon der erste Blick sagt uns, daß adeliges Blut in seinen Adern rollt; allein das schwerfällige Standesvorurteil ist längst überwunden, aller Zwang abgetan; es ist jenes savoir vivre in ihm, das ihm erlaubt, jeden Augenblick seine Würde wegzuwerfen, weil er sich getrauen darf, sie in jedem Augenblick wieder zu ergreifen. Bei einem solchen Charakter verlohnt es, Physiognomie und Toilette etwas genauer zu betrachten, denn hier ist nichts unbedeutend.»

Zum Vergleich ein paar Sätze von Hermann Löns über den gleichen Vorgang:

«Hell scheint die Sonne gegen den weißen Berg. Die Buchenjungenden brennen, der Stangenort lodert, der Fichtenhorst steht in Flammenschein. Meisen zwitschern, Goldfinken flöten, Häher schwatzen. Das Geschwätz bricht ab, setzt als Gezeter wieder ein, flaut ab, schwillt an und endet in einem schneidenden Gekreische.

An der steilsten Stelle der ganzen Wand, auf dem schimmernden Schneefleck, leuchtet ein roter Fleck auf. Schimpfend und lästernd fallen die bunten Vögel in der krummen Linde über die Felsplatte ein, stellen sich entsetzlich giftig an und stieben ärgerlich keifend ab.

Einen schiefen Blick schickt ihnen der Fuchs nach; dann reckt er sich, gähnt herzhaft, reckt sich abermals, fährt zusammen und beginnt, sich heftig mit dem Hinterlaufe hinter dem Gehör zu kratzen, wohlig dabei knurrend, fährt dann mit dem Fange nach der Keule, flöht sich auch dort ausgiebig, kratzt sich stöhnend und murrend den Nacken und sitzt dann würdevoll da, ab und zu den Kopf wendend.»

Bei Masius schmettern Finken und Lerchen, bei Löns zwitschern die Meisen, flöten die Goldfinken und schwatzen die Häher. Bei Masius wiegt sich beim Erscheinen des Fuchses die Natur in dem erfrischenden Element; bei Löns fallen die Vögel schimpfend und lästernd in der krummen Linde ein und stieben keifend ab. Bei Masius steht der Fuchs vornehm lässig da, bei Löns reckt er sich, gähnt und kratzt und flöht sich, und wir erfahren auch ganz genau, wo.

Wie entscheidend ist es für einen Stil, ob der Verfasser etwas Besonderes zu beobachten und auszudrücken weiß! Weil Masius über nichts anderes gebietet als über allgemeine Redensarten, muß er seinen Text mit tönenden Phrasen und geistreichelnden Vergleichen aufputzen. Die Einleitungssätze hätte jedermann schreiben können, auch einer, der gar nichts von der Natur verstünde, und Sätze, die jedermann schreiben könnte, sind überflüssig. Mit den Worten... *und auch der Fuchs verspürt ein heimliches Rühren* – wird die Hohlheit dieses Stils offenkundig. Die Überleitung *und auch der Fuchs*... ist schülerhaft, der Satz selbst eine kitschige Phrase. Überhaupt muß Masius den Fuchs vermenschlichen, weil er von dem Tiere nichts Besonderes zu berichten hat. »Das Wichtigste für den guten Stil ist, daß der Mensch etwas zu sagen habe, o damit kommt man weit!« (Schopenhauer)

Jeder, der über Dinge schreiben möchte, von denen er nur Allgemeinheiten zu sagen weiß, gerät – je nach dem Grade seiner Ehrlichkeit – entweder in das Aschgrau-Langweilige oder in den Stilschwindel. Wer nicht weiß, wie sich russische Fürsten zu unterhalten pflegten, wird sie – wenn er unbedingt über sie Romane schreiben muß – die plattesten Allgemeinheiten reden lassen:

«Also ein letztes Mal habe ich deine Spielschulden bezahlt, Sascha, ein letztes Mal. Vergiß das nicht. Und denke nicht, daß du mich noch einmal schwach finden wirst. Ich verpfände mein Ehrenwort, daß ich das letzte Mal Spielschulden für dich bezahlt habe! Deinem unverantwortlichen Leichtsinn muß ein Riegel vorgeschoben werden. So geht das nicht weiter. Auf diese Weise gehen auch die größten Vermögen verloren. Deine Vorfahren haben auch gelebt und genossen – aber gespielt hat noch kein Kalnocky. Sonst wäre es dir wohl nicht beschieden, in so glänzenden Verhältnissen zu leben. Du sollst deine Jugend genießen – alles steht dir offen; aber dem Spieltisch werde ich dich in Zukunft fernhalten mit allen mir zu Gebote stehenden Mitteln.

So sprach Fürst Iwan Kalnocky mit ernster strenger Miene zu seinem Sohn Alexander, der in sichtlich bedrückter Stimmung zugehört hatte.»

Um diesen Stil würdigen zu können, muß man ihm einige Zeilen eines Schriftstellers gegenüberstellen, der weiß, wie Menschen wirklich reden, zum Beispiel Ludwig Thoma:

«Im Kutscherstübl, an dessen Wänden alle möglichen Pferdegeschirre hingen, roch es gemütlich nach geschmiertem Leder. Ein Backsteinkäs, von dem der Hansgirgl bedächtig ein Stück nach dem andern herunterschnitt, und ein gebeizter Rettich gaben ihre Düfte darein.

Martl setzte sich an den Tisch, und Hansgirgl schob ihm schweigend den Maßkrug zum Willkommen hin. Da tat Martl einen tiefen Zug, und wie er sich hernach den Schnauzbart abwischte, schaute er mit gläsernen Augen geradeaus.

Saggera! Saggera! sagte er.

Magst koan Kas? fragte Hansgirgl.

Na. Koan Kas mog i jetzt net.

Aber ein Bier mochte er, und er nahm den Maßkrug und tat wieder einen tiefen Zug.

Saggera! Saggera!

Er mußte an das Erlebnis unterm Tor denken und es innerlich verarbeiten.

Der Hansgirgl dachte an nichts.

Er aß ein Stück Brot und ein Stück Käs und etliche Blattl vom Rettich und fing die Reihenfolge wieder von vorne an.

Die beiden kannten einander so gut, daß ihnen das Beisammensein auch ohne Dischkrieren genügte. Aber den Martl trieb es doch, sein Erlebnis zu erzählen; er stieß seinen Freund mit dem Ellenbogen an.

Da Blenninga is heint unter de Breiß'n (Preußen) eini kemma... Mei Liaba, den hat's dawischt...

Da Blenninga?

Ja.

Martl trank.

Hansgirgl stützte das Messer auf den Tisch und schaute verloren vor sich hin.

Dann fragte er: Was hat denn der Blenninga mit die Breiß'n z'toa? Ja no... A Summafrischla. Woaßt scho, mit dera neumodisch'n Gaudi kemman allerhand Leut daher.

A so moanst? A Summafrischla?

Hansgirgl war mit dem Käs fertig und wischte sein Messer umständlich am Einwickelpapier ab, und dann trank er auch einmal.»

Das Problem, den besonderen gegenständlichen Ausdruck zu finden, hat nichts zu tun mit der Kunstform des Naturalismus. Auch Schriftsteller, die niemand naturalistisch nennen wird, wie Conrad Ferdinand Meyer oder Ricarda Huch, wählen den besonderen Ausdruck, weil sie etwas zu sagen haben und weil sie die Welt kennen, über die sie schreiben.

Es gibt ein kluges Buch von Paul Georg Münch über den Deutschunterricht in Volksschulen mit dem Titel «Dieses Deutsch!» Münch hat seine Schüler auf einfache Weise zum besonderen Ausdruck erzogen: er läßt sie erzählen und gestattet der Klasse unruhig zu werden, wenn die Erzählung langweilig wird:

«Keiner meiner Jungen schreibt im vierten Schuljahr *Ein Wagen fuhr...* Denn das ist schließlich eines Wagens ewige Bestimmung. Mit solchen Alltäglichkeiten kann man... keinen Eindruck machen.

Was will man aber einem Wagen weiter absehen, als daß er fährt? Mit den Augen allerdings kann man dem fahrenden Wagen keinen reizvollen Sprachbegriff ablisten. Wer aber Ohren hat zu hören, der hört, wie der Fleischerwagen rattert und rasselt, wie der Flaschenbierwagen klirrt, wie das Lastauto rumpelt, wie der Kohlenwagen knarrt und knackt, wie der Milchwagen klappert, wie die Dampfwalze dröhnt.»

Freilich genügt es nicht, die Dinge dieser Welt gut beobachtet zu haben: man muß auch verstehen, sie zu bezeichnen. Aber im allgemeinen wächst der Schatz an Sachkenntnissen und an Worten gleichmäßig. Denn wenn wir eine Sache gründlich kennenlernen, erfahren wir meist auch ihren Namen.

Luther berichtet, wie er bei der Bibelübersetzung manchmal wochenlang nach einem passenden Wort gesucht habe und oft vergeblich. Als der Bibeltext vom Schlachten handelte, ließ er sich von einem Fleischer ein Schaf abstechen und jeden Teil seines Körpers benennen.

Aktiver und passiver Wortschatz

Aber wir müssen hier unterscheiden zwischen Wörtern, die wir verstehen, und Wörtern, die wir selbst gebrauchen, zwischen dem passiven und dem aktiven Wortschatz. Der aktive, sprechende Wortschatz ist bei allen Menschen geringer als der passive, stumme. Es gibt eine Fülle von Wörtern, die bei den meisten Menschen gleichsam schlummern; zur genauen Wortwahl gehört aber ein griffbereiter Wortschatz. In allen Sprachen gibt es daher dicke Verzeichnisse der sinnverwandten Wörter, in denen man die besonderen Ausdrücke nachschlagen kann. Für die deutsche Sprache haben wir ein vorzügliches Buch dieser Art: Franz Dornseiffs «Der Deutsche Wortschatz nach Sachgruppen». Wer ein solches Buch langsam durchblättert und ehrlich die Wörter anstreicht, die er in den letzten zehn Jahren nicht gebraucht hat, der wird die Lücken seines aktiven Wortschatzes deutlich gewahr werden. Oder wann haben Sie zuletzt die Worte gebraucht: *Anbruch, dämmern, schattenhaft, Huldigung, Menschenalter, Zwielicht, verehren, gewärtigen, Ränke, marktschreierisch, verdienstlich, übertölpeln, prellen, Zwistigkeit?* Der Reichtum unserer Sprache tritt uns in einem solchen Buch nüchtern, aber handgreiflich entgegen.

Wer nicht daran glaubt, daß der besondere Ausdruck für den Prosastil entscheidend ist, der braucht nur einen einfachen Versuch zu machen. Ich erzähle den Inhalt einer kleinen Geschichte von Johann Peter Hebel, aber ich setze dabei überall die allgemeinen statt der besonderen Ausdrücke; auch sonst habe ich den lebendigen natürlichen Ton Hebels durch die allgemein üblichen Formen papierener Durchschnittsprosa ersetzt:

«Eines Tages kam ein Mann in ein Haus, und als er sich ausgezogen hatte und ins Bett ging, zog er seine Hausschuhe an und machte sie mit den Strümpfen fest. Ein anderer, der neben ihm schlief, fragte ihn, warum er das tue. Lieber Freund, sagte der erste, vor kurzem habe ich mich im Traum mit einem Stück Glas geschnitten und hatte solche Schmerzen im Fuß, daß mir das nicht wieder begegnen soll.»

Versuchen Sie einmal, in diesem Text statt der allgemeinen Ausdrücke besondere zu verwenden – ein wenig Phantasie ist hierfür nötig –, und dann vergleichen Sie die drei Lesearten, Ihre, meine und den Urtext Hebels. Der Unterschied ist verblüffend: mein Text ist allgemein, verblasen, nebelhaft, unerträglich. Ihr Text ist hoffentlich gute Durchschnittsprosa. Erst der Text Hebels (bei den Lösungen am Schluß des Buches) zeigt den Meister, der mit einfachen Worten aus der kleinsten Erzählung ein Kunstwerk zu machen weiß.

Wortstellung

Die Umstellungen, die in der Poesie erlaubt sind, geben ihr oft einen Vorteil vor der Prosa, weil man das wichtigste Wort des Gedankens an den auffälligsten Platz stellt und sich so der ganze Satz auf dieses Wort stützen kann.

Montesquieu

Das Chaos unserer Wortstellung

Ein Ausländer bittet seinen Deutschlehrer, ihm die Grundsätze der deutschen Wortstellung anzugeben. Der Lehrer sagt: «Die regelmäßige Wortstellung ist: Subjekt – Prädikat – Objekt, zum Beispiel *Der Vater schreibt einen Brief.* Freilich müssen Sie...» «Halt», sagt der Ausländer, «Sie haben ja eben das Subjekt hinter das Prädikat gestellt: *müssen Sie.*» «Das ist eine Ausnahme», antwortet der Lehrer, «hinter Worten wie *freilich* stellen wir...» «Halt», sagt der Ausländer. «Sie haben ja schon wieder gesagt *stellen wir*». «Das ist wieder eine Ausnahme», erklärt der Lehrer ärgerlich, «hinter Bestimmungen des Orts, der Zeit und der Art muß das Subjekt hinter das Prädikat treten.» «Halt», sagt der Ausländer, «jetzt haben Sie ja das Prädikat gespalten. Sie haben das Subjekt hinter *muß*, aber vor *treten* gesetzt.» «Lassen Sie mich doch ausreden,» knurrt der Lehrer, «unterbricht man mich dauernd, so...» «Halt», sagt der Ausländer, «was ist denn das? Jetzt steht das Prädikat *unterbricht* ja sogar an erster Stelle?» «Hören Sie doch zu», schreit der Lehrer, «wenn Sie zuhören würden...» «Halt», sagt der Ausländer, «warum haben sie *zuhören* einmal zerschnitten – *hören Sie zu* – und einmal zusammen gelassen – *zuhören würden* –?» «Sie müssen», ächzt der Lehrer, «unterscheiden zwischen trennbaren und untrennbaren Zeitwörtern. Bei den trennbaren wie *zuhören* sind die Grundformen untrennbar, die Personalformen auch, aber nur im Nebensatz...» «Halt», sagt der Ausländer, «bemühen Sie sich nicht weiter. Ich habe meine Absicht, Deutsch zu lernen, inzwischen aufgegeben.»

Ist die deutsche Wortstellung wirklich nur ein Sammelsurium willkürlicher Regeln und sinnloser Ausnahmen? Nein. Man muß nur die Gesetzmäßigkeiten kennen, die unsere Wortstellung regieren. Aber bevor wir versuchen, hierfür Regeln aufzustellen, wollen wir unbefangen eine Reihe von Beispielen betrachten.

Das Sinnwort am Anfang

In Kleists «Prinz Friedrich von Homburg» will der Kurfürst den Obersten Kottwitz darauf hinweisen, daß er bei Fehrbellin das Vorgehen des Prinzen anders beurteilt habe als jetzt. Der Kurfürst könnte also etwa sagen:
Doch bei dem Kampfe warst du andrer Meinung.
Bei Kleist heißt es statt dessen:
«Der Meinung auf dem Schlachtfeld warst du nicht.»
Kleist stellt das entscheidende Wort an den Anfang. Auch bei den folgenden Worten verschmäht er die übliche Wortstellung *(Der Meinung warst du auf dem Schlachtfeld nicht).* Entgegen dem Sprachgebrauch zieht er die Worte *auf dem Schlachtfeld* vor; hierdurch wird die *Meinung* noch mehr von dem übrigen Satz getrennt und gewinnt einen stärkeren Ton.

Es ist aber nicht etwa das Versmaß, das diese Wortstellung veranlaßt hat: auch in Prosa liebt Kleist diese Art der Wortfolge; so in «Das Käthchen von Heilbronn»: «Dies Mädchen, bestimmt den herrlichsten Bürger von Schwaben zu beglücken, wissen will ich, warum ich verdammt bin, sie einer Metze gleich herumzuführen.» Wie lahm würde der Satz in der gewohnten Wortstellung klingen: *Ich will wissen, warum ich verdammt bin usw. . . . .* Wir wüßten bei Beginn des Satzes nicht, wovon er handeln wird. Oder: «Geschirr und Bissen und Imbiß, da sie den Ritter erblickt, läßt sie fallen.» Erst wird uns gleichsam der Gegenstand, auf den es ankommt, hocherhoben gezeigt, und dann sehen wir ihn auf die Erde stürzen.

Auch in seinen Briefen nimmt Kleist gelegentlich ein stark betontes Wort aus dem Satz heraus und stellt es an die Spitze: »Und diese schwerste von allen Tugenden, o nie hat ihr Heiligenschein diesen Menschen verlassen.»

Auch die Alltagssprache schiebt das wichtigste Wort nach vorn. *Haben die Leute Kinder? Einen Sohn haben sie. Andreas heißt er.* Nie würde man sagen: *Sie haben einen Sohn, er heißt Andreas.* Noch kraftvoller drängen in den Mundarten die entscheidenden Wörter an die Spitze: *Lassen S' mi aus mit Eahna Schönheit: Ja, schön wann i wär!* Selbst wenn es grammatisch unmöglich ist, zieht die Alltagssprache unbewußt das entscheidende Wort an den Anfang: *Arbeiten tut er überhaupt nicht.* Tun als Hilfszeitwort ermöglicht hier die Voranstellung; der Schriftsprache ist diese Hilfe jedoch versagt.

Aus diesen Beispielen können wir die erste Regel der Wortstellung ableiten: stelle das Sinnwort an eine Stelle, die den Redeton hat. Den Redeton hat in erster Linie der Anfang. Am Anfang finden wir das Sinnwort besonders in Sätzen, die einen starken Gefühlston tragen, so in der pathetischen Prosa Schillers:

«Ihre Opfer kann kein Schicksal ihr unterschlagen
(von der Inquisition).
Seinesgleichen hatte kein Weltalter noch gesehen.»

Lahm ist: *Die Aufgabe, die Dichterseele in allen ihren Zügen zu begreifen,
wird bei Fontane erleichtert durch....;* eine ‹denkbedingte› Wortstellung
verlangt: *Die Dichterseele in allen ihren Zügen zu begreifen, diese Aufgabe
wird bei Fontane erleichtert durch...* Lahm ist: *Ich bin nicht ins Theater gegangen, sondern ins Konzert.* Viel besser: *Ins Theater bin ich nicht gegangen, sondern ins Konzert.* Wer die deutsche Wortstellung schematisch handhabt,
wer Subjekt, Prädikat, Objekt pedantisch hintereinandersetzt, wer nie
den Mut hat, einen Satz mit dem Objekt, und sei es auch ein einfaches
Ihr oder Seiner, zu beginnen, wer der deutschen Sprache immer nur als
schüchterner Liebhaber gegenübertritt, wer sich die Freiheiten nicht herausnimmt, die sie nun einmal bietet, der mag ein verdienstvoller Kanzleibeamter sein, aber ein kräftiges Deutsch wird er niemals schreiben.

Der Schüler lernt in der Tertia, es sei ein Verbrechen zu schreiben: *Cäsar, nachdem er die Helvetier bei Bibrakte besiegt hatte, marschierte...* Das sei
eine Lateinerei; es müßte heißen: *Nachdem Cäsar...* Aber dieser Schüler –
wenn er älter wird – findet bei Luther und Lessing, bei Goethe und
Grimm, bei Keller und Fontane zahlreiche Sätze wie: «Der Alte Gott, als
den Menschen ihr erster Wohnsitz zu eng geworden war, beschloß sie
auszubreiten.» (J. Grimm) «Mützell, wenn er den jungen Treibel in das
Lokal eintreten sah, salutierte.» (Fontane) Vollends bei Kleist stehen auf
jeder Seite solche Sätze. «Der Kurfürst, indem er errötend ihre Hand ergriff, sagte...»

Wann dürfen wir das Hauptwort voranziehen? Wenn wirklich der
Kurfürst betont und der Nebensatz als unwichtig gleichsam in Klammern gestellt werden soll. Ist dagegen der Nebensatz wichtig, so hat er
ein Anrecht auf die persönliche Anführung Cäsars oder des Kurfürsten.
Am besten werden wir aber dann einen Hauptsatz daraus machen: *Cäsar
besiegte die Helvetier bei Bibrakte und marschierte...*

Hölderlin zieht sogar ein Sinnwort, das eigentlich im Hauptsatz entbehrlich wäre, aus dem Nebensatz in den Hauptsatz und ersetzt es im
Nebensatz durch ein Fürwort: «... und fühlten wunderbar das geistige
Wehen, wie es leicht die zarten Haare über der Stirne bewegte.» – Vor
allem das aufschlußgebende Wort gehört an den Anfang. Der Leser will
nicht drei Zeilen lang lesen, bevor er beginnt, den Satz zu verstehen:

Falsch:	*Richtig:*
Die Anzeige der Geschwindigkeitsmesser darf vom Sollwert abweichen in den beiden letzten Dritteln des Anzeigenbereichs –	Um wieviel darf eine Tachometeranzeige von der tatsächlich gefahrenen Geschwindigkeit abweichen?

jedoch mindestens von der 50 km/st-Anzeige ab, wenn die letzten beiden Drittel des Anzeigenbereiches oberhalb der 50 km/st-Grenze liegen – 0 bis +7 von Hundert des Skalenwertes; bei Geschwindigkeiten von 20 km/st und darüber darf die Anzeige den Sollwert nicht unterschreiten.

1. Für den Bereich von 0–20 km/st bestehen keine Vorschriften.
2. Ab 20 km/st darf der Tachometer nicht weniger anzeigen.
3. Für Tachometer, deren Skala bis 150 km/st reicht, gilt: Sie dürfen in den beiden letzten Dritteln des Anzeigenbereiches höchstens 7 % ihres Skalenwertes mehr anzeigen.
4. Wenn der Tachometer über 150 km/st reicht, beginnt die 7 %-Regelung schon ab 50 km/st.

Wer das Sinnwort voranzieht, gibt dem Satz Leben. *Obgleich er manches erreicht hat, so hat er doch sein Spiel noch nicht gewonnen;* der Satz wird kraftvoller, wenn wir im Hauptsatz das Sinnwort voranziehen und das *so* weglassen: *Obgleich er schon manches erreicht hat: gewonnen hat er sein Spiel noch lange nicht!* Hinter allen Einschränkungssätzen ist dieser Kunstgriff möglich: «Ist auch diese Gesittung in unserem Volke längst einer anderen, härteren gewichen: tot ist sie darum nicht.» (Heinrich v. Treitschke)

Auch in Überschriften soll der Leser das Wichtige zuerst erfahren. *Die geschichtliche Entwicklung des deutschen Schiffbaus* ist ungeschickt. Besser: *Der deutsche Schiffbau und seine geschichtliche Entwicklung;* denn der deutsche Schiffbau ist das Sinnwort. Am Anfang einer Zeitungsnachricht sollte es nicht heißen: *Die Mehrheit des englischen Unterhauses hat dem Antrag zugestimmt,* sondern *Das englische Unterhaus in seiner Mehrheit. . .* Der erste Blick des Lesers soll auf das Wort fallen, das ihm den Schauplatz, den Gegenstand des Satzes klarmacht. Verfehlt ist es daher auch, die Verneinung nachhinken zu lassen:

Falsch:
«Nach alledem besteht ein Widerspruch zwischen der Verordnung und dem Wortlaut des Gesetzes nicht.»

Richtig:
Nach alledem besteht kein Widerspruch. . .

Wer die Worte denkbedingt anordnet, macht seine Sätze leicht verständlich. Also nicht:

«Es genügt, wenn, da der Geist immer unbewußt danach verfährt, er für jeden einzelnen Teil einen solchen Ausdruck findet, der ihn wieder einen anderen mit richtiger Bestimmtheit auffassen läßt.» (Wilhelm von Humboldt)

Dieser Satz verstößt selbst gegen die Regel, die er aufstellt. Denn es ist nötig, daß man das Subjekt eines Nebensatzes, wenn man einen weiteren Nebensatz in ihn hineinzwängen will, vor die Einzwängung zieht – wie hier geschehen. Falsch wäre: *Es ist nötig, daß, wenn man...* Der Leser möchte schon ein Stück des ersten Nebensatzes in der Hand haben, ehe er sich in einen zweiten vertieft. Noch besser freilich, solche Einzwängungen völlig zu vermeiden! Auch ganze Nebensätze, vor allem Relativsätze, kann man an den Anfang stellen, um ihnen mehr Gewicht zu geben.

«Den keine Gewalt erschrecken darf, entwaffnet die holde Röte der Scham; den keine Strafe schreckt und kein Gewissen zügelt, halten jetzt die Gesetze der Ehre in Schranken.» (Schiller)

Das Sinnwort am Ende

Aber sehr oft können wir das entscheidende Wort nicht an den Anfang stellen, weil es erst vorbereitet werden muß, etwa beim Anfang eines Märchens: *Es lebte einmal im Schwarzwald eine arme Witwe.* In solchen Fällen müssen wir das Sinnwort an den Schluß stellen, denn der Schluß hat sehr viel mehr Redeton als die Mitte:

«Nach Vitellius kam Vespasian, ein guter Feldherr, ein verständiger Mann, dessen Vater in Helvetien sich durch Waffenhandel bewährt hatte, an die kaiserliche Macht.» (Joh. von Müller)

Der Satz wirkt lahm; Vespasian, den man an den Anfang nicht stellen kann, gehört wenigstens ans Ende: *Nach Vitellius bestieg den Thron Vespasian, ein guter Feldherr...*

In anderen Fällen müssen wir das entscheidende Wort deshalb ans Ende stellen, weil wir den Leser damit überraschen, weil wir eine besondere Spannung in dem Satz erzeugen wollen: «Die Sprache ist gleichsam der Leib des Denkens»: der Satz wäre um jede Wirkung gebracht, wenn Friedrich Hebbel gesagt hätte: *Gleichsam der Leib des Denkens ist die Sprache.*

Wir verstärken die Endstellung, wenn wir zunächst nur ein Fürwort bringen und erst hinter dem Satz das entscheidende Wort, das betont werden soll:

«Über diesen geschäftigen Zänkern hätte er dann auch wirklich abbrennen können, der Palast; wenn er gebrannt hätte.» (Lessing)

In «Die Richterin» will Conrad Ferdinand Meyer schildern, wie der junge Räter vergeblich versucht, in den Kreis der Höflinge zu gelangen: «Über eine gepanzerte Schulter wendete sich ein junger Rotbart und sprach gelassen...» Die Wortstellung malt den Vorgang: erst die gepanzerte Schulter, dann das rotbärtige Gesicht, dann langsam die gelassenen Worte.

Wie stark die Endstellung des Sinnwortes einen Satz verändert, kann man leicht erproben: *Mir war, als ob ein rätselhaftes Rufen durch die blaue atmende Nacht ginge und nirgends ein Schlaf in der Natur wäre.* Der Satz ist ohne Gewicht. In Wahrheit lautet er – und der vollere Klang entspricht nicht nur den Versmaß, er ruht auch auf der Kunst der Wortstellung:

> «Mir war, als ginge durch die blaue Nacht,
> die atmende, ein rätselhaftes Rufen,
> und nirgends war ein Schlaf in der Natur.»

Die denkbedingte Wortstellung

Versuchen wir, das Ergebnis dieser Überlegungen zusammenzustellen. Es gibt in der deutschen Wortstellung kein Schema: Subjekt – Prädikat – Objekt. Es ist daher auch verfehlt, von Inversion (Umkehrung) zu sprechen, wenn das Subjekt hinter dem Prädikat steht. Es gibt im Deutschen keine feste Version der Wortstellung, es kann also auch keine Inversion geben. Gerade in guter lebendiger Prosa stehen oft mehr invertierte Sätze als normale. Die Stellung eines Wortes hängt nicht ab von seinem grammatischen Charakter, sondern von seinem inhaltlichen Gewicht. Die deutsche Wortfolge ist denkbedingt.

Erich Drach hat in den «Grundgedanken der Deutschen Satzlehre» die Theorie dieser denkbedingten Wortfolge entwickelt: Im deutschen Satz muß man Vorfeld, Mitte und Nachfeld unterscheiden. In der Mitte ruht unabänderlich der Ausdruck des Geschehens, die Personalform des Zeitworts. Das Sinnwort steht in gefühls- und willensbetonten Sätzen im Vorfeld, in gedanklichen im Nachfeld, und zwar aus guten Gründen. Denn das gefühlsmäßig Hochgetriebene drängt an die Spitze. In gedanklichen Sätzen dagegen schreitet das geordnete zielgerichtete Denken vom Gewußten zum Gesuchten, vom Bekannten zum Unbekannten. Wer untersuchen oder belehren will, setzt deshalb das Sinnwort als Trumpf ans Ende, wo es beim Hörer am besten haftet. So ergeben sich die beiden Schemata:

In den gefühlsbetonten Sätzen:

Vorfeld	Mitte	Nachfeld
Gefühls- oder willensbetontes Sinnwort	Geschehen	Ergänzungen und Erläuterungen
Endlich	*kam*	*die ersehnte Nachricht.*
Bestraft	*muß*	*er werden.*

In gedanklichen und belehrenden Sätzen:

Vorfeld	Mitte	Nachfeld
Anschluß an Voran- gegangenes oder Beiläufiges	Geschehen	Gedankliches Sinnwort
All dies *Nach langwierigen* *Untersuchungen*	*lehrt* *erging*	*uns Christen die Bibel.* *das Urteil.*

Diese Theorie ist für die Grundfragen unserer Wortstellung sehr lehrreich. Wir stellen in der Tat das Sinnwort in gefühlsbetonten Sätzen gern an den Anfang, in gedanklichen Sätzen ans Ende. Freilich ist die Regel nicht völlig starr; auch in gefühlsbetonten Sätzen steht das Sinnwort gelegentlich im Nachfeld, wenn wir es vorbereiten oder eine Spannung erzeugen wollten. Auch rückt in gedanklichen Sätzen das Sinnwort nur an den Schluß, wenn es sehr stark hervorgehoben werden soll. Man kann die Grundregel der Wortstellung etwas vorsichtiger so ausdrücken: Das Sinnwort gehört an eine Stelle, die den Redeton hat, also an den Anfang oder Schluß des Satzes. In das Vorfeld kommt das Sinnwort, wenn es gefühlsbetont oder aufschlußgebend ist, in das Nachfeld, wenn es vorbereitet oder in gedanklichen Sätzen besonders unterstrichen werden soll. In erzählenden Sätzen schwankt die Stellung. Die Endstellung des Sinnwortes ist in jedem Fall nur möglich, wenn der Satz nicht zu lang ist; sonst kann der Leser die vielen noch unverwendbaren Einzelheiten nicht so lange zusammenhalten.

Das Zeitwort hinkt nach

Aber diese Hinweise sind erst die Anfangsgründe einer Lehre von der Wortstellung. Die Fortsetzung ist schwieriger. Denn die deutsche Sprache ist mit einer seltsamen Eigenart geschlagen: Unsere Grammatik verlangt, daß wir das Zeitwort in bestimmten Fällen sehr weit zurückstellen: im Nebensatz stets, im Hauptsatz dann, wenn es zusammengesetzt ist:

Ich hoffe, daß er morgen oder wenigstens im Verlauf der nächsten Tage abreist.
Ich werde wahrscheinlich im Verlauf der nächsten Tage diese unangenehmen Sachen untersuchen.

Obwohl man im Deutschen den Sinn längerer, verwickelterer Sätze, namentlich solcher mit größeren Einschaltungen, die womöglich auch noch mit Bezugssätzen verbunden sind, eigentlich nur (also was denn?) dann richtig versteht, wenn man das Verb kennt, haben trotzdem die deutschen Schriftsteller, auch in Anknüpfung an die Wortstellung der vergangenen Jahrhunderte, welche dem Leser das Verständnis bedeutend erleichterte, immer wieder von neuem vergeblich (was haben sie eigentlich?) versucht, das Zeitwort mehr voranzuziehen. Dieser Satz veranschaulicht die Nachteile unserer Zeitwortstellung.

Berühmt ist die Geschichte von dem Franzosen, der in einer Versammlung den Vortrag des Deutschen nicht versteht, und auf seine Frage, was nun eigentlich der Redner sage, die Antwort bekommt: «Attendez le verbe! – Warten Sie, bis das Verb kommt.» Aber das Zeitwort kommt oft sehr spät. Ein Engländer hat behauptet, in guten wissenschaftlichen Büchern der Deutschen kämen die Zeitwörter erst im zweiten Band. Fast so in dem Satz Oswald Spenglers:

«Ich lehre hier den Imperialismus, als dessen Petrefakt Reiche wie das ägyptische, chinesische, römische, die indische Welt, die Welt des Islams noch Jahrhunderte und Jahrtausende stehen bleiben und aus einer Erobererfaust in die andere gehen können – tote Körper, amorphe, entseelte Menschenmassen, verbrauchter Stoff einer großen Geschichte – als das typische Symbol des Ausgangs begreifen.»

Abmildern kann man diese Eigenart der deutschen Sprache, indem man niemals lange Einschaltungen vor das Zeitwort setzt.

Aber man kann noch mehr tun: man kann das Zeitwort entgegen der Übung voranziehen. Luther schrieb noch:

«Dieweil du hast gehorchet der Stimme deines Weibes und gegessen von dem Baume...»

Ähnlich bei Conrad Ferdinand Meyer:

«Jetzt, da ihr einen Einblick habt in Herrn Heinrichs Haushalt...»

Wenn doch auch andere Schriftsteller in solchen Fällen mehr Mut hätten zur Voranziehung des Zeitwortes: ihre Werke würden verständlicher werden und rhythmisch wohltuender.

Aber nur in längeren Sätzen können wir das Verb voranziehen. In kürzeren klingt das Voranziehen befremdlich: *Ich habe getrunken einen guten Wein.*

Die trennbaren Verben

Das Nachhinken des Zeitwortes ist besonders lästig bei den sogenannten trennbaren Zeitwörtern wie *ankommen, feststellen, vornehmen* und so weiter. *In diesem Augenblick platzte Emanuel, der nur mit Mühe seine Erregung so lange gebändigt hatte, mit den Worten heraus.* Der Satz ist ungeschickt: erstens bleiben wir lange im unklaren, was mit Emanuel geschehen ist, und zweitens gibt das Nachklappen dem Satze einen elenden Rhythmus. Mark Twain bringt in einem Aufsatz über die deutsche Sprache das Beispiel:

«Er reiste, als die Koffer fertig waren und nachdem er Mutter und Schwester geküßt und nochmals sein angebetetes, einfach in weißen

Musselin gekleidetes, mit einer frischen Rose in den sanften Wellen ihres reichen braunen Haares geschmücktes Gretchen, das mit bebenden Gliedern die Treppe herabgeschwankt war, um noch einmal sein armes gequältes Haupt an die Brust desjenigen zu legen, den es mehr liebte, als das Leben selber, ans Herz gedrückt hatte, ab.»

Er fügte hinzu:

«Man denkt dabei unwillkürlich an jene Zahnärzte, die, nachdem sie den Zahn mit der Zange gefaßt und einen dadurch in den höchsten Grad atemloser Spannung versetzt haben, sich hinstellen und einem in aller Behaglichkeit eine langweilige Geschichte vorkauen, ehe sie den gefürchteten Ruck tun. In der Literatur und beim Zahnausziehen sind Einschaltungen gleich übel angebracht.»

Aber oft können wir das Nachklappen nur vermeiden, indem wir den ganzen Satz umbauen. In dem Satz: *Der Omnibus tauchte 1843 in Hamburg, 1846 in Berlin und 1854 in München auf* können wir das lächerliche Bild des tauchenden Omnibus leicht beseitigen, wenn wir *auf* schon hinter Hamburg setzen.

Deshalb hat man vorgeschlagen, diese Zeitwörter überhaupt nicht zu zerreißen, sondern getrost zu schreiben: *Ich ankomme morgen nachmittag; ich feststelle, daß nichts geschehen ist.* Wir haben ja viele Zeitwörter, die wir nie trennen: *ich unterdrücke, ich überschätze, ich hinterlege, ich widerspreche* und andere. Goethe schreibt meist *Ich anerkenne.* Auch Schiller, Fichte, Keller und Meyer – wie auch die Schweizer Umgangssprache – verzichten oft auf die Trennung.

Nun brauchen wir aber die Trennung manchmal zur Unterscheidung zweier Zeitwörter: *Ich übersetze einen Schriftsteller,* aber *ich setze über einen Fluß.* Zwischen *über*setzen und über*setzen* besteht ein fühlbarer Unterschied. Wir trennen bei denjenigen Zeitwörtern, bei denen wir in der Grundform (Infinitiv) die Vorsilbe betonen, also bei *ankommen.* Wir trennen nicht, wenn wir die Stammsilbe betonen wie bei *widersprechen.* Die trennbaren Zeitwörter – *ankommen* – sind meist solche, bei denen die örtliche Bedeutung der Vorsilbe noch lebendig ist. Aber es wird sich kaum je ein Mißverständnis ergeben, ob ein Übersetzen mit dem Boot oder mit der Feder gemeint ist. Wäre es daher nicht am einfachsten, wenn wir alle Zeitwörter nach der Art von *widersprechen* behandelten und ruhig sagten: *ich anerkenne die Notwendigkeit klarer Sätze und vorziehe daher, solche Zeitwörter nicht zu trennen?* Einfach wäre es sicherlich, aber richtig wäre es nicht. Denn wir würden mit dieser Vereinfachung gegen ein Geheimnis unserer Wortstellung verstoßen, gegen die Kunst des Rahmenbaus.

Der Rahmenbau

Das deutsche Zeitwort dient sehr oft dazu, einen Teil des Satzes einzurahmen. Nehmen wir ein möglichst einfaches Beispiel: *Ich habe meinem Freund Hans gestern einen langen Brief geschrieben.* Das Zeitwort zerfällt hier in zwei Teile *habe* und *geschrieben.* Diese beiden Teile umschließen den Satz wie mit einem Rahmen, sie rahmen den Satz ein. Ähnlich die Zeitwörter mit Vorsilben: *Ich erkenne die Notwendigkeit klarer Sätze an;* hier sind *erkenne* und *an* der Zeitwortrahmen, in dem der größte Teil des Satzes steckt. Dieser Rahmen hält den Satz zusammen und macht aus ihm ein geschlossenes Ganzes. Solchen Rahmenbau finden wir bei unserer Wortstellung sehr häufig: *Aber dieser mit allen Hunden gehetzte, mit allen Abwässern gewaschene Hochstapler . . .:* hier bilden das Fürwort *dieser* und das Hauptwort *Hochstapler* den Rahmen, der die Beschreibung umschließt.

Erich Drach zitiert einen Satz aus einem Brief Hippolyte Taines: «Die sprachliche Verflochtenheit des Satzes ist das Sinnbild für die geistige Einheit des Gedankens. Der Deutsche will seinen Denkschritt nicht zu Ende bringen, bevor er nicht alle Teilstücke greifbar vor sich hat. Sein wesentliches Denkbedürfnis ist augenscheinlich, sich des Zusammenhanges bewußt zu werden. Demgegenüber treten sonstige Rücksichten beiseite.»

In der Tat kann eine solche Klammer einem Satz Halt geben, ja sie bringt sogar eine durchlaufende Spannung hinein, vorausgesetzt freilich, daß der Rahmen glücklich gebaut ist. Drach hat die richtige Bauart einer solchen Rahmenklammer treffend beschrieben, indem er das Anfangswort und das Schlußwort eines solchen umklammerten Satzes mit den Polen einer elektrischen Spannung verglich:

«1. Die Pole A und Z müssen ein Mindestmaß von Tragfähigkeit haben. Ein allzu schwacher Ausgangspunkt läßt keine durchhaltende Spannung aufkommen. Ein allzu matter Zielpol läßt sie unwirksam verebben.

2. Pol A muß so beschaffen sein, daß er das Denken unmißverständlich in Richtung auf den Inhalt von Z einstellt, nicht in anderer Richtung fehlleitet.

3. Die Pole dürfen nicht durch zu viele Innenstücke voneinander getrennt sein; sonst reicht auch die stärkste Spannung nicht aus, um bis Z durchzuhalten.

4. Von den Innenstücken darf keines leitungsunfähig sein, so daß es das Fortschreiten des Gedankens abbricht.»

Als Beispiel nennt Drach den Satz: *Er ging mit den Schülern die einzelnen Fehler, die in dem Aufsatz gemacht worden waren, durch.* Der Satz befriedigt nicht, denn der Zielpol *durch* ist zu schwach. Wir müssen ihn verstärken und sagen vielleicht: *sehr gründlich durch*. Oder wir müssen auf die große Klammer verzichten, indem wir das Wörtchen *durch* nach vorn ziehen: *Er ging mit den Schülern die einzelnen Fehler durch, die* ... Daß ein Bezugssatz direkt auf sein Bezugswort folgen müsse *(Fehler, die)* ist ein Irrglaube.

Ebenso lahm wirken Sätze, bei denen der Ausgangspol der Klammer nicht kräftig genug ist. Man lese laut:

«Die größte Achtung, die ein Autor für sein Publikum haben kann, ist, daß er niemals bringt, was man erwartet, sondern was er auf der jedesmaligen Stufe eigener oder fremder Bildung für recht und nützlich hält.» (Goethe)

Der Ausgangspol *was er* ist zu schwach. In Wahrheit lautet der Satz auch bei Goethe ein klein wenig anders: hinter *was er* steht das Wörtchen *selbst*. Sogleich gewinnt der Satz einen anderen Halt.

Noch häufiger finden wir Verstöße gegen die Regeln 3 und 4, also Sätze, bei denen in Innenstücke der Klammer nicht hinreichend leitfähig sind, um eine Polspannung zu erzeugen:

«Nicht minder aber widerstrebte seinen innersten Überzeugungen der dem Michaelischen gesinnungsverwandte Rationalismus des damals berühmten englischen Exegeten George Benson, der in seinen seit 1731 einzeln erschienenen, 1752 (oder nach Baumgarten, s. u. S. XI, schon 1734) und 1756 gesammelten ‹Paraphrases and Notes› die paulinischen und katholischen Briefe ‹in inmitation of Mr. Locke's manner›, d. h. im Sinne der von diesem Philosophen in seiner ‹Reasonableness for Christendom as delivered in the Scriptures› (1695) sowie in der Einleitung seiner ›Paraphrases and Notes on the Epistles of St. Paul to the Galatians, Corinthians, Romans, Ephesians, to which is prefixed an Essay for the understanding of St. Pauls epistles by consulting St. Paul himself› (in den ‹Posthumous Works› 1706) aufgestellten und in letzterer selbst durchgeführten deistisch-latitudinarischen Grundsätze ausgelegt hatte, sowie Michaelis beflissenes Eintreten für diese harmonistische und verstandesmäßig verwässernde Schrifthermeneutik.» (Rudolf Unger)

Hier ist in die Klammer hineingestopft, was dem Autor gerade zur Hand war. Leitfähig bleibt eine Klammer aber nur, wenn sie einen Gedanken schwungvoll durchführt.

Listenartige Aufzählungen gehören an den Anfang oder an den Schluß des Satzes; sonst verliert der Leser den Zusammenhang und der Satz die Polspannung:

«Herr Opernsänger Merkel riß die Zuhörer durch seine gesanglichen Darbietungen: Lohengrins Erzählung, das Zauberlied von Meyer-Helmund und Laß tief in dir mich lesen von Clemens Braun zu stürmischer Begeisterung hin.»

Riß und *hin* sind zu weit voneinander entfernt. Die beiden Pole müssen in Hörweite bleiben. Selbst kurze Listen werden besser an den Schluß des Satzes gestellt:

«...jener schaffenden Arbeit, die nicht gebunden ist an die Werkstatt, an die Fabrik, an das Kontor, das Konstruktionsbüro oder das Amt.»

Bei langen Verzeichnissen ist es am übersichtlichsten, sie hinter dem Satz gesondert aufzuführen und jedem Glied eine neue Zeile zu geben. Also nicht:

«In dem Konkursverfahren über das Vermögen der Witwe X. ist zur Abnahme der Schlußrechnung des Verwalters, zur Erhebung von Einwendungen gegen das Schlußverzeichnis der bei der Verteilung zu berücksichtigenden Forderungen – zur Beschlußfassung der Gläubiger über die nicht verwertbaren Vermögensstücke, ferner zur Prüfung der nachträglich angemeldeten Forderungen – sowie zur Anhörung der Gläubiger über die Erstattung der Auslagen und die Gewährung einer Vergütung an die Mitglieder des Gläubigerausschusses – der Schlußtermin auf Mittwoch, den 28.8.1929, vormittags 10 Uhr, vor dem Amtsgericht hierselbst, Zimmer 26, bestimmt.»

Sondern:

«In dem Verfahren über das Vermögen der Witwe X. ist die Schlußverhandlung auf... festgesetzt.

Gegenstände der Verhandlung sind:

1. Schlußrechnung des Verwalters,
2. Einwendungen gegen...
3. Beschluß der Gläubiger über...
4. (und so weiter).»

Stellung des Genitivs

Das Sprichwort redet von *des Teufels Küche* und *des Kaisers Bart,* von *Leibes Notdurft* und *Gottes Wort* und versichert: *Reichen Mannes Kinder und armen Mannes Rinder werden früh reif.* Diese Beispiele zeigen: man hat früher den Genitiv gern vorangestellt, wenn es sich um ein Einzelwesen handelte: *des Pfarrers Haus,* aber *der Gesang der Vögel.* Noch Luther hat meist geschrieben: «Das Auge ist des Leibes Licht.» Oder: «Da kam der Hohenpriester Mägde eine.» Im Vers hat sich die Voranstellung des Wesfalles erhalten. Sie ist Schillers Lieblingsfigur, und er setzt gern zu beiden Hauptwörtern schmückende Beiwörter:

«Des frommen Wahnsinns fürchterliche Waffen.»

Ähnlich der junge Grillparzer:

«Und von der Dichtkunst wolkennahen Gipfeln
in dieses Lebens heitre Blütentäler.»
Der vorangestellte Genitiv spart die mißklingende Häufung des Ge-
schlechtsworts. Es ist schade, daß er sich heute ganz in die Festrede zu-
rückgezogen hat und allmählich auszusterben droht. Er würde manches
Schwätzers lange Rede gedrungener und verständlicher machen, aber *des
falschen Anstands prunkende Gebärden* hindern die meisten, zu diesem
Hilfsmittel zu greifen. Sparsam angewendet gibt es dem Stil Abwechslung.

Fehlleitungen

Verfehlt ist jede Wortfolge, die uns – wenn auch nur einen Augenblick –
irreleitet: *Bei dem Verderben ausgesetzten Waren ist diese Packung unzulässig.*
Unwillkürlich liest man *bei dem Verderben* und mißversteht den Satz,
wenn auch nur für einen Augenblick. Ein Verhältniswort (Präposition)
soll nicht vor einem Hauptwort stehen, zu dem es nicht gehört.

Mißverständnisse erzeugt eine falsche Wortstellung leicht:
*Heute abend Vortrag: Die Abstammung des Menschengeschlechtes von Lehrer
Kalb in Gera.*
Abends Ball beim Kanzler, der sehr voll war.

Stachelstellungen

Das Unerwartete macht Glück. Manche Wortstellung hat der Schreiber
offenbar nur gewählt, weil sie gegen das Herkommen verstößt. Sooft
wir die gewohnte Wortfolge ändern, verschaffen wir dem umgestellten
Wort eine besondere Aufmerksamkeit. Wenn Schiller im «Taucher» sagt:
«Und den Gürtel wirft er, den Mantel weg», so malt er das Wegwerfen
des Gürtels und des Mantels wirksamer, als wenn er einfach gesagt hätte:
Und Gürtel und Mantel wirft er nun weg. Der Meister in solchen Unterbrechungen des gewohnten Satzbaus ist Kleist. Der Satz: «Eh du selber die
Kunst, Bester, zu lesen gelernt», enthält in dem Wort *Bester* eine Durch-
querung der üblichen Wortfolge, die Kleist unschwer hätte vermeiden
können. Sie hat nur stilistische Gründe: jede Unterbrechung, jede Überraschung versetzt dem Hörer einen Stich, sie verhindert ihn über gewohnten Worten und Gedankenfolgen einzuschlummern: das Wort *lesen*
hinter der Einschiebung *Bester* bekommt einen verstärkten Akzent. Ein
Aufsatz Kleists schließt mit dem Hinweis:
*...welches Erinnerungen sind, die uns der Beherzigung würdig zu sein schei-
nen.*
Ein Satz, der überhaupt keine Erinnerung hinterläßt. Zum Glück hat
Kleist auch nicht so geschrieben, sondern:

«...welches Erinnerungen sind, wert, wie uns dünkt, daß man sie beherzige.»

Noch kühner in der «Penthesilea»:

> «Ach, Nereidensohn! Sie ist mir nicht,
> die Kunst vergönnt, die sanftere, der Frauen.»

Der Vers hätte bei Schiller etwa gelautet:

> *Der holden Mädchen sanftere Gewalten*
> *hat mir der Götter spröde Gunst versagt.*

Auch in der Prosa liebt Kleist Zäsuren, Unterbrechungen des gewohnten Redeflusses durch ungewöhnliche Wortfolge:

«‹Geld› rief, ‹mein edelster Herr!› ein Armer.»

«‹Wenn du mich irgend›, rief sie, ‹mich und die Kinder, die ich geboren hab', in deinem Herzen trägst.›»

«Spielzeug und Decken liegen, und ein Bündel Wäsche von mir im Stall.»

In dem letzten Beispiel ist der Satzgegenstand mit seinen sieben Worten zu lang für den kurzen Satz. So teilt ihn Kleist und gibt uns eine Zäsur zum Atemholen.

Das Kunstmittel der ungewohnten Wortstellung wurde später ein Lieblingstrick des Expressionismus. Hiervon wird in dem Kapitel «Stilgecken und Stilgaukler» gesprochen.

Aufgaben

Auch in der Wortfolge kann man aus Aufgaben lernen. Jeder der folgenden Sätze enthält einen Fehler oder wenigstens eine Härte in der Wortstellung. Worin bestehen diese Mängel und wie kann man sie bessern? (Lösung am Schluß des Buches)

Bei der Verhaftung des Täters setzte sich letzterer zur Wehr.

Karl hat lange nicht geschrieben, und hoffen wir, daß er morgen ankommt.

Die Freunde feierten im Goldenen Löwen abends in aller Stille seinen Geburtstag.

Bei der Abreise Jules Favres sah derselbe sehr vergnügt aus.

Er hat während der sechs Jahre sich so wenig angestrengt.

So erfüllte sich meine Hoffnung, daß der schwere Tag ohne Unglücksfälle vorbeigehen werde, nicht.

Wismar besitzt ein städtisches neues Krankenhaus.

Karl erklärte diese Vorschläge nicht für hinreichend.

Das Mädchen suchte die Frau vergeblich.

Auf der Fahrt von Gotha nach Eisenach sieht seine überreizte Phantasie in einem harmlosen Wanderer, der sich hinten am Wagen anklammert und schreit, wie ihn der Postillon mit der Peitsche schlägt, einen fürchterlichen Räuber.

Fritz, der nach all den furchtbaren Kämpfen, die sich in den letzten Tagen in seinem Hause abgespielt hatten, und nach den Erfahrungen, die er hierüber in den letzten Jahren hatte machen müssen, weitere Auseinandersetzungen vermeiden wollte, erklärte...

Bei Stimmungsmenschen sind die Urteile Folgen des Tuns; nur bei Vernunftmenschen Ursachen oder Gründe.

Die Diebe kamen auf vom Haus her nicht sichtbaren Wegen in den Garten geschlichen.

Nietzsche will den Gedanken, daß freiwillige Leiden gottwohlgefällig sind, angreifen.

Kurze Zusammenfassung

Die deutsche Wortstellung ist denkbedingt. Sie stellt die Worte nicht nur nach grammatischen Regeln, sondern auch nach ihrer inhaltlichen Bedeutung. Das Sinnwort verlangt eine Stelle, die den Redeton hat, also den Anfang oder den Schluß. Es steht im Vorfeld, wenn es gefühlsbetont oder aufschlußgebend ist, im Nachfeld, wenn es vorbereitet oder in gedanklichen Sätzen besonders unterstrichen werden soll.

Die deutsche Wortstellung neigt zu Rahmenbauten: zusammengehörende Satzteile werden klammerartig zusammengefaßt. Aber diese Klammern haben nur dann eine wirkliche Spannung, wenn die Klammerworte (Ausgangspol und Zielpol) hinreichend stark und die Innenteile leitfähig und nicht zu umfangreich sind.

Die deutsche Wortfolge soll drei Göttern zugleich dienen: wir müssen die grammatischen Regeln befolgen, wir müssen die Worte denkbedingt anordnen und wir müssen schließlich den Satz nach Takt und Rhythmus so gestalten, daß er auch dem Ohr wohlgefällt. Es ist oft schwer, allen drei Göttern gerecht zu werden, und es bedarf zahlreicher Versuche, um die beste Wortstellung herauszufinden.

Satzbau

Der leitende Grundsatz der Stilistik soll sein, daß der
Mensch nur einen Gedanken zur Zeit deutlich denken
kann; daher ihm nicht zugemutet werden darf, daß er
deren zwei oder gar mehrere auf einmal denke. Der
Deutsche flicht aber seine Gedanken ineinander zu
einer verschränkten und abermals verschränkten
Periode: weil er sechs Sachen auf einmal sagen will,
statt sie eine nach der anderen vorzubringen.

Schopenhauer

I. Grundfragen

Der Bandwurmsatz

Das ehemalige Reichsgericht hat vor einigen Jahrzehnten den Begriff
der Eisenbahn durch eine Definition geklärt:

«Eine Eisenbahn ist ein Unternehmen, gerichtet auf wiederholte
Fortbewegung von Personen oder Sachen über nicht ganz unbedeutende Raumstrecken auf metallener Grundlage, welche durch ihre Kon-
sistenz, Konstruktion und Glätte den Transport großer Gewichtsmassen
beziehungsweise die Erzielung einer verhältnismäßig bedeutenden
Schnelligkeit der Transportbewegung zu ermöglichen bestimmt ist,
und durch diese Eigenart in Verbindung mit den außerdem zur Erzeugung der Transportbewegung benutzten Naturkräften – Dampf, Elektrizität, tierischer oder menschlicher Muskeltätigkeit, bei geneigter
Ebene der Bahn auch schon durch die eigene Schwere der Transportge-
fäße und deren Ladung usf. – bei dem Betriebe des Unternehmens auf
derselben eine verhältnismäßig gewaltige, je nach den Umständen nur
bezweckterweise nützliche oder auch Menschenleben vernichtende und
menschliche Gesundheit verletzende Wirkung zu erzeugen fähig ist.»

Ein Witzbold hat daraufhin eine Definition des Reichsgerichts gegeben:

«Was ist ein Reichsgericht? Ein Reichsgericht ist eine Einrichtung,
welche dem allgemeinen Verständnis entgegenkommen sollende, aber
bisweilen durch sich nicht ganz vermeiden haben lassende, nicht ganz
unbedeutende beziehungsweise verhältnismäßig gewaltige Fehler im
Satzbau auf der schiefen Ebene des durch verschnörkelte und ineinander
geschachtelte Perioden ungenießbar gemachten Kanzleistils herabge-
rollte Definitionen, welche das menschliche Sprachgefühl verletzende
Wirkung zu erzeugen fähig sind, liefert.»

Der Bandwurmsatz ist das verbreitetste Übel unseres Prosastils. Seine Geschichte müssen wir zunächst betrachten.

Es gibt zwei Arten langer Satzgefüge (Perioden): den Schachtelsatz und den Kettensatz. Beim Schachtelsatz sind die einzelnen Satzglieder ineinander verkeilt, beim Kettensatz aneinandergehängt.

Der Schachtelsatz

Der Schachtelsatz ist uralt. Im 18. Jahrhundert war es ruhmvoll, recht lange Perioden zusammenzubasteln; mit dem Stolze des Künstlers berichtet der Verfasser einer «Anleitung zur weltüblichen Schreibart», ihm sei es gelungen, einen Ehevertrag von elf Seiten in einen einzigen Satz hineinzuzwängen.

Würden nur Juristen und Kanzlisten schachteln: das wäre zu ertragen. Aber auch Dichter und Gelehrte, Maler und Musiker schreiben Schachtelsätze. Ich bitte die Beispiele nicht zu überschlagen; nur wer das Gift gründlich kennengelernt hat, wird dagegen immun:

«Wenn in der heroischen Tragödie die Schwere des Stoffes, das Gewicht der sich unmittelbar daran knüpfenden Reflexionen eher bis auf einen gewissen Grad für die Mängel der tragischen Form entschädigt, so hängt im bürgerlichen Trauerspiel alles davon ab, ob der Ring der tragischen Form geschlossen, d. h. ob der Punkt erreicht wurde, wo uns einesteils nicht mehr die kümmerliche Teilnahme an dem Einzelgeschick der von dem Dichter willkürlich aufgegriffenen Person zugemutet, sondern dieses in ein allgemein menschliches, wenn auch nur in extremer Fülle so schneidend hervortretendes aufgelöst wird, und wo uns andernteils neben dem von der sogenannten Versöhnung unserer Ästhetik, welchen sie in einem in der wahren Tragödie – die es mit dem durchaus Unauflöslichen und nur durch ein unfruchtbares Hinwegdenken des von vornherein zuzugebenden Faktums zu Beseitigenden zu tun hat – unmöglichen, in der auf konventionelle Verwirrung gebauten, aber leicht herbeizuführenden schließlichen Embrassement des Anfangs auf Tod und Leben entzweiten Gegensätze zu erblicken pflegen, aufs strengste zu unterscheidendem Resultat des Kampfes, zugleich auch die Notwendigkeit, es gerade auf diesem und keinem anderen Wege zu erreichen, entgegentritt.» (Friedrich Hebbel)

«Die Vormittage brachte ich mit Besuchen zu, für welche ich, als ich zu dem Minister Behr, meiner Dankesaufwartung für die Amnestie wegen, mich aufmachte, nun zum erstenmal wieder die Straßen Dresdens durchschritt, welche zunächst den Eindruck einer großen Langweiligkeit und Leere auf mich machten, da ich sie zuletzt in dem phantastischen Zustand mit Barrikaden bedeckt geschen hatte, wo sie sich so ungemein interessant ausgenommen hatten.» (Richard Wagner)

«Es darf daher getrost, was auch von allen, deren Sinne, weil sie unter Sternen, die, wie der Dichter sagt: ‹versengen, statt leuchten›, geboren sind, vertrocknet sind, behauptet wird, enthauptet werden, daß hier einem sozumaßen und im Sinne der Zeit dieselbe im Negativen als Hydra gesehen, hydratherapeutischen Moment ersten Ranges – immer angesichts dessen, daß, wie oben, keine mit Rosenfingern den springenden Punkt ihrer schlechthin unvoreingenommenen Hoffnung auf eine, sagen wir, wesentliche Erweiterung des natürlichen Stoffgebietes zusamt mit der Freiheit des Individuums vor dem Gesetz ihrer Volksseele zu verraten sich zu entbrechen den Mut, was sage ich, die Verruchtheit haben wird, einem Moment, wie ihm in Handel, Wandel, Kunst und Wissenschaft allüberall dieselbe Erscheinung, dieselbe Frequenz den Arm bieten, und welches bei allem, ja vielleicht gerade trotz allem als ein mehr oder minder modulationsfähiger Ausdruck einer ganz bestimmten und im weitesten Verfolge excösen Weltauffasserraumwortkindundkunstanschauung kaum mehr zu unterschlagen versucht werden zu wollen vermag – gegenübergestanden und beigewohnt werden zu dürfen gelten lassen zu müssen sein möchte.» (Christian Morgenstern)

Ist Morgensterns Parodie übertrieben? Sind diese Beispiele mit mühsamer Bosheit zusammengesucht? Nein: bei Hunderten unserer großen Dichter, Maler und Musiker und vor allem unserer Gelehrten finden wir auf jeder dritten Seite ähnliche Gebilde. Diese Schachtelsätze sind mitschuldig, wenn der Leser, gepeinigt und gelangweilt, sich leichter eingängigen Werken einer bequemen Unterhaltungsliteratur zuwendet.

Der Schachtelsatz entspringt verschiedenen Quellen: bei den einen ist es Verachtung gegenüber dem Leser, bei andern Zerfahrenheit des Denkens. Der Schreiber ist nicht imstande, jeden Gedanken erst zu Ende zu denken und zu schreiben; er fällt sich vielmehr selbst ins Wort, schiebt einen Einfall dazwischen und überläßt es dem Leser, alle angefangenen Gedanken im Kopfe zu behalten. Der Leser ist verärgert und klappt das Buch zu. Friedrich der Große, verwöhnt durch den klaren Stil der französischen Aufklärung, schreibt in seiner Schrift über die deutsche Literatur:

«Vielen von unseren Schriftstellern gefällt ein verworrener Stil; sie häufen Schachtelsatz auf Schachtelsatz... Das Rätsel der Sphinx läßt sich leichter erraten als ihre Gedanken.»

Goethe, noch gröber, verglich den Stil der deutschen Gelehrten «... und ihre mit Zitaten und Noten überfüllten Abhandlungen, wo sie rechts und links abschweifen und die Hauptsache vergessen machen, mit Zughunden, die, wenn sie kaum ein paarmal angezogen haben, auch schon wieder ein Bein zu allerlei bedenklichen Verrichtungen aufheben, so daß man mit den Bestien gar nicht vom Fleck kommt, sondern über Wegstunden tagelang zubringt.»

Der Kettensatz

Der Kettensatz ist der schwächere Bruder des Schachtelsatzes. Er entspringt der Bequemlichkeit. Selbständige Sätze zu bilden ist mühsam; viel einfacher, mit einigen *wobei, wozu* und *wodurch* neue Satzteile notdürftig anzuflicken:

«Es wurden auch unter der Aufsicht eines Baubeamten, dem aber mehr sein Vergnügen als die ordentliche Herstellung des Weges am Herzen gelegen sein mag, dahin bezwecken sollende Arbeiten vorgenommen, welche jedoch so ungenügend ausgefallen sind, daß der Weg dermalen, nachdem er durch den betreffenden Beamten in einem fahrbaren Zustand gesetzt sein soll, um Vieles schlechter ist, als zuvor, so daß man die verflossene Nacht, als in dem benachbarten Flecken Brand ausbrach, in welchen Ort man...»

Mit diesem Stil kann man ein ganzes Buch in einem Satz schreiben:

«Was hat denn Hebbels Judith für ein Nationalinteresse erregt, als daß sie eine Paraderolle enthält, die nur innerhalb der Schauspielerwelt gewürdigt wird, während mein als ‹Reflexionsdrama› verschriener, von Poeten, die nichts Besseres haben machen können, Paul Heyse, Wilhelm Jordan, verlästerter oder ignorierter ‹Uriel Acosta› seit dreißig Jahren von den Bühnen nicht wegzuintrigieren ist, was vielleicht nur in München gelang bei einem Monarchen, der selbst in den ästhetischen Schwulst verfallen ist, weil er nicht studiert hat.» (Karl Gutzkow)

Der Satz ist besonders ungeschickt gebaut; die Anleimung mit *was* ist nur möglich, wenn sich *was* auf einen unbestimmten Begriff bezieht *(alles, was)*.

Ebenso nachlässig wirkt es, wenn man wahllos Sätze mit *wobei* anknüpft: *es erfolgte ein Zusammenstoß, wobei mehrere Fahrgäste verletzt wurden.* *Wobei* ist nur zulässig, wenn es sich auf den Satz bezieht; andernfalls muß es heißen *bei dem.*

Wenn lange Satzgefüge noch obendrein ‹tiefgeschichtet› sind, das heißt, wenn von jedem Nebensatz ein neuer Nebensatz, der beispielsweise auch ein Bezugssatz, wie sie ja überhaupt besonders beliebt sind, weil man sie so leicht anzuleimen vermag, sein kann, abhängt – kurz, wenn ein Satz so gebaut ist wie dieser, dann ist er besonders abstoßend. Flachgeschichtete Satzgefüge, bei denen also alle Nebensätze von einem Hauptsatz abhängen, sind übersichtlicher.

Haupt- und Nebensatz

Kurze oder lange Satzgefüge: das ist das erste Problem unseres Satzbaus. Es fällt zum guten Teil zusammen mit der Frage: Hauptsätze oder Nebensätze? Lange Satzgefüge lassen sich im Deutschen meist nur mit Hilfe von vielen Nebensätzen bauen; kurze Satzgefüge enthalten überwiegend Hauptsätze. Je weniger Nebensätze, desto kürzer wird das Satzgefüge.

Das Indogermanische kannte nur die Beiordnung, also die Anreihung von Hauptsätzen; ähnlich steht es im Altgriechischen und im Latein der Zwölftafelgesetze. Die ältesten isländischen Sagas – die einzige germanische Prosa, die vom Lateinischen unbeeinflußt ist – enthalten kaum Nebensätze. Auch im Althochdeutschen sind Nebensätze selten. Noch um 1500 überwiegt der Hauptsatz. Grundlegend verändert wurde der deutsche Satzbau erst durch den Einfluß des Lateinischen. Zwar sprach im Alltag auch der Römer in kurzen, beigeordneten Sätzen – wir sehen dies etwa aus den Lustspielen des Plautus; die Perioden Ciceros zu verstehen, wird dem einfachen Mann oft sauer geworden sein. Aber Einfluß hat auf uns nicht diese Redesprache geübt, sondern die lateinische Literatur und ihr Widerspiel in deutsch-lateinischen Lehrbüchern. Der Quartaner liest als Übersetzungsaufgabe: *Wenn du tust, was du versprochen hast, wird es dir zu großer Ehre gereichen, weil du das Vaterland aus einer großen Gefahr befreien wirst.* Er hält dies für deutsch und versucht später ähnliche Sätze zusammenzubasteln. Freilich nur, wenn er einen Bleistift in die Hand nimmt: dem gesprochenen Worte sind lange Perioden fremd.

Auch die englische, französische, italienische und spanische Sprache kennen nicht den Riesensatz und die Fülle der Nebensätze. Der Franzose bildet – nach Übersetzungen zu urteilen – etwa halb so viel Nebensätze wie wir, wenn man von Bezugssätzen (Relativsätzen) absieht. Der Engländer ist noch nebensatzfeindlicher; deshalb auch die Verzweiflung aller Angelsachsen, wenn sie Deutsch lernen:

«Ein deutscher Satz handelt von vierzehn bis fünfzehn verschiedenen Gegenständen; nach dem Zeitwort schließt der Verfasser – wie mir scheint, lediglich aus dekorativer Spielerei – mit den Wörtern ‹haben zu sein›, ‹gewesen sein dürften› oder ähnlich. Vermutlich ist dieser Schlußknalleffekt so etwas wie der Schnörkel, den man unter seine Unterschrift zu machen pflegt. Ich rate, zum besseren Verständnis, deutsche Bücher so zu lesen, daß man sie vor den Spiegel hält oder auf den Kopf stellt, damit die Konstruktion umgekehrt erscheint.» (Mark Twain)

Die Langsatzarchitektur und die deutsche Spracheigenart

Woher rührt unsere Vorliebe für den langen Satz? Ist das Deutsche vielleicht besonders geeignet zur Langsatzarchitektur, zur reichlichen Verwendung von Nebensätzen? Vielleicht sind unsere langen Satzgefüge nur die natürliche Folge einiger Vorzüge unserer Muttersprache?

Offenbar wird eine Sprache unter drei Voraussetzungen zum Bau von Perioden geeignet sein: wenn ihre Nebensätze besonders übersichtlich sind, wenn sie sich leicht in den Hauptsatz einpassen und wenn die Sprache auch verkürzte Nebensätze bilden kann, die das Satzgefüge weniger aufschwemmen als vollständige. Kann sich das Deutsche dieser drei Vorzüge rühmen? Selbst die kühnsten Langsatzarchitekten werden zugeben müssen: gerade diese drei Eigenschaften fehlen der deutschen Sprache völlig. Erstens müssen wir im Nebensatz das Zeitwort ans Ende stellen; hierdurch werden unsere Nebensätze besonders unübersichtlich. Zweitens ist der deutsche Nebensatz noch viel ‹nebensätzlicher›, viel abgetrennter vom Hauptsatz als der Nebensatz anderer Sprachen. Im englischen Nebensatz zum Beispiel fehlt der Konjunktiv und die Endstellung des Zeitworts. Der Engländer empfindet die Worte des Nebensatzes oft als bloßes Objekt des Hauptsatzes. Drittens kann das Deutsche nur selten jene verkürzten Nebensätze bauen, wie sie die romanischen Sprachen und das Russische ständig benützen, jene Partizip- und Infinitivfügungen, denen die antiken Perioden ihre geheimnisvolle Durchsichtigkeit verdanken. Der Deutsche kann die Grundform des Zeitworts (Infinitiv) nur beschränkt verwenden und das Mittelwort (Partizip) nur selten – wir werden dies später noch sehen. Ein russischer Sprachforscher hat behauptet, das Deutsche wäre nur eine zweistufige Sprache, denn ihm fehle der verkürzte Nebensatz; der Deutsche könne eine knappe Wendung wie *ein Mensch nie Philosophie gelernt habend* nicht bilden; er müsse einen vollständigen Nebensatz wählen: *ein Mensch, der nie Philosophie gelernt hat*.

Unser Satzbau steht unter der Fuchtel strenger Ordnung. Wir lieben es, jeden Satzteil einzugliedern, also sein logisches Verhältnis zum übrigen Satz deutlich auszusprechen. *His rebus perfectis:* solche Ausdrucksformen wären dem Deutschen unangemessen, weil man nicht weiß, ob sie *da* oder *obwohl, als* oder *wenn, während* oder *nachdem* bedeuten. Eine so genaue, fast pedantische Sprache wie das Deutsche kann viel schwerer Perioden bilden als das großzügige Englisch. So ist es eine durchaus unerwiderte Neigung, die den deutschen Schriftgelehrten zu den Perioden hinzieht. Es ist ein Aberglaube, daß man im Deutschen längere Satzfügungen bauen könne als im Englischen und Fanzösischen, ja möglichst ebenso lange wie im Lateinischen.

Worin besteht die Gefahr der langen Sätze? Sie machen den Stil undurchsichtig und unrhythmisch! Gewiß, wir haben die Möglichkeit der Klammerstellung, des Rahmenbaus. Aber diese Rahmen halten ihren Inhalt nur dann zusammen, wenn sie knapp und klar gebaut sind. Man braucht nur einige Periodenungetüme in kurze beigeordnete Sätze zu übertragen; welch eine Wohltat für den Leser! Wer Geduld hat, versuche die folgenden Beispiele erst selbst zu zerschlagen, ehe er die Umformungen liest:

«Ob dem Waldamte ein oneroses Patronat gegenüber dem Kloster zukam oder dasselbe ursprünglich bloß die Gebarung mit dem Kirchenvermögen überwachte, wohl auch im Falle der Not Vorschüsse leistete, aus welchen in der Folge der Jahre um so leichter ein Gewohnheitsrecht entstand, als es ohnehin für die Benützung der Pfarräcker Deputationsbeiträge jederzeit zu leisten verpflichtet war – hierüber reichen die ausdrücklichen Bestimmungen (wenn jemals solche bestanden) offenbar über die Akten des Hofkammerarchivs hinaus, das erst mit dem Jahre 1525 seinen Anfang nimmt, indes ersichtlich schon im Jahre 1561 dieselbe Ungewißheit bei Entscheidung einzelner Fälle vorherrschte.» (Franz Grillparzer)

Es ist umstritten, ob das Waldamt ursprünglich nur die Vermögensverhältnisse des Klosters überwachte oder ob es eine mit Verpflichtungen verbundene Schutzherrschaft ausübte. Das Waldamt hat anscheinend in Fällen der Not Vorschüsse geleistet; hieraus ist vielleicht ein Gewohnheitsrecht entstanden, zumal das Waldamt auch verpflichtet war, für die Benützung der Pfarräcker Beiträge zu zahlen. Aber ausdrückliche Bestimmungen sind in den Akten des Hofkammerarchivs nicht zu finden; wenn sie überhaupt bestanden, so sind sie offenbar schon vor 1525 – dem Gründungsjahr des Archivs – getroffen worden. Jedenfalls bestand schon 1561 dieselbe Ungewißheit.

«Hervorzuheben ist vor allem, wenn es auch hinsichtlich des Polizeiverordnungsrechts allerdings einerseits richtig ist, daß auch der Satz, daß eine im Strafgesetzbuch abschließend geregelte ‹Materie› den Sonderbestimmungen der Landesgesetzgebung entzogen ist, daß für das Rechtsgebiet dieser letzteren in Ansehen fast aller in das Strafgesetzbuch aufgenommener Strafbestimmungen eine solche abschließende Regelung nicht beabsichtigt war, und daß daraus, daß im Strafgesetzbuch, insbesondere im 29. Abschnitt seines zweiten Teiles, eine Reihe von Polizeivorschriften sich finden, welche in das Gebiet einzelner Zweige der Polizeiverwaltung einschlagen –

Es ist richtig: Wenn das Strafgesetzbuch ein Rechtsgebiet abschließend geregelt hat, so können die Länder keine Sonderbestimmungen erlassen. Das würde auch für Polizeiverordnungen hinsichtlich Übertretungen gelten. Aber es ist allgemein anerkannt: Das Strafgesetzbuch hat das Rechtsgebiet der Polizeiverordnungen nicht abschließend geregelt. Es enthält zwar – besonders im 29. Abschnitt des 2. Teils – einzelne Polizeivorschriften, z. B. über Feuer-, Straßen- und Verkehrspolizei. Aber darum kann man von diesen Zweigen der Polizeitätigkeit noch nicht sagen, sie seien ‹Materien›, welche erschöpfend geregelt und hierdurch gemäß § 2 des Einfüh-

z. B. der Feuer-, Straßen-, Verkehrs- usw. Polizei –, nicht gefolgert werden darf, daß diese Zweige der Polizeitätigkeit als ‹Materie› im Sinne § 2 EinfGesetz zum Strafgesetzbuch anzusehen seien, bezüglich deren eine landesgesetzliche Regelung ausgeschlossen sei.»

rungsgesetzes zum Strafgesetzbuch der Landesgesetzgebung entzogen seien.

Andrer Stil, andre Welt! Vergleichen Sie die Schachtelsätze zur Linken mit den Sätzen zur Rechten. Sie finden dann nicht nur den formalen Unterschied der Satzlänge. Es spricht vielmehr eine ganz andere Lebensanschauung aus dem Stil der verbesserten Sätze. Wer kurze, übersichtliche Sätze formt, der macht die Dinge klar, der wirkt überzeugend und zupackend. Wer endlose Sätze ineinanderschachtelt, wirkt müde, unentschlossen, unklar und langweilig.

Warum neigen so viele Schreiber zur Langsatzarchitektur? Sie ist bequem, denn sie entspricht dem Denken. Wenn wir über eine Frage nachzudenken beginnen, geht in unserem Kopf zunächst vieles durcheinander. Das Für und Wider einer Ansicht löst sich in unserem Bewußtsein ab, Assoziationen schießen hinzu, lenken uns ab, erfordern neue Einwände, und wenn wir sie überdenken, tauchen andere Gesichtspunkte auf, ein witziger Einfall führt uns auf einen Nebenweg; all dies hat zunächst weder Rangordnung noch Gliederung. Aber der Einfall wird erst zum Gedanken, wenn man ihm die zwingende Gestalt gibt; das Gedankengemenge bedarf der Gliederung und Formung. Der Schreiber muß genau erwägen und ausprobieren, in welcher Folge die Gedankem am besten faßlich werden, welche Rangordnung ihnen gebührt und was in den Hauptsatz, was in den Nebensatz gehört.

Grundregeln

Die Grundregel des deutschen Satzbaus ist einfach: Jeder Hauptgedanke erfordert einen Hauptsatz. Selbst ein kurzer und übersichtlicher Nebensatz ist vom Übel, wenn er eine Hauptsache wiedergeben soll.

Die übermäßige Aufzucht von Nebensätzen macht unsere Prosa unrhythmisch und schwerfällig, auch wenn das Satzgefüge kurz ist.

Nebensätze:
«Wenn Robert Schumann 1834 als Kritiker und Schriftsteller gewappnet auf den Plan treten und

Hauptsätze:
1834 konnte Robert Schumann als Kritiker und Schriftsteller gewappnet auf den Plan treten und

binnen kurzem eine führende Stellung erringen konnte, zu einer
Zeit, wo er als Musiker fast noch
die Anfangsgründe lernen mußte,
so verdankte er dies in erster Linie
dem Vater.»

binnen kurzem eine führende Stellung erringen, und das zu einer
Zeit, wo er als Musiker fast noch
die Anfangsgründe lernen mußte.
Diese Möglichkeit verdankte er
seinem Vater.

Auch ein Übermaß von daß-Sätzen soll man vermeiden; sie lassen sich
teils durch Hauptsätze, teils durch weniger ungelenke Nebensätze ersetzen:

Er schrieb, daß er in den nächsten
Tagen kommen werde.

Wir werden noch sehen, daß
Karl II. hierzu nicht imstande war.

«Er schrieb, er käme in den nächsten Tagen.»

«Karl II. war hierzu nicht imstande, wie wir noch sehen werden.»

Jakob Grimm liebte den Hauptsatz. Er schaffte sich ihn auch, wo er nicht
üblich ist, so in der Gedenkrede auf seinen Bruder: «Auch unsre letzten
Betten, hat es allen Anschein, werden wieder dicht nebeneinander gemacht sein.»

Lob der langen Sätze

Aber auch die langen Sätze haben ihre Lobredner. In seinem Buch «Der
Deutsche Sprachbau» rühmt Franz Nikolaus Finck die Schachtelsätze als
Beweis ungewöhnlicher Willensstärke und Geisteskraft. Er zitiert einen
Satz von 97 Wörtern und fährt fort: «Jene echt deutsche Neigung zum
Einschachteln ist nicht nur ein Beweis für vollbrachte Gedankenarbeit,
sondern auch eine Anleitung zu einer solchen, wie sie kaum besser zu
denken ist.»

Hier irrt Finck. Es ist leichter, einen Gedanken in der Form eines verschachtelten Satzgemenges hinzuschütten, als ihn so zu gliedern, daß ihn
jeder sogleich versteht. Zwei weitere Einwände werden gegen die Beiordnung und die kurzen Sätze erhoben: die notwendige logische Abstufung und die einheitliche Satzarchitektur.

Unterordnung und Logik

Der erste Einwand sagt: Nur die Unterordnung der Sätze gestattet uns,
ihre logische Beziehung deutlich zu machen. Aber dieser Einwand geht
offenbar fehl. Der logische Zusammenhang zweier Gedanken läßt sich
durch Beiordnung gerade so deutlich machen wie durch Unterordnung:

Unterordnung:

Begründung: Karl konnte nicht kommen, weil er zu arbeiten hatte.

Einschränkung: Obwohl die Sonne schien, war es eisig kalt.

Zweck: Ich gehe nach Hause, um das Buch zu holen.

Folge: Der Vorfall hatte ihn so stark ergriffen, daß er beinahe in Ohnmacht gefallen wäre.

Ort: Der Kaiser zog nach Rom, wo er mit dem Papste zusammentraf.

Zeit: Nachdem ich die Medizin genommen hatte, wurde mir sogleich besser.

Beiordnung:

Karl konnte nicht kommen, denn er hatte zu arbeiten.

Zwar schien die Sonne, aber es war eisig kalt.

Ich gehe nach Hause, ich will das Buch holen.

Er wäre beinahe in Ohnmacht gefallen: so sehr hatte ihn der Vorfall ergriffen.

Der Kaiser zog nach Rom und traf dort mit dem Papste zusammen.

Ich nahm die Medizin, und es wurde mir sogleich besser.

Die Beiordnung stellt die Gedanken oft härter einander gegenüber als die Unterordnung.

Wenn auch das Glück ihm die Mittel und Gelegenheiten bot, so lag doch alles Wesentliche in ihm selber.

Das Entscheidende lag in ihm; die Mittel, die Gelegenheiten bot das Glück.

Gewiß, erwidert der Lobredner der Periode, die logische Beziehung kann man auch in beigeordneten Hauptsätzen verdeutlichen, aber nicht die Rangordnung der Gedanken. Begründungen oder Einschränkungen sind minder wichtig und müssen deshalb in den Schatten der Nebensätze verbannt werden.

Ist das wirklich so? Heißt das bekannte Volkslied:

> _Zwei Königskinder konnten,_
> _obwohl sie einander so lieb hatten,_
> _nicht zusammenkommen,_
> _weil das Wasser viel zu tief war._

O nein! Es heißt bekanntlich:

> «Es waren zwei Königskinder,
> die hatten einander so lieb.
> Sie konnten zusammen nicht kommen,
> das Wasser war viel zu tief.»

Es ist nicht wahr, daß der Grund immer unwichtiger sei als die Tatsache, die er begründet. Meist ist er für die Leser genauso wichtig und verdient daher einen Hauptsatz, wie in diesem nach Form und Inhalt gleich schlechten Satz einer älteren Stilistik:

Unterordnung:	*Beiordnung:*
«Da in dem didaktischen Stile al- lein auf den Verstand gewirkt wer- den soll, so ist alles, was Einfluß auf Phantasie und Gemüt ausübt, störend, indem es die Tätigkeit des Verstandes zurückdrängt.»	In dem didaktischen Stile soll al- lein auf den Verstand gewirkt wer- den; alles, was Einfluß auf Phanta- sie und Gemüt ausübt, drängt die Tätigkeit des Verstandes zurück und ist darum störend.

Nur wenn der Grund selbst unwichtig ist und das Kausalverhältnis als solches betont werden soll, nur dann muß man die Form des Nebensatzes wählen.

Gedankeneinheit und Satzeinheit

Der zweite Einwand lautet:

«Ein ausgreifender und verzweigter Gedanke will als Ganzes vorgetragen sein; seine Darstellung würde bei einer Zerstückelung in gleichgeordnete und formal gleichartige Teile Schaden leiden. Seine Gliederung will sich in einer entwickelten Architektur von Haupt- und Nebensätzen abzeichnen.» (Gerhard Storz)

Vortrefflich! Wenn wirklich in einem Satzgefüge immer nur ein einziger Gedanke, ein verzweigter, aber doch untrennbarer Gedanke vorgetragen wird: dann wollen wir uns gern mit solchen Perioden abfinden. Wir werden dann nur wenige und kurze Perioden zu lesen haben. Denn in all den Beispielen für Riesensätze, die ich in diesem Kapitel gebracht habe, ist ja nicht *ein* Gedanke, sondern ein Dutzend Gedanken vorgetragen worden, Gedanken, die eine Trennung nicht nur gestatten, sondern sogar erfordern. Für jene einheitlichen Gedanken, die keine Zerlegung vertragen, wollen wir gern die Periode vorbehalten: sie wird dann eine seltene Ausnahme bleiben.

Der Dichter Wilhelm von Scholz hat die langen Sätze mit den Worten verteidigt:

«Man stelle sich einen Augenblick den Vorgang der Entstehung solches ausgebreiteten Satzes vor. Er wächst wie ein Baum aus der Erde, gerade erst, dann nach den Seiten Ast um Ast aussendend, in ihnen sich verzweigend und in den Zweigen noch verästelnd. Gedanken, Eindrücke, Bilder, Rückblicke schließen der Grundform an, vervielfältigen sie, erzeugen – für den nicht lesefaulen Leser – den erfreuenden, beglük-

kenden Eindruck der Fülle und des Reichtums. Schon deshalb ist das
Verwerfen langer Sätze in Bausch und Bogen sehr falsch; denn es heißt,
ich wiederhole es: dem Schreibenden die Mittel aus der Hand schlagen,
sowohl reiche Vielfältigkeit als umfassende und gegliederte Einheit des
Vielfältigen in unmittelbar entsprechende sprachliche Gefäße aufzunehmen. Daß ein noch so langer Satz weder in bezug auf Klarheit des Inhalts, rhythmischen Ablauf – in dem doch auch ein großer Teil seiner
Verständlichkeit und seine ganze Schönheit liegt – noch überhaupt in bezug auf Zulässigkeit oder Verwerflichkeit beurteilt werden kann, wenn
man ihn aus seiner Seite oder einem noch umfassenderen Zusammenhang herauslöst, bedarf keiner weiteren Erörterung. Jedes Wort hat seinen bestimmten Sinn und Klang, seine Verständlichkeit aus dem Vorangegangenen. Eine besondere Abstimmung der Gefühle und Empfindungen aus dem Vorangegangenen stößt auf den Satz. Ein Maß der
Spannung, Erregung, Geschwindigkeit ‹nimmt› die Periode, dem sie
vielleicht keinen Augenblick ein Hindernis ist – wie dem weit Anlaufen-
den die Höhe des Sprungseils gering erscheint, die der sprungbrettlos
Davorstehende mit dem Schlußsprung gewiß nicht zu erreichen vermag.»

Werden diese Behauptungen den Leser zur Langsatzarchitektur bekeh-
ren? Wird er nicht gerade in diesen – nicht einmal überlangen – Sätzen
einige schmerzliche Stilhärten finden, welche gerade gegen die These
zeugen, die sie beweisen sollten? Und wenn er in dem Buch, das diese
Worte enthält, eine Seite weiter blättert, dann stößt er auf folgenden
Satz, der den nächsten Aufsatz eröffnet:

«Bei meinem Neudichten von Calderons phantastischem Schauspiel
‹Über allen Zauber Liebe›, das in vielen Farben des Geschehens und des
Verses schillert, von seinem genialen Frühwerk ‹Das Leben ein Traum›
und von seinem erschütternden Volksschauspiel ‹Der Richter von Zala-
mea› (der in Heinrich George den gewaltigen Darsteller fand) ist mir die
seltene zwiespältige Wesenheit des dramatischen Verses wieder so ein-
drücklich geworden, daß ich einige Bemerkungen dazu niederschreiben
möchte.»

Enthält dieser Satz eine «umfassende und gegliederte Einheit des Vielfältigen»? Nehmen wir einen Augenblick an, Scholz hätte geschrieben:

«Das Wesen des dramatischen Verses ist zwiespältig: diese Wahrheit ist
mir wieder völlig bewußt geworden, als ich drei Stücke Calderons neu
dichtete: das phantastische, in vielen Farben des Geschehens und des Verses schillernde Schauspiel ‹Über allen Zauber Liebe›... Ich möchte zu
diesem Gegenstand einige Bemerkungen niederschreiben.»

Ist die Einheit des Vielfältigen verlorengegangen? Oder grundsätzlich
formuliert: ist wirklich die Periode das einzige entsprechende sprachliche
Gefäß, um die Einheit des Vielfältigen wiederzugeben?

Wer die Beispiele und Gegenbeispiele dieses Buches gelesen hat, wird diese Lehre bestreiten. Mehr noch: er wird finden, daß die Periode ein höchst gefährliches Gefäß ist, in dem die Gliederung sehr oft verlorengeht und in dem das Vielfältige dann so durcheinandergequirlt wird, daß auch seine Einheit kaum mehr zu erkennen ist.

Ein anderer Lobredner der Perioden versichert uns sogar, es würden noch nicht genug lange Sätze geschrieben. Und warum? Weil die langen Gedanken selten geworden seien.

Gibt es überhaupt lange und kurze Gedanken? Wir sagen wohl besser: manche Gedanken hängen mit anderen so eng zusammen, daß man sie nur gemeinsam vortragen kann. Aber kann man nur gemeinsam vortragen, was man in einen Satz preßt? Wird wirklich die Einheit des Gedankens aufgelöst durch Punkt, Strichpunkt oder Doppelpunkt? Gilt wirklich im Deutschen die Regel: Das Komma hält zusammen, aber der Punkt scheidet?

Nur Versuch und Erfahrung können diese Frage beantworten. Und sie antworten deutlich: es ist nicht wahr, daß der Punkt die Einheit des Gedankens zerreißt und daß das Komma verbindet. Wer Erfahrungen aus dem lateinischen Satzbau auf unsere Sprache überträgt, verkennt die Baugesetze des Deutschen: die lateinische Periode ist ein gegliedertes Ganzes, die deutsche Periode ist in neun von zehn Fällen ein Gemenge, weil die Art unserer Nebensätze uns die Übersicht raubt und damit oft die logische Einheit stärker auflöst, als es kurze beigeordnete Sätze tun.

Die rhythmische Einheit

Aber es gibt noch ein drittes Argument für die langen Sätze, und dies Argument ist gewichtiger: Nicht die logische Einheit wird durch kurze Sätze gefährdet, wohl aber die rhythmische. Wer lange Perioden zerlegt, der nützt der Klarheit, aber er schwächt den Wohlklang. Nehmen wir wieder ein Beispiel:

In manchen Augenblicken unseres Lebens widmen wir der Natur in Pflanzen, Mineralen, Tieren, Landschaften sowie der menschlichen Natur im Kinde, in den Sitten des Landvolkes und der Urwelt eine Art von Liebe und rührender Achtung. Wir tun dies nicht, weil sie unseren Sinnen wohltut oder weil sie unseren Verstand und Geschmack befriedigt. Von beiden findet sogar oft das Gegenteil statt. Wir tun es bloß, weil sie Natur ist.

Der Satz ist klar, aber das ist auch sein einziger Vorzug. Schiller hat ihn anders gefaßt:

«Es gibt Augenblicke in unserem Leben, wo wir der Natur in Pflanzen, Mineralen, Tieren, Landschaften sowie der menschlichen Natur in Kindern, in den Sitten des Landvolks und der Urwelt, nicht weil sie unseren Sinnen wohltut, auch nicht weil sie unseren Verstand oder

Geschmack befriedigt (von beiden kann oft das Gegenteil stattfinden), sondern bloß weil sie Natur ist, eine Art von Liebe und von rührender Achtung widmen.»
Was ist der Unterschied zwischen beiden Fassungen? Es ist kein Unterschied der Klarheit oder der logischen Einheitlichkeit. Aber der Text Schillers hat einen anderen Rhythmus. Er ist voller Spannung: wir warten auf die Auflösung der angeschlagenen Akkorde, und das Warten ist keine Qual, denn die Zwischenzeit ist ausgefüllt mit Satzteilen, die sich harmonisch dem Satzgefüge anpassen; auch ist die Spanne nicht so lang, daß der Satz undurchsichtig würde.
Wir brauchen solche Sätze. Nicht um logische Rangstufen durch das handfeste Mittel der Unterordnung in begriffsstutzige Köpfe zu hämmern. Nicht weil die Einheit eines Gedankens in Trümmer fiele, wenn man Punkte dazwischen setzt. Sondern nur, weil die rhythmische Kraft solcher Gebilde Gewalten losbindet, die wir mit anderen Mitteln nur schwer aufrufen können. Wie dem Lyriker die geheime Kunst gelingt, die Worte so zu setzen, daß sie das Unaussprechliche ausdrücken und erschöpfen, so vermag der Prosakünstler höchsten Ranges kunstvolle Sätze zu bauen, deren Länge ihre Schönheit nicht schädigt, sondern steigert, indem die verborgenen Gesetze des Rhythmus die Worte mehr sagen lassen, als sie aussprechen:
«Solange die Weisheit bei ihrem Vorhaben auf Weisheit rechnet oder sich auf ihre eigenen Kräfte verläßt, entwirft sie keine anderen als schimäre Pläne, und die Weisheit läuft Gefahr, sich zum Gelächter der Welt zu machen – aber ein glücklicher Erfolg ist ihr gewiß, und sie kann auf Beifall und Bewunderung zählen, sobald sie in ihren geistreichen Plänen eine Rolle für Barbarei, Habsucht und Aberglauben hat und die Umstände ihr vergönnen, eigennützige Leidenschaften zu Vollstreckern ihrer schönen Zwecke zu machen.» (Schiller)
«Zuletzt legten sich aber die sanften Wellen der allgemeinen unversehenen Aufregung und es entspann sich ein höchst angenehmes Geschwätz und Gezwitscher, über welchem der Mond aufging, der in der Tiefe der Täler verborgen gewesene Bäche und Weiher beglänzte, daß sie wie goldene Sterne heraufleuchteten.» (Gottfried Keller)
Von den Mammutsätzen, die wir im ersten Abschnitt dieses Kapitels betrachtet haben, sind diese Sprachgefüge verschieden wie der Himmel von der Hölle. Sie vereinigen spannungskräftige, rhythmische Gewalt mit höchster logischer Durchsichtigkeit. In dem Munde des Meisters ist unsere Sprache auch kühn geschwungener Gefüge fähig, aber diese Gebilde sind nicht verschlungen und tiefgeschichtet wie das Schachteldeutsch, nicht lässig aneinandergeleimt wie die Kettensätze: sie lassen den Punkt nur weg, wo er den Rhythmus stört und wo die Klarheit ihn nicht erfordert.

Aber von Tausenden, die sich zu solchen Sätzen berufen glauben, sind nur die wenigsten auserwählt. Wer einen «Don Carlos», einen «Grünen Heinrich» oder wer «Huttens letzte Tage» geschrieben hat, der mag gelassen seine Perioden so bilden, wie es ein Gott ihm eingibt. Ihn kann kein Stilbuch etwas lehren, es kann von ihm nur lernen.

Wir anderen wollen uns der Grenzen unsrer Sprache bewußt bleiben: Kurze, meist beigeordnete Sätze sind in der Regel das beste Ausdrucksmittel unsrer Gedanken und Gefühle. Wir wollen immer vor Augen sehen die vielen, die in den Labyrinthen ihrer Periodenarchitektur elend zugrunde gegangen sind, die kein Mensch mehr liest und die auch früher kaum einer gelesen hat.

Wer die deutsche Literatur der letzten zweihundert Jahre, vor allem die gelehrten Schriften, nur ein wenig kennt, der wird keinen Augenblick schwanken, ob er für oder gegen die langen Sätzen predigen muß. Der deutsche Satz ist im Durchschnitt zu lang; eben dadurch wird unsere Prosa oft ungenießbar. Und darum müssen wir immer wieder den Satz einhämmern, den ein so großer und nachdenklicher Dichter wie Grillparzer ausgesprochen hat:

«In der Prosa wird die deutsche Sprache zur Ablegung der Unbeholfenheit erst dann gelangen, wenn sie das Periodenmäßige aufgibt, das teils angeborene Gravität teils Nachahmung des Lateinischen dem Deutschen aufgeredet haben. Der Mangel bestimmter Endsilben, die häufigen, sich selbst verwirrenden Hilfszeitwörter machen jede verschlungene Redestellung unzweckmäßig, und man muß sie um so sorgfältiger fliehen, je mehr die kürze-lügende Möglichkeit, mehrere Sätze ineinander einzuschachteln, durch die abtrennbare Natur unserer Fürwörter begünstigt wird.»

Der Satz beweist durch sein eigenes Beispiel, daß er richtig ist: Grillparzer bekennt sogleich freimütig, hier selbst in den Fehler verfallen zu sein, den er gerügt hatte.

Kurzsatzstil

Der Gegenpol des Riesensatzes ist der Kurzsatz. Die eine Übersteigerung ist nicht schöner als die andere. Wir finden diesen reinen Hauptsatzstil manchmal bei Schriftstellern, die den Eindruck denkmalhafter Schlichtheit erzielen wollen, so bei Wildenbruch, der dann in einer Art Märchenstil die Sätze mit *und* verbindet:

«Vor sich hat er den Schild . . ., und der Schild reicht ihm bis ans Knie, und in dem Schild sieht man die Spieße.»

Der Stil der Kurzsätze ist alt. Er tritt schon bei Sallust, Tacitus und Seneca auf. In Frankreich hat Voltaire bisweilen zerhackte und unverknüpfte Sätze geschrieben, aber er hat sich damit nicht durchgesetzt.

Ganz kurze Sätze soll schreiben, wer schwierige und neue Dinge dichtgedrängt darstellen will. Ein Stil, der nur aus Knochen und Muskeln, aus Tatsachen und Beweisen besteht, der auf das Fleisch und Fett der liebenswürdigen Veranschaulichung, auf jede entbehrliche Silbe verzichtet, ein solcher Stil bedarf kurzer Sätze, denn seine Knappheit wird sonst unverständlich.

Im 19. Jahrhundert hat der Amerikaner Ralph Waldo Emerson den Kurzsatz oft wahllos angewandt. Seine Sätze sind durchschnittlich elf Worte lang, während der normale Durchschnitt bei unverkünstelten englischen Schriftstellern, etwa bei Macaulay, zwanzig Worte beträgt. Von Emerson haben Herman Grimm, der Neffe Jakob Grimms, Wilhelm Scherer und viele andere gelernt. Die Nachahmer haben, wie üblich, durch Übertreibung diese Künstelei vollends lächerlich gemacht:

«Kein Mensch weiß, warum das Schloß Schweigen heißt. Wo die Herren ihre lärmende Jagd abhalten.» (Agnes Günther)

«Niemand wird uns stören. Bis es pocht.» (Karl Friedrich Nowack)

«Ich erschrak vor Ratten. Weil mir ekelt.» (Ganghofer)

Drei Arten der Satzgestaltung

Wir können jede Mitteilung auf drei Arten in den Satz eingliedern:

Lessing hörte diese Worte und konnte ein Lächeln nicht unterdrücken.

Als Lessing diese Worte hörte, konnte er ein Lächeln nicht unterdrücken.

Bei diesen Worten konnte Lessing ein Lächeln nicht unterdrücken.

Die drei Formen sind Hauptsatz, Nebensatz und die sogenannte adverbiale Bestimmung (Umstandsbestimmung). Ob wir die eine oder die andere wählen, hängt ab vom Zusammenhang und vom Gewicht der Mitteilung. Nur beiläufigen Mitteilungen dürfen wir die unscheinbare Form der adverbialen Bestimmung geben. Wichtige Aussagen erfordern ein eigenes Zeitwort.

Man kann jede der drei Satzgestalten übersteigern. Aus der Alleinherrschaft der Hauptsätze entsteht leicht das Kurzsatzdeutsch, aus der Fülle der Nebensätze der Bandwurmsatz, aus dem Übermaß adverbialer Bestimmungen der Stopfstil.

Stopfsätze

Stopfsätze entstehen häufig, wenn jemand zu schreiben anfängt, der es nicht gewohnt ist:

«Ich kann nicht unterlassen, dem Herrn Doktor B., dem ich nächst Gott die Rettung meines Lebens durch dessen geschickte Behandlung in Anwendung der zweckmäßigsten Mittel zur Linderung meines leidenden Zustandes verdanke, hiermit öffentlich meinen wärmsten Dank auszusprechen.»

Die drei adverbialen Bestimmungen *(durch Behandlung, in Anwendung, zur Linderung)*, die hier in den Satz hineingestopft sind, wirken doppelt hart, weil sie nicht vom Zeitwort abhängen, sondern von dem Hauptwort *Rettung.*

In der mündlichen Rede sagt niemand *bei Beginn der Vorstellung,* sondern *als die Vorstellung gerade angefangen hatte.* Die Brüder Grimm schreiben auch nicht *bei der Geburt des Kindes starb die Königin,* sondern *und wie das Kind geboren war, starb die Königin.* Luther sagt in der Weihnachtsgeschichte nicht *unter der Regierung des Landpflegers Kyrenius,* sondern *da Kyrenius Landpfleger in Syrien war.* Das Umgangsdeutsch und die volkstümliche Prosa geben die Umstände der Zeit, des Ortes und der Art nicht in Hauptwörtern an, sondern in Nebensätzen.

Die Schriftsprache braucht hierin nicht ganz zu folgen, aber sie darf auch nicht Wurstsätze stopfen wie:

«König Ludwig XIV. hatte, in seinem unaufhörlichen Streben, durch stete Erweiterung seiner Macht alle übrigen Staaten von Europa zu unterjochen, seine Augen auf die spanische Monarchie geworfen, und durch Anwendung aller ihm gut scheinenden Mittel den schwachen König Karl dahin vermocht, daß derselbe den Herzog Philipp von Anjou zum Erben aller seiner Lande einsetzte, welcher Verfügung aber der Kaiser Leopold in Beziehung auf ein älteres Erbrecht widersprach.»

Dies Beispiel ist ein ganzer Blumenstrauß von Satzbaufehlern. Viermal ist die Bestimmung der Art und Weise in Hauptwörter gekleidet *(Streben, Erweiterung, Anwendung, Beziehung);* jedesmal wären Zeitwörter am Platz gewesen. Der schwerfällige daß-Satz würde besser durch die Grundform (Infinitiv) ersetzt. Der angeleimte Bezugssatz am Schluß *(welcher Verfügung . . .)* muß durch einen Hauptsatz ersetzt werden:

«Unaufhörlich bestrebt, seine Macht zu erweitern und alle übrigen Staaten Europas zu unterjochen, hatte König Ludwig XIV. seine Augen auf Spanien geworfen. Er brachte – jedes Mittel rücksichtslos anwendend – den schwachen König Karl dazu, Herzog Philipp von Anjou zum Erben aller seiner Lande einzusetzen. Aber dieser Entscheidung widersprach Kaiser Leopold und berief sich auf ein älteres Erbrecht.»

II. Einzelfragen

Im ersten Teil dieses Kapitels haben wir die Kernfrage unseres Satzbaues untersucht: kurze Sätze oder lange Sätze. Der zweite Teil soll drei Einzelfragen behandeln.

Das Partizip

Der Meister kann die Form zerbrechen, er kann nicht nur Sätze bauen,
die den Atem der deutschen Sprache bis an die Grenze ausnützen, er
kann auch Wortformen verwenden, die von den meisten gemieden, von
manchen mißbraucht und nur von wenigen mit Glück und Erfolg regiert
werden. Zu ihnen gehört das Mittelwort oder Partizip.

Ein schwäbisches Provinzgymnasium entsandte vor vielen Jahren
seine Schüler zur Abgangsprüfung in die Landeshauptstadt. Als der Zug
schon im Fahren war, jagte der Lateinlehrer plötzlich neben dem Zug her
und brüllte: «Machet au Participia!»

Der wackere Schulmann hatte ganz recht: Den Partizipien verdankt
das Lateinische seine geschliffene Kürze. Das Partizip ist im Lateinischen
ein Zauberkünstler; was nicht in die Hauptlinie des Satzes gehört, kann
mit seiner Hilfe knapp formuliert in den Schatten gestellt werden, ohne
daß es darum belanglos erscheint. Der deutsche Nebensatz wirkt ihm gegenüber weitläufig und schwerfällig und nimmt dem Hauptsatz viel von
seiner Durchschlagskraft. *Hostibus victis Caesar revenit,* das müssen wir
übersetzen mit: *nachdem Cäsar die Feinde besiegt hatte, kehrte er zurück.*
Wieviel eleganter, wieviel schnittiger ist das lateinische Partizip! Der
Franzose kann es nachmachen: *les ennemis vaincus.* Ähnlich im Englischen: *weather permitting I shall come. Wenn es das Wetter gestattet* wirkt dagegen wie ein Ackergaul neben einem Rennpferd.

Nun haben wir freilich im Deutschen auch Partizipien oder Mittelwörter, eines der Tatform *(lachend, besiegend)* und eines der Leideform
(gelacht, besiegt). Mittelwörter heißen sie, weil sie in der Mitte zwischen
Beiwort und Zeitwort stehen. *Die lachenden Erben:* hier ist das Mittelwort als Beiwort benützt. *Die Freunde, lachend über diesen unerwarteten
Zwischenfall:* hier merkt man seine Urnatur als Zeitwort oder besser Tatwort, denn es beschreibt eine Handlung.

Aber das deutsche Mittelwort ist mit einem Fluch geschlagen: es bedarf der Anlehnung. Am einfachsten ist seine Verwendung, wenn man es
als Beiwort voranstellt, von der *strahlenden Sonne* bis zur *erledigten Arbeit.*
Freilich darf man es dann nicht mit Ergänzungen belasten. «Diese lebhafte und in vieler Beziehung wohl kühn entworfen zu nennende
Szene...» (Wagner) ist verunglückt. Solche Überlastungen werden auch
dann nicht erträglich, wenn man das Mittelwort vorwegzieht:
«Der Strudel des modernen Daseins macht, was eigentlich geschieht,
unfaßbar. Ihm nicht entrinnend an ein Ufer, das eine reine Betrachtung
des Ganzen zuließe, treiben wir im Dasein wie in einem Meere.» (Karl
Jaspers)

Nachdrücklicher wirkt das Mittelwort, wenn man es hinter ein
Hauptwort stellt: «Der Kanzler, vom Pferd herab mild zu ihm ge-

wandt...» (Heinrich v. Kleist). Diese Fügung spart oft einen schwerfälligen Nebensatz. In feierlicher Rede kann der Meister sogar eine Reihe von Mittelwörtern aufreihen:

«Nun sitzt er wieder vor der Halle gleich einem kritischen Landgrafen, abhörend, erwägend, urteilend und gegen Unbilde auch die eigene Sache unverhohlen verfechtend, Irrtum bekennend und unverweilt richtigstellend. Und seine Sonne tut keinen Wank und scheint ihm golden ins Gesicht.» (Gottfried Keller)

Wenn freilich die Mittelwörter mit Ergänzungen und Nebensätzen beladen werden, dann entstehen Sätze wie:

«Mohammed war ein vollblütiger Leidenschaftsmensch, Allahs vom Himmel gefallenes Feuer mit seinem Haupte, mit vielgezacktem Blitze den Arm bewehrt, mit Worten schlagend wie mit Schwertern, nicht mit Überzeugung und der Macht der Wahrheit sich ein Ideenreich gewinnend, sondern mit Waffengewalt dasselbe sich erobernd und ertrotzend.» (Joseph v. Görres)

Frei am Anfang des Satzes ist das Mittelwort oft wirkungsvoll: *Geschlagen und gedemütigt erkannte Maria Stuart*... Aber es kann sich dann nur auf das Subjekt beziehen. Schillers Satz: «Rauchend zog er sein Schwert zurück» enthält einen ärgerlichen Doppelsinn. Genauso gebaut ist der Satz einer Festrede: *Angefüllt mit edlem Rheinwein überreiche ich Euer Exzellenz diesen Becher.*

In all diesen Fällen handelt es sich um verbundene Mittelwörter; losgelöst kann das deutsche Mittelwort nicht stehen. Uns fehlen die absoluten Mittelwort-Fügungen (Partizip-Konstruktionen), welche andere Sprachen haben.

Fehlen sie uns wirklich? Ich will einige Beispiele als Beweis dafür anführen, daß sie auch im Deutschen möglich sind:

«Die Koppel der Pferde einige Wochen darauf zu seiner Zufriedenheit verkauft, kehrte er zur Tronckenburg zurück.» (Heinrich v. Kleist)

«Den Prunk ihrer Zeit abgelegt, Geist vor dem Geiste stehen sie da.» (Johann Gottfried Herder)

«Wenn Menschen aus allen Kreisen und Zonen, abgeworfen jede Fessel der Künstelei und der Mode, ihrer selbst und der Welt vergessen...» (Schiller)

Und schließlich das berühmte Beispiel aus der Rede, die Grillparzer am Grabe Beethovens bei Enthüllung des Denksteins hielt:

«Sechs Monde sind's, da standen wir hier an demselben Orte, klagend, weinend: denn wir begruben einen Freund. Nun wir wieder versammelt sind, laßt uns gefaßt sein und mutig: denn wir feiern einen Sieger. Hinabgetragen hat ihn der Strom des Vergänglichen in der Ewigkeit unbesegeltes Meer. Ausgezogen, was sterblich war, glänzt er ein Sternbild am Himmel der Nacht.»

Hier haben wir nebeneinander: das verbundene Mittelwort *klagend* und das losgelöste *ausgezogen, was sterblich war.*

Jedes dieser Beispiele ist mühelos verständlich, in jedem Fall macht das Mittelwort den Satz schlank und zielstrebig. Die Beispiele ließen sich vermehren, namentlich aus Schiller, Grillparzer, Grimm. Schiller liebt diese absoluten Fügungen, weil sie etwas vom Pathos einer Statue haben; Grillparzer, weil sie seine geliebten Stummelsätze ermöglichen; Grimm, weil sie dem Satz eine herbe Fügung geben.

Nun hatten wir freilich einmal etwas Ähnliches wie die losgelösten Mittelwortfügungen anderer Sprachen, nämlich einen Genitivus absolutus; die Wendungen *stehenden Fußes* und *raschen Schrittes* sind Überbleibsel. Goethe liebte im Vers diesen losgelösten Genitiv, bei dem statt des Mittelworts oft auch ein Beiwort gesetzt wird:

> «Und sollt' *ich* nicht, sehnsüchtigster Gewalt,
> ins Leben ziehn die einzigste Gestalt.»

Carl Spitteler hat diese Genitive beleben wollen: *er warf leidenschaftlichen Verwehrens . . ., sie entgegnete heftigen Errötens.* Aber das heißt nur «durch Prunkschnitzer die Sprache originell machen» (Lichtenberg).

Es wäre schön, wenn diese knappen losgelösten Genitive in unsrer Sprache noch lebendig wären. Aber sie sind – wenigstens für die Prosa – tot, und wir können sie nicht mehr erwecken: Alle absoluten Partizipien gehören in den stilistischen Giftschrank, aus dem sie nur die größten Sachverständigen in kleinen Dosen hervorholen dürfen.

Was die Partizipien für Unheil anrichten können, das zeigt die Geschichte des rex participialis. Ludwig I. von Bayern war als Regent, Mensch und Stilist gleich wohlmeinend und gleich ungeschickt. Er war erfüllt von einer tiefen Liebe zur Antike und hielt seine unerschrockenen Partizipialbauten für ‹antikisch›. Über Lola Montez – er hielt sich für die erste Liebe der Tänzerin – schrieb er an einen Freund:

«Daß ein, nie ein schönes Gesicht gehabt habender Mann einer einundzwanzigjährigen Schönheit die erste wahrhafte Liebe einflößte, das tut wohl. Vergesse nie, als von Stieler gemalt werdend, sie mir äußerte: ‹Ich kann München nicht verlassen.›»

Oder:

«Übermorgen ist Jahrestag der Beerdigung Mamas, in jeder Beziehung starken Eindruck mir hinterlassen habend.»

Manche Mittelwortfügungen, die man dem König zuschiebt, sind freilich boshaft erfunden, so das bekannte:

> *Süß und labend*
> *war der Abend*
> *es sich ausgeregnet habend,*

oder vollends der Vers, den er an seinen kinderlosen Schwager Friedrich Wilhelm IV. geschickt haben soll, als dieser ihn von Lola Montez trennen wollte:

> *Stammverwandter Hohenzoller,*
> *sei nicht länger mir ein Groller,*
> *lasse mir die Lola Montez,*
> *selber habend nie gekonnt es.*

Überlogisierung

Sollen wir immer aussprechen, in welchem logischen Verhältnis zwei Sätze zueinander stehen? Sollen wir also vor die Begründung stets ein *denn*, vor die Einschränkung ein *zwar*, vor den Gegensatz ein *aber* setzen? Wir müssen diese logischen Bindewörter einfügen, wenn der Leser den Satz sonst schwer versteht. Wir müssen sie weglassen, wenn der Zusammenhang ohnehin klar ist. (Denn) wir sollen dem Leser (zwar) eine bekömmliche Kost vorsetzen, aber wir sollen ihm nicht den Brei in den Mund schmieren. Ein wenig Gedankenarbeit können wir dem Leser überlassen: (denn) er hält dann den Gedanken leichter für seinen eigenen. «In den Städten ist schlecht wohnen; da gibt es zu viele der Brünstigen» – wer wird bei diesem Satz Nietzsches das *denn* vermissen?

In dem Buch von Arvid Brodersen «Die Schule des Schreibens» steht das schlagende Beispiel:

«Wie bekommt man Gedanken, wenn man keine hat? Dies geschieht dadurch, daß man sich eine deutlich bestimmte Frage stellt. Denn daran liegt mehr, als mancher glaubt. Eine gute Frage ist nämlich halbe Antwort; so waren z. B. große Denker allezeit lebhafte Frager. Und wem Probleme kommen, dem kommen auch Lösungen. Ja es ist sogar so, daß dem Denker die Fragen ungerufen kommen.»

«Wie bekommt man Gedanken, wenn man keine hat? Man stelle sich eine deutlich bestimmte Frage! Daran liegt mehr, als mancher glaubt. Gute Frage ist halbe Antwort; große Denker waren allezeit lebhafte Frager. Wem Probleme kommen, dem kommen auch Lösungen. Dem Denker kommen die Fragen ungerufen.»

Schiller liebt es besonders, die logischen Bindewörter zwischen Hauptsätzen, namentlich bei Gegensätzen, wegzulassen oder durch ein bloßes *und* zu ersetzen. In den folgenden Beispielen ist das Bindewort, das der Durchschnittsschreiber gesetzt hätte, in Klammern hinzugefügt:

«Bisher waren diese Provinzen der beneidenswürdigste Staat in Europa: (denn) keiner der Burgundischen Herzöge hatte sich einkommen lassen, die Konstitution umzustoßen.»

«Die Beschwerden Brabants forderten einen staatsklugen Mittler: (aber) Philipp sandte ihnen einen Henker und die Losung des Krieges war gegeben.»

Doppelpunkt und Schaltzeichen

Es gibt ein ausgezeichnetes Mittel, um logische Bindewörter zu ersparen und überhaupt den Satzbau zu entfetten: den Doppelpunkt. Er leitet nicht nur Beispiele und Aufzählungen ein, er erspart auch ungelenke Nebensätze mit *daß* und ersetzt das papierene *nämlich*:

«Nietzsche erwog einen Gedanken, der zu allen Zeiten feinere Geister als selige Utopie gereizt hat: den des weltlichen Klosters.» (Joseph Hofmiller)

Hinter einem Bedingungssatz liefert uns der Doppelpunkt ein verstärktes, lebendigeres so: *Würden nur die Juristen schachteln: das wäre zu ertragen.*

Vor allem können wir den Doppelpunkt oft als Schlagbaum verwenden, den wir gelassen emporziehen, um den Leser – nach einer kleinen Pause – in ein neues Land einzulassen. Oder der Doppelpunkt faßt Vorangegangenes zusammen:

«Kenntnisse ohne gelehrtes Brüsten, Hingabe ohne Selbstverlust, Feinheit ohne Empfindelei: durch solche Vorzüge wirkt der Herausgeber...»

Der Doppelpunkt eröffnet neue Darlegungen, kennzeichnet eine Wendung des Gedankens: kurz, er bringt in die Schriftsprache hinein, was wir im Gespräch durch Tonfall und Gebärde zum Ausdruck bringen, wenn wir einen wichtigen Satz einleiten wollen. Er erspart uns oft ein *die Sache verhält sich wie folgt.*

Es gibt noch ein zweites Satzzeichen, um ein Satzgefüge durchsichtig zu machen: die Parenthese (Schaltzeichen), das heißt Gedankenstriche vor und hinter einer Einschaltung. Wenn man einen Satz einschalten muß – und manchmal ist es unvermeidlich –, so soll man dem Leser das Verständnis mit zwei Gedankenstrichen erleichtern, wie soeben geschehen. Auch bei einem verwickelten Satz wird die Gliederung klar, wenn wir mit gut gesetzten Schaltzeichen dem Leser zu Hilfe kommen.

Wörtliche und abhängige Rede

Was ein anderer gesagt hat, können wir in zwei Formen wiedergeben: in direkter (wörtlicher) und in indirekter (abhängiger) Rede.

Direkt: *Karl sagte: ‹Es ist das beste, wenn ich morgen wieder hineinfahre.›*
Indirekt: *Karl sagte, es sei das beste, wenn er morgen wieder hineinfahre.*

Die wörtliche Rede ist lebendiger als die abhängige, aber ihr Hin und Her macht die Erzählung leicht unruhig, zumal wenn jeder der Sprechenden in seinem eigenen Stil sprechen soll. Die abhängige Rede läßt den Autor von seinen Gestalten abrücken und schafft eine einheitliche Atmosphäre. Erzähler, die hinter ihrem Stoff verschwinden wollen wie Kleist, ziehen die indirekte Rede vor.

Wenn in einer Erzählung viele Wechselreden folgen, wird es schwierig, sie jedesmal einzuleiten. Ein ständiges *Karl sagte, Gerda sagte, Peter sagte . . .* wirkt ermüdend. Manche Autoren helfen sich mit einem Doppelpunkt: *Der Diener überreichte ein Schreiben: ein Kornett habe es gebracht.* Andere benützen jedes beliebige Zeitwort, um eine wörtliche Rede einzuleiten:

«‹Ich war noch nie›, schraubt Gérard den blakenden Docht niedriger, ‹im Palais Bourbon.› ‹Ich auch nicht›, legt Jacques seinen Kneifer neben sich.» (Fritz v. Unruh)

Das schlichte *sagte er* oder *antwortete sie* ist meist das kleinste Übel.

Ratschläge

Es gibt kein System der Satzbautechnik. Es sind nur einige Ratschläge möglich, und auch sie dürfen nicht sklavisch befolgt werden.

1. Baue kurze Sätze! Keine Zwergsätze, aber das kurze Satzgefüge, das meist nicht mehr als zwei oder drei Zeilen umfaßt.

2. Setze die Hauptsachen in Hauptsätze!

3. Wenn der Gedanke ein größeres Satzgefüge verlangt, so baue es flachgeschichtet und hilf dem Leser durch Doppelpunkte und Schaltzeichen.

4. Die Rahmenbauten bergen manche Möglichkeiten, aber auch große Gefahren. Sie müssen durchsichtig sein und tragfähige Pole haben.

5. Stopfe die Sätze nicht voll mit Umstandsbestimmungen; sie machen den Satz unklar und papieren.

6. Baue deine Sätze klar und übersichtlich; der Mörtel zahlreicher logischer Bindewörter ist dann entbehrlich.

Dritter Teil
STILKRANKHEITEN

Das Gute – dieser Satz steht fest –
ist stets das Böse, was man läßt.
Wilhelm Busch

Das Zeitwort stirbt

Verbum, Handlung, Leidenschaft, Empfindung!

Herder

Verb und Substantiv

Es gibt ein bekanntes Sprichwort: *Nach Aushebung einer Vertiefung liegt auch für den Urheber ein Stürzen im Bereich der Möglichkeit.* Freilich lautet das Sprichwort etwas plumper: «wer andern eine Grube gräbt, fällt selbst hinein.» Der Verfasser dieses Sprichworts hat offenbar in seiner Jugend nicht gelernt, sich gebildet auszudrücken, und die Nachholung der Aneignung von Kenntnissen, deren Erwerb man in jüngeren Jahren verabsäumt hat, ist im fortgeschrittenen Alter ein Ding der Unmöglichkeit. Oder: Was Hänschen nicht lernt, lernt Hans nimmermehr.

Was unterscheidet diese geschwollene Ausdrucksweise von dem Deutsch des Sprichworts?

Die Seele jedes Satzes ist das Verbum! Es ist ein Unglück, daß wir im Deutschen Verbum mit Zeitwort übersetzt haben. Tatwort müßte es heißen, denn es gibt die Tat, die Handlung, das Ereignis wieder. Obendrein hat man auch noch das Dingwort Hauptwort getauft und ihm damit einen Rang verliehen, der ihm nicht zukommt – Gottsched war der Urheber dieses Schildbürgerstreichs.

Das Verbum ist das Rückgrat des Satzes. In das Verbum gehört der entscheidende Gedanke, gehört vor allem jede Handlung, jedes Geschehnis. *Wenn man den Teufel an die Wand malt, kommt er,* und nicht: *Nach durchgeführter Anmalung des Teufels an die Wand steht sein Kommen zu befürchten. Ich kam, sah, siegte,* schrieb Cäsar nach Hause und nicht: *Nach erfolgter Ankunft und Besichtigung der Verhältnisse war die Erringung des Sieges möglich.* Das Lateinische ist überhaupt reich an Zeitwörtern; das Verbum, das Zeitwort, war den Römern zugleich das Wort schlechthin. Man nehme einen einfachen Satz wie: *Hannibalem conspecta moenia ab oppugnanda Neapoli deterruerunt,* also wörtlich: *die erblickten Mauern schreckten Hannibal von dem zu belagernden Neapel ab.* Wir pflegen zu übersetzen: *Der Anblick der Mauern schreckte Hannibal von einer Belagerung Neapels ab.* Aber wenn wir diese Übersetzung mit dem lateinischen Wortlaut vergleichen, so müssen wir sie fast literarisch nennen: der lateinische Text, der alle Handlungen in Verben ausdrückt, ist viel kräftiger, dynamischer, anschaulicher. Handlungen, nicht Begriffe beherrschen das römische Denken in der Grammatik wie in der Politik, im Recht wie in der Religion.

Das Verbum ist das Rückgrat des Satzes. Wenn man die Handlung in ein Hauptwort zwingt und ein farbloses Zeitwort anleimt, so bricht man dem Satz das Rückgrat. Er wird schlaff, langweilig, schwunglos, schwerverständlich. Verba sind frisch und anschaulich; sie sind leichter zu verstehen als jene Hauptwörter, welche die Tatwörter ersetzen sollen, denn Verba geben die Bewegung, das Ereignis wieder, nicht den Zustand, die Vorstellung. *Ich werde die Birke morgen fällen:* da sehe ich das Beil in das Holz fahren; *die Fällung der Birke findet morgen statt:* sofort ist die Tat zum abstrakten Begriff versteinert.

Wer einen Gedanken entscheidend aussprechen will, legt ihn in ein unzweideutiges Verb. Wer seinen Gedanken abschwächen will, wählt ein möglichst abstraktes Hauptwort und fügt ein kraftloses Zeitwort hinzu, wie *sein, werden, befinden, erfolgen, legen, gelangen.* Diese Art Zeitwörter sind keine echten Tatwörter, sondern bloßer Redekitt. Sie erfüllen lediglich die grammatische Funktion, den Satz vollständig zu machen (Funktionsverben). Es ist leichter, solche Verben zu regieren, die fast Hilfszeitwörter geworden sind, als die schwierigen Tatwörter der deutschen Sprache. Die Hauptwörter, die so ans Ruder kommen, sind nicht die echten Dingwörter, die eine konkrete Sache oder ein geistiges Gebilde bezeichnen, sondern künstlich angefertigte ‹verbale› Hauptwörter auf -ung, deren Inkraftsetzung keine erfreuliche Sprachbereicherung ist und deren Zurruhesetzung einer Inerwägungziehung würdig wäre. Sie lassen das Verhältnis zwischen Subjekt und Objekt, zwischen Satzgegenstand und Satzaussage viel unbestimmter als die Tatwörter. Wer – wie der Verfasser dieses Buches – täglich hundert Briefe zu diktieren hat, der weiß aus eigener Erfahrung: wenn man etwas unklar lassen will, wird der Satz von selbst nominal (hauptwortreich).

«Was die Anzeigepflicht der ansteckenden Krankheiten in bezug auf die kostenlose Zuteilung und Einsendung der hierzu zu bestimmenden Formularien betrifft, so bleibt dieser Gegenstand unter den gegenwärtigen Verhältnissen weiterer Erwägung vorbehalten.» (Ministerialerlaß von 1894)

Der Deutsche Sprachverein schlägt statt dessen vor:

«Was die Anzeigepflicht bei ansteckenden Krankheiten betrifft, so bleibt die Frage, ob die hierfür zu bestimmenden Vordrucke kostenlos zugeteilt und eingesendet werden sollen, unter den gegenwärtigen Verhältnissen weiterer Erwägung vorbehalten.»

Aber auch diese Form leidet unter der Furcht vor dem unzweideutigen Ausdruck, die den Quellengrund der Hauptwörterei bildet. Der Satz muß heißen:

«Ich werde noch entscheiden, ob Vordrucke zur Anmeldung ansteckender Krankheiten kostenlos verteilt werden.»

Wer ein Zeitwort einsetzt, muß klar sagen, wer gehandelt hat und was er getan hat. Wer sich in Hauptwörtern ausdrückt, kann alles im Dunkeln lassen. Nehmen wir ein einfaches Beispiel: *Inzwischen war die Mel-*

dung eingegangen, daß die Erkrankung ihren Fortgang genommen hatte. Wenn wir hier die Hauptwörter durch Zeitwörter ersetzen wollen, so müssen wir angeben, wer gemeldet hat und wer woran erkrankt ist, also etwa: *Inzwischen hatte das Gesundheitsamt gemeldet, die Zahl der an Masern erkrankten Kinder werde auch weiterhin steigen.* Das Zeitwort zwingt zur Genauigkeit.

Streckverben

Die einfachste Spielart der Hauptwörterkrankheit sind die Streckverben. Jedes Verbum kann man auseinanderstrecken, indem man statt eines echten Verbums ein Hauptwort und ein farbloses Zeitwort einsetzt. Diese kindische Ausdrucksart ist schon fast landesüblich. Wem fällt es noch ein, etwas *zu besprechen, zu erwägen, zu bearbeiten, festzustellen, auszudrükken, zu verfügen, zu prüfen* oder *zu erledigen?* Man *setzt sich ins Benehmen, tritt in Erwägungen ein, nimmt die Sache in Bearbeitung, trifft Feststellungen, gibt seinem Bedauern Ausdruck, erläßt Verfügungen, faßt Beschlüsse, setzt ins Werk* und *bringt* womöglich *sogar etwas zur Erledigung,* sofern bei den vielen Wörtern hierzu noch eine Möglichkeit gegeben ist. Und wer diesem Wortschwall nicht zustimmt oder vielmehr nicht seine Zustimmung gibt, wer widerspricht, nein Widerspruch erhebt, der kann eben nicht, der sieht sich außerstande, das Problem zu lösen, die Lösung in Angriff zu nehmen, und beweist schließlich, Verzeihung: stellt unter Beweis die Richtigkeit des Wortes:

> «Getretener Quark
> wird breit, nicht stark.»

Verlorene Stimmzettel werden nicht ersetzt ist schlecht, denn es klingt wie gewöhnliche Menschenrede. Mit einiger Mühe kann man es umschreiben: *Im Falle eines Verlustes eines Stimmzettels ist eine Neuausstellung unzulässig.* Manchmal verhilft das Hauptwort zu ungeahnten Wirkungen. *Wir müssen jetzt handeln* erschien einem Politiker zu banal; statt dessen fordert er seine Parteifreunde auf, *unmißverständlich Einsicht in die Notwendigkeit eines konkreten Handlungsbedarfs* zu zeigen.

Die Hauptwörterei

Aber diese Streckverben sind noch eine harmlose Spielart der Hauptwörterkrankheit. Schlimmer ist es, wenn durchweg Handlungen durch Hauptwörter statt durch Tatwörter wiedergegeben werden.

Auch hier sind es meist Abstrakta auf *-ung, -heit* und *-keit,* die die Zeitwörter auffressen; sie machen den Satz besonders blaß und schwunglos.

«... dies verhinderte die Journalistik nicht zu veröffentlichen, ich hätte eine Abfindungszahlung für die Nichtaufführung des Tristan angenommen; wogegen ich dann glücklicherweise mit der Bezeugung der Wirklichkeit meines Benehmens protestieren konnte.» (Richard Wagner) Gemeint ist: *diese Meldung konnte ich glücklicherweise widerlegen, indem ich mein wirkliches Verhalten mitteilte.*

Die Bekämpfung der infolge unzureichender Satzgliederung ohne rhythmische und logische Anpassung an den Fluß unserer Rede in die Verwendung der deutschen Sprache übergegangenen Schachtelkonstruktionen und Hauptwörterhäufungen ist nicht minder wichtig. Selbst geübte Redner geraten hierbei schnell in Bedrängnis, wie das folgende Beispiel zeigt: «Ich gehe eigentlich davon aus, daß wir mit den Gesamtfakten, die vorliegen, auch im Blick auf Ihre Empfehlungen jetzt sehr rasch in die Überlegung eintreten, welche Konsequenzen wir über das hinaus, was wir bereits getan haben, zu ziehen haben. Das ist eine Sache, die keine große Vertagung erträgt, sondern die rasches Handeln notwendig macht, auch in dem Sinne, daß wir unseren Partnern und Freunden beweisen wollen, daß wir genauso in der Sache guten Willens sind, unterstützen wollen, daß die Konjunktur läuft.»

Weil das Hauptwort abstrakter und daher gebildeter klingt, schreibt der Angestellte Bichelmeyer nicht etwa, *er werde jeden Samstag Tennis lernen,* sondern *er werde in seiner Freizeitgestaltung von den Tennisunterrichtsmöglichkeiten Gebrauch machen.* Wer von der krankhaften Abneigung gegen das Zeitwort verseucht ist, der schreckt nicht davor zurück, wahre Mißgeburten von Hauptwörtern neu zu erfinden: *Inkraftsetzung, Zurruhesetzung, Indiewegeführung, Fürerledigterklärung:* alles schon ernsthaft gebraucht. Über kurz oder lang werden wir die *Stattfindung einer Feier* erleben, bei der die *Erhebung der Forderung der ausschließlichen Verwendung von Hauptwörtern* erfolgen wird. Jeder, der etwas geschrieben hat, sollte sich jeden Satz auf die Frage hin durchsehen – Verzeihung: jeder, der etwas geschrieben hat, sollte sich, wenn er es durchsieht, bei jedem Satz fragen, ob er nicht ein Hauptwort auf *-ung, -heit,* und *-keit* durch ein Zeitwort ersetzen kann.

Hauptwörterei macht abstrakt

Die Hauptwörterei ist die Mutter der abstrakten Phrase. Der Germanist Gundolf will den bescheidenen Gedanken aussprechen: *Der Goethe des Tasso hat erkannt und anerkannt, daß der Einzelmensch sich den Gesetzen des Weltganzen anpassen muß.* Dazu ersetzt er alle Zeitwörter durch Hauptwörter, legt die entscheidenden Gedanken in Beiwörter, und sofort sieht der Satz weit großartiger aus:

«Zwischen dem Werther und dem Tasso liegt Goethes vertiefte Erkennung und Anerkennung der außerselbstischen Wirklichkeit als eines gesetzlichen, nicht nur mächtigen, sondern auch gültigen, nicht nur seienden, sondern auch sein sollenden Ganzen.» Die verbale Fassung ist auch hier schlichter und klarer als die nominale.

In einem Buch «Sprache und Geist» will der Verfasser sagen: *Wer nicht nur die wesentlichen Sprachformen darstellen, sondern zugleich die Geschichte und die Erfahrungen aufzeigen will, die in ihnen stecken, der sieht eine gewaltige Aufgabe vor sich.*

Aber dieser Ausdruck wäre ihm zu entschieden; also schreibt er substantivischer, abstrakter, flauer: «Wenn es nicht nur um eine umfassende Darstellung der wesentlichen Sprachformen, sondern zugleich um die Aufzeigung der in ihnen niedergeschlagenen Geschichte und Erfahrungen eines Volkes geht, dann ist, wie wir heute erkennen, diese Aufgabe immer umfassenderen Abstekkungen unterworfen.»

Der Gelehrte selbst empfindet oft kaum mehr, wie undurchsichtig, wie lebensfremd dieser Stil ist. Wir müssen eine Übertragung ins Deutsche daneben setzen, um die Kluft deutlich zu machen. Ein Beispiel aus der «Religionswissenschaft» von Ernst Christian Achelis, die für die breite Leserwelt geschrieben ist:

«Die Religion ist nicht ein Erzeugnis eines unbewußten rastlosen Kausaltriebes, der uns keine Ruhe ließe und immer neue Fragen uns auferlegte, noch auch einer einzigen Offenbarung, die uns über alle Geheimnisse unterrichtete, sondern des unabweisbaren Bedürfnisses eines praktisch realisierbaren Lebensideals. Dieser entscheidende Akt der Erhebung über die Not und Jämmerlichkeit des Daseins ist sowohl religiöser als auch sittlicher Natur; jenes durch das maßgebende Erlösungsbedürfnis, dieses durch die Möglichkeit, ja Notwendigkeit einer inneren Wiedergeburt.»

Wie ist die Religion entstanden? Nicht dadurch, daß wir ruhelos getrieben werden, immer neue Fragen nach den Ursachen der Dinge zu stellen, also nicht aus einem unbewußten Kausaltrieb. Auch nicht dadurch, daß eine einzige Offenbarung uns über alle Geheimnisse unterrichtete. Sondern weil der Mensch nicht leben kann ohne ein Lebensziel, ohne ein Ideal, das sich im Leben verwirklichen läßt. Über Not und Jammer des Daseins will er sich erheben, und diese Erhebung kann nur eine religiöse und eine sittliche Tat sein. Eine religiöse: denn sie entspringt seinem Erlösungsbedürfnis; eine sittliche: denn sie ist nur möglich durch eine Wiedergeburt.

Es ist ein ganz anderer Geist, der in der Form des Tatwortes lebt. Der Satz wirkt schlank, handlich, beweglich, während er durch die Hauptwörter steif, schwerfällig und weltfremd wird.

Diese Beispiele zeigen: Substantiva machen die Sprache abstrakt. Wir verlieren durch die Hauptwörterei allmählich das selbstverständliche Gefühl für eine Grundregel jedes guten Stils: der Ausdruck darf nicht abstrakter sein als nötig. Je abstrakter der Ausdruck, desto unanschaulicher, schwerfälliger, unverständlicher wird der Stil. Die Hauptwörterei verführt die Menschen, Mitteilungen, die sich in anschaulichen Worten ausgezeichnet ausdrücken lassen, in ein lächerlich abstraktes Flittergewand zu hüllen. In der Hauptwortfassung ist das Hauptwort des Satzes ein abstrakter Begriff, in der Zeitwortfassung lebt es.

Wortketten

Die Hauptwörterseuche zieht ein weiteres Leiden nach sich: die Wortketten.

«Über den in vielen Fällen schon merklich zu einer nicht mehr nach ihrer lebendigen Bedeutung voll empfundenen Redensart gewordenen Ausdruck dieser Hoffnung des Aufsteigens der Seele zu himmlischen Höhen geht der Aufschwung der Betrachtung selten hinaus.» (Erwin Rohde)

Um den Satz ins Deutsche zu übertragen, muß man ihn völlig zerlegen und die Hauptwörter in Zeitwörter verwandeln:

«Noch drückt man die Hoffnung aus, die Seele werde einst zu himmlischen Höhen aufsteigen, aber diese Hoffnung wird in vielen Fällen nicht mehr lebendig empfunden, sie wird merklich zu einer bloßen Redensart, und nur selten schwingt sich die Betrachtung höher hinauf.»

Noch unübersichtlicher wird bei manchen Leuten die Wortverkoppelung, wenn sie mit Hilfe von Verhältniswörtern (Präpositionen) geschieht – schon ist mir selbst so ein Unglückssatz zugestoßen! Es muß natürlich heißen: Manche Leute koppeln auch ein halbes Dutzend Hauptwörter mit Verhältniswörtern aneinander; sie machen damit die Sätze noch unübersichtlicher. Ein Beispiel:

«Eine Entscheidung über die Zulässigkeit der Vormerkung zur Sicherung des Anspruchs auf die hier fragliche Vorrangseinräumung ist danach nicht getroffen worden.»

Solche Sätze muß man entschlossen zerbrechen:

«Vielleicht ist es unzulässig, eine solche Vorrangseinräumung vorzumerken und dadurch zu sichern. Aber darüber ist nicht entschieden.»

Diese Beispiele zeigen: die Hauptwörterei verstößt gegen einen Grundgedanken unseres Sprachbaus: sie zwingt, Begriffe aneinanderzuleimen! Aber der deutsche Satzbau ist nicht attributiv, sondern prädikativ, nicht anreihend, sondern aussagend. Mehrere Hauptwörter nebeneinander wirken hart, mögen sie durch Verhältniswörter oder Genitive verbunden sein.

Die Nennform des Verbums (Infinitiv) klingt, wenn sie in ein Hauptwort verwandelt wird, überhaupt oft schwerfällig: *Doch fand ich bei ihm ebensowenig Verstehen wie bei dem Vorsitzenden des Deutschen Gewerkschaftsbundes.* Besonders schleppend wirken solche künstlichen Hauptwörter, wenn von ihnen weitere Worte abhängen:

«Das Miteinandernichtauskommenkönnen verschuldete die Tatbeständlichkeit einer mangelhaften Vorbildung durch den Leiter, dessen auf seinem So-und-nicht-anders-sein-Bestehen gegründeter Betriebsamkeit schließlich alle Ansätze zu einer fruchtbaren Arbeit zum Opfer fielen.»

Es ist eine verhängnisvolle Gabe unserer Sprache, daß wir mit Hauptwörtern Ereignisse so bequem wiedergeben können. Allzu leicht können wir in einen Satz zwei Aussagen legen: «Das Werk Heinrichs IV. war dahin; die Hugenotten bildeten einen Staat im Staat; die Großen verweigerten den Gehorsam. Das Erscheinen Richelieus änderte alles.»

Offenbar berichtet der letzte Satz zweierlei: erstens, daß Richelieu erschien, und zweitens, daß sich hierdurch alles änderte. Ins Französische ließe sich *das Erscheinen Richelieus* nicht gut wörtlich übersetzen. Der Satz würde lauten: *Tout changea, lorsque R. devint ministre.* Der Franzose verlangt für jede selbständige Aussage einen eigenen Satz; abstrakte Wörter zu häufen ist unfranzösisch. Wenn Schiller sagt: *Seit Beginn des Religionskrieges in Deutschland,* so schreibt der französische Übersetzer: *depuis l'époque, où la guerre commença en Allemagne.* Mehrere abstrakte Wörter hintereinander ermüden ihn, er verwandelt eines in ein Zeitwort. Das Deutsche ist hier beweglicher als das Französische. Aber von diesem gefährlichen Geschenk dürfen wir nur vorsichtig Gebrauch machen.

Hauptwörterei als Kunstmittel

Es gibt Fälle, wo die Hauptwörterei notwendig ist: wenn wir absichtlich unbestimmt sein möchten. Der Satz *Er neigt zur kritischen Betrachtung der Dinge, ohne aus einem reichen Gehalt an Lebensstoff schöpfen zu können* läßt sich auch verbal ausdrücken: *Er nörgelt gern, obgleich er wenig vom Leben erfahren hat.* Aber der Inhalt ist ein anderer. Der Satz ist genauer, aber gehässiger geworden. Das Hauptwort hilft uns umschreiben. Wo wir umschreiben wollen, dürfen wir auch Zeitwörter durch Hauptwörter ersetzen. Deshalb hat auch der Impressionismus das Hauptwort geliebt, denn er wollte die Welt in Eindruck, Beschreibung, Zustand auflösen.

«Das Gelände draußen mit seinen Feldern, Chausseen, Obstbaumwegen und glitzernden Gewässern; die Berge mit ihren Wäldern; das Schloß mit seinen Türmen und Umwallungen aus den dichten herbstlichen Laubmassen heraus.» (Johannes Schlaf)

Auch der losgelöste Infinitiv hat dort seinen Platz, wo ein Begriff unbestimmt gefaßt werden soll; er hat die Kraft, die Dinge nur anzudeuten, sie zu sublimieren: «Sich hineinzuträumen in diese gebietenden Gestalten, die Säle und Galerien in einer pompösen Haltung zu durchschreiten, den Arm in die Hüfte gestemmt, ein Schauspieler selbstgeschaffener Träume, ihre großartigen Titel vor sich hinzusagen, sie in fieberhaftem Selbstbetrug als den eigenen Namen empfinden.» (Hugo v. Hofmannsthal)

Zur Streckung des Zeitworts sind wir berechtigt, wenn das gestreckte Zeitwort etwas anderes besagt als das einfache. *Einen Besuch abstatten* ist förmlicher als *besuchen*; *Schonung üben* ist umfassender als *schonen*; *Bedeutung haben* etwas anderes als *bedeuten*. Auch brauchen wir manchmal das Hauptwort, um ein Eigenschaftswort beifügen zu können; wir sagen *ein umfassendes Geständnis ablegen* statt *gestehen*. Meist ist es aber wirkungsvoller, ein Umstandswort zu setzen. *Unermüdlich hat er sich angestrengt* ist schlanker als *Er hat unermüdliche Anstrengungen gemacht*.

Die Hauptwörterei ist eine geistige Ermüdungserscheinung: die Menschen sehen die Welt nicht mehr in Bewegung, sondern in Erstarrung. Sie greifen nicht mehr zu dem beweglichsten, kräftigsten Elemente der Sprache, dem Tatwort, sondern gießen ihre Gedanken und Gefühle in die festgefrorenen Gebilde der ‹verbalen› Hauptwörter. Der Ausdruck wird Schablone und der Inhalt auch.

Aufgaben

Wie lauten folgende Sätze, wenn man sie in besseres Deutsch übersetzt? (Lösung am Schluß des Buches.)

«Die Instandsetzung des Materials erfolgte unter Inanspruchnahme aller Kräfte, deren Zurverfügungstellung der Inbetriebnahme des neuen Werks verdankt wurde.»

«Die Wiederholung der Prüfung gibt zu einer Veränderung der Rechtsauffassung der Kammer keine Veranlassung.»

«Die Übertragung des Eigentums des Wagens an den Beklagten unterliegt der Anfechtung.»

«Die Unterhaltung mit dem Wagenführer ist verboten.»

«Zu unserer großen Überraschung trafen wir Karl nicht an.»

«Die Beteiligung am Wettbewerb ist gering.»

«Meine Rückkehr vom Urlaub und Wiederaufnahme meiner Praxis wird durch Inserat mitgeteilt werden.»

«Im ersten Schuljahr ist die allmähliche Umformung der Mundart oder Aussprache in die Schriftsprache, die Gewöhnung zum freien Spre-

chen, die Schärfung des Gehörs, die Vermehrung der Wort- und Sprach-
formen Gegenstand des Unterrichts.»
«Gegen die Ablehnung der Zulassung zur Eintragung oder gegen die
Versagung eines Antragsscheins ist Einspruch zulässig.»

Gefährliche Beiwörter!

Das Beiwort ist der Feind des Hauptwortes.

Voltaire

Schlingpflanze Adjektiv

Clemenceau – damals noch Schriftleiter einer Zeitung – sagte zu einem
neu eintretenden Kollegen: «Schreiben Sie kurze Sätze: Hauptwort, Verbum, Objekt: fertig! Bevor Sie ein Adjektiv schreiben, kommen Sie zu
mir in den dritten Stock und fragen, ob es nötig ist!»
Die meisten Menschen müssen nicht erst in den dritten Stock gehen,
bevor sie ein Adjektiv – ein Beiwort oder Eigenschaftswort – schreiben.
Daher schreiben sie zu viele Beiwörter. So heißt es in Egon Friedells
«Kulturgeschichte der Neuzeit»:
«Inniger Glaube und zerfressende Skepsis, trunkene Gefühlsseeligkeit
und eisige Logik, wilde Regelverachtung und rigorose Methodik: alle er-
denklichen Polaritäten waren in dieser überreichen Zeit vereinigt. Und
zu alledem sah sie noch die Anfänge der beiden ‹Dioskuren›, die jedoch
in Wirklichkeit ebenfalls Gegensätze, Antipoden waren. Die großen und
bleibenden Ereignisse der Epoche heißen Götz, Werther und Urfaust,
Räuber, Fiesko und Kabale.»
Zehn Beiwörter, und einige von ihnen völlig unnötig. Alles Unnötige
ist aber schädlich. Es verstößt gegen die Stilregel: schreibe knapp! Mehr
noch: das unnötige Beiwort lenkt die Aufmerksamkeit ab vom Gang der
Darstellung. Die Schlingpflanze Adjektiv nimmt dem Substantiv den
klaren Umriß. *Das Gebirge lag im Dämmerlicht* sagt weit mehr als *das herrliche Gebirge lag im wunderbaren Dämmerlicht.*
Das Adjektiv ist ein gefährliches Stilinstrument. Mühelos, ohne den
Satz wirklich durchzuformen, können wir es einem allgemeinen Hauptwort anhängen, und allzuoft verleitet es den Schreiber, ein allgemeines
Hauptwort zu wählen und die genauere Festlegung dem Adjektiv zu
überlassen. Schon Quintilian hat die mit Beiwörtern überladenen Sätze
einem Heere verglichen, bei dem hinter jedem Soldaten ein Kammerdiener einhergehe.

Stehende Beiwörter

Am entbehrlichsten sind die immer wiederkehrenden Verbindungen.
*Die brennende Frage, die vollendete Tatsache, die dunkle Ahnung, die unaus-
bleibliche Folge, der schroffe Widerspruch, die konstante Bosheit, der bittere
Ernst, die unliebsame Störung:* niemand empfindet bei diesen Beiwörtern
noch irgend etwas; sie sind mit dem Hauptwort zusammengewachsen.
Sie sind nicht nur unnötig, sie sind schädlich. Der Leser hat die Empfindung: das habe ich schon hundertmal gehört, und wie oft ist der schroffe
Widerspruch gar nicht so schroff gewesen oder die unausbleibliche Folge
nachher doch ausgeblieben! Er fühlt sich ins Reich der Phrase versetzt
und hört nur noch mit halbem Ohre zu.

Gekünstelte Beiwörter

Das Gegenstück zum angefrorenen Beiwort ist das gekünstelte Beiwort.
Das stehende Beiwort wird gewählt, weil es jeder verwendet; das gekün-
stelte, weil es bisher keiner gebraucht hatte. Es nennt Eigenschaften, die
noch nie an dieser Sache bemerkt worden waren:
«Wie aus dem Walde ein kühler Hauch gegen das sonnenheiße Getrei-
defeld wehte, fiel der offizielle Norden in den geäderten Süden ein.»
Der gleiche Roman des Grafen Wickenburg spricht von *sahniger Frühe,*
von *hochkarätiger Sonne,* von einem *gemäßigten Hügel* und von *naschhaften
Früchten.* Besonders beliebt und leicht zu handhaben sind verblüffende
Farbworte: *Der Wind stand wie eine blaue Spirale über dem Tal* (Kasimir Ed-
schmid).

Das richtige Beiwort

Das richtige Beiwort liegt in der Mitte zwischen dem abgegriffenen und
dem gekünstelten. Wer es sucht, findet es schwerlich. Es muß überraschend sein und doch selbstverständlich erscheinen:
«Gestern abend um 10 Uhr, eine Stunde nach der Liturgie, ging er,
königlich besoffen, tobend im lustigen Ärger den Platz entlang durch die
Straßen.» (Karl Friedrich Zelter)
«Da sie schon lange verlernt hatten, einer körnigen Unternehmung
ihre Stimme zu versagen.» (Gottfried Keller)
«Die übrigen mußten in großer Anzahl Gassen (Spießruten) laufen,
von sechsunddreißig Malen herab bis zu zwölfen. Es war eine grelle Fleischerei.» (Johann Gottfried Seume)
«Ein Portier mit einer außerordentlich langen, gebogenen, kurfürst-
lichen Nase im Gesicht...» (Joseph v. Eichendorff)
«Die kurzgeschorene Sachlichkeit des Calvinismus.» (Karl Vossler)

Alle diese Beiwörter sind unverbraucht, aber ungezwungen. Eine *furchtbare Fleischerei*, eine *vornehme Nase, beispiellose Lügen, schwunglose Sachlichkeit*: wir würden einfach darüber hinweglesen.

Beiwörter, die im Gegensatz zum Hauptwort zu stehen scheinen, sind ein Lieblingsstilmittel Conrad Ferdinand Meyers: *wilder Harm, sanfter Eigensinn, düsterer Triumph, matte Gluten, ernste Lieblichkeit.*

Goethe hilft sich im Alter oft durch Doppelbeiwörter: *von tätiglebhaftem Charakter, zierlich-zarte Frau* und viele andere; ähnlich Hölderlin: *heilig-nüchtern, feurig-mächtig, ruhig-groß.*

Wenn ein Beiwort nicht völlig abgegriffen ist – *handfest, erklügelt, verstiegen* sind es nicht – so haftet es viel stärker als die Versatzstücke. Freilich ist gerade beim Beiwort die Grenze des gesuchten Ausdrucks oft bedrohlich nahe:

«Und das Beste ist: die Madlee weiß es nicht und ist immer gleich schaffig, regig, besorgt, und fürdenklich.» (Hermann Burte)

Solche aus der Mundart geholten Beiwörter dürfen nur teelöffelweise verabreicht werden. Gerade beim Beiwort besteht die Kunst darin, auch den gewöhnlichsten Wörtern plötzlich den Glanz der Unberührtheit zu verleihen. Das berühmteste Beispiel ist der Vers aus der Walpurgisnacht:

«Wie traurig steigt die unvollkommne Scheibe
des späten Monds mit roter Glut heran.»

Aus lauter gewohnten Worten steigt ein ganz neues Bild auf.

Beiwörter dürfen wir nur dulden, wenn sie etwas leisten, das heißt wenn sie dem Satz etwas Neues hinzufügen. Wenn sie nur verzieren, schildern oder verstärken, sind sie gefährlich. Keine Wortart verführt so sehr zur Weitschweifigkeit wie das Beiwort.

Unentbehrlich ist das Eigenschaftswort, wenn es innerhalb einer Gruppe bestimmte Dinge aussondert: *Fettes Fleisch dürfen Sie nicht essen* oder *Die aufgeklärten Türken trinken Wein.*

Ratzel gibt das Beispiel:

«Wenn ich sage: ‹Im hohen Blau schwimmen weiße Sommerwolken›, so verstärkt die Heranziehung des Eigenschaftswortes das Hauptwort. Im Blau klingt abstrakt, da blau keine Form hat; sobald ich aber sage: im hohen Blau, erscheint der hohe Himmel gleichsam ins Blau hineingewölbt.»

Aber solche Beiwörter, die einem allgemeinen Begriff einen schärferen Umriß geben sollen, müssen auch wirklich etwas Bestimmtes besagen. *Die Architektur des Schlosses ist erlesen*: ein so allgemeines Wort wie Architektur verlangt ein bestimmendes Beiwort, das diese *Architektur* von anderen Bauwerken abgrenzt: *streng* oder *spielerisch, gotisch* oder *barock*. Die billigen Beiwörter, die nur der Steigerung dienen, können nur neben

Hauptwörtern stehen, die selbst schon hinreichend bestimmt sind: *ein ausgezeichneter Burgunder, ein riesiger Hut, ein wunderbarer Einband.*

Schließlich dürfen wir Beiwörter stehen lassen, wenn sie die entscheidende Eigenschaft einer Sache ins Licht heben. Aber solche Beiwörter dürfen weder ausgeklügelt noch abgegriffen sein. Unter den Neueren ist ein Meister des Beiworts Eugen Roth:

«Geregnet hatte es, den ganzen Frühsommer lang, draußen in den Städten, im flachen Land; geregnet hatte es in den Bergen und weiter oben wohl geschneit, mitten im Juli. Und auch im Klaffertal war es nicht anders gewesen. Der Nebel war kaum einmal gewichen, von Sonne herausgekämmt und zausendem Wind aus dem grünen triefenden Haar der Lärchen und Zirben, der hellen, leichten Bäume und der schweren, zottigen, dunklen. Kalt war es gewesen, an freudlos fröstelnden Abenden, in den regenblinden Nächten; und die mißmutigen Sennen überlegten sich schon, ob sie das Vieh nicht abtreiben sollten von den höheren Almen, die Kühe und Kalben, die stumpfen Blicks und mit verklebtem Fell herumstanden im nassen Gras und im sulzigen Schnee...»

Das Beiwort – sparsam verwendet, glücklich gegriffen – kann in der Hand des Könners einen ganzen Satz ersparen. Aus dem Testament Lope de Vegas:

«Und so habe ich dir, mein Sohn, bei meinem Tode nichts zu hinterlassen als diese nutzlosen Warnungen.»

Oder bei Balzac:

«An dem Tage aber, der mich deiner Nähe beraubte, wurde ich, was in unseren Augen eine Karmeliterin wirklich ist: moderne Danaide, die, anstatt das Faß zu füllen, täglich aus ich weiß nicht welchem Schacht, vergeblich hoffend, die ewig leeren Eimer hebt.»

Die *nutzlosen Warnungen, die ewig leeren Eimer:* beide Male ist der entscheidende Gedanke ins Beiwort gelegt, obwohl er einen eigenen Satz verdient hätte. Aber gerade diese Knappheit des Ausdrucks gibt dem Satz sein Gewicht. Jedoch diese Sparsamkeit ist ein Mittel aus dem stilistischen Giftschrank: nur der wirklich Sprachkundige kann es handhaben. Für uns andere gilt der Ratschlag: Jeder wichtige Gedanke, vor allem jede Handlung, verlangt ein eigenes Zeitwort. Ein Satz muß sehr klar gebaut sein, wenn ein Beiwort die Last des entscheidenden Gedankens tragen soll.

Die deutsche Sprache hat ein Heilmittel gegen das Übermaß der Beiwörter: die Auswahl des richtigen Hauptwortes. Sie hat Hauptwörter genug. Sie bietet statt *dieser unfähige Arzt: dieser Quacksalber;* statt *er ist ein unaufmerksamer Mensch: er ist eine Schlafmütze;* statt *unter uns lagen endlose Wolken: unter uns lag ein Wolkenmeer;* statt *diese weitschweifige Darlegung: dieser Wortschwall* und so fort. Bevor man ein Beiwort zu einem Hauptwort stellt, sollte man sich stets fragen: Haben wir nicht auch ein Hauptwort, welches dies Beiwort schon in sich schließt? Freilich muß man auf diese schärfere Form verzichten, wenn der Sinn einen unbestimmteren Ausdruck erfordert.

Falsche Beiwörter

Eine Sondergruppe bilden die falschen Beiwörter. Zu ihr gehören zunächst die Beiwörter vor Zusammensetzungen, die nur zu dem ersten Teil der Zusammensetzung passen, also *der gedörrte Obsthändler, die reitende Artilleriekaserne* und *mein unvergeßlicher langer Ehemann.* Wer pedantisch ist, wird hierher auch den *deutschen Sprachverein* rechnen. Ins Totenregister von Lübben wurde 1676 eingetragen: «Herr Paul Gerhardt, siebenjähriger liederfleißiger wohlverdienter Archidiakonus im 70. Jahr seines Alters».

Noch kühner sind die zu Beiwörtern verdichteten Verhältniswörter (Präpositionen): *das abe Bein, die zue Tür, der hinene Stuhl, der zuwidere Mensch.* Das Wörtchen *weh* hat sich in der Dichtkunst als Beiwort durchgesetzt, aber nur in übertragenem Sinn: *das wehe Herz* ist Poesie, *der wehe Finger* ist Mundart. Schade, daß unsere Sprache nicht mehr die Kraft hat, diese Wörter einzuschmelzen. Anzengruber läßt in einem Drama sagen: «Wann's amal mit dö Weibsleut auf d'abige Seiten zugeht.» Der Engländer bildet ruhig: *the above remark.*

Adverb

Wenn das Beiwort zu einem Verb tritt *(der Vogel singt schön),* heißt es Adverb oder Umstandswort; es gibt die Art an, wie etwas geschieht. Manche Eigenschaftswörter waren ursprünglich Umstandswörter, so *nahe, fern, selten;* heute verwenden wir sie unbedenklich als Beiwörter. Bei einigen anderen ist diese Entwicklung noch im Gange, etwa bei denen auf *-weise.* Sprachpäpste schimpfen über diesen *stufenweisen* Übergang. Aber schon Lessing, Goethe und Schiller haben so geschrieben. Wenn man nicht den Mut hat, *teilig, stufig* zu bilden, so kann man eine *teilweise* Verwendung dieser Wörter als Beiwörter hinnehmen.

Aufgaben

Welche Eigenschaftswörter gibt es, um die verschiedenen Spielarten von *rot* zu bezeichnen? Welche sinnverwandten Worte für *spröde?* Durch welche Wendungen kann ich das Eigenschaftswort ersetzen in *er ist ein außerordentlicher Kerl, sie hat herrliche Augen, die Sache kostet mich eine sehr hohe Summe, das ist eine niederträchtige Tat?* Wie steigert man die Eigenschaftswörter *schön, grob, dumm, schlank, nackt* durch Verbindungen mit einem anderen Wort? (Es gibt für jedes dieser Worte mehrere passende ‹Vorwörter›. Lösung am Schluß des Buches.)

Kurze Zusammenfassung

Was geschieht, drücken wir mit dem Zeitwort, was ist, mit dem Hauptwort aus. Was bleibt für das Beiwort übrig? Selbst Beschreibungen lassen sich häufig in der Form von Handlungen darstellen, also durch Zeitwörter. Auch die Beschreibung ist mehr Aufgabe des Zeitworts, denn wir sollen versuchen, sie in Handlung aufzulösen: das Reich der Sprache ist ein Reich der Bewegung. Das Beiwort wirkt statisch, erstarrend; es schadet der Kontur des Hauptworts und verführt zur Vielwörterei.

Beiwörter gebrauchen wir, wenn sie etwas Neues sagen. Beiwörter, die nur verzieren, verstärken oder entbehrliche Schilderungen bringen, müssen wir streichen.

Abgegriffene und gesuchte Beiwörter sind gleich lästig. Das treffende Beiwort erscheint auf den ersten Blick überraschend, auf den zweiten selbstverständlich. Es unterscheidet verschiedene Arten seines Gegenstandes oder es hebt seine entscheidende Eigenart ins Licht.

Fürwortkrankheiten

Anfangs sah dieselbe denselben verwundert an, als dieselbe aber sah, was mit dem Hut desselben geschehen war, nahm dieselbe demselben denselben ab, um denselben zu reinigen, worauf dieselbe denselben demselben zurückgab.

Gustav Wustmann

Derselbe

Manche Leute leiden an dem Aberglauben, man dürfe ein Wort nicht innerhalb weniger Zeilen wiederholen. Sie schreiben dann *derselbe* oder *ersterer* und *letzterer*. Wenn sie «Wallensteins Lager» gedichtet hätten, so müßten wir singen:

Und setzet ihr nicht das Leben ein,
nie wird euch dasselbe gewonnen sein.

Oder im «Faust»:

So tauml' ich von Begierde zu Genuß;
in letzterem verschmacht' ich nach der erst'ren.

In Wahrheit lautet die Regel: Unbetonte Worte soll man nicht wiederholen: *Gestern nachmittag ging ich spazieren.* *Am späten Nachmittag traf ich dann meinen Freund Hugo:* solche Wiederholungen empfindet unser Ohr als peinlich, und wir müssen sie vermeiden. Aber hierfür brauchen wir nicht das unglückliche Wort *derselbe,* sondern wir setzen ein sinnverwandtes Wort ein.

Ein betontes Wort dagegen soll man getrost wiederholen. Der Satz gewinnt an Klarheit und Gewicht. Hebbel schreibt unbekümmert: «Hinter dem Haus war ein Hof, an den Susannes Gärtchen stieß; auf dem Hof trieben wir in den Freistunden unsere Spiele; in das Gärtchen, das voll Blumen stand, durften wir nicht hinein.» Also nicht *auf ersterem trieben wir unsere Spiele, in letzteres durften wir nicht hinein.*

Gerade die Wiederholung rundet den Satz ab. *Und wie ihr Gesicht an meinem Gesicht lag, hab' ich mit meinem Mund ihren Mund geküßt.* Ein beliebtes Stilmittel sind solche Wiederholungen bei Wildenbruch: «Durch seine Gnade leben wir. Wer von der Gnade eines andern lebt, der ist ein Bettler.»

«Hier ist ein Haus der Buße – Buße tun heißt sich erinnern.»

Treitschke bringt selbst Verhältniswörter (Präpositionen) zweimal, um der Darstellung einen feierlichen Anstrich zu geben: «Unter den Vorkiekern des Münsterlandes war sie geboren, unter den schweigsamen.»

Derselbe zieht oft das Mißverständnis erst groß:

«In Dannenberg fuhr am Mittwochabend ein sogenannter kalter Schlag in einen Akazienbaum und sprang auf den Wagen des Bierverlegers W. Henning über, denselben am Hinterteil zersplitternd.» (Lüchower Kreiszeitung)

«Der Ballon befand sich gerade über dem Garten des Herrn Kommerzienrat B., als derselbe platzte.»

Noch schöner in einem Steckbrief: *Außer der stark gebogenen Nase holt er beim Sprechen sehr stark Atem durch dieselbe.* Das Wort *derselbe* ist nur gestattet, wenn es der *nämliche* bedeutet. Man ersetzt es entweder durch *er, sie, es* oder – wenn der Satz hierdurch unklar wird – durch ein sinnverwandtes Wort, das die gleiche Sache bezeichnet. Oft muß man die Worte umstellen: *der Ballon befand sich, als er platzte...* Ersterer und *letzterer* soll man überhaupt nie schreiben; bei schnellem Lesen muß der Leser immer erst nachsehen, wer eigentlich der erstere war:

«Es wird also notwendig sein, diesen allgemeinen Charakter des Seelenlebens der Romanfiguren, die diesem entgegengebrachte Philosophie und die Wirkung der letzteren auf den ersteren kennenzulernen, um die Entstehung der Ironie in unserm Roman zu verstehen.»

Welcher

Ein Kapitalverbrechen ist der Gebrauch des Wörtchens *welcher*, wenigstens nach Ansicht Wustmanns, des Verfassers von «Allerhand Sprachdummheiten». Es dürfe nicht heißen, *der Mann, welcher . . .*, sondern *der Mann, der . . .* Als Bezugsfürwort (Relativpronomen) sei *welcher* unzulässig; es sei lang und papieren.

Was die Länge angeht, so macht ein Unterschied von einer Silbe wenig aus. Schopenhauer hat das ironische Gegenbeispiel gebildet: *Die, die die, die die Buchstaben zählen, für dumme Tröpfe halten, möchten nicht ganz unrecht haben.* In diesem Beispiel würde *welche* statt *die* den Satz wohlklingender machen. Und was die Sprachgeschichte angeht: gewiß, das Althochdeutsche verwendet als Bezugsfürwort nur *der;* auch bei Luther ist *welcher* selten; erst bei den Klassikern wird es häufiger und zwischen 1750 und 1850 beginnt etwa ein Drittel der Bezugssätze mit *welcher*. Aber daß ein Wort erst einige Jahrhunderte alt ist, rechtfertigt kein Todesurteil. Und papieren? Die Umgangssprache verwendet *welcher* in der Tat selten, nur in Wien ist *wölcher* manchmal zu hören, aber die Alltagssprache kennt ja überhaupt wenig Bezugssätze (Relativsätze).

Entscheidend für unser Urteil über dieses viel befehdete Wort muß etwas andres sein: gewährt uns der Gebrauch von *welcher* gelegentlich stilistische Vorteile? Auf einen Vorteil hat jener ironische Satz Schopenhauers schon hingewiesen: mit Hilfe von *welcher* können wir vermeiden, daß mehrere *der* oder *die* zusammenstoßen. Wichtiger ist: *welcher* erlaubt uns, den Bezugssatz mit einem hochtonigen Wort zu beginnen und ihm so mehr Gewicht zu geben. Wer für's Ohr schreibt, wird *welcher* oft nicht entbehren wollen.

«Da kam ein schlankes weibliches Wesen aus dem tiefen Schatten der Bäume hervor, mit raschen Schritten, welches reiche dunkle Locken im Winde schüttelte und mit der einen Hand eine Mantille über der Brust zusammenhielt, während die andere einen leichten Regenschirm trug, der aber nicht aufgespannt war.» (Gottfried Keller)

Schopenhauer liebt es, in Bezugssätzen, welche zugleich eine Begründung enthalten, *als welcher* zu schreiben. Aber diese Form, als welche uns altmodisch anmutet, wollen wir nicht wieder ausgraben. Eher könnten wir uns noch mit der Gewohnheit Luthers anfreunden, in Bezugssätzen ein *denn* einzufügen, wenn sie den vorhergehenden Satz erklären und begründen sollen: *wie denn geschrieben steht im Gesetz des Herrn.*

Übermaß der Fürwörter

Ein Übermaß von Fürwörtern macht den Stil trocken. Das Fürwort ist von Natur blaß; es ruft keine Vorstellung hervor und borgt seine Kraft und Bedeutung nur von dem Wort, für welches es steht. Oft wäre es uns lieber, wenn der Autor, statt ein Fürwort zu setzen, die Sache selbst noch einmal beim Namen genannt hätte. Er hätte dann auch Gelegenheit gehabt, sie mit einem neuen Namen zu bezeichnen und sie auf diese Weise noch gründlicher zu beschreiben.

Besonders wenn der Autor einen Gegenstand zunächst nur allgemein angedeutet hatte, wurmt es uns, wenn er ihn beim nächsten Mal nur mit einem Fürwort umschreibt, statt ihn klar zu umreißen. Wir hätten weit lieber einen besonderen Ausdruck gefunden, der den Sachverhalt deutlich wiedergibt:

Blaß:	*Schärfer:*
«Ein anderes Beispiel dieser Art sind die Erinnerungen des Armen Mannes im Toggenburg.»	Die gleiche Kraft und Anmut der Einfachheit finden wir in den Erinnerungen des Armen Mannes im Toggenburg.
«Mit welchen Mitteln machen so etwas die großen Prosaschreiber?»	Mit welchen Mitteln erreichen die großen Prosaschreiber, daß die Sprache ihre Gedanken nicht nur trägt, sondern verkörpert?»
«Dazu kommt seine Neigung, geflügelte Worte zu verdrehen.»	Diese Stilmätzchen werden noch lästiger durch seine Neigung, geflügelte Worte zu verdrehen.

Das Fürwort wirkt leer, die zusammenfassende Wiederholung des vorangegangenen Textes erleichtert das Verständnis. Leer wirken auch Wendungen wie *das gleiche gilt von* ... oder *dem entspricht auch* ... Auch diese Allgemeinheiten soll man vermeiden und statt dessen deutlich aussprechen, wie sich die Sache verhält:

«Wer gegen diesen Vertrag verstößt, zahlt eine Vertragsstrafe von 10 000 DM. Das gleiche gilt, wenn jemand ...»	Wer gegen diesen Vertrag verstößt, zahlt eine Vertragsstrafe von 10 000 DM. Die gleiche Strafe zahlt, wer ...
«Buddha war ein Königssohn und dem entsprach seine Gesinnung.»	Buddha war ein Königssohn und hatte eine königliche Seele.
«Die Vorschrift des §2 findet entsprechende Anwendung.»	Die Verjährung richtet sich nach §2.

Manchem wird der Unterschied der beiden Fassungen unwichtig erscheinen. Aber gute Prosa schreibt nur, wer auch das anscheinend Unwichtige beachtet.

Der grammatische Selbstmord

Ich möchte wirklich wissen, wer sich die Regel ausgedacht hat, daß man das Wort *ich* möglichst vermeiden und insbesondere nicht an den Anfang setzen solle. Diese grammatischen Selbstmörder haben eine Fülle von Finten erfunden, um ihr Ich untergehen zu lassen:

«Referenten blutet das Herz, denkt er daran, wie ungerecht Clemens Brentano vergessen ist.» (Christian F. Grabbe)

«Wenn ich schließlich auf die persönlichen Verhältnisse meiner Wenigkeit zu sprechen kommen darf.»

«Schreiber dieses hat persönlich den Kunden darauf hingewiesen.»

Der wissenschaftliche Stil schließlich erfand das *wir (nachdem wir somit dargelegt haben . . .)*. Dieses *wir* soll ein pluralis modestiae (Mehrzahl der Bescheidenheit) sein, bei dem der Verfasser in einer unbekannten Mehrzahl verschwindet, im Gegensatz zu dem Wir der Monarchen, dem pluralis maiestatis: *Wir Wilhelm II., von Gottes Gnaden Deutscher Kaiser . . .* Der Majestätsplural entsprang mythischen Gemeinschaftsbegriffen, der sogenannte Bescheidenheitsplural ist ein Kind der Verlegenheit. Das *wir* des Autors ist nur angebracht, wenn er von sich und dem Leser gemeinsam sprechen will: *wir haben soeben gesehen . . .*

Auch Goethe geht in seinen Altersbriefen dem *ich* oft aus dem Wege. Mit unbewußter Diplomatie wollte er alles Persönliche zurückdrängen; obendrein konnte er mit der Weglassung des *ich* seiner Abkürzungsgrille frönen. Zelter erwähnt in einem Brief, daß der Altphilologe Wolf sich hierüber aufgehalten hätte:

«Des letzten Umstandes erwähne nur, weil er einst eine Anmerkung machte über Deinen Briefstil, wo dann und wann das ich und mir und mich unwillkürlich ausgelassen ist, um die Reibung der Konsonanten zu vermeiden, wie jeder tut, der ein Ohr für Wohlklang hat.»

Goethe antwortet verärgert:

«Mit Philologen und Mathematikern ist kein heiteres Verhältnis zu gewinnen. Wenn ich denken müßte, daß ein Freund, an den ich einen Brief diktiere, über Wortgebrauch und Stellung, ja wohl gar über Interpunktion, die ich dem Schreibenden überlasse, sich formalisiere, so bin ich augenblicklich paralysiert und keine Freiheit kann stattfinden.»

Aber der junge Goethe schrieb ganz anders; er beginnt viele Briefe mit *ich*, auch Briefe an den Herzog Karl August. Luther, Klopstock, Lessing und Schiller fangen etwa ein Drittel ihrer Briefe mit *ich* an. Man empfand dies nicht als anstößig, denn in Gellerts Sammlung von Musterbriefen beginnt ein Viertel der Briefe mit diesem Wort. Auch viele der größten deutschen Gelehrten haben das Ich-Verbot nie beachtet. Schopenhauer hat von dem *wir* ungenannter Kritiker gesagt:

«Eine besonders lächerliche Impertinenz solcher anonymer Kritiker ist, daß sie wie die Könige per Wir sprechen; während sie nicht nur im Singular, sondern im Diminutiv, ja im Humilitiv reden sollten, z. B. meine erbärmliche Wenigkeit, meine feige Verschmitztheit, meine verkappte Inkompetenz, meine geringe Lumpazität usw.» Die meisten anderen Völker leiden nicht unter dieser Angst vor dem Ich. Die Römer sind erst unter der Schreckensherrschaft des Tiberius zu *mea parvitas* übergegangen.

Woher rührt der ‹grammatische Selbstmord›? Jean Paul, von dem der Ausdruck stammt, hat selbst die Antwort gegeben: «Wir sind viel zu höflich, um vor ansehnlichen Leuten ein Ich zu haben. Ein Deutscher ist mit Vergnügen alles, nur nicht er selber.»

Aber es gehen hier leicht zwei Fragen durcheinander. Erstens: inwieweit soll der Autor von sich selbst sprechen? Zweitens: wenn er es tut, in welchem Gewand soll er auftreten?

Die erste Frage ist weitschichtig; von ihr handelt das Kapitel «Sache, Autor und Leser». Sie ist nicht mit einem Wort zu beantworten. Der Leser will einen Menschen hinter allem Geschriebenen spüren, aber freilich nur spüren, nicht unaufhörlich im Vordergrund der Bühne herumspringen sehen. Wie weit der Autor zu sehen sein darf, hängt von dem Gegenstand und dem allgemeinen Stilcharakter ab; ein Familienbrief und eine mathematische Abhandlung sind etwa die äußersten Pole.

Viel einfacher ist die zweite Frage zu beantworten. Wenn der Autor einmal auftritt, dann muß er den Mut haben, sich in den Formen lebendiger Menschenrede zu seinem Ich zu bekennen. War er berechtigt, von sich zu sprechen, so ist diese Klarheit sein gutes Recht. War er nicht berechtigt, sein Antlitz zu zeigen, so wird es auch durch lächerliche Floskeln nicht verschönert werden. Ich habe immer gefunden: die schleimige Höflichkeit, die von sich selbst nur in abschätzigen Ausdrücken redet, hat mit echter Bescheidenheit nichts gemein.

Formeldeutsch

> Die Welt ist taub vom Tonfall. Ich habe die Überzeu-
> gung, daß die Ereignisse sich gar nicht mehr ereig-
> nen, sondern daß die Klischees selbsttätig fortarbei-
> ten ... Die Sache ist von der Sprache angefault. Die
> Zeit stinkt schon von der Phrase.
>
> *Karl Kraus*

Modewörter

In dem großen Gespräch des zweiten Aufzugs sagt Egmont:

EGMONT: ... *Es dreht sich fraglos immer um den einen Punkt: ich soll mich umstellen, soll leben, wie ich nicht mag. Daß ich fröhlich bin, die Sachen leicht nehme, aufs Ganze gehe, das ist mein Glück und ich vertausch es nicht gegen die restlose Sicherheit eines Totengewölbes. Ich habe nun zu der spanischen Einstellung nicht einen Blutstropfen in meinen Adern. Leb ich nur, um irgendwie aufs Leben zu denken. Soll ich den gegenwärtigen Augenblick, der den Stempel der Einmaligkeit trägt, nicht genießen, damit ich des folgenden gewiß und diesen wieder mit Grillen und Sorge ausfüllen kann ... Wenn ihr das Leben gar zu ernsthaft nehmt, was ist denn im tiefsten Innern dran? Wenn uns der Morgen nicht zu neuen großzügigen Freuden weckt, am Abend uns keine Lust zu hoffen übrig bleibt, ist's wohl des An- und Ausziehens wert? ...*

SEKRETÄR: *Vergeßt nie, es wird dem Fußgänger schwindlig, der einen Mann in unerhörtem Tempo dahinfahren sieht.*

EGMONT: *Kind, Kind, nicht weiter! Wie von unsichtbaren Geistern gepeitscht gehen die Sonnenpferde der Zeit hemmungslos mit unseres Schicksals leichtem Wagen durch. Und uns bleibt nichts als unentwegt die Zügel festzuhalten und bald rechts, bald links, vom Steine hier, vom Sturze da, die Räder wegzulenken. Wohin es letzten Endes geht, wer weiß es? Erinnert er sich doch offensichtlich kaum, woher er kam.*

Wer nur ein wenig Sprachgefühl hat, wird mit Entsetzen diese Zeilen gelesen haben. Es ist, als hätte ein Narr auf ein Selbstbildnis Rembrandts plötzlich ein paar papageiengrüne Flecken aufgepinselt. Einige kleine Änderungen haben genügt, um eine der schönsten Stellen deutscher Prosa zu zerstören: in jedem Satz Goethes habe ich ein Modewort unserer Zeit eingefügt.

Modewörter hat es immer gegeben. Aber erst die Gegenwart hat eine solche Fülle von Modewörtern bereitgestellt, daß man Abhandlungen in Klischees schreiben kann. Wenn der Kegelverein «Alle Neune» über den Umzug in eine andere Kneipe berät, dann sagt sein Vorsitzender:

«Meine Damen und Herren! Wir müssen voll und ganz unseren Standpunkt vertreten, unentwegt und zielbewußt vorgehen, um diese schwerwiegenden Probleme einer Lösung näherzubringen. Es ist ja nicht lediglich unsere allgemeine Einstellung, sondern letzten Endes sind es doch ethische Momente und ideale Gesichtspunkte, die es uns vornehmlich zur Aufgabe machen, in großzügigem Wollen die Ziele, die wir auf unsere Fahne geschrieben haben, zu erreichen und damit unsere Pflicht, die wir gar nicht hoch genug einschätzen können, restlos zu erfüllen...»
Schablonen sind Worte ohne eigenes Leben. Ihr welkes Antlitz lächelt uns überall entgegen, im Roman wie in der Abhandlung, in der Festrede wie im Gespräch des Alltags.

«Fürst Alexander atmete erleichtert auf, als er hinter dem Vater das Zimmer verließ. Unwillkürlich reckte er seine schlanke, sehnige Gestalt, in der glänzenden Uniform der Leibgarde des Zaren, straff empor, als sei eine Last von ihm gefallen. Seine lebensfrohen, sonnigen Augen strahlten schon wieder in jenem bestrickenden Übermut, der diesem Liebling des Glücks alle Herzen gewann. Er war ein schneidiger, glänzender Kavalier, mit allen Vorzügen des Leibes und der Seele ausgestattet...
An einem der Eckfenster standen auf kleinen Tischen zierliche Körbchen mit feinen Handarbeiten, wie sie vornehme Damen in langweiligen Stunden anfertigen. Die jüngere, Alexanders Schwester Tatjana, hielt lässig eine Stickerei in den schlanken feinen Händen, während die ältere unruhig und in nervöser Erwartung nach der Tür blickte.»
Was macht diesen Stil so unerträglich? Daß jedes Wort aus der Schablone kommt! Keinen wirklichen Fürsten mit bestimmten persönlichen Eigenschaften, kein wirkliches Schloß mit handfester Einrichtung hat der Verfasser vor Augen gehabt, sondern einen Papierfürsten und ein Papierschloß, die sich nur mit Ausdrücken beschreiben lassen, die wir schon tausendmal gehört haben. Jede Wendung ist nicht frisch aus dem Augenblick geboren, sondern aus der Rumpelkammer geholt, von den sonnigen Augen des Fürsten bis zu den schlanken Händen seiner Schwester.
Es gibt heute Modesprachen für alle Lebensgebiete. Ob jemand Kriminalromane schreibt oder Musikkritiken: er kann sich eine Kartei der Modewörter anlegen, und sooft er etwas schreiben muß, vermag er vortreffliche Artikel nach Art eines Mosaikspiels zusammenzusetzen:
«Ein Vortrag wird von Märchen, eine Bachsche Solokantate von weltlicher Musik umrahmt. Geigenvorträge umrahmen Männerchöre, Klavierstücke umrahmen Flötenstücke, alles, was irgendwie dazwischenliegt, wird umrahmt. Und was ist nicht alles auszulösen! Andacht wird ausgelöst, ein Bedenken, ein Wunsch, Beifall, Dank, Erbrechen, Migräne. Vor allen Dingen sind Komplexe beim Auslösen stark gefragt. Und dann unterstreichen: die Oboe unterstreicht die Lyrismen der Arie, die Klavierbegleitung unterstreicht das Balladeske der Dichtung, die

Symphonie unterstreicht die bodenlose Volksverbundenheit des Komponisten. Ebenso zu empfehlen sind ‹untermalen› und ‹unterpinseln›. Die Szene am Bach untermalt träumerische Naturversonnenheit. Auch das Wort ‹Sinngebung› tut treffliche Dienste: das Oratorium wurde mit guter Sinngebung aufgeführt bzw. zur Aufführung gebracht, die nationale Sinngebung ist unverkennbar, beim Straußschen Don Juan drängt sich die erotische Sinngebung geradezu auf. Töne sind irisierend, opalisierend, emailliert. Walzermelodien sind immer schmeichelnd, prickelnd, jedes h-Moll ist menschenfeindlich, jedes A-Dur azurblau.» (Lorch)

Der Schablonenstil verdirbt nicht nur das Schriftdeutsch, sondern auch die Umgangssprache.

Der Fluch der Modewörter

Das Modewort gleicht einer abgegriffenen Münze, bei der niemand mehr die Prägung erkennen kann. In der Wirtschaft behalten abgegriffene Münzen ihren Wert; das Bild hatte man ohnehin nicht beachtet. In der Sprache sind abgegriffene Worte tot; sie können keinen Eindruck mehr erzwingen. Alles auf der Welt macht um so weniger Eindruck, je gewohnter es geworden ist. Dies Gesetz von der abnehmenden Reizwirkung des Gleichen gilt nicht nur in Leben und Liebe, in Kunst und Landschaft; es gilt auch in der Sprache. Völlig gewohnte Worte hinterlassen überhaupt keinen Eindruck in unserem Hirn. Der Redner mag mit fuchtelnden Händen von dem Standpunkt sprechen, auf dem er stehe, von den Maßnahmen, die ergriffen werden müssen, und von der Erfolglosigkeit, zu der der Gegner verurteilt sei. Er mag sich mit solchen Wendungen die Lunge aus dem Leibe reden: der Zuhörer blickt schon lange zum Fenster hinaus oder auf die viel zu langsam gehende Uhr und denkt an sein Mittagessen. Wenn der Hörer oder Leser jeden angefangenen Satz auch allein zu Ende leiern könnte und die folgenden drei Sätze auch: bei solchen Reden und Büchern hört niemand zu.

Das Modewort hat das Wichtigste verloren: das Lebendige, Bildhafte, Anschauliche. Es hat keine ‹Atmosphäre› mehr, es ruft nicht mehr bestimmte Stimmungen, bestimmte Erinnerungen, bestimmte Gefühle wach: es ist eine Schablone, eine leere, dürre Formel. Als zum erstenmal jemand von *durchschlagender* Bedeutung sprach, da hat der Hörer sicherlich eine durchgeschlagene Mauer vor sich gesehen. Heute – nachdem wir diese Formel zehntausendmal gehört haben – sehen wir gar nichts mehr; der Leser empfindet bei ihr dasselbe wie bei *groß*, und bei *groß* empfindet er sehr wenig.

Es ließe sich eine Sprache zusammenbasteln, bei der alle Wörter durch Zahlen ersetzt würden. Gott würde 1, der Mensch 2, die Liebe 100, der Esel 1000 und so fort. Eine solche Sprache wäre völlig seelenlos, verholzt, mathematisch. Diesem Ideal nähert sich die Schablonensprache. Sie macht nicht lebendig, sondern sie tötet. Sie verwandelt die bunte Welt der Menschen in Dinge, der Gefühle und Entschlüsse in eine Sammlung toter Formeln. Man tauscht diese Formeln nur aus, um sich zu verständigen, nicht um ein lebendig empfundenes Abbild der Wirklichkeit heraufzubeschwören.

Das Schablonenwort ist ein Schemawort; es frißt die bunte Fülle der Eigenwörter auf. Statt zu unterscheiden zwischen *unmöglich, unzweckmäßig, unannehmbar, undurchführbar, nicht ratsam, nicht angängig, unpassend, ungehörig, nicht zutreffend, ungenau, zu allgemein, nicht bezeichnend genug, falsch am Platz, unhöflich, unvernünftig*, statt all dieser Wörter setzt man das Formelwort *untragbar* und hat jedes Nachdenken gespart, wie sich die Sache in Wirklichkeit verhält. Jedes Modewort wird aus Bequemlichkeit als Ersatz für zahlreiche andere Wörter verwandt und wird so immer allgemeiner und damit inhaltsleerer. Eine Sache kann auf hundert verschiedene Arten hervorragend sein. Sagt man für alle diese Begriffe nur *prima*, so verwischt man die Unterschiede, die das Wesen der Welt ausmachen. Die Welt wird ein graues Einerlei. In einem früheren Kapitel haben wir gesehen: das Wesen des guten Stils beruht darauf, nicht den allgemeinen, sondern den besonderen Ausdruck zu finden. Das Modewort ist immer verwaschen, allgemein, unscharf. Und eben darum ist es auch unwirksam. Niemand wäre bereit, ein und dasselbe Buch in drei Monaten zehnmal zu lesen. Aber ein Aufsatz, der zu einem Drittel aus hundertmal gelesenen Wendungen besteht, der soll Eindruck machen? Im Formeldeutsch erzählt, wird die spannendste Geschichte sogleich ledern und langweilig.

Die Formeln wuchern vor allem dort, wo Schreiber oder Sprecher etwas Tönendes von sich geben möchten, aber nicht genug Entschlossenheit besitzen, um einen eigenen wuchtigen Ausdruck zu finden. Schablone und Phrase sind eng verwandt. So deklamierte 1988 die Kommission für Rechtschreibfragen des Instituts für deutsche Sprache, mit jeder Silbe in einem Formeldeutsch stecken bleibend: «In Zusammenhang mit der Aufklärung der Öffentlichkeit über die geplante Reform könnte zudem darauf hingewirkt werden, den hohen und nicht selten überzogenen Stellenwert, den die Rechtschreibung und die Beherrschung ihrer Regeln im Bewußtsein vieler Sprachteilhaber haben, zu relativieren.»

Eine vollständige Liste der Schablonenwörter würde eher die Geduld des Lesers erschöpfen als die Zahl dieser Wörter. Auch wechselt der Bestand: gute Wörter werden Modewörter und durch übermäßige Abnützung zugrunde gerichtet, alte Schablonenwörter werden durch Abgedroschenheit allzu lächerlich, geraten in Vergessenheit und werden dadurch wieder ehrlich. Eine kleine Beispielsammlung älteren Datums mit Formeln, von denen viele auch heute noch gebräuchlich sind:

Abwegig, dem pflichtgemäßen Ermessen der Gegenseite anheimstellen, aus Anlaß, anschneiden, Attraktion, eine Aufgabe bewältigen, eine Sache aufzeichnen, ausgerechnet, auslösen, Ausmaß, ausschalten, auswerten, sich auswirken, das Kind mit dem Bade ausschütten, am laufenden Band, von durchschlagender Bedeutung, bedingen, Bildfläche, im Bilde sein, bittrer Ernst, es geht ihm blendend, das Beispiel, das sich bietet, bloßer Verstand, Bluff, bombensicher, brennende Frage, der Brustton der Überzeugung, es dahingestellt sein lassen, dunkle Ahnung, der Stempel der Einmaligkeit, einwandfrei, Einstellung, eminent, letzten Endes, etwas erhärten, erneut, ernstlich interessiert, erstklassigst, erstmalig, es erübrigt sich, Exponent, Faktor, Fingerspitzengefühl, in so gelagerten Fällen, ein Fingerzeig dafür, ein Star großen Formats, in Frage kommende Bedenken, erstrangige Fragestellung, fraglos, ganz groß, aufs Ganze gehen, einen Gedanken von der Hand weisen, unüberwindlicher Gegensatz, aber glatt, hoher Grad von Anschaulichkeit, großzügig, bewußt eingenommene Grundhaltung, grundsätzliche Erwägungen, es liegt auf der Hand, Hand in Hand damit gehen, hemmungslos, himmlische Geduld, zu den schönsten Hoffnungen berechtigen, auf der Höhe der Aufgaben stehen, der Höhepunkt wird erreicht, hundertprozentig, im tiefsten Innern, integrierende Bestandteile, katastrophal, weitgehende Klärung, strittiger Punkt, konstante Bosheit, in erster Linie, einer endgültigen Lösung zuführen, eine Lücke ausfüllen, Mentalität, Milieu, die nackte Wahrheit, den Nagel auf den Kopf treffen, neuzeitlich, geht in Ordnung, persönliche Note, phänomenal, phantastisch, prima, prominent, im Rahmen, kein Raum bleibt für, einer Sache Rechnung tragen, eine Forderung, die den Reigen eröffnet, etwas von eigenem Reiz, restlos, richtig gehend, eine große Rolle spielen, roter Faden, den Schluß gestatten, schmissig, schwebende Erwägungen, der Schwerpunkt, der sich verlagert, selten schön, springender Punkt, auf den Standpunkt stellen, tadellos, tätigen, technisch unmöglich, es läßt sich die Theorie aufstellen, tiefschürfende Darstellungen, triftiger Grund, sich umstellen, unausbleibliche Folgen, unentwegt, unerfindlich, untragbar, verankern, nicht verfehlen, verheerend, ein Versprechen einlösen, vitalste Interessen, vollendete Tatsachen, vollinhaltlich, voll und ganz, vorbildlich, in die Wege leiten, in Wegfall kommen, im Zeichen von, angemessener Zeitablauf, zwecklose Bemühungen (mit denen obendrein ‹nutzlose› gemeint sind).

Besonders komisch wirken feierliche Schablonenwörter, wenn sie in banaler Umgebung erscheinen: *Der Teilzahlungsgedanke im deutschen Staubsaugervertrieb marschiert.*

Abgenutzte Schablonenbilder werden gleichfalls zu Formeln: *der Mantel der Nächstenliebe; die Pistole, die man auf die Brust setzt; der Spieß, den man umdreht; des Kaisers Bart, um den gestritten wird; die Hebel, die man in Bewegung setzt; die Tür, mit der man ins Haus fällt.* Sie alle gehörten auf den Müllhaufen, denn ihre Anschaulichkeit ist verblaßt; sie lassen sich nur noch scherzhaft verwenden.

Schließlich werden die Modewörter mechanisch eingesetzt von Leuten, die ihren Sinn nicht kennen. Eine große Zeitung ließ den Satz durch: *sie war eine der reizendsten Ladies der Noblesse oblige* . . .

Formeldeutsch und Schreiber

Das Formeldeutsch langweilt und verdummt nicht nur die Leser, sondern auch die Schreiber. Je mehr sich der Mensch an fertige Formeln gewöhnt, desto mehr erschlafft sein eigenes Denken und Fühlen. Unversehens gerät er immer wieder in die eingelaufenen Denkbahnen der allgewohnten Formeln, jede Beobachtung des Besonderen, jede Empfindung für die Eigenart, jedes Nachdenken über diese einmalige Wirklichkeit wird unnötig und unmöglich: er gleitet auf seinen Denkbahnen fort zu dem allgemeinen Rangierbahnhof nebelhafter Begriffe, wo in einem großen Wirrwarr mechanisierter Phrasen alles Eigenleben zugrunde geht. Wilhelm von Humboldt spricht einmal von altgewordener Sprache und sagt:

«Das Ringen mit dem Gedankenausdruck wird geringer, und je mehr sich der Geist nur des schon Geschaffenen bedient, desto mehr erschlafft sein schöpferischer Trieb und mit ihm auch seine schöpferische Kraft.»

Wenn jemand die Asamkirche zu München und den letzten Tanzausflug mit dem gleichen Ausdruck *prima* bezeichnet, hat er vermutlich bei keinem etwas Rechtes empfunden. Man entgegne nicht, nur seine Ausdrücke seien schematisch; der Eindruck könne aber stark und echt gewesen sein. Wer den Ausdruck für belanglos hält, verkennt das Wesen der Sprache. Die Wörter sind – wie wir im ersten Kapitel gesehen haben – keine Etiketten, die wir auf fertige Begriffe kleben. Mit den Wörtern ordnen wir die Welt, und wir ordnen sie sehr oberflächlich und falsch, wenn ein paar Schablonen uns hierfür genügen. «Optima verba rebus cohaerent» (die treffendsten Worte hängen mit den Gegenständen zusammen) sagt Quintilian. Das Wort ist der Prägestempel der Gedanken. Der Satz Hebbels: «Das Wort finden, heißt die Sache selbst finden», läßt sich auch verneinend formulieren: Wer das Wort nicht findet, hat auch die Sache nicht gefunden. Er empfindet nach einem festen Schema; er bemerkt nicht mehr die Eigenart der einzelnen Sache, sondern er ordnet sie ein in eine bequeme und gleichbleibende Wert- und Wortskala. Ein Ausländer, der Deutsch nicht aus Büchern, sondern aus der Umgangssprache erlernt hatte, besaß eine feste Reihenfolge von lobenden Ausdrücken, die er bei einem Museumsbesuch der Reihe nach abrollen ließ, nämlich *wunderbar, Donnerwetter, kolossal* und *allerhand*. Als er aber schließlich zu Dürers Aposteln gelangte, sagte er: Das Bild ist aber wirklich *meine Herrn*. Er hielt den Modeausdruck *meine Herrn* für das oberste Eigenschaftswort der Deutschen.

Verbrauchte Wortgruppen

Modewörter zu meiden ist notwendig, aber nicht ausreichend. Wir müssen noch einen Schritt weitergehen. Aber dieser Schritt führt uns auf ein gefährliches Gebiet. Die Worte nutzen sich durch den Gebrauch ab. Vielbenutzte Worte – auch wenn sie nicht gleich zum leeren Modewort werden – verlieren an Durchschlagskraft. Sie sinken in eine niedere Stilschicht herab. Im Alltagsgespräch und in der reinen Zweckprosa können wir sie benutzen. Wenn wir aber über einen Gegenstand besonders klar und überzeugend schreiben wollen, so dürfen wir nicht ein Übermaß solcher überanstrengter Worte anwenden. Wir müssen in guter Prosa nicht nur die völlig leeren Modewörter vermeiden, sondern auch die Wendungen, die durch allzu häufigen Gebrauch ein wenig schäbig geworden sind. Am stärksten verschleißen feste Wortverbindungen. Jede Sprache besitzt eine große Anzahl üblicher Wortverkopplungen, etwa die mit der Vorsilbe *ab: alle Brücken abbrechen, sich einen guten Abgang verschaffen, ihm geht der Verstand dafür ab, eine Versammlung abhalten, jemanden den Rang ablaufen, eine Prüfung ablegen, jede Verantwortung ablehnen, von dem heiklen Thema ablenken, eine Bitte abschlagen, schlecht abschneiden, ein abschreckendes Beispiel, die Folgen sind nicht abzusehen, ein abstoßendes Benehmen, jemanden mit Redensarten abspeisen, einen Übelstand abstellen, der Erfolg bleibt abzuwarten* und so fort durchs ganze ABC.

Solche *idioms*, wie sie der Engländer nennt, muß jeder, der eine fremde Sprache lernt, sich sorgfältig aneignen. Niemand beherrscht eine Sprache, dem ihre *idioms* nicht geläufig sind. Sie sind ein wesentlicher Teil jeder Sprache, besonders im Gespräch des Alltags. Daß wir so flüssig sprechen können, verdanken wir diesen Wortgruppen. Wir reden zum guten Teil nicht in Wörtern, sondern in festen Wortgruppen, die wir gewohnheitsmäßig verwenden.

Aber gerade weil diese landläufigen Wortverbindungen sich ständig im Munde der Leute befinden, sind sie allmählich pappig geworden. Sehr viele dieser Wortgruppen sind abgespielte Platten. Sie gefährden daher die Wirkungskraft des Stils.

Es gehört zum Wesen des guten Stils, daß die Worte mehr sagen, als sie für sich allein bedeuten. Diese schwere Kunst können die Worte nur leisten, wenn sie ihre Umwelt, ihre ganze Atmosphäre heraufbeschwören, wenn sie in uns Erinnerungen anklingen lassen, ohne sie auszusprechen. Abgenützte Wendungen lassen gar nichts anklingen, und die Stimmung, die sie heraufbeschwören, ist die einer bleiernen Langeweile.

Ludwig Thoma schreibt einmal über ein Lustspiel, an dem er arbeitete: «Das Stück muß frisch werden wie eine Walderdbeere. Es darf keine konventionelle Silbe darin enthalten sein.» Das ist genau die Aufgabe, von der wir reden. Gewiß, niemand kann deutsch schreiben, ohne die ständigen Wortverbindungen unserer Sprache zu benützen. Aber niemand wird ein lebendiges Deutsch schreiben, der nur in lauter festen Redensarten spricht. Er muß den Mut haben, sich bisweilen von dem Schürzenbändel des sprachlichen Herkommens freizumachen und zu prüfen, ob es nicht statt eines konventionellen Ausdrucks einen andern gibt, der auf seinen Sonderfall noch genauer paßt. Freilich ist es ein seltsamer Ratschlag, die *idioms* oder wenigstens ihr Übermaß zu vermeiden. Wer einen Ausländer Deutsch lehrt, ist froh, wenn er ihm gerade diese *idioms* vermittelt hat. Ist es nicht gefährlich, vor diesen festen Wortverbindungen zu warnen?

Es *ist* gefährlich! Aber eines ist es, Ausländern das notwendige Zweckdeutsch beizubringen, ein andres, in seiner Muttersprache einen guten Stil zu schreiben. Denn der gute Stil entsteht nicht aus einem Mosaik sprachüblicher Wortgruppen. Der gute Stil versucht, die Eigenart der Sache wiederzugeben. Die Eigenart der Sache, das Besondere jedes Gegenstandes läßt sich aber nicht mit einer Sammlung fester Redensarten bewältigen; die Schemawendungen passen nur für Schemagedanken:

«Man könnte die Geistlosigkeit der Schriften der Alltagsköpfe sogar daraus ableiten, daß sie den Sinn ihrer eigenen Worte nicht selbst eigentlich verstehn, da solche bei ihnen ein Erlerntes und fertig Aufgenommenes sind; daher sie mehr die ganzen Phrasen (phrases banales) als die Worte zusammengefügt haben. Hieraus entspringt der sie charakterisierende fühlbare Mangel an deutlich ausgeprägten Gedanken; statt ihrer finden wir ein unbestimmtes dunkles Wortgewebe, gangbare Redensarten, abgenutzte Wendungen und Modeausdrücke.» (Schopenhauer)

Nehmen wir einige Beispiele. Ich habe bei den folgenden Stellen jeweils vor den Urtext eine zweite Fassung gestellt; in ihr sind einige Worte des Urtextes ersetzt durch allgemein übliche feste Wortverbindungen; auch für einige Einzelworte habe ich abgenützte Ausdrücke verwendet:

Um in der Welt Erfolge zu erringen, ist es zweckmäßig, in erheblichem Umfange Vorsicht und Nachsicht walten zu lassen.	«Um durch die Welt zu kommen, ist es zweckmäßig, einen großen Vorrat von Vorsicht und Nachsicht mitzunehmen.» (Schopenhauer)
Niemand hatte hierfür ein feineres seelisches Empfinden als Melanchthon, und so machte er die größten Anstrengungen, um mit	«Niemand hatte das tiefer gefühlt als Melanchthon und so bemühte er sich, vorsichtig, prüfend, rücksichtsvoll, die Gedanken

aller gebotenen Vorsicht die Gedanken Luthers in verständnisvol-
ler Bearbeitung den Bedürfnissen
der Wirklichkeit anzupassen.

In der Ehe muß man sich
manchmal Wortgefechte liefern,
das bereichert die Kenntnisse voneinander.

Luthers zu bearbeiten, zu be-
schneiden und zu ergänzen.»
(Adolf Harnack)

«Im Ehestand muß man sich
manchmal streiten, denn dadurch
erfährt man voneinander.» (Goethe)

Die Änderungen scheinen geringfügig, aber wie verschieden wirken die
beiden Lesearten! Alles Lebendige, Packende, Mitreißende ist dem Text
verlorengegangen. Wie ein Kleid schäbig wirkt, an dem einzelne Teile
verschlissen sind, so klingen diese Sätze kraftlos, weil sie einzelne abgenützte Wendungen enthalten. Der konventionelle Ausdruck zieht ebenfalls den Gedanken auf die Ebene des Konventionellen herunter.

Gewiß: es ist ein gefährlicher Ratschlag, vor dem Übermaß der herkömmlichen Wortverbindungen zu warnen. Denn der unsichere Schreiber kann leicht in den umgekehrten Fehler verfallen: er sucht den abgegriffenen Ausdruck zu vermeiden und gerät in den gesuchten. So entgeht
er einem kleinen Übel und fällt einem größeren zum Opfer. Der Scha-
blonenpinsler greift zu einem Ausdruck, weil er ihn schon hundertmal
gehört hat, der Stilgeck wählt eine Wendung, weil sie noch nie gehört
worden ist. Der abgenutzte Ausdruck ist langweilig, der gespreizte ist
abstoßend. Welcher Kurs führt zwischen beiden Gefahren hindurch?

Sachlicher Stil

Es gibt einen Kompaß, der diesen Kurs anzeigt. Wer weder an den Klippen des künstlichen Stils scheitern noch auf das hohe Meer des konventionellen Ausdruckes hinaustreiben will, muß ihn benützen. Aber er ist
nicht leicht zu handhaben, er kann auch nur die Richtung angeben.

Zwischen Schablonendeutsch und Stilgeckerei liegt jener Stil, der
nicht die Eigenart des Autors herausarbeiten will, sondern die Eigenart
der Sache. Wer einen sachlichen Stil schreibt, findet die Wendungen, die
weder abgegriffen noch ausgetüftelt sind. Wer sich bemüht, das Besondere jedes Sachverhalts nüchtern auszusprechen, der entgeht auch dem
Übermaß der festen Wortverbindungen. Denn diese *idioms* sind zugleich
immer allgemeiner Natur. Wer nur der Sache dienen will und die Eitelkeit des Autors hinter sich wirft, der findet von selbst den Ausdruck, der
natürlich ist, aber nicht abgenutzt; unverbraucht, aber nicht gesucht.
Wenn er im Zweifel ist, wird er lieber abgenützte Wendungen wählen als
gespreizte. Guter Stil ist unauffällig wie gute Kleidung.

Satzbaufehler

Dem Deutschen ist die philosophische Spekulation hinderlich, die in ihren Stil oft ein unsinnliches, breites und aufdröselndes Wesen hineinbringt. Diejenigen Deutschen, die als Geschäfts- und Lebemenschen bloß aufs Praktische gehen, schreiben am besten.

Goethe

Das Kernproblem der deutschen Satzbaukunst haben wir in dem Kapitel «Satzbau» untersucht: die Frage der langen und kurzen Sätze. Dies Kapitel soll einige Einzelfragen behandeln.

Vorreiter

Hauptsachen verlangen Hauptsätze, deshalb ist es ein Baufehler, wenn man dem Hauptgedanken einen Vorreiter vorausschickt und ihn so in einen Nebensatz abdrängt. Solche Vorreiter sind *der Umstand, daß. . .; die Absicht, daß. . .; es ist allgemein bekannt, daß. . .; ich habe keinen Zweifel, daß. . .* Alles Wesentliche folgt in dem *daß*-Satz.

Meist kann man den Vorreiter einfach wegstreichen; in manchen Fällen muß man ihn durch Umstandswörter wie *anscheinend, bekanntlich* ersetzen und so den Nebensatz in einen Hauptsatz verwandeln:

«Es ist allgemein bekannt, daß die Fortschritte der Naturwissenschaften. . .

Es ist wohl einleuchtend, daß einerseits eine philosophierende Betrachtung der Weltgeschichte und andererseits Geschichtsphilosophie als eine bestimmte Disziplin zwei an sich verschiedene Dinge sind, wenn auch letztere des Überblicks über die Weltgeschichte als ihres Materials und erstere der geschichtsphilosophischen Gesichtspunkte als ihrer Direktive nicht entbehren kann.» (Bernheim)

Die Fortschritte der Naturwissenschaften haben bekanntlich. . .

Geschichtsphilosophie als bestimmte Disziplin und philosophierende Betrachtung der Weltgeschichte sind zwei verschiedene Dinge. Freilich bedarf die Geschichtsphilosophie auch des Überblicks über die Weltgeschichte als ihres Materials. Und die philosophierende Betrachtung der Weltgeschichte benötigt die geschichtsphilosophischen Gesichtspunkte als Direktive.

Am schlimmsten toben die Vorreiter im Kaufmannsstil. Der Kaufmann empfindet sie als Ausdruck der Höflichkeit, als eine Art einleitender Verbeugung. Man fällt nicht mit der Tür ins Haus. Auch erleichtern die Vorreiter das Diktieren: man kann sie automatisch ansagen und gewinnt Zeit zum Nachdenken:

«Was die Angelegenheit der Druckstöcke betrifft, so erlauben wir uns Ihnen mitzuteilen, daß sich dieselbe noch in der Schwebe befindet, indem wir gleichzeitig bemerken, daß wir auf die Entwicklung der Dinge leider zur Zeit keinen Einfluß zu nehmen in der Lage sind.»

Die Angelegenheit der Druckstöcke ist noch nicht entschieden. Leider können wir die Sache nicht beschleunigen.

Alle Vorreiter sind aus zwei Gründen verdrießlich: sie machen den Satz unrhythmisch und schwer verständlich. Schwer verständlich, denn man versteht einen Satz weit besser, wenn die Hauptsache im Hauptsatz steht. Unrhythmisch, denn es bedarf eines gewissen Gleichgewichts zwischen dem Hauptsatz, dem Tragglied der Periode, und den Nebensätzen, sonst verletzt der Satz unser Gefühl für Ebenmaß. Auch Sätze, bei denen an ein winziges Tragglied vorn und hinten lange Nebensätze angebaut sind, empfinden wir als hart und ungelenk:

«Daß Du trotz meiner drei Briefe, die Du rechtzeitig erhalten hast, nicht gekommen bist, beweist, daß Dir eben trotz Deiner gegenteiligen Beteuerungen an dem Besuch nichts liegt.»

Falsche Bezugssätze

Hauptsachen verlangen Hauptsätze. Gegen diesen Ratschlag verstößt, wer neue Ereignisse in Bezugssätze einsperrt: *1910 heiratete er Ursula, die aber im gleichen Jahr starb.* Der Tod Ursulas verlangte einen Hauptsatz *(aber sie starb im gleichen Jahr).* Der Bezugssatz soll nur ergänzende oder unterscheidende Beschreibungen des Hauptwortes enthalten, welche für ein Beiwort oder Mittelwort (Partizip) zu lang und für einen selbständigen Satz zu unwichtig wären; er kann auch eine Mitteilung aus der Vergangenheit nachholen, aber er darf nicht neue wichtige Tatsachen berichten. Echte Bezugssätze sind unentbehrliche Hilfsmittel jedes Satzbaus. Aber leider haben die Satzbaustümper eine unausrottbare Neigung, Hauptsachen in Nebensätze zu zwängen:

«Der nach Mitteldeutschland verschlagenen protestantischen Linie eines zuerst schwäbischen, dann in Österreich begüterten Geschlechtes entstammte der Artillerieleutnant beim Reichskontingent von Neithardt, der im Siebenjährigen Kriege in Würzburg die Tochter des dort ansässigen Artillerieoberstleutnants, Ingenieurs und Baumeisters Müller gegen den Wunsch ihrer katholischen Eltern heimführte.» Hier enthält der Bezugssatz keine bloße Beifügung, sondern eine Tatsache, die gerade so wichtig ist wie die Mitteilung des Hauptsatzes. Obendrein ist auch die Wortstellung ungeschickt: warum mußte man das unübersichtliche, mit Partizipien beladene, ohnehin von Schwaben nach Österreich, von Österreich nach Mitteldeutschland verschlagene Geschlecht auch noch an den Anfang des Satzes schieben, bei dem man noch nicht weiß, wohin die Reise des Satzes geht. Richtig müßte dieser Anfang eines Gneisenaubuches heißen:

«Der Artillerieleutnant beim Reichskontingent von Neithardt entstammte einem schwäbischen Geschlecht, das später in Österreich begütert war und schließlich nach Mitteldeutschland verschlagen wurde. Er hatte im Siebenjährigen Kriege die Tochter eines Würzburger Artillerieoberstleutnants, Ingenieurs und Baumeisters Müller gegen den Wunsch ihrer katholischen Eltern heimgeführt.»

Noch unglücklicher ist der Zeitungssatz:

«Vom Pech verfolgt wurde gestern auf dem Marktplatz eine Frau von auswärts, der die Hinterachse des Handwagens brach, so daß Dünger auf die Straße flog.»

Das Hauptereignis steht in dem Bezugssatz; obendrein taucht der Dünger, von dem vorher noch nicht die Rede war, allzu unvermittelt auf. Der Satz muß heißen:

«Pech hatte gestern eine Frau von auswärts. Als sie ihren mit Dünger beladenen Handwagen über den Marktplatz zog, brach die Hinterachse, so daß die Ladung auf die Straße fiel.»

Der Bezugssatz soll nur der Schatten sein, den ein Hauptwort wirft. Aber viele verkennen diese bescheidene Natur des Bezugssatzes so sehr, daß sie ihm die seltsamsten Aufgaben aufhalsen:

«An der Spitze der Jungen lief der Hilfslehrer Karl Mayer, der bei dem Untergang des Kahns tödlich verunglückte.»

Der Bezugssatz (Relativsatz) enthält ein selbständiges Ereignis, das erst viel später eintrat. Ein Bezugssatz soll aber nur Attribute enthalten, Beifügungen, die man – rein logisch genommen – auch in die Form eines Eigenschafts- oder Mittelwortes (Partizips) hätte kleiden können. Wenn wir dies hier versuchen *(der tödlich verunglückte Mayer lief an der Spitze . . .)*, so wird offenbar, daß dieser Bezugssatz nach Art der Polizeiberichte gebaut ist: *Der Getötete drang mehrfach auf mich ein,* oder *Der Mörder nahm die Nachricht von seiner gestern früh erfolgten Hinrichtung gefaßt entgegen.* Nicht viel besser:

«Man will die Schwurgerichte durch eine besondere Art von Schöffengerichten ersetzen, deren Konstruktion in der Luft schwebt und als völlig unpraktisch erscheint.» (Josef Kohler)

Schwerlich will der Gesetzgeber solche Schöffengerichte schaffen.

Die falschen Bezugssätze führen leicht zu solchen doppelsinnigen Wendungen wie in diesem Zeitungssatz:

«Herr Bürgermeister V. richtete an Herrn W. ehrende Worte der Anerkennung und überreichte ihm ein prächtiges Ruhebett, worauf der Gefeierte in bewegten Worten dankte.»

Klemmkonstruktionen

Im Kapitel «Wortstellung» haben wir gesehen: der deutsche Satzbau gestattet Rahmenbauten, bei denen ein bestimmter Inhalt von zwei zusammengehörigen Worten umschlossen wird. Aber solche Klammern gelingen nur, wenn Ausgangspol und Zielpol tragfähig genug sind.

Sehr wenig tragfähig ist das Geschlechtswort (Artikel). Zwischen Geschlechtswort und Hauptwort darf man daher nicht viel einschachteln. Gerade solche Klemmkonstruktionen sind aber hochbeliebt, weil sie bequem sind:

«Im Gegenteil ist der Kläger schuldig, dem Beklagten die von ihm für ihn an die von ihm beauftragte Frau angelegte Summe zu ersetzen.»

«Dem Halter auf der dem Josef Untermoser auf der Anlieger Alm gehörigen Weide ist vor kurzem eine schöne Kalbin außer Evidenz gekommen.» (Grazer Tagespost)

Richard Wagner in seinen Erinnerungen:

«... was mich, um von weiteren Verdrießlichkeiten verschont zu bleiben, zu einer auf die von mir ungekannte Unterscheidung sich zu beziehende Ehrenerklärung zu geben bewog.»

Diese harte Wortfügung beweist den alten Erfahrungssatz: Wendungen, mit denen man etwas Unangenehmes vertuschen möchte, pflegen auch stilistisch zu mißglücken.

Schon geringe Einschiebsel zwischen Geschlechtswort und Hauptwort wirken hart, wenn mehrere einsilbige Worte zusammenstoßen oder wenn das Einschiebsel selbst aus mehreren Schichten besteht:

«Bei den Wanderjahren ist zunächst deutlich, daß es kein einheitlich aus einer Mitte durch eine oder mehrere Schichten hindurchwirkendes, sondern ein zusammengesetztes, nicht nur dem Stoff, sondern selbst der Form der Gattung nach vielfältiges Gebilde ist.» (Friedrich Gundolf)

Solche Klemmkonstruktionen kann man in Bezugssätze (Relativsätze) auflösen; meist ist es noch besser, sie in Hauptsätze umzuwandeln: *Die Wanderjahre sind nach Stoff und Form nicht einheitlich, sondern vielfältig zusammengesetzt.* Die Umwandlung enthüllt oft die Banalität des Satzes.

Konjunktiv

Es ist ein großer Unterschied, ob eine Zeitung schreibt: *dieser Dichter verdient es, daß man ihn liest* oder *daß man ihn lese*. *Daß man ihn liest* heißt: er wird wirklich gelesen. *Daß man ihn lese* heißt: er sollte gelesen werden. Lessing schreibt:

«Daß man einen Vogel fangen kann, das weiß ich; aber daß man ihm seinen Käfig angenehmer als das freie Feld machen könne, das weiß ich nicht.»

Noch haben wir in Deutschland diese Möglichkeitsform, den Konjunktiv, und können auf diese Weise unterscheiden zwischen dem, was wirklich ist, und dem, was geschehen könnte. Aber in hundert Jahren werden wir diesen Unterschied vielleicht nicht mehr machen können, denn der Konjunktiv, die Möglichkeitsform, stirbt langsam aus, namentlich in der Umgangssprache Nord- und Mitteldeutschlands. Vor allem verschwindet der Konjunktiv in der indirekten (abhängigen) Rede. Immer wieder müssen wir hören: *Müller schreibt, er kann nicht kommen,* statt *er könne nicht kommen.*

Es gibt freilich eine Entschuldigung für diese falsche Wirklichkeitsform (Indikativ): die Umgangssprache ziehe die direkte (wörtliche) Rede vor; man müsse eigentlich die Zeichen so setzen: *Müller schreibt: er kann nicht kommen.* Aber mit solchen Entschuldigungen dürfen wir uns nicht abspeisen lassen, sonst geht uns eine wichtige Ausdrucksform verloren. Jeder Abschleifung der Wortbeugung müssen wir uns entgegenstemmen. In Süddeutschland ist ohnehin der Konjunktiv noch lebendig. Auf die Frage, wer hier der Wirt sei, antwortet der Bayer: *Der Wirt war i (war* ist bayrisch *wäre);* ähnlich: *an Durscht hätt' i scho.* Es ist der Konjunktiv der Höflichkeit. Er entspringt der Zurückhaltung, dank deren der Norddeutsche in Bayern auf eine Frage nie das bekommt, was er eine klare Antwort nennt.

Erste und zweite Vergangenheit

Über die verschiedenen Formen der Vergangenheit des Zeitworts hat Schopenhauer gewettert: «Die unwissenden Tintenkleckser haben aus der deutschen Sprache das Perfekt und Plusquamperfekt ganz verbannt, indem sie, beliebter Kürze halber, solche überall durch das Imperfekt ersetzen, so daß dieses das einzige Präteritum (Vergangenheit) der Sprache bleibt, auf Kosten nicht etwa bloß aller feineren Richtigkeit, nein, oft auf Kosten alles Menschenverstandes, indem barer Unsinn daraus wird. Daher ist unter allen Sprachverhunzungen diese die niederträchtigste, da sie die Logik und damit den Sinn der Rede angreift; sie ist eine linguistische Infamie.»

Die Schulregeln pflegen etwa zu sagen: die Erzählung erfordert die erste Vergangenheit (Imperfekt): *Mein Vater kränkelte damals schon und starb im Februar 1916.* Dagegen solle man Ereignisse, die als vollendete, geschlossene Tatsache berichtet werden, in die zweite Vergangenheit (Perfekt) setzen: *Wie geht es Ihrem Vater? Mein Vater ist vor einigen Wochen gestorben.* Es ist eine Vergangenheit, deren Ergebnis in die Gegenwart hineinreicht.

Aber leider haben wir Deutschen diese Unterscheidung nie streng durchgeführt. *Karl bekam gestern die Kündigung* empfindet man in Norddeutschland als völlig richtig, obwohl es nach Schopenhauer *hat bekommen* heißen müßte. *Gestern bin ich nach Rauden gegangen* ist als Beginn einer Erzählung angeblich falsch, aber die wenigsten fühlen diesen Fehler. In Wahrheit läuft die Grenze zwischen der ersten und zweiten Vergangenheit nicht an den Grenzscheiden der Logik, sondern längs des Mains. Die Süddeutschen, vor allem die Bayern, kennen kein Imperfekt, auch wenn sie hochdeutsch sprechen. In dem sehr süddeutschen Buch «Heimweh» von Wilhelm Dieß beginnt eine Erzählung:

«Unmittelbar am jenseitigen Rand des Friedhofs ist eine große Wirtschaft gestanden, mit eindrucksvollen und bedeutsamen Geräuschen. Wir haben schütterndes Rollen auf holperigem Steinpflaster gehört und haben gewußt, jetzt wird ein frisches Faß angesteckt, haben auf den dumpfen Krach gewartet, mit dem der Bierbanzen auf den Schragen gesetzt wird, und auf die klingenden Schläge, die den Zapfen ins Faß treiben.»

Lauter linguistische Infamien nach Schopenhauer, aber wir können nicht hoffen, ein Sprachgefühl heranzuzüchten, das fast niemand mehr hat. Das geschulte Ohr empfindet es freilich unbewußt als angenehm, wenn der Schreiber die erste und zweite Vergangenheit jedesmal dorthin setzt, wo sie hingehören, und wenn er einen Unterschied macht zwischen dem, was sich hier oder dort abspielte, und dem, was schließlich vollendet worden ist, zwischen Erzählung und Feststellung. Eine der schönsten Stellen unserer Prosa, der Schluß des «Werther», bringt eine solche Unterscheidung, aber vielleicht mehr aus Gründen des Wohlklangs als der Logik:

«Der Alte folgte der Leiche und die Söhne, Albert vermocht's nicht. Man fürchtete für Lottens Leben. Handwerker trugen ihn. Kein Geistlicher hat ihn begleitet.»

Aber wir können diese Unterscheidung unserer Sprache nicht mehr verbindlich aufzwingen; sie gehört zu den Vorrechten der Sprachmeister. Wenn ein Obsthändler an seinen Laden schreibt: *Erhielt frische Erdbeeren,* so wollen wir uns darüber freuen und ihm das falsche Imperfekt verzeihen.

Satzdreh nach und

«Eine große Zahl will große Herzen und fühl ich die Kraft in mir, eine Klippe sein zu können in dieser Völkerbrandung.»

Mit diesen Worten teilte Theodor Körner 1813 seinem Vater den Entschluß mit, als Freiwilliger einzutreten. Und mit der gleichen Stileigentümlichkeit schrieb Frau Rat Goethe:

«Meinetwegen mag es schneien oder hageln, ich habe zwei warme Stübchen und ist mir ganz behaglich.»

In beiden Fällen ist hinter *und* der Satzgegenstand (Subjekt) hinter die Satzaussage gestellt: die berüchtigte Inversion nach *und* oder der Satzdreh. Sprachpäpste wie Wustmann haben sie mit allen Höllenstrafen bedroht.

Hinter *und* das Zeitwort voranzuziehen ist ein uralter Brauch; er findet sich schon im Gotischen und Althochdeutschen; er steht gelegentlich bei Luther und Herder, bei Goethe und Schiller. Gottfried Keller schreibt in einem Brief: *Sie ist eine sehr hübsche Frau und machen diese Leute ein elegantes Haus.*

Diese Inversion hat sprachgeschichtliche Gründe: das Wort *und* war nicht immer ein bloßes Flickwort; es hatte häufig den Sinn von *und doch*. In solchen Fällen zog man das Zeitwort vor, wie wir es hinter dem Wörtchen *doch* auch heute noch tun: *ich beeilte mich sehr, und doch kam ich leider zu spät.* Den Sinn *und doch* spüren wir an Beispielen wie: «Von Waffen und Menschen dröhnt fürchterlich der Palast, und kommt kein Fiesko.» Selbst ein in der Wolle gefärbter Schulmeister wird Schiller diese Inversion nicht ankreiden: in dieser Wortstellung zittert das qualvolle Warten.

Aber heute ist das Wort *und* mehr und mehr verblaßt *und wird die Inversion* heute oft wahllos angewandt, wie schon die Beispiele Kellers und Körners zeigen. Am ungeschicktesten wirkt der Satzdreh, wenn beide Sätze das gleiche Subjekt haben und wenn ein bildungsbeflissener Abkäufer das Subjekt hinter *und* eigens wiederholt, nur um die Inversion anbringen zu können: *Wir senden Ihnen die gewünschten Muster und hoffen wir...* Keine ehrwürdige Ahnenreihe und keine verschollene Sprachlogik kann solche Sätze schmackhaft machen, *und empfinden wir* sie in der Tat als so unerträglich, daß man am besten tut, den Satzdreh nach *und* ein für allemal für falsch zu erklären. Gefährlich wird der Satzdreh, wenn er Mißverständnisse heraufbeschwört.

«Tüchtiger Kuhhirt gesucht, er muß verheiratet sein und muß die Frau mitmelken.»

«Kommt schon um 6 Uhr, dann können wir frühzeitig zu Tisch gehen und können Eure lieben Kinder gleich mitessen.»

Der Satz rührt nicht von einem Menschenfresser her, sondern von einem Kanzleibeamten.

Satzbruch

Bismarck 1866 im Landtag:

«Daß ich den Konflikt nicht fürchte, meine Herren, ich habe ihm ehrlich die Stirn gezeigt drei Jahre hindurch; aber ihn zu einer permanenten nationalen Institution zu machen, ist nicht meine Absicht.»
Der Satz ist offenbar durchgebrochen: er geht anders weiter, als er angefangen war. Man nennt dies Satzbruch oder Anakoluth. Die Umgangssprache ist voller Satzbrüche: *Wenn Sie schnell gehen und der Sechsuhrzug ist noch nicht weg, dann kommen Sie noch rechtzeitig ins Theater.* Es hätte heißen müssen... *und der Sechsuhrzug noch nicht weg ist.* Auch volkstümliche Schriftsteller wie Johann Peter Hebel brechen ruhig ihre Satzfügung entzwei, um den Satz lebendiger zu machen: «Und als sie das letzte Mal ihm einen Teller voll saftiger Pfirsiche oder süßer Trauben brachte, ‹Fräulein› sagte er, ‹jetzt muß ich fort und kann Euch nicht bezahlen...›»
Der Satzbruch war früher eine ständige Einrichtung unserer Sprache. So schreibt Martin Luther:

«Es sei denn, daß ihr euch umkehret und werdet wie die Kinder, so werdet ihr nicht ins Himmelreich kommen.»
Namentlich bei Bezugssätzen finden wir bei allen Klassikern immer wieder, daß ihr zweiter Teil plötzlich zu einem Hauptsatz umgebrochen wird. So schon Luther:

«Seht euch vor vor den falschen Propheten, die in Schafskleidern zu euch kommen, inwendig aber sind sie reißende Wölfe (statt *inwendig aber reißende Wölfe sind).*»
Der Satz hat durch die Umwandlung in einen Hauptsatz gewonnen, denn der zweite Teil erhält so das richtige Gewicht. Hier wirkt der Satzbruch wie ein bewußtes Stilmittel. Anders, wenn der zweite Teil sachlich nur gleichwertig ist oder wenn sich gar ein Mißverständnis ergeben kann:

«Der König ließ ihr den Becher reichen, aus dem sie nippte und mit vielen Danksagungen hinwegeilte.» (Novalis)
Einen Schriftsteller gibt es, der – namentlich im Alter – eine wahre Leidenschaft dafür hatte, Bezugssätze zu Hauptsätzen umzubrechen:

«Er trank Schwägerschaft mit allen Lohnkutschern, die er sich in den Wagen setzen ließ, und selbst vom Bocke fuhr, sie einmal umzuwerfen für einen großen Spaß hielt, die zerbrochenen Hofchaisen, sowie die zufälligen Beulen zu vergüten wußte, übrigens aber niemanden beleidigte sondern nur das Publikum zu verhöhnen schien.»
Dieser Satz ist von niemand anders als von Goethe. Und so wollen wir auch den Knaben milder beurteilen, der in einem Aufsatz schrieb: «Der Schwanz der Kuh, welcher lang und dünn ist und am Ende hat er ein Haarbüschel.»

Papierstil

Ein gutes Buch muß im besten Sinne des Wortes sich
hören lassen können.

Carl Gustav Jochmann

Was ist Papierstil?

Der Huber Schorsch trifft seinen Freund, den Lechner Max, und fragt
ihn, was er am Samstag gemacht habe. Max antwortet: «Gestern morgen erhob ich mich früher als sonst von meinem Lager. Nachdem ich
mich mit einem reichlichen Frühstück gestärkt hatte, machte ich mich
auf zu Inaugenscheinnahme...» Hier dreht sich der Huber Schorsch um
und geht. Mit Recht! Denn er braucht sich nicht in solchem Papierdeutsch anreden zu lassen.

Oder nehmen wir an, Sie sitzen friedlich mit einigen Bekannten im
Garten bei einer Erdbeerbowle. Das Gespräch kommt auf Sprichwörter.
Plötzlich sagt Herr Oberingenieur Ridmüller: «Jung gewohnt – alt getan. So spricht warnend und ermunternd zugleich die Stimme des deutschen Volkes in einem seiner zahlreichen Sprichwörter zu seinen Kindern. Dies soll nichts anderes heißen als: Wie sich jemand in seiner Jugend gewöhnt hat, so bleibt er im Alter. Hat er sich in seiner Jugend
Ordnungsliebe und Mäßigkeit zu eigen gemacht, so wird er gewiß sein
ganzes Leben hindurch sich ihrer nicht entwöhnen, ebenso wie es sehr
schwer fällt, daß jemand, welcher sich in seiner Jugend...»

Herr Ridmüller ist nicht geistesgestört; er ist nur ins Aufsatzdeutsch
geraten. (Seine Darlegungen sind nicht von mir erfunden; sie stammen
vielmehr aus einer Sammlung von Musteraufsätzen.) An den entsetzten
Blicken seiner Umgebung merkt er freilich, daß in dieser Art niemand
zu reden pflegt. Gesprochen nämlich wird diese Sprache nirgendwo auf
Erden: Das Papierdeutsch ist die toteste aller toten Sprachen. Aber geschrieben wird es fleißig von Gelehrten und Beamten, Zeitungsschrei-
bern und Dichtern. Ja, es gibt sogar Dramatiker, die ihre unseligen Geschöpfe zwingen, sich auf der Bühne dieser Sprache zu bedienen. In
Hauptmanns «Griseldis», die etwa im Jahre 700 spielt, sagt die Heldin:

«Einesteils erscheint mir, nach dem was geschehen ist, und nach dem,
was ich diese Nacht noch mit dem Grafen erlebt habe, der friedliche
Ausgleich fast ein Ding der Unmöglichkeit, andernteils aber bin ich
durch den überraschenden Umstand einigermaßen beherzter gemacht,
daß ich gegen einen nicht sehr erheblichen Widerstand die Rückkunft des
Kindes durchsetzen konnte.»

Die 18 Regeln des Papierstils

Papierdeutsch lernt man leicht; man muß nur die folgenden 18 Regeln beachten. Oder auf Papierdeutsch: man kann sagen, daß, sofern man sich hinsichtlich Beachtung der nächstfolgenden Anweisungen keinerlei Außerachtlassung zuschulden kommen läßt, die Inbenutzungnahme des Papierstils als eine unschwierige zu bezeichnen sein dürfte.

1. Benütze nie einfache Zeitwörter! Es heißt nicht *sein,* sondern *sich befinden;* nicht *haben,* sondern *über etwas verfügen;* nicht *können,* sondern *sich in der Lage sehen.* Schon Gott hat gerufen: *Adam, wo befindest du dich?* Jedermann weiß: *die Summe aller guten Dinge beziffert sich auf drei.* Und: *ein gutes Gewissen stellt sich als ein sanftes Ruhekissen dar.*

2. Ersetze die echten Zeitwörter durch Hauptwörter, die du mit einem saftlosen allgemeinen Zeitwort verbindest. Es ist ganz ungebildet zu sagen: *Meyer starb am 1. April.* Es muß heißen: *Der Tod Meyers erfolgte am 1. April.* Ich vermag nicht in eine mildere Beurteilung der erstgenannten Ausdrucksweise einzutreten.

3. Bilde fleißig neue Zeitwörter aus Hauptwörtern, zum Beispiel *bevorschussen, bevorzugen, beinhalten.* Aus solchen Zeitwörtern bilde dann wieder Hauptwörter: *Bevorschussung, Bevorzugung. Das Vorbringen des Angeklagten machte einen sehr schlechten Eindruck, denn seine Beinhaltung stand im Widerspruch zu seiner sonstigen Haltung.* An die Be-inhaltung muß sich der Leser eben gewöhnen.

4. Bringe möglichst viele Hauptwörter auf -ung, -heit, -keit in Anwendung. Der Stil gewinnt so eine prachtvolle Klangformung, erhält eine schöne Abgezogenheit und ist plumper Verständlichkeit nicht so ausgesetzt. *Der Fall ist verwickelt,* so ein Satz ist ein gemeines Umgangsdeutsch. *Der Fall liegt in hohem Maß verwickelt* ist etwas besser. Ganz richtig muß es aber heißen: *Die Lagerung des Falles ist eine hochgradig verwickelte.* Hätte Luther ein sorgfältigeres Deutsch geschrieben, so würde der Anfang der Bibel lauten:

Am Anfang erfolgte seitens Gottes sowohl die Erschaffung des Himmels als auch die der Erde. Die letztere war ihrerseits eine wüste und leere und ist es auf derselben finster gewesen, und über den Flüssigkeiten fand eine Schwebung der Geistigkeit Gottes statt.

5. Setze überhaupt statt kurzer konkreter Hauptwörter lange und abstrakte. Nicht *die Wege sind schlecht,* sondern die *Wegverhältnisse.* Es heißt auch nicht *zum Schlachten,* sondern *für Schlachtzwecke;* nicht *bei Gefahr,* sondern *in Gefahrsfällen.* Sage nicht *Einfluß,* sondern *Einflußnahme!* Die deutsche Sprache gestattet beliebige Zusammensetzungen, von der *Großvaterwerdung Bismarcks* und der *In-die-Luft-Sprengung des Hauses* bis zur *Großeheanbahnung* und der *Zeit ihres In-die-Jahre-Kommens.*

6. Auch die Verhältniswörter (Präpositionen) sind von unschöner

Kürze. Man muß sie daher verlängern. Nicht *nach Vorschrift*, sondern *nach Maßgabe der Vorschriften*; nicht *mit*, sondern *unter Zuhilfenahme*. Auch Wörter wie *seitens*, *behufs*, *anläßlich*, *vermittelst* haben einen etwas vornehmeren Umfang als solche Zwerggebilde wie *von*, *zu*, *bei* und *wegen*. Eile vermittelst Weile. Schon die einst berühmte Stilistik von Karl Ferdinand Becker lehrte: «In Beziehung auf die Schönheit des Stiles ist auf den gehörigen Gebrauch der Nebensätze zu achten.»

7. Vornehme Länge und wohl abgewogene Unentschiedenheit – die beiden Hauptkennzeichen eines guten Stils – lassen sich auch durch eine vernichtende Ausdrucksweise erzielen. Man sagt also nicht *Der Schaden ist groß*, sondern *Mit der Entstehung eines nicht unerheblichen Schadens dürfte zu rechnen sein*.

8. Bring in jedem Satz das Wort *derselbe* in Anwendung. Derselbe gewinnt dadurch logische Klarheit.

Auch ein häufiges *einerseits* – *andrerseits* gibt dem Satz ein vornehmes Gepräge. *Tue einerseits recht und scheue andrerseits niemand*.

9. Für eine ausreichende *bzw.* vollständige Klarheit ist das Wort *beziehungsweise* (respektive in Österreich *beziehentlich*) unentbehrlich. *Ich habe Barbara bzw. Andreas eine Puppe bzw. Autos mitgebracht*. Laß dir nie einreden, die Wörtchen *und* bzw. *oder* reichten als Ersatz aus und Sätze, die dann unklar blieben, wären schlecht gegliedert. *Ich habe Barbara eine Puppe und Andreas Autos mitgebracht* klingt wie gewöhnliche Menschenrede und ist daher ein schlechtes Deutsch.

10. Sorge dafür, daß die altüberlieferten, ehrwürdigen Kanzleiausdrücke nicht abgeschafft werden. Diesbezügliche Bemühungen bzw. Anstrengungen sind dortseits streng zu unterbinden. *In Beantwortung Ihrer geschätzten Anfrage vom ... teilen wir Ihnen mit wie folgt ...* Freilich will das geübt sein. Kein Meister fällt als solcher vom Himmel.

11. Der Papierstil ist ein kunstvoller, also setze vor derartige Beiwörter stets *ein*. Laß dir auch nicht einreden, man dürfe nur dann sagen *die Kirsche ist eine saure*, wenn sie zur Art der sauren Kirschen gehöre; der Zeichenlehrer müsse sagen: *diese Linie ist krumm* und nur der Mathematiker sage: *diese Linie ist eine krumme*. Das sind Schulfuchsereien. Schon Schiller hat gesagt: *Der Wahn ist ein kurzer, die Reue ist eine lange*.

12. Stelle möglichst kein Hauptwort nackt hin, sondern – wenn du kein Beiwort dazusetzen kannst – dann füge wenigstens ein Mittelwort (Partizip) hinzu: *die gemachten Erfahrungen, die getroffenen Feststellungen, die erhaltenen Bezüge, die gegebenen Daten, die durchgeführte Untersuchung*. Wenn man das Mittelwort wegläßt, bleibt der Sinn zwar der gleiche, aber der Satz verliert die abgerundete Schallform. Man soll den Tag nicht vor dem eingetretenen Abend loben.

13. Baue lange Sätze! Da bekommt der Leser Respekt. Möglichst je Seite ein Satz!

Falle deshalb nicht mit der Tür ins Haus, sondern schicke jedem Satz einen Vorreiter voraus: *Man darf sagen, es versteht sich von selbst, es bedarf keiner Erwähnung, es kann davon ausgegangen werden.* Oder: *Bevor ich beginne, möchte ich, ohne mich in Einzelheiten zu verlieren, nicht auf die Feststellung verzichten, daß*... Auf diese Weise kommt der eigentliche Inhalt schön in den Nebensatz, wo ihn der Leser nicht so schnell versteht. Das ist sehr wichtig; denn wenn der Leser dich schnell versteht, merkt er womöglich gar nicht, daß du viel klüger bist als er.

14. Wenn du etwas Gesprochenes wiedergibst, so setze es mit Hilfe des Wortes *daß* in die indirekte Rede. Sie ist weit feiner. *Und Gott sprach, daß es Licht werden sollte.*

15. Setze jeden Satz möglichst in die Leideform (Passiv). *Die Karten sind von dem Gemeindevorstand zu bestellen.* Freilich weiß man nicht recht, ob der Gemeindevorstand die Bestellungen erhalten oder erteilen soll; aber das schadet nichts. Auch kleine Härten kann man beim Passiv in Kauf nehmen: *Mit dem Stadtratbeschluß wurde sich einverstanden erklärt* oder *Die Schulbehörde kam diesem Antrag nach, obwohl auch meinerseits aus Gründen der Überbürdung sich dagegen erklärt worden war.*

16. Man sage nichts gerade heraus, sondern schwäche es ein wenig ab. *Wo ein Wille dazu da ist, dürfte auch ein Weg sein.*

17. Bezeichne alle Dinge recht ausführlich. Es ist oberflächlich zu sagen: *er zahlte drei Mark;* richtig ist *den Betrag von drei Mark.* Es heißt auch nicht: *auf zwei Jahre,* sondern *auf die Dauer von zwei Jahren.*

Man kann gar nicht ausführlich genug sein; das dumme Volk der Leser versteht es sonst nicht. Wieviel Unglück kann aus so unklaren Zwergsätzen entstehen wie: *Alle Mann an Deck.* Im guten Deutsch heißt es: *Die unter Deck befindlichen Fahrgäste einschließlich des Personals haben sich mit sofortiger Wirkung an Deck zu begeben.*

Schließe jedes Mißverständnis durch reichliche Wiederholungen aus: «Wenn ein Haus brennt, so muß man vor allen Dingen die rechte Wand des zur Linken stehenden Hauses, und hingegen die linke Wand des zur Rechten stehenden Hauses zu decken suchen, denn wenn man zum Exempel die linke Wand des zur Linken stehenden Hauses decken wollte, so liegt ja die rechte Wand des Hauses der linken Wand zur Rechten, und folglich, da das Feuer auch dieser Wand und der rechten Wand zur Rechten liegt (denn wir haben ja angenommen, daß das Haus dem Feuer zur Linken liegt), so liegt die rechte Wand dem Feuer näher als die linke, und die rechte Wand des Hauses könnte abbrennen, wenn sie nicht gedeckt würde, ehe das Feuer an die linke, die gedeckt wird, käme; folglich könnte etwas abbrennen, das man nicht deckt, und zwar eher, als etwas anderes abbrennen würde, auch wenn man es nicht deckte; folglich muß man dieses lassen und jenes decken. Um sich die Sache zu imprimieren, darf man nur merken: wenn das Haus dem Feuer zur Rechten liegt, so ist es die linke Wand, und liegt das Feuer zur Linken, so ist es die rechte Wand.» (Georg Chr. Lichtenberg)

18. Wenn du alle diese Kunstmittel geschickt verbindest, dann wirst du den Kanzleistil zum Wirklichen Geheimen Kanzleiratstil steigern und so schöne Sätze schreiben wie:

«Diejenigen Personen, welche die Absicht haben, die militärische Laufbahn einzuschlagen, haben ihrerseits die Verpflichtung, sich als solche unverzüglich in den Besitz eines Gewehres zu setzen. Letzteres muß von denselben unter Zuhilfenahme einer schwerwiegenden Kugel vermittelst Pulver zur Ladung gebracht werden.»

Wieviel klarer und unmißverständlicher ist dieser Satz als das banale: «Wer will unter die Soldaten ...»

Wesen und Entwicklung des Papierstils

Was ist das Wesen des Papierstils? Der Papierdeutsche glaubt, für seine Verordnungen, Untersuchungen oder Erzählungen sei die Redesprache nicht gut genug. Aber er versucht nicht etwa, sich klarer und zugespitzter auszudrücken, sondern er beschränkt sich darauf, jeden Satzteil durch breitspurige übergenaue Ausdrücke mechanisch zu verlängern. So bevorzugt er bei der Wortwahl lange, zusammengesetzte Wörter, bei der Wortbeugung die Leideform, bei der Wortfügung Gebilde mit umständlichen Verhältniswörtern (Präpositionen) und beim Satzbau die Bandwurm-, Schachtel- und Klemmkonstruktionen. Zugleich vermeidet er als echte Schreibernatur jeden entschiedenen Ausdruck, um stets den Kopf aus der Schlinge ziehen zu können. Die meisten Stilgebrechen, die wir in den letzten Kapiteln untersucht haben, finden wir hier versammelt, und einige andere kommen hinzu.

Das Papierdeutsch hat geschichtliche Ursachen. Das Mittelhochdeutsche war eine Sprache des gesprochenen Wortes, eine Sprache, die dem Ohr verständlich sein wollte. Sein Satzbau erscheint klar, wenn er gehört wird. Das Neuhochdeutsche stammt aus den böhmischen und sächsischen Kanzleien. Es wurde zunächst geschrieben, nicht gesprochen. Es verbreitete sich durch den schriftlichen Verkehr, der allmählich ins Ungeheure anwuchs. So bekam es eine Grammatik, die auf das Auge berechnet ist. Ihr erster großer Verkünder, Luther, war freilich ein Meister der lebendig gesprochenen Sprache – auch mit der Feder. An ihm war gar nichts Papierenes. Aber seine Wirkung verhallte, und nun rächte es sich, daß diese Sprache in Kanzleien groß wurde, durch Bücher sich verbreitete und der öffentlichen Rede ganz entbehrte.

Über den Buchcharakter des Deutschen klagte Justus Möser um 1770: «Die deutsche Sprache wird von einigen für sehr reich gehalten; mir aber kommt sie noch immer zu arm vor, weil sie wirklich an solchen

Ausdrücken Mangel hat, welche das tägliche Leben, den täglichen Umgang betreffen und zu unserem nächsten Bedürfnis gehören. Dieser Mangel rührt unstreitig daher, daß die deutsche Sprache in keiner deutschen Provinz gesprochen wird, sondern eine tote Büchersprache ist, worüber sich die Schreibenden vereinigt oder verglichen haben.

Verschiedene große Genies, welche diesen Mangel gefühlt, haben zwar seit einiger Zeit gesucht demselben abzuhelfen; aber kaum wagt ein Lessing das Wort Schnickschnack oder beschreibt uns stiere, starre Augen, so empören sich diejenigen, welche die Buchsprache allein gebraucht wissen wollen, gegen dergleichen Bemühungen . . .»

In der Sturm-und-Drang-Zeit der Literatur um 1780 überflutete der lebendige Strom des gelebten Lebens die wohlbehüteten Dämme des Papierdeutschs. Damals rief Herder, man lerne den Stil aus dem Sprechen und nicht Sprache aus künstlichem Stil. Wann ist eine schönere Prosa in Deutschland geschrieben worden als die des jungen Goethe?

Aber dieser Sieg des Lebens über das Papier war nicht von Dauer, nicht einmal bei Goethe selbst. Der eisige Stilpanzer, mit dem der Alternde das glühende, empfindliche Herz umgab, erstarrte mit den Jahren in seltsamen Formen.

Die Romantik brachte frischen Luftzug in das Haus der Sprache, aber er vermochte nicht, aus allen Räumen das papierene Unwesen hinwegzuwerfen. Wenn der Jungdeutsche Theodor Mundt in einem Buch über Prosakunst eine neue lebendige Sprache fordert, so geschieht das in einem qualvollen Papierstil:

«Die Resultate faktisch wissenschaftlicher Untersuchungen sind vorzugsweise nicht allein einer ausgearbeiteten und sich aus tiefer und allgemeiner Ansicht des Ganzen, der Natur von selbst hervorbildenden großartigen Prosa fähig, sondern eine solche befördert die wissenschaftliche Untersuchung selbst, indem sie den Geist entzündet, der allein in ihr zu großen Entdeckungen führen kann . . . Die Trennung der intellektuellen Anschauung und der populären Umgangssprache liegt bei keinem anderen Volke in einem so ungeheuren und beispiellosen Konflikt.»

Ursachen des Papierstils

Die Trennung, die in einem Konflikt liegt: so behandelte ein Mann die deutsche Sprache, der die Kunst der Prosa lehren wollte.

Gefördert wurde die Papiersprache durch die wachsende Sintflut der Zeitungen. Wer schnell schreiben muß und wirksam schreiben will, gerät leicht auf seine gewohnten Walzen, die von selbst abrollen, und in die ausgefahrenen Geleise des Papierstils.

Ein anderer fruchtbarer Acker der Papiersprache war der deutsche Schulaufsatz. Wenn man Kinder zwingt, Beobachtungen über Dinge zu schreiben, über die sie keine Gedanken haben können, so werden sie sich nie ihrer eigenen Sprache bedienen, sondern greifen zu einer künstlichen Lesebuchsprache, die ihnen feste, gefrorene Wendungen darbietet. Damit dieses hohle Gerede nach etwas aussieht, muß man es aufblasen: so wird aus dem Aufsatzdeutsch der Papierstil. Gut und lebendig schreibt nur, wer aus innerem Drang schreibt, aber welcher Primaner schreibt mit innerer Anteilnahme über Schuld und Sühne in Goethes «Iphigenie»?

Wollte man vollends die Kinder zu einem geistreichen Stil abrichten, so entstand ein Papierstil mit Brillanten: *Im Crescendo zum Busento. Gedanken eines Westgotenschimmels.*

Eine andere Quelle des Papierstils: der Deutsche, namentlich wenn er in die feste Rangordnung eines Beamtendaseins eingespannt war, entbehrte oft des natürlichen Selbstgefühls und gefiel sich dann in jener Unterwürfigkeit, die das amtliche Schriftwesen zwischen 1500 und 1800 scherzhaft entstellte. Selbst Tiberius und Nero waren von ihren Zeitgenossen mit Du angeredet worden. Die Deutschen erfanden in der Anrede die vierfache Abstufung des Er, Du, Ihr und Sie, oder sie ließen das Anredefürwort ganz verschwinden: *Der Wagen Eurer Durchlaucht ist vorgefahren, wenn Euer Durchlaucht so zu befehlen geruhen wollen.* Ja, die deutsche Sprache machte sogar nach dem Tode Unterschiede im Grad der Seligkeit: *Für die Seelenmesse der hochseligen Kaiserin begaben sich die Allerhöchsten Herrschaften in das Haus des Höchsten.*

Noch um 1750 war die Sprache eines Hochschulprofessors zu seinem Rektor:

«Seine Hochwürden und Magnifizenz werden sich vielleicht verwundern, wenn ich rauchendes Döchtlein mich erkühne, mit so geringer und schlechter Feder vor Dero Hocherlauchte Augen zu kommen.»

Wenn ein Pfarrer um 1786 schreibt: *Euer Königlichen Majestät Allerhöchste Sauen haben meine alleruntertänigsten Kartoffeln gefressen,* so sagt sein Urenkel: *Der Schirm von Herrn Geheimrat stehen in der Ecke.* Und ein süddeutscher Bürgermeister schrieb um 1900: *Die Herren Offiziershunde erhalten Futter im Goldenen Löwen.*

Passiv – Aktiv

Der Papierstil liebt die Leideform (Passiv); die Umgangssprache – ebenso wie die Poesie – kennt fast nur die Tatform (Aktiv). Sie ist kürzer, anschaulicher und kraftvoller. Die Leideform läßt den Täter nicht offen an die Rampe treten.

Der Papierdeutsche liebt die Leideform auch deshalb, weil sie unbestimmter ist. Wer oft Verträge formulieren muß, der weiß, wie schnell uns ein Passiv in die Feder gleitet, wenn wir irgendeinen Punkt nicht völlig klarstellen möchten. Im Deutschen ist das Passiv besonders umständlich, weil wir keine eigene Form mehr dafür haben und es deshalb mit *werden* umschreiben müssen. Hierdurch werden Passivsätze so ungelenk:

Passiv:

«Obwohl sich mein dienstliches Verhältnis zum Ministerium zusehends verschlechterte, wurde ich doch jedes Jahr verlängert und erhielt in dem Schreiben des Ministers von Ende Dezember 1927, in dem er anzeigte, daß er laut Gesetz gezwungen sei, mir mitzuteilen, daß ich Ende März 1928 von meinen amtlichen Verpflichtungen entbunden würde, den besonderen Dank des Herrn Ministers ausgesprochen.» (Otto Lubarsch)

«Es gehört zum eigensten Wesen der Sprache als Verkehrsmittel, daß der einzelne sich in steter Übereinstimmung mit seinen Verkehrsgenossen fühlt. Natürlich besteht kein bewußtes Streben danach, sondern die Forderung solcher Übereinstimmung bleibt als etwas Verständliches bewußt. Dieser Forderung kann auch nicht mit absoluter Exaktheit nachgekommen werden.» (Hermann Paul)

Aktiv:

Meine dienstlichen Beziehungen zum Minister verschlechterten sich ständig. Trotzdem verlängerte er alljährlich meinen Lehrauftrag. Erst Ende Dezember 1927 schrieb mir der Minister, laut Gesetz müsse er mir mitteilen, daß er mich Ende März 1928 von meinen amtlichen Verpflichtungen entbinden werde. Gleichzeitig sprach er mir aber seinen besonderen Dank aus.

Da die Sprache auch ein Verkehrsmittel ist, muß der einzelne mit seinen Verkehrsgenossen übereinstimmen. Er strebt das nicht bewußt an, sondern tut es gefühlsmäßig von selbst. Freilich kann er diese Forderung niemals ganz genau erfüllen.

Selbst Jakob Grimm schreibt: «Um meine Anstellung wurde sich nun gleich noch denselben Winter beworben.»

Notwendig ist die Leideform, wenn der Täter nicht genannt werden soll, weil er ganz unwichtig ist: *Das Museum wird um 3 Uhr geschlossen.*

Die Tatform betont die Handlung, die Leideform das Ergebnis. Allerdings können wir das Passiv auch benützen, um einen Urheber besonders hervorzuheben; wir müssen ihn dann an einen Punkt des Satzes stellen, der den Redeton hat: *Von Eurer Obrigkeit ward er gesendet.* Aber in den meisten Fällen genügt auch für solche Verstärkungen die Tatform: *Denn Eure Obrigkeit hat ihn gesendet,* oder auch *Denn Eure Obrigkeit ist's, die ihn sandte.*

Amtsdeutsch

Als Urheimat des Papierstils gilt das Amtsdeutsch. Wer von Amts wegen Anordnungen oder Urkunden abfaßt, ist verpflichtet, genau zu sein und vorgeschriebene Formen zu gebrauchen. So gerät er leicht in die breitspurige Übergenauigkeit des Papierstils. Der Krieg gegen das Kanzleideutsch ist uralt. Schon Friedrich II. hat dagegen gewettert, daß seine Beamten immer hundert Wörter verwendeten, wenn zwei Worte genügten. Aber auch der große König ist dieses Gegners nicht Herr geworden. Hundertfünfzig Jahre später war der Amtsstil noch ebenso weitschweifig und lebensfern: «Hiernach war die Begangenschaft des Diebstahls seitens des Angeklagten zu 1. von seiten des Gerichts als für festgestellt zu erachten!»

Wie wenig Richter würden sich entschließen einfach zu schreiben: *Somit hat Huber das Schwein gestohlen.*

Und wenn 1910 ein Zeuge aussagte: *Vater schrie den Emil an: Halt die Schnauze, sonst hau' ich dir eine rein,* so fälschte der protokollierende Referendar die Aussage in die Worte um: *Der Zeuge sagte aus, daß der Beklagte zu dem Kläger geäußert hätte: Halte deinen Mund, sonst gebe ich dir eine in denselben.* Vollends Behörden untereinander:

«Im Verfolg der wegen des Zeitpunktes der Feierlichkeit mit dem Herrn X. und dem Herrn Y. gehabten Rücksprache bitte ich die Eröffnungsfeier mit Rücksicht auf die unfreundliche Witterung der Jetztzeit in den Monat Mai zu verlegen und mich bis zum 15. April mit den Vorschlägen über die Einzelheiten der Durchführung zu befristen.» (Übersetzung in gutes Deutsch am Schluß des Buches.)

Das Bürgerliche Gesetzbuch ist in einem gepflegten Kanzleistil geschrieben, der die lächerlichen Schnörkel abstreift, aber nie bis zur lebendigen Menschenrede durchdringt. In jedem achten seiner 2385 Paragraphen *erfolgt* etwas. Ich stelle einige Sätze des BGB über das Verlöbnis den entsprechenden Bestimmungen des Schweizer Zivilgesetzbuches gegenüber:

BGB § 1301:

«Unterbleibt die Eheschließung, so kann jeder Verlobte von dem anderen die Herausgabe desjenigen, was er ihm geschenkt oder zum Zeichen des Verlöbnisses gegeben hat, nach den Vorschriften über die Herausgabe einer ungerechtfertigten Bereicherung fordern. Im Zweifel ist anzunehmen,

Schweizer Zivilgesetzbuch § 94:

«Geschenke, die Verlobte einander gemacht haben, können bei Aufhebung des Verlöbnisses zurückgefordert werden.

Sind die Geschenke nicht mehr vorhanden, so erfolgt die Auseinandersetzung nach den Vorschriften über die ungerechtfertigte Bereicherung.

| daß die Rückforderung ausgeschlossen sein soll, wenn das Verlöbnis durch den Tod eines der Verlobten aufgelöst wird.» | Wird das Verlöbnis durch den Tod eines Verlobten aufgelöst, so ist jede Rückforderung ausgeschlossen.» |

Im Jahre 1914 gestand ein Minister im Reichstag: als man das neue Luftverkehrsgesetz dem Deutschen Sprachverein zur Durchsicht geschickt hätte, sei es vom Sprachverein mit so viel roten Strichen zurückgeschickt worden, daß er an die schlimme Zeit seiner Schuljahre erinnert worden sei.

Papierstil und allgemeines Schreiben

Aber das Papierdeutsch wohnt nicht nur in der Amtsstube, es droht auch das allgemeine Schreiben zu verholzen. Freilich erscheint es in den folgenden Beispielen nicht in Glanz und Gloria verschnörkelter Kanzleiwendungen, aber der Ausdruck ist so kropfartig ausgeweitet, das Urteil so ängstlich abgeschwächt, die Leideform so beschämend bevorzugt, die Handlung so kümmerlich in Hauptwörter gezwängt, daß die Darstellung zum trockensten Papierstil herabsinkt. Selbst große Gelehrte haben gelegentlich in diesem Stil geschrieben.

Original:

«Mag man in diesem Augenblick solchen Forderungen noch kühl gegenüberstehen; aber ich denke, niemand, der sich die gesamte Geschichte der Menschheit vergegenwärtigt, wird sich verhehlen können, daß, wenn es einmal gelingen wird, nicht bloß die Formel zu finden, sondern auch die Bahn zu ebnen, in deren Verfolgung ein solcher Normalarbeitstag mit Ersparung an Zeit und mit zweckmäßiger Verwendung der ersparten Zeit allgemein vereinbart werden wird, damit der Nation und der Menschheit so große Kräfte zu neuen Zwecken zur Verfügung gestellt werden würden, daß damit Ungeahntes geleistet werden kann.» (Rudolf v. Virchow)

Übersetzung in die Redesprache:

Mag man auch heute noch solchen Forderungen kühl gegenüberstehen: Wer auf die Geschichte der Menschheit zurückblickt, der weiß: eines Tages werden wir die Arbeitszeit herabsetzen, einen Normalarbeitstag vereinbaren und diese ersparte Zeit zweckmäßig verwenden. Wir werden damit Ungeahntes leisten und dem Staate und der Menschheit gewaltige Kräfte zur Verfügung stellen.

Noch unnatürlicher wirkt der Papierstil im Schauspiel und Roman, so in vielen Dramen Frank Wedekinds:

«Ich bin ein schlichtes menschliches Geschöpf wie alle anderen. Ich weiß nicht, ob ich Ihr Lob mit Entsetzen anhören soll, oder ob ich es mit Entzücken anhören darf? Sie sind so unberechenbar, daß mir der Laut auf den Lippen erstirbt, den Ihnen jedes andere Weib in diesem Augenblick Mund auf Mund zuflüstern würde! Aber haben Sie jetzt nicht erkannt, daß sich die Fesseln, in die wir Menschenkinder geschmiedet sind, nicht zerreißen lassen, ohne daß wir uns der entsetzlichsten Hilflosigkeit preisgeben?»

Dieser Dämon, dessen Sinnlichkeit in papierenen Wogen brandete, war ein Milchtiger.

Kampf gegen den Papierstil

Der Papierstil schädigt das Denken – wie alle Stilkrankheiten. Wer die Natur der Dinge in einem schwerfälligen Umstandsstil verhüllt und verfälscht, wer Taten nicht als Taten ausdrückt, wer in verwickelten Perioden jeden Schwung der Leidenschaft auffängt, der sieht, urteilt und handelt auch anders als natürliche, schwungvolle Menschen. Wenn ein Zeitungsschreiber eine Bestrafung der Vogelfänger mit dem Satz fordert: *Es ist zu beklagen, daß von berufener Seite nicht Maßregeln ergriffen werden, womit diesem Entvölkerungssystem unserer Wälder entsprechende Schranken gesetzt werden,* so wissen wir: wer in dieser verzweifelten Papiersprache von der Welt redet, der wird sie weder verstehen noch verändern.

Der Papierstil würde schneller verschwinden, wenn fünf der großen Sprachbildner unserer Zeit ihm den Abschied geben würden: Schule, Zeitung, Rundfunk, Fernsehen und Behörde. Der Kampf wäre leicht, denn der Papierstil ist so künstlich, so kraftlos und so tot wie alles Papierene. Den ersten Hieb muß die Schule führen. Man lasse die Kinder Aufsätze schreiben im schönsten Redeton: Gespräche, Briefe, Erzählungen. Erzieherisch wirkt es, wenn die Kinder die Aufsätze nicht schreiben, sondern vor der Klasse erzählen müssen. Der mündliche Aufsatz ist die sicherste Vorbeugung gegen künftige Papierdeutsche.

Was kann der einzelne tun, der sich zu lebendigem Ausdruck erziehen will?

Es gibt einen einfachen Ratschlag: Sooft du schreibst, stelle dir vor, du redest, und zwar nicht zu einer unbekannten Menge, sondern zu einem bestimmten guten Freund. Denn nur dann wirst du lebendig schreiben. Goethe berichtet einmal einer Freundin:

«Wenn ich im Zimmer auf und ab gehe, mich mit entfernten Freunden laut unterhalten kann und eine vertraute Feder meine Worte auffängt, so kann etwas in die Ferne gelangen.»

Freilich muß man zu dieser Empfehlung einschränkend hinzufügen: die Umgangssprache des Alltags ist zur Schriftsprache nicht ohne weiteres geeignet. Bei dem Ratschlag: ‹Schreibe, wie du sprichst› muß man sich ansehen, wem man dies rät. Aber von diesem Problem wird das Kapitel «Leben» handeln.

Kurze Zusammenfassung

Das Neuhochdeutsche war in seiner Jugend eine geschriebene, keine gesprochene Sprache. Aufgewachsen in Kanzleien, genährt von Büchern, erzogen im verschnörkelten Amtsstil eines oft pedantischen, überhöflichen Volkes ist es lange Zeit hindurch dem frischen Wind des Lebens nicht ausgesetzt gewesen. Aus dieser Vergangenheit rührt die Neigung vieler Deutscher, sich umständlich auszudrücken, die entschiedenen Worte zu vermeiden, überlieferte Kanzleiformeln heilig zu halten und vor allem den Unterschied zur Umgangssprache in der mechanischen Verlängerung jeder Wendung zu suchen. Lebensfremder Schulunterricht hat das Übel oft verschlimmert.

Kennzeichnend für den Papierstil ist auch die Vorliebe für das Passiv (Leideform), weil es umständlicher und unbestimmter ist und der ängstlichen Natur der Papierdeutschen entspricht. Wer schreibt, muß sich vorstellen, er rede zu einem guten Freunde; dann schreibt er von selbst einen lebendigen Stil.

Stilgecken und Stilgaukler

> Man macht sich durch Eigenschaften, die man hat, nie so lächerlich wie durch die, welche man haben möchte.
>
> *La Rochefoucauld*

Im vierten Akt von Gustav Freytags «Die Journalisten» sagt der Zeitungsschreiber Schmock:
«Mein Redakteur ist ein ungerechter Mensch. Er streicht zu viel und bezahlt zu wenig. Achten Sie vor allem auf Ihren Stil, sagt er, guter Stil ist die Hauptsache. Sie müssen schreiben genial, brillant müssen Sie sein, Schmock, es ist jetzt Mode, daß alles angenehm sein soll für die Leser. Was soll ich tun? Ich schreibe genial, ich setze viele Brillanten hinein in den Artikel; und wenn ich ihn bringe, nimmt er den Rotstift und streicht alles Gewöhnliche und läßt mir nur die Brillanten stehen. Wie kann ich

bestehen bei solcher Behandlung? Wie kann ich ihm schreiben lauter Brillantes die Zeile für fünf Pfennige?» Schmock hat viele Nachfolger gefunden; auch außerhalb der Welt der Zeitung. Sie möchten einen Kuchen backen, der nur aus Rosinen besteht, ein Gewand herstellen, das ganz mit Brillanten übersät ist. Aber echte Brillanten sind selten; so muß man denn falsche Edelsteine zu Hilfe nehmen, von den synthetischen, die fast wie echt aussehen, bis zu dem groben Straß- und Glitzerkram, den jeder als handgreiflichen Schwindel erkennt. Alle Stilgecken bedienen sich bestimmter, immer wiederkehrender Kunstgriffe.

Umschreibung

Der Anfang des Stilschwindels ist die unnötige Umschreibung. Unnötig ist eine Umschreibung, wenn sie die Darstellung weder klarer, noch treffender, noch anschaulicher macht; wenn sie der Autor nur gewählt hat, um sich anders auszudrücken als die anderen; sie dient dann nicht der Sache, sondern der Eitelkeit des Verfassers. Die primitivste Klasse der Schmocks nennt die Soldaten nicht Soldaten, sondern *Söhne des Mars*, die Köchinnen nicht Köchinnen, sondern *Küchenfeen*.

Ein Sonderfall solcher Umschreibungen ist die erkünstelte Personifikation:

«Heine versetzt sich in die Individualität der See: er belauscht die nervöse Organisation, die sich an jeder kleinen Klippe bis tief hinein in den Horizont blutig stößt, die bei jedem leisen Ändern des Himmels ihr Gesicht ändert, die unter einer scheinbaren Unveränderlichkeit Sturm und Ebb' und Flut und manche Perle birgt.» (R. M. Meyer)

Oder noch drastischer in einer Konzertkritik:

«Eine prachtvolle Höhe hohnlachte der aufhorchenden Furcht, elementare Wucht schleuderte die vier hohen fis auf ‹mein einzig Kind› in die entferntesten Ecken des Hauses, eine nachtdunkle, samtweiche Tiefe klagte das ‹Noch bebt vor Schrecken mir das Herz› wie fern verhallendes Donnerrollen und ein sonnig mildes b in der Mittellage sang den Gesang des letzten Aktes von der Heimat mit ergreifender Schönheit!»

Abstraktion

Die Stilgaukler der höheren Grade haben feinere Mittel; sie leben von der uralten Erfahrung: je abstrakter man schreibt, desto geistreicher kann man sich ausdrücken. Bei einem gewissen Grad der geistigen Verdünnung verliert der Leser jede Kontrolle über den Sinn.

Steilster Gipfel dieser dynamischen Entwicklung ist die Synthese der immanenten Magie der Sprache, die ideenmäßig eine Zentrierung der Bewußtseinslage auf eine höhere Ebene erfordert, mit einer vegetativ-emotionalen Überwindung des diskursiv-analytischen Denkens, womit für den, der rein menschlich von dem Wissen um die funktionsreiche Totalität des Ichs herkommt, eine stilistische Akzentverlagerung durch vitale Ganzheitserfassungen verbunden ist: in diesem Stil kann man mühelos dicke Bücher schreiben. Wer in den luftleeren Raum ganz abstrakter Vokabeln hinaufsteigt, der kann kunstvolle Essays damit anfüllen, völlig substanzlose Sätze – wie *Die wahre Liebe ist die wahre Liebe* – hundertmal zu variieren. Er braucht nur den dämonischen Gestaltwandel der Liebe abzuheben von dem gleisnerischen Surrogat der Sexualität, er muß das Sinnhafte der Hingabe gegenüberstellen dem Akzentlosen des Geschlechtswesens, das Dynamische des Erotischen der plastischen Begrenztheit des Amourösen, das Magische der Liebe dem Dialektischen der Sinnlichkeit und muß so die Bewußtseinslage des im Sinne der Liebe tiefer zentrierten Menschen mit der geschlechtlich unzureichenden Daseinsebene banaler Naturen kontrastieren. Kein Leser traut sich dann zu sagen, daß er eigentlich nicht klüger ist als zuvor. Das Wort stirbt als Ornament.

«Gott ist die Verdichtung der Erscheinungen zum Koinzidenzpunkt: mit diesem Begriff Gott können wir praktisch nicht operieren, wohl aber mit der Substanz, der die Sehnsucht nach dem Koinzidenzpunkt einwohnt. Nennt man auch dieses Substrat Gottes Gott, so ist Gott alles, was Immanenz besitzt und weiterhin alle Auswirkungen der Immanenz, also alle Vorgänge in der Substanz: Gott ist ein Spannungsphänomen und ein Verdichtungsphänomen, geradezu ein Halbfabrikat.»

Umschreibung und Abstraktion verschaffen dem Stilgaukler die Lebensluft, deren er bedarf: die Dunkelheit. Wenn man klar schreibt, gewinnt der Leser ein Urteil über die Gedanken des Autors, und das ist sehr gefährlich.

Eine ‹geschliffene Dunkelheit› ist leicht zu erzeugen: man teilt den Gedanken nur halb mit, vermengt ihn mit anderen Gedanken, und wenn der Leser wirklich die Sache zu verstehen droht, so bringt man *im dialektischen Gestaltwandel* eine entgegengesetzte Behauptung vor und zieht ihm das Parkett unter den Füßen weg.

Begriffsumsiedlung

Ein anderes Kunstmittel der Stilgaukler ist das Würfelspiel der Worte. Wenn man Begriffe aus ihrem heimischen Bereich in ein völlig fremdes Gebiet umsiedelt, erzielt man brillante Wirkungen. Ein philosophisches Buch nennt man *Eine Chemie Gottes* oder den heiligen Franziskus einen *Sportsmann der Heiligkeit*: dann hat der Leser etwas zu kauen.

Brillant wirkt auch die symbolische Auswalzung von Begriffen. Gut geschliffene Brillanten dieser Art stehen in dem einst hochberühmten Buch Langbehns «Rembrandt als Erzieher».

«Auf die mittelalterliche Hegemonie der Schwaben: der Sueven, der Schweifenden ist die neuzeitliche Hegemonie der Sachsen: der Sassen, der Seßhaften in der deutschen Politik gefolgt; auf eine Zeit der Ausstrahlung des nationalen Lebens wie Volksmaterials folgt eine solche der Einstrahlung desselben; und in dem deutschen Geistesleben vollzieht sich natürlicherweise derselbe Wechsel. Die Masse der Gebildeten hat ihre Ideale und diese ändern sich mit den Zeiten. Hat die tausendjährige Vorherrschaft Oberdeutschlands in der deutschen Kultur in dem erhebenden Bilde des von Goethe verherrlichten Oberdeutschen Faust ihren Abschluß gefunden, so kann die voraussichtlich jetzt beginnende Vorherrschaft Niederdeutschlands in der deutschen Bildung von dem ergreifenden Bilde des von Shakespeare geschilderten Niederdeutschen Hamlet ihren Ausgang nehmen. Auf den forschbegierigen und etwas materiell angehauchten Professor folgt der kunstliebende und etwas philosophisch angehauchte Prinz; Faust hat etwas vom geistigen Strebertum, Hamlet etwas vom geistigen Adel an sich; jenen zieht es in die Höhen, diesen in die Tiefen der Welt.»

Seinen Gegenstand in einen kosmischen Zusammenhang einzuordnen, überraschende Beziehungen aufzuzeigen: das alles gehört zum Handwerkszeug des Stilgauklers. Um tiefe Wahrheiten zu entdecken, braucht man nur zwei – möglichst voneinander entfernte – Begriffspaare zu nehmen und aus ihnen eine Gleichung zu bilden. Also *Das Schicksal verhält sich zur Kausalität wie die Zeit zum Raum* oder *Shakespeare verhält sich zu Goethe wie die Tiefe zur Höhe oder wie die Ethik zur Logik oder wie Jupiter zu Wotan.* Ob die Gleichung einen verständlichen Sinn ergibt, ist belanglos; ihn zu finden, ist Sache des Lesers.

«Das Innere der Peterskirche in Rom gleicht der Mittagssonne und das der Markuskirche in Venedig der Mitternachtssonne.» (Langbehn)

Bildungsaufwand

Um brillant zu schreiben, muß man ständig seine Bildung unter Beweis stellen. Den Gebildeten erkennt man an ausgefallenen Zitaten und gelehrten Anspielungen:

«Der Erotiker kann kaum ein guter und zuverlässiger Lebensgemeinschaftler sein. Und hat er die Erkenntnis seiner Art, ist er zudem noch ein Wissender um die Unsicherheit aller Lebensbeziehungen – Schnitzler hat dies oft geschildert – und kennt er das Gesetz der Umwandlung, das Ibsen in ganzer Schonungslosigkeit aufgestellt hat, dann handelt er wohl ethischer, wenn er nicht heiratet und das Gebot Schleiermachers, des

Predigers an der Dreifaltigkeitskirche, erfüllt: ‹Du sollst keine Ehe
schließen, die gebrochen werden müßte.› Er wird dann in der Erregung
der Liebe leben, bis seine Stunde schlägt, le quart d'heure des Rabelais;
und wenn seine menschliche Qualität gut, so hat er nach dem Tanz genügend Reserven der Betrachtsamkeit in sich gespeichert, daß er das Alter
trägt ohne horror vacui.» (Poppenberg)

Zwar beleuchtet keines dieser Zitate die Sache selbst, aber sie beweisen
eine profunde Bildung.

Noch geistreicher sind entlegene Zitate aus dem chinesischen I-King
oder dem Totenbuch der alten Ägypter. Selbsterfundene Zitate muß man
an schwer kontrollierbare Stellen verlegen, in die Upanishaden oder die
älteren Kirchenväter. Dort schlägt niemand nach.

Stilkunst und Stilkünstelei

Gekünstelte, affektierte Menschen – sie können noch so gescheit, so
wohlwollend, so anmutig sein – begegnen überall zu ihrem eigenen Erstaunen einem tiefwurzelnden Widerwillen. Wer eine Eigenschaft affektiert, gibt zu, sie nicht zu besitzen. Fähigkeiten, deren wir sicher sind,
pflegen wir nicht herauszustellen. Jedermann empfindet an einem unna-
türlichen Menschen instinktiv die Leere, die verdeckt, die vorgebundene
Maske, mit der betrogen werden soll. Nur das Natürliche hat eine sieg-
hafte Gewalt über die Herzen.

Nicht anders in der Sprache. Sobald wir einen Stil als gekünstelt, un-
natürlich, gewollt empfinden, sammelt sich in uns der Widerwille, den
jeder Versuch einer Täuschung hervorruft. Wenn ein Autor den natürlichen Ausdruck verschmäht und einen künstlichen aussinnt, nur um vom
Herkömmlichen abzuweichen; wenn er banale Gedanken mit dunklen
Wendungen verhüllt, um sie origineller erscheinen zu lassen; wenn er
sich gespreizt ausdrückt, um Eindruck zu machen; wenn er seine Reden
mit Brillanten aufputzt, die keiner sachlichen Prüfung standhalten;
kurzum, wenn er sich eine Maske vorbinden will, so ist er verloren,
denn er hat sein wichtigstes Kapital eingebüßt: das Vertrauen des Lesers.
Den Unbeholfenen können wir ertragen, den Papierenen belehren, dem
Unsicheren verzeihen, aber der Windbeutel, der Taschenspieler, der auf-
gedonnerte Scharlatan ist unserer heiteren Verachtung gewiß.

Alle Formen des Stilschwindels beruhen auf dem Aberglauben, man
müsse sich tätowieren, um schön zu sein. Aber sie sind alle mit dem Flu-
che der Unechtheit geschlagen; nichts erbittert selbst gutartige und an-
spruchslose Leser so sehr wie die Empfindung, der Autor hätte auch
ganz anders schreiben können; er hat den schwierigen Ausdruck nicht
gewählt, weil er ihn treffender, genauer, mitreißender, sondern weil er
ihn ausgefallener, verblüffender, geistreicher fand. Noch ehe unser Kopf

die einzelnen Symptome des Stilgecken ermitteln konnte, hat unser Herz gegen ihn entschieden. Gewiß ist es nicht immer möglich, durch klare Definitionen zu unterscheiden zwischen künstlicher Mache und gewachsener Eigenart; aber unser Gefühl sagt uns meist deutlich, ob eine ungewöhnliche Form der Sorge um den treffendsten Ausdruck entsprang oder der Eitelkeit des Autors, ob sie gewachsener Stil ist oder gewollte Manier. Wir besitzen auch ein Scheidewasser, das Echte vom Unechten zu trennen: alles Manierierte kann man nachahmen, wiederholen, parodieren; alles Natürliche ist unnachahmlich.

Jeder angehende Schriftsteller sollte die Sätze auswendig lernen, in denen Schopenhauer das Todesurteil über die Stilschwindler verkündet und begründet hat:

«Um über den Wert der Geistesprodukte eines Schriftstellers eine vorläufige Schätzung anzustellen, ist es nicht gerade notwendig zu wissen, *worüber* oder *was* er gedacht habe; sondern zunächst ist es hinreichend, zu wissen, *wie* er gedacht habe. Von diesem *Wie* des Denkens nun ... ist ein genauer Abdruck sein *Stil*.

Im stillen Bewußtsein dieses Bewandtnisses der Sache, sucht jeder Mediokre seinen, ihm eigenen und natürlichen Stil zu maskieren. ... Jene Alltagsköpfe nämlich können schlechterdings sich nicht entschließen, zu schreiben, wie sie denken; weil ihnen ahndet, daß alsdann das Ding ein gar einfältiges Ansehn erhalten könnte. Es wäre aber immer doch etwas. Wenn sie also nur ehrlich zu Werke gehn und das Wenige und Gewöhnliche, was sie wirklich gedacht haben, einfach mitteilen wollten, so würden sie lesbar und sogar, in der ihnen angemessenen Sphäre, belehrend sein. Allein, statt dessen, streben sie nach dem Schein, viel mehr und tiefer gedacht zu haben, als der Fall ist. Sie bringen demnach, was sie zu sagen haben, in gezwungenen, schwierigen Wendungen, neu geschaffenen Wörtern und weitläuftigen, um den Gedanken herumgehenden und ihn verhüllenden Perioden vor. Sie schwanken zwischen dem Bestreben, denselben mitzuteilen, und dem, ihn zu verstekken. ...

Allen solchen Anstrengungen liegt nichts anderes zum Grunde, als das unermüdliche, stets auf neuen Wegen sich versuchende Bestreben, Worte für Gedanken zu verkaufen, und, mittelst neuer oder in neuem Sinne gebrauchter Ausdrücke, Wendungen und Zusammensetzungen jeder Art, den Schein des Geistes hervorzubringen, um den so schmerzlich gefühlten Mangel desselben zu ersetzen. ...

Den deutschen Schriftstellern würde durchgängig die Einsicht zustatten kommen, daß man zwar, wo möglich, denken soll wie ein großer Geist, hingegen dieselbe Sprache reden wie jeder andere. Man brauche gewöhnliche Worte und sage ungewöhnliche Dinge; aber sie machen es umgekehrt.»

Jene anderen, die Stilgaukler und Stilgecken, wollen immer mehr sagen, als sie wissen; dies schwierige Problem lösen sie, indem sie sich einer künstlichen Sprache bedienen.

Aus der Geschichte der Stilkünstelei

Schriftsteller, die den künstlichen Ausdruck dem natürlichen vorzogen, hat es zu allen Zeiten gegeben. Schon die Griechen hatten seit der Zeit der Sophisten und noch mehr in der Zeit des Hellenismus eine Vorliebe für eine gewisse Schwierigkeit des Ausdrucks. Ein Redner, der alles geradeheraus sagte, gefiel ihnen weniger als einer, der sie etwas erraten ließ und ihnen dadurch das Vergnügen machte, daß sie sich selbst gescheit vorkamen. Bei den Römern ist Seneca der erste Schriftsteller mit handgreiflich künstlichem Stil; jedes Wort ist berechnet, jeder Gedanke hin und her gewendet, bis er in eine knappe Antithese, eine überspitzte Pointe hineinpaßt. Man ermüdet beim Lesen, weil der Schriftsteller das Licht seines Scharfsinnes nicht in ruhiger Flamme brennen läßt, sondern es alle Augenblicke zu plötzlichem Aufflackern zwingt. Viele Rhetorenschulen haben diesen überspitzten, überschmückten Stil in zahlreichen Abwandlungen nachgemacht.

Aber schon damals regte sich der Widerstand. Vor fünfzehnhundert Jahren schrieb Quintilian:

«Die Beredsamkeit muß man mit höherem Sinn anfassen. Ist sie im ganzen Körper stark und gesund, so wird sie das Glätten der Nägel und das Zurechtlegen der Haare nicht für Gegenstände ihrer Sorge erachten können. ... Was Mühe verrät oder sogar den Schein des Gemachten und Erkünstelten haben will, kann kein Wohlgefallen erwecken und verliert allen Glauben. Affektiertheit des Ausdrucks ist in jeder Redegattung übel angebracht.»

Der Pointenstil ist ein Stil alternder Kulturen. Im Abendland blühte er im Hochbarock des 17. Jahrhunderts in allen Ländern. Man vermied die üblichen Ausdrücke, man schwelgte in übersteigerten Bildern, die in ermüdender Langeweile immer wiederkehren; die Darstellung wurde immer wortreicher, die Sätze immer länger, der Gedankengang immer gewundener. Es hieß nicht mehr *Eis,* sondern *diamantener Schild des Stromes, der alle Pfeile der Sonne verhöhnt;* nicht mehr *Schlittschuh,* sondern *Schuh aus Stahl, in die der Mann der freundlichen Venus die Blitze der Geschwindigkeit barg.* Selbst Briefe wurden in diesem Stil geschrieben. Von Spanien und Italien nahm der culto estilo seinen Ausgang. In Deutschland wurde er zu dem schwülstigen Alamodestil, dem wir in den Abschnitten über verfehlte Bilder und über lächerliche Fremdwörter noch begegnen werden. In Frankreich entstand jene preziöse Ausdrucksweise, die wir aus

Molières Lustspiel kennen. Statt *Nehmen Sie Platz* sagte man: *Contentez l'envie de ce fauteuil de vous embrasser. (Befriedigen Sie die Lust dieses Sessels, Sie zu umarmen.*)

Dieser Umstandsstil hat noch lange nachgewirkt; Matthias Claudius spottete über den Unterschied zwischen seiner Sprache und der Klopstocks:

«Klopstock sagt: ‹Du, der du weniger bist und dennoch mir gleich, nahe dich mir und befreie mich, dich beugend zum Grunde unserer Allmutter Erde, von der Last des staubbedeckten Kalbfells.› Ich sage dafür nur: ‹Johann, zieh mir die Stiefel aus.›»

Im 19. Jahrhundert waren die geistreichelnden Stilgeckereien der Jungdeutschen harmlos und leicht zu durchschauen:

«In dem Salon des Rates hatten die vielen Kerzen auf den Tischen einen Bund eingegangen mit den drei Kronleuchtern, ein Lüster in dem Saale zu verbreiten, auf welches der Tag gegründete Ursache hätte haben können, ein wenig Jalousie zu empfinden.»

Gefährlicher, weil geschickter, waren die Stilgaukler von 1900. In einem großen Teil des Feuilletons jener Jahre ersetzte der Stil den Inhalt. Irgendein belangloses Ereignis wurde durch ein Feuerwerk von Pointen zu ‹kosmischer Bedeutung› aufgeblasen. Man fand, daß sich alles durch geeignete Stilmätzchen ‹auf Vertiefung deichseln lasse›. Mit einer allen gemeinsamen persönlichen Note häuften sie ihre Wortspiele, Paradoxe und Pointen, und wenn ein Prozeßbericht ein Animierlokal beschreiben sollte, begann er mit den geistreichen Wendungen:

«Zigeunermusik umwogt wimmernd das Ohr beseligter Pferdehändler und ermannt sich sofort zu mutiger Melodie, wenn die vom k. u. k. Ulanenregiment das Lokal betreten. An den Tischen sitzen Larven, die genug fühlende Brust haben, um dem heimischen Geschmack zu gefallen, der immer etwas zum Anhalten braucht, weil ihm die Phantasie ihre Hilfe versagt hat. Das sind die Büfettdamen. Die sich in ihrer Seite des Lebens freuen, das sind die Wurzen. Eros ist Vertreter einer Sektfirma und dank einer aufmerksamen Bedienung sind die Flaschen rascher gewechselt als geleert. Ein Zug von Bürgersöhnen versammelt sich zu jener philiströsen Geselligkeit, die die Staatsanwälte für ein Lotterleben halten, und ein Bankkommis erklärt sich durch Zerschmettern eines Trinkglases mit der Aristokratie solidarisch.»

Es ist eine Art Pralinéstil, der hier unserer Sprache aufgezwungen werden soll, aber niemand vermag von Pralinés zu leben. Schon ein Übermaß echter Juwelen wirkt widerwärtig, ein Schaugepräge von Straßbrillanten ist unerträglich.

Das entscheidende Wort über den Pointenstil hat Nietzsche gesagt: «Womit kennzeichnet sich jede literarische décadence? Damit, daß das Leben nicht mehr im Ganzen wohnt. Das Wort wird souverän und springt aus dem Satz hinaus, der Satz greift über und verdunkelt den Sinn der Seite, die Seite gewinnt Leben auf Unkosten des Ganzen – das Ganze ist kein Ganzes mehr.»

Beispiele und Gegenbeispiele

Wie kann man die Menschen dazu bringen, das affektierte Getue der Stilgaukler zu durchschauen und auszulachen? Wie kann man ihren Geschmack schärfen? Nur indem man unermüdlich Beispiele und Gegenbeispiele nebeneinanderstellt.

Ich bitte den geduldigen Leser, das folgende Prosastück in ein einfaches Deutsch zu übersetzen. Es ist erfunden; ich habe selbst den Abschnitt Wölfflins in die Sprache der Stilgecken übersetzt. Der Originaltext, an dem der Leser seine eigene Wiedergabe messen kann, steht am Schluß des Buches. Es ist ein vortreffliches Lehrstück für die Schönheit des einfachen Ausdrucks:

Während die Lebensform Grünewalds letzten Endes eine expressionistische Einstellung an den Tag legt, dürfte Dürer als Vertreter einer Darstellungskunst zu werten sein. Er ist irgendwie auf eine sachliche Note gestimmt. Die völlige Selbstäußerung liegt nicht im Rahmen seiner Mentalität; das völlige Hingerissenwerden, der Übergang in die Bewußtseinslage des Rausches ist keine Komponente seines Künstlertums. Wenn er einmal Grünewald, der ganz auf die Erzielung des stärksten Ausdrucks ausgerichtet war, so daß er oft die Richtigkeit dem gefühlsmäßigen Effekt aufopferte, begegnet wäre, so wäre rein menschlich eine Diskussion seltsamen Ranges entstanden. Denn obwohl Dürer geistig von einer bescheidenen Einschätzung seiner Person herkam und die künstlerische Differenzierung der Individualität durchaus gelten ließ, so unterliegt keinem Zweifel, daß er zwangsläufig die Art und Weise Grünewalds abgelehnt hätte, eine Einstellung, die grade durch seine Einsicht in die Bedeutsamkeit dieses gewaltsamen Künstlers bedingt gewesen wäre. Das glänzende Aperçu des alten Cornelius gegenüber Feuerbach, nämlich daß er vollkommen erreicht habe, was jener zeitlebens zu vermeiden bemüht gewesen wäre, hätte auch Dürer, wenn auch auf einer anderen Temperamentsebene, aussprechen können.

Es ist viel leichter, geistreich zu schreiben als einfach zu schreiben. Hermann Bahr läßt sich parodieren, Hebels «Schatzkästlein» ist unnachahmlich. Die einfache Form kann nur wagen, wer wirklich Bedeutendes zu sagen hat; für jeden mittelmäßigen Inhalt wird sie zum Verräter.

Schwerlich ist in deutscher Sprache etwas Weiseres geschrieben worden als Goethes «Sprüche in Prosa». Sie sind das Buch mit dem bedeutendsten Gehalt und der anspruchslosesten Form. Sie verdichten tiefste Wahrheit auf knappstem Raum, aber nirgends finden wir eine witzige, brillante Pointe, eine Zuspitzung, ein funkelndes Aperçu. Sie geistreich nennen, hieße sie herabsetzen.

Wir brauchen nur einige dieser behutsamen Weisheiten in den Brillantenstil des Herrn Schmock zu übersetzen, und wir sind geheilt – nicht nur von dem vorsätzlichen Stilschwindel der Sprachgecken, sondern auch von jeder Neigung, den einfachen Ausdruck durch den gekünstelten zu ersetzen.

Urtext:

«Es gibt problematische Naturen, die keiner Lage gewachsen sind, in der sie sich befinden, und denen keine genug tut. Daraus entsteht der ungeheure Widerstreit, der das Leben ohne Genuß verzehrt.»

«Wir blicken so gern in die Zukunft, weil wir das Ungefähre, was sich in ihr hin und her bewegt, durch stille Wünsche so gern zu unseren Gunsten heranleiten möchten.»

«Mißgunst und Haß beschränken den Beobachter auf die Oberfläche, selbst wenn Scharfsinn sich zu ihnen gesellt; verschwistert sich dieser hingegen mit Wohlwollen und Liebe, so durchdringt er die Welt und den Menschen, ja er kann hoffen, zum Allerhöchsten zu gelangen.»

Pointenstil:

Auch gegenüber dem Leben sind bei vielen die Augen größer als der Mund. Ihr seelisches Leibschneiden nennen sie dann ihre Problematik.

Die Forderung, nicht die ruhige Betrachtung, ist das Instrument, mit dem wir das Morgen behandeln.

Der Haß sieht die Welt häßlich, die Liebe lieblich. Der Scharfsinn muß sich mit der Liebe vermählen, wenn er die Wahrheit zeugen will.

Wir können diese Betrachtung nicht besser abschließen als mit den weisen Worten Goethes: «Was wir einen glänzenden Gedanken nennen, ist meist nur ein verfänglicher Ausdruck, der uns mit Hilfe von ein wenig Wahrheit einen verblüffenden Irrtum aufzwingt.»

Phrase und Plattheit

Ich habe mich in meinem Leben vor nichts so sehr als vor leeren Worten gehütet, und eine Phrase, wobei nichts gedacht und empfunden war, schien mir an anderen unerträglich, an mir unmöglich.

Goethe

Phrase

Ein junges Mädchen schreibt an seinen Verlobten: *Treue ist das Feuer selbst, welches den Kern der Existenz ewig belebt und erhält.* Der Empfänger liest es kopfschüttelnd; er hat zwar nichts von der Art eines grämlichen Onkels und wirbt sonst mit meisterhafter Anpassung um das Vertrauen des Mädchens, aber diesen Ton kann er nicht hinnehmen; zeitlebens hat er ihn nicht ertragen können. Ärgerlich schreibt er – es ist niemand anders als Bismarck – an Johanna zurück:

«Der Satz ‹Treue ist das Feuer selbst, welches den Kern der Existenz ewig belebt und erhält› ist übrigens eine jener nebligen schweblichten Phrasen, bei denen es schwer ist, sich eine bestimmte Vorstellung zu machen, und die nicht selten Böses wirken, wenn sie ... aus der Poesie als Maßstab in die Wirklichkeit übertragen werden.»

Man könnte Phrase mit Leerwort wiedergeben. Sie ist leer, weil sie in der allgemeinen Redensart steckenbleibt und nicht zu bestimmten konkreten Angaben gelangt. Phrasen sind verwaschen. Sie ersetzen die Einzelheit durch Abschweifungen, welche die Leere verhüllen sollen. Diese Allgemeinheiten, diese Nichtigkeiten trägt die Phrase mit tönendem Pathos vor; sie gebärdet sich, als spräche sie im Namen der Moral oder der Wissenschaft, der Nation oder der Menschheit. Mit schmelzendem Tremolo wendet sie sich an das Gefühl, das leichter zu bestechen ist, und versucht durch klotziges Pathos die Hohlheit des Inhalts zu vertuschen. So gerät sie in das Reich des Stilschwindels. Wenn die Stilgecken und Stilgaukler die Hochstapler der Stilkunst sind, dann sind die Phrasenmacher die kleinen Betrüger und Zechpreller; das Vorgespiegelte, Unechte, Verlogene ist ihnen gemeinsam. Die Phrase ist die häufigste und darum gefährlichste Form des Stilschwindels. Auch wenn der Phrasenmacher selbst alles glaubt und fühlt, was er uns vordeklamiert, bleibt er ein Schwindler: denn er versucht, seinen leeren, nebelhaften Worten ein Gewicht zu geben, das sie nicht besitzen. Wer etwas Simples redlich und banal ausdrückt, der wird selbst Abscheu vor seinen Plattheiten empfinden und wird den Gedanken verbessern oder verschweigen. Wer dagegen die Leere mit Phrasen zudecken will, der fügt zu dem geistigen Vergehen der Banalität das moralische der Täuschung.

Leer, verwaschen, tönend und unecht: das ist die Definition der Phrase. Sehr oft sind die Phrasen erstarrte Formeln; aber auch eine neu geprägte Wendung kann phrasenhaft verwandt werden. Das Wesen der Phrase liegt nicht im Wortlaut, sondern in dem Mißverhältnis zwischen Ton und Inhalt. Die Phrase holt ihre Wörter aus einer zu hohen Stilschicht – wir werden von diesem Begriff später sprechen. Sie setzt sich einen Helm auf, wo ein bescheidener Filzhut angemessen wäre, und bei scharfem Zusehen bemerken wir, daß der Helm aus Pappe ist. Phrasen umlauern uns überall, wo ein Schwindel angestellt werden soll. Der Kaufmann, der eine zweifelhafte Ware vertreiben will, verbreitet sich in phrasenhaften Wendungen über ihre unerhörten Vorzüge. Der berufsmäßige Courmacher haspelt seine gewohnten Phrasen der Verehrung ab. Der gewitzte Vereinsredner des Kegelvereins ‹Gut Holz› beginnt seine Ansprache am Stiftungstag mit *zündenden Worten über die weltgeschichtliche Bedeutung* dieses Tages. Es gibt Phrasen sehr verschiedener Kunstform und sehr verschiedenen Ranges, Phrasen mit gefälschtem und mit echtem Bildungsballast, aber das Tönende und Unechte ist ihnen gemeinsam, mag nun der Anreißer auf dem Wochenmarkt, der seine überreifen Bananen verkaufen will, ausrufen:

«Wo die Sonne senkrecht über der Scheitelhöhe steht, wo der Äquator seinen Gürtel zieht, dort ist der Bananen Heimat», oder der Oberhofprediger am Grabe Goethes seine Ansprache mit den salbungsvollen, aber gehaltlosen Worten beginnen:

«So ist denn mit dem Vollendeten, dessen sterbliche Hülle dieser Sarg umschließt, das letzte sichtbare Erinnerungszeichen an eine Zeit dahingeschwunden, welche in den Jahrbüchern unserer Stadt und unseres Landes eine weltgeschichtliche Bedeutung und Merkwürdigkeit hat, der letzte der großen Geister, welche durch ihre mannigfaltige, Geister weckende und Geister leitende Tätigkeit der glorreichen Regierung einer längst in Staub gesunkenen, aber immer noch unvergessenen Landesmutter und ihres echt fürstlichen großen Sohnes einen weithin strahlenden Glanz verliehen.»

Der witzige Paul Lindau hat einmal eine Schablonenfestrede geschrieben, die für alle großen Männer anwendbar sei; als Beispiel wählte er Alexander von Humboldt. Diese schöne Sammlung gedunsener Trivialitäten sieht so aus:

«Hochzuverehrende Anwesende!

Wir feiern heute das Fest eines Mannes, der mehr als irgendein anderer dazu beigetragen hat usw.

Schlagen wir auf das Buch der Geschichte, so leuchten uns die Namen zweier Alexander wie zwei glänzende Sterne entgegen. Die Namen sind dieselben, doch wie verschieden die Träger! Alexander von Mazedonien, der Welteroberer mit dem Schwerte des Krieges, Alexander von Humboldt, der Welteroberer mit dem Schwerte der Wissenschaft. Alexanders Weltreich ist zerfallen; Humboldt hat uns eine Welt geschaffen. Hier Errichtung, dort Vernichtung, hier Aufbau, dort Zusammensturz, hier Morgen des Lebens, dort Nacht des Todes. (NB: Mit diesen Antithesen wird fortgefahren, bis das Auditorium genügend erwärmt ist, dann breche ich mit einem Schlagworte ab, z. B.:) Hier ist das All, dort das Nichts. (Lebhafter Beifall.) (Jetzt gehe ich in den ruhigeren Erzählerton über.) Alexander von Humboldt wurde am 14. September 1769 geboren. 1769 – wunderbares Jahr! Schiller, ein zehnjähriger Bub mit blauen intelligenzsprühenden Augen, tummelte sich fröhlich in den Gärten seiner schwäbischen Heimat herum, Goethe, bereits ein Jüngling, hatte das und das schon getan, sollte das und das noch tun, Kopernikus, Kepler, Newton waren längst gestorben usw.

Schon als Kind zeigte der aufgeweckte Knabe eine ganz ungewöhnliche usw. ... (folgt nun Biographie. In derselben ist das Wort ‹Humboldt› nur selten zu gebrauchen. Ich sage statt dessen immer ‹Großmeister der Wissenschaft›, ‹Erforscher des Weltalls›, ‹Fürst im Reiche der Geister›, ‹Herkules›, ‹Kolumbus›, ‹Prometheus› usw. NB: Bei den Eigennamen setze ich immer ‹ein anderer› oder ‹ein neuer› hinzu).

Die vorgerückte Zeit, hochzuverehrende Anwesende, zwingt mich, hier abzubrechen. Mag die gehässige Kritik uns schmähen, daß wir nur die Toten zu feiern wüßten, meine Herren. Ein Wort wird unsere Gegner verstummen machen, dies eine Wort, es heißt: Humboldt ist nicht tot – ist Unsterblichkeit Tod? Nein, nein, und abermals nein! Die Hülle fällt in den Staub, der Geist lebt ewiglich! Er feiert sein Ostern, sein Auferstehungsfest! Auf denn, blicken wir dankbar empor zu diesem Licht, zu diesem Stern, zu dieser Sonne! Sie soll uns leiten in das gelobte Land der Freiheit – der Freiheit, die wir meinen. In diesem Sinne usw. usw. Und somit rufe ich Ihnen zu: vorwärts, vorwärts, vorwärts!»

‹Se payer de mots: sich mit Worten bezahlen› nennt der Franzose die Phrasenmacherei, aber nur Kinder und Toren lassen sich mit wertloser Münze abspeisen.

Zur Phrase greift, wer über etwas schreiben oder reden soll, wozu er nichts zu sagen hat: ein Erzieher zur Phrase war daher der Schulaufsatz alten Stils. Im Jahre 1910 erschien ein Buch mit dem Titel «Unser Schulaufsatz ein verkappter Schundliterat», welches an vortrefflichen Beispielen nachwies, daß Schulaufsatz und Schundliteratur etwas gemeinsam haben, nämlich allgemeines Geschwafel.

Plattheit

Die sanfteste Form des Stilschwindels ist die Plattheit. Selbstverständliches wird mit einem Nachdruck ausgesprochen, als wäre es unerhörte Weisheit. Der Umstandsstil verschwendet viele Wörter an einen Gedanken, der sich auch kurz hätte sagen lassen. Die Plattheit walzt Mitteilungen aus, die man besser ganz unterlassen hätte.

Der Klassiker der Plattheit war Friederike Kempner. So in dem Gedicht «Vor Schillers Denkmal»:

«Hast erhoben die Nation,
großer deutscher Volkessohn.
Klein im Leben war dein Lohn,
kleiner noch in Gips und Ton.»

In einem berühmten Moderoman der Gegenwart erfahren wir: *Sein Hemd klebte vom nassen Wasser,* und eine Provinzzeitung brachte den schwer bestreitbaren Satz:

«Das Fest der goldenen Hochzeit ist schon deshalb seltener, weil viele Ehegatten die silberne Hochzeit feiern, aber die goldene zu erleben nur wenigen beschieden wird.»

In die Welt der Plattheit gehören sehr viele Sprichwörter. Ihr Erkenntniswert ist gering, weil man fast in jeder Lage zwei entgegengesetzte Sprichwörter ins Treffen führen kann. «Ungebildete Menschen», sagte Aristoteles, «bringen bei jeder Gelegenheit Sprichwörter an; denn solche Gemeinplätze haben den Vorteil, der mangelhaften Bildung der Zuhörer zu entsprechen.»

Kitsch

In einem wahrhaft schönen Kunstwerk soll der Inhalt nichts, die Form alles tun, das eigentliche Kunstgeheimnis des Meisters besteht darin, daß er den Stoff durch die Form vertilgt.

Schiller

Schopenhauer sagt einmal, die Gerechtigkeit gleiche jenen chemischen Stoffen, die man nie völlig rein, sondern nur unter Beimischung eines anderen Stoffes darstellen könne.

Der Satz gilt auch für andere ähnliche Begriffe: die Schönheit und die Klarheit, die Unschuld und die Niedertracht; sie alle treten im wirklichen Leben nie in begrifflicher Reinheit auf, sondern immer sind ihnen andere, oft gegensätzliche Eigenschaften beigemischt. Das Leben ist kein Rechenexempel, das mit eindeutigen Größen arbeitet. Auch jedes Kunstwerk läßt uns in seinem Hintergrund die Spannungen ahnen, die die Welt erfüllen. Die Gegensätze, mit denen alles Irdische geladen ist, werden nicht geleugnet; wir fühlen sie auf dem Hintergrund jedes großen Porträts, in den Versen eines bedeutenden Gedichtes, in den Tönen einer ergreifenden Arie.

Aber der Mensch ist dieser Spannungen oft müde, besonders der Mensch, der von den Härten des täglichen Lebens bedrängt und geängstigt ist. Er liebt bisweilen das Einfache, Unproblematische: die Lieder, deren Melodie sich sogleich ins Ohr schmiegt; die Bilder, die durch süße Anmut ohne tieferen Gehalt den Augen wohltun; die Geschichten, in denen die Menschen nur edel oder nur lasterhaft sind und in denen der Gute am Schlusse herrlich belohnt wird und die reiche Gräfin heimführt. Werke, die diesen Wünschen des Menschen entgegenkommen, nennen wir Kitsch.

Im Kitsch ist das Süße nur süß; die Spannungen der Wirklichkeit werden dem Reiz des Stofflichen geopfert. Das Stoffliche ist für den Kitschmacher entscheidend; die Gestalt des Werkes formt er möglichst glatt, den Gehalt spürt er überhaupt nicht. Er wählt einen Stoff, der sich durch einfache Reize an jedermanns Herz wendet, faßt ihn recht gefühlvoll auf und stellt ihn möglichst leicht eingängig dar. Der Kitsch verzichtet auf Tiefgang. Er braucht sich nicht auf seine Urheimat, auf das Süße, zu beschränken: auch das Schaurige läßt sich kitschig darstellen, wenn man das Große in ihm unterschlägt und nur das Rührende hervorhebt und es recht einseitig und bequem dem Leser darbietet.

Kitsch ist gefallsüchtig: Inhalt und Form wenden sich an unsere Bequemlichkeit, unsere Freude am Süßen und Leichten. Die Gefallsucht unterscheidet ihn vom Märchen, das auch unsere Wünsche erfüllt, aber die Handlung mit kindlicher Reinheit in eine höhere Ebene verlegt.

Die Form des Kitsches ist oft technisch gut gekonnt: bei einem Gemälde peinlich naturgetreu, in der Literatur mühelos lesbar. Aber sie ist nicht von innen her erfüllt. Der Künstler will einen bestimmten Gehalt, ein bestimmtes Erlebnis Gestalt werden lassen; der Stoff dient ihm nur als Mittel. Der Kitschmacher dagegen will einen wirkungsvollen Stoff an den Mann bringen. Bei dem Kitschwerk glaubt deshalb der kritisch Urteilende nicht an die Wahrhaftigkeit der Empfindung. Er spürt nicht die Hand des wirklichen Künstlers, der ein neues selbständiges Gebilde geschaffen hat.

Weil das Kitschwerk nicht aus dem Erlebnis entspringt, sondern im Stofflichen hängen bleibt, fehlt ihm die Einheit der Darstellung.

Es besitzt nur die Scheinwahrheit des Panoptikums. Wer bei einem Kitschwerk genau zusieht, dem verraten die Einzelheiten, daß alles unecht ist; in dem kitschigen Prosatext findet er abgegriffene Formeln, ungeschaute Bilder, lächerliche Übertreibungen, rührseligen Schwulst. Das folgende Schema des Kitschstils ist nicht frei erfunden, die Sätze sind nur aus einem Roman zusammengesucht und auf einen engen Raum verdichtet:

«Herzog Egon zuckte in animierter Stimmung humorvoll die Achseln, während er sein geistvoll strahlendes Auge, das so manche Damenrunde elektrisiert hatte, aus dem Fenster seines in geschmackvollster Bauart errichteten Schlosses schweifen ließ. Es war ein Kunstwerk der Neuzeit, ein wahrer Feenpalast von Türmchen, Kuppeln und Steinhauerei, just wie sich die Phantasie im Menschen das Schloß der Elfenkönigin vorstellt; auch seine innere Einrichtung war vollkommen neu und modern, mit künstlerischem Geschmack und vielen Kosten ausgeführt und üppig, entzückend und originell, wohin sich das Auge wandte.

Dann drehte er seine immer noch jugendliche Figur, die jedem Sport huldigte, in seiner bekannten scharmanten Weise, zu der Gräfin Blankwitz, die sich tief in das Goldsesselchen zurücklehnte, dessen grüner Plüsch um ihre schlanken, doch königlichen Schultern schillerte, während sie in tiefer sittlicher Entrüstung ihr Stumpfnäschen zurückwarf. Ein Lebemann im guten Sinne hatte er ein ganzes Lager diverser Blicke auf Vorrat und jetzt wählte er als Menschenkenner einen der interessantesten und kecklich flammendsten, indessen Gott Amor einen dichten und rosigen Schleier vor seine Augen legte. ‹Wenn ein Mann›, sprachen seine schön geschwungenen Lippen, ‹einem Weibe sein Herz und seine Liebe gibt, liegt ihm in solch heiligen Stunden aller Scherz fern. Obwohl Sie als einziges Kind Ihrer Eltern einen großen schuldenfreien Güterkomplex mit sehr einträglichen Kohlenbergwerken, eine schloßartige Villa in der Residenz und vor allem einen beträchtlichen Säckel voll Kleingeld erben, so erscheinen Sie mir doch nicht deshalb so begehrenswert, sondern weil Ihre dunklen Mädchenaugen so innig und berückend blicken und Ihre Lippen so betörend lächeln können. Wenn man mit Schnee auf dem Haupte noch Myrtenkränze pflücken darf . . .›; bei diesen Worten beugte er sich mit so zauberhaft leuchtenden Blicken über sie, daß sie hastig ihre Augen niederschlug und sich rosige Glut in ihren Wangen malte. Da nahm er das stolze Gesichtchen, das sich ihm jetzt freimütig und jungfräulich herb zuwandte, in seine kräftigen edelgeformten Männerhände und drückte einen heißflammenden Kuß auf ihre erbleichenden Lippen.»

Kitsch ist Anpassung an die Bequemlichkeit des Lesers, darum ist nichts so verbreitet wie Kitschbücher. Der meistgelesene deutsche

Schriftsteller aller Zeiten ist nicht Schiller oder Goethe, nicht Gottfried Keller oder Thomas Mann, sondern Hedwig Courths-Mahler. Siebenundzwanzig Millionen Stück ihrer Bücher liegen in den deutschen Haushalten, also durchschnittlich in jedem Haushalt ein bis zwei, und die Exemplare in den Leihbüchereien gehen durch hundert Hände. Einem Interviewer hat sie bei ihrem fünfundsiebzigsten Geburtstag in würdiger Form erklärt, sie wisse sehr wohl, daß die Wirklichkeit ganz anders sei als ihre Bücher, aber sie schreibe für die Bedrängten, damit sie mit Hilfe ihrer Phantasie wenigstens für Stunden aus der materiellen und seelischen Enge herauskämen; Tausende von Dankschriften zeigten, daß ihr das gelungen sei. Das Problem des Kitschromans greift über den Bereich der Stilistik hinaus. Es betrifft Form und Inhalt zugleich. Daß Kitschromane geschrieben, gelesen und geliebt werden, ist auch ein gesellschaftliches Problem.

Der Kitsch lebt nicht nur im Unterhaltungsroman. Man kann alles verkitschen. Sogar Grimms Märchen werden in einer Jugendausgabe von Bechstein versüßlicht und verkitscht:

Grimm:	*Bechstein:*
«Der Wolf dachte bei sich: ‹Das junge zarte Ding, das ist ein fetter Bissen, der wird dir noch besser schmecken als die Alte!›»	«... ‹O du allerliebstes, appetitliches Haselnüßchen, du!› dachte bei sich der falsche, böse Wolf – ‹dich muß ich knacken, das ist einmal ein süßer Kern!›»
«Da lag Dornröschen und war so schön, daß er die Augen nicht abwenden konnte.»	«... wo das süße Dornröschen lag, hehr umflossen vom Heiligenschein seiner Unschuld und vom Glanz seiner Schönheit.»

Kitsch veraltet schnell, weil er sich nach dem wandelnden Geschmack des Lesers richtet. Wie fern liegt uns die kitschige Sentimentalität, wie sie im Moderoman von 1800 üblich war: «Hell schien der Mond, aber traurig. Ach, ich sah ihn wohl, wie er hinter eine Wolke trat und weinte.»

Stilschlamperei

Da schmieren sie, wie bezahlte Lohnlakaien, hastig
hin, was sie zu sagen haben, in den Ausdrücken, die
ihnen eben ins ungewaschene Maul kommen, ohne
Stil, ja ohne Grammatik und Logik.

Schopenhauer

Mit vorbildlicher Grobheit hat Schopenhauer von diesem Gegenstand
gehandelt:
«Wer nachlässig schreibt, legt dadurch zunächst das Bekenntnis ab,
daß er selbst seinen Gedanken keinen großen Wert beilegt. Denn nur aus
der Überzeugung von der Wahrheit und Wichtigkeit unserer Gedanken
entspringt die Begeisterung, welche erfordert ist, um mit unermüdlicher
Ausdauer überall auf den deutlichsten, schönsten und kräftigsten Ausdruck bedacht zu sein.»

Doppelsinn

Zu den häufigsten Stilschlampereien gehören die Sätze mit unfreiwilli-
gem Doppelsinn. Der Doppelsinn entsteht meist aus Unachtsamkeit.
Der Schreiber verwendet Wörter, die zwei Bedeutungen haben, oder er
stellt Fürwörter so, daß man sie falsch beziehen muß:
«Die rechtmäßigen Hundebesitzer wollen sich hieramts melden, andernfalls nach Ablauf von 14 Tagen deren Tötung angeordnet ist.»
«Die Tribünen sind ansteigend anzuordnen, damit man nicht bloß die
Vorderen, sondern auch die Hintern sehen kann.» (Stadtraterlaß von
1871)
«Habe vom Magistrat die Erlaubnis, Gäste zu beherbergen, zu bekö-
stigen und zu schlachten.»
Bezugssätze werden leicht doppelsinnig, wenn man nicht klarstellt, ob
sie nur eine Beschreibung beifügen oder aber mehrere Arten unterscheiden sollen. *Die Vorräte auf Lager 7, die Schimmel angesetzt haben, sind abzu-
stoßen.* Was soll verkauft werden, nur diejenigen Vorräte, die Schimmel
aufweisen, oder das ganze Lager 7?
Ein berüchtigtes Beispiel des Doppelsinns ist der § 919 des Bürgerlichen Gesetzbuches, der von verrückt gewordenen Grenzzeichen handelt:
«Der Eigentümer eines Grundstückes kann von dem Eigentümer eines
Nachbargrundstückes verlangen, daß dieser..., wenn ein Grenzzeichen
verrückt oder unkenntlich geworden ist, zur Wiederherstellung mit-
wirkt.»

Der Gesetzgeber hat übersehen, hinter *verrückt* das Wörtchen *worden* einzusetzen.

Der Satz: *Das Finanzgericht nimmt die Stundung einer Forderung aus dem Verkauf der Aktien seitens der verkaufenden Bank an* leidet unter dem Doppelsinn von *annehmen.* Das Finanzgericht hat sich nämlich nicht etwa mit einer Stundung einverstanden erklärt, sondern es hat vermutet, daß die Bank eine Forderung gestundet habe.

Manchmal ergibt sich ein Doppelsinn, weil im Deutschen Nominativ und Akkusativ bei einigen Wörtern gleich lauten:

«An die Stelle des Religionsinteresses trat nun das Handelsinteresse, das die Staatskunst vorschrieb.» (Gervinus)

Wer schrieb was vor?

Nietzsche hat voller Bosheit von den Versen Ernst Moritz Arndts:

«Soweit die deutsche Zunge klingt
und Gott im Himmel Lieder singt»

behauptet, sie könnten nur bedeuten, daß Gott im Himmel sitze und Lieder singe.

Peinliche Mißverständnisse können auch entstehen, wenn der Schreiber ein Glied seines Gedankenganges ausläßt; so, wenn es in einem Aufsatz über moderne Mehlerzeugung heißt:

«Vergleicht man damit die Mehlproduktion pro Kopf der Belegschaft in einem modernen maschinellen Mühlenbetriebe, dann wird einem klar, daß die große Vermehrung der Bevölkerung während der letzten Jahrhunderte nur durch Anwendung maschineller Hilfsmittel möglich gewesen ist.»

Ärgerlich stimmt es auch, wenn ein Wort nachträglich einen ganz anderen Sinn gewinnt, als es ursprünglich zu haben schien:

«Der Igel setzt sich der Schlange gegenüber, der er eine Reihe von Bissen beibringt, schnell zur Wehr und frißt das getötete Tier dann auf.»

Man glaubt zunächst, der Igel setze sich der Schlange gemütlich gegenüber.

Eines der ‹hintersinnigsten› Beispiele von Doppelsinn berichtet Kaiser Wilhelm II. in seiner Familiengeschichte. Als Friedrich Wilhelm IV. bei einer Besichtigungsreise von Vorder- nach Hinterpommern kam, empfing ihn ein Schild:

«Heil, König, dir! So tönt's aus Vorderpommern.
doch aus dem Hintern soll's noch lauter donnern.»

Der Klarheit dient es schließlich, wenn man unübersehbare Wortzusammensetzungen durch Bindestriche übersichtlich macht. *Kreistierärzte*, *Laienfleischbeschauer* und *Seekrankenkassen* können falsch aufgefaßt werden; bei dreiteiligen Zusammensetzungen bedarf es eines Bindestriches:

die *See-Krankenkasse* ist vor Mißverständnissen sicher. Auch manche zweiteilige Zusammensetzungen können wir beim ersten Blick falsch lesen, etwa *Sofaumbau* oder *Urinstinkt.* Oder wo weiden eigentlich *Blumentopferde?* Freilich braucht man hier nicht zu übertreiben. Wenn Kurt Breysig über den *Stufen-Bau* der *Welt-Geschichte* schreibt und überall derartige Binde-Striche setzt, so ist das doch eine Über-Treibung.

Eine Sondergruppe bilden schließlich die absichtlich herbeigeführten und sogleich wieder richtiggestellten Fälle von Doppelsinn, bescheidene Scherze, die zum eisernen Bestand eines anspruchslosen Honoratiorenhumors gehören:

«Ich werde in Bützow spuken und als schwarzer Schulmeister den kommenden Generationen mit Vergnügen jenen heilsamen Schrecken vor dem Unbegreiflichen, jenen Schrecken vor dem Geiste einjagen, welcher (ich meine den Schrecken) uns täglich mehr abhanden zu kommen scheint.» (Wilhelm Raabe)

Zeitschnitzer

Zu den Stilschlampereien gehören die Zeitschnitzer (Anachronismen). Wenn Goethes Mephisto und Mozarts Don Giovanni Champagner trinken, wenn die Studenten im Osterspaziergang des «Faust» den Tabak loben, wenn Fieskos Gattin bei einer Tasse Schokolade sitzt, wenn im «Hamlet» die Geschütze feuern und in Shakespeares «Julius Cäsars» die Uhren schlagen, wenn Kleists Hermann seine Thusnelda mit einer Orange vergleicht und in Hebbels «Gyges» die Kerzen brennen, so sind das Zeitschnitzer. Denn diese Dinge hat es zu der Zeit nicht gegeben, in der jene Stücke spielen. Aber solche kleinen Irrtümer, die fleißige Philologen gesammelt haben, werden keinen Verständigen stören. Weit schmerzhafter sind stilistische Zeitschnitzer: der Autor läßt versehentlich in die Darstellung einer längst entschwundenen Zeit Ausdrücke der Gegenwart einfließen oder in die Darstellung der Gegenwart Worte unserer Altvorderen. Berüchtigt für solche Stilbrüche sind Wilhelm Jordans einst berühmte «Nibelungen», etwa wenn Helge stabreimend fragt:

«Ach sage doch Siegfried, ob es nicht sein kann, daß du mein Papa wirst.»

Oder an anderer Stelle:

«Hierher geritten ist nun die Mama.»

Gottfried Keller hat gesagt, es brauche eine hirschlederne Seele, um diesen modernen Wechselbalg an die Stelle des alten Nibelungenliedes zu setzen.

Stilhärten

Zum schlampigen Stil gehören auch die Stilhärten, das heißt Fügungen, die zwar nach dem Sprachgebrauch zur Not möglich, aber doch so schwer zu verstehen sind oder so hart klingen, daß der Leser über sie stolpert. Sie beruhen meist auf übertriebener Verkürzung des Ausdrucks.

Hart klingt es, wenn man einen Satz mit *zu* oder *um zu* von einem Hauptwort abhängig macht:

«Derselbe hat sich unter Mitnahme einer Geldsumme, um die Miete zu bezahlen, aus der Wohnung entfernt.»

«Die Rückkehr des Fürsten, um für den Winter in der Residenz zu bleiben, hat...»

Auffallend hart schreibt manchmal Richard Wagner:

«Ich griff wieder zu Siegfried und begann die Komposition des zweiten Aktes davon.»

«Ich schrieb an ihre immer noch sich verheimlichte Tochter Natalie.»

Selbstverständlich hatte man Natalien nicht ihr eigenes Dasein verheimlicht, sondern nur, wessen Tochter sie war.

Hart wirkt es, wenn man Worte – entgegen dem prädikativen Geist unserer Sprache – wahllos aneinanderleimt. David Friedrich Strauß beginnt sein «Leben Jesu» mit dem ungelenken Satz:

«Der Ausdruck ‹Leben Jesu› und so oder ähnlich betitelte Schriften kommen zwar schon in älteren Zeiten vor.»

Unschön klingt die Häufung gleichlautender Silben: *in der zu entscheidenden Frage, bei unserer morgen stattfindenden Feier.* Ohne viel Mühe lassen sich solche Härten vermeiden.

Schludrigkeiten verschiedener Art

Die meisten Schludrigkeiten entspringen dem Schnellschreiben. Bei Karl Gutzkow, der sich nicht die Zeit nahm oder nehmen konnte, seine endlosen Wälzer durchzuarbeiten, finden wir Stilschludrigkeiten wie:

«Das Ratsame, warum Lucinde fortgegeben werden mußte.»

«Die Kunst, falsche Handschriften nachzuahmen.»

«Goethes ‹siebente Liebe›, die zu jener Offenbacher Gauklerin, die sich durch einen alten schwachsinnigen Mann Frau v. Willemer nennen durfte, wird überall mit Pathos behandelt.»

Auch andere Stilschluderer versuchen sich durch das Wörtchen *durch* ganze Sätze zu ersparen:

«Er wurde durch einen schweren Lungenschuß vorzeitig aus dem Dienste entlassen.»

Dieser Satz stammt aus einem der großen Erfolgsromane um 1920; viele dieser Romane sind in einem nachlässigen Deutsch geschrieben. In demselben Roman heißt es einmal, daß ein Arbeiter *seinem Hund von seiner zerschossenen Hand zu fressen gibt.* Aber der Hund frißt weder die Hand des Arbeiters noch – was bei einem expressionistischen Stil auch denkbar wäre – seine eigenen Pfoten, sondern er frißt etwas ganz anderes aus der Hand seines Herrn.

Viele der damals hochberühmten Bücher wimmeln von grammatischen Schnitzern, die auf offenkundiger Schlamperei beruhen (Verbesserung am Schluß des Buches):

«Ich wäre kaum gerecht, wenn ich nicht davon überzeugt bin.»

«Klingeln ist mir verpönt.»

«Ich möchte meiner Tochter – einer geborenen und an jeden Anspruch auf Berücksichtigung gewöhnten Baronesse Bareckowna – nicht einer Blamage aussetzen.»

Der letzte Satz – aus einem Drama von Georg Kaiser – enthält gleich vier grobe Schnitzer auf einmal. Erstens verlangt *aussetzen* den Akkusativ. Zweitens ist die Baronesse Bareckowna nicht *an jeden Anspruch auf Berücksichtigung gewöhnt,* sondern *an Berücksichtigung ihrer Ansprüche.* Drittens ist das *und* zwischen geborene und gewöhnt völlig verfehlt. Viertens wird kein Vater als Neuigkeit verkünden, wie der Mädchenname seiner Tochter, also sein eigener Name, lautet.

Aus dem Zeitungsdeutsch stammen Schludrigkeiten wie:

«Durch Verkehrsregelung wird mancher Unglücksfall und manches Menschenleben verhütet.»

«Ein ähnlicher Gedanke liegt Chopins Ballade (g-Moll) zugrunde; hier steigerte der Künstler das Verlangen nach Liebe namentlich mit der linken Hand bis zu stürmischer Leidenschaft.»

Reich an Stilschlampereien sind Zeitungsanzeigen; das folgende Beispiel – offenbar eine Erwiderung auf eine andere Anzeige – ist nicht erfunden:

«Die Angaben meiner Frau sind alle frech erlogen; denn für Demolierung von Hausgegenständen eine Ohrfeige zur rechten Zeit ist lange keine Mißhandlung. Das heimliche Entkommen mit dem Kinde, das nach ihrer eigenen Aussage von Wanderburschen stammt, durchs Fenster, war nicht die Folge einer tätlichen Bedrohung, sondern ein lang ersonnener Plan und stetiger Gedanke an andere Liebhaber. Jetzt kann Emmchen mit ihren Liebhabern in Ruhe und ohne Hinderung gehen, denn ich sollte ja doch nur als Affe dienen. Dies ging nun leider nicht und wird das wütende Tier auf anderer Seite gefunden werden.»

Stilschlampereien sind auf fast allen Stilgebieten zu finden. Als um 1910 ein deutscher Fürst von der Gelehrtenakademie seines Landes zum Ehrenmitglied ernannt worden war, begann das neue Akademiemitglied seine Dankrede mit folgenden Sätzen, die, von keiner mitleidigen Hand verbessert, ihren Weg in die Presse fanden:

«Ich weiß eigentlich nicht, wie ich dazu gekommen bin, Ehrenmitglied der Akademie zu werden; doch freue ich mich sehr, dazu erwählt worden zu sein, wenn ich auch keine Ansprüche auf einen Gelehrten erhebe; denn ich habe nicht viel geschrieben. ... Ich mache dabei eine große Ausnahme von meiner Schwester, die selbst Schriftstellerin ist.» In einem modernen Roman wird behauptet: *Während der Erwähnte und ich uns gegenseitig verneigten*... Das mag beiden sauer geworden sein.

Niemand ist völlig sicher vor Stilentgleisungen und Stilhärten; man kann nur versuchen, sie zu vermeiden, ihnen aber schwerlich ganz entgehen. Auch in diesem Buch werden genaue Leser sicherlich einige finden.

Sprachschnitzer
Ein Exkurs über die Verstöße gegen Grammatik und Rechtschreibung

> Es kommt auf ein Wärzchen nicht an, wenn nur der
> Satz rote Backen hat.
>
> *Friedrich Theodor Vischer*

Was ist richtig?

Als Todsünden betrachtet unsere Zeit die Verstöße gegen Rechtschreibung und Grammatik; Stilgebrechen dagegen beurteilt sie als läßliche Fehltritte, die man übersieht oder verzeiht. Aber das Leben der Sprache wohnt nicht in der Grammatik, und von allen Sprachkrankheiten bedrohen die grammatischen und die Rechtschreibungsschnitzer den Sprachkörper am wenigsten: sie wohnen in der Haut und sind zu heilen; ja, oft genug kann selbst das geschulte Auge sie nur schwer unterscheiden von jenem Sprachwandel, dem jede Sprache unterliegt.

Die Mutter belehrt das Kind: «Sag nicht immer *ich frug*, es heißt *ich fragte*. Du sagst ja auch: *ich klagte, ich sagte, ich jagte*.» Das Kind, wenn es schlau, antwortet: «Aber es heißt doch *ich trage, ich trug; ich schlage, ich schlug*; warum nicht auch: *ich frage, ich frug*?» «Frag nicht so dumm, es heißt eben: *ich frage*», erwidert verärgert die Mutter, eine Vertreterin der dogmatischen Richtung der Grammatik.

Erwachsenen kann man nicht so leicht den Mund verbieten. Wir frugen von klein an und fragen auch jetzt: Warum soll *ich frug* falsch sein? Oder allgemeiner gesprochen: wie unterscheiden wir, was grammatisch falsch und richtig ist? Die Frage ist offenbar eng verwandt mit dem Problem, das wir in dem Briefwechsel auf den Seiten 43 bis 48 behandelt haben: Was ist guter Stil? Der Laie ist freilich geneigt zu glauben, was grammatisch richtig sei, ließe sich weit genauer beantworten. Aber diese Hoffnung trügt.

Logische Grammatik

Auf unsere Frage gibt es verschiedene Antworten. Am einfachsten klingt die Antwort: über die Sprachrichtigkeit entscheidet die Logik. Aber diese Antwort ist untauglich, und das aus zwei Gründen. Erstens ist bei vielen Sprachformen offenbar die Logik nicht der zuständige Gerichtshof. Wenn jemand sagt *des Mensches*, so können wir ihm mit keinerlei Logik beweisen, daß es *des Menschen* heißen muß. Zweitens: bei Fragen, für die wirklich die Logik zuständig ist: ist dort die Sprache wenigstens logisch? Im Gegenteil! Der bescheidenste Anspruch an Logik würde verlangen: weibliche Wesen haben das weibliche Geschlecht. Aber im Deutschen heißt es *das Weib, das Mädchen* und gelegentlich sogar *der Dienstbote*, auch wenn eine Frau gemeint ist. *(Die Schildwache und der Dienstbote hatten ein Verhältnis, das nicht ohne Folgen blieb: er gebar einen gesunden Jungen und sie wurde ihm ein guter Vater.)* Ein *Bedienter* müßte ein Mensch sein, der bedient wird, aber das Wort bedeutet das Gegenteil. *Vergeßlich* ist, wer vergißt; *unvergeßlich* dagegen, wer nicht vergessen wird. *Verdummen* bedeutet zugleich zwei ganz verschiedene Begriffe, nämlich dumm werden und dumm machen. Kurzum, die Sprache ist nicht logisch, sondern launisch. Die Logik gibt uns keine Richtschnur für die Grammatik.

Psychologische Grammatik

Hinter den Logikern marschieren die Psychologen. Sie sagen, es gebe bestimmte Lautgesetze und Analogien; mit ihrer Hilfe könne man in der Grammatik die Böcke von den Schafen scheiden.

Aber die Sprache ist auch nicht ‹analogisch›:

> «Die Sprache sprach: Mein guter Mann,
> was geht denn dein System mich an?
> Daß ich jetzo mich links will schlagen,
> davon kann ich den Grund dir sagen:
> Ich war heut früh rechts ausgewichen,
> und so wird's wieder ausgeglichen.» (Friedrich Rückert)

Warum heißt es *vertragsbrüchig*, aber nicht *wortsbrüchig*; warum *Amtsrichter*, aber nicht *Amtsmann*; warum *Mannesalter*, aber nicht *Frauenalter*? Die Sprache liebt es anzuähneln (zu assimilieren), aber sie tut es nicht immer. Sollen wir nun *fragen* analog *klagen* behandeln oder analog *tragen*? Also auch die Analogie liefert uns keinen Maßstab.

«Es gibt kaum eine Regel, die sich steif überall durchführen läßt; jedes Wort hat seine Geschichte und lebt sein eigenes Leben, es gibt daher gar keinen sicheren Schluß von den Begegnungen und Entfaltungen des einen auf die des anderen.» (Jakob Grimm)

Geschichtliche Grammatik

Die dritte Antwort lautet: über die Sprachrichtigkeit entscheidet die Sprachgeschichte. In Zweifelsfällen müssen wir prüfen: wie hat man früher gesprochen und geschrieben? Welches war vor allem der Sprachgebrauch unserer Klassiker? Aber soll dieser Sprachgebrauch wirklich Maßstab sein? Goethe nennt seinen Roman *Die Leiden des jungen Werthers.* Sollen wir dies Beispiel des jungen Goethes nachahmen? Wenn sich Clavigo *doppeltes gräßliches Meineids* schuldig macht, müssen wir uns solches schreckliches Sprachgebrauchs auch schuldig machen? Wenn Goethe als Befehlsform *meß, nehme, spreche, trete* schreibt, sollen wir auch so schreiben? Das *nach und nach sich verbreitete Geheimnis* solcher Eigenarten Goethes, die *zur rechten Zeit sich eingestellten Erfindungen* Jakob Grimms – können sie wirklich unwiderrufliche Beispiele bilden? Wenn Schiller schreibt *er rufte, er gedeihte,* muß er dann gehorcht sein oder darf er widersprochen werden – um zwei Schillersche Passivformen zu verwenden. Oder – um unser Anfangsbeispiel aufzugreifen – wie steht es mit *frug* und *fragte?* Goethe schreibt oft *frug;* Schiller schrieb es ursprünglich auch, bekehrte sich aber später zu *fragte.* Was ist nun richtig? Man kann fast für jeden der meistbeschimpften Sprachschnitzer mühelos Belege bei Goethe, Schiller und Grimm finden. Hervorragende Dichter müssen nicht immer auch hervorragende Grammatiker sein.

Eine Zwangsgrammatik auf geschichtlicher Grundlage ist kein Widerspruch in sich selbst. Ist das Gewesene entscheidend für alle Sprachstreitigkeiten, so hätte sich die Sprache nie ändern dürfen, und wir müßten heute noch reden wie Hermann der Cherusker. Der unaufhörliche Sprachwandel ist dann ein unaufhörlicher Sieg des Falschen. Aber noch nie hat eine Sprache stillgestanden; sie befindet sich in einem dauernden Übergangszustand: aus dem Althochdeutschen wurde das Mittelhochdeutsche, aus ihm das Neuhochdeutsche, aus der Sprache Luthers die Sprache Goethes, und heute muten uns die Werke von 1750 schon altmodisch, oft unverständlich an. Wenn wir in die vergangenen Jahrhunderte der Sprachgeschichte zurückblicken, müssen wir sagen: das ganze Sprachgebäude besteht aus legitim gewordenen Sprachschnitzern.

Oder soll der Grundgedanke der geschichtlichen Grammatik – das Gestrige ist Trumpf – erst ab heute gelten? Sollen wir die deutsche Sprache da festschmieden, wo sie jetzt steht? Das wäre ein gefährlicher Versuch, und er würde zum Glück nie gelingen. Denn man könnte höchstens die

Schriftsprache zum Erstarren bringen: die Redesprache würde sich lebendig weiterentwickeln und die Kluft zwischen beiden würde immer weiter auseinanderklaffen. Grammatische Dogmatiker unterliegen leicht einer naiven Verwechslung des Bestehenden mit dem Richtigen.

Grammatische Anarchie

Aber wenn das alles so ist, wenn weder Logiker noch Psychologen noch Sprachgeschichtler uns die Maßstäbe für die Sprachrichtigkeit herbeischaffen können, was dann? Sollen wir darauf verzichten, zwischen falsch und richtig zu unterscheiden? Müssen wir uns wirklich in ein sprachliches ‹Jenseits von Gut und Böse› zurückziehen? Man hat auch das vorgeschlagen. Lessing hat, als man sein *er kömmt* kritisierte, ärgerlich geantwortet, man möge ihn schreiben lassen, wie er wolle; er verlange auch von andern nicht, daß sie nach seinem Willen schrieben. Herder hat behauptet, die Richtigkeit verringere den Reichtum, so wie die Lebensweise der Spartaner die attische Wollust verbannt habe; je mehr die Grammatik der Wortstellung Fesseln anlege, desto mehr verliere die Sprache ihre Reize: «Der Fremdling in Sparta findet weder Unordnung noch Ergötzung.» Jakob Grimm hat sogar den oft zitierten Satz gesprochen:

«Jeder Deutsche, der sein Deutsch schlecht und recht weiß, darf nach dem treffenden Ausdruck eines Franzosen sich seine selbsteigene lebendige Grammatik nennen und kühnlich alle Sprachmeisterregeln fahren lassen.»

Ja, er, der Schöpfer der deutschen Grammatik und des deutschen Wörterbuches, hat sogar voll Unmut ausgerufen:

«Heißen Grammatik und Wörterbuch Absetzung und Festschmiedung der Sprache, so sollte es lieber keine geben.»

Müssen wir diese ‹grimmigen› Ausrufe wirklich so auffassen, daß in der Grammatik jedem alles erlaubt ist? Müssen wir uns wirklich gegenüber allen Eigenbröteleien und Sprachstümpereien auf Wehklage und Gebet beschränken? Wenn ein Ausländer sagt *Deutsche Sprach schwere Sprach,* dürfen wir ihn nicht belehren, daß der Satz lauten muß: *Die deutsche Sprache ist eine schwere Sprache?*

Grammatik der Sprachschönheit

Ich glaube, wir werden zunächst darauf hinweisen, daß man von Sprachkonventionen nicht beliebig abweichen kann, denn nur in ihrem Rahmen bleibt man verständlich. Ob etwas falsch oder richtig, ist also zunächst eine Frage der Konvention, der stillschweigenden Übereinkunft.

Die grammatischen Konventionen werden aber nicht regiert von der Logik, sondern vom Sprachgeschmack. «Die Grammatik lehrt uns die Technik der sprachlichen Schönheit.» (Karl Vossler) Eine solche ‹ästhetische› Grammatik hat ein weites Herz. Sie läßt vielerlei gelten. Nur was unverständlich oder unschön, zweckwidrig oder töricht ist, verfolgt sie mit ihrem Richterspruch. Sie läßt der Sprache jene Freiheit, die ihre Lebensluft ist. Sie will die Sprache nicht festschmieden, aber sie duldet fahrlässige Sprachschlampereien sowenig wie vorsätzliche Sprachreformen. Sie will, daß die Menschen grammatisch richtig sprechen, aber sie wird nicht jeden kleinen grammatischen Schnitzer heimsuchen bis ins dritte und vierte Glied. Und wenn eine solche ästhetische Grammatik eine Zweifelsfrage entscheiden muß, so wird sie sich auf die einzige Autorität stützen, die vor dem Gerichtshof des Schönen Ansehen genießt: auf den Sprachgebrauch der großen Dichter und Schriftsteller. Und nicht die Sprachkünstler der Vergangenheit wird sie anrufen, sondern die Meister der Gegenwart, denn sie wähnt nicht, die Sprache festschmieden zu können. Entscheiden über Falsch und Richtig sollen nicht die Sprachgeschichtsschreiber, nicht die Klassiker, entscheiden sollen die lebenden Dichter. Der durchschnittliche Sprachgebrauch der großen Schriftsteller ist der sicherste Maßstab des Richtigen. Bei der Sprache sind die glühendsten und erfolgreichsten Liebhaber auch die besten Kenner. Wer im ganzen die schönsten Sprachschöpfungen vor uns hinstellt, wird auch im einzelnen das Schöne und damit das Richtige am sichersten herausfinden:

«Ein Meister entscheidet durch sein königlich Beispiel mehr als zehn Wortgrübler.» (Herder)

«Was die Meister der Kunst zu befolgen für gut finden, das sind Regeln.» (Lessing)

«Genie ist die Naturgabe, welche der Kunst die Regeln gibt.» (Kant)

Also nicht der eher nachlässige Sprachgebrauch des Alltags kann uns Vorbild sein – er würde den Wortschatz verarmen und die Sprache verflachen –, sondern der Sprachgebrauch der Besten. Zwar werden die Besten oft nicht einig sein. Aber einig sind die Sprachgelehrten auch nicht, und diese Einigkeit ist auch nicht nötig:

«In dem Kampf zwischen Altem und Neuem muß es Augenblicke geben, wo beide Mächte sich die Waage halten, wo für verschiedene Gebrauchsweisen sich gleich viele und gleich hoch anzuschlagende Musterbeispiele geltend machen lassen. Dann bleibt nichts anderes übrig als die Ergebung, die Anerkennung des schwankenden Tatbestandes. Wir müssen eben aufhören, Forderungen an die Sprache zu stellen, die sie nicht erfüllen kann; wir müssen auch der Sprache die Freiheit der Bewegung gönnen, die wir keinem anderen natürlichen Organismus, keiner andern Erscheinung des menschlichen Seelenlebens versagen.» (Otto Behaghel)

Wenn wir diese Überlegungen auf unser Beispiel von *frug* und *fragte* anwenden, so werden wir die Antwort erhalten: Bei den guten Schriftstellern unserer Tage überwiegt *fragte*. Aber auch *frug* steht in manchem vortrefflichen Buche; also wollen wir *fragte* vorziehen, aber auch *frug* nicht als Verbrechen ansehen. Es steht mit dem Problem des grammatisch Richtigen ganz ähnlich wie mit dem Problem des guten und schlechten Stils. Der Maßstab, über den wir verfügen, ist keine Schneiderelle, die jedermann handhaben kann. Die Sprachwissenschaft ist keine Wortchemie, in der man mit einem Stückchen Lackmuspapier Säuren und Basen unterscheiden könnte.

Was folgt aus alledem? Vor allem eins: den Sprachwandel kann man nicht verhindern, aber man kann ihn lenken. Wir brauchen nicht jede Sprachverlotterung als unabwendbares Schicksal hinzunehmen, sondern können auch künftig zwischen falsch und richtig unterscheiden. Wir brauchen nicht jeden einzelnen Deutschen als selbsteigene Grammatik anzuerkennen. Was bei solchem Sprachrelativismus entstehen kann, lehrt die Sprachgeschichte: Als die Normannen 1066 in England landeten, machten sie Französisch zur Amtssprache; das Englische wurde einige Zeit nicht als Schriftsprache gepflegt, sondern nur als eine reine Sprechsprache gebraucht und war so jedem lenkenden Einfluß entzogen. Sogleich schliff sich die Sprache ab; die Wortbeugung verfiel schnell. Schon um 1400 war der heutige Stand erreicht: fast alle Endungen der Deklination und Konjugation (Wortbeugung) waren verschwunden. Auch im Deutschen würden wir nach zweihundert Jahren grammatischer Resignation nur noch sagen *ich lachen, du lachen, er lachen; der Kampf, von der Kampf, zu der Kampf.* Im ältesten Althochdeutschen hießen die Beugeformen von tragen (ich trage, du trägst) noch: tragu – tragis – tragit – tragames – tragat – tragant. Heute sind diese Formen schon weit abgeschliffener.

Ein guter Teil des Sprachwandels besteht in dieser Abschleifung der Formen. Der Verstand vereinfacht und logisiert die Sprache, nur das Herz hält ihre Mannigfaltigkeit am Leben. Wir erleben diese Abschleifung auch in unseren Tagen, am deutlichsten in dem langsamen Aussterben des Genitivs (Wesfalls). Luther und nach ihm Jakob Grimm haben nach *danken* und *achten, begehren* und *gebrauchen, hüten* und *pflegen, unterfangen* und *verzichten* den Genitiv gesetzt *(Wer ein Weib anschaut, ihrer zu begehren . . .);* Luther hat auch *viel Klagens, Weinens, Heulens* gesagt. Selbst die einfachsten Wesfälle verschwinden allmählich: in der Umgangssprache sagt kaum noch jemand *meines Vaters Haus,* sondern *das Haus von meinem Vater* oder – noch schlimmer – *meinem Vater sein Haus.* In der Schriftsprache begann der Verfall des Genitivs bei den Eigennamen *(das Gebiet des Wendelstein)* und ging weiter zu Titeln und anderen Namen *(das Programm des Wintergarten);* die Juristen sagen *des Artikel 10* und so fort. Wenn wir den Abschleifungen den Weg völlig freigäben, würden Schönheit und Deutlichkeit leiden. Niemand wußte das besser als Jakob Grimm. Gerade er hat sich für die Erhaltung der Beugungsformen, besonders für die starke Beugung, eingesetzt (*singe, sang, gesungen* ist stark; *lache, lachte, gelacht* ist schwach):

«Es hat sich die herrliche und dauerhafte Natur des deutschen Verbums fast nicht verwüsten lassen und von ihm gehen unzerstörbarer Klang und Klarheit in unsere Sprache ein. Fühlt man nicht, daß es schöner und deutscher klinge zu sagen: buk, wob, boll (früher noch besser wab, ball) als backte, webte, bellte? Im Gesetze des Ablautes gewahre ich eben den ewig schaffenden, wachsamen Sprachgeist, der aus einer anfänglich nur phonetisch wirksamen Regel mit dem heilsamsten Wurf eine dynamische Gewalt entfaltete, die unserer Sprache reizenden Wechsel der Laute und Formen zuführte. Es ist sicher alles daran gelegen, ihn zu behaupten und fortwährend schalten zu lassen.»

Doch Grimm wollte im Sprachlichen kein regelloses Chaos; er unterschied sehr deutlich zwischen gut und schlecht:

«Es wäre töricht zu glauben, daß unsere heutige Sprache in Zukunft bleiben würde, wie sie jetzt ist; ihre Formen werden sich unverhinderlich weiter abschleifen. Von diesem langsamen ruhigen Gang unterscheide ich aber den durch äußere Ursachen herbeigeführten und beförderten Verfall einer Sprache. Bei edlen, blühenden Volksstämmen scheint sie gleichsam still zu stehen, wenigstens geschieht die Bewegung ganz verdeckt und wirkt in dem großen Gleichgewicht des Ganzen selten störend. Die Sprache verwilderter Stämme schwankt dagegen in ungleicheren, schnelleren Schwingungen.»

Rechtschreibung

Töricht ist die Überschätzung bestimmter Rechtschreibungsfeinheiten. Vor zweihundert Jahren hat man nur in Druckschriften auf richtige Rechtschreibung geachtet – das war Sache des Setzers; im persönlichen Schriftverkehr ließ man jedem seine eigene Rechtschreibung. Goethe und Schiller haben zeitlebens nicht ‹orthographisch› richtig geschrieben. Lessing war ein so treuer Obersachse, daß er *Belz, Bilz, Berle, Budel, Tutzend, Prezeln, Dasse* schrieb, wo wir *Pelz, Pilz, Perle, Pudel* und *Tasse* schreiben.

Gewiß benötigen wir heute eine einheitliche Rechtschreibung und empfinden grobe Verstöße als störend. Aber jene Pedanten, die ihren Mitmenschen: *Gib mir bloß ein bißchen Grieß* diktieren, sind gewöhnlich ewige Sekundaner. In dem Satz *Tut nie unrecht; seid ihr aber im Recht, so habt ihr recht, ja das größte Recht, wenn ihr euer Recht sucht* kann jemand getrost alle Anfangsbuchstaben verfehlen und trotzdem seine Muttersprache vortrefflich beherrschen. Und wenn jemand in dem Satze : *Der Atleth brachte die nummerierten Zigarrettenpackete in die Droguerie, trank im Galop eine Boullion, faulenzte und war seelig* die neun Rechtschreibefehler (Lösung am Schluß des Buches) nicht herausfindet, kann er trotzdem ein vorzüglicher Kenner unserer Sprache sein. Schließlich nehmen wir es sogar gern in Kauf, wenn jemand wie Blücher, nach der Schlacht bei Leipzig, an seine Frau schreibt:

«Ich kann dich führ dieses mahll nichts besonderes schreiben, als daß wihr Sigreich Fort gehen. Als Frau Feldmarschallin mußt du nun anstendig leben und sey nur nicht geizig und laß dich was abgehen ich kriege nun doch ein ansehnlich Gehalt. Schreib mich ballde ich habe 3 Schöne Schimmel vor dich, auch 2 maul Esell wenn ich sie nuhr zu dich hin krigen könte.

immer dein bester Freund Blücher

mit die ordens weiß ich mich nun kein Raht mehr ich bin wie ein allt kuttsch perd behangen, aber der gedanke lohnt mich über alles daß ich derjenige wahr der den übermüttigen tihrannen demütigte.»

Der Kasus macht uns manchmal lachen, aber der Brief ist ein Vorbild lebendigen Briefstils.

Vierter Teil
PROBLEME DER INNEREN FORM

Ich werfe mich mit aller Gewalt in die Philosophie,
die Kunstsprache ist abscheulich, ich meine, für
menschliche Dinge müsse man auch menschliche
Ausdrücke finden . . .

Georg Büchner

Leben

Jede Art zu schreiben ist erlaubt, nur nicht die langweilige. – Ein tüchtiger Koch kann auch aus der
zähesten Schuhsohle ein schmackhaftes Gericht bereiten.

Voltaire

Voltaires These

Hat Voltaire recht? Kann man wirklich auch den sprödesten Stoff so vortragen, daß der Leser – der wohlmeinende und hinreichend vorbereitete
Leser – das Buch von Anfang bis zu Ende mit Vergnügen liest?
Die Weltliteratur antwortet auf diese Frage mit ‹Ja!› Denn mag auch
die Mehrzahl aller Bücher höchst langweilig sein: wir besitzen vermutlich über jeden Gegenstand mindestens ein Buch, das ihn in durchsichtiger und erfreulicher, ja in genußreicher Form behandelt. Zwar kann
der Leser billigerweise nicht erwarten, daß ihm die «Kritik der reinen Vernunft» in gereimten Stanzen vorgetragen werde – auch das
ist leider versucht und gedruckt worden –, er kann nicht beanspru-
chen, daß eine Abhandlung über den Zahlensinn der brasilianischen
Nacktschnecken sich so heiter lese wie die Bildergeschichten von Wilhelm Busch. Aber er kann verlangen, daß jedes Buch, das er lesen soll,
zu seinem Innern spricht: wenn es ihn belehrt, soll es seine Neugierde
aufrufen; wenn es ihm etwas erzählt, seine Teilnahme; und wenn es etwas predigt und fordert, seine Wünsche, seine Furcht oder seine Hoffnungen.
Welche Stilmittel sind nötig, um diese Aufgabe – die Uraufgabe des
Schriftstellers – zu lösen? Welche Kochkünste, Gewürze und Zauber-
kräuter muß man verwenden, um auch die zähesten Schuhsohlen
schmackhaft zu machen?
Nicht mit einem Satz, nicht mit einer Formel läßt sich diese Frage beantworten. Schon deshalb, weil nicht jede Speise die gleichen Gewürze
verträgt. Geduldig muß der Leser die folgenden Kapitel durchgehen,
denn diese Frage ist einer der Hauptgegenstände des Buches. Er wird in
ihnen hören, wie andere – berühmte und weniger berühmte – Prosaschreiber mit dieser Aufgabe fertig geworden sind. Er wird in ihnen
mancherlei Gewürze kennen und anwenden, aber manche andere auch
verachten und verschmähen lernen. Er wird erfahren, daß es wirklich
auch hier Zaubermittel gibt – wunderkräftig wie jene geheimnisvollen
Kräuter aus Tausendundeiner Nacht – und daß es immer Kochkünstler
gegeben hat, deren gesegnete Hände das zäheste Leder abstrakter Unter-

suchungen weich und genießbar machen konnten. Aber er wird freilich auch an die Grenzen jedes Kochbuches gelangen, wo man die wunderbar bereitete Musterspeise nicht mehr erklären, sondern nur noch auf den Tisch setzen kann und sagen: Sieh und iß!

Wer war der erfolgreichste Schriftsteller aller Zeiten? Nicht nach der Ziffer der Auflagen gemessen – das wäre ein unzulänglicher Maßstab; er würde die Leser nur zählen, nicht wägen –, sondern nach seinem geschichtlichen Gewicht und seinem Einfluß auf die Nachwelt? Es gibt, glaube ich, nur einen Mann, der – ohne zugleich Feldherr oder Staatsmann zu sein – lediglich mit der Spitze seiner Feder eine Weltmacht aus den Angeln gehoben, die Völker Europas aufgewühlt und die Pforten eines neuen Zeitalters geöffnet hat, nur einen, der von sich sagen konnte, daß die Weltgeschichte ohne ihn einen anderen Verlauf genommen hätte: Martin Luther.

Luther

Von seiner Art zu schreiben hat Wilhelm Scherer in seiner Literaturgeschichte ausführlich gehandelt; diese Darstellung ist selbst ein treffliches Stück deutscher Prosa geworden:

«Durch Flugschriften hat Luther zu Millionen geredet und seine Stimme über ganz Deutschland erschallen lassen. Luther besitzt im höchsten Maße, was man volkstümlich nennen muß: natürliche Bildlichkeit; derbes Wort; sprichwörtlichen Ausdruck; Übertreibung, worin sich die Erregung des Zornes und der Verachtung spiegelt; vergegenwärtigende Phantasie, welche zu dramatischen Wirkungen führt. Er versetzt sich mitten in eine gedachte Situation: so in der Schrift an den christlichen Adel deutscher Nation, wo er gleichsam persönlich vor den Kaiser und die Fürsten hintritt und sein Wagnis entschuldigt; oder in den Streitschriften, in denen er den Gegner stets unmittelbar vornimmt, anredet, heruntermacht, verhöhnt, mit Schimpfworten belegt und dergestalt unwillkürlich eine groteske Karikatur von ihm entwirft. Er hält nie Monologe; sondern stets bekommen wir ein Stück aus einem Dialog zu hören... Er selbst vergleicht seine Sprache (nicht rühmend, sondern tadelnd) mit einem unruhigen und stürmischen Fechter, der allezeit gegen unendliche Ungeheuer streite, mit Donner und Blitz, mit Wind, Erdbeben und Feuer, wodurch Berge umgestürzt und Felsen zerbrochen werden. Er bedauert, daß ihm der liebliche, friedsame und ruhige Geist mangle, den er in anderen bewundert. Aber er tröstet sich damit, daß der himmlische Vater in seinem großen Haushalt wohl auch ein und den andern Knecht brauche, der hart gegen Harte, rauh gegen Rauhe, ein grober Keil für grobe Klötze sei...

Nie hat ein Professor die gelehrte Vornehmlichkeit so gründlich verleugnet wie Luther. Daß er trotz Schule, Universität, Kloster und Katheder innerlich ein Mann aus dem Volke geblieben war, das machte ihn
zum Helden des Volkes.»
Lebendigkeit und Leidenschaft sind die Vorzüge, die Scherer der Prosa
Luthers nachrühmt.

Oder – um es nicht abstrakt, sondern gegenständ-
lich zu sagen – Luther hat geschrieben, wie er gesprochen hat: in der bewegten, leidenschaftlichen Sprache des Alltags, die sachlichen Probleme
immer wieder in Probleme der Menschen umwandelnd. Er hat selbst
von seiner Bibelübersetzung gesagt:

«Man muß die Mutter im Hause, die Kinder auf der Gassen, den gemeinen Mann auf dem Markte drumb fragen und denselbigen auf das
Maul sehen, wie sie reden, und darnach dolmetschen, so verstehn sie es
denn und merken, daß man Deutsch mit ihnen redet!»

Er kannte nicht das Abgewogene, Verschränkte, Abstrakte und Allgemeine der Papiersprache. Der entschiedene, unmittelbare, zugespitzte
Ausdruck war ihm immer der liebste. Man lese nur die Thesen, die der
unbekannte Augustinermönch dem Herrn der Welt hingeschleudert hat.
Mit nachtwandlerischer Sicherheit wählt er den Ausdruck, der die Behauptung am meisten zuspitzt, die Wendung, die den Papst am meisten
erbittern muß:

«Man lehre die Christen, daß des Papstes Ablaß nützlich ist, wenn
man kein Vertrauen auf ihn setzt, aber höchst schädlich wird, wenn man
um seinetwillen die Furcht Gottes verliert.

Man lehre die Christen, daß, wenn der Papst den Schacher der Ablaß-
prediger wüßte, er lieber den Dom St. Petri würde zu Asche verbrennen
lassen, als daß derselbe von Haut, Fleisch und Knochen seiner Schafe
sollte erbaut werden.

Man lehre die Christen, daß der Papst, wie es denn ihm gebührt, gern
bereit wäre, selbst wenn er dazu St. Peters Dom verkaufen müßte, von
seinem eigenen Gelde denen mitzuteilen, deren vielen jetzt etliche Ablaß-
prediger ihr Geld ablocken.»

Man versteht das Urteil des Kurfürsten von Sachsen, daß er in einem
Blättchen Luthers mehr Saft und Kraft finde als in ganzen Bogen anderer
theologischer Schriften.

Luther hat nicht, wie mancher glaubt, die neuhochdeutsche Sprache
erfunden; er hätte kein volkstümlicher Schriftsteller werden können,
wenn er sich erst eine eigene Sprache angefertigt hätte. Er hat viel mehr
getan: einen neuen deutschen Prosastil hat er geschaffen, einen Stil, dessen Bedeutung nicht nur in der Vergangenheit liegt, sondern in der
Zukunft. Denn wenn es je eine neue große deutsche Prosa geben wird:
Luther muß ihr Lehrmeister sein.

Lessing

«Seit Luther hat niemand deutsch geschrieben wie Lessing», urteilt Herder, und wer wollte das Urteil anfechten? Über Lessings Stil sagt Erich Schmidt:

«Lessings Art ist gleich der Weise Luthers eine dialogische, die das Denken gesellig macht und Verhandlungen ausprägt. So erzählt uns Goethe, daß er gern im Geist einen Bekannten zu sich lud, niedersitzen hieß und dann auf- und abgehend ansprach. Lessing unterhält sich mit leibhaften und nur gedachten Personen oder in den mannigfaltigsten Wendungen mit dem Leser, so daß wohl ein förmliches ‹Ich› und ‹Du›, ‹Ich› und ‹Er› Reden und Gegenreden bezeichnet, bis er dem andern sagt: ‹Tritt ab›. Er weiß, daß noch immer durch gutes Fragen und Antworten die tiefsinnigsten Wahrheiten herausgebracht werden können.»

Frage, Antwort, Ausruf, Einwand, Widerlegung, Anrede, alles Schlag auf Schlag, gleichsam mit lebhaftesten Gebärden: Lessings Prosaschriften gehen immer wieder in Gespräche über, in Streitgespräche versteht sich; denn Lessing würde mit sich selbst streiten, wenn er niemanden zum Streiten hätte.

Wen redet Lessing nicht alles an! Zunächst die Empfänger seiner Schriften, soweit sie an eine bestimmte Person gerichtet sind. Der dritte Teil des Anti-Goeze beginnt: «Lieber Herr Pastor, poltern Sie doch nicht so in den Tag hinein: ich bitte Sie!» und gleich drauf wird die Anrede noch nachdrücklicher:

«Wie, Herr Hauptpastor? Sie haben die Unverschämtheit, mir mittelbare und unmittelbare feindselige Angriffe auf die christliche Religion schuld zu geben? Was hindert mich, in die Welt zu schreiben, daß alle die heterodoxen Dinge, die Sie itzt an mir verdammen, ich ehedem aus Ihrem eigenen Munde gehört und gelernt habe? Was hindert mich? Eine Unwahrheit wäre der andern wert. Daß ich Ihre Stirn nicht habe, das allein hindert mich. Ich unterstehe mich nicht zu sagen, was ich nicht erweisen kann; und Sie – Sie tun alle sieben Tage, was Sie nur einen Tag in der Woche tun sollten. Sie schwatzen, verleumden und poltern; für Beweis und Eviktion mag die Kanzel sorgen.

Und die einen so infamierenden Titel führet, – was enthält diese Goezische Scharteke? Nichts enthält sie als elende Rezensionen, die in den freiwilligen Beiträgen schon stehen oder wert sind, darin zu stehen. Doch ja, sie enthält auch einen zum dritten Male aufgewärmten Brei, den ich längst der Katze vorgesetzt habe. Und dennoch sollen und müssen sich des Herrn Hauptpastors liebe Kinder in Christo diesen beschnuffelten, beleckten Brei wieder in den Mund schmieren lassen.»

Über was für langweilige Gegenstände hat Lessing oft geschrieben! Über die Fehler eines belanglosen Horazübersetzers, über eine alte

Münze, über längst verjährte theologische Streitfragen. Aber wie lebendig hat er diese Gegenstände gemacht! Nicht etwa, daß er äußere Schmuckmittel einstreute – er schreibt ganz schmucklos. Nein, bei jedem Gegenstand stellt er das Menschliche, das Persönliche in den Vordergrund, und nichts ist dem Menschen interessanter als der Mensch. Wenn er über Langes Übersetzungsschnitzer schreibt, dann sehen wir den halbgebildeten, aufgeregten, bis aufs Blut gepeinigten Herrn Pastor leibhaftig vor uns, und Stück für Stück zieht ihm Lessing seine ganze prächtige Ausrüstung vom Leibe herunter. Wenn er die Figuren seiner Abhandlungen persönlich anspricht, so versetzt er uns aus der Welt der bloßen Dinge in eine Welt lebendiger Wesen.

Goethe

Lessing hat die Deutschen gelehrt, Gedanken lebendig auszusprechen, Goethe hat unserer Sprache die Gabe verliehen, alle Gewalten des Lebens in sprachliche Gestalt zu bannen. Die Briefe des jungen Goethe werden zum Drama:

«Abends 7 Uhr.

Ha Behrisch da ist einer von den Augenblicken! Du bist weg, und das Papier ist nur eine kalte Zuflucht, gegen deine Arme. O Gott, Gott. – Laß mich nur erst wieder zu mir kommen. Behrisch, verflucht sei die Liebe. O sähst du mich, sähst du den Elenden wie er rast, der nicht weiß gegen wen er rasen soll, Du würdest jammern. Freund, Freund! Warum hab ich nur Einen?

um 8 Uhr.

Mein Blut läuft stiller, ich werde ruhiger mit dir reden können. Ob vernünftig? das weiß Gott. Nein, nicht vernünftig. Wie könnte ein Toller vernünftig reden. Das bin ich. Ketten an diese Hände, da wüßte ich doch, worein ich beißen sollte. Du hast viel mit mir ausgestanden, stehe noch das aus. Das Geschwätze, und wenn dir's Angst wird, dann bete, ich will Amen sagen, selbst kann ich nicht beten. Meine – Ha! Siehst Du! Die ist's schon wieder. Könnte ich nur zu einer Ordnung kommen, oder käme Ordnung nur zu mir. Lieber, Lieber.

. . .

Ich habe mir eine Feder geschnitten um mich zu erholen. Laß sehen, ob wir fortkommen. Meine Geliebte! Ah, sie wird's ewig sein. Sieh Behrisch in dem Augenblick da sie mich rasen macht fühl ich's. Gott, Gott warum muß ich sie so lieben. Noch einmal angefangen. Annette macht – nein nicht macht. Stille, stille, ich will dir alles in der Ordnung erzählen . . .»

Das ist lebendiger Redestil!

Schopenhauer und Bismarck

Lebendig hat auch der große Klassiker der Klarheit geschrieben: Schopenhauer. Schopenhauer betrachtete sein Werk als den Schlußpunkt der Philosophie: alle Probleme waren durch ihn gelöst. Er hätte höchstens die Veden oder die Bibel neben sich gelten lassen. Aber nie ist er auf den Einfall gekommen, daß ein Buch von solchem höchsten Range nun die Würde der Langeweile besitzen müsse. Er schreibt so lebendig und natürlich, wie nur ein Mensch schreiben kann, der wirklich etwas zu sagen hat. Dies Buch enthält eine Fülle von Beispielen aus seiner Feder.

Und der andere große Prosameister des vorigen Jahrhunderts, Bismarck? Auch wenn er nicht der Gründer des Reiches geworden wäre: als einer der größten deutschen Briefschreiber würde er in jedem Falle fortleben. Wie ein Kunstkenner gesagt hat, er sei imstande, aus jedem einzelnen Bleistiftstrich Rembrands den großen Urheber herauszukennen, so könnte man auf Grund jedes Bismarckbriefes sagen, daß dies ein sprachgewaltiger Mann geschrieben haben müsse – auch wenn man sonst nichts von ihm wüßte.

Kaum hat er mit einem feierlichen Brautwerbebrief – seinem ersten diplomatischen Meisterstück – seinem frommen Schwiegervater Vertrauen zu der Bekehrung dieses Weltkindes eingeflößt und das Ja der gottesfürchtigen Johanna errungen, da berichtet er seiner Schwester das Ereignis mit den Worten:

«Ich zeige Dir nunmehr allen Ernstes meine Verlobung an, die kein Geheimnis mehr ist. Ich erhielt in der vorigen Woche einen Brief von hier, der mir freistellte herzukommen und die Antwort hier zu hören. Am Montag kam ich früh durch Angermünde... und Dienstag den 12. um Mittag war ich verlobt. Alles Nähere, das maßlose Erstaunen der Cassuben, von denen die, welche nicht gleich rundum überschlugen, noch immer haufenweise auf dem Rücken liegen, den Verdruß der alten Damen, daß auch keine sagen kann, ich habe eine Silbe davon geahnt, usw. will ich Dir mündlich erzählen.... Reinfelden liegt hier dicht bei Polen, man hört die Wölfe und die Cassuben allnächtlich heulen, und in diesem und den 6 nächsten Kreisen wohnen 800 Menschen auf der Quadratmeile; polish spoken here. Ein sehr freundlich Ländchen.»

Bismarcks Prosa ist Erguß, unmittelbare Redesprache. Wie Lessing liebt er es, andere Personen mit Rede und Antworten in seinem Text auftreten zu lassen.

Die lebendige Rede

Was unterscheidet gesprochene Sprache und geschriebene Sprache? Die gesprochene Sprache bevorzugt den bestimmten, entschiedenen Ausdruck statt des allgemeinen unentschiedenen, den anschaulichen statt des abstrakten; sie stellt die Worte nicht nach Regeln, sondern nach Gewicht; sie baut kurze, beigeordnete Sätze, keine langen, verschachtelten; sie legt die entscheidende Mitteilung ins Zeitwort, nicht ins Hauptwort.

Vor allem aber – und davon will ich in diesem Kapitel reden – gewinnt sie ihre Lebendigkeit, indem sie den gleichmäßigen Fluß der Darstellung immer wieder unterbricht: durch Frage, Wunsch, Ausruf, Befehl, Drohung, durch Anführung wörtlicher Rede, kurzum durch Satzgebilde, die das Menschliche, Persönliche viel stärker durchleuchten lassen als der bloße Aussagesatz. Gerade diese, dem Gefühl näherstehenden Satzformen sind packender, mitreißender als Aussagesätze; sie regen stärker zur Einführung an. Sie ziehen jene Fäden zwischen Autor, Leser und Sache, die über die Wirkung eines Buches entscheiden. Wenn jemand die Wahl hat, einem berühmten Politiker oder Tonkünstler, Sportsmann oder Weltreisenden entweder am Biertisch eine halbe Stunde zuhören zu dürfen oder ein dickes Buch von ihm zu lesen, so werden die meisten die halbe Stunde am Biertisch vorziehen, obwohl der große Mann vielleicht nur Banalitäten sagen wird und das dicke Buch voller Weisheit steckt. Der lebendige Mensch besitzt weit stärkere Zauberkräfte als das bedruckte Papier, und deshalb muß das Papier von dem lebendigen Menschen soviel Kraft aufnehmen, wie die Sache zuläßt:

«Jeder erinnert sich, schon einmal ein Lied gefunden zu haben, bei dem ihm trotz des stillen Lesens unwillkürlich zugleich eine Melodie in den Kopf kam, aus den Zeilen heraus, wenn auch nur schattenhaft, wie in dunklen Grundzügen, oder nur der Rhythmus davon, der Rahmen dazu. So gibt's auch einen Stil, bei dem einen auch im stillen Augenlesen wie eine Stimme anklingt, bei dem unwillkürlich das Ohr der Phantasie sich plötzlich an der Auffassung beteiligt, bei dem man unmerklich die schwarzen Zeichen und das Papier vor sich vergißt und wohl gar, wenn einmal der Inhalt nachdrücken hilft, auf einmal in halblautes Lesen übergeht. So schrieb Goethe in seiner frischesten Zeit und hat es nie völlig gelassen, so schrieb Lessing, auch Gellert in seinen Fabeln, so schreibt noch jetzt hier und da einer bei uns, in Frankreich aber jeder gute Stilist – so ist ziemlich alles geschrieben, was über das 16. und 17. Jahrhundert rückwärts geschrieben wurde. Wenn freilich darüber ein recht lesegeübter moderner Mann kommt, und der Stoff ist ihm nicht schon halb bekannt, guter Gott, der findet darin, rasch mit dem Auge lesend, mehr holperige als gute Sätze, mehr zerhackte Rede als wirklichen Stil.» (Hildebrand)

Schon Jakob Grimm klagte: wir sind gezwungen, «doppelter Sprache zu pflegen, einer für das Buch, einer andern im Leben, und können die größere Wärme des Lebens nicht einmal unmittelbar dem Ausdruck des Buchs lassen angedeihn». Mit diesem Vorurteil müssen wir brechen und

Kunstmittel des gesprochenen Wortes nutzbar machen für den Stil der Buchsprache.

Frage

Die Frage galt schon als Lieblingsform des Demosthenes, und die Fragen Ciceros sind Schulbeispiele wirksamer Rhetorik. Aber nicht nur für die gesprochene Rede, auch für das geschriebene Wort ist die Frage ein unentbehrliches Stilmittel. Der Schreiber unterbricht den eintönigen Monolog und wendet sich an die Person des Lesers. Schon durch ihre eigentümliche Satzmelodie verändert sie angenehm die gleichbleibende Tonlage der Aussagesätze; sie beginnt meist ohne Auftakt mit erhobener Stimme und läßt den Ton dann stark abfallen. Auf einem sehr einfachen Wege erzeugt sie die Spannung, die ein Kernstück jedes lebendigen Stiles bildet. Sie verschafft dem Leser einen Augenblick des Abstands und der Besinnung und schützt den Schreiber davor, in den Kettensätzen einer abstrakten Gelehrtensprache zu ersticken. Fragen – ohne Gewaltsamkeit der Darstellung eingefügt – erzwingen die Aufmerksamkeit des Lesers.

Die berühmteste Frage ist die rhetorisch-pathetische, die sich an den Leser wendet und keine Antwort verlangt: «Wer zählt die Völker, nennt die Namen?» Sie ist die schwächste Art der Frage, weil sie die unnatürlichste ist. Wichtiger und wirksamer ist die Frage, die dem Leser den augenblicklichen Stand der Darlegung verdeutlichen und auf den weiteren Gang der Untersuchung vorbereiten soll: «Und die einen so infamierenden Titel führet, – was enthält diese Goezische Scharteke?»

Am allerbesten aber eignet sich die Frage zur Trägerin eines Einwurfs: «Hier stellt sich uns die Frage entgegen: warum das geistig so mächtige Italien nicht eine Reformation gleich der deutschen und vor derselben zustande gebracht habe?» (Jakob Burckhardt)

Die Buntheit alles Irdischen, die nur selten ein einheitliches Urteil gestattet, die uns immer wieder zwingt, jedes Problem von vielen Seiten zu betrachten, die der vielstimmigen Darstellung bedarf und der einseitigen Logik spottet, die dia-logische Natur der Welt findet in der Frage ihr natürliches Werkzeug.

Ausruf

Der Ausruf ist eine knappe Form der Darstellung und schon darum verdienstlich. Auch er läßt die Leidenschaft eines Menschen hinter den bloßen Druckbuchstaben spüren; auch er unterbricht mit rasch ansteigendem und rasch absinkendem Tonfall angenehm das Gleichmaß des Normalsatzes:

Aussagesatz: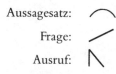

Frage:

Ausruf:

Freilich wirkt der Ausruf gekünstelt; bescheidene Zwischenrufe sind meist besser als feierliche Anreden:

«Die Werke der Alten sind der Nordstern für jedes künstlerische oder literarische Streben: geht der euch unter, so seid ihr verloren!» (Schopenhauer)

Oder Lessing, nachdem er einen Gegner zitiert hat: «Aber nun paß auf, gähnender Leser . . .»

Hermann Bahr beginnt eine Abhandlung mit dem Satze: «Gestern kam ein junger Mann zu mir, und richtig mit einem Manuskript.» Die meisten anderen hätten geschrieben *wie üblich hatte er ein Manuskript bei sich.* Aber – so bescheiden der Unterschied ist – die knappe, aus dem Umgangsdeutsch kommende Form Bahrs eröffnet den Aufsatz viel lebendiger.

Mensch und Sache

Wie dankbar ist der Leser auch, wenn in einem langen Bericht plötzlich eine direkte Rede auftaucht. Es ist das Menschliche, Persönliche, Warme der wörtlichen Rede, was sofort die ermattende Aufmerksamkeit des Lesers fesselt. Der Mensch ist nicht reiner Geist, er hat Phantasie und Leidenschaft. Deshalb ermüdet ihn der abstrakte Gedanke und erfreut ihn das lebendige Abbild des Wirklichen und Menschlichen.

Joachim Nettelbeck berichtet über den Brand des Rathauses bei der Belagerung von Kolberg 1807:

«Da geschah es, daß eine Bombe, verderblicher als alle übrigen, in das Rathaus niederfuhr . . . und ein hellaufflackerndes Feuer war die unmittelbare Folge ihres Zerspringens. Als naher Nachbar sprang ich auf, um . . . schnelle Anstalten zur Brandlöschung zu betreiben. Aber rundum in meiner Nachbarschaft regte sich keine menschliche Seele zum Löschen und Retten . . .

In steigender Angst lief ich auf die Brandstätte zurück. Was mir begegnete, packte ich an, um Hand anzulegen, aber kaum einer schien auf mein flehentliches Ermahnen zu achten. Ein vierschrötiger Kerl, den ich nicht kannte und dem ich auf diese Weise einen gefüllten Löscheimer aufdrang, nahm ihn und schlug ihn mir samt seinem nicht sauberen Inhalt geradezu um die Ohren, so daß ich fast die Besinnung verlor und, von Schmutz und Ruß bedeckt, wohl eine jämmerliche Figur machen mochte.

Alles dies achtete ich jedoch weniger als das Unglück, das dem Rathaus bevorstand, und da ich einsah, daß eine wirksame Hilfe allein vom Militär ausgehen könnte, so hastete ich mich, das nächste Wachthaus zu erreichen. Wild stürmte ich in das halbdunkle Wachtzimmer hinein. Ich sehe auf der hölzernen Pritsche sich eine Gestalt regen, die ich zwar nicht erkenne, aber sie für den Mann haltend, den ich suche, von ihrem Lager aufschreie, indem ich rufe: ‹Bester Mann, zu Hilfe! Das Rathaus steht in Flammen!›

Aber weniger meinen Schrei als mich selbst und mein Jammerbild beachtend, erhebt sich der Offizier mir gegenüber, schlägt die Hände zusammen und spricht: ‹Ach, du armer Nettelbeck!› Jetzt erst an der Stimme erkenne ich ihn – es ist Gneisenau. Er hört, er erfährt, er gibt mir einen Adjutanten samt einem Tambour mit, die Lärmtrommel wird gerührt, die Soldaten erscheinen, Patrouillen durchziehen die Straßen, kräftige Löschanstalten kommen in Bewegung, die zwar den Brand nicht mehr zu unterdrücken vermögen, aber ihm doch dergestalt ein Ziel setzen, daß wenigstens zwei Seiten des ein großes Viereck bildenden Gebäudes erhalten werden.»

Nettelbeck war ein ausgezeichneter Stilist. Wie er Gneisenau *vom Lager aufschreit* und wie der schlaftrunkene Kommandant, ehe er die Löscharbeiten anordnet, erst einmal zu dem aufgeregten, pudelnassen, dreckübergossenen Siebzigjährigen *Ach, du armer Nettelbeck* sagt: diese so einfach geschilderte Szene wird keiner so schnell vergessen.

Wer sich nur an den Verstand wendet, wird nie gut schreiben. Nur was aus Gefühl und Willen stammt und Gefühl und Willen aufruft, kann bis in die Tiefe durchschlagen. Zeiten reiner Verstandesherrschaft waren immer auch Zeiten langweiliger Prosa. In der Zeit der Aufklärung mußten in den protestantischen Kirchen sogenannte Erwecker mit langen Stangen umhergehen, um die Gemeinde am Einschlafen zu hindern. Nur wer seine ganze Person einsetzt, kann die ganze Person des Lesers aufrühren.

Historisches Präsens

Nettelbeck hat in seinem Bericht unbewußt noch einen anderen uralten Kunstgriff angewandt: als die Erzählung auf dem Höhepunkt angelangt ist, geht er auf die Gegenwart (Präsens) über *(... erhebt sich der Offizier)*. Der zeitliche Abstand zu den Ereignissen wird aufgehoben, der Leser wird zum Augenzeugen gemacht. Dieser Wechsel der Zeitform entspricht dem gesprochenen Worte: wer mündlich etwas Aufregendes berichtet, verfällt von selbst in die Gegenwart.

Aber das historische Präsens dürfen wir nicht überanstrengen. Wer alles in der Gegenwart erzählt, nimmt dem Präsens den belebenden Zauber, so wie ein Redner, der jeden Satz mit der äußersten Tonstärke herausbrüllt, dem Hörer keine Aufmerksamkeit abzwingt. Auch verführt das ständige Präsens den Erzähler dazu, ein Filmband unverbundener Einzelstücke abrollen zu lassen und auf die innere Verflechtung zu verzichten. Aber sparsam angewandt und an den richtigen Punkten eingesetzt, stellt das historische Präsens die Menschen leibhaftig vor unsere Augen und befriedigt einen ewigen Zug unseres Herzens: die Freude am Drama, das theatralische Bedürfnis des Menschen.

Abwechslung

Weil der Stil sich an den ganzen Menschen wenden muß, nicht an eine Denkmaschine, deshalb bedarf er der Abwechslung. Schon als ich über das Formeldeutsch sprach, habe ich das Gesetz der abnehmenden Reizwirkung des Gleichen erwähnt. So entwürdigend manchem der Vergleich scheinen mag: auch in der Stilkunst wollen wir nicht täglich Rebhühner vorgesetzt bekommen. Jeder gleichbleibende Reiz nützt sich ab. Selbst der ewige Sonntagnachmittag des Schlaraffenlandes würde uns sehr schnell unausstehlich werden.

Es ist leicht, diesen Hang zur Abwechslung zu verdammen, aber es ist schwer, ihn abzuschaffen. Gewiß muß diese Neigung auf manchen Gebieten unbefriedigt bleiben, weil sie höhere Werte gefährdet. Aber die Stilkunst gehört nicht zu diesen Gebieten. Wer eintönig schreibt, ist gewöhnlich kein stilistischer Puritaner, sondern ein schlichter Langweiler. Er ist zu bequem oder zu substanzlos, um die Buntheit der Welt in seiner Darstellung widerzuspiegeln. Dem aufgeschlossenen Geist ist die Welt nicht eintönig, also wird er sie auch nicht eintönig wiedergeben; er schreibt abwechslungsreich, ohne es zu wollen.

Wir haben schon in früheren Kapiteln gesehen: Alles Lebendige ist voller Spannungen und Gegensätze. Es ist nie einseitig gestaltet, sondern bunt und vielförmig. Wer lebendig schreiben will, muß in seinem Stil die Spannungen ahnen lassen, die das Wesen des Lebendigen ausmachen.

Stil der Sachprosa

Ja, ich weiß! Schon lange kenne ich den Einwand, den Sie seit den letzten Seiten auf den Lippen haben. Sie wollen sagen: über viele Dinge kann man nicht in der Sprache des gesprochenen Wortes, kann man nicht mit Leidenschaft schreiben. Oder wie sollte etwa eine weltgeschichtliche Charakteristik, eine zoologische Beschreibung, ein chirurgisches Lehrbuch, eine philosophische Abhandlung, vielleicht gar ein amtliches Glückwunschschreiben oder ein Reiseführer aussehen, die in solchem Stil abgefaßt wären?

Der Einwand ist nicht unbegründet. Genauer gesagt: ein Buch für Fachgenossen wird in einem anderen Stil geschrieben als ein Buch, das sich an alle wendet. Der Fachgenosse liest mühelos, was der Laie nur versteht, wenn man ihm hilft. Der Fachgenosse ist auch bereits befriedigt, wenn er nur entweder sein Wissen bereichern oder aber die Unwissenheit seines Kollegen feststellen und bemitleiden kann; beides ist ihm Genuß genug. Diese ‹Kollegenliteratur› wird lediglich knapp und durchsichtig geschrieben sein – die Wege hierfür später –, die Stilmittel dagegen, von denen dieses Kapitel hauptsächlich handelt, braucht man für sie kaum einzusetzen, nämlich die Kunst, die Darstellung durch die Formen der Redesprache zu beleben und durch eine menschlich-persönliche Auffassung aufzulockern.

Aber ein anderes ist es, für die Fachgenossen, ein anderes, für die große Leserwelt zu schreiben, und neun Zehntel alles Gedruckten wird nicht für Fachgenossen oder wenigstens nicht nur für Fachgenossen geschrieben. Wer für alle schreibt, muß lebendig schreiben. Er muß den Glauben hinter sich werfen, daß nur langweilige, nur steife, nur würdevolle Bücher seriös und wissenschaftlich ernst zu nehmen seien. Ein deutscher Professor klagte mir einmal, man sage von seinen Büchern immer, sie seien ‹gut geschrieben›; er empfinde das als Verdächtigung.

Vor dreißig Jahren schrieb Erich Schmidt in das Stammbuch der Berliner Germanistenkneipe. «Du sollst nicht töten, sondern du sollst lebendig machen.» Lebendig machen kann man auch die sprödesten Stoffe, auch die weltgeschichtliche Charakteristik, die zoologische Beschreibung, das Lehrbuch der Chirurgie, die philosophische Abhandlung. Wir werden das sogleich sehen. «Um dich, Adelheid, ist eine Atmosphäre von Leben», sagt Franz im ‹Urgötz›. Wer das von sich sagen kann, der hat Leser!

Beispiele

Theodor Mommsen kommt in seinem Lebenswerk an die entscheidende Stelle, die Charakteristik Cäsars; entscheidend, denn er will hier nicht nur den geschichtlichen Cäsar schildern, sondern sein Idealbild eines Staatsmannes vor uns hinstellen. Er beginnt:

«Dem Sprößling einer der ältesten Adelsfamilien Latiums, welche ihren Stammbaum auf die Helden der Ilias und die Könige Roms zurückführte, waren seine Knaben- und ersten Jünglingsjahre vergangen, wie sie der vornehmen Jugend jener Epoche zu vergehen pflegten. Auch er hatte von dem Becher des Modelebens den Schaum wie die Hefen gekostet, hatte rezitiert und deklamiert, auf dem Faulbett Literatur getrieben und Verse gemacht, Liebeshändel jeder Gattung abgespielt und sich einweihen lassen in alle Rasier-, Frisier- und Manschettenmysterien der damaligen Toilettenweisheit, sowie in die noch weit geheimnisvollere Kunst, immer zu borgen und nie zu bezahlen. Aber der biegsame Stahl dieser Natur widerstand selbst diesem zerfahrenen und windigen Treiben: Cäsar blieb sowohl die körperliche Frische ungeschwächt wie die Spannkraft des Geistes und des Herzens. Im Fechten und im Reiten nahm er es mit jedem seiner Soldaten auf und sein Schwimmen rettete ihm bei Alexandria das Leben; die unglaubliche Schnelligkeit seiner gewöhnlich des Zeitgewinns halber nächtlichen Reisen – das rechte Gegenstück zu der prozessionsartigen Langweiligkeit, mit der Pompeius sich von einem Ort zum anderen bewegte – war das Erstaunen seiner Zeitgenossen und nicht die letzte Ursache seiner Erfolge. Wie der Körper war der Geist. Sein bewunderungswürdiges Anschauungsvermögen offenbarte sich in der Sicherheit und Ausführbarkeit aller seiner Anordnungen, selbst wo er befahl, ohne mit eigenen Augen zu sehen. Sein Gedächtnis war unvergleichlich und es war ihm geläufig, mehrere Geschäfte mit gleicher Sicherheit nebeneinander zu betreiben.... Obgleich Gentleman, Genie und Monarch, hatte er dennoch ein Herz. Wie allen denen, die in der Jugend der volle Glanz der Frauenliebe umstrahlt hat, blieb ein Schimmer davon unvergänglich auf ihm ruhen: noch in späteren Jahren begegneten ihm Liebesabenteuer und Erfolge bei Frauen und blieb ihm eine gewisse Stutzerhaftigkeit im äußeren Auftreten, oder richtiger: das erfreuliche Bewußtsein der eigenen männlich schönen Erscheinung. Sorgfältig deckte er mit dem Lorbeerkranz, mit dem er in späteren Jahren öffentlich erschien, die schmerzlich empfundene Glatze und hätte ohne Zweifel manchen seiner Siege darum gegeben, wenn er damit die jugendlichen Locken hätte zurückkaufen können...»

Mag Mommsens Darstellung – es fällt schwer abzubrechen – geschichtlich zutreffend sein oder nur ein funkelndes Wunschbild: als Kunstwerk werden diese Seiten fortleben, als Muster eines lebendigen und deshalb mitreißenden Geschichtsstils.

Die zoologische Beschreibung: aus Meerwarths «Lebensbildern aus der Tierwelt» einige Sätze über die Nahrung des Bären:

«Als der Tag über die Tannenschatten heraufzieht, schleppt sich Braun mühselig weiter. Seine Kraft reicht jetzt kaum dazu hin, Steine, die er sonst wie Kiesel wegschleudert, umzuwälzen, um darunter nach Käferlarven oder Wespennestern zu suchen. An einem verrotteten Stubben buddelt er einen Ameisenhaufen auf, aber es sind noch keine Muttereier darin. Dann schnüffelt er in dem morschen Laube herum, das den Boden einer kleinen Blöße bedeckt. Ein goldgrün leuchtender Laufkäfer hängt dort an der Borke. Ein Paar Tausendfüßler findet er im Wurmmehle von altem Fallholze. Aber hier, aha! Die Vorratsscheune eines Siebenschläfers. Leider sind die paar Nüsse und Eicheln wenig für Brauns nagenden

Hunger. Aber warte nur: richtig, da ist im hohlen Stamme das Nest, und der kleine Winterschläfer, der sich, verlockt von der weichen Abendluft, nachts bereits herausgewagt hatte, sitzt wieder darin. Tief hat er sich in die Höhlung seines mit Moos und Tierwolle ausgepolsterten Loches geduckt und selbst zur Kugel zusammengerollt, die blassen Vorderpfötchen gegen das Gesicht gepreßt und den langen buschigen Schwanz über Kopf und Nase gelegt. Plötzlich spürt er einen heißen Anhauch und fährt auf. In seinen sonst so sanft blickenden, großen, schwarzen Kulleraugen spiegelt sich starres Entsetzen und die Schnurrbarthaare an seinem kleinen Schnäuzchen sträuben sich. Da tapst Brauns schwere Brante...»

Die Stilmittel des Verfassers sind einfach: Statt die Nahrungmittel zu beschreiben, mit denen der Bär in dieser Jahreszeit vorliebnehmen muß, erzählt er seinen Tagesablauf. Statt von der Gattung Bär und Siebenschläfer zu reden, läßt er einzelne individuelle Tiere auftreten, und ihre Empfindungen werden uns lebendig geschildert. Die Darstellung ist ein wenig lang, aber bequem zu lesen. Manchem wird sie allzusehr vermenschlicht sein. Das ist eine Frage des Grades; weniger ausgesponnene lebendige zoologische Beschreibungen stehen zum Beispiel in Brehms Tierleben.

In seinem Lehrbuch «Die operative Chirurgie» kommt Dieffenbach auf die Entfernung von Fremdkörpern aus dem Nasenloch. Das beschreibt er so:

«Vor allen Dingen muß man zu erfahren suchen, was eingebracht ist und in welches Nasenloch. Bei Kindern und Irren ist das schwer; jene weinen und geben gewöhnlich das andere an, weil das nicht wehe tut.

Der Kranke sitzt dem Fenster gegenüber, man geht behutsam mit einer angefeuchteten dicken geknöpften, vorn gebogenen silbernen Sonde ein und bemüht sich, den Sitz des fremden Körpers zu ermitteln. Ist derselbe klein, nicht eingekeilt, so zieht man ihn wohl sogleich mit der Sonde heraus, wenn man ihn mit der konkaven Seite des Instruments umgangen hat und dasselbe in eine günstige Stellung bringt. Bisweilen entsteht durch den Reiz ein Niesen und wenn man dies an den mimischen Verzerrungen des Gesichts voraussieht, drückt man schnell das entgegengesetzte Nasenloch zu, wo dann der Körper oft durch die Gewalt des Luftstromes und die Erschütterung herausgetrieben wird. Dies kann auch oft durch eine Prise Tabak bewirkt werden.»

Selbstverständlich ist nicht das ganze Lehrbuch so leicht faßlich wie dieser Absatz. Aber der Stil ist stets der gleiche: natürlich, schlicht und lebendig; Redesprache, nicht Buchdeutsch.

Nietzsche beginnt sein Buch «Jenseits von Gut und Böse», in dem er den philosophischen Dogmatismus zu erschüttern versucht, mit den Sätzen:

«Vorausgesetzt, daß die Wahrheit ein Weib ist –, wie? ist der Verdacht nicht begründet, daß alle Philosophen, sofern sie Dogmatiker waren, sich schlecht auf Weiber verstanden? daß der schauerliche Ernst, die linkische Zudringlichkeit, mit der sie bisher auf die Wahrheit zuzugehen pflegten, ungeschickte und unschickliche Mittel waren, um gerade ein Frauenzimmer für sich einzunehmen? Gewiß ist, daß sie sich nicht hat einnehmen lassen: – und jede Art Dogmatik steht heute mit betrübter und mutloser Haltung da. *Wenn* sie überhaupt noch steht! Denn es gibt Spötter, welche behaupten, sie sei gefallen, alle Dogmatik liege zu Boden, mehr noch, alle Dogmatik liege in den letzten Zügen. Ernstlich geredet, es gibt gute Gründe zu der Hoffnung, daß alles Dogmatisieren in der Philosophie, so feierlich, so end- und letztgültig es sich auch gebärdet hat, doch nur eine edle Kinderei und Anfängerei gewesen sein möge.»

Man braucht diese Zeilen nur laut zu lesen und man wird merken, wie nahe diese Kunst der Redesprache steht; sie hat die Lebendigkeit und Leidenschaft mit ihr gemeinsam.

Über Nietzsches Stil ist an anderer Stelle noch ausführlich zu reden. Wer Nietzsche nicht als philosophischen Kronzeugen gelten lassen will, der schlage statt seiner Hume auf oder Schopenhauer.

Überdramatisierung

Rede und Gegenrede – menschliche Umkleidung der Probleme –, Handlung statt Beschreibung: man könnte diese Stilmittel ein wenig boshaft unter dem Namen ‹Dramatisierung der Darstellung› zusammenfassen. In dieser Dramatisierung aber kann man – wie in der Anwendung jedes Kunstmittels – zu weit gehen. Ein Musterbeispiel ist Carlyles «Geschichte der Französischen Revolution», in der etwa die Beschreibung des Bastillesturms mit den Worten beginnt:

«Auf denn, Franzosen, wer ein Herz im Busen hat! Laßt alle eure Kehlen von Knorpel und Metall tönen und toben, ihr Söhne der Freiheit; spannt krampfhaft an, was nur Leib und Seele vermögen, denn jetzt ist die Stunde gekommen! Schlag zu, Ludwig Tournay, Wagner von Marais, einst Soldat vom Regiment Dauphiné, schlag zu auf die Kette der äußern Brücke, wenn auch Feuerhagel um dich pfeift! Nie haben Speichen oder Felgen so die Wucht deines Armes gefühlt! Nieder damit, Geselle, nieder damit in den Orkus, und ihr nach stürze der ganze verfluchte Bau, und die Tyrannei sei für immer verschlungen.»

Eine solche Darstellung heißt das Salz salzen. Was an sich schon klar und lebendig ist, wird nochmals erklärt und belebt, und die Schilderung wird nicht anschaulicher dadurch, daß sich Carlyle mit lebhaften Zurufen unter die Bastillestürmer mischt. Es ist manchmal, als ob er den Gedanken einer lebendigen Erzählung habe parodieren und so widerlegen wollen.

Umgangssprache

Sollen die Menschen wirklich genauso schreiben, wie sie sprechen? Es kommt darauf an, wer der Sprecher ist.

Die Umgangssprache hat neben vielen Vorzügen bestimmte Schwächen: Die Formen der Wortbeugung sind bei ihr stärker abgeschliffen. Sie kennt keinen Wesfall (Genitiv); sie verschmäht die Möglichkeitsform (Konjunktiv). Sie verwendet fast nie den Bezugssatz (Relativsatz) oder ersetzt ihn gar durch das unschöne *der, wo*. Sie läßt oft einzelne Worte oder Sätze weg (*Karl hat Blut gespuckt, damit du's weißt;* es fehlt dazwischen *ich sage dir's*); sie wiederholt sich oft, weil der Sprecher Zeit braucht, um seine Gedanken zu entwickeln, und so fort.

Nicht diese Eigenheiten wollen wir von der Umgangssprache erben. Wenn die Umgangssprache als Vorbild dienen soll, so meinen wir eine Sprache, die stilistisch so lebendig ist wie geredetes Deutsch und grammatisch so sorgfältig wie geschriebenes. Dieser höheren Sorgfalt ist die Schriftsprache bedürftig und fähig. Sie bedarf ihrer, denn sie entbehrt ja vieler andrer Hilfsmittel der Rede; des Tonfalls, der Mimik, der Gebärde. Sie ist ihrer fähig, denn der Schreibende hat mehr Zeit als der Sprechende, seine Sprache zu formen. «Es ist ein falsches Bestreben, geradeso zu schreiben wie man redet. Vielmehr soll jeder Stil eine gewisse Spur der Verwandtschaft mit dem Lapidarstil (wörtlich Steinstil, also Stil der Inschriften) tragen, der ja ihrer aller Ahnherr ist.» (Schopenhauer)

In der Tat muß die Schriftsprache, die auch auf längere Dauer berechnet ist, lapidarer, gemeißelter sein als das gesprochene Wort. Man kann die Umgangssprache nicht kurzerhand kopieren; nur die lebendige Form, den abwechslungsreichen Ausdruck, den natürlichen Ton sollen wir von ihr lernen.

Stilschichten

Denn daß ein Wort nicht einfach gelte,
das müßte sich wohl von selbst verstehn.
Das Wort ist ein Fächer! Zwischen den Stäben
blicken ein Paar schöne Augen hervor.
Der Fächer ist nur ein lieblicher Flor . . .

Goethe

Das Wesen der Stilschicht

Bei einer Aufführung von »Kabale und Liebe« ordnete vor hundert Jahren der Zensor an, Ferdinand dürfe nicht der Sohn, sondern nur der Neffe des Präsidenten sein. So mußte der unglückliche Jüngling ausrufen: «Es gibt eine Stelle in meinem Herzen, wo das Wort Onkel noch nie gehört worden ist.»

«Alles Lebendige bildet eine Atmosphäre um sich her»: Dieser Satz Goethes gilt auch für die Worte. Jedes Wort hat seine eigene Atmosphäre. Es ruft in uns gewisse Assoziationen wach, es beschwört bestimmte Erinnerungsbilder herauf. Je nach dieser Lebensluft gehören die Worte verschiedenen Stilschichten, verschiedenen Ausdrucksebenen an. Das Wort *Onkel* hat für viele einen Anklang von Alltag und Gewöhnlichkeit, einen leicht heiteren Beigeschmack. Jeden pathetischen Satz richtet es zugrunde.

Wenn August Wilhelm Schlegel im «Lear» übersetzt hätte: *Jeder Zentimeter ein König,* so würden wir den Kopf schütteln. Freilich bezeichnen beide Worte – Zoll und Zentimeter – eine Maßeinheit, und rein mit dem Verstande betrachtet könnte an dieser Stelle so gut das eine wie das andere stehen. Aber *Zentimeter* ist ein alltäglich gebrauchtes Wort, es ist nur Maß, Zahl und Abstraktheit; *Zoll* ist seltener, menschlicher, wärmer, eines Königs würdiger. Aus dem gleichen Grunde möchten wir im Evangelium nicht lesen: *Da nahm Maria ein halbes Kilo Salbe* oder *Es waren allda sechs steinerne Wasserkrüge und gingen hinein ein halber bis ein drittel Hektoliter.* Worte sind keine Spielmarken, von denen eine soviel wert ist wie die andere; Worte sind Pflanzen, die von dem Erdreich, in dem sie wurzeln, immer ein wenig mit sich tragen. Die Stilschicht, in der sie geistig beheimatet sind, entscheidet über ihre Atmosphäre. *Warte ein wenig* und *Verweile einen Augenblick* oder *Harre eine Weile* mögen inhaltlich das gleiche bedeuten. Aber die Lebensluft, die sie umgibt, weht aus verschiedenen Reichen zu uns herüber.

Auch bei jenen sinnverwandten Wörtern, die auf den ersten Blick der gleichen Schicht anzugehören scheinen, spüren wir oft bei genauem Zusehen den Unterschied der Atmosphäre: *erlauben, gestatten* und *genehmi-*

gen scheinen einander überaus ähnlich. Aber das Wort *genehmigen* lebt im Dunstkreis des Amtszimmers und der behördlichen Vordrucke. *Gestatten* hat etwas Steifes, Förmliches, wir hören die zusammenschlagenden Hacken. *Erlauben* schließlich hat das breiteste Bedeutungsfeld, es ist am menschlichsten und wärmsten; eine Mutter wird zu ihren Kindern sagen: *Ich erlaube euch, noch eine halbe Stunde aufzubleiben,* sie wird es schwerlich *genehmigen* oder *gestatten.* Wenn wir in der Alltagssprache das Wort *genehmigen* verwenden, so hat es einen ironischen Klang. Die Bedeutungen der drei Worte überschneiden sich; in manchen Fällen können wir daher jedes von ihnen einsetzen. Aber bei vielen Verwendungen wird der Unterschied der Atmosphäre deutlich.

Von der Lebensluft der Worte hängt die Stimmung eines Prosastückes ab. Das glücklich gewählte Wort wird Zündschnur und läßt im Leser Gefühle anklingen, die sein begrifflicher Gehalt allein nie ausgelöst hätte.

«Es gibt gewisse Worte, die plötzlich wie ein Blitzstrahl ein Blumenland in meinem Innersten auftun, gleich Erinnerungen alle Saiten der Seelen-Äolsharfe berühren, als: Sehnsucht, Frühling, Liebe, Heimat, Goethe.» (Joseph v. Eichendorff)

Der Dichter des «Taugenichts» erreicht seinen Stimmungston, indem er beschwörend bestimmte Dinge nennt, die bei ihm immer wieder als Symbole für seine Gefühle dienen. Da sind die rauschenden Bäume, die nächtlich plätschernden Springbrunnen, die in der Ferne bellenden Hunde, die frühmorgens krähenden Hähne, das Waldhorn, die Gitarren, der Glockenklang. «Es war eine von den prächtigen Sommernächten jenes Landes, die alles wunderbar in Traum verwandelte.» Diese wenigen Worte beschwören die ganze Lebensluft des «Taugenichts» in uns herauf.

Beispiele

Wer Lebendiges in Worten widerspiegeln will, der muß Anklänge aufrufen. Welche Anklänge ein Wort in uns wachruft, das hängt ab von der Stilschicht, der es entstammt.

Aber es ist weder möglich noch nötig, einen Katalog der Stilschichten zusammenzustellen. Die Stilschichten liegen nicht systematisch übereinander; es liegt nicht etwa die Gaunersprache und die Gassenrede zutiefst, und das Alltagsdeutsch, der Kanzleistil und die Sprache der Gelehrten, der Festredner und schließlich der Dichter folgen nach Art überlagernder geologischer Schichten: so simpel ist die Welt der Sprache nicht! Sondern in ungezählten Reichen und ohne feste Grenzen liegen die Stilschichten nebeneinander. Die Übergänge sind unmerklich; es wäre willkürlich und unfruchtbar, das Netz eines Systems auf dies fließende Wasser zu legen. Weit lehrreicher sind Beispiele. Ich stelle einige Gruppen sinnverwandter Worte zusammen, die aus verschiedenen Stilschichten stammen:

schreiten, wandeln, wandern, spazieren, tippeln,

betrügen, dupieren, hinters Licht führen, narren, foppen, beschwindeln, beschummeln,

trunken, betrunken, voll des süßen Weines, angesäuselt, leicht, animiert, besoffen, duhn,

ein Scherflein, eine Kleinigkeit, ein Gran, ein Hauch, ein wenig, etwas, ein bißchen, eine Idee,

pflichttreu, verläßlich, solide, sehr ordentlich,

bezeichnen, benennen, betiteln, benamsen, heißen,

borgen, leihen, vorschießen, pumpen,

alsbald, unverweilt, spornstreichs, sofort, gleich, im Nu, Knall und Fall, auf Anhieb.

Bei diesen Worten sind die Unterschiede der Stilschichten merklich; instinktiv wählt jedermann in solchen Fällen das richtige Wort. Schwierig wird das Problem bei jenen sinnverwandten Worten, deren Schichtunterschiede wir erst an praktischen Satzbeispielen herausfühlen. Sehr viele Worte unserer Sprache haben eine papierene Atmosphäre; andere geben dem Satz etwas Saloppes; wieder andere verleihen ihm ein nüchtern-logisches Gepräge. Selbst die bescheidensten Bindewörter haben ihre eigene Lebensluft. Auch zwischen Worten wie *wenn* und *falls* besteht ein Schichtunterschied: *falls* ist rationaler und läßt den Eintritt der Bedingung unwahrscheinlicher. Der berühmte Testamentsanfang *Falls ich einmal sterben sollte* würde mit dem Wörtchen *wenn* ein wenig an Komik einbüßen.

Wer die folgenden Beispiele laut liest, wird empfinden: der stilistische Wert eines Wortes hängt nicht von seiner Bedeutung ab, sondern von seiner Atmosphäre. Jedesmal sind in der einen Fassung ein oder zwei Worte enthalten, die in der andern fehlen; es sind oft nur unscheinbare Worte *(was anbetrifft, eigentlich, obwohl, sondern)*, aber der Satz gewinnt eine andere Lebensluft, wenn wir sie vermeiden.

Der König hat sich durch diese drohende Gefahr eigentlich nie beunruhigen lassen.

Der König hat sich durch diese drohende Gefahr im Grunde nie beunruhigen lassen.

Ein großer Teil aller Stilkunst besteht darin, nur Worte zu verwenden, deren Stilschicht dem Gehalt entspricht.

Es ist ein gut Teil aller Stilkunst, nur Worte zu verwenden, deren Stilschicht dem Gehalt angemessen ist.

Wir können nicht einen Sinn des Lebens herausgrübeln, sondern können nur unserem eigenen Leben einen Sinn verleihen.

Wir können nicht einen Sinn des Lebens herausgrübeln, wir können nur unserem eigenen Leben einen Sinn verleihen.

Obwohl ihm in diesem gewaltigen

Mag ihm auch in diesem gewalti-

Ringen der Lorbeer des Sieges versagt blieb... Das zwangsläufige Schicksal der Westgoten begann sich zu erfüllen. Da wir hier von Grillparzer als einem der großen Dichter der Nation reden, so wird sich uns die Frage aufdrängen, ob wir erhabene Züge feststellen können in seinen Dramen.

gen Ringen der Lorbeer des Sieges versagt geblieben sein... Das unentrinnbare Schicksal der Westgoten begann sich zu erfüllen. «Da wir von Grillparzer als einem großen Dichter der Nation reden, so wird die Frage sich auf die Lippen drängen, ob wir erhabene Züge aufweisen können in seiner Schöpfung.» (Hugo v. Hofmannsthal)

Erst wenn wir den ganzen Satz laut lesen, spüren wir, daß *feststellen* nüchterner klingt als *aufweisen* oder daß die Wendung *besteht darin* dem Satz eine trockene Färbung gibt.

In dem folgenden Text Ludwig Uhlands habe ich eine Anzahl Wörter durch Ausdrücke einer falschen Stilschicht ersetzt. Wer beide Texte aufmerksam vergleicht, wird gewahr, daß die Schönheit eines Prosastückes unentrinnbar mit der Stilschicht seiner Worte zusammenhängt.

Urtext:

«Jedem muß gezeigt werden, daß die deutschen Volkslieder aus dem Volksleben zu erläutern und zu ergänzen seien; so könnte sich zugleich bemerklich machen, daß auch umgekehrt das Volk ohne Beiziehung seiner Poesie nur unvollständig erkannt werde. Wenn die Sonne hinter den Wolken steht, kann weder Gestalt noch Farbe der Dinge vollkommen hervortreten; nur im Lichte der Poesie kann eine Zeit klar werden, deren Geistesrichtung wesentlich eine poetische war. Das dürftige, einförmige Dasein wird ein völlig anderes, wenn dem frischen Sinne sich die ganze Natur befreundet, wenn jeder geringfügige Besitz fabelhaft erglänzt, wenn das prunklose Fest vom inneren Lichte gehoben ist:

Falsche Stilschicht:

Es ist notwendig, jedem darzulegen, daß die deutschen Volkslieder aus den Lebensverhältnissen des Volkes erklärt und ergänzt werden müssen; hierbei wird sich außerdem herausstellen, daß es andrerseits unmöglich ist, das Volk ohne Heranziehung seiner Poesie im vollen Umfange zu erkennen. Bei bedecktem Himmel vermag die Form und die Tönung nicht vollständig zum Ausdruck zu gelangen; dem entsprechend kann nur unter Berücksichtigung der Poesie eine Epoche, die im wesentlichen poetisch ausgerichtet war, verständlich werden. Das arme eintönige Leben verändert sich grundlegend, wenn der aufnahmebereite Geist die ganze Natur umfaßt, wenn auch der ärmliche Besitz auf

ein armes Leben und ein reiches Herz.»

diese Weise glänzend, wenn die bescheidene Feier durch ein innerliches Licht gesteigert wird: die Existenz bleibt zwar dürftig, aber ihr steht ein reiches Innenleben gegenüber.

Wahl falscher Stilschicht

Es ist ein gut Teil aller Stilkunst, nur Worte zu verwenden, deren Stilschicht dem Inhalt angemessen ist. Worte aus einer falschen Stilschicht ergeben einen Stilbruch. Komische Stilbrüche zeigen am deutlichsten die Bedeutung der Stilschicht. Wenn ein Lehrer bei der Übersetzung Homers das Entschwinden Aphrodites möglichst zart und poetisch wiedergeben will und dabei zu den Worten greift: *Aphrodite verduftete,* so ist er taub dafür gewesen, daß dem Worte *verduften* ein Anklang von Gaunersprache anhaftet.

Wenn ein Prediger die Unterschiede der Stilschicht nicht empfindet und in die Ausdrucksebene des Kaufmanns gerät, dann unterlaufen ihm Sätze wie:

«Wer bezahlt die Kriegskosten der Weltgeschichte? Die Menschheit kann es nicht. Satan auch nicht. Bleibt nur Gott übrig. Kann Gott die Kriegskosten bezahlen? Wenn er es nicht kann, dann müßte alles Licht in der weiten Welt ausgedreht werden.... Hätte die Menschheit verstanden, warum Jesus dort gekreuzigt wurde, dann hätte sie Deputationen aus aller Welt nach Jerusalem geschickt und Kopf an Kopf bitten müssen: Jesus, halte aus! Wir sind alle bankrott! Du bist der einzige Zahlungsfähige.»

Es gibt keine schlechthin richtige Ausdrucksschicht. Jeder Gegenstand verlangt die seine, die angemessene Stilebene. Nur ist der zweite Fehler häufiger. Immer wieder hoffen wohlmeinende Stilisten einem Alltagsbericht Gewicht geben zu können, indem sie Worte und Satzbau aus einer edleren Stilschicht wählen, die dem Erhabenen und Poetischen näher liegt. Aber sie geraten damit nur in den überhöhten Stil, die Vorstufe der Phrase. Die Neigung zum überhöhten Stil finden wir bei vielen, denn die Durchschnittsprosa ist bei uns stark in ein Formeldeutsch abgeglitten, und jeder möchte sich von dieser abgenützten Sprache abheben; es erscheint ihm leichter, in die höhere Stilschicht zu greifen, als den Stil zugespitzt und anschaulich zu gestalten.

Das Wort im Satzganzen

Über den Stilwert eines Wortes entscheidet nicht seine Bedeutung, sondern seine Atmosphäre. Aber die Atmosphäre eines Wortes ist keine feste Größe. Die Kraft eines Wortes wird geschwächt oder gestärkt, erhöht oder vertieft von der Umgebung, in der es steht. Ein Satz ist nicht aus Worten zusammengesetzt wie eine Mauer aus Ziegeln. Ein Satz verschmilzt die Worte zu einem inhaltlichen und lebendigen Ganzen; die Zusammenstellung der Worte verändert die Farbe, den Duft, den Ton jedes einzelnen Wortes. Jedes Sprachwerk ist wie ein Strauß Blumen: dieselben Mohnblüten, die den Strauß Kornblumen und Margeriten schmücken, müssen einen Strauß Wiesenschaumkraut zugrunde richten.

Wer das Wörterbuch wie einen Steinbruch ansieht, aus dem man feste Blöcke herausholt und beliebig zusammensetzt, der wird in ihm auch nur Steine finden. Er wird immer trocken, schwerfällig und – was noch schlimmer ist – ungenau schreiben; denn um genau zu schreiben, muß man die Geschmeidigkeit des Wortes ausnützen.

Worte sind vieldeutig. Diese Vieldeutigkeit auszubeuten, ist das Geheimnis der Stilmeister. Mit kühnem Griff oder durch geduldiges Studium fühlen sie heraus, wie die Verbindung der Worte ihr Gewicht verändert. Sie vermögen es, schlummernde Kräfte des Wortes zu entfesseln, sie mit Gefühl zu durchtränken, dem Bekannten die Würde des Unbekannten, dem Endlichen einen unendlichen Schein zu geben. Sieghaftes Frohlocken und erbitterte Verzweiflung, hingegebene Andacht und eisige Verachtung können sie durch Worte hindurchschimmern lassen, die in den Händen anderer tote Steine sind.

Im Munde der Meister sagen die Worte mehr, als sie aussprechen. Der Anfang der «Iphigenie» enthält kein starkes und kein seltenes Wort:

> «Heraus in eure Schatten, rege Wipfel
> des alten, heil'gen, dichtbelaubten Haines,
> wie in der Göttin stilles Heiligtum,
> tret' ich noch jetzt mit schauderndem Gefühl,
> als wenn ich sie zum erstenmal beträte,
> und es gewöhnt sich nicht mein Geist hierher.
> So manches Jahr bewahrt mich hier verborgen
> ein hoher Wille, dem ich mich ergebe;
> doch immer bin ich, wie im ersten, fremd.
> Denn ach! mich trennt das Meer von den Geliebten,
> und an dem Ufer steh' ich lange Tage,
> das Land der Griechen mit der Seele suchend.»

Das bescheidene Wort *rege* genügt, um die sanfte immerwährende Bewegung der Fichtenwipfel und das stille Rauschen des Haines deutlich spüren zu lassen, und das schöne Bild der letzten beiden Zeilen spiegelt die Sehnsucht Iphigeniens vollkommener wider, als es ein Dutzend pathetischer Verse anderer Dichter vermocht hätten.

Anschauung

> Das Auge war vor allem andern das Organ, womit ich die Welt faßte.
>
> *Goethe*

Die Bedeutung des Auges

Zu dem Auge des Menschen muß sprechen, wer zu seinem Herzen sprechen will; der Mensch ist ein Augen-Tier. Sehen ist leichter als denken. Gib einem Freunde ein Buch mit Bildern in die Hand: zuerst blättert er die Bilder durch. Lege in einer Sitzung Zeichnungen oder Warenmuster auf den Tisch – und für ein paar Minuten hört niemand dem Redner zu. Jeder will sich zuerst das aneignen, was er sich mit dem Auge aneignen kann. Die Anschauung ist nicht nur unsere wichtigste, sie ist auch unsere liebste Erkenntnisquelle. Wer anschaulich schreibt, schreibt wirksam. Er wendet sich an eine neue und höhere Instanz. Bilder wurzeln tiefer als Worte.

Anschaulich schreiben: dazu gehört dreierlei. Erstens: die sichtbaren Dinge muß man so schildern, daß der Leser sie wirklich sieht. Zweitens: den Dingen, die eine anschauliche und eine begriffliche Seite haben, muß man die anschauliche Seite abgewinnen. Drittens: rein begriffliche Dinge muß man durch Bilder, Metaphern und Vergleiche lebendig machen. Von den beiden ersten Künsten handelt dieses, von den Bildern das nächste Kapitel.

Beschreibung

Die erste dieser drei Künste ist nichts anderes als die Kunst der Beschreibung. Die wenigsten können gut beschreiben, «denn den meisten dienen die Augen nur zur Vermittlung des Gedruckten und zur Verhinderung des Anstoßens an die Laternenpfähle» (Alfred Lichtwark).

«Die kleine Schelmin hatte dem jungen Grünrock ihre Hand dargeboten und während sie das gefüllte Weinglas erhob, zerpflückte sie mit mädchenhafter Erregung das Röschen an ihrer Brust und ihre Finger suchten auf dem Piano die Begleitakkorde zu jenem unvergeßlichen Liede...» (Marlitt)

Diese Beschreibung eines vierhändigen Mädchens ist der Stil eines, der nicht hingesehen hat.

Anschaulich erzählen ist schwer. Aber ohne Anschauung gibt es keine gute Erzählung. Als Fontane gegen Ende seines Lebens darangeht, einen mittelalterlichen Seeräuberroman zu schreiben, da notiert sich der gewissenhafte Achtzigjährige die Fragen:

«1. Wie sah ein Schiff anno 1400 aus?
2. Wie waren die Kostüme der Seeleute?
3. Wie waren die Kostüme der Dorfleute, auch *die* kleiner Krämer?
4. Wie war die Tracht eines Abts, eines Priors, wenn er sozusagen in Schlafrock und Pantoffeln war?
5. Wie war das Kostüm eines Schiffsführers, eines Capitains oder Admirals?
6. Wie war das Kostüm eines friesischen Häuptlings im Kriege und friedlich daheim?» und so weiter.

Sehen wollte Fontane die Welt, von der er erzählte. Was er nicht leibhaftig vor sich sah, darüber konnte er nicht schreiben. Er duldete beim Sehen keinen Schwindel; die Bilder, die er heraufbeschwören wollte, mußten stimmen; sie mußten zu jener Zeit des späten Mittelalters passen.

Wir brauchen einem Erzähler nur einige Minuten zuzuhören, dann wissen wir genau, ob er im Reich der Druckerschwärze, im Lande der Vokabeln lebt oder in der Anschauung. Wie schattenhaft schreiben die Buchstabenleute, wie augenfällig die Wirklichkeitsmenschen. Niemand lernt schreiben, der nicht sehen gelernt hat. Aber wenn einer das Wort ergreift, dem diese Welt nicht stumm ist, dann steht sogleich das wirkliche Leben vor uns:

«Er war aber noch kaum unter den Schlagbaum gekommen, als eine neue Stimme schon: halt dort, der Roßkamm! hinter ihm vom Turm erscholl und er den Burgvogt ein Fenster zuwerfen und zu ihm herabeilen sah. Nun, was gibt's Neues? fragte Kohlhaas bei sich selbst und hielt mit den Pferden an. Der Burgvogt, indem er sich noch eine Weste über seinen weitläufigen Leib zuknüpfte, kam und fragte, schief gegen die Witterung gestellt, nach dem Paßschein.» (Heinrich v. Kleist)

«Dann zog sie ihr modisches Oberkleid aus, schlug eines der weißen Halstücher der Großmutter um, die Zipfel auf dem Rücken verbunden, und kochte die braune Mehlsuppe, buk den duftenden Eierkuchen oder briet die leckere Fettwurst, die sie eigenmächtig zum Nachtmal aus der Vorratskammer geraubt. Wenn sie dann mit gerötetem Gesicht gar fröhlich und lieblich dreinschaute und vollends die glänzende Zinnkanne mit klarem, leichtem Wein regierte, so bezeugten die Alten, daß sie erst jetzt wie eine rechte alte Landjungfer aussehe.» (Gottfried Keller)

«Der Schormayer trat tiefe Löcher in die weiche Dorfgasse, wie er jetzt an dem trübseligen Herbstnachmittag heimging, aber er achtete nicht auf den glucksenden Lehm, der ihm an den Stiefeln hängen blieb. Wenn er vom Wege abkam und beinahe knietief in den Schmutz trat, fluchte er still und lenkte in die Mitte der Straße ein, aber bald zog es ihn wieder links oder rechts an einen Zaun, und er blieb stehen und brummte vor sich hin: ‹Nix mehr is, gar nix mehr.› ‹Himmelherrgott!› sagte er, wenn ein Windstoß in die Obstbäume fuhr und ihm kalte Regentropfen ins Gesicht schleuderte.» (Ludwig Thoma)

Kein Ölgemälde kann die drei Szenen anschaulicher vor uns hinstellen als diese wenigen Sätze. Wir können ihre Welt nicht nur sehen, sondern auch riechen, hören, schmecken und fühlen.

Wie soll man beschreiben?

Aber diese drei Dichter haben nicht etwa den Ehrgeiz gehabt, eine erschöpfende Beschreibung zu liefern. Die Bezeichnungen für Sinneseindrücke sind in unseren Beispielen sehr sparsam gesetzt. Eigenschaftswörter zu häufen ist nutzlos. Die Naturalisten um 1880 häuften gern beschreibende Beiwörter und hängten oft noch einen schildernden Bezugssatz an, um nur den Sinneseindruck bis in die letzte Schattierung zu treffen; aber sehen wir deshalb mehr?

«Draußen auf der sogenannten Bauernvorstadt, zwischen den letzten kleinen verkrumpelten Häuserchen, die zu beiden Seiten der Chaussee mit ihren alten gelben, geflickten Strohdächern bis unten in die vielen kreisrunden Pfützen tauchten, in denen Holzscheite, Papierkähne, Enten und Strohwische schwammen, hatten die Jahrmarktsleute ihre Barakkenlager aufgeschlagen.» (Johannes Schlaf)

Ein Katalog von Einzelheiten ist noch kein Bild. Es kommt darauf an, die *eine* Besonderheit eines Vorgangs herauszufinden, die ihn von allen anderen unterscheidet und die seine Stimmung ausmacht. Diese Besonderheit muß man in ein Wort bannen. Kleists Burgvogt, der sich die Weste über seinen weitläufigen Leib zuknüpft und schief gegen die Witterung gestellt den Paß verlangt, den sehen wir leibhaftig vor uns. Die Häuser des Johannes Schlaf sehen wir kaum. Den glucksenden Lehm, in den der Schormayer tiefe Löcher tritt und der ihm an den Stiefeln hängen bleibt, den spüren wir. Aber daß die Vorstadthäuser Schlafs tief in die Pfützen tauchen, daß die Pfützen kreisrund sind und Enten darin schwimmen, das ist weniger Anschauung, das ist ‹Literatur›. Die Stimmung eines Vorfalls muß zwischen die Zeilen gebannt sein; aber hierfür genügen nicht ein Dutzend beschreibender Beiwörter: das Ganze einer Szene muß als Ganzes empfunden und wiedergegeben sein.

Die höchste Kunst der Beschreibung besteht darin, die simple Beschreibung ganz zu vermeiden und statt dessen Handlungen zu erzählen, in denen der beschriebene Gegenstand lebendig wird. Lessing rühmt, wie Homer den Schild Achills nicht beschreibt, sondern seine Entstehung erzählt, oder wie er die Schönheit Helenas nicht schildert, sondern nur ihre Wirkung auf die trojanischen Greise. Wer ein Zimmer schildern will, kann einen Menschen einen Rundgang durch den Raum machen lassen. Wer einen Menschen beschreiben will, der lasse ihn etwas Anschauliches tun; in die Erzählung fließt dann eine sparsame Beschreibung von selbst ein. Handlung, nicht Beschreibung: wie dankbar ist der Leser für diesen Kunstgriff!

Ein Vorrecht der großen griffsicheren Erzähler ist es, die Stimmung eines Schauplatzes zu verschmelzen mit der Stimmung der Personen und so die Landschaft lebendig zu machen.

«Als sie in den Wald gelangte, war die Sonne untergegangen, alles stand wieder still und weiß um sie her ... unheimlich still war es hier, wo die großen ruhigen Baumgestalten einträchtig nebeneinander standen in ihrer schweigenden Schönheit, einschüchternd fast, meinte Fastrade, in ihrer Vornehmheit ... Ja, sie hätte gern auch wie einer dieser Bäume regungslos in der Dämmerung gestanden, eingehüllt in all dies kühle Weiß, und teilgenommen an diesem geheimnisvollen Schweigen und Träumen ...» (Eduard v. Keyserling)

Fleißige Leute haben ausgerechnet, daß auf 10 000 Wörter in Goethes Romanen 20, in seiner Lyrik 75 optische Beschreibungen entfallen. Dagegen sind es in Wagners Nibelungenring 123 und in Schillers Jugendlyrik sogar 151. Wir finden hier auch doppelt soviel akustische Schilderungen wie bei Goethe. Da aber Goethe viel sinnfälliger geschrieben hat als Schiller, so gibt auch der fleißige Sammler dieser Ziffern zu, bei jeder Beschreibung müsse das meiste der Phantasie überlassen bleiben; wer viele und ausführliche Einzelheiten herunterleiere, verhindere nur, daß beim Leser ein Phantasiebild zusammenschieße.

Erschöpfende Beschreibungen erschöpfen nur die Geduld des Lesers. Denn sie enthalten unvermeidlich viele belanglose Einzelheiten, welche die entscheidenden, besonderen Züge überwuchern. Dem inneren Auge nützt die Treue des Lichtbilds gar nichts, ihm nützt nur die eine Eigenart, welche diesen Gegenstand von allen anderen unterscheidet.

Landschaftsschilderung

Den anschaulichen Hintergrund einer Szene wiederzugeben, ist schwer. Eine ganze Landschaft zu beschreiben, ist fast unmöglich. Der Leser pflegt solche Beschreibungen zu überschlagen. Vergebens versichert uns der Autor, daß sich zur Linken saftige Wiesen über sanft geschwellte

Hänge hinzogen und zur Rechten ein breiter Fluß durchs Gelände schlängelte, während sich in der Ferne ein weit ausladendes Gebirge am Horizont abzeichnete: alle solchen Beschreibungen bleiben völlig schattenhaft und haben weder Körper noch Farbe. Auch einige schmückende Beiwörter können das nicht bessern: «Waldgekrönte Berge erheben ihre stolzen Gipfel in mancherlei majestätische Gestalt.» (Georg Forster) Friedrich Ratzel, der große Meister und Lehrer der Naturschilderung, sagt von solchen Sätzen, sie gäben weder Bild noch Impuls.

Auch kleinliche Genauigkeit hilft in der Landschaftsbeschreibung sowenig wie in der Landschaftsmalerei. Es kommt nicht darauf an, jedes einzelne Blatt eines Baumes naturgetreu abzumalen, es kommt darauf an, den Gesamteindruck, die Eigenart gerade dieser Eiche in ein Wort zu bannen. Wortreichtum ist schädlich. An der Fülle blumiger Beiwörter sind viele Naturschilderungen Humboldts zugrunde gegangen. Man hat sie schon zu seinen Lebzeiten als komisch empfunden, und Immermann hat sie in seinem Roman «Münchhausen» mit den Sätzen parodiert:

«Dieser Indianerstamm wohnt dreiundsechzigdreiviertel Meilen südlich vom Äquator auf einem Bergplateau zweitausendfünfhundert Fuß über der Meeresfläche. Von den schneeichten Piks der Kordilleras rings geschützt, leben jene Menschen ein einfaches Ur- und Naturleben hin. Bäume gibt es nicht auf Apapurincasiquinitschchiquisaqua wegen seiner hohen Lage, aber unendliche Flächen dehnen sich an den sonnenbeschienenen Abhängen der Piks aus, smaragdgrün von einer Grasart, in deren breiten, fächerartigen Blättern der Westwind, welcher da beständig weht, ein melodisches Säuseln zu erwecken nicht müde wird. Zahlreiche Herden von pfirsichblütenen Kühen und Stieren (so lieblich scherzt dort die Natur in Farben) weiden in den grünen Grasweiden; die feurigen Kälber sind goldgelb, erst nach und nach nehmen sie jenen kälteren Farbton an.»

Noch schlimmer, wenn die Landschaft nur Kulisse für Gefallsucht oder Rührseligkeit eines gewitzten Reisenden bildet. Nicht der Reichtum der Palette: die Gründlichkeit der Anschauung, der geschulte, nüchterne Blick, der das Verstreute zu einem Ganzen zusammenfaßt und das Besondere dieses Ganzen ohne Überlegung herausfühlt: sie machen die Kunst der Landschaftsbeschreibung aus. Es ist eine entsagungsvolle Kunst, die nicht den Glanz des stilistischen Bravourstücks erstreben sollte, sondern nur die Echtheit der Wiedergabe. Ungefärbt, aber nicht farblos; sachlich, aber nicht trocken: so sind die Schilderungen großer Geographen von Karl Ritter bis Friedrich Ratzel. Die Besonderheit einer Landschaft verkörpert sich in ihrer Stimmung, aber man muß die Worte sparsam setzen, wenn man eine Landschaftsstimmung wiedergeben will. Ein paar Worte zuviel, und die störende Gestalt des Beschreibers schiebt sich zwischen Landschaft und Leser; nur Einfachheit kann hier helfen.

Vor zweihundert Jahren galt Heinses Schilderung des Rigi als stilistisches Meisterstück:

«Für himmlische Freude bin ich fast vegangen: so etwas Schönes von Natur hab ich noch nie gesehen. Die spiegelreine, leicht und zartgekräuselte grünlichte See, die Rebengeländer an den Ufern hinein mit Pfählen im Wasser aufgestützt, die vielen hohen Nuß- und Fruchtbäume auf den grünrasichten reinen Anhöhen, die lieblichen Formen den Berg hinan mit Buchen und Fichten und Tannen besetzt, schroff und schräg hinein hier und da, und hier und da wandweise, hier buschicht wie Bergsamt, dort hochwaldicht, mit mannigfaltigen Schattierungen süßen Lichts, und in der Tiefe hinten der hohe Riegenberg graulicht und dunkel vor der Sonne liegend, alle Massen rein und groß und ungekünstelt hingeworfen. Und weiter hin rechter Hand die hohen Schneegebirge, die über den Streifwolken ihre Häupter gen Himmel empor strecken. Und wie sich das alles tief in den See unten hineinspiegelt sanfter und milder. Man ist so recht seelenvoll in stiller lebendiger Natur, so recht im Heiligtum empfindungsvoller Herzen. Ich kann's nicht aussprechen: Gottes Schönheit dringt in all mein Wesen, ruhig und warm und reich; ich bin von allen Banden gelöst, und walle, Himmel über mir und Himmel unter mir, im Element der Geister wie ein Fisch im Quell, Seligkeit einatmend und ausatmend.»

Heute erscheint uns dieser Erguß ein wenig zu gefühlvoll. Heinse versichert treuherzig und geradezu, er sei vor himmlischer Freude fast vergangen und es sei ihm recht seelenvoll zumute gewesen, statt diese Empfindungen den unausgesprochenen Untergrund einer Wirklichkeitsschilderung bilden zu lassen. Weit schöner Georg Büchner:

«Gewaltige Lichtmassen, die manchmal aus den Tälern, wie ein goldner Strom schwollen, dann wieder Gewölk, das an dem höchsten Gipfel lag, und dann langsam den Wald herab in das Tal klomm, oder in den Sonnenblitzen sich wie ein fliegendes silbernes Gespinst herabsenkte und hob; kein Lärm, keine Bewegung, kein Vogel, nichts als das bald nahe, bald ferne Wehn des Windes.»

Die Veranschaulichung geistiger Vorgänge

Im Evangelium des Lukas heißt es Kapitel 6, Vers 35:

«Vielmehr liebet eure Feinde; tut wohl und leihet, daß ihr nichts dafür hoffet, so wird euer Lohn groß sein, und ihr werdet Kinder des Allerhöchsten sein; denn Er ist gütig über die Undankbaren und Boshaftigen.»

Ganz anders als der gebildete Arzt Lukas hat der Zöllner Matthäus, der Mann aus dem Volke, die gleiche Rede Jesu wiedergegeben:

«Ich aber sage euch: Liebet eure Feinde; segnet, die euch fluchen; tut wohl denen, die euch hassen; bittet für die, so euch beleidigen und verfolgen, auf daß ihr Kinder seid eures Vaters im Himmel; denn er läßt seine Sonne aufgehen über die Bösen und über die Guten, und läßt regnen über Gerechte und Ungerechte.» (5, 44)

Lukas nennt nur die Eigenschaften Gottes, Matthäus erzählt uns anschaulich, was er tut, und seine Wendung, daß er seine Sonne aufgehen lasse über Gerechte und Ungerechte, ist zum geflügelten Wort geworden.

Oder, um noch ein Beispiel aus der Bibel anzuführen: als dem Belsazar sein Schicksal angekündigt wird, heißt es in der Lutherschen Übersetzung: «Aber ich ward sehr betrübt in meinen Gedanken und meine Gestalt verfiel...» Man sieht förmlich, wie der König vor Angst zusammenschrumpft; heute hat man Luthers Worte abgeändert in die banale Formel: «... und jede Farbe war aus meinem Antlitz gewichen.»

Sehr viele geistige Gebilde haben auch ihre anschauliche Seite. Die großen Gedanken der Weltgeschichte verkörpern sich in Menschen und Werken; die Empfindungen des Gemütes werden sichtbar in Handlungen, die sie hervorrufen oder hervorrufen könnten. Sozialpolitische Fragen werden anschaulich in greifbaren Nöten. Die Probleme der Gesellschaftswissenschaft oder der Moral schlagen sich nieder in bestimmten Taten und Möglichkeiten. Das Allgemeine kann nur wirksam werden, wenn es Gestalt gewinnt im Besonderen; kurz, es führt sehr oft ein Pfad von den Nebelbänken des Abstrakten zur wohlgegründeten Erde. Auch diese meine allgemeine Behauptung wird nur anschaulich durch Beispiele, in denen diese Forderung erfüllt ist. Ich gebe ein Beispiel in doppelter Form: links in dem anschauungsleeren Lexikonstil, der oft geschrieben wird, rechts in dem Wortlaut, wie ihn ein guter Prosaschreiber geschaffen hat. Wer Geduld besitzt, der lese zunächst nur den linken falschen Text und versuche, ihn selbst in eine lebendige, anschauliche Sprache zu übertragen. Aber es genügt natürlich nicht, Wort für Wort zu übersetzen, vielmehr muß man sich den ganzen Vorgang in lebendigen Einzelbildern vorstellen. Wenn Sie Ihre Lösung mit dem Urtext vergleichen, werden Sie finden: Geistige Dinge anschaulich erfassen ist schwierig und erfordert Phantasie und Weltkenntnis.

Im ersten Jahrhundert n. Chr. umfaßte das römische Reich alle Mittelmeerländer und erstreckte sich darüber hinaus auch auf das ganze heutige Frankreich, große Teile der Balkanhalbinsel und Vorderasiens. Das Prinzip des Kaisertums war ein wesentliches Element des	«Wir versetzen uns in das erste Jahrhundert unserer Zeitrechnung. In Straßburg zieht der Legionär auf Wachtposten und ertönt das römische Kommandowort. Wie am Rhein, so gebietet der römische Adler an der Donau, am Eu-

Staatszusammenhalts und ein wichtiger Faktor für eine geordnete Verwaltung. Gleichzeitig wurde das Reich mit dem gesamten Material der griechischen Kultur bekannt, welches zur Entfaltung von Kunst und Wissenschaft beitrug. Wohlstand und Macht sind die Charakteristik dieser Zeit. ... Aber der Glaube an die olympischen Götter war verschwunden und hierdurch hatte auch die irdische Existenz an Inhalt verloren.

phrat, am Nil, am Fuß des Atlas und am Fuß der Pyrenäen. Mit der Aufrichtung des Kaisertums ist die Vollkraft des römischen Staatswesens in das Leben getreten. Eine weise Verwaltung fördert die Blüte der Provinzen. Ein einheitlicher Wille gebietet über das Heer. Die reiche Kultur des griechischen Ostens verbreitet sich segenspendend, lebenbringend, Kunst und Wissenschaft zu neuer Entfaltung emportragend, über das lateinische Abendland.

Ein goldenes Zeitalter ist angebrochen: das römische Reich ist da mit aller seiner Herrlichkeit. Aber die Welt ist leer, weil der Himmel leer geworden ist.» (Rudolf Sohm)

Beispiel und Gegenbeispiel sind ein gutes Lehrmittel. Kunstgeschichtliche Werke stellen Bilder des einen Stils dem anderen gegenüber, um die Eigenarten herauszuheben. Auch im Reich der Worte wird die Schönheit der großen Prosa am deutlichsten vor dem Hintergrunde des Durchschnittsstils. Wer solche Beispiele aufmerksam liest, der beginnt zu spüren, wie tot, wie unbefriedigend, wie salzlos das Deutsche oft geschrieben wird und wie funkelnd, wie kräftig, wie mannigfach man es schreiben kann.

Anschauliches Recht

Das alte deutsche Recht war zum guten Teil noch nicht in einem fachsprachlichen, normierten Stil, sondern in anschaulichen Sätzen geschrieben. So heißt es im elsässischen Volksrecht nicht: *der Vogt muß einem gefährdeten Grundholden sofort zur Hilfe kommen,* sondern: «er muß, wenn aufgerufen, barfuß oder mit einem Stiefel auf ungesatteltem Pferde hinreiten», ja er muß, «wenn er erst ein Hosenbein angetan hat, das andere nicht antun, sondern in die Hand nehmen und zur Hilfe eilen.» Das farblose Wort *sofort* wird auf diese Weise wahrhaft anschaulich.

Eine Entfernung wird nicht nach Fuß festgelegt, sondern «wie weit man einen roten Schild, ein weißes Pferd oder einen Türriegel schimmern sieht, den Menschenruf, den Glockenklang oder das Hundegebell schallen hört».

Eine Verwundung soll dann als schwer gelten, wenn der herausgehauene Knochen, an einen Schild geworfen, einen Klang gibt, oder wenn der gelähmte Fuß nicht mehr den Tau vom Grase streifen kann.

Die besondere Heiligkeit der Nacht wird in einem Schweizer Volksrecht so ausgedrückt: «Die nacht sol so fri sin, das ainer sin türli ab der landstrasz ze nacht nemen mag und an sin wand hencken und mornent das widerumb hintuon.»

Die rechtliche Sicherheit der Nacht – die tatsächliche war geringer – wird durch diesen Vergleich anschaulich.

Wenn in einem Wald die Mitnahme von Holz ganz und gar verboten werden soll, so heißt es, der Bauer dürfe, wenn ihm ein Nagel breche, nicht ein kleines Stück Holz als Ersatz nehmen, sondern solle statt des Nagels *seinen Finger in das Loch halten.* Ein Hauseigentümer wurde baupolizeilich gestraft, wenn man in seinem Dach ein Loch fand, so groß, daß man *ein Gespann Esel hineinwerfen* könnte. Eine Wagenladung Holz durfte so lose geladen sein, daß *sieben Hunde einen Hasen hindurch jagen können.* Ein Wirt sollte die Kannen so voll einschenken, daß unter den zum Messen angebrachten Ringen nur noch *eine Laus mit aufgerichteten Ohren hindurchkriechen* könnte. Aus allen diesen Bestimmungen spricht nicht nur die natürliche Vorliebe für das Anschauliche, sondern auch die Freude an der humorvollen Fassung.

Otto v. Gierke, der all diese Beispiele gesammelt hat, schließt seine Untersuchung mit den schwermütigen Worten:

«Die Erscheinung des Humors im Recht verschwand allmählich, seitdem das Recht sich vom Volksleben ablöste und in den Alleinbesitz gelehrter Juristen überging. Sie verschwand, wie überhaupt alles Poetische, alles Sinnliche und Individuelle, alles Jugendliche aus dem Recht verschwand.»

Ratschläge

Wir haben die Kunst der anschaulichen Darstellung betrachtet. Kann man aus diesen Betrachtungen Ratschläge ableiten? Läßt sich die anschauliche Darstellung lehren und lernen? Es gehört zweierlei dazu: Erziehung des Auges und Schulung des Ausdrucks.

Die Fähigkeit, die Welt wirklich zu sehen, ist zum guten Teil angeboren; die Wissenschaft unterscheidet visuelle von den nicht-visuellen Begabungen. Ein Augenmensch wie Bismarck schrieb anschaulich, weil er anschauend lebte. Wenn er seiner Frau über eine Nichte berichtet: «Sie ist erst 14 und wächst noch, wie man an ihren Kleidern sieht», dann merkt man, daß diesem Auge auch nebensächliche Dinge auffielen. Aber auch das Auge läßt sich erziehen; es gibt für die Schulung des Auges vortreffliche Anleitungen; einige sind im Literaturverzeichnis am Schluß des Buches genannt.

Die Stilkunst muß sich mit der zweiten Aufgabe beschäftigen, mit der Kunst, das genau Geschaute auch anschaulich wiederzugeben. Über diese Kunst lassen sich einige Erfahrungssätze zusammenstellen.

1. Das Besondere ist anschaulicher als das Allgemeine. *Zwei Esel scharrten im Hofe* hat mehr Bildkraft als *Im Hofe befanden sich einige Tiere.* Daß sie Allgemeinbegriffe vermeiden, darauf beruhte die Schönheit unserer Beispiele.

Es ist unanschaulich und farblos zu sagen: *Die Bedienung der Maschine kann auch ungeübten Personen überlassen werden;* weit wirkungsvoller: *Sie können Ihren Lehrling an die Maschine stellen.*

2. Bei den Gattungsbegriffen für Personen ist die Einzahl bildhafter als die Mehrzahl: *Der Mensch ist ein Gewohnheitstier,* ist anschaulicher als *Die Menschen sind Gewohnheitstiere.* Daher sind auch Eigennamen bildhafter als Gattungsbegriffe: *Lenore fuhr ums Morgenrot empor aus schweren Träumen.* Der Satz wäre weit weniger bildhaft, wenn statt Lenore *ein Mädchen* stünde.

3. Anschaulich schreiben heißt: nur so viele abstrakte Worte schreiben wie unvermeidlich. Aber auch unter den abstrakten Worten gibt es mehr und minder anschauliche Worte. Nun können wir oft die besonders unanschaulichen Abstrakta auf einem einfachen Wege vermeiden: wir falten sie in ihre Teile auseinander. Wir sagen nicht: *In allen seinen Schicksalen blieb sie ihm treu,* sondern *in Glück und Unglück blieb sie ihm treu.* Der Satz: *Männer und Frauen rüsteten sich zum Widerstand* ist ein wenig anschaulicher als die Form: *Alle Einwohner rüsteten sich zum Widerstand.* Je allgemeiner ein Gattungsbegriff, desto unanschaulicher wirkt er. Deshalb erhöht die Auseinanderfaltung die Bildwirkung. *Auf der weiten Ebene wuchs nichts* ist weniger bildhaft als *Auf der weiten Ebene wuchs weder Baum noch Strauch noch Gras.*

Diese Auseinanderfaltung ist sehr oft möglich. *Hier und da sieht man große Vögel sitzen* ist bildhafter als *an einigen Stellen.* *Er arbeitet Tag und Nacht* gibt eher ein Bild als *Er arbeitet fleißig.* Ja, selbst *in zwei oder drei Tagen* ist etwas anschaulicher als *in mehreren Tagen.*

4. Personen sind anschaulicher als abstrakte Begriffe. *Der Rhythmus ist nicht Sache der Silbenzähler* ist besser als *der Silbenzählung.*

Wir erzielten mit der Anzeige keinen Umsatz ist blaß. *Die Anzeige hat nicht einen Kunden in den Laden gelockt* gibt ein Bild. Ein Mensch als Subjekt (Satzgegenstand) des Satzes wirkt weit bildhafter als ein begriffliches Subjekt. *Hindernisse bedeuten nichts für ihn* ist weniger durchsichtig als *Hindernisse schiebt er beiseite.*

5. Leicht zu ersetzen sind die Abstrakta in Sätzen mit unechten, saftlosen Zeitwörtern. *Die Zusammenkunft der Herrscher fand in Olmütz statt* ist

blaß. *Die Herrscher trafen in Olmütz zusammen* ist besser. Wer abstrakte Hauptwörter durch echte Zeitwörter ersetzt, macht den Satz auch bildhafter. Oft hilft ein anschaulicher Nebensatz: *Hier hörte er die Ursache dieser ganzen Entwicklung* ist farblos. *Hier hörte er, wie alles gekommen war* ist anschaulicher. Das Zeitwort ist für die Bildkraft des Satzes viel wichtiger als das Beiwort, das freilich leichter zu handhaben ist. Die Tatform (Aktiv) ist bildhafter als die Leideform (Passiv).

6. Oft können wir ein abstraktes Wort nicht kurzerhand ersetzen, sondern müssen seine anschauliche Seite suchen; wir müssen herausfinden, was ihm in der Welt der Sichtbarkeit entspricht.

Die anschauliche Seite einer Gemütsbewegung ist die Tat, in der sie sich ausdrückt. Der Leser will nicht vom Zorn der alten Karoline hören, er will die Teller auf den Tisch fliegen sehen.

Die anschauliche Seite des Lehrsatzes ist seine Anwendung. Das sogenannte Bernoullische Gesetz lautet:

«Der subjektive Befriedigungswert eines objektiven Quantums der Güter ist der Summe der von dem betreffenden Subjekte bereits besessenen Güter umgekehrt proportional.»

Das ist Fachsprache, unanschaulich und hermetisch. Sie hat ihren Sinn im engen Kreis der Gelehrten. Wenn aber ein Ungeschulter dies zum ersten Male hört, versteht er es schwerlich. Dagegen versteht er bestimmt: *Je weniger einer hat, um so mehr freut er sich über den Erwerb eines neuen Gutes.*

7. Unschön sind auch die redefremden, überlangen Abstrakta auf *ung*, *heit* und *keit*. Sie sind oft unvermeidlich; aber manchmal können wir sie ersetzen, wenn wir uns besinnen, was im wirklichen Leben dem abstrakten Nebelwort entspricht: *Die Verwüstung Magdeburgs und der Altmark hat Gustav Adolf gerächt* ist blaß und unzulänglich. *Das verbrannte Magdeburg, die verwüstete Altmark hat er gerächt.* Dieser Satz von Hofmannsthal klingt weit lebendiger.

8. Beispiele geben Anschauung. Für diesen Satz ist dies Kapitel, ja hoffentlich dies ganze Buch ein Beispiel.

9. Das einfache Wort hat mehr Bildkraft als das zusammengesetzte. *Der Bruch zwischen Cäsar und Pompejus* ist anschaulicher als *der Abbruch der Beziehungen . . .*

10. Erbwörter sind oftmals anschaulicher als Fremdwörter:

«Diocletian aggregierte einige Männer als Caesares, welche bei ungeteilter Gewalt mit ihm zugleich die Regierung führten, sodaß der eine da, der andere dort die höchste Autorität repräsentierte, die in ihm als oberstem Kaiser konzentriert blieb.» (Leopold Ranke)

Anschaulicher wäre:

Diokletian rief einige Männer als ‹Cäsares› an seine Seite, die bei ungeteilter Gewalt mit ihm zugleich regierten, der eine in diesem, der andre in jenem Teile des Reiches. Aber die letzte Entscheidung behielt er als oberster Cäsar in seinen Händen.

11. Gegensätze helfen zur Anschauung, namentlich bei Beschreibungen: «Erntewagen fuhren vorüber, grellgelb gegen den blauen Himmel.» (Eduard v. Keyserling)

12. Anschaulich ist die Einzelheit, nicht die summarische Zusammenfassung. Man muß daher die Kürze manchmal der Anschauung opfern.

Abstrakter Gelehrtenstil

Abstrakter als nötig schreiben viele große Gelehrte; oft lassen sie sich durch den abstrakten Stil obendrein zum Wortemachen verführen, weil sie dem bloßen unentschiedenen Ausdruck durch Wiederholungen das fehlende Gewicht geben wollen:

«Daß der einzelne, wenn er zu den höchsten Formen sittlichen Handelns *(unnötig abstrakt)* sich erhebt, nicht bloß für seine Mitbürger und Mitlebenden *(Wortemacherei)* und noch weniger für sich selbst handelt *(die letzten sieben Wörter sind entbehrlich)*, dies ist eine Überzeugung *(dieser Hauptsatz ist nach Klang und Inhalt zu mager)*, die sich bei der Betrachtung der erhabensten Beispiele sittlichen Wirkens unaufhaltsam aufdrängt *(Formeldeutsch)*. Auch hier wird aber die Regel gelten, daß wir die Gegenstände, die einen Begriff erläutern, so prägnant wie nur immer möglich zu wählen haben. Aus den Erscheinungen mittelmäßiger Rechtschaffenheit das Wesen des sittlichen Charakters bestimmen wollen, ist ungefähr dasselbe, als wenn man aus den verwickeltsten meteorologischen Prozessen die Gesetze der allgemeinen Mechanik zu finden suchte. *(Der Vergleich ist gesucht und verfehlt. Der Gegensatz zwischen allgemeinmechanischen und meteorologischen Vorgängen ist der Gegensatz zwischen einfach und verwickelt. Dies ist aber nicht der Gegensatz zwischen höchster Sittlichkeit und mittelmäßiger Rechtschaffenheit.)* Ein Sokrates oder Christus *(‹ein...› ist verbraucht)*, sie haben für alle Zeiten gelebt und gehandelt; die Spuren ihrer sittlichen Taten werden nicht untergehen, solange die Menschheit eine Geschichte hat *(unnötige Wiederholung)*. Zunächst freilich betätigt sich auch ihr Wirken in engeren Kreisen und viele ihrer Handlungen richteten sich mit ihren direkten Zwecken an die unmittelbare Gegenwart *(unnötig abstrakt)*. Aber in dem Größten, was sie geschaffen, durchbricht schon der direkte Zweck diese Schranken *(vermeidbare abstrakte Hauptwörterei)*, und mittelbar gewinnen selbst die durch die nächsten Bedingungen bestimmten Handlungen als integrierende Bestandteile *(abstrakt und formelhaft)* eines idealen Charakters eine weit über ihr unmittelbares Ziel hinausreichende Bedeutung *(welche?)*.» (Wilhelm Wundt)

Wieviel einfacher, wenn Wundt gesagt hätte:

Taten der höchsten Sittlichkeit geschehen nicht nur für die Mitwelt, sondern für die Menschheit. An den großen sittlichen Persönlichkeiten sehen wir das am klarsten: Männer wie Sokrates und Christus haben für alle Zeiten gelebt und gehandelt. Freilich wollten auch sie zunächst nur dem Tag dienen, aber in ihren Taten gaben sie uns das Bild eines idealen Charakters und damit ein ewiges Vorbild, und ihre großen Schöpfungen sind ein unverlierbarer Besitz aller Menschengeschlechter.

Versuchen Sie das folgende Beispiel in eine anschauliche Gestalt zu übertragen (Lösung am Schluß des Buches):

«Wenn wir im Bedarfe der Konsumtion einen Ausgangspunkt der Volkswirtschaftslehre sehen, so ist es doch nicht Aufgabe dieses Abschnitts des Grundrisses, die Fäden im einzelnen zu verfolgen, die von ihm ausgehend die Produktion in ihrer Richtung, ihrem Standort, ihrer Betriebsgröße, ihren Schwankungen und ihrer Krisengefährlichkeit determinieren. Hier muß es genügen, die zentrale Stellung des Konsumtionsbedarfs im ganzen der Volkswirtschaft zu betonen; für die konstruktive Betrachtung der Volkswirtschaft ist der Bedarf ihr Ausgangspunkt, die realisierte Konsumtion ihr Schlußpunkt.» (Oldenburg)

Fingerübungen

Man kann Auge und Ausdruck zugleich schulen, wenn man sich bemüht, bestimmte einfache Gegenstände genau zu beschreiben. Versuchen Sie, das Aussehen des hier abgebildeten Schreibzeugs wiederzugeben, aber so genau, daß ein Handwerker nach Ihrer Beschreibung genau dieses Schreibzeug herstellen könnte, auch wenn er keine Zeichnung als Vorlage hätte. Alle Einzelheiten müssen stimmen. (Lösung am Schluß des Buches.)

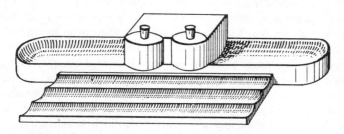

Solche Aufgaben sind schwer zu lösen. Sie erfordern einen griffbereiten Wortschatz, die Fähigkeit sorgfältiger Ausdrucksprüfung und sehr viel Geduld. Wem es auch nur annähernd so gut gelingt wie in der Auflösung – sie stammt von Erich Drach –, der besitzt ein scharfes Auge und einen vortrefflichen Stil.

Aber solche Aufgaben sind nur Fingerübungen, nur Mittel der Schulung, nicht etwa Ziele der Stilkunst. Man hüte sich, in der wirklichen Prosa dem Leser mit solch peinlichen Beschreibungen lästig zu fallen. Der Leser würde gelangweilt denken, daß für solche Aufgaben Zeichenstift und Lichtbild erfunden sind. Erschöpfende Beschreibungen mit genauer Ausmalung der Einzelheiten sind nur selten Aufgabe der sprachlichen Darstellung. Nur der Dichter kann sie lösen, aber auch er meist zu seinem Unglück.

Bild

Gleichnisse dürft ihr mir nicht verwehren.
Ich wüßte mich sonst nicht zu erklären.

Goethe

Die Bilder der Umgangssprache

«Wenn der Mensch einen Gegenstand mit einem anderen vergleicht, so lügt er schon. ‹Das Morgenrot streut Rosen.› Gibt es etwas Dümmeres? ‹Der Wein glüht purpurn.› Narrenpossen! ‹Der Morgen erwacht.› Es gibt keinen Morgen. Wie kann er schlafen? Es ist ja nichts als die Stunde, in der die Sonne aufgeht. ‹Verflucht! Die Sonne geht ja nicht auf›, auch das ist ja schon Unsinn und Poesie. O dürft ich nur einmal über die Sprache her und sie so recht säubern und ausfegen! O verdammt! Ausfegen! Man kann in dieser lügenden Welt es nicht lassen, Unsinn zu sprechen!» (Ludwig Tieck)

Man kann es in der Tat nicht lassen, bildlich zu sprechen.

Ursprünglich hatte die Sprache nur Worte für sichtbare Dinge. Wollte man einen abstrakten Begriff bezeichnen, so mußte man den Namen einer sichtbaren Sache auf ihn übertragen. Bei vielen abstrakten Wörtern können wir den sinnlichen Ursprung noch wahrnehmen: *Vor-stellung, Gegen-stand, be-greifen, be-sitzen, er-fahren, An-trag, auf-fallen, ein-bilden, ent-rüstet, ent-werfen, nieder-geschlagen.* Bei anderen Wörtern bemerken wir den sinnlichen Ursprung nicht mehr: wenn wir jemanden einen *Tropf* schelten, erkennen wir nicht, daß das Wort von *Tropfen* kommt.

Aus ein- und derselben sinnlichen Wurzel entstanden die verschiedensten abstrakten Begriffe. Der Sanskritwurzel *mar (zerreiben)* entsprechen *mare (Meer)* – das Zerwühlende –, *morbus (Krankheit), mors (Tod), mars (Kriegsgott)* und das deutsche *mahlen.*

Ja, selbst das Nichts können wir nur bildlich bezeichnen. Das lateinische *nihil* bedeutet *ne-filum (keinen Faden),* das französische *ne rien* kommt vom lateinischen *rem (Sache)*, *ne pas* stammt von *non passum (kei-nen Schritt)*, das italienische *niente* bedeutet ebenso wie das deutsche *nichts* oder das Sanskritwort *asat* das *Nichtseiende*. «Die Sprache ist ein Wörter-buch erblaßter Metaphern», sagt Jean Paul. Wie ein Bild allmählich zur Formel erblaßt, das können wir an vielen Wendungen unserer Alltags-sprache verfolgen, in denen wir den Bildgehalt kaum noch spüren: Wir empfangen unseren Freund nicht *herzlich*, sondern *mit offenen Armen*, wir schimpfen nicht *heftig*, sondern *wie ein Rohrspatz*, wir sind nicht *über-rascht*, sondern wir *fallen aus den Wolken*. Ja, wir sagen sogar ruhig: *Jetzt habe ich die Wohnung am Halse* und sehen dabei keinerlei Bild vor uns. Wir erklären von jemandem, er sei *das reine Schwein*, und bemerken gar nicht, daß wir das Wort *rein* hier bildlich im Sinn von *vollständig* verwenden, und zwar an ganz ungeeigneter Stelle. Wenn jemand sagt *Ich will dir rei-nen Wein einschenken*, so erinnern wir uns der bildlichen Bedeutung nur, wenn der andere antwortet: *Das wird ein schönes Gesöff werden*. Zum Scherz lösen wir solche Bilder manchmal auf und sagen: *Sie sollten ihr krankes Bein nicht auf die leichte Schulter nehmen* oder – wie Schillers Fiesko – *Meine Füße haben alle Hände voll zu tun*. Die Gewohnheit hat die Bild-wirkung fast aufgehoben; das Bild ist zur Formel geworden.

Aber nicht von diesen gewohnten, abgegriffenen Bildern unserer All-tagssprache soll dieser Abschnitt handeln, sondern von jenen Verglei-chen, Bildern und Metaphern, wie sie jeder neu findet und erfindet, der aus lebendigem Herzen redet oder schreibt.

Metapher, Vergleich, Bild

Was heißt Metapher? Das Wort bedeutet ursprünglich Übertragung. Die Bezeichnung der Sache A wird auf eine andere ihr ähnliche Sache B übertragen. A und B müssen etwas Gemeinsames haben, also vergleich-bar sein. Meist ist A ein anschauliches, B ein geistiges Gebilde. Der Satz *Fritz, dieser Esel* ist eine Metapher; die Bezeichnung *Esel* wird von dem grauhaarigen Vierfüßler auf den Menschen Fritz übertragen, dessen Gei-steszustand dem eines Esels gleicht. Jede Metapher enthält also einen ver-kürzten Vergleich. Wenn ich sage: *Sie hat Haare wie Gold,* so ist das ein Vergleich. Sage ich dagegen: *Das Gold ihrer Haare,* so ist mir eine Meta-pher gelungen. Bei der Metapher tritt der Vergleichsgegenstand still-schweigend an die Stelle der beschriebenen Sache, beim Vergleich da-gegen kommt das Wörtchen *wie* oder *gleich als ob* vor. Die Form der Metapher wählt man, wenn der Vergleich verständlich genug ist. Man sagt kurz: *er wirft sein Geld zum Fenster hinaus* und nicht *er gibt sein Geld so aus, wie wenn es so wertlos wäre wie ein Ding, das man zum Fenster hinaus-wirft*. Die Unterscheidung zwischen Metapher und Vergleich betrifft also nur die äußere Form.

Die Umgangssprache nennt die Metaphern und Vergleiche sehr oft bildliche Bezeichnungen oder kurz Bilder. Sie wendet das Wort ‹Bild› auch an, wenn sich der Vergleich nicht an das Auge wendet. In diesem umfassenden Sinn kann auch die Stilkunde das Wort ‹Bilder› verwenden und damit alle Metaphern und Vergleiche bezeichnen. Wenn Schopenhauer sagt: «Der Intellekt als bloßes Werkzeug des Willens ist von ihm so verschieden wie der Hammer vom Schmied», so brauchen wir nicht lange zu grübeln, ob das eine Metapher oder ein Vergleich: in jedem Fall ist es ein Bild.

Aristoteles hat darauf hingewiesen, daß die Metaphern sich in Form einer mathematischen Gleichung aussprechen lassen. Also: Der Wille verhält sich zum Intellekt wie der Schmied zum Hammer. So wird ein unbekannter Begriff – in unserem Fall *Intellekt* – unter Verwendung dreier anderer bekannter Größen näher beschrieben.

Ein anderes Beispiel. Moltke schreibt an seine Frau:

«Wer in sich selbst nicht das Gefühl für Würde findet, sondern sie in der Meinung anderer suchen muß, der liest stets in den Augen anderer Menschen, wie jemand, der falsche Haare trägt, in jeden Spiegel sieht, ob sich auch nicht etwas verschoben habe.»

Auch hier können wir den Vergleich zerlegen: ein selbstbewußter Mensch verhält sich zu einem unsicheren wie ein Mensch mit natürlichem Haar zu einem mit Perücke.

Aber mögen auch diese logischen Auflösungen in vielen Fällen möglich sein, so sind doch solche Analogiegleichungen nicht das Wesen eines Bildes; seine Kraft wurzelt in tieferen Schichten unseres Geistes.

Das Bild verwandelt die Atmosphäre

Das schöne Bild führt keinen Vergleich durch, es verwandelt eine Atmosphäre. Es beschwört eine neue Lebensluft herauf, indem es neue Vorstellungen anklingen läßt. Es hebt seinen Gegenstand aus gewohnter Umgebung in ein schöneres Reich.

Bei Annette von Droste-Hülshoff steht:

«Ich fange an mit der gnädigen Frau, einem fremden Gewächs auf diesem Boden, wo sie sich mit ihrer südlichen Färbung, dunkeln Haaren, dunkeln Augen ausnimmt wie eine Burgundertraube, die in einen Pfirsichkorb geraten ist.»

Hier wird keine logische Entsprechung herausgearbeitet, sondern die Empfindung des Anmutigen, Fremdländischen, Leckeren und Lockenden, die uns beim Anblick eines solchen Obstkorbs erfüllt, wird auf die dunkle, schöne, junge Frau übertragen. Und wenn Eichendorff eine seiner Figuren ausrufen läßt: «Aber wie siehst du denn aus! Nüchtern und blaugrün wie eine leere Weinflasche», so gibt uns dies Bild mehr als eine

Farbanalogie, es gibt uns eine ganze Katzenjammerstimmung noch obendrein. Das gute Bild leistet weit mehr, als nur eine Sache anschaulich zu machen. Wenn eine Metapher sich damit begnügt, bildlich zu wiederholen, was schon gedanklich gesagt war, so ist sie ein armes Kunstmittel. Ein gutes Bild muß Assoziationen beschwören, es muß mit einem knappen Griff einen Szenenwechsel erzwingen, es muß seinen Gegenstand in eine neue Welt versetzen. Ina Seidel sagte einmal über eine unkluge Bemerkung Eckermanns:

«Was der liebenswürdige Eckermann da in jene Worte eines gelassenen Verzichts hineingelegt hat, entsprach doch wohl nicht ganz dem, was Goethe eigentlich hatte sagen wollen; wir, die wir das gewaltige Gebirge, an dessen Abendseite Eckermann herumbotanisierte, aus größerem zeitlichen Abstand zu sehen vermögen, hören etwas anderes heraus.»

Wird uns Goethe dadurch anschaulicher, daß man ihn mit einem Gebirge vergleicht? Schwerlich! Aber etwas anderes gibt uns dieser Vergleich: er überträgt eine bestimmte Stimmung, ja: eine ganze Lebenswelt von dem Bild auf die Sache. Der Abstand zwischen dem gewaltigen Gebirge Goethe und dem kleinen Botaniker Eckermann wird uns ohne viele Worte zum Bewußtsein gebracht: sein ganzes eifriges Streben, wie er mit der Botanisiertrommel auf der *Abendseite* des riesigen Gebirgsstockes herumklettert, und wie gelassen und gleichgültig das Gebirge dabei daliegt. Jedes gute Bild stattet den beschriebenen Gegenstand mit bestimmten Gefühlswerten aus und beleuchtet dadurch neue Merkmale. Der Vergleich hebt das, was er beschreibt, in die Sphäre des Bildes, mehr noch: er verschmilzt schlechthin Bild und Sache. Das ist der Kernpunkt in der Kunst des Bildners. Gute Bilder beruhen nicht auf bewußten Vergleichen. Sie entstehen nur dadurch, daß in der Seele des Schreibenden zwei Dinge ungewollt wie mit einem Zauberschlag in eines zusammenfließen. In dem Goethevergleich Ina Seidels wirkt das Wort *Gebirge* nicht mit seinem Anschauungswert oder mit seinem begrifflichen Inhalt, sondern mit seinem Symbolwert. Es symbolisiert die Größe und Erhabenheit des alten Goethe. Ein solches Bild wendet sich nicht nur an das Auge, sondern an unsere ganze Seele. Es ruft eine Stimmung, ein Gefühl, eine ganze Welt in uns hervor, ohne daß lange Auseinandersetzungen nötig wären. Es wirkt wie ein Zauberstab: tiefer und schneller als jede Kunst der Beweise.

Bilder sind unentbehrlich

Welche Bedeutung Bilder haben, kann man nur auf einem Wege zeigen: man muß den Leser durch einen ausgedehnten Bildersaal hindurchführen, in dem jedes Stück die Unentbehrlichkeit des Bildes beweist. Aber so wie die modernen Bußpilger, die mit dem Baedeker in der Hand pflichtbewußt Museumssaal um Museumssaal abarbeiten, so wie diese armen Wallfahrer nicht länger als zwei Stunden lang Bilder betrachten können, ohne zu ermüden, so kann auch niemand hundert Metaphern lesen, ohne ihrer überdrüssig zu werden. Ich rate daher dem Leser, die folgende Wanderung abzubrechen, wenn er der Bilder müde ist, und das Buch erst am nächsten Tage wieder aufzuschlagen.

Wenn Ludwig Speidel von Luther sagt:

«Als Luther die Sätze gegen den Ablaßhandel an der Schloßkirche zu Wittenberg befestigte, weckte der Schlag des Hammers ganz Deutschland; als er die päpstliche Bulle verbrannte, ging der Widerschein des Feuers durch die ganze Welt»,

dann unterscheiden wir nicht mehr zwischen bildlichem und wirklichem Feuerschein, sondern wir empfinden beide als eins.

In den «Aphorismen zur Lebensweisheit» legt Schopenhauer dar, für das Glück eines Menschen komme es nicht darauf an, was er gelte und was er habe, sondern was er sei. Und mit einigen Sätzen, die für seinen Stil und für seine Philosophie gleich kennzeichnend sind, fährt er fort:

«Das Beste und Meiste muß jeder sich selber sein und leisten... Ist doch in der Welt überall nicht viel zu holen: Not und Schmerz erfüllen sie, und auf die, welche diesen entronnen sind, lauert in allen Winkeln die Langeweile. Zudem hat in der Regel die Schlechtigkeit die Herrschaft darin und die Torheit das große Wort. Das Schicksal ist grausam und die Menschen sind erbärmlich. In einer so beschaffenen Welt gleicht der, welcher viel an sich selber hat, der hellen, warmen, lustigen Weihnachtsstube, mitten im Schnee und Eise der Dezembernacht. Demnach ist eine vorzügliche, eine reiche Individualität und besonders sehr viel Geist zu haben ohne Zweifel das glücklichste Los auf Erden; so verschieden es etwa auch von dem glänzendsten ausgefallen sein mag.»

Die Lebensform des selbstgenügsamen Weisen wird lebendig durch den Symbolwert der Weihnachtsstube: die Behaglichkeit der beiden Gebilde verschmilzt beide Vorstellungen in eins, zu einer ‹dritten Vorstellung›, die schon Jean Paul als das Wesen des guten Bildes erkannt hat.

Ja, das glückliche Bild kann uns sogar noch mehr geben: es vermag das Urwesen, den innersten Kern einer Sache mit einem Schlage leibhaftig zu machen, es kann ein Wissen hervorholen, das in der Tiefe unserer Seele uns selber unbekannt schlummerte. Die Bilder, in denen die Droste die Anmut jener dunklen Frau, Ina Seidel die Größe des alten Goethe Gestalt gewinnen läßt, sagen mehr von diesen Dingen aus, als wir mit baren Worten sagen könnten.

Jakob Grimm gibt den ersten Band seines Wörterbuches heraus; im Vorwort erzählt er, wie schwer es ihm gefallen sei, seine alten Arbeiten abzubrechen und diese unendliche Aufgabe zu übernehmen:

«Beinahe hieß es alte warm gepflegte Arbeiten aus dem Nest stoßen, eine neue ungewohnte, ihren Fittich heftiger schlagende darin aufnehmen. Wie wenn tagelang feine, dichte Flocken vom Himmel niederfallen, bald die ganze Gegend in unermeßlichem Schnee zugedeckt liegt, werde ich von der Masse aus allen Ecken und Ritzen auf mich eindringender Wörter gleichsam eingeschneit.»

Bilder entspringen nicht dem Schmucktrieb, sondern der Unzulänglichkeit anderer Ausdrucksmittel. Sie sind die natürliche Sprache für etwas, das anders nicht ausgedrückt werden kann. Wer bei jedem Bild den logischen Vergleich herauskonstruieren will, gleicht dem Affen, der hinter den Spiegel greift. Bilder sind kein Mittel, Bilder sind Leben:

«Alles was man über das Lesen klugreden und geistreicheln mag, ist Geschwätz, ohne diese Grundwahrheit: Bücher sind keine Narkotika, Bücher sind keine Stimulantien, Bücher sind Nahrung, und wer glaubt, von Stimulantien und Narkotika leben zu können, wird an ihnen sterben. Daß ein Mensch nicht mit Eierkognak, Kaviar und Schlagrahm auf die Dauer bestehen kann, weiß jeder. Aber Tausende füttern sich mit nichts als Konditorliteratur, Likörliteratur, Gourmetliteratur und laufen geistig mit einem scheußlichen Magenkatarrh herum, weil sie's nicht glauben, daß auch im Geistigen Anfang und Ende aller Weisheit die einfachen unverfälschten Dinge sind: Milch, Brot, Honig, Früchte.» (Josef Hofmiller)

All diese Bilder bringen Besonderheiten eines Gedankens zum Ausdruck, die kein Gradnetz rationaler Gedanken erfassen könnte. Gerade das Eigentümliche einer Sache läßt sich oft nur durch Vergleiche herausarbeiten, die den Gegenstand mit einem Schlage in eine andere Welt versetzen. Sie schenken uns ein Ausdrucksmittel, das sehr viel feinere Tönungen wiederzugeben vermag als jedes andere. Wer versucht, gute Bilder mit ihrer genauen Abtönung ohne Vergleiche gradezu – also mit direkten Worten – wiederzugeben, der wird sehr schnell merken, wie unentbehrlich Bilder für den sind, der das Einmalige einer Sache ans Licht heben will.

Daß wir in Bildern reden können, bezeugt die Gesetzmäßigkeit der Welt. Der Mensch kann neue Eindrücke seinem Innern nur einverleiben, indem er sie mit vorhandenen Vorstellungen verschmilzt. Das Bild ist der große Schmelzofen, in dem alte und neue Vorstellungen verbunden werden. Bildliche Ausdrücke schmücken die Rede nicht wie der Ring den Finger, sondern so wie die Augen das Gesicht schmücken, in dem sie unmöglich fehlen dürften. «Try to be precise and you are bound to be metaphorical. – Versuche genau zu sprechen, und du bist gehalten, bildlich zu sprechen.» (Murray)

Bild und Gegensatz

In guten Bildern haben die beiden Dinge, die verglichen werden, etwas Unvereinbares. Wer Ähnliches mit Ähnlichem vergleicht, bleibt befangen in verstandesmäßiger Abschätzung. Der Vergleichsgegenstand muß vielmehr zugleich ähnlich und gegensätzlich sein. Erst der scharfe Gegensatz erzwingt den Szeneriewechsel, der Sprung schafft die neue Atmosphäre. Glückliche Vergleiche bringen eine Überraschung.

Eichendorff will in «Ahnung und Gegenwart» Leontin zu Faber, einem ‹Dichter von Profession›, sagen lassen, er solle doch einen schönen Morgen nicht zum Schreiben mißbrauchen. Wie sagt er das? Etwa: *Der Mensch soll Zeiten, in denen die Natur ihre kräftigste Frische besitzt, nicht dazu verwenden, um der unlebendigen Beschäftigung des Schreibens nachzugehen?* Nein, Leontin sagt:

«Ich wünschte, Sie ritten lieber alle Morgen mit mir auf die Jagd, lieber Faber. Der Morgen glüht Sie wie eine reizende Geliebte an, und Sie klecksen ihr mit Tinte in das schöne Gesicht.»

Der Gegensatz gibt dem Vergleich Spannung und Durchschlagskraft und hebt ihn in das Reich des Heiteren; wir werden später sehen, wie das zusammenhängt.

Bismarck in einer Rede über Preußen: «Preußen ist wie eine neue Wolljacke; es kratzt ein bißchen, hält aber warm.» Oder Hebbel über Gutzkows siebenbändige Romane: «Es ist, als ob Kornsäcke auf der Kaffeemühle durchgemahlen werden sollten.»

Woher nehmen die großen Bildkünstler ihre Vergleiche und Bilder? Nach der Schulregel müßte man annehmen, daß der Vergleich etwas Unbekanntes durch etwas Bekanntes veranschauliche. Aber die großen Bildmeister gehen andere Wege. Sie wählen für ganz naheliegende Dinge ganz fernliegende Bilder. So schreibt Bismarck an seine Frau:

«Das Leben ist wie ein geschicktes Zahnausziehen, man denkt, das Eigentliche solle erst kommen, bis man mit Verwunderung sieht, daß es schon vorbei ist.»

Diesen schwermütigen Vergleich schwächt er aber sogleich ab, indem er mit einem neuen Vergleich fortfährt:

«. . . oder ich wollte es, meiner hiesigen Beschäftigung entsprechend, lieber mit einem Diner vergleichen, bei dem das unerwartet frühe Erscheinen von Braten und Salat auf den Gesichtern der Gäste den Ausdruck der Enttäuschung hervorruft. Möge sich für uns beide die Ähnlichkeit mit dem Diner dadurch vervollständigen, daß nach dem Braten nur noch süße Speisen folgen.»

Goethe von sich selber:

«Ich komme mir vor wie jenes Ferkel, dem der Franzos die knusperig
gebratene Haut abgefressen hatte, und es wieder in die Küche schickte,
um die zweite anbraten zu lassen.»
Jeder dieser Vergleiche haftet in unserem Gedächtnis, grade weil sie
aus ganz entlegenen Gebieten stammen.
Robert Schumann schreibt einmal, in einzelnen von Schuberts «Mo-
ments musicaux» habe er sogar unbezahlbare Schneiderrechnungen zu
erkennen geglaubt, so ein spießbürgerlicher Verdruß schwebe darüber;
oder in einem seiner Märsche habe er ganz deutlich den ganzen österreichischen Landsturm mit Sackpfeifen vorn und Schinken und Würsten
am Bajonette erkannt.

Verdichtung

Weil Bilder zugespitzt sein können, können sie kurz sein; so sind sie das
stärkste Mittel der Verdichtung. Wie oft hat ein Bittsteller dargelegt, daß
und warum er nur schriftlich sein Anliegen vorzubringen wage. Knapper drückt das Gneisenau aus, wenn er in einem Brief an Goethe schreibt:
«Oft war ich Ihnen im Leben nah, doch nur einmal habe ich mir gestattet, einen Versuch zu machen, Ihr Antlitz näher zu sehen. Ein Brief
errötet und stottert nicht, darum wird es mir leichter, mich bei Ihnen
schriftlich einzuführen, als vor jenen dreißig Jahren mündlich.»
Wie einfach und schlagend ist der Satz Hertslets: «Die Geschichte weiß
so wenig von Epochen, wie der Erdball von Meridianen.» Wie knapp
und inhaltsreich der weltberühmte Vergleich des Herzogs von La Rochefoucauld: «Die Trennung verhält sich zur Liebe wie der Wind zum Feuer.
Das kleine bläst er aus, das große facht er an.»
Überhaupt gilt auch von den Bildern, daß sie besser Vorgänge darstellen als Zustände. Das Reich des Wortes ist ein Reich der Bewegung. Weil
Bilder Stimmungsträger sind, können sie Werturteile – lobende und vernichtende – viel unmerklicher auf den Leser übertragen als wohlabgewogene Argumentationen.
Lessing gegen Klotz:
«Immer glaubt Herr Klotz, mir auf den Fersen zu sein. Aber immer,
wenn ich mich, auf sein Zurufen, nach ihm umwende, sehe ich ihn, ganz
seitab, in einer Staubwolke auf einem Wege einherziehen, den ich nie betreten habe.»
Wenn jemand von dem *Hyänenpfand der Psychologie* spricht, so hat er
sie mit diesem beiläufigen Bild viel giftiger angegriffen, als es lange Auseinandersetzungen tun können. Manchmal – freilich nicht oft – glückt es
auch, Vergleiche wirkungsvoll auszuspinnen:
«Es gibt in allen Fachwissenschaften, Medizin und Kathederphiloso-
phie einbegriffen, eine ausgebildete Hierarchie mit Schulpäpsten, Gra-

den, Würden – der Doktor als die Priesterweihe –, Sakramenten und Konzilen. Der Laienbegriff wird schroff aufrecht erhalten und das allgemeine Priestertum der Gläubigen in Gestalt der populären Wissenschaft leidenschaftlich bekämpft. Überall haben sich Fachsprachen ausgebildet, die z. B. auf dem Gebiet der Radioaktivität nur noch dem verständlich sind, der die höheren Weihen empfangen hat. Es gibt Sektenstifter, wie manche Jünger Kants und Hegels, eine Mission unter Ungläubigen wie die der Monisten, Ketzer wie Schopenhauer und Nietzsche, den großen Bann und als Index eine Übereinkunft des Schweigens. Es gibt ewige Wahrheiten wie die Teilung der Rechtsobjekte in Personen und Sachen, und Dogmen wie das von Energie und Masse, einen Ritus des Zitierens rechtgläubiger Schriften und eine Art von wissenschaftlicher Seligsprechung. Die Irrlehrer sind ausgeschlossen von der ewigen Seligkeit des Lehrbuches und in das Fegfeuer der Anmerkungen verwiesen, von wannen sie auf Fürbitten der Gläubigen geläutert aufsteigen in das Paradies der Paragraphen.» (Oswald Spengler)

Bilder gestatten uns auch, Dinge behutsam anzudeuten, die wir nicht aussprechen wollen:

«Möchtest du nicht einen Geliebten haben? fragte er neckend und leise. Sie verzog ihre Lippen verachtungsvoll und sagte: Der Wein schmeckt mir nicht mehr, seit ich gesehen habe, wie sie mit ungewaschenen Füßen die Trauben stampfen.» (Ricarda Huch)

Vor allem aber ist der Vergleich ein glänzendes Mittel, um eine heitere Tonart anzuspielen. Gerade solche Vergleiche sind ihrer Wirkung am sichersten.

Lope de Vega in einem Brief:

«Glücklicherweise kann man mir keine anderen Laster als die natürliche Verliebtheit vorwerfen und auch darin bin ich wie die Nachtigall: mehr Stimme als Fleisch.»

Für einen heiteren Vergleich ist der ernsteste Gegenstand nicht zu schade. Kant legt dar, daß man sich bei den Beweisen für das Dasein Gottes zu Unrecht auf die Übereinstimmung von Vernunft und Erfahrung berufe als auf zwei voneinander unabhängige Zeugen, wo der erste allein seinen Anzug und Stimme verändert hat, um für einen zweiten gehalten zu werden.

Heiter und treffend ist auch der oft zitierte Satz eines Gegners über den englischen Staatsmann Gladstone:

«Daß er beim Spiel das Trumpf-As aus dem Ärmel zu ziehen pflegt, das will ich ihm verzeihen. Aber daß er immer behauptet, der liebe Gott habe es ihm persönlich hineingesteckt, das ist unerträglich.»

Verblichene Bilder

Auch für Bilder gilt wie für viele Stilmittel: gute Bilder kann man nicht lehren, man kann nur Beispiele hinstellen, mehr zum Genuß als zur Nachahmung. Aber die schlechten Bilder, die kann man nicht nur zur Erheiterung der Leser vorführen, sondern man kann sie auch untersuchen, ihre Fehler beschreiben und den Leser warnen, die gleichen Sünden zu begehen.

Unbrauchbar sind alle abgenützten Vergleiche:
«Mit Gewalt raffte sich Heinrich aus der Tiefe des Elends auf und schlug an das Schwert, seine letzte Hoffnung.» (Ludwig Giesebrecht)
Verblichene Bilder haben keine Bildkraft. Oft kann man ihnen aber ihre Bildkraft wiedergeben, wenn man ihre ursprüngliche anschauliche Bedeutung ins Licht hebt, so, wenn ein erfolgloser Sonntagsjäger sagt: *Der Hase lief im Zick-Zack, und immer wenn ich nach Zick schoß, lief er nach Zack.*

Man kann auch die Bildkraft eines verblichenen Bildes wiederbeleben, indem man es fortspinnt:
«Als sie von dem Abenteuer mit der Kranzjungfrau hörte, ging ihr ein Licht auf, bei dessen Scheine sie sofort still an die Arbeit ging, um ein Glück zu schaffen, wohl angemessen und gut genäht.» (Gottfried Keller)

Gesuchte Bilder

Ebenso gefährlich wie abgegriffene Bilder sind künstlich ausgedachte. Gesuchte Vergleiche sind nur erträglich, wenn der Vergleichspunkt, das heißt die Eigenschaft, die die beiden verglichenen Dinge gemeinsam haben, völlig überzeugend ist. Andernfalls verstoßen sie gegen jene Regel, die schon Quintilian für die Metapher gegeben hat, nämlich daß sie stärker sein müsse als das, was sie verdränge.

Überaus gesucht waren viele Bilder der Barocklyrik:

«Amanda, liebstes Kind, du Brustlatz kalter Herzen,
der Liebe Feuerzeug, Geldschachtel edler Zier,
der Seufzer Blasebalg, des Trauers Löschpapier,
Sandbüchse meiner Pein und Baumöl meiner Schmerzen,
du Speise meiner Lust, du Flamme meiner Kerzen.»

Ebenso komisch der Sprachpapst Gottsched von Peter dem Großen:

«Deines Geistes hohes Feuer
schmelzte Rußlands tiefsten Schnee
und das Eis ward endlich teuer
an dem runden Kaspisee.»

Kleist hatte in der ersten Fassung der «Familie Schroffenstein» den Vers stehen:

«Von Liebe sprech ich nun – das süße Wort,
gleich einer schleunig reinigenden Salbe,
gibt jeder Lippe Reiz, die es berührt.»

Zum Glück strich er diesen Vergleich. Dagegen ließ er im «Käthchen von Heilbronn» den Vers stehen: der Graf vom Strahl droht, das Haupt des alten Theobald flach zu schlagen: «... wie einen Schweizerkäse, der gärend auf dem Brett des Sennen liegt.»

Berüchtigt sind die Vergleiche des bilderfreudigen Literaturgeschichtsschreibers Rudolf von Gottschall:

«In der Edda findet Wilhelm Jordan die reckenhafte Größe, das unbegrenzte germanische Heidentum, er gräbt die poetischen Mammutknochen der ultima Thule hervor, die gleichsam in dem Eispalast des Nordens schlummernden Götter- und Heldensagen und seine Muse kommt mit Gigantenschritten, reich beladen mit flammenden Schätzen von dieser Polarexpedition zurück, Eisreif und Schneenebel in den wallenden Locken.»

Bei einigen Schriftstellern glänzen folgende Perlen:

«Die spärlichen Felsrippen der Höhen traten beinern im grellen Gelb aus den Lenden der Bergrücken hervor. Das Zwerggewälde von Ginster und Zwerggebüsch in der kurzen Ebene des Knicks glich einem gesprenkelten Kohlgarten. Wilder Wein hing senkrecht die Altane des Herrschaftssitzes herunter, von der Abendsonne in tiefsatten, warmen Ton getaucht, teils wie farbrötliche Ähren, teils wie fetter gekochter Braunkohl.» (Carl Bleibtreu)

«Sein Wort, das schwer auf dreihundert Helmkuppen schlug, zog jeder Gegenrede Beine fort.» (Fritz v. Unruh)

Hart an der Grenze des Erträglichen steht der Vergleich:

«Schönheit ohne Sinnlichkeit gleicht einer Brust, der die Brustwarze fehlt.» (Ernst Jünger)

Vergleiche ohne Vergleichspunkt

Noch schlimmer als die weit hergeholten Vergleiche sind jene, bei denen überhaupt kein Vergleichspunkt vorhanden ist. Das Musterbeispiel ist der Satz eines Bankdirektors: *Die Börse ist wie eine Lawine, mal geht sie herunter, mal geht sie herauf.*

Dostojewski sagt in den «Brüdern Karamasow» von dem Gesicht des Verteidigers, daß seine Augen *ganz ungewöhnlich nahe beieinander* standen, und fährt fort:

«Kurz, diese Physiognomie hatte etwas so entschieden Vogelhaftes, daß es auffallen mußte.»

Dostojewski hat nie mit Bewußtsein einen Vogel gesehen: gerade beim Vogel liegen die Augen um 180 Grad auseinander; das gibt ihm im Flug das große Blickfeld.

Bildbruch

Die berüchtigtste Gruppe der mißglückten Bilder sind schließlich jene, die einen Bildbruch (Katachrese) enthalten. Ein Bildbruch entsteht leicht, wenn jemand allgemein übliche Bilder formelartig anwendet, ohne sie wirklich vor Augen zu haben:

«Uhland ist so groß, daß er alle, die auf seinen Schultern stehen, noch um Haupteslänge überragt.» (Aus einer Literaturgeschichte)

«Das bescheidene Veilchen des Glaubens blüht am glänzendsten, wenn die Hammerschläge des Schicksals es auf dem Amboß des Herzens zu leuchtenden Strahlen erwecken.» (Aus einer Predigt)

«Das Herz, das unter einer Arbeiterbluse klopft, ist oft so wacker wie jenes, das unter dem Zylinderhut des Bourgeois schlägt.» (Aus einer Zeitung)

Der Bildbruch kann sich verbinden mit einem Stilbruch; so in dem Satz eines medizinischen Buches:

«Im Gegensatz zu diesen beiden Gruppen *(gemeint sind die Stuhlverstopfungen durch zweckwidrige Ernährung und durch Bewegungsmangel)* tritt dem ärztlichen Berater als unbestrittener Löwenanteil die habituelle Stuhlverstopfung entgegen.»

Oft wird der Bildbruch absichtlich als Mittel der Komik verwendet, vor allem in der Umgangssprache:

«Das heißt doch wirklich dem Faß die Krone ins Gesicht schlagen.»

«Du wirst mich an den Rand des Bettelstabes bringen.»

«Die ganze Sache ist ein totgeborenes Kind, das sich im Sand verlaufen wird.»

Der Bildersaal ist durchschritten; was können wir aus dem Spaziergang lernen? Wann soll man Bilder in die Darstellung einflechten? Auf diese Frage gibt es nur eine Antwort: Niemals! Wer diesen Ratschlag befolgt, wird nämlich Bilder nur schreiben, wenn sie sich ihm aufdrängen, und nur diese Bilder sind gut. Wer Bilder sucht, wird sie nicht finden. Hier gilt der Satz Goethes: «Alles Denken nützt zum Denken nichts.»

Wem sich aber ein Bild so aufdrängt, daß er ihm nicht entrinnen kann, der prüfe sorgfältig, ob es weder abgegriffen noch herbeigekünstelt ist.

Kurze Zusammenfassung der letzten zwei Kapitel

Das Auge ist die liebste Erkenntnisquelle des Menschen. Deshalb müssen wir anschaulich schreiben. Zum anschaulich Schreiben gehört dreierlei: beschreiben, verkörpern und Bilder finden. Beschreiben heißt nicht Einzelheiten aufzählen. Beschreiben heißt, eine Szene, eine Person, eine Landschaft als Ganzes empfinden und jenen einen Punkt herausfühlen, der sie von allem anderen unterscheidet. Wem das nicht gegeben ist, der soll Beschreibungen vermeiden und statt dessen Vorfälle erzählen, in deren Verlauf das Aussehen der Sache von selbst deutlich wird.

Geistige Gebilde haben auch meist ein Widerspiel in der körperlichen Welt. Dies Widerspiel, diese sichtbare Seite des Abstrakten müssen wir dem Leser vor Augen stellen.

Die dritte Aufgabe, die Kunst des Bilderfindens, führt in eines der schwierigsten Stilprobleme. Bilder sind kein Schmuck, Bilder sind eine Notwendigkeit. Sie machen die Sprache anschaulich und damit angenehm, aber das ist ihr kleinstes Verdienst. Nur in Bildern kann man die Eigenart vieler Dinge ausdrücken, nur in Bildern ihr verborgenes Wesen ans Licht bringen.

Gute Bilder werden nicht ausgedacht, sie kommen in blitzartiger Eingebung, die das Bild leuchtend und wirklich vor uns hinstellt.

Kürze

Selbst die besten Schriftsteller reden zu viel.

Vauvenargues

Mühsal und Segen der Knappheit

Als Karl Gutzkow einmal nächtlich am Denkmal Goethes und Schillers in Weimar vorbeikam, da rief er, die Faust gegen die beiden Nebenbuhler ballend: «Aber neunbändige Romane habt ihr doch nicht geschrieben.»

Die meisten Schriftsteller tragen ein wenig von jenem Vaterstolz Gutzkows, sorgfältig verborgen, in ihrem Herzen. Gewiß, sie werden nicht öffentlich behaupten, Länge sei ein Verdienst. Aber daß sie all ihre Dramen, Lehrbücher und Erzählungen um keine Silbe hätten kürzer schreiben können als geschehen, davon sind sie überzeugt. Ein Roman – so sagen sie – bedürfe einer gewissen epischen Breite, ein Drama einer allmählichen Entwicklung und vollends ein wissenschaftliches Werk müsse seinen Gegenstand gründlich von allen Seiten erörtern, die gegenteiligen Ansichten irregeleiteter Kollegen widerlegen und einen hochaufgetürmten Heuwagen von Wissen in den Kopf des Lesers hineinfahren. Ganz anderer Ansicht als die Autoren sind die Leser und Hörer. Wer sich nach einem langen Theaterstück unter die weggehenden Zuschauer mischt, der hört neun- von zehnmal den Satz: Sehr gut, aber viel zu lang, namentlich die letzten Akte. Wer aus dem Bücherschrank eines Freundes ein paar dickleibige Bücher etwa von Jean Paul oder Stifter herausnimmt, der wird sehr oft finden, daß hinter dem ersten Drittel die Seiten einen recht ungelesenen Eindruck machen.

Warum sind die Schriftsteller so sehr für die Länge und die Leser so sehr für die Kürze? Aber bevor wir diese Frage beantworten, müssen wir die Begriffe klären. Die Worte ‹kurz› und ‹lang› geben nicht genau das an, worauf es ankommt; denn sie bezeichnen ein absolutes Maß. Entscheidend ist aber: in welchem Verhältnis steht der Umfang zum Inhalt? Dieses Verhältnis bezeichnen wir besser mit ‹knapp› und ‹breit›. Knapp ist eine Darstellung, die einen verhältnismäßig großen Inhalt in einen kleinen Raum zusammendrängt; breit, wenn der Sprachaufwand im Verhältnis zum Inhalt groß ist. Die Seitenzahl allein ist kein Maßstab der Knappheit. Schillers «Don Carlos» ist mit seinen 5000 Versen eines der längsten Dramen der Weltliteratur, aber er birgt auch einen gewaltigen Inhalt; die Darstellung ist eher knapp als breit.

Warum also lieben die Leser die Knappheit und die Schreiber die Breite? Die Vorliebe des Lesers beruht auf dem Gesetz der abnehmenden Reizwirkung: die Wirkung eines Reizes nimmt mit der Länge seiner Dauer ab. Dem Durstigen schmeckt das dritte Glas Wasser nicht mehr so gut wie das erste.

Weil die Aufnahmefähigkeit des Lesers abnimmt, darum gilt für den Stil das Gesetz vom kleinsten Kunstmittel: je kleiner der Sprachaufwand im Verhältnis zum Inhalt, desto größer die Wirkung.

Knappheit der Darstellung verleiht dem Stil eine strenge und vornehme Kontur. All die Schriftsteller, deren knapper Stil berühmt ist, haben ein besonders edles Gepräge: Demosthenes, Tacitus, La Rochefoucauld. «Das Gute ist zweimal so gut, wenn es kurz ist.» (Gracian) Der knappe Stil hat etwas vom Charakter der Statue; er kennt kein umrankendes Beiwerk, sondern hebt sich klar gegen den Himmel ab. Ein Schriftsteller wie Rousseau, der meist zur Breite neigt, gewinnt sofort Würde und Gewicht, wenn er sich zu knapper Darstellung durchringt, wie am Anfang des «Contrat Social»:

«Ich werde untersuchen, ob sich rechtmäßige und sichere Vorschriften für den Staatsvertrag auffinden lassen, wenn man die Menschen nimmt, wie sie sind, und die Gesetze, wie sie sein können. Ich werde bei diesen Nachforschungen das, was das Gesetz erlaubt, beständig zu verbinden suchen mit dem, was das Interesse vorschreibt, damit Gerechtigkeit und Vorteil nicht als getrennte Dinge erscheinen.

Ich gehe an den Gegenstand, ohne seine Wichtigkeit eigens zu beweisen. Man wird fragen, ob ich Fürst sei oder Gesetzgeber, da ich über Staatsgeschäfte schreiben will. Ich antworte: ich bin es nicht. Wäre ich Fürst oder Gesetzgeber, so würde ich keine Zeit damit verlieren zu sagen, was man tun muß; ich würde es tun und schweigen.»

Kein Trumpf im Bereich der Stilkunst sticht so sicher wie Knappheit. Der Leser liebt sie nicht nur, weil sie ihm Zeit spart, sondern auch weil sie ihn vor Betrug sichert. Das Gedröhn der Phrasen, die aufgeputzte Hoffart der Stilgecken, das verschwommene Geschwafel der Unklaren: sie alle sind unmöglich, wenn man nur wenige Worte sagen darf. Nackt steht dann der Gedanke da, und da zeigt sich's freilich, wie er gewachsen ist. Der Leser glaubt viel eher an die Echtheit einer knappen Darstellung als an die einer breiten. Und mit Recht: «Der Drang einer tiefen Anschauung erfordert Lakonismus.» (Goethe) Kurz, die Leser lieben die knappe Darstellung, weil sie sich so angenehm liest.

Und die Schriftsteller hassen sie, weil sie sich so schwer schreibt. Denn das ist freilich wahr: die knappe Darstellung ist kein Naturprodukt, sie ist ein Kind des Rotstifts. Im ersten Entwurf schreibt jeder breit. Manche Kapitel dieses Buches waren in der ersten Fassung doppelt so lang. Kurz wird ein Manuskript nur, wenn der Rotstift schrankenlos waltet und auch die liebsten Geisteskinder ohne Mitleid austilgt. Zu dieser Arbeit gehört Geduld und Härte. «Da ich keine Zeit habe, Dir einen kurzen Brief zu schreiben, schreibe ich Dir einen langen», erklärt der achtzehnjährige Goethe seiner Schwester; er hat diesen Satz bei Cicero aufgelesen. Wem das Wegstreichen schwerfällt, dem gebe ich einen guten Rat: er lege sich eine Mappe «Zweite Ausgabe» an und lege hier alles hinein, was er wegläßt, und zwar in der Absicht, es bei einer zweiten erweiterten Ausgabe wieder einzufügen. Er wird sich dann leichter zum Streichen ganzer Abschnitte entschließen. Oder er gebe das Manuskript einem guten Freunde und sage ihm, auf Drängen des Verlegers müsse das Buch um ein Viertel verkürzt werden; er möge anstreichen, was er in diesem Fall für entbehrlich halte. Jedes Buch wird durch eine solche Entfettungskur gewinnen. «Der Stil lebt vom Opfer», sagen die Franzosen. Wen nicht – wenn er sein Werk durchliest – die Leidenschaft des Kürzens ergreift, der wird nie gut schreiben. Ludwig Thoma hat von Ganghofer gesagt:

«Er sagt immer alles. Er hat es nie gelernt, daß man als Schriftsteller von zehn beabsichtigten Worten nur eines schreiben darf und nicht elf.»

Knappheit des Ausdrucks

Wir können unterscheiden zwischen sprachlicher und sachlicher Knappheit. Die sprachliche Knappheit spart am Wortaufwand, die sachliche unterdrückt entbehrliche Gedanken. Der äußerste Pol sprachlicher Knappheit ist der Telegrammstil, der äußerste Pol der sachlichen Kürze der Aphorismus. Die sprachliche Knappheit verkürzt den Ausdruck, die sachliche das, was ausgedrückt wird. Beginnen wir mit der Knappheit des Ausdrucks.

Flickwörter

Unsere Sprache ist reich an Flickwörtern; die meisten sind unnötig. Ist der Aufbau der Gedanken folgerichtig, so braucht man die Sätze nicht noch mit logischen Bindewörtern aneinanderzuleimen. Gründe und Beispiele stehen im Kapitel «Satzbau». Wenn die richtige Tonstärke getroffen ist, braucht man nicht die verstärkenden Umstandswörter wie *gänzlich, durchaus* und *vollständig.* Reif für den Rotstift sind meist auch die Worte *selbstverständlich* und *natürlich;* wenn etwas wirklich *selbstverständlich* ist, braucht man dies (selbstverständlich) nicht erst zu erwähnen.

Das Wörtchen *ja* versucht eine unangebrachte Familiarität in den Umgang mit dem Leser hineinzubringen; es wird gern eingefügt, wenn man etwas als selbstverständlich und beiläufig darstellen möchte, was in Wahrheit recht windig ist *(ich habe ja schon bewiesen...).* Auch *doch,* wenn es nicht die Bedeutung von *jedoch* hat, sondern den Sinn von *wie sich ja eigentlich von selbst versteht,* ist oft banal: *an dieser Tatsache besteht (doch) gar kein Zweifel. Eigentlich* ist meist unnötig und verdächtig: es leitet gern Behauptungen ein, die dem Schreiber selbst ungenau oder zweifelhaft vorkommen. Das Wort *übrigens* wird meist angewandt, wenn der Autor etwas anbringen will, was mit der Sache wenig zu tun hat, oder wenn er zu bequem ist, den richtigen Übergang zu dem neuen Satze genau zu überlegen. Meist ist der ganze Satz entbehrlich. *Fast* ist ein Angstwort; es wird gern verwandt, um eine falsche Behauptung (fast) zurückzunehmen oder wenigstens abzuschwächen. *Wohl* soll gleichfalls fragwürdige Urteile mildern und entschuldigen. *Nun* ist oft bloßes Leimwort und verdeckt oft eine Gedankenlücke.

Wenn man hinter einen Bedingungssatz ein *so* eingefügt hat, (so) soll man prüfen, ob dieses *so* wirklich unentbehrlich ist; manchmal gewinnt der Satz, wenn man es wegläßt. Auch Fürwortverbindungen wie *dabei, hierfür,* zeitliche Verbindungen wie *schon, dann* und logische wie *nämlich* und *auch* sind oft unnötig, sofern Gedankengang und Satzbau hinreichend klar sind. All diese Flickwörter wimmeln wie Läuse in dem Pelz unserer Sprache herum. Wer die folgenden Beispiele mit dem Rotstift durchgeht, wird in jedem Satz etwas zu streichen finden:

Aufgaben

«Unbekümmert, was wohl seine Familie hierzu sagen würde, reichte er seinen Abschied ein.»

«Wir wissen heute, daß für das ganze Problem überhaupt nicht der Augenarzt, sondern vielmehr der Sprachforscher zuständig ist. Ja, das Problem ist vielleicht überhaupt geeignet, uns das Wesen der Sprache klarzumachen.»

«Ein anderes Volk kann vielleicht finden, daß die Farbe des Heideröschens und die Farbe eines jungen Birkenblättchens ein gemeinsames Merkmal haben, nämlich die Helligkeit, und so würde dies Volk aus rosa und hellgrün den Begriff hellfarbig bilden.»

«So wie der, der sich einfach kleidet, darum doch nicht in Sack und Asche zu gehen braucht, so braucht auch derjenige, der einfach schreiben will, nicht auf die Kunstmittel unserer Sprache zu verzichten.»

«Alle Mittel der mündlichen Rede sind ihm in seiner Prosa geläufig.»

(Lösungen am Schluß des Buches.)

Wenn wir nun die Reihe dieser Beispiele abschließen, so kann man eigentlich doch wohl fast behaupten, daß diese Beispiele zwar ja selbstverständlich nicht die Entbehrlichkeit der Flickwörter beweisen, aber daß man doch immerhin gewissermaßen hierbei ein dringendes Bedürfnis nach einem Rotstift verspürt.

Goethe haßte die Flickwörter:

«Je mehr von Jugend auf das Gefühl bei mir wuchs, daß man schweigen solle, wenn man nichts zu sagen hat, desto mehr bemerkte ich, daß man aus natürlicher Fahrlässigkeit immer noch gewisse Flick- und Schaltwörter behaglich einschiebt, um eine sonst tüchtige und wirksame Rede zu erlängen.»

Ein Meister des knappen Ausdruckes war Grillparzer. Sein Lieblingssatz war der freischwebende Bezugssatz ohne Zeitwort und ohne Anlehnungswort: «Sie taten, was nicht recht.» Er liebt es auch, Wörter, die schon vorgekommen, im nächsten Satz ganz auszulassen:

«Janthe: Ei, schöne Hero, schon so früh beschäftigt?
Hero: So früh, weil's andre nicht, wenn's noch so spät.»

Gemeint ist: ich bin so früh beschäftigt, weil es andre nicht sind, auch wenn es noch so spät ist.

Ein guter Kenner Grillparzers hat den Vers Goethes:

«Mache zum Herrscher sich der, der seinen Vorteil verstehet:
Doch wir wählen uns den, der sich auf unsern versteht.»

in Grillparzers Sprache übersetzt:

«Den Thron erkämpfe, der auf seinen Vorteil,
wir wählen, der auf unsern sich versteht.»

Hilfszeitwörter

Grillparzer pflegte auch Hilfszeitwörter wegzulassen, wie schon vor ihm Lessing:
«und auch Plinius, wie ich schon angemerkt (habe), sagt nicht, daß der Gebrauch, den Nero von seinem Smaragde gemacht (hat), der nämliche gewesen (sei), den man zu machen gepflegt (habe).»
Goethe sandte «Dichtung und Wahrheit» an Riemer mit der Bitte, «die unglücklichen Auxiliare» (Hilfszeitwörter) hie und da wegzubringen. Er schrieb sogar:
«– indem Charlotte die Nutzung dieses Fleckes der Pfarre (hatte) zusichern lassen.
Daß Charlotte diesem glänzenden Teil der geselligen Unterhaltung nur unterbrochen (hatte) beiwohnen können, hatte er gleichfalls mit Bedauern bemerkt.»
Auch Jakob Grimm empfahl, der schleppenden Häufung der Hilfsverben zu entraten, soweit die Weglassung nicht den Stil verdunkle.
Luther verdankte seine wuchtige Kürze oft der kühnen Art, wie er die Verhältniswörter (Präpositionen) verwendet:
Matth. 10,24: «Der Jünger ist nicht über seinen Meister noch der Knecht über den Herrn.»
Luk. 14,35: «Es ist weder auf das Land noch in den Mist nütze.»
Apg. 1,15: «Und in den Tagen trat auf Petrus unter die Jünger.»
Wir können diese kühne Fügung leider kaum mehr nachahmen, aber wir sollten wenigstens mutiger darin sein, zwei Hauptwörter durch Verhältniswörter zu verbinden. *Das schöne Haus, das er in der Stadt hatte, verfiel zusehends.* Der Satz ist unnötig ängstlich; *sein schönes Haus in der Stadt* genügt völlig. Auch *die Auseinandersetzungen, die Ranke hierüber gemacht hat,* erfordern den Rotstift: *Rankes Auseinandersetzungen hierüber . . .*
Aber die Ausdrucksverkürzung hat im Deutschen bestimmte Grenzen. Wir können – wie Ewald Geißler darlegt – die bekannte Inschrift einer Sonnenuhr *ultima latet (die letzte ist verborgen)* nicht so knapp ausdrücken. Wir müßten die starre Kühle persönlicher fassen, um sie ganz deutsch wiederzugeben, also etwa *die letzte weißt du nicht,* oder *die letzte sage ich nicht.* Das Nüchtern-Unpersönliche wirkt im Deutschen leicht tot; wir möchten hinter jedem Satz einen Menschen ahnen.
Übermäßige Verknappung des Ausdrucks gefährdet die Klarheit. Wer notwendige Nebensätze einspart und ihren Inhalt in den Hauptsatz

zwängt, macht den Satz kürzer, aber undurchsichtiger. Der Leser braucht dann für die kurzen Sätze mehr Zeit als für die langen.

Sachliche Knappheit

Wichtiger und seltener als die sprachliche Knappheit ist die sachliche. «Das Wesen edler Kürze ist Fülle des Gehalts, nicht abgestumpfte Sätze.» (Ernst Freiherr v. Feuchtersleben) Das berühmteste Beispiel der Verdichtung sind Lessings Fabeln: sie verkürzen nirgends den sprachlichen Ausdruck, aber sie verzichten auf jeden Gedanken, den der Leser sich selbst ergänzen kann. Dies Kunstmittel ist uralt. Im «Nibelungenlied» heißt es, als die Burgunden an Etzels Hof kommen:

> «Kriemhild, die Schöne, mit dem Gesinde ging,
> wo sie die Nibelungen mit falschem Mut empfing:
> Sie küßte Geiselheren und nahm ihn bei der Hand.
> Als das Hagen sah von Tronje, den Helm er fester sich band.»

Der Dichter legt nicht erst klar, was Hagen sich denkt, als Kriemhild ihren jüngsten Bruder so zärtlich begrüßt, welche Schlüsse er daraus zieht und welche Gegenmaßnahmen er nötig findet. Mit jenem Lakonismus, der die Folge einer tiefen Anschauung ist, schreibt er nur: ... *den Helm er fester sich band.*

Das Volkslied spricht oft Ereignisse nicht aus, es läßt sie aus den Reden erraten. Wer etwas wegläßt, schenkt seinem Leser eine schöpferische Freude: er muß selbst eine Folgerung ziehen, etwas durchschauen und ergänzen. Er wird vom Hörer zum Mitarbeiter.

> «Jeden andern erkennt man an dem, was er ausspricht.
> Was er weise verschweigt, zeigt mir den Meister des Stils.»
> (Schiller)

Knappheit in der Sachprosa

In der Sachprosa ist das Weglassen noch wichtiger als in der Erzählung. Hier hängt alles mit allem zusammen; der Schreiber droht stets auf das unendliche Meer des allgemeinen Geredes hinausgetrieben zu werden:
«Wie willkommen ist uns in diesem Alter die Philosophie, welche den Vorteil unserer Wißbegierde mit dieser Neigung zum Wunderbaren und mit dieser arbeitsscheuen Flüchtigkeit, welche der Jugend eigen sind, vereinigt, alle unsere Fragen beantwortet, alle Rätsel erklärt, alle Aufgaben löset; eine Philosophie, welche desto mehr mit warmen und gefühlvollen Herzen der Jugend sympathisiert, weil sie alles Unempfindliche und Tote aus der Natur verbannt, jedes Atom der Schöpfung mit leben-

den und geistigen Wesen bevölkert, jeden Punkt der Zeit mit verborgenen Begebenheiten befruchtet, die für künftige Ewigkeiten heranreifen, ein System, in welchem die Schöpfung so unermeßlich ist, als ihr Urheber, welches uns in der anscheinenden Verwirrung der Natur eine majestätische Symmetrie, in der Regierung der moralischen Welt einen unveränderlichen Plan, in der unzählbaren Menge von Klassen und Geschlechtern der Wesen einen einzigen Staat, in den verwickelten Bewegungen aller Dinge einen allgemeinen Richtpunkt, in unserer Seele einen künftigen Gott, in der Zerstörung unseres Körpers die Wiedereinsetzung in unsere ursprüngliche Vollkommenheit, und in dem machtvollen Abgrund der Zukunft helle Aussichten in grenzenlose Wonne zeigt.» (Christoph Martin Wieland)

Man nannte einst diese stilistische Figur die Distribution, die Auseinanderfaltung eines Begriffes in seine Besonderheiten. Sie besteht in Wahrheit darin, alles zu erzählen, was einem über einen Begriff einfällt. Niemand will ein so reißendes Geschwätz lesen, und so ist das elegante funkelnde Talent Wielands an seiner Weitschweifigkeit genauso zugrunde gegangen wie das leidenschaftliche, ideenreiche Genie Herders, von dem Schopenhauer mit Recht sagt, er gebrauche drei Worte, wo man mit einem hätte auskommen können.

Was soll man in der Sachprosa alles weglassen? Erstens alles, was der Leser schon weiß. Zweitens alles, was er ergänzen kann. Drittens alles, was er nicht zu wissen braucht.

Sehr viele Abhandlungen der Sachprosa – vom Essay bis zum Zeitungsaufsatz – verfolgen einen bestimmten Zweck. Sie wollen einen Lehrsatz erhärten, einen Zusammenhang aufklären, einen bestimmten Entschluß im Leser hervorrufen. Solche Werke dürfen keine Silbe enthalten, die nicht unerläßlich ist, um dies Ziel zu erreichen. Jeder Schreiber sieht ständig die Versuchung vor sich, von dem Hauptgedanken abzuschweifen. Er weiß viele aufregende Dinge über einen Punkt, der zwar nicht ganz zur Sache gehört, aber doch dicht daneben liegt; ein gewisser Zusammenhang ist sogar offenkundig vorhanden, ja genau betrachtet – sagt sich der Autor – ist es für das Verständnis der Hauptsache auch sehr zweckmäßig, diese Nebensachen zu wissen. Zum wenigsten kann man mit einigen Verbindungssätzen allgemeiner Natur diesen Anschein erregen und so die kleine Abschweifung rechtfertigen.

Solchen Verführungen der Eitelkeit muß man widerstehen. Was nicht unerläßlich, ist schädlich. Verliert der Leser den Faden, so pflegt er ihn nicht wiederzufinden. Ja selbst Gedanken, die richtig und wichtig sind, muß man streichen, wenn sie den Gedankengang störend unterbrechen. Calvin schreibt einmal, der Theologe dürfe nur die Früchte seiner Studien darbieten, nicht die Studien selber; seine höchste Tugend sei durchsichtige Kürze.

Schwieriger ist das Kürzen bei Prosastücken, die den Leser erschöpfend über ein Gebiet unterrichten sollen. Aber auch hier soll der Schreiber sich immer wieder fragen: Muß der Leserkreis, an den ich mich wende, diese oder jene Einzelheit wissen? Wenn sie ohnehin schon in einem anderen Buch steht, muß ich sie wiederholen? Aber selbst wenn sie noch nirgends steht, was geht der Welt verloren, wenn es niemand erfährt? Wenn ein Buch zu zwei Dritteln bekannte oder entbehrliche Gedanken enthält, liest es niemand. Hätte der Verfasser seinen Wälzer auf den dritten Teil zusammengestrichen, so wäre dieser schlanke Band vielleicht brauchbar, ja berühmt geworden. «Wer die weite Reise zur Nachwelt vor hat, darf keine unnütze Bagage mitschleppen.» (Schopenhauer)

Die Zeitschrift des Deutschen Sprachvereins druckte aus dem Vorwort zu Robert Pöhlmanns «*Grundbegriffen der Nationalökonomie*» lobend die Sätze ab:

«Vor die erfreuliche Tatsache gestellt, eine 4. Auflage meines Buches vorzubereiten, habe ich es einer Durchsicht unterzogen in bezug auf den Gebrauch von Fremdwörtern, wo sie nun entbehrlich schienen, dem berechtigten allgemeinen Gefühl Rechnung tragend, daß der Läuterungskrieg auch für unsere Sprache gelten müsse. Indem ich manche Anregung zur Verdeutschung einem Mitglied des Allgemeinen deutschen Sprachvereins verdanke, habe ich nur solche Fremdwörter stehen lassen, deren Beseitigung sinnentstellend gewesen wäre, deren Sinn wiederzugeben schwerfällige Umschreibungen nötig gemacht hätte, und die im gewissen Sinn ja Fachausdrücke geworden sind.»

Was hätte man davon streichen sollen? Alles! Statt dessen hätte der Satz genügt: *Entbehrliche Fremdwörter habe ich verdeutscht.* Die Leser der «Nationalökonomischen Grundbegriffe» wollen nicht wissen, ob Pöhlmann die Verdeutschungen im Hinblick auf den Weltkrieg eingesetzt und ob ihm jemand dabei geholfen hat; auch die Bemerkung, welche Fremdwörter Pöhlmann für unentbehrlich hält, ist ganz unbestimmt und deshalb entbehrlich.

Der Ratschlag «Du mußt es dreimal sagen» stammt bekanntlich vom Teufel.

Knappheit und Amtsdeutsch

Dieser Teufel beherrscht das Amtsdeutsch; am Amtsdeutsch kann man das Kürzen lernen:

«Der Tarif muß mindestens zwei Wochen vor dem Zeitpunkt veröffentlicht sein, mit dem er in Kraft treten soll. Bis zu diesem Zeit-

Der Tarif kann frühestens zwei Wochen nach Veröffentlichung in Kraft treten.

punkt sind die Prämien nach dem früheren Tarif zu erheben.»

«Auf die beim Inkrafttreten dieses Gesetzes bestehenden Deichverbände finden die Vorschriften Anwendung, die für die nach diesem Gesetz gebildeten Deichverbände gelten.»

Dieses Gesetz gilt auch für die schon bestehenden Deichverbände.

«Das Hinauslehnen des Körpers aus dem Fenster ist wegen der damit verbundenen Lebensgefahr strengstens verboten.»

Hinauslehnen verboten, da lebensgefährlich.

«Um sofortiges Anhalten des Zuges zu veranlassen, ist in Fällen dringender Gefahr an dem an der Wagendecke befindlichen mit Notbremse bezeichneten Griff zu ziehen.»

Bei Gefahr Notbremse ziehen!

«Werden die Ansprüche vom Vorstand nicht als berechtigt anerkannt, so sind sie im Wege des Einspruchs gegen die Heranziehung zu den Genossenschaftslasten gemäß § 226 Abs. 2 geltend zu machen.»

Erkennt der Vorstand die Ansprüche nicht an, so kann der Genosse nach § 226 Abs. 2 Einspruch erheben.

«Durch statutarische Bestimmungen des zuständigen Gemeindeverbandes kann angeordnet werden, daß von den Hausgewerbetreibenden Beiträge überhaupt nicht erhoben werden und daß der Verband die Kosten übernimmt, die der Kasse durch die Versicherung ihrer hausgewerblichen Mitglieder nach Abzug des Gesamtbetrages der ihr zufließenden Auftraggeberbeiträge erwachsen.»

Der Gemeindeverband kann durch die Satzungen die hausgewerblichen Versicherungspflichten von der Beitragspflicht befreien und selbst die Kosten übernehmen, soweit sie die Zuschüsse der Auftraggeber nicht decken.

Alles Entbehrliche weglassen und alles Notwendige nur einmal sagen: diese einfache Kunst ist neun Zehntel aller Schreiber unbekannt. Entbehrlich ist alles, was der Leser weder zu wissen wünscht noch zu wissen braucht, oder was sich aus dem Zusammenhang ergibt. Wir dürfen von dem Leser nicht zu viel verlangen, aber wir dürfen ihn auch nicht wie ein

Kind behandeln. Man muß das Umfeld jedes Wortes sprechen lassen.
Wer das tut, hat halb so viele Worte und doppelt so viele Leser.

Einkochen

Jeden entbehrlichen Gedanken weglassen, dem Leser nur noch Kern-
punkte mitteilen: das ist jene Kunst des ‹Einkochens›, die Nietzsche dem
Stil des Tacitus nachgerühmt hat:

«Als es nach dem Falle des Brutus und Cassius keine Waffen des Staates mehr gab, Pompeius bei Sizilien überwältigt, Lepidus entwaffnet,
Antonius gefallen war, und selbst der julianischen Partei kein anderer
Führer mehr als Octavianus blieb, da legte dieser den Triumvirtitel nieder, Consul nun sich nennend und mit tribunischer Gewalt zufrieden,
um das Volk zu schützen; und als er nur den Soldaten durch Geschenke,
das Volk durch Getreidespenden, alle durch der Ruhe Süßigkeiten verlockt, erhebt er sich allmählich, zieht an sich des Senates, der Magistrate,
der Gesetze Amt ohne irgendeinen Widerstand; denn die Mutigsten waren in den Schlachten oder durch die Acht gefallen, die übrigen vom
Adel wurden, je geneigter sie der Dienstbarkeit sich zeigten, durch Güter
und Ehrenstellen ausgezeichnet und zogen, durch die neuen Verhältnisse
gehoben, die sichere Gegenwart der gefahrvollen Vergangenheit vor.»

Ein durchschnittlicher Erzähler hätte aus jedem dieser Sätze ein Kapitel gemacht! Mit den wenigsten Worten zu erkennen geben, daß man viel
gedacht habe: das ist nach einer Definition Lichtenbergs das Wesen des
knappen Stils, und ironisch fügt er hinzu, es sei keine Kunst, etwas kurz
zu sagen, wenn man so viel zu sagen habe wie Tacitus.

Aufgaben

Die Kunst des Einkochens lernt man am besten, wer sie selbst versucht.
Bemühen Sie sich, den Inhalt der folgenden zwei Stilproben schriftlich
so kurz wie möglich auszudrücken, und vergleichen Sie dann Ihre Formulierung mit der Lösung am Schluß des Buches; Sie werden überrascht
sein, wie stark man verdichten kann. Nichts Wichtiges darf unter den
Tisch fallen, aber auch nichts Unnötiges stehenbleiben.

«Von denjenigen Problemen der verstehenden Soziologie, welche,
über den Kreis der Fachgenossen hinaus, das Interesse des breiten Publikums in ihren Bannkreis gezogen haben, scheint eines der wesentlichen
und aktuellsten die Frage zu sein, ob und inwieweit die Aufgliederung
einer Volksmasse in bestimmte wirtschaftlich, ständisch und weltan-
schaulich abgeschlossene Menschengruppen, innerhalb deren jeder An-
gehörige für die Dauer seines Lebens zu verbleiben hat, Konsequenzen
hinsichtlich der von jeder dieser Gruppen, insgesamt oder individuell,

empfundenen Lustgefühle zu haben pflegt, wobei vorausgesetzt ist, daß die Verwurzelung des einzelnen in seiner Gruppe so fest sei, daß er die Möglichkeit eines Überschreitens dieser Grenze gar nicht in den Bereich der Möglichkeit zieht, also ähnlich wie es etwa bei den indischen Kasten der Fall ist oder wenigstens war. Eine so weitgehende nicht nur rechtliche, sondern auch faktische und insbesondere psychologische Bindung ist zum mindesten tendenziell geeignet, den Kreis der möglichen unbefriedigten Wünsche einzuschränken und hierdurch eine Stimmung der Ausgeglichenheit hervorzurufen, die das Glücksempfinden der Betroffenen stärker vermehrt, als es auf der andern Seite ein Zustand täte, bei dem einerseits freilich die Schranken zwischen den erwähnten Gruppen gleichsam porös geworden sind und somit der einzelne stets die Möglichkeit einer entscheidenden Verbesserung seiner soziologischen Situation erhoffen kann, andrerseits aber auch gerade dieses gleichsam labile Gleichgewicht der soziologischen Struktur ein Unsicherheitsmoment in den psychologischen Gesamtaufbau hineinbringt, welches auf die Lustempfindung der Beteiligten vermindernd zu wirken in der Lage ist.»

«Wenn man die Frage zu prüfen versucht, welche Kriterien die Mitwelt und fast noch mehr die Nachwelt für die Beurteilung von Tathandlungen zu verwenden pflegt, so wird man zu der Einsicht gedrängt, daß die Absichten, die der Urheber solcher Taten mit ihnen verfolgt, und die Gesinnung, die er in ihnen betätigt hat, nur in sehr begrenztem Umfange als Kriterien für die Beurteilung – sowohl durch die einzelnen als auch durch die Gesamtheit – herangezogen werden. Statt dessen sind es vielmehr die Resultate und Konsequenzen einer Handlung, von denen die Kritik auszugehen pflegt und die sie, namentlich bei der summarischen Beurteilung einer Gesamtleistung, als das geeignete Fundament ihres Urteils ansieht.»

Wenn man dies Geschwafel mit den knappen Sätzen Jüngers und Goethes vergleicht, kann man leicht einige Ratschläge ableiten, wie man einen Satz zu einem Kapitel auswalzt:

Sag alles mindestens zweimal, das zweite Mal mit einer kleinen Abwandlung. *Lügen haben kurze Beine und Unwahrheiten brechen bald zusammen.*

Jeden Begriff mußt du hinterher noch einmal zerlegen. *Lügen, sowohl mündliche wie schriftliche . . .*

Sag nicht nur, was ist, sondern vor allem auch, was nicht ist. *Es ist nicht an dem, daß der Betrug in der Welt triumphiert. Lügen . . .*

Bevor du etwas sagst, sag immer erst, daß du etwas sagen willst. Also: *Wenn ich mich nunmehr dem Problem zuwende, ob die Lügen . . .*

Füg zu jedem Satz etwas hinzu, was nicht nötig ist, aber doch nach etwas klingt: *Lügen, wie überhaupt alle seelischen Emanationen, die nicht in dem wirklichen Wesenskern zentriert sind . . .*

Knappheit und Gehalt

Es ist eine Kleinigkeit, mit solchen Kunstgriffen einen ganz bescheidenen Gedankenvorrat zu dicken Büchern zu ‹gestalten›. Aber es ist auch eine Kleinigkeit, solche Bücher zu ein paar Gedankensplittern zusammenzustreichen, wenn man diese Kunstgriffe der Walztechnik durchschaut hat. Wer die zwei Distributionen mit dem wirklichen Wortlaut vergleicht, wird feststellen: das Geschwätz ist nicht nur länger und langweiliger, sondern auch wesentlich dümmer. Die Breitschreiberei macht die Kontur schartig und zwingt zu halbwahrem Beiwerk; sie kann den Gedanken so verwässern, daß er zugrunde geht.

> «Es war einmal eine kleine Idee,
> ein armes, schmächtiges Wesen –
> da kamen drei Dichter des Weges, o weh,
> und haben sie aufgelesen.
> Der eine macht' einen Spruch daraus –
> das hielt die kleine Idee noch aus,
> der zweite eine Ballade –
> da wurde sie schwach und malade;
> der dritte wollt sie verwenden
> zu einem Roman in zwei Bänden –
> dem starb sie unter den Händen!»
> (Werner Sommerstorff)

Äußerste Verdichtung birgt ihre besondere Schönheit. In dem Vers Grillparzers: «Die du ein Märchen kamst und eine Wahrheit scheidest», ist eine Welt von Empfindung in eine Zeile zusammengedrängt. Und wenn man dem großen Methodistenprediger Wesley auf den Grabstein geschrieben hat: «Sein Kirchspiel war die Welt», so umfaßt dieser Satz eine ganze Grabrede. Andere Proben äußerster Verdichtung stehen im Kapitel «Anspielung, Sentenz und andere Stilfiguren». Man kann in der Verdichtung nicht weit genug gehen.

Telegrammstil

Kann man auch eine Erzählung im Telegrammstil schreiben? Der Versuch ist gemacht worden in dem Roman Carl Bulckes «...und so verbringst du deine kurzen Tage»:

«Marianne Thomasius, dreißigjährig, aschblond, das Haar liegt in der Mitte des Kopfes gescheitelt, so daß die Ohren verdeckt sind, der Vater ist Fabrikant in Altona, sie ist überschlank, übermittelgroß, sie muß täglich Liegekur machen, Sahne trinken, sie darf um Himmelswillen sich nicht überanstrengen (so sagen die Ärzte), elegante Frau, schöne Frau,

Frau mit den Augen einer Göttin, in Altona ist immer noch Entsetzen, daß sie den alten Mann geheiratet hat, wie soll das werden, der alte Mann ist doppelt so alt wie sie, diese Frau hat sich gedrillt auf Seiten-s-prünge, bitte schön, ein Seiten-s-prung kann vorkommen, wir sind eine todanständige Familie, aber dies Mädchen hat vom fünfzehnten Jahr an seine Seiten-s-prünge gemacht, wenn dieser alte Mann nicht so dumm wäre, könnte man ihn fast bedauern, können Sie das verstehen, ganz und gar evangelisch-blond, blankbraune Rehaugen, Marianne Thomasius, sie ist beherrscht von ganz starker, ganz leidenschaftlicher Willenskraft...»

So geht es durch das ganze Buch! Nicht ganz Drahtungsstil, aber doch beinah, läßt jedes unnötige Wort weg, oft nur Andeutungen, Hauptworte, Gesprächsfetzen, reiht alles lose aneinander, aber gar nicht expressionistisch, nein, kann jeder Mensch verstehen, einziges Satzzeichen ist das Komma und alles in rasendem Tempo, mehr kurios als schön, mehr zum Erstaunen als zu Nachahmen, aber ein Beispiel für die Beweglichkeit der deutschen Sprache.

Kürze und Wahrheit

Wir erleben seit Jahren, wie eine große Anzahl geschichtlicher Lebensbeschreibungen, die von Dilettanten verfaßt sind, sich in allen Bücherschränken ansammeln, während vortreffliche Werke von Fachgelehrten über den gleichen Gegenstand fast unter Ausschluß der Öffentlichkeit in ein paar Dutzend Studierzimmern ein verschwiegenes Dasein führen. Jene vielgelesenen Werke vielgeschmähter historischer Belletristen enthielten oft weder neue Tatsachen noch neue Gesichtspunkte. Sie siegten nicht durch das, was sie brachten, sondern durch das, was sie wegließen. Sie ließen alles weg, was dem Leser mutmaßlich gleichgültig war. Inhaltlich waren sie meist nur ein Auszug aus der vorhandenen Literatur, aber gerade solche lesbaren Auszüge wurden offenbar gebraucht. Wenn in einem Volk die Gelehrten einen schwer genießbaren Stil schreiben, so finden sich Leute, welche die in Kellern schlummernden Forschungsergebnisse auf Flaschen füllen.

Diese Beispiele zeigen freilich eine Gefahr des Kürzens: wer kürzt, kann färben. Er kann weglassen, was nicht zu seiner Tendenz oder seiner Sensationslust paßt. Die Kürze wird dann bezahlt mit der Wahrheit. Aber diese Einsicht darf uns nicht verleiten, jede Knappheit als einseitig, jede Breite als objektiv einzuschätzen. Gewiß ist es eine Grundpflicht der Wissenschaft, gerade das klar auszusprechen, was für die eigenen Thesen unangenehm ist; aber diese Pflicht wird auch in schmalen Büchern oft erfüllt und auch in dicken oft verletzt. Sie geht der Forderung knapper Darstellung voran, aber sie ist mit ihr nicht unvereinbar. Den Ausgleich muß man von Fall zu Fall suchen.

Kürze, Klarheit, Klang

Aber auch unabhängig von diesem Problem, das den Kreis der Stillehre überschreitet, kann man die Kürze übertreiben. Wer schreibt, muß vielen Göttern dienen; die zwei Götter, mit denen die Kürze im Kriege liegt, sind Klarheit und Klang. Man darf nicht so viel kürzen, daß der Stil dunkel wird. Hamann, von dem im Kapitel «Klarheit» zu sprechen ist, liebte die Überknappheit, und zwar um der Dunkelheit, nicht um der Kürze willen. Der überknappe Stil wird leicht unanschaulich. Ein begrifflicher allgemeiner Stil ist meist knapp, denn in dem abstrakten Begriff sind zahlreiche sinnliche Einzelheiten zusammengefaßt. Streben nach Knappheit verführt auch zur Hauptwörterei. Es hängt vom Gegenstand und Leserkreis ab, wieviel Klarheit, Anschauung und Besonderheit man der Kürze opfern darf. Lehrbücher zum Beispiel dürfen nicht zu wortkarg gehalten sein: wer einen verwickelten wissenschaftlichen Gegenstand einem breiten Publikum klarlegen soll, muß mehr bieten als ein bloßes Skelett.

Muß man der Deutlichkeit wegen über einen schwierigen Gegenstand sehr ausführlich schreiben, so soll man sich am Schluß kurz zusammenfassen. Das Ausführliche wird der Leser verstehen, das Kurze behalten.

Schwerer ist der Streit zwischen Kürze und Klang zu schlichten. Der Rhythmus des Satzes verlangt manchmal Zusätze, die inhaltlich überflüssig waren. Hiervon ist im Kapitel «Klang» die Rede.

Breite als Kunstmittel

In der Erzählung kann die breite Darstellung zum bewußten Kunstmittel werden. Klassiker der Breite sind Jean Paul, Stifter und Raabe. Stifters Schneckentempo der Darstellung ist berühmt:

«Hierbei neigte sich der alte Mann gegen sie, sie neigte ihr Angesicht gegen ihn und die beiderseitigen Lippen küßten sich zum Willkommensgruße.»

«Wir setzten nach und nach die Vorrichtungen in Gebrauch, durch die wir die Gestalt in die Nähe der Glaswand der Hütte auf eine drehbare Scheibe stellen konnten, um sie nach Bequemlichkeit zu betrachten und reinigen zu können. Da sie auf der Scheibe stand und wir uns von der Sicherheit ihres Standes überzeugt hatten, gingen wir zu ihrer Betrachtung über.»

Es ist, als ob ein Schulmeister mit erhobenem Zeigefinger seinen Schulkindern eine Beschreibung diktiere, und zwar recht langsam, um sie an Geduld zu gewöhnen.

Stifters Ruhm ruht in der zauberhaften Poesie seiner Gestalten und in der Reinheit seiner Lebenswelt. Aber Stifters Stil als Vorbild zu betrachten, hieße die deutsche Prosa gerade nach einer Richtung abdrängen, aus der ihr die schlimmsten Gefahren drohen.

Breit im sprachlichen Ausdruck und breit in der Darstellungstechnik ist Wilhelm Raabe:

«Aber nicht bloß dieses Lied, nein, manch andere Weisen, deren Noten niemals eine Menschenhand auf Papier festgebannt..., sang Else von der Tanne! Else von der Tanne, die schönste Maid – Else von der Tanne, die von der Sünde und dem Greuel der Welt im Wald, im Elend unberührt geblieben war! Else von der Tanne, die reinste, heiligste Blume in der grauenvollen Wüstenei der Erde – Else von der Tanne, die Seele des großen Waldes!»

«Das spezifisch deutsche Tempo ist das Andante»: Wilhelm Raabe ist die großartigste Bestätigung für dieses Wort Wagners. Er zieht seinen Weg gelassen dahin, und dieser Weg ist nie gradlinig, sondern führt in hundert Windungen durch blumiges Gelände, gestattet Ausblick um Ausblick und erlaubt es vor allem immer wieder, kleine Nebenwege einzuschlagen. Raabe ist so weitschweifig, weil er so abschweifig ist. Und seine Abschweifungen sind nicht immer kurzweilig genug, um für ihre Länge zu entschädigen.

Nicht jeder Schreiber, der ins einzelne geht, wirkt breit. Wenn er jede Einzelheit so lebendig macht, daß sie unentbehrlich erscheint, so kann er knapp wirken, namentlich, wenn er klanglich ein schnelles Tempo hält wie Fontane. Als seine Frau ihm einmal vorwarf, daß er so weitschweifig alles ‹auspule›, antwortete er:

«Du beklagst dich über meine Weitschweifigkeit. Ja, was ist darauf zu sagen? Alles in allem ein wundervoller Stoff, um aufs neue in Weitschweifigkeit zu verfallen. Die Weitschweifigkeit aber, die ich übe, hängt doch durchaus auch mit meinen literarischen Vorzügen zusammen. Ich behandle das Kleine mit derselben Liebe wie das Große, weil ich den Unterschied zwischen klein und groß nicht recht gelten lasse... Ich kann unter Einräumung des Tatsächlichen den Fehler, der in dem ‹Auspulen› stecken soll, nur sehr bedingungsweise zugeben. ‹Wär’ ich nicht Puler, wär’ ich nicht der Tell.› Daß diese Pulerarbeit vielen langweilig ist und immer war, davon habe ich mich in meinem Leben genugsam überzeugen können; ich habe aber nicht finden können, daß all diese Dutzendmenschen, die durch die Nase gähnten, interessanter waren als ich.»

Die Antwort ist viel zu höflich. Fontane ist nicht weitschweifig, sondern knapp: mit den sparsamsten Bleistiftstrichen ist in «Effi Briest» eine ganze Atmosphäre geschaffen. Bedenkt man, mit welch ungeheurer Lebendigkeit Fontane seine Welt vor uns hinzaubert, so erscheint uns der Einsatz karg, mit dem er seine Bilder heraufbeschwört, so etwa in der Verlobungsszene des Stechlin.

Bei Stifter und Raabe gibt der starke menschliche Gehalt, die souveräne Kraft dichterischer Gestaltung dem Andante Hintergrund und Leben; bei einigen neueren Erzählern bleibt nur noch ein unaufhörlich auf der Stelle tretender, gepflegter, zu Tode gepflegter Stil übrig, der den Mangel an Einfällen durch eine würdevolle Getragenheit des Tempos verdecken möchte: wohl abgewogene, sorgsam getönte, vorgekühlte Worte, die man gleichsam nur gedämpft vorlesen kann, Worte, welche die ungestüme, ja fast lästige Wirkung in jenes Gleichmaß zurückschrauben, in dem die ganze Welt ein wenig von dem Gehabe eines Leichenkondukts annimmt und eine getragene Trauermusik den stillen und beruhigenden Untergrund des Satzrhythmus wo nicht bildet, so doch ahnen läßt.

Der leidenschaftliche Liebhaber der Kürze ist der unbekannte Leser. Er hat die gleichen Wünsche wie Morgensterns Korf:

> «Korf liest gerne schnell und viel;
> darum widert ihn das Spiel
> all des zwölfmal unerbetnen
> Ausgewälzten, Breitgetretnen.
>
> Meistens ist in sechs bis acht
> Wörtern völlig abgemacht,
> und in ebensoviel Sätzen
> läßt sich Bandwurmweisheit schwätzen.
>
> Es erfindet drum sein Geist
> etwas, was ihn dem entreißt:
> Brillen, deren Energien
> ihm den Text – zusammenziehen!
>
> Beispielsweise dies Gedicht
> läse, so bebrillt, man – nicht!
> Dreiunddreißig seinesgleichen
> gäben erst – Ein – – Fragezeichen!!»

Kurze Zusammenfassung

Die Leser lieben die Knappheit, weil sie sich so angenehm liest, und die Schriftsteller lieben die Breite, weil sie sich so leicht schreibt. Auch für den Stil gilt das Gesetz der abnehmenden Reizwirkung: je kleiner der Sprachaufwand im Verhältnis zum Inhalt, desto größer die Wirkung. Der Stil lebt vom Opfer. Knappheit gibt dem Stil eine stolze Kontur und schützt den Leser vor Schwindel. Aber sie ist kein Naturprodukt, sondern ein Kind des Rotstifts.

Man kann unterscheiden zwischen Knappheit des Ausdrucks (sprachliche Kürze) und Knappheit der Darstellung (sachliche Kürze). Ausdrucksknappheit hält den Wortaufwand klein. Darstellungsknappheit unterdrückt entbehrlichen Inhalt. Ausdrucksknappheit erfordert vor allem den Verzicht auf Flickwörter.

Aber sie ist im Deutschen nur begrenzt möglich; denn unser Satzbau ist prädikativ (aussagend), nicht attributiv (anfügend); er enthält starke Spannungen, die klaren Aufbau verlangen. Um so nötiger ist die Knappheit der Darstellung. Die Erzählung muß den Leser manches erraten lassen. Die Sachprosa darf nichts bringen, was der Leser schon weiß oder ergänzen kann oder nicht zu wissen braucht. Die Distribution, die immer erneute Abwandlung eines Satzes, ist eine wahre Sprachpest, die große Teile unserer Sachprosa befallen und ihre krankhafte Ausweitung hervorgerufen hat.

Verdichten, Einkochen ist eine der wichtigsten Künste jedes Prosastils, Kürzungsübungen ein unentbehrliches Mittel jeder Stilschulung.

Die Knappheit findet ihre Grenze dort, wo sie Unklarheit oder Mißklang hervorruft.

In der erzählenden Prosa ist die Breite manchmal bewußtes Kunstmittel. Sie bedarf einer maßvollen Hand, sonst richtet sie als Umstandsstil jede Erzählung zugrunde.

Klarheit

Ich bin der Meinung, daß Gedanken durch die Deutlichkeit einen großen Teil ihrer Neuheit, Kühnheit und Wahrheit verlieren können.

Hamann

Die größte Deutlichkeit war mir immer auch die größte Schönheit.

Lessing

I. Klarheit als Problem

Lieber Freund!

Noch lange ist mir unser abendliches Gespräch über Hegel und Schopenhauer nachgegangen, und noch immer erschüttert und verdrießt mich die erstaunliche Unbekümmertheit, mit der Sie den klaren Stil Schopenhauers über den unklaren Stil Hegels gestellt haben. Diese gelassene Selbstsicherheit Ihres Urteils könnte ich fast bewundern; aber Sie darum zu beneiden, vermag ich nicht. Ungeplagt von Zweifeln, glauben

Sie an die alleinseligmachende Klarheit, und niemals steht vor Ihnen die drohende Frage: ist nicht vielleicht Schopenhauer nur deshalb klarer als Hegel, weil er seichter ist, so wie wir in einem kleinen See auf den Grund blicken können, aber nicht in dem unendlichen Meer? Ist Klarheit wirklich ein unbedinger Wert, dem zuliebe wir alle anderen Stilwerte aufopfern müssen, ein Trumpf, dessen niedrigste Karte selbst die höchsten Karten aller anderen Stilwerte sticht? In Heinrich Wölfflins «Kunstgeschichtlichen Grundbegriffen» trägt ein Kapitel die Überschrift: «Klarheit und Unklarheit». Wölfflin legt dar, daß das Barock auf die höchstmögliche Deutlichkeit der Bilderscheinung verzichtet habe; es sollte ein ungeklärter Rest übrigbleiben:

«Ein Stück Barock, wie etwa die spanische Treppe in Rom, kann nie, auch nicht durch wiederholte Betrachtung, die Klarheit gewinnen, die wir vor einem Bauwerk der Renaissance von Anfang an empfinden: sie behält ihr Geheimnis, selbst wenn man die Formen bis ins einzelne auswendig wüßte.»

Die klassische Kunst des 16. Jahrhunderts hatte – wie Wölfflin zeigt – alle Darstellungsmittel in den Dienst der deutlichen Formerscheinung gestellt. Das 17. Jahrhundert dagegen wollte den Schein vermeiden, als ob das Bild für die Anschauung zurechtgemacht sei. Es wollte keine wirkliche Unklarheit – denn jede wirkliche Unklarheit ist unkünstlerisch. Aber man hatte in der Dunkelheit, die die Form verschlingt, eine neue Schönheit gefunden. Die Schönheit Rembrandts ist eine andere als die Schönheit Holbeins.

Gelten ähnliche Überlegungen nicht auch für die Prosakunst? Müssen wir nicht auch hier einen klaren und einen unklaren Stil als gleichberechtigte Kunstgebilde nebeneinanderstellen? Ist in der Prosakunst Klarheit ein unbedingtes Ziel? Und ein erreichbares Ziel? Ist dem Wort gegeben, alles klar auszusprechen, was zwischen Himmel und Erde vor sich geht? Müssen wir uns nicht vielleicht mit Andeutungen begnügen, wenn wir von den höchsten, von den geheimnisvollsten Zusammenhängen reden wollen? Können nicht gerade unklare und unbestimmte Sätze in uns Gefühle und Entschlüsse wachrufen, die über den Machtbereich des gewöhnlichen klaren Wortes weit hinausgehen? Sind nicht manche Worte Zauberformeln, denen gerade dann eine magische Kraft innewohnt, wenn sie unbestimmt und geheimnisvoll bleiben? Gibt es nicht auch hier eine Schönheit der Dunkelheit? Hatte Hamann nicht ganz recht, wenn er erklärte:

«Bis zum Sehen und Fühlen Wahrheiten und Lügen zu demonstrieren ist meine Sache nicht. Bei mir ist von Sturmwinden die Rede, die man sausen hört, ohne sie anders als in den Wirkungen sehen zu können, und die in den Lüften herrschen, ohne daß man ihre Gestalt, Anfang und Ende mit den Fingern zeigen kann.»

Glauben Sie, daß Klarheit die Menschen mitreißt? Was zu der Tiefe des Menschen sprechen soll, muß aus der Tiefe des Menschenherzens kommen, aus Schichten, die tiefer liegen als Verstand und Verständnis. Was völlig klar ist, läßt der Phantasie keinen Raum; es kann keine Atmosphäre um sich bilden. Stimmungen und Gefühle lassen sich durch unbestimmten, bildlichen Ausdruck viel leichter aufrufen als durch die Präzisionstechnik der Logik. Fontane hat gesagt: «Eine Frau, die nicht rätselhaft ist, ist keine.» Auch vieles andere muß rätselhaft bleiben, um zu wirken. Die Überbelichtung der schattenlosen Helle blendet Auge und Herz. Grade für Ideen, die ihnen nicht klar waren, sind Tausende von Menschen in den Tod gegangen.

Glauben Sie mir, Sie überschätzen die Klarheit. Einen Stil zu schreiben für das glatte Verständnis des Herrn Jedermann ist ein billiger Ehrgeiz. Die Klarheit – hat Vossler einmal gesagt – ist die Sache der gefallsüchtigen und seichten Schreiber; «die stolzen und mürrischen dagegen haben mit den tiefen Geistern den Vorzug der Dunkelheit gemein.»

Herzlichst!

Konstantin

Lieber Konstantin!

Halten Sie es meinem unverbesserlichen Drang zur Klarheit zugute, wenn ich den Inhalt Ihres Briefes, ehe ich ihn beantworte, in drei Thesen zusammenfasse: Dunkelheit ist ein berechtigtes Kunstmittel, Dunkelheit hat starken Werbewert, Dunkelheit ist das unentrinnbare Schicksal tiefgründiger Untersuchungen. Auf jede dieser drei Thesen werde ich sogleich antworten.

Ist wirklich die Dunkelheit, die Unklarheit ein gleichberechtigtes Stilmittel? Um diese Frage zu beantworten, müssen wir uns auf das Lieblingswort Lessings besinnen: «Hier gilt's zu unterscheiden.»

Der Dichter, der Erzähler, der Dramatiker bedarf der Dunkelheit. Wer die Stimmung eines Frühlingsmorgens, die Gefühle eines Liebenden schildern will, wird dies schwerlich mit den Instrumenten begrifflicher Klarheit tun können. Wer – wie die literarischen Impressionisten des vorherigen Jahrhunderts – es darauf anlegt, flüchtige Sinneseindrücke abzuspiegeln, der bedarf der verschwommenen, schillernden, ineinanderfließenden Darstellung genauso gut, wie die Maler des Impressionismus die Technik der verschwimmenden Punktmalerei benötigen.

Ob der Dichter diese oder jene Art der Darstellung wählt, ist ein rein künstlerisches Problem. Holbein wußte genauso gut wie Rembrand oder Claude Monet, daß man die Konturen der Körper nicht in der gleichen Schärfe sieht, wie er sie malte, und daß die Einzelformen zum guten Teil verlorengehen. Aber er fand die Schönheit in der absoluten Klarheit; Rembrandt oder Monet fanden sie in einer geminderten Klarheit. Nicht

anders, wenn man die Prosa Conrad Ferdinand Meyers mit der Prosa
Gerhart Hauptmanns vergleicht. Der Unterschied der Klarheit beruht
hier auf einem Unterschied des Kunstwollens.

Anders stellt sich das Problem dar, wenn wir das Reich der Sachprosa
betreten. Sie dient einer Sache. Sie will belehren, untersuchen, klären.
Das kann sie nur, wenn sie deutliche Vorstellungen hervorruft. Sie muß
die Deutlichkeit so weit treiben, wie es der Gegenstand zuläßt. Wer belehren will, muß Sorge tragen, nicht mißverstanden zu werden. Er
schreibt nur angemessen, wenn er klar schreibt. Das Kunstmittel der ah-
nungslosen Dunkelheit muß er den Dichtern und Propheten überlassen.
Behauptet einer, daß in ihm etwas vom Dichter stecke, so möge er diese
Begabung durch Dichtungen beweisen, nicht durch unklare Abhandlungen. Die Sachprosa kann von der Dichtung sehr viel lernen, aber nicht
das Kunstmittel der gewollten Verworrenheit. Für sie muß Holbein das
Vorbild sein, nicht Rembrandt oder Claude Monet. Eine barocke Sachprosa widerstreitet dem Wesen des Sachlichen. Für sie gilt das Wort
Schopenhauers, des Fanatikers der Klarheit:

«Dunkelheit und Undeutlichkeit des Ausdrucks ist allemal und überall
ein sehr schlimmes Zeichen. Denn in 99 Fällen unter 100 rührt sie her
von der Undeutlichkeit des Gedankens... Was ein Mensch zu denken
vermag, läßt sich auch allemal in klaren, faßlichen und unzweideutigen
Worten ausdrücken. Die, welche schwierige, dunkele, verflochtene,
zweideutige Reden zusammensetzen, wissen ganz gewiß nicht recht,
was sie sagen wollen, sondern haben nur ein dumpfes, nach einem Gedanken erst ringendes Bewußtsein davon: oft aber auch wollen sie sich
selber und andern verbergen, daß sie eigentlich nichts zu sagen haben.»

Es ist auch nicht wahr, daß ein klarer Stil keine Atmosphäre habe. Er
hat die Lebensluft eines strahlenden südlichen Mittags. Sie finden sie in
den Berichten Cäsars, in den Staatsschriften Macchiavells, in den Untersuchungen Humes, in den Streitbüchern Voltaires, in den Abhandlungen
Diderots. Sie finden sie bei uns in den Werken von Leibniz und Lessing,
von Schopenhauer und Burckhardt. Sie finden sie in ihrer höchsten
Leuchtkraft in der Prosa Goethes.

Zweite These: Dunkelheit hat werbende Kraft. Dieser Satz ist richtig;
ja er ist richtiger, als Ihnen lieb sein kann. In der Tat, die Dunkelheit besitzt eine werbende Kraft, und sie setzt diese Kraft ein für jeden, der
hemmungslos genug ist, sie zu benützen. Sie trägt auf ihren Schwingen
das Echte und das Falsche ins Land und raubt uns so die Möglichkeit,
den Schwindel von der Wahrheit zu scheiden. Gerade weil sie die Menschen bezaubert, müssen wir die Dunkelheit bekämpfen. Wer Klarheit
fordert, setzt auf der einen Seite der Bequemlichkeit, auf der andern dem
Schwindel eine unübersteigliche Schranke. «Denkt was ihr wollt, aber
denkt es auf eine Weise, daß jedes Wort allen verständlich sei. In einer

völlig klaren und einfachen Sprache kann man nichts Schlechtes schreiben.» (Tolstoi)

Dritte These: Manche Gegenstände lassen sich nicht klar darstellen. Das ist wohl richtig! Die Unklarheit einer Darstellung kann verschiedene Gründe haben: entweder hat der Verfasser seine – an sich klaren – Gedanken nicht klar auszudrücken vermocht. Oder aber es ist dem Autor nicht gelungen, sich bis zum klaren Denken durchzuarbeiten. Oder schließlich: der Gegenstand ist gar keiner rationalen Darstellung zugänglich. Bei dem Ersten handelt es sich nur um Unklarheit des Ausdrucks, bei dem Zweiten um Unklarheit des Gedachten, bei dem Dritten um Unklarheit des Gegenstandes.

Unklarheit des Ausdrucks ist gleichsam eine stiltechnische Angelegenheit. Sie ist zu beheben, denn die Sprache ist in der Wiedergabe klarer Gedanken leistungsfähiger, als faule Leute glauben. Unklarheit des Gedachten sollte den Schreiber veranlassen, die Veröffentlichung aufzuschieben, bis er die Klarheit errungen hat, oder aber deutlich auszusprechen, daß er auch selbst seine Darlegungen nicht als klar empfinde. Der Leser mag dann entscheiden, ob er die Dunkelheit der Unzulänglichkeit des Stoffes oder der Unzulänglichkeit des Autors zuschreiben will.

Was schließlich die Klarheit des Gegenstandes angeht, so gibt es in der Tat Probleme, die sich nicht klar, nicht mit unzweideutigen Ausdrücken darstellen lassen. Aber es ist ein Gebot der geistigen Rechtschaffenheit, dann offen auszusprechen, wo die logischen Argumente aufhören und das unaussprechbare Geheimnis beginnt. Gewiß: Gedanke und Sprache haben ihre Grenzen. Aber die Propheten der Verworrenheit berufen sich auf diese Grenzen meist zu Unrecht. Es werden nur sehr wenige Gedanken gedacht, die sich nicht aussprechen lassen, aber es werden sehr viele Worte gesprochen, bei denen sich nichts denken läßt.

Um meine Antwort auf Ihre drei Thesen zusammenzufassen: Vor der Undurchdringlichkeit der Probleme die Waffen des Wortes zu strecken, ist die Sache unsicherer Geister. Der Werbewirkung des Dunkeln zu erliegen, ist das Schicksal dumpfer Naturen. Die Verworrenheit als Kunstmittel der Sachprosa anzupreisen, führt zur geistigen Anarchie.

All diesen Dunkelmännern hat Jakob Burckhard zugerufen: «Alles Bestimmte hat ein Königsrecht gegenüber dem Unsichern, Dumpfen und Anarchischen.» Keinem Volk muß man diesen Satz nachdrücklicher und beschwörender predigen als dem deutschen. Nietzsche hat behauptet, der Deutsche liebt alles, was unklar, werdend, dämmernd, feucht und verhängt sei. Eben weil diese Wolke über unserem Haupte steht, darum müssen wir die Klarheit noch hartnäckiger fordern als die Griechen, Lateiner und Franzosen, denen sie Natur ist. Die Schriften der Griechen sind Schriften der Mittagshelle; die Sonne Homers leuchtet bis in die Dialoge des Platon und die Reden des Demosthenes. Die Römer waren von Natur Baumeister in Stein, Staat und Stil; so liebten sie Ordnung und Klarheit, und ihr Stilpapst Quintilian erklärte, ein guter Vortrag müsse selbst einem nachlässigen Zuhörer klar sein. Die Franzosen vollends haben die Klarheit zur französischen Nationaltugend erhoben. «Was nicht klar ist, ist nicht französisch» (Rivarol), und eine neue französische Stilistik erklärt mit bewundernswerter Dreistigkeit, jede dunkle, hinter Wolken verhangene Idee werde klar wie der Tag, wenn man sie ins Französische übersetze.

Klarheit ist segensreich nicht nur für den Leser, sondern auch für den Schreiber. Sie erspart ihm die allmähliche moralische Verlumpung, die mit halbklarem Gerede oder mit bewußter Vernebelung unentrinnbar verkoppelt ist.

Gewiß, auch bei der Klarheit ist ein Übermaß möglich. Überbelichtete Bilder sind mißglückt. Aber diese Sorge ist gering bei einem Volke, dessen größter Maler ein Maler des Helldunkels war und das immer wieder in den Schatten seiner germanischen Urwälder und seiner gotischen Dome zurückstrebt. Wir brauchen Klarheit als Gegengift. Wir sind allzu bereit, wo wir keinen Sinn finden, Tiefsinn zu vermuten. Doch wäre es in solchen Fällen oft treffender, das Wort Sinn mit einer anderen Vorsilbe zu verbinden.

Einer unserer größten Denker – den Namen mögen Sie erraten – hat das strenge Wort gesprochen, die Kraft eines Geistes sei «nur so groß wie ihre Äußerung»:

«Die Genügsamkeit, die auf Wissenschaft Verzicht tut, darf nicht Anspruch machen, daß solche Begeisterung und Trübheit etwas Höheres sei als die Wissenschaft. Dieses prophetische Reden meint recht im Mittelpunkte und der Tiefe zu bleiben, blickt verächtlich auf die Bestimmheit und hält sich absichtlich von dem Begriffe und der Notwendigkeit entfernt, als von der Reflexion, die nur in der Endlichkeit hause. Wie es aber eine leere Breite gibt, so auch eine leere Tiefe!»
Ahnen Sie, von wem dieser Satz stammt?

Herzlichst

Lux

II. Kant, Hegel, Hamann

Wir wollen zunächst den Stil dreier großer Schriftsteller betrachten, die als besonders schwer verständlich gelten: den Stil Kants, Hegels und Hamanns.

Kant

Kant hat unstreitig einen schwer verständlichen Stil geschrieben. Sein erster Apostel, der Jenaer Philosophieprofessor Reinhold, versichert, erst nach fünfmaligem angestrengtem Studium sei er in die «Kritik der reinen

Vernunft» eingedrungen. Schopenhauer, der sich als Statthalter Kants auf Erden betrachtete, hat sich von einem vortrefflichen Kantforscher wie Houston Stewart Chamberlain bescheinigen lassen müssen, es lasse sich mathematisch sicher beweisen, daß Schopenhauer Kant überhaupt nicht verstanden habe. Ja, sogar Kant selbst hat in einem Brief geschrieben: «Ich bemerke, indem ich dieses hinschreibe, daß ich mich nicht einmal selbst hinreichend verstehe.» Man pflegt zwar über den Stil Kants einen Satz zu zitieren, den Goethe zu dem jungen Schopenhauer gesagt haben soll: «Wenn ich eine Seite von Kant lese, wird mir zumute, als träte ich in ein helles Zimmer.» Jedoch muß man nicht glauben, daß Goethe wirklich die «Kritik der reinen Vernunft» von einem Buchdeckel bis zum anderen durchgelesen habe. Er hat sich den einen oder anderen Gedanken aus Kants Philosophie – vor allem aus der «Kritik der Urteilskraft» – herausgegriffen; aber als Ganzes war ihm Kants Art zu denken und zu schreiben völlig entgegengesetzt. Er lobte ihn, aber er las ihn nicht. Gelegentlich hat er ihm sogar «Scholastik und Undeutlichkeit» vorgeworfen. Jene höfliche Geste des alten Herrn darf man also nicht als abschließendes Urteil über Kants Stil auffassen.

Kant hat sich – kurz vor der Abfassung der «Kritik der reinen Vernunft» – selbst mit der Frage beschäftigt, ob man Philosophie gemeinverständlich darstellen könne. Aber er hat seine Absicht wieder aufgegeben und dies in der Vorrede seines Hauptwerks ausführlich begründet:

«Was endlich die Deutlichkeit betrifft, so hat der Leser ein Recht, zuerst die diskursive Deutlichkeit, durch Begriffe, dann aber auch eine intuitive (ästhetische) Deutlichkeit, durch Anschauungen, d. i. Beispiele oder andere Erläuterungen zu fordern. Für die erste habe ich hinreichend gesorgt. Das war aber auch die Ursache, daß ich der zweiten, obzwar nicht so strengen, aber doch billigen Forderung nicht habe Genüge leisten können. Ich bin fast beständig im Fortgange meiner Arbeit unschlüssig gewesen, wie ich es hiermit halten sollte. Beispiele und Erläuterungen schienen mir immer nötig und flossen daher auch wirklich im ersten Entwurfe an ihren Stellen gehörig ein. Ich sah aber die Größe meiner Aufgabe und die Menge der Gegenstände, womit ich es zu tun haben würde, gar bald ein, und, da ich gewahr ward, daß diese ganz allein, im trocknen, bloß scholastischen Vortrage, das Werk schon genug ausdehnen würde, so fand ich es unratsam, es durch Beispiele und Erläuterungen noch mehr anzuschwellen. Denn die Hilfsmittel der Deutlichkeit helfen zwar in Teilen, zerstreuen aber öfters im Ganzen, indem sie den Leser nicht schnell genug zur Überschauung des Ganzen gelangen lassen und durch alle ihre hellen Farben gleichwohl den Gliederbau des Systems verkleben und unkenntlich machen.»

Die Begründung Kants ist dürftig. Beispiele und Erläuterungen können freilich den Überblick erschweren, aber sie müssen es nicht, sofern nur der Autor von Zeit zu Zeit die Fäden zusammenfaßt und die Entwicklung der Grundgedanken wiederholt. Daß diese Art des Vortrags möglich sei, wußte Kant aus Hume, dessen – zugleich eleganten und soliden – Stil er gerühmt hat. Kant war auch selbst von seiner Lösung nicht befriedigt, wie wir aus seinem Tagebuch wissen. Er habe absichtlich alle «Schriftstellerreize» ausgeschlossen, denn er habe nicht den Verdacht erregen wollen, daß er den Leser überreden wollte. Kants Trockenheit ist also bewußte mönchische Stilaskese. Ganz falsch etwa anzunehmen, Kant habe auf die Schriftstellerreize verzichtet, weil er sie nicht beherrschte. Er beherrschte sie vortrefflich: seine Jugendwerke sind in einem weltmännischen, überlegenen Aufklärungsstil geschrieben. Erst mit seinem Hauptwerk verwandelt sich der Stil von Grund auf; zum Teil deshalb, weil seine völlig neuen Gedanken sich schwerer in jener gemeinverständlichen Art vortragen ließen.

Wenn Kant in der Vernunftkritik wirklich seinen Stil absichtlich recht trocken machen wollte, so ist ihm diese Absicht allzu gut gelungen. In der Sorge um den Aufbau des Systems und der Schemata ist jeder persönliche Ton erstarrt. Satzpyramide folgt auf Satzpyramide, mit immer neuen engverschachtelten Wenn-Sätzen aufeinandergetürmt. Da er eine betrachtende, keine handelnde Natur ist, so gerät ihm jeder Gedanke als Hauptwort in die Feder, und als Hauptwort läßt er ihn stehen, mag die Fügung noch so hart und ungelenk werden: «Aber hierin liegt eben das Experiment einer Gegenprobe der Wahrheit des Resultats jener ersten Würdigung unserer Vernunfterkenntnis a priori.» Bringt der Gedankengang ein Hauptwort zum zweiten Male, so wird es nicht wiederholt, sondern ein Fürwort gesetzt; der Leser mag herausgrübeln, worauf es sich bezieht. Beispiele würden den strengen Schematismus seines Bauwerks unterbrechen. Anschaulichkeit das Verständnis unnötig erleichtern: so wird Ziegel um Ziegel aneinandergefügt, ohne daß der Baumeister einmal von seinem Werk aufblickt. Jeder Begriff wird so vorgeführt, wie er in ihm entstanden ist; im Verlauf der Untersuchung verwandelt er sich allmählich, aber kein Wort macht den Leser aufmerksam, wenn eine Untersuchung wieder aufgenommen wird, die schon einmal völlig abgeschlossen war; mag er sich selbst hindurchfinden. Nimmt der Leser den Begriff so, wie ihn Kant zuerst definiert hatte, so geht er eben in die Irre. Freilich schlägt immer wieder durch den trocknen Schulton hindurch die ungeheure Fähigkeit des genialen Mannes, verwickelte Gedankengänge in einer epigrammatischen Wendung zusammenzufassen wie in einer Nuß; dann wird das Zimmer wirklich hell, aber bis dahin hat sich der Leser durch eine endlose Dunkelheit hindurchkämpfen müssen.

Man hat den kühnen Versuch unternommen, Kant ins Deutsche zu übersetzen. Für den ersten Teil der Vernunftkritik liegt eine «Übersetzung ins Gemeindeutsche» von Wilhelm Stapel vor; als Beispiele muß ich freilich Sätze wählen, die auch schon im Urtext Kants nicht allzu schwierig sind:

Kants Urtext:

«Die menschliche Vernunft hat das besondere Schicksal in einer Gattung ihrer Erkenntnisse: daß sie durch Fragen belästigt wird, die sie nicht abweisen kann; denn sie sind ihr durch die Natur der Vernunft selbst aufgegeben, die sie aber auch nicht beantworten kann, denn sie übersteigen alles Vermögen der menschlichen Vernunft.»

Stapels Übersetzung:

«Unsere Vernunft steht oft vor Fragen wie beispielsweise diesen: gibt es einen Gott oder nicht? Ist die Welt unendlich oder hat sie Grenzen? Derartige Fragen kann die Vernunft nicht einfach abweisen, denn es sind ja vernünftige Fragen, die sich ganz von selbst beim Nachdenken aufdrängen, die ihren Grund im Wesen unserer Vernunft haben. Und doch kann eben diese Vernunft, die solche Fragen aufwirft, sie nicht beantworten, denn eine sichere Antwort ist für die Fähigkeiten menschlicher Vernunft nicht erreichbar. Diese unbeantwortbaren Fragen, diese unerkennbaren Erkenntnisse, diese Aufgaben ohne Lösung machen ein bestimmtes widerspruchvolles Gebiet der menschlichen Vernunft aus.»

Der Versuch – von einem gescheiten Mann mit glücklicher Hand unternommen – ist lehrreich. Man merkt: die Gestalt, die Kant seinen Gedanken gegeben hat, ist nicht die einzig mögliche Art des Ausdrucks. Sie lassen sich vielmehr auch in eine gemeinverständliche Form gießen. Nicht der Gedanke selbst ist schwer verständlich, sondern nur die Art, wie er ausgedrückt, die Technik, mit der er vorgetragen wird. Der Ausdruck ist unklar, nicht der Inhalt.

Hegel

Niemand könnte bei Hegel den Versuch einer solchen Übersetzung machen. Wer seinen Gedanken die Form nimmt, der verändert sie in ihrem Wesen. Diese Form ist recht spröde. Ein typischer Satz Hegels:

«Der Geist in seiner einfachen Wahrheit und schlägt seine Momente auseinander. Die Handlung tönet ihn in die Substanz und das Bewußtsein derselben; und trennt ebensowohl die Substanz als das Bewußtsein. Die Substanz tritt als allgemeines Wesen und Zweck sich als der vereinzelten Wirklichkeit entgegen; die unendliche Mitte ist das Selbstbewußtsein, welches an sich Einheit seiner und der Substanz, nun für sich wird, das allgemeine Wesen und seine vereinzelte Wirklichkeit vereint, diese zu jenem erhebt und sittlich handelt und jenes zu dieser herunterbringt, und den Zweck, die nur gedachte Substanz, ausführt.»

Nun ist freilich bei Hegel kein Satz verständlich ohne die vorhergehenden, weil jeder Satz nur ein Stein aus dem ungeheuren Gebäude eines weltumfassenden Systems ist und jeder Stein den anderen trägt. Zu diesem Gebäude gibt es einen Eingang: Hegel hat eine Einführung in seine Philosophie unter dem Titel «Phänomenologie (Erscheinungslehre) des Geistes» geschrieben. Aber von diesem Buch sagt ein erfahrener und wohlwollender Beurteiler wie Windelband:

«Dies Werk verfehlt seinen Zweck, aus dem populären in das philosophische Denken hinüberzuleiten, so vollständig wie nur möglich. Denn sein Verständnis setzt nicht etwa nur das Interesse und die allgemeine Fähigkeit philosophischer Überlegung voraus, sondern ist geradezu das schwierigste von allen Werken, welche in der gesamten Literatur der Philosophie je geschrieben worden sind. Ein platonischer Dialog und die Kritik der reinen Vernunft sind eine leichte Lektüre gegenüber der Anstrengung, welche das Verständnis dieser Einführung in die Hegelsche Philosophie verlangt.»

Windelband setzt auch vortrefflich auseinander, warum dies Einführungsbuch so schwer verständlich ist. Hegel betrachte seine Probleme von verschiedenen Standpunkten aus, und dieser Wechsel der Betrachtung werde nie sichtbar gemacht, sondern absichtlich verdeckt:

«Wer in dieses Buch hineinkommt, muß zuerst glauben, er tappe wie im Nebel herum; denn er weiß nie, auf welchem Gebiet der Untersuchung er sich eigentlich befindet... Es ist sehr zu bedauern, daß keiner der Schüler Hegels sich entschlossen hat, einen Kommentar zu diesem Buch zu liefern. Denn das Geschlecht, welches den Reichtum dieses Werks verstehen kann, stirbt aus, und es ist zu befürchten, daß in nicht allzu langer Zeit demselben niemand mehr gewachsen sein wird. Schon jetzt dürften diejenigen, die es auch nur von Anfang bis zu Ende gelesen haben, zu zählen sein.»

Hegel hatte beim Schreiben nie den richtigen Abstand vom Gegenstand und vom Leser. Den Abstand vom Thema nahm er zu klein, vielmehr der Strom seiner Gedanken riß ihn fort und die Wogen schlugen hoch über ihm zusammen. Den Abstand zum Leser nahm er zu groß, er verlor den Leser völlig aus den Augen. Nun muß aber jeder, der über einen schwierigen Gegenstand faßlich schreiben will, sich selbst von Zeit zu Zeit über die Schulter schauen. Er muß sich bewußt bleiben, wo er steht und wohin er geht, und muß das dem Leser deutlich sagen. Neben der Erörterung des Problems müssen Bemerkungen herlaufen, die den Zusammenhang mit dem Leser bewahren. Der Leser muß wissen, ob das Problem jetzt von der psychologischen oder der geschichtsphilosophischen Seite aus angepackt werden soll, ob ein Einwand erörtert, ein Nebenweg eingeschlagen oder das bisherige Ergebnis zusammengefaßt wird. Hegel rang zu schwer mit dem Ausdruck, um das Problem souverän darstellen zu können. So entstand sein ungelenker, unbarmherziger Satzbau:

«In der Rücksicht, daß die allgemeine Vorstellung, wenn sie dem, was ein Versuch ihrer Ausführung ist, vorangeht, das Auffassen der letzteren erleichtert, ist es dienlich, das Ungefähre derselben hier anzudeuten, in der Absicht zugleich, bei dieser Gelegenheit einige Formen zu entfernen, deren Gewohnheit ein Hindernis für das philosophische Erkennen ist.»

Nun kommt bei Hegel zu der Rücksichtslosigkeit des Ausdrucks die Dunkelheit des Inhalts. Hegel bot ja nicht wie Kant eine rein rationale Erörterung, sondern im Grunde eine Gedankendichtung im Scheingewande strenger Wissenschaft. Eine genial ersonnene Terminologie wird auf ein Gebiet des Lebens nach dem anderen angewandt; mannigfache Beziehungen werden entdeckt und erörtert, und immer ergibt sich Anlaß zu einem Mosaik geistreicher Betrachtungen. An Beispielen und an Anschaulichkeiten der Darstellung übertrifft er Kant bei weitem, saftiger und beweglicher wie er war. Aber man kann Hegel so wenig ins ‹Gemeindeutsch› übersetzen, wie man Goethes «Tasso» in Prosa übertragen könnte. Hegels ‹Denkstil› ist ein unzertrennlicher Teil der Sache selbst.

Hegel ist nicht nur ein Büßer unsrer Sprache, sondern geradezu ein Opfer seines Stils geworden. Nur weil ihm Ausdruck und Verständnis gleichgültig waren, konnte er in unermüdlicher Spielfreude immer kühnere Gedankenkonstruktionen emportürmen, bei denen er Leser und Hörer weit aus den Augen verlor. Hätte er nicht die deutsche Sprache mit vollendeter Barbarei behandelt, so hätte er überhaupt diese Gedanken nicht denken können.

Man hat Hegel das Wort in den Mund gelegt: «Nur einer meiner Schüler hat mich verstanden, und der hat mich falsch verstanden.» Der Satz ist erfunden, aber er ist nicht unverdient.

Hamann

Ich zitierte im vorigen Abschnitt die Bemerkung Windelbands, Kants «Kritik der reinen Verkunft» sei leicht zu lesen im Vergleich zu Hegels «Phänomenologie des Geistes». Jetzt müssen wir einen Schritt weitergehen. Hegels «Phänomenologie des Geistes» ist wiederum eine wahre

Ferienlektüre im Vergleich zu den Schriften Hamanns. Denn hier taucht etwas Neues auf: die gewollte, die künstliche Dunkelheit. Der Zauberer, der diese Nebelwand um sich zog, der ‹Magus des Nordens›, war kein bloßer Taschenspieler, sondern ein schöpferischer Kopf, der manche tiefsinnigen Einfälle hatte, aber in welch geheimnisvolle Gewänder pflegte er sie zu verkleiden!

Hamanns ästhetische Hauptschrift beginnt mit den Sätzen: «Nicht Leier! – noch Pinsel! – eine Wurfschaufel für meine Muse, die Tenne heiliger Literatur zu fegen! – Heil dem Erzengel über die Reliquien der Sprache Kanaans! – Auf schönen Eselinnen siegt er im Wettlauf; – aber der weise Idiot Griechenlands borgt Eutyphrons stolze Hengste zum philologischen Wortwechsel.»

Diese Sätze sind nicht willkürlich herausgegriffen. Hamanns gesamte Prosa ist in diesem Stil geschrieben.

Die Stelle hat zwei Fußnoten. Sie verweisen auf das «Buch der Richter» Kapitel 5 Vers 10 und auf Platons Dialog «Kratylos». Schlägt man sie auf, so gibt es – wie Goethe von Hamann gesagt hat – «abermals ein zweideutiges Doppelgesicht, das uns höchst angenehm erscheint, nur muß man durchaus auf das Verzicht tun, was man gewöhnlich Verstehen nennt». Die Bibelstelle befiehlt Leuten, die auf schönen Eselinnen reiten: ‹Singet!› Aus Platon entnehmen wir, daß Eutyphron ein Wortgaukler war; Sokrates erklärt ironisch, er habe die Ohren noch von seiner Weisheit voll; man solle ihm nur Fragen vorlegen, um zu prüfen, wie trefflich Eutyphrons Rosse wären.

Klüger sind wir hierdurch nicht geworden. Wir müssen uns erst durch einen Kommentar belehren lassen, daß der Erzengel eine Anspielung auf den Göttinger Theologen Michaelis sein soll, der eine Schrift über hebräische Philosophie geschrieben hatte. Der weise Idiot ist in Hamanns Sprachgebrauch Sokrates. So gibt ein Hamann-Kommentar schließlich folgende Auslegung:

«Ein Michaelis mit seiner Schar lagert sich allezeit auf die Tenne heiliger Literatur wie ein erdrückender Alp; aber unsichtbar schwebt noch ein anderer Michael, ein Erzengel, darüber, der sie lebendig macht, und mit unscheinbaren Worten, die nur schönen Eselinnen gleichen, über die stolzen Hengste klassischer Sprache im Wettlauf siegt, wie schon der weise Idiot Griechenlands durch die kunstlose Demut der Sprache triumphierte und nur zum philologischen Wortwechel mit Priestern und Sophisten des Zeitgeistes Eutyphrons stolze Hengste borgte.»

Damit könnten wir uns beruhigen; aber leider müssen wir feststellen, daß ein guter Kenner Hamanns, Rudolf Unger, die Stelle genau entgegengesetzt auslegt. Bei ihm siegen die Hengste über die Eselinnen.

«Der Göttinger Hofrat mag die geduldigen Eselinnen der Gelehrsamkeit im akademischen Wettkampf zum Siege führen: den feurigen Hengsten visionärer Begeisterung, die den kabbalistischen Sokrates über pedantische Philologie und geisteslahme Wissenschaft zum heiligen Urquell superrationaler Wahrheit tragen, ist er nicht gewachsen.» Diese Auslegung ist wahrscheinlich falsch, denn im Urtext Hamanns siegen die Eselinnen. Auch sind in den zitierten Büchern die Eselinnen ohne Spott, Eutyphron dagegen ironisch behandelt.

Schlagen wir einmal den umgekehrten Weg ein. Wir wollen einen Satz erst auf deutsch aussprechen und dann im Stil Hamanns. Hamann will sagen: *Im Titel eines Buches soll der gesamte Inhalt drinstecken; der Inhalt soll sich gleichsam aus dem Titel entwickeln.* Das gestaltet sich bei Hamann so:

«Ein solcher Titel ist ein mikroskopischer Same, ein orphisches Ei, worin die Muse Gezelt und Hütte für ihren Genius bereitet hat, der aus seiner Gebärmutter herauskommt wie ein Bräutigam aus seiner Kammer, und sich freut, wie ein Held zu laufen und nach dem Ziel seines geflügelten Sinns, welcher auf Stirn und Nabel seiner Rolle geschrieben steht, in einer Sprache, deren Schnur fortgeht bis ans Ende der Rede, daß alles von Licht und Wärme durchdrungen wird.

Überschrift des Werkes eines wahren Schriftstellers ist zugleich Unterschrift seines Namens, beides ein Abdruck des Siegelrings am Gottesfinger der schönen Natur, welche alles aus einem Keime und Minimo eines Senfkornes zur Lebensgröße entwickelt, alles wiederum in den männlichen genetischen Typum zurückführt und verjüngt, durch die Kräfte entgegengesetzter Elastizität» und so weiter.

Durch all diese Umschreibungen wird der Gedanke nicht vertieft, ergänzt oder lebendig gemacht. Er wird lediglich verdunkelt.

Hamann schreibt in seinen Briefen einen völlig klaren Stil; schon Goethe hat darauf hingewiesen. Die Dunkelheit hat er in seine Abhandlungen wahrscheinlich oft nachträglich hineingebracht. Er schreibt auch offen an einen Freund, er habe in einem Brief «ohne Schuld einen treuherzigen Ton ausgedrückt», den er «bei mehr Muße und Kunst nicht erreicht haben würde». Und an anderer Stelle: «Es geht mir sehr oft, daß ich meine eigne Hand nicht lesen kann, und mir wird bei dem, was ich selbst geschrieben, so übel und weh als dem Leser, weil mir alle Mittelbegriffe, die zur Kette meiner Schlüsse gehören, verraucht sind und so ausgetrocknet, daß weder Spur noch Witterung überbleibt.» Oder: «Mein verfluchter Wurststil, der von Verstopfung herkömmt, macht mir Ekel und Grauen.» Er gibt auch zu, daß er namentlich dann «so barock» schreibe, wenn er übler Laune sei; er litt an einem quälenden Darmleiden, das in seinen Briefen und Vergleichen eine große Rolle spielt.

Die wichtigsten Stilmittel Hamanns zur Verdunkelung seiner Gedanken sind Anspielung, Bild und Ironie. In jeden Satz flicht er Anspielungen auf eine große und wahllose Lektüre ein, oft nur um etwas Absonderliches vorzubringen, mag es auch nur einen losen Zusammenhang mit seinem Gegenstand haben. Möglichst viele Begriffe werden umschrieben, und zwar ganz willkürlich, wie Hamann selbst sie gerade vor sich sieht. Eine Fülle von Bildern dient nicht der Veranschaulichung, sondern der Verschleierung oder der Ablenkung; sie treten an die Stelle der Sache selbst, die dafür weggelassen wird. Zur einen Hälfte sind sie der Bibel, zur anderen der Verdauung und dem Geschlechtsverkehr entnommen; der fromme Hamann war ein unverbesserlicher Zotenreißer. Ist der Text durch Anspielungen und Bilder noch nicht hinreichend überwuchert, um völlig unverständlich zu werden, so nimmt Hamann die Ironie zu Hilfe und kehrt den Sinn seiner Sätze um. In der Wortwahl liebt er selbsterfundene oder selbständig umgedeutete Worte, die Wortstellung wird möglichst irreführend gestaltet, der Satzbau ist wenig übersichtlich, die Gedankenfolge willkürlich; das Nebensächliche wird scharf hervorgehoben.

Philosophen untereinander

Von Chamfort stammt der giftige Satz:

«Mit den Berufsphilosophen verhält es sich wie mit den Basken, von denen die Sprachforscher behaupten, *untereinander* verstünden sie sich. Aber ich glaube nicht daran!»

Für Kant, Hegel und Hamann behält diese gallige Ironie zum guten Teil recht. Hamann versicherte, Kants «Kritik der reinen Vernunft» laufe auf «Schulfuchserei und leeren Wortkram hinaus». Kant sagte von Hamann, er habe «die Sachen nur im allgemeinen denken können, habe es aber keineswegs in seiner Gewalt gehabt, etwas aus diesem Engroshandel zu detaillieren». Hegel fand Hamann unverständlich; er habe «nur die geballte Faust gemacht und das Weitere, für die Wissenschaft allein Verständliche, sie in einer flachen Hand zu entfalten, dem Leser überlassen». Hamann selbst konnte seinen eigenen Vernebelungsstil bei andern nicht ausstehen. Als ihm Herder stolz seine Schrift «Die älteste Urkunde des Menschengeschlechts» sandte, die er in dem frisch gelernten Hamannstil angefertigt hatte, antwortete er ärgerlich, er solle doch «sein Publikum nicht so en canaille behandeln». Das scharfsinnigste Urteil über seine Sprache und seine Philosophie hat er selbst ausgesprochen, wenn er in einem Brief schreibt: «Meine Sprache ist die Mutter meiner dürftigen Philosophie und das Ideal dieser ungeratenen Tochter.»

Hegel ist ein Mann von ganz anderem geistigen und geschichtlichen Gewicht. Stilistische Erwägungen können das Ausmaß dieses tiefsinnigen Denkers nicht umreißen. Aber wenn wir uns durch den Irrgarten seiner Werke hindurchquälen, dann fühlen wir uns oft gedrängt, ihm den unerbittlichen Satz entgegenzuhalten, der am Schluß des zweiten Briefes zitiert war: daß es auch eine leere Tiefe gebe und daß die Kraft eines Geistes nur so groß sei wie ihre Äußerung. Stammt doch dieser Satz von niemand anderem als von Georg Friedrich Wilhelm Hegel!

III. Ordnung

Der Schlüssel zur Klarheit ist die Ordnung. Sprachliche Ordnung heißt: der sprachliche Ausdruck muß so ablaufen wie der Gedanke. In der durchschnittlichen deutschen Gelehrtenprosa wird diese Forderung nur selten erkannt und noch seltener verwirklicht.

Trennung der Gedanken

Der erste Lehrsatz der sprachlichen Ordnung heißt: man kann nicht zwei Gedanken auf einmal denken, man soll daher auch nicht zwei Gedanken auf einmal aussprechen. Aber gerade das versuchen die unordentlichen Leute zuwege zu bringen, und so mengen sie zwei Gedanken durcheinander, bis ein Wirrwarr daraus entsteht, als wenn wir im Rundfunk zwei Sender auf einmal hören. Der «Abriß der vergleichenden Religionswissenschaft» von Achelis beginnt mit den Sätzen:

«So verschiedenartig auch die Standpunkte und demzufolge auch die Ergebnisse sein mögen, denen wir in der Religionswissenschaft begegnen, so hat sich doch prinzipiell wenigstens darüber ein gewisses Einvernehmen herausgestellt, daß eine möglichst umfassende geschichtliche Prüfung des einschlägigen Materials stets mit einer entsprechenden psychologischen und metaphysischen Erörterung Hand in Hand gehen müsse; mit anderen Worten, hier wie überall sonst müssen sich Erfahrung und Denken, Empirie und Spekulation gegenseitig ergänzen und befruchten. Die Unterschiede treten erst in der praktischen Ausführung des Programms hervor. So ist es denn kein Wunder, daß diese Wissenschaft, die sich zwanglos in einen geschichtlichen und einen philosophischen Teil gliedert, erst ein Kind unserer Zeit ist, der eben von den verschiedensten Seiten aus der Rohstoff für die Forschung zugeströmt ist.»

Solche Sätze erwecken im Leser einen dumpfen Widerwillen. Jeder Satz ist richtig und übersichtlich gebaut, aber die einzelnen Gedanken sind nicht klar geschieden. Der Absatz behandelt zwei Fragen: Welches ist die Rolle von Erfahrung und Denken in der Religionswissenschaft? und Wieweit sind sich die Gelehrten hierüber einig? Diese beiden Gedanken sind ineinander verschränkt. Wenn man sie trennt, wird alles einfach und leicht verständlich:

Die Religionswissenschaft hat zwei Aufgaben: sie muß zunächst mit Hilfe von Religionsgeschichte ermitteln, wie die Religionen gewesen und geworden sind, und sie muß dann diese Ergebnisse psychologisch und metaphysisch ausdeuten. In der ersten Aufgabe ist sie Erfahrungswissenschaft, in dem zweiten Teil Philosophie. Erfahrung und Denken müssen sich auch hier gegenseitig befruchten. Erst in unseren Tagen hat sich die Religionswissenschaft entwickeln können, denn erst jetzt haben andere Wissenschaften ihr den Stoff für ihre Untersuchungen geliefert.

Über diese grundsätzlichen Aufgaben sind sich die meisten Gelehrten einig; ihre Meinungen trennen sich erst bei der Durchführung.

Reihenfolge

Zur sprachlichen Ordnung gehört ferner, daß nicht der zweite Gedanke vor dem ersten steht; die richtige Reihenfolge ist die bescheidenste Forderung der Ordnung.

«Der Sohn Xerxes', Artaxerxes Longimanus, ein milder aber schwacher, von seiner Mutter und seiner Schwester Amytis, beide Frauenzimmer von frivoler Natur, geleiteter Mann, bestieg den Thron über die Leiche seines Bruders Darius hin: der Mörder Artabamus bürdete diesem die Schuld der Ermordung seines Vaters auf, und Artaxerxes ließ den Darius töten.»

Der Satz ist der Anfang eines Kapitels, aber wer versteht beim ersten Durchlesen die teils verwandtschaftlichen, teils kriminellen Beziehungen der Beteiligten? Der Satz wird klar wie der Tag, wenn man die Reihenfolge verbessert:

Nach der Ermordung des Xerxes bestieg den Thron sein ältester Sohn Artaxerxes Longimanus. Der Mörder des Königs, Artabamus, beschuldigte der Bluttat den jüngeren Sohn Darius, und der neue Herrscher ließ seinen Bruder sofort töten. Der neue König war ein milder, aber schwacher Mann und stand ganz unter dem Einfluß zweier frivoler Frauen, seiner Mutter und seiner Schwester Amytis.

Eine verworrene Gedankenfolge wird besonders lästig, wenn die Darstellung nicht schlichte geschichtliche Vorfälle schildert, sondern verwickelte philosophische Probleme. Die «Hauptprobleme der Philosophie» von Georg Simmel beginnen mit den Sätzen:

«Wenn man zu den Gedankenmassen, die unter dem Begriff der Philosophie gesammelt sind, einen Eingang sucht, eine Bestimmung dieses Begriffes von einem Ort der geistigen Welt her, der nicht selbst schon in den philosophischen Bezirk hineingehört, so kann sich dieses Bedürfnis an der gegebenen Struktur unseres Erkennens nicht befriedigen. Denn was Philosophie ist, wird tatsächlich nur innerhalb der Philosophie, nur mit ihren Begriffen und Mitteln ausgemacht: sie selbst ist sozusagen das erste ihrer Probleme.»

Der klärende Satz kommt zu spät. Wieviel klarer wird alles, wenn wir sagen:

Was ist Philosophie? Diese Frage ist bereits das erste philosophische Problem. Man kann den Begriff der Philosophie nicht definieren, ohne den Boden der Philosophie zu betreten: nur mit philosophischen Mitteln ist diese Definition möglich.

Symmetrie

Die Ordnung erfordert weiter: parallele Gedanken verlangen parallelen Sprachbau. Was Glied einer Kette ist, darf nicht als selbständiges Ganzes dastehen oder als Teil in ein anderes Ganzes eingezwängt sein. Nichts beweist die Notwendigkeit dieser Regel schlagender als Beispiele der sprachlichen Unordnung:

«Der Geburtenschwund der Vorweltkriegszeit war nicht so sehr ein Produkt der veränderten geistigen und sittlichen Einstellung zahlreicher städtischer Schichten, deren Auffassungen sich immer weniger traditionsgebunden und triebhaft gestalteten, als vielmehr des Umstandes, daß der von einem Drittel auf ein Zehntel erfolgte Rückgang der Säuglingssterblichkeit, so erwünscht er auch war, doch zweifellos eine den Zeugungswillen bremsende Wirkung haben mußte und daß auch ganz abgesehen von den zunehmenden Abtreibungen und Geburtenverhütungen die immer geringer werdende Bauernzahl schwer ins Gewicht fallende Konsequenzen hervorrufen mußte.»

Was fehlt hier? Die Ordnung, die ‹das Gleiche frei und leicht und freudig bindet›. Der Mensch hat eine natürliche Leidenschaft für die Symmetrie. Trägt die Sache eine solche Gleichordnung in sich, so ist es unbarmherzig, sie der Sprache zu verweigern; in dem Kapitel «Reihe und Gleichlauf» werden wir dies im einzelnen betrachten. Der Satz faltet sich sogleich zur flachen Hand auseinander, wenn wir sagen:

Der Geburtenrückgang in der Zeit vor dem ersten Weltkrieg hatte vier Gründe: die Wandlungen der Weltanschauung, die Verstädterung, die Zunahme der Abtreibungen und die Abnahme der Säuglingssterblichkeit. Alle diese vier Gründe lassen sich leicht erläutern: der Mensch des 20. Jahrhunderts handelte weniger triebhaft und traditionsgebunden als seine Eltern. Ein Drittel des Volkes war vom Land in die Stadt gezogen; die Städte hatten von jeher kleinere Kinderzahlen. Die Zahl der Abtreibungen und die Verbreitung der Geburtenverhütungsmittel wuchs von Jahr zu Jahr. Schließlich ging die Säuglingssterblichkeit von einem Drittel auf ein Zehntel zurück; wenn aber mehr Kinder am Leben blieben, so war dies für die Eltern ein Grund, weniger Kinder zu zeugen.

Enthält die Sache einen Gleichlauf, so will der Leser Parallelen sehen:

Wenn sie eine Steigerung in sich schließt, so muß die Stufenfolge, die
Treppe, deutlich zu erblicken sein

und darf nicht im allgemeinen Durcheinander untergehen.

«Die schon vor der marathonischen Schlacht neuerwachte Anhänglichkeit der Ionier an ihre Mutterstadt Athen bewirkt bald eine engere
Anschließung fast aller Griechen der asiatischen Küste an diesen Staat,
und indem Sparta sich mit allen Griechen des Mutterlandes von der weiteren Führung des Krieges zurückzieht, bildet sich eine athenische Bun-
desgenossenschaft für die Vollendung des Nationalkrieges, welche sich
durch allmähliche und doch ziemlich rasche Übergänge in eine Herrschaft der Athener über ihre Stamm- und Bundesgenossen, ja in ein großes blühendes Insel- und Küstenreich um das ganze von den Athenern
beherrschte Agäische Meer und einen Teil des Pontus Euxinus verwandelt, wodurch Athen eine breite Basis für das von seinen Staatsmännern
immer höher geführte Gebäude politischer Größe und glänzender Herrlichkeit gewann.»

Der Leser haßt solche ungegliederten, unübersichtlichen Riesensätze.
Aber es bedarf nur weniger Bleistiftstriche, um aus einem Worthaufen
einen wohlgeordneten Gedankenbau zu machen:

*Schon vor der Schlacht von Marathon war die Anhänglichkeit der kleinasiati-
schen Ionier an Athen neu erwacht. Jetzt nach dem Sieg über die Perser schließen
sich alle Griechen der asiatischen Küste eng an ihre alte Mutterstadt an. Gerade
weil sich Sparta und die übrigen Griechenstaaten vom Kriege zurückziehen,
kann Athen seine neuen Freunde zu dem attischen Seebund vereinigen. Aus dem
Bund wird eine Vorherrschaft, aus der Vorherrschaft ein großes blühendes Insel-
und Küstenreich, das sich über gas ganze Ägäische Meer und Teile des Schwarzen Meeres erstreckt. So gewinnen die Athener eine breite Grundlage für das Gebäude politischer Größe und künstlerischen Glanzes, das ihre Staatsmänner in
den kommenden Jahren aufbauten.*

Ganz falsch anzunehmen, es genüge, kurze Sätze zu bilden, um klar zu
schreiben. Auch kurze Sätze können unordentlich und unklar sein:

«Zwei Umstände haben besonders zu dieser starken Verarmung vieler
Einwohner des Rheinlands geführt. Viele Bürger ernährten sich von der
Schiffahrt. Inzwischen waren jedoch die Dampfschiffe ihre schlimmsten
Widersacher geworden. Dazu übernahm die Eisenbahn immer weitere

Aufträge des täglichen Verkehrs. Diese beiden Erscheinungen raubten den berufsmäßigen Schiffern den Verdienst. Andere oblagen an den Ufern des Rheins der Goldwäscherei. Aber auch dieses Gewerbe warf von Jahr zu Jahr geringere Erträge ab und hörte allgemach ganz auf.» Warum wirken diese überaus einfachen Sätzen so unbefriedigend, so unübersichtlich? Weil die Gedankenfolge unordentlich angelegt und obendrein ungeschickt verknüpft ist! Der Schreiber kündigt zunächst *zwei Umstände* an und erwähnt dann Dampfschiff und Eisenbahn. Der Leser glaubt also, Dampfschiff und Eisenbahn seien diese beiden Umstände. Aber plötzlich erfährt er von einem weiteren *Umstand*, dem Rückgang der Goldwäscherei, und er weiß nicht, ob diese den zweiten Umstand bildet. Der Satz *Inzwischen waren jedoch die Dampfschiffe ihre schlimmsten Widersacher geworden* führt den Leser auf Irrwege. Das Wort *inzwischen* paßt nicht, denn es bezieht sich nicht auf einen bestimmten Zeitraum; die Wendung *die schlimmsten Widersacher geworden* klingt so, als ob sie ursprünglich gut Freund gewesen wären. Die beiden Feststellungen, daß Dampfschiffe und Eisenbahnen zunehmen, laufen völlig parallel, aber die Sätze sind nicht parallel angelegt. Unnötige abstrakte Hauptwörter machen die Sätze noch unhandlicher. Gewiß wird sich der Leser dieser Unebenheiten nicht bewußt, wohl aber empfindet er die ganze Darstellung als ungelenk. Die Sätze müßten heißen:

Zwei Gruppen von Einwohnern des Rheinlands sind in jener Zeit verarmt: die Schiffer und die Goldwäscher. Die Schiffer verloren ihren Verdienst, denn Dampfschiffe und Eisenbahn übernahmen einen großen Teil des Verkehrs. Und die Goldwäscherei erbrachte immer geringere Erträge und hörte allmählich ganz auf.

Die Ordnung im täglichen Leben besteht aus drei Geboten: Für jedes Ding muß ein Platz bestimmt werden, dieser Platz muß ein geeigneter Platz sein, und an diesem Platz muß sich das Ding auch immer befinden. Die unordentlichen Schreiber verstoßen gegen alle drei Regeln. Sie glauben nicht, daß auch im geistigen Raum die Dinge ihren Platz haben und daß es sehr wichtig ist, ob man erst den einen oder den anderen Gedanken vorbringt. Daß jeder Satz, den ich schreibe, auch den folgenden Satz zum guten Teil bindet, wollen sie nicht einsehen. Sie tun so, als wenn der Mensch mit jedem Satz ein neues Leben beginne.

In einem richtigen Gedankengang liegt eine gewisse Architektonik, ein ebenmäßiges Gedankengebäude vorborgen. Der sprachliche Aufbau muß diese Ordnung widerspiegeln. Wer ebenmäßig bauen will, muß Sorge tragen, daß gleichwertige Gedankenglieder auch gleichwertige Sprachformen erhalten. Jede selbständige Handlung erfordert in der Regel ihr eigenes Zeitwort. Wenn man sie in ein Beiwort oder Hauptwort abdrängt, so wird ein Glied verkürzt und der vollgestopfte Satz überfrachtet. Das Ebenmaß der Ordnung geht verloren.

Urtext:

«Statt das Schauern vor Ehetrennung und polygamer Erotik und das Grauen vor Abtreibung, Homosexualität, Selbstmord als vor Grenzüberschreitungen des sein geschichtliches Dasein jeweils in der Familie hervorbringenden Menschen im Ursprung zu bewahren, wird dies alles vielmehr innerlich erleichtert, gegebenenfalls mit pharisäischer Moral wie jeher verurteilt oder in der an das Daseinsganze der Massen geknüpften Haltung unbeteiligt hingenommen.» (Karl Jaspers)

Umformung:

Man hört auf, vor Ehetrennung und polygamem Liebesleben, vor Abtreibung, Homosexualität und Selbstmord zu schaudern und sie als Grenzüberschreitungen des Menschens zu betrachten, der doch in der Familie sein geschichtliches Dasein aufbaut. Man verurteilt solche Irrwege gelegentlich mit pharisäischer Moral, aber gleichzeitig beginnt man, sie innerlich zu erleichtern; die Massen nehmen sie unbeteiligt hin.

Stopfstil

Die Satzüberfrachtung ist der Todfeind der Ordnung und der Klarheit. Sie ergibt einen Stopfstil, der unentwirrbar wird. Im «Preußischen Ausführungsgesetz zum Landessteuergesetz» lautet § 15:

«In jedem einzelnen Landkreis darf die Provinzialeinkommensteuer den Bruchteil des auszuzahlenden Anteils dieses Kreises nicht übersteigen, der sich zu dem auszuzahlenden Anteil dieses Kreises verhält wie die Zahl der für das Steuerjahr 1919 als Provinzialsteuer erhobenen Hundertteile zu der Zahl der von dem Kreis als Kreissteuer erhobenen Hundertteile der Einkommensteuer.»

Selbst in seiner mildesten Form macht der Stopfstil die Sprache unschön und unklar. Sätze wie die folgenden würde kein englischer oder französischer Gelehrter stehenlassen; in Deutschland werden manche Leser sie kaum beanstanden:

«Der Arianismus erlosch in sich selbst. Es war der erste naturgemäß vergebliche Versuch, den Glauben der Christenheit mit rationalistischer Dialektik zu versetzen. Die nicänische Lehre von der Unterschiedenheit und doch Wesensgleichheit (Homousie) des Vaters mit dem Sohne, welche dann in der Lehre von der Dreipersönlichkeit und von der Dreieinigkeit Gottes zum formulierten Ausdruck gelangte, trug den Sieg davon, weil sie das Unbegreifliche unbegreiflich sein läßt und das wunderbare Geheimnis von der Person Christi zugleich zeigt und keusch verhüllt.» (Rudolf Sohm)

«Die aus 11 Juristen zusammengesetzte Kommission trat 1874 in Berlin zusammen, aber erst 1888 konnte der von ihr verfaßte Entwurf, nicht ohne in den weitesten Kreisen durch seine unvolkstümliche Form und romanistischen Inhalt vielfache Enttäuschungen zu bereiten, veröffentlich werden.» (Richard Schröder) Versuchen Sie, diese Sätze übersichtlich umzubauen. (Lösung am Schluß des Buches.) Der Stopfstil ist nicht minder abwegig als der Bandwurmstil. Beim Bandwurmstil sind die Sätze zu lang, man muß sie zerschneiden; beim Stopfstil sind sie zu dick, man muß sie entfetten.

Akzentverteilung

Die sprachliche Ordnung verlangt weiter: wo der gedankliche Schwerpunkt des Satzes liegt, muß auch der sprachliche Akzent liegen. Wenn sprachliche und gedankliche Akzente auseinanderfallen, wird der Satz schwer verständlich.

Wer nicht seine Gedanken hindurchzulenken weiß durch das Gewirr der Einzelheiten, wer seine Einfälle sprunghaft hin- und hertanzen läßt, wer nicht Gedankenbau und Ausdrucksform in natürlichem Gleichmaß hält, der wird nie einen klaren Stil schreiben.

Wenn obendrein ein Rankenwerk von Einzelheiten den Gedankenweg überwuchert, findet der Leser in dem halbdunklen Urwald überhaupt keine Übersicht mehr. In einem Buch über die «Klassische Diplomatie» will der Verfasser die Ländertauschgewohnheiten von 1700 schildern:

«Was sich das Ancien Régime unter Berufung auf das Kompensationsprinzip an Tauschplänen und Tauschmaßnahmen leistete, kann man am besten am Schicksal Süditaliens verfolgen, das im Laufe eines knappen Menschenalters viermal den Herrscher wechselte: bis zum Tode Karls II., des letzten spanischen Habsburgers, wurden Neapel und Sizilien im Auftrage des Hofes von Madrid durch einen Vizekönig regiert. Durch den Frieden von Utrecht fiel Neapel an Österreich, während Sizilien an den Herzog von Savoyen-Piemont kam, der bei dieser Gelegenheit den Königstitel erhielt. Aber Philipp V. und seine ehrgeizige Gemahlin Elisabeth Farnese wollten nicht ohne weiters auf die italienischen Nebenlande verzichten und nötigten durch ihre Quertreibereien die Signatarmächte von Utrecht und Rastatt, sich zu einer Einheitsfront zusammenzuschließen, der das isolierte Spanien nicht gewachsen war. In dem Hin und Her der nächsten Jahre verzichtete die Wiener Hofburg auf Sardinien, das nunmehr an Savoyen-Piemont kam, und erhielt dafür Sizilien, so daß der festländische und der insulare Teil Süditaliens wieder in einer Hand vereinigt wurde. Doch die Einheitsfront zwischen Österreich, England und Frankreich hielt nur so lange stand, als es galt, den Revanchegelüsten Philipps V. einen Riegel vorzuschieben. Der Polnische Thronfolgekrieg verwandelte Wien und Versailles wieder in Gegner mit dem Ergebnis, daß die Monarchia Austriaca im Frieden von Wien endgültig auf Neapel und Sizilien verzichten mußte, die als Sekundogenitur in den Besitz eines spanischen Bourbonen übergingen.»

Wer kann nach einmaligem Lesen dieser Sätze die vier verschiedenen Epochen in der Beherrschung Süditaliens angeben? Ordnet man die Sätze richtig an und läßt die Einzelheiten weg, die zum Beweis der These nicht nötig sind, so wird die Darstellung klar wie Kristall. Versuchen Sie einmal, den Absatz klar und übersichtlich umzuschreiben. (Lösung am Schluß des Buches.)

Ratschläge zur Technik der Klarheit

Neben diesen grundsätzlichen Erfordernissen sprachlicher Ordnung gibt es einige kleinere Ratschläge zur Technik der Klarheit.

Der erste dieser Ratschläge heißt, daß wir – wenn wir hierdurch eine Unklarheit oder ein Stutzen des Lesers vermeiden können – daß wir dann ruhig ein Wort wiederholen sollen, wie es in diesem Satz mit den Worten *daß wir* geschehen ist. Luther schreibt sogar in ganz kurzen Sätzen: «daß, wer Gott liebet, daß der auch seinen Bruder liebet».

Oft versuchen wir uns Wiederholungen mit *dieser, hiermit* und mit ähnlich allgemeinen Wendungen zu ersparen. So hatte ich am Anfang des vorigen Absatzes ursprünglich geschrieben. *Daneben gibt es . . .* Das unbestimmte *daneben* ersetzte ich durch das klare: *Neben diesen grundsätzlichen Erfordernissen gibt es . . .*

Der Klarheit dient es bisweilen, wenn wir unsere Behauptungen in zweifacher Form vorbringen: erst wird das Gegenteil der These verneint, dann die wirkliche These ausgesprochen. Dieser Kunstgriff war ein Lieblingsstilmittel Schillers; er entsprach seinem antithetischen Geiste.

«Es ist nicht genug, Empfindungen mit erhöhten Farben zu schildern, man muß auch erhöht empfinden. Begeisterung allein ist nicht genug; man fordert die Begeisterung eines gebildeten Geistes.»

Der negative Satz gibt der Behauptung einen schärferen Umriß und grenzt sie gegen Mißverständnisse ab.

Verständlichkeit

Ein Buch soll klar sein, aber es kann nicht klar sein für jedermann. Klarheit heißt Verständlichkeit für den berufenen Leser. Berufen ist der Leser, der hinreichend vorgebildet ist, hinreichend gescheit und hinreichend aufnahmewillig. Die Vorbildung versteht sich von selbst; man kann nicht das Studium der Algebra mit den Kubikwurzeln beginnen. Die Gescheitheit ist noch wichtiger; sehr hübsch sagt Lichtenberg: «Wenn ein Buch und ein Kopf zusammenstoßen, und es klingt hohl, ist denn das allemal im Buch?» Am wichtigsten aber ist die Aufnahmewilligkeit.

Viele Menschen schlagen ein Buch mit der Überzeugung auf: ‹Über diesen Gegenstand weiß ich ja längst Bescheid; sofern das Buch andere Ansichten vorbringt als meine eigenen, sind diese Ansichten also falsch.› Wer mit dieser beruhigenden Überzeugung ein Buch beginnt, wird es nie verstehen. Das Verständnis schlägt nur dann bis zur Tiefe durch, wenn man einem Buch innerlich Kredit gibt und es zunächst gelten läßt. Erst wenn man es beendet hat und als Ganzes vor sich sieht, soll man der Kritik die Zügel freigeben. Nur aufgeschlossene Menschen besitzen Verständnis für Neues. Die Menge will nur lernen, was sie schon weiß. Das Wort Goethes: «Wer einem Autor Dunkelheit vorwerfen will, sollte erst sein eigenes Inneres beschauen, ob es denn da auch recht hell ist. In der Dämmerung wird eine sehr deutliche Schrift unlesbar», gilt nicht nur für die geistige Dämmerung, sondern auch für die moralische Dämmerung derjenigen, die innerlich immer nur bestrebt sind, sich durch Kritik billige Überlegenheitsgefühle zu verschaffen.

Kurze Zusammenfassung

Das Problem der Klarheit ist ein Kernproblem unserer Prosa. In keinem Lande der Welt werden so schwer verständliche Bücher und Aufsätze geschrieben wie in Deutschland. Wir laufen Gefahr, ein zweisprachiges Volk – mit einer Sprache der Wissenschaft und einer Sprache des Alltags – zu werden, weil zu vielen Autoren der Wille zur Klarheit fehlt. Die einen schreiben unklar, weil sie die Technik des klaren Ausdrucks nicht beherrschen, die andern, weil sie unklar gedacht haben, die dritten, weil sie mit dunklen Reden zu verbergen hoffen, wie armselig ihre Gedanken sind und die vierten, weil sie nicht die Wahrheit aussprechen wollen. Sie alle erheben die Dunkelheit zum Dogma, um hinter diesem Schutzwall ihr lichtscheues Gewerbe treiben zu können. Fahrlässige Unklarheit ist ein Vergehen, vorsätzliche ein Verbrechen. Schon Livius erzählt von einem Stillehrer, der seinen Schülern zu sagen pflegte: Mach's dunkler. Nach diesem Ratschlag schreiben Tausende. Sie weigern sich, ihre Gedanken klar und hell auszusprechen, und mit Recht, denn wenn ihre Geisteskinder frei im unbarmherzigen Sonnenlicht dastünden, würden sie einen kläglichen Anblick darbieten. So hüllen sie ihre Gedanken in ein schützendes Dunkel und predigen wider die Klarheit, mit der man zwar die Gedanken Goethes, Schillers, Lessings und Schopenhauers hätte vortragen können, aber nicht die ihren. Sie handeln nach dem Ratschlag Paul Heyses:

> «Lernt darum den Kunstgriff üben,
> der euch den Erfolg verbriefe:
> Müßt das seichte Wasser trüben,
> daß man glaubt, es habe Tiefe.»

Der Schlüssel zur Klarheit ist die sprachliche Ordnung; ihre Regeln sind einfach und einleuchtend.

Klang

Poesie und Prosa sind derart aufeinander angewiesen, daß sie sich zwar zeitweise voneinander entfernen und – wie zwei Arme eines Flusses – das Wasser sich abgraben können, dann aber immer wieder in neuen Verflechtungen sich gegenseitig stärken. Die reinen Dichter, die Nur-Dichter, in deren Blut der philosophische und prosaische Eisengehalt fehlt, verzärteln sich, verschmachten und verkommen im Lyrismus, . . . und die reinen Wissenschaftler vertrocknen und verflachen in einem seelenlosen Intellektualismus, wie die vielen exakten Materialisten und Positivisten, die ich nicht besonders zu nennen brauche. Der Literarhistoriker erkennt sie am besten daran, daß sie eine nichtswürdige Prosa schreiben.

Vossler

Poesie und Prosa

An die Kasse des Burgtheaters kommt ein verspäteter Besucher, zweifelnd, ob er hineingehen solle: «Was wird denn gegeben?» Der Kassierer mit ein wenig Unbehagen: «Des Meeres und der Liebe Wellen.» – «Ist das schön?» – «Sehr schön.» – «Es ist doch nicht etwa in Versen?» – Der Kassierer schweigt einen Augenblick, dann sagt er begütigend: «Ja, es ist in Versen. Aber man merkt es fast gar nicht!»

Was ist eigenlich der Unterschied zwischen Poesie und Prosa? Wer von jedem Bildungsehrgeiz frei ist, wird antworten: Wenn die Zeilen von Seitenrand zu Seitenrand gehen, so ist es Prosa. Wenn links und rechts etwas Raum frei bleibt, dann ist es Poesie.

Die Antwort befriedigt nicht. Man kann diese Ansicht auch etwas besser so ausdrücken: Poesie nennen wir die gebundene Rede – nämlich die in festen Rhythmen oder Versen gebundene – und Prosa die ungebundene. Die Begriffsabgrenzung klingt schöner, aber sehr viel besser ist sie nicht.

Das Wesen der Poesie ist nicht an den Silben abzuzählen: es steckt mehr im Gehalt als in der Gestalt. Goethes «Egmont», Eichendorffs «Taugenichts» sind Werke der Poesie in der Form der Prosa, und auch von manchen Romanen – etwa von Hamsuns «Viktoria» – sagen wir, daß in ihnen viel Poesie stecke. Ja manchmal – so in Goethes «Werther» –

flüchtet ein poetischer Gehalt absichtlich in die Prosaform, um dem wirklichen Leben näher zu bleiben.

Wenn so die Scheidung zwischen Poesie und Prosa den Händen der Silbenzähler entgleitet, wenn sie eine Frage der Stilebenen und der Weltauffassung wird, dann schwindet die hohe Gebirgsmauer dahin, welche die Buchstabengläubigen aufgerichtet haben, und statt dessen dehnt sich zwischen beiden Reichen ein fruchtbares Hügelland allmählicher Übergänge, das den Schulmeister verdrießt, aber den unbefangenen Leser erfreut. Hölderlins «Hyperion», der «Ofterdingen» des Novalis, Nietzsches «Zarathustra»: liegen sie diesseits oder jenseits der Grenze? Wir teilen Goethes Prometheusfragment nach Versfüßen ab und den Brief Werthers vom 20. Mai nicht: sollen wir darum den Prometheus als Poesie, den Wertherbrief als Prosa bezeichnen? Mehr noch: über allen großen Prosawerken – soweit sie nicht rein zweckgebundener Belehrung dienen – leuchtet ein wenig die Sonne, die aus dem Reich der Poesie herüberstrahlt. Denn den Abglanz dieses Reiches kann das Irdische nicht entbehren: «Man beachte doch, daß die großen Meister der Prosa fast immer auch Dichter gewesen sind. Nur im Angesicht der Poesie schreibt man gute Prosa.» (Nietzsche)

Oft erzwingt der poetische Gehalt eines in Prosa geschriebenen Werkes sogar den Übergang zum regelrechten Vers, besonders am Schlusse eines Werkes, wenn der Geist des Irdischen überwunden werden soll. So schließt «Egmont»:

«Dich schließt der Feind von allen Seiten ein!
Es blinken Schwerter – Freunde, höhern Mut!
Im Rücken habt ihr Eltern, Weiber, Kinder!
Und diese treibt ein hohles Wort des Herrschers,
nicht ihr Gemüt. Schützt eure Güter!
Und Euer Liebstes zu erretten,
fallt freudig, wie ich euch ein Beispiel gebe!»

Gerhart Hauptmann am Schluß des «Michael Kramer»:

«Wo sollen wir landen, wo treiben wir hin?
Warum jauchzen wir manchmal ins Ungewisse,
Wir kleinen, im Ungeheuren verlassen?
Als wenn wir wüßten, wohin es geht.
So hast du gejauchzt! – Und was hast du gewußt?
Von irdischen Festen ist es nichts!
Der Himmel der Pfaffen ist es nicht!
Das ist es nicht und jen's ist es nicht,
aber was... was wird es wohl sein am Ende?»

Goethe und Hauptmann haben diese Worte nicht nach Versen abgeteilt, aber Prosa sind sie darum nicht geworden.

Berühmt ist der schwebende Übergang zwischen Poesie und Prosa in Rainer Maria Rilkes «Cornet»:
«Als Mahl beganns. Und ist ein Fest geworden, kaum weiß man wie. Die hohen Flammen flackten, die Stimmen schwirrten, wirre Lieder klirrten aus Glas und Glanz, und endlich aus den reifgewordenen Takten: entsprang der Tanz.»
Dogmatiker wie Klopstock haben entschieden, man müsse die poetische Sprache «sehr merklich» von der prosaischen unterscheiden: in der Prosa dürfe man nicht «des Stromes Geräusch» sagen. Aber dieser Gedanke muß viel vorsichtiger so gefaßt werden: Gehalt und Gestalt müssen im Einklang bleiben; der Sprache der Poesie darf sich nur nähern, wer sich auch dem Gehalt der Poesie zu nähern vermag. In einem mathematischen Lehrbuch oder einem nüchternen Zeitungsaufsatz stört der vorangestellte Genitiv wie jeder Übergang zu einer falschen Stilschicht. Unerträglich vollends, wenn prosaische Inhalte in poetische Form gegossen werden. Im Jahre 1830 dichtete der vielgespielte Dramatiker Schwebemeyer:

> «Vor allem fehlt's an einem Handelsrecht
> fürs ganze Deutschland; hoch ist's an der Zeit
> für solch ein allgemeines Handelsrecht
> und insbesondere ein Seerecht auch.»

Fassen wir zusammen: Poesie ist keine Angelegenheit der Druckanordnung oder der abgezählten Versfüße, Poesie ist eine Frage des Gehalts. Sie ist von der Prosa nicht durch starre Mauern geschieden, sondern zwischen beiden besteht eine schwankende Grenze, die freilich nur überschreiten darf, wer Gehalt und Gestalt in Einklang zu halten vermag.

Der Rhythmus der Prosa

Jede gute Prosa hat einen gewissen Rhythmus. Prosa ist nicht ungebundene, sondern weniger gebundene Rede; bei ihr geht die logische Anordnung der rhythmischen voran, opfert sie aber nicht völlig auf. Die Schallform der Prosa – alltäglicher gesagt: die Musik, der Klang ihrer Sätze – ist der Gegenstand dieses Kapitels. Wer seine Beispiele laut liest, wird die Unterschiede deutlicher wahrnehmen.

Wieweit kann man die Schallform, den Klang eines bestimmten Prosastückes begrifflich erfassen? Vergleichen wir zwei Prosastücke, die von Grund auf verschieden, aber beide höchsten Ranges sind, das eine aus Kleists «Marquise von O.», das andere aus Eichendorffs «Taugenichts». Wir werden sehen, daß der Klang eines Satzes von vier verschiedenen Kräften abhängt – von Rhythmus, Melodie, Tempo und Lautform – und daß diese Kunstmittel uns wieder neue Rätsel aufgeben.

«Der Obrist, durch diese Aufführung ein wenig betreten, antwortete, daß die Dankbarkeit, die die Marquise für ihn empfände, ihn zwar zu großen Voraussetzungen berechtige: doch nicht zu so großen; sie werde bei einem Schritte, bei welchem das Glück ihres Lebens gelte, nicht ohne die gehörige Klugheit verfahren. Es wäre unerläßlich, daß seiner Tochter, bevor sie sich erkläre, das Glück seiner näheren Bekanntschaft würde. Er lade ihn ein, nach Vollendung seiner Geschäftsreise, nach M... zurückzukehren und auf einige Zeit der Gast seines Hauses zu sein. Wenn alsdann die Frau Marquise hoffen könne, durch ihn glücklich zu werden, so werde auch er, eher aber nicht, mit Freuden vernehmen, daß sie ihm eine bestimmte Antwort gegeben habe. Der Graf äußerte, indem ihm eine Röte ins Gesicht stieg, daß er seinen ungeduldigen Wünschen, während seiner ganze Reise, dies Schicksal vorausgesagt habe; daß er sich inzwischen dadurch in die äußerste Bekümmernis gestürzt sehe; daß ihm, bei der ungünstigen Rolle, die er eben jetzt zu spielen gezwungen sei, eine nähere Bekanntschaft nicht anders als vorteilhaft sein könne.» (Heinrich v. Kleist)

«Das Rad an meines Vaters Mühle brauste und rauschte schon wieder recht lustig, der Schnee tröpfelte emsig vom Dache, die Sperlinge zwitscherten und tummelten sich dazwischen; ich saß auf der Türschwelle und wischte mir den Schlaf aus den Augen; mir war so recht wohl in dem warmen Sonnenscheine. Da trat der Vater aus dem Hause; er hatte schon seit Tagesanbruch in der Mühle rumort und die Schlafmütze schief auf dem Kopfe, der sagte zu mir: ‹Du Taugenichts, da sonnst du dich schon wieder und dehnst und reckst dir die Knochen müde und läßt mich alle Arbeit allein tun. Ich kann dich hier nicht länger füttern. Der Frühling ist vor der Tür, geh auch einmal hinaus in die Welt und erwirb dir selber dein Brot.›» (Joseph v. Eichendorff)

Wenn wir beide Prosastücke laut lesen, so empfinden wir deutlich, daß sie zwei verschiedenen Klangwelten angehören. Mit hartem Schritt marschiert Kleists Prosa auf, voll Nerv und Wucht in jedem Satze. Im sanften Ebenmaß gleiten Eichendorffs Zeilen dahin, freundlich, heiter und geheimnisvoll. Mit welchen Mitteln haben die beiden Dichter das erreicht?

Betrachten wir zunächst den Rhythmus, den lebendigen Fluß der Sprache. Der Rhythmus wird regiert von den Pausen und Akzenten. Die Pausen können häufig sein oder selten, sie können regelmäßig oder unregelmäßig aufeinanderfolgen, und sie können gleich lang oder ungleich lang sein.

Ähnliche Unterschiede sind bei den Akzenten möglich: betonte Silben können mehr oder weniger zahlreich sein und der Abstand zwischen ihnen gleichmäßig oder ungleichmäßig. Wie sich Pausen und Akzente gestalten, hängt hauptsächlich ab von Wortstellung und Satzbau.

Kleist liebt eine ungewohnte und stachelige Wortstellung, die – vom Herkömmlichen abweichend – das entscheidende Wort an die Stelle setzt, die den Redeton hat. Noch eigenwilliger ist sein Satzbau, der die Sätze unbekümmert ineinanderkeilt: *Der Kommandant erwiderte, indem er ein wenig, obschon ohne Ironie, lächelte, daß er alle diese Äußerungen unterschreibe.* Seine gewaltsame Wortstellung und sein verschlungener Satzbau zwingen dem Leser viele ganz unregelmäßige Pausen auf und viele tonstarke Silben. Tonschwache Silben vermeidet Kleist, indem er Fürwörter und Hilfszeitwörer durch Partizipien ersetzt – *der Obrist, ein wenig betreten, erwiderte . . .* – und Bezugssätze durch Beifügungen einspart. Bei Kleist ist etwa ein Viertel aller Worte betont, gegenüber einem Sechstel in der durchschnittlichen Prosa. Diese kraftvolle Tongebung gibt dem Rhythmus Kleists das Entschiedene, aber auch das Unruhige und Gewaltsame.

Nicht minder eigenwillig als Kleists Rhythmus ist seine Satzmelodie: Satzmelodie nennen wir die Führung der Stimme durch Höhen und Tiefen. Diese Eigenart entspringt gleichfalls seinem verkeilten Satzbau. Am Schluß des Satzes die Stimme verebbend zu senken, wie in der deutschen Sprache üblich, daran wird der Leser – indem Kleist die Nebensätze in den Hauptsatz einkeilt und an den Schluß einen starken Akzent stellt – mit allen Mitteln verhindert (wie auch in diesem Satz geschehen). So klammert er in gewaltigem Bogen den Satz melodisch zusammen, aber innerhalb dieses Bogens wird die Stimme durch ständige Satzunterbrechungen auf und ab gejagt. Graphisch ausgedrückt sehen diese Klammerbauten so aus:

$$[\ldots (\ldots [\ldots) \ldots \langle] \ldots) \ldots (\ldots) \ldots]$$

Die Satzmelodie wird auf diese Weise gerade so unruhig, aber auch gerade so kraftvoll wie der Rhythmus.

Zu Rhythmus und Satzmelodie tritt als dritter Bestandteil der Schallform das Tempo oder Zeitmaß. Das Tempo, in dem wir ein Prosastück lesen, hängt in erster Linie von der Art der Darstellung ab. Kleist berichtet meist im Ton erregter Erzählung *mit Stulpen und Sporenklang.* Gemächlich dahinziehende Stimmungs- und Reflexionssätze bringt er selten: *Die Überlegung findet ihren Zeitpunkt weit schicklicher nach als vor der Tat.* So ist sein Tempo das Allegro, oft das Allegro furioso.

Eine ganz andere Welt umfängt uns, wenn wir das sanfte Dämmerreich Eichendorffs betreten. Im gleichmäßigen Flusse reiht sich Hauptsatz an Hauptsatz. Sehr häufig folgen mehrere Worte mit gleicher Silbenzahl aufeinander. Die Wortstellung ist herkömmlich. Pausen sind seltener als bei Kleist, und sie folgen im gleichmäßigen Abstand. Genau so gleichmäßig wie die Folge der Pausen ist der Wechsel der stark- und schwachbetonten Silben. Bestimmte Tonfolgen kehren bei Eichendorff immer wieder:

«Das Rad an meines Vaters Mühle brauste und rauschte schon wieder recht lustig ...

Nur fern im Garten war noch ein heimlich Knistern und Wispern überall zwischen den Büschen ...

...und ließ die untere Hälfte nur desto rosiger und reizender sehen.»

Zwillingsformeln, Assonanzen und Alliterationen – *zwitscherten und tummelten, rosiger und reizender, brauste und rauschte* – machen das Gleichmaß der Tonfolge noch sinnfälliger. So ensteht der harmonische Rhythmus dieser Prosa.

Genauso harmonisch ist die Satzmelodie: hier wird kein kühner Bogen vom Anfang bis zum Ende einer Periode gespannt, sondern die gleichmäßige Länge der beigeordneten Sätze läßt den Stimmton gleichmäßig ansteigen und abfallen. Wellentäler und Wellenberge folgen gleichförmig aufeinander; der Satz verebbt unmerklich.

«Ich betrachtete das Firmament, wie die einzelnen Wolken langsam durch den Mondschein zogen und manchmal ein Stern weit in der Ferne herunterfiel.»

Das Zeitmaß Eichendorffs ist das Andante. Der starke Stimmungston erzwingt ein ruhiges Tempo. Auch die große Zahl der Einsilber – im Taugenichts 57 Prozent gegen beispielsweise 52 bei Keller und Raabe, 45 bei Ranke oder Bismarck – bremst das Zeitmaß; denn einsilbige Wörter – soweit nicht bloße Formwörter – werden langsamer gesprochen als mehrsilbige, weil das einsilbige Wort meist mehr Sinnwert tragen muß als die einzelne Silbe eines längeren Wortes.

Das vierte Element der Klanggestalt – neben Rhythmus, Satzmelodie und Tempo – ist die Lautgebung, die Auswahl der Mitlaute und Selbstlaute: von ihr werden wir am Schluß des Kapitels genauer sprechen. Gerade diese Geheimnisse der Sprache haben die Romantiker geliebt; sie haben in der Lautsymbolik immer neue Abtönungen gefunden. «Wie wäre es nicht erlaubt und möglich in Tönen zu denken und in Worten und Gedanken zu musizieren?» (Ludwig Tieck) Sie haben den Klang der Selbstlaute, das Geräusch der Mitlaute bis zur völligen Klangmalerei ausgenützt und durch bloße Klangwirkungen Helle und Düsternis, Unendlichkeit und Liebesleid lebendig gemacht:

«Schläft ein Lied in allen Dingen,
die da träumen fort und fort,
und die Welt hebt an zu singen,
triffst du nur das Zauberwort.»

Die Sprache war ihnen ein lyrisch gespieltes Instrument und niemandem mehr als Eichendorff. Sein Lieblingswort ist *rauschen*, aber er spricht nicht nur davon, sondern in seinen Sätzen rauscht es wirklich, und es sind die einfachsten Mittel, mit denen er das zustande bringt.

Nehmen wir noch ein Vergleichspaar: Conrad Ferdinand Meyer und Friedrich Nietzsche. Von Meyer Anfang und Ende der «Hochzeit des Mönchs»:

«Es war in Verona. Vor einem breiten Feuer, das einen weiträumigen Herd füllte, lagerte in den bequemsten Stellungen, welche der Anstand erlaubt, ein junges Hofgesinde männlichen und weiblichen Geschlechts um einen ebenso jugendlichen Herrscher und zwei blühende Frauen. Dem Herde zur Linken saß diese fürstliche Gruppe, welcher die übrigen in einem Viertelkreis sich anschlossen, die ganze andere Seite des Herdes nach höfischer Sitte frei lassend. Der Gebieter war derjenige Scaliger, welchen sie Cangrande nannten. Von den Frauen, in deren Mitte er saß, mochte die nächst dem Herd etwas zurück und ins Halbdunkle gedehnte sein Eheweib, die andere, vollbeleuchtete, seine Verwandte oder Freundin sein, und es wurden mit bedeutsamen Blicken und halblautem Gelächter Geschichten erzählt.»

«Dante erhob sich. ‹Ich habe meinen Platz am Feuer bezahlt›, sagte er, ‹und suche nun das Glück des Schlummers. Der Herr des Friedens behüte uns alle!› Er wendete sich und schritt durch die Pforte, welche ihm der Edelknabe geöffnet hatte. Aller Augen folgten ihm, der die Stufen einer fackelhellen Treppe langsam emporstieg.»

Meyers Rhythmus ist würdevoll und feierlich. Nichts erinnert an Kleist oder Eichendorff.

Die Pausen sind seltener und ausgewogener als bei Kleist, aber weit wechselnder als bei Eichendorff. Die Tonfolge hat nirgends die Härte Kleists, aber auch nicht das völlige Ebenmaß des romantischen Schlesiers: die Satzmelodie ist reich an Abwechselung und nimmt in dem berühmten Schlußsatz der Novelle von selbst das Gepräge eines Verses an.

Meyers Tempo ist das Andante maestoso; es ist ein beliebtes Tempo im deutschen Prosarhythmus. Von diesem Problem des Stiltempos handelt das folgende Prosastück, das zugleich ein Beispiel für die Klanggestalt Nietzsches ist:

«Welche Marter sind deutsch geschriebene Bücher für den, der das *dritte* Ohr hat! Wie unwillig steht er neben dem langsam sich drehenden Sumpfe von Klängen ohne Klang, von Rhythmen ohne Tanz, welcher bei Deutschen ein ‹Buch› genannt wird! Und gar der Deutsche, der Bücher *liest*! Wie faul, wie widerwillig, wie schlecht liest er! Wie viele Deutsche wissen es und fordern es von sich zu wissen, daß Kunst in jedem guten Satze steckt –, Kunst, die erraten sein will, sofern der Satz verstanden sein will! Ein Mißverständnis über sein Tempo zum Beispiel: und der Satz selbst ist mißverstanden! Daß man über die rhythmisch entscheidenden Silben nicht im Zweifel sein darf, daß man die Brechung der allzu strengen Symmetrie als gewollt und als Reiz fühlt, daß man jedem staccato, jedem rubato ein feines geduldiges Ohr hinhält, daß man den

Sinn in der Folge der Vokale und Diphthongen rät, und wie zart und reich sie in ihrem Hintereinander sich färben und umfärben können: wer unter bücherlesenden Deutschen ist gutwillig genug, solchergestalt Pflichten und Forderungen anzuerkennen und auf so viel Kunst und Absicht in der Sprache hinzuhorchen? Man hat zuletzt eben ‹das Ohr nicht dafür›: und so werden die stärksten Gegensätze des Stils nicht gehört, und die feinste Künstlerschaft ist wie vor Tauben *verschwendet*. – Dies waren meine Gedanken, als ich merkte, wie man plump und ahnungslos zwei Meister in der Kunst der Prosa miteinander verwechselte, einen, dem die Worte zögernd und kalt herabtropfen, wie von der Decke einer feuchten Höhle – er rechnet auf ihren dumpfen Klang und Wiederklang –, und einen anderen, der seine Sprache wie einen biegsamen Degen handhabt und vom Arme bis zur Zehe hinab das gefährliche Glück der zitternden überscharfen Klinge fühlt, welche beißen, zischen, schneiden will.»

Nietzsche hat sichtlich zugleich ein Beispiel dafür geben wollen, wie man seine Forderungen erfüllen müsse. Er, der Meister des biegsamen Degens, entfernt sich hier besonders weit von dem Stil Goethes – dem Meister mit den zögernden herabtropfenden Worten. Leichter, federnder hat niemand Deutsch geschrieben als Nietzsche. Aber oft wird dieser Stil beweglich bis zur Nervosität, und indem er seinem Gegenstand alle Schwere nimmt, bleibt auch der Gehalt am Boden liegen.

Die Elemente der Klanggestalt

Blicken wir einen Augenblick zurück. Wir haben gesehen: auch die Prosaform hat ihre Musik. Rhythmus und Satzmelodie sind bei ihr nicht so regelmäßig, nicht so greifbar wie die eines Gedichtes, aber doch so deutlich, daß man die großen Prosakünstler nicht einen Augenblick miteinander verwechseln kann. Wenn man einen charakteristischen Text einem geschulten Ohr vorliest – nicht die Worte selbst, sondern nur ein la la la, aber mit richtigem Rhythmus, in der richtigen Satzmelodie –, so erkennt es sofort heraus, ob hier die Stimme Goethes oder Schillers, Kleists oder Nietzsches redet, genauso gut wie der musikalische Mensch charakteristische Melodien Mozarts oder Wagners auch dann erkennt, wenn er sie noch nie gehört hat.

Die Elemente der Klanggestalt sind Rhythmus, Melodie, Tempo und Lautgebung. Der Rhythmus hängt ab von Häufigkeit und Regelmäßigkeit der Pausen und von der Art, wie stark- und schwachbetonte Silben abwechseln. Die Satzmelodie beruht in der Führung der Stimme durch Höhen und Tiefen. Beide werden beeinflußt durch Wortwahl, Wortstellung und Satzbau. Aber wenn man so die Teile in der Hand hat, sind dann wirklich alle Rätsel der Satzmusik entschleiert?

Die Grenzen des Messens

Viele Menschen sind geneigt, die Bedeutung zu überschätzen, welche das Zählen und Messen für diese Probleme hat. Am 12. November 1918 wurde der Generalmusikdirektor der Münchner Oper um Mitternacht zu Kurt Eisner befohlen, der seit einigen Tagen bayerischer Ministerpräsident war. Zweifelnd, ob der neue Herr womöglich ein Musikministerium einrichten wolle, folgte er der Anordnung. Eisner, übernächtig am Schreibtisch hockend, empfing ihn mit den Worten: «Sie müssen mir helfen. Ich muß für die Revolutionsfeier morgen einen neuen Text zu dem Lied ‹Wir treten zum Beten› dichten. Ich bin aber nicht sehr musikalisch. Nehmen Sie bitte das Lineal hier und klopfen Sie ununterbrochen die Melodie auf dem Schreibtisch, damit mein Text den richtigen Rhythmus bekommt.» (Das Lied wurde mit dem Text «Wir werben im Sterben um ew'ge Gestirne» tags darauf wirklich gesungen.)

Mit dem Lineal auch die Geheimnisse des Prosarhythmus zu bewältigen, ist das Bestreben vieler starrer und hölzerner Gemüter. Wenn sie recht hätten, müßte man eine musikalische Prosa schematisch anfertigen können, mit Hilfe richtig verteilter Pausen und Akzente und kunstvoll gestaffelter Tonhebungen und -senkungen. Aber all diese Künste werden in einer unmeßbaren Weise regiert von dem Gehalt eines Werks. Vossler hat einmal die beiden Verse einander gegenübergestellt:

«Fand mein Holdchen		«Von dem Dome	
nicht daheim,		schwer und bang	
muß das Goldchen		tönt die Glocke	
draußen sein.»	(Goethe)	Grabgesang.»	(Schiller)

Der Versfuß ist der gleiche, der Stimmungsgehalt entgegengesetzt. Nicht anders in der Prosa. Gewiß: der Klang des Satzes hängt ab von Rhythmus, Satzmelodie, Tempo und Lautgebung, und auf diese Elemente üben Wortform, Wortstellung und Satzbau ihren Einfluß aus. Aber ob eine bestimmte Folge von Akzenten, Stimmhebungen, Pausen oder Lautwirkungen entsteht, das hängt nicht ab von irgendeiner mechanischen Regulierung zählbarer und meßbarer Größen, sondern von dem geistigen Gehalt, der sich in diesen Größen ausdrückt. Er füllt sie erst mit Leben und entscheidet damit auch über ihre musikalische Wirkung. Auch die stolzesten Künste der Tonverteilung und Lautformung können aus einem gegebenen trocknen Gegenstand – also etwa aus der Beschreibung eines Türschlosses – kein Wunder der Schallform gestalten, und wenn auch die schönsten Vokale und die abgewogensten Pausen und Hebungen aufeinander folgten. Und umgekehrt gewinnt die hohe Prosa ihre Klanggestalt gleichsam von selbst: Es ist der Geist, der sich den Körper baut.

Hölderlins «Hyperion» – ein Wunder musikalischer Sprachkunst – ist von einem ruhigen, schwingenden, verhaltenen Klange erfüllt, der Satz um Satz ein Gefühl hymnischer Erhabenheit ausstrahlt. Nun können wir freilich nachträglich hingehen und ausrechnen, wie Hölderlin diesen Zauber vollbracht hat: mit einem ungewöhnlichen Ebenmaß der Tonfolge, mit einer stets auf gleicher Höhe bleibenden Satzmelodie, mit überall festgehaltenem Andantino, mit einer Lautgebung, die den Anteil des tonlosen e vermindert, und wir können auch im einzelnen ermitteln, was Wortwahl, Wortstellung und Satzbau zu dieser Wirkung beigetragen haben. Aber niemand wird so einfältig sein zu glauben, Hölderlin habe diese Kunstmittel etwa bewußt eingesetzt und der schöne Satz am Schluß des »Hyperion» habe zunächst im Tone durchschnittlicher Prosa gelautet:

Ich hatte niemals völlig jenes alte Schicksalswort erfahren, daß dem Herzen, das aushält und die Mitternacht des Grames durchduldet, nun neue Seligkeit aufgeht und daß dann erst das Lebenslied der Welt uns im tiefen Leide ertönt wie der Gesang der Nachtigallen im Dunkeln.

Nein, wie von einem Gotte diktiert, steht der Satz so vor uns:

«Ich hatte' es nie so ganz erfahren, jenes alte, feste Schicksalswort, daß eine neue Seligkeit dem Herzen aufgeht, wenn es aushält und die Mitternacht des Grams durchduldet, und daß, wie Nachtigallgesang im Dunkeln, göttlich erst in tiefem Leid das Lebenslied der Welt uns tönt.»

Rhythmische Prosa nach Maß

Daß man rhythmische Prosa nicht nach Maß anfertigen kann, zeigt das Beispiel Schleiermachers. Schleiermacher hat in seinen «Monologen» – wie er selbst eingesteht – planmäßig versucht, dem einen Monolog einen trochäischen Rhythmus zu geben, dem zweiten einen jambischen, dem dritten einen daktylischen (trochäischen Rhythmus hat das Wort *Leiter*; jambischen das Wort *Gesicht*; daktylischen das Wort *kommende*). Nun gibt es aber in der deutschen Sprache nur wenig daktylische Wörter; es sind hauptsächlich die dreisilbigen Eigenschaftswörter*(goldene)*, die Steigerungsform der Eigenschaftswörter *(trübere)* und die Mittelwörter *(schützende)*. Also mußte Schleiermacher für seinen daktylischen Monolog mit Gewalt solche Wörter zusammensuchen. Der Anfang sieht daher so aus:

«Wie der Uhrenschlag mir die Stunden, der Sonne Lauf mir die Jahre zuzählt, so lebe ich – ich weiß es – immer näher dem Tode entgegen. Aber dem Alter auch? Dem schwachen stumpferen Alter auch, worüber alle so bitter klagen, wenn unvermerkt ihnen verschwunden ist die Lust der frohen Jugend, und der inneren Gesundheit und Fülle übermütiges Gefühl? Warum lassen sie verschwinden die goldene Zeit und beugen dem selbst gewählten Joch seufzend den Nacken?» Manche Gedanken sind nur gedacht, damit noch ein Daktylus hereinkommt. Es wirkt aber immer lächerlich, wenn die Form den Gedanken vergewaltigt. Rousseau hat den römischen Senat eine Versammlung von zweihundert Königen genannt – obwohl er dreihundert Mitglieder hatte –, weil ihm *trois/rois* nicht gut in den Ohren klang.

Wie kommt man zu einem guten Prosarhythmus? Gewiß nicht dadurch, daß man versucht, rhythmisch zu schreiben. Man kann vielleicht für Dinge, die man nicht erlebt hat, noch echt klingende Worte finden, aber niemals einen echt klingenden Rhythmus. Die Klanggestalt eines Satzes wird oft zum Verräter. Quintilian hat gelehrt, dem Rhythmus dürfe man die Mühe nicht ansehen, die er gekostet habe. Aber Mühe darf man auf die Musik des Satzes überhaupt nicht verwenden. Für sie gilt der Vers Schillers:

> «Jede irdische Venus ersteht, wie die erste des Himmels,
> eine dunkle Geburt, aus dem unendlichen Meer.»

Sie gehört zu jenen Gaben, die man nie findet, wenn man sie sucht, die uns aber von selbst in den Schoß fallen, wenn wir einem ganz anderen Gott dienen. Wer mit natürlicher, lebendiger Empfindung schreibt, wer seinen Leser immer leibhaftig vor sich sieht und zu ihm redet wie ein Freund zum Freunde, wer Wortwahl und Satzbau nur in den Dienst der Sache stellt, dem fügen sich die Worte von selbst zu dem besten Rhythmus, der seiner Begabung erreichbar ist. Wer dagegen auch nur ein Gramm Klarheit oder Genauigkeit dem Wortklang aufopfert, der ist schon auf dem breiten Pfad angekommen, der in das Verderben der Stilgaukelei hinabführt.

Es gibt daher auch keine Anleitung zur rhythmischen Prosa, es gibt nur einige einfache Ratschläge, die uns nicht lehren, rhythmische Schönheiten zu verfertigen, sondern nur helfen, grobe Schnitzer zu vermeiden.

Unschön ist jede Häufung tonloser Silben:

«Durch Einreichung bei der für die Entscheidung über die Beschwerde zuständigen Behörde wird die Frist gewahrt.»

Der Satz ist nicht nur unübersichtlich, sondern vor allem auch rhythmisch verfehlt: vier tonlose Silben hintereinander, dann ein unbeabsichtigter Reim, schließlich nachklappend Satzgegenstand und Satzaussage. Der Satz müßte heißen:

Die Frist wird gewahrt durch rechtzeitige Einreichung bei der Behörde, die über die Beschwerde zu entscheiden hat.

Sofort gewinnt der Satz auch einen natürlichen, straffen Rhythmus.

In einem Kapitel «Prosarhythmus» schreibt ein Germanist über Richard M. Meyer:

«...dann aber war oben schon gegen Bernhardi einzuwenden, daß er an Stelle der Pausen die Satzzeichen zur Festsetzung des Numerus verwertet.»

Sechs tonlose Wörter am Anfang eines Satzes sind unerträglich. Auch ist *Feststellung* gemeint, nicht *Festsetzung*, und *verwenden*, nicht *verwerten*. Schließlich gibt das *aber* keinen Sinn, wenn es in dem Satz über Bernhardi steht. Es muß heißen:

...ferner ist aber gegen Meyer einzuwenden – wie früher schon gegen Bernhardi –, daß er die Satzzeichen an Stelle der Pausen zur Feststellung des Numerus benutzt.

Aus dem gleichen Kapitel stammt der Satz:

«Lanson überholt, eine Kunst ungebundener Rede zu würdigen, die sich losgelöst hat von den strengen Bräuchen klassisch geschulter Zeit, um ein beträchtliches die Beschreibungsmittel älterer Stilistik.»

Der Verfasser überholt, Infinitive anzuleimen, um ein beträchtliches Heinrich von Kleist. Aber er ist hierin weniger glücklich. Der Satz bekommt einen anstößigen Rhythmus; die Beschreibungsmittel der älteren Stilistik rutschen zu weit nach hinten, der Satz verplätschert ohne jede Führung. Obendrein ist der Ausdruck schief. Landon überholt die Beschreibungsmittel nicht in der Fähigkeit, eine Kunst zu würdigen, es ist vielmehr gemeint:

Lanson versteht es weit besser als die ältere Stilistik, eine Kunst ungebundener Rede, die sich von den strengen Bräuchen klassisch geschulter Zeit losgelöst hat, zu beschreiben und zu würdigen.

Ebenso störend wie die Häufung tonloser Wörter ist auch der Zusammenprall scharf betonter Silben. *Dieser Schicksalsschlag fand Karl stark.* Störend sind unbeabsichtigte Gleichklänge: *Sie schaffen die Schafe zur Stelle. – Er läßt das eine Wort fort.*

Rhythmisch lästig sind künstliche Hauptwörter, die ein Zeitwort verdrängt haben, umständliche Fremdwörter und alle langen zusammengesetzten Wortgebilde: sie alle sind der Rede fremd und daher auch dem lebendigen Rhythmus.

Rhythmisch verfehlt sind auch die meisten überlangen Sätze; ein Satz soll nicht länger dauern, als man mit einem Atemzug vortragen kann. Bei allen Rahmenbauten ist wichtig, daß Eingangs- und Ausgangspol tragfähig sind; hiervon handelt das Kapitel «Satzbau».

Die deutsche Sprache ist klanglich leistungsfähig, aber anspruchsvoll. Unsere Prosa verlangt eine wechselnde Tonfolge. Auch in der Baukunst läßt man einer Reihe gleicher Glieder oft ein ungleiches am Ende folgen. In der Musik wird oft eine Reihe von gleichmäßigen Takten durch einen ungleichen abgeschlossen. Glücklicher und unglücklicher Rhythmus hängen oft an einer einzigen Silbe. Als die Dänische Societät der Wissenschaften Schopenhauers Preisschrift «Über die Grundlage der Moral» ablehnte, unterlief ihr ein Versehen. Sie entstellte Schopenhauers Kennwort: «Moral predigen ist leicht, Moral begründen schwer» dadurch, daß sie ein *ist* hinter *begründen* setzte. Schopenhauer fügte das ablehnende Urteil seinem Buche bei und bemerkte in einer Fußnote grimmig:

«Dieses zweite ‹ist› hat die Akademie aus eigenen Mitteln hinzugefügt, um einen Beleg zu liefern zur Lehre des Longinus, daß man durch Hinzufügung, oder Wegnahme, *einer* Silbe die ganze Energie einer Sentenz vernichten kann.»

Besonders schleppend wird der Rhythmus, wenn die letzten Silben eines Satzes lasch herunterhängen wie der Schwanz eines Straßenköters. Die Engländer haben für diese Regel die ironische Formulierung: A preposition is a bad thing to end a sentence with.

Gesetz der wachsenden Glieder

Auf dem gleichen Bedürfnis nach einem festen Abschluß beruht das Gesetz der wachsenden Glieder. Der Germanist Otto Behaghel hat folgenden Versuch gemacht: er verteilte auf vier Zettel die Wörter: *Gold – edles Geschmeide – und – sie besitzt* und ließ durch beliebige Personen die Zettel zu einem Satze ordnen. Unfehlbar kam jedesmal der Satz zustande: *sie besitzt Gold und edles Geschmeide,* niemals *sie besitzt edles Geschmeide und Gold.* Das Sprachgefühl setzt stets das längere von zwei nebengeordneten Satzgliedern ans Ende. Auch der Volksmund sagt: *Art und Weise, Tod und Teufel, hinter Schloß und Riegel, gang und gäbe, Gift und Galle, Kind und Kegel, Kraut und Rüben, auf Treu und Glauben:* jedesmal steht das längere Wort am Schluß. Ja, das Sprachgefühl gestaltet sogar oft eines von zwei Gliedern etwas länger, um den Schlußplatz besser ausfüllen zu können. Behaghel hat eine Reihe griechischer, lateinischer, englischer und deutscher Schriftsteller daraufhin durchgearbeitet und fast überall bestätigt gefunden: das rhythmische Gefühl neigt dazu, vom kürzeren zum längeren Glied überzugehen.

Goethe liebt es, den Begriff, der am Schluß eines Satzes steht, mit zwei Worten wiederzugeben, um so den Satzrhythmus abzurunden. Wenn man in den folgenden Beispielen das eine Wort streicht, so verliert der Inhalt wenig, der Rhythmus alles:

«Sie nahm sich vor, Marianen zu erinnern, was sie ihm schuldig sei, und was er von ihrer Treue hoffen und erwarten müsse.»

«... daß wir das, was wir schätzen und verehren, uns auch womöglich zueignen, ja aus uns selbst hervorbringen und darstellen möchten.»

Auch Fontane liebt solche Wortzwillinge, oft in Anlehnung an die Ausdrucksform des täglichen Lebens:

«Ja, Corinna, so was gibt es und muß es auch geben. Und wenn nu –
was ja doch vorkommt und auch bei Frauen und Mädchen vorkommt,
wie du ja wohl gesehen und gehört haben wirst, denn Berliner Kinder
sehen und hören alles – wenn nu solch' armes und unglückliches Geschöpf (denn manche sind wirklich bloß arm und unglücklich) etwas
gegen den Anstand und die gute Sitte tut, das wird vernommen und be-
straft.»

Ähnlich Ricarda Huch, die auch innerhalb des Satzes aus rhythmischen Gründen gern Zwillingsformen bildet:

«. . . nach Art der Kinder, die sich nicht selbst helfen und raten können.»

«Die Maielies küßte die Blumen und steckte sie in ihre Haare, während ihre nassen Augen glänzten und lachten.»

Die deutsche Sprache erleichtert uns die Ausbesserung rhythmischer
Störungen durch die Freiheit ihrer Wortstellung und Wortfügung. Eine
Wendung wie *an dem Tage des Gerichts* können wir durch Auslassungen
und Zusammenziehungen in acht verschiedenen Möglichkeiten der Tonfolge wiedergeben. (Lösung am Schluß des Buches.)

Laut lesen!

Ob ein Satz klanglich ein Wechselbalg ist, das merkt freilich der Schreiber nur, wenn er seine Sätze mit offenem Ohr prüft. Lesen Sie daher alles, was Sie geschrieben haben, einem wohlwollenden, aber kritischen
Geiste vor: Sooft Sie stocken oder ein unbehagliches Gefühl haben oder
wenn der Zuhörer die Stirne kraus zieht, sind Sie über einen rhythmischen Fehler gestolpert. In der Antike las man immer laut, auch wenn
man für sich allein las. Alle antike Prosa ist daher auf das Ohr berechnet.
Die Schriftsteller romanischer Sprachen haben meist eine natürliche red-
nerische Begabung; sie schreiben deshalb selten ganz unrhythmisch. In
Deutschland dagegen lassen angeblich einzelne Schriftsteller Bücher und
Aufsätze drucken, die sie vorher niemals sich oder anderen laut vorgele-
sen haben.

Lautgebung und Lautsymbolik

Die deutsche Sprache ist weniger klangschön als die romanischen, weil
sie vokalärmer ist. Lichtenberg meint einmal, bei einem Worte wie dem
spanischen *despaviladera* sollte man mindestens glauben, es hieße Kaiser-
licher Generalfeldmarschall, aber es bedeute nur eine Lichtputze. Bei den
Romanen sind unter 100 Lauten 50 Selbstlaute, bei uns etwa 35. Von
unseren 35 sind obendrein etwa 20 tonarme e, nur 4 u, nur 2 o. In ihrer
Jugend waren auch die germanischen Sprachen vokalreicher; im Alt-

hochdeutschen hieß der Bote *boto*, der Friede *frietu*, die Hölle *hella*. Friedrich der Große hat kurzerhand vorgeschlagen, man solle doch den Zeitwörtern ein a anhängen – also *sagena, gebena, nehmena* – und so die deutsche Sprache wohlklingender machen. Aber er hat selbst schon bemerkt, eine solche Änderung werde man nie durchsetzen können, selbst wenn sie der Kaiser mit seinen acht Kurfürsten auf feierlichem Reichstag verkünde.

Jeder Laut hat seinen Stimmungswert. *Zierlich ist des Vogels Tritt im Schnee* klingt uns spitziger und hüpfender als *Reizend sind im Schnee des Vogels Spuren.* Über diesen Stimmungswert hat ausführlich Ernst Jünger gehandelt in seinem Aufsatz «Lob der Vokale»: «Im A rufen wir die Macht, im O das Licht, im E den Geist, im I das Fleisch, im U die mütterliche Erde an.»

Noch schöner wird die Lautsymbolik gefeiert in der Ode Josef Weinhebers an die Buchstaben:

> «Dunkles, gruftdunkles U, samten wie Juninacht!
> Glockentöniges O, schwingend wie rote Bronze:
> Groß- und Wuchtendes malt ihr:
> Ruh und Ruhende, Not und Tod.
> Zielverstiegenes I, Himmel im Mittaglicht,
> zitterndes Tirili, das aus der Lerche quillt:
> Lieb, ach Liebe gewittert
> flammenzüngig aus deinem Laut.»

Man hat sogar versucht, ein wissenschaftliches System der Lautsymbolik zu bauen. Egon Fenz hat die Theorie aufgestellt, jeder Laut sei Träger einer bestimmten Bedeutung. Aus der Stellung der Sprechmuskulatur könne man diese Bedeutung ersehen. Der Buchstabe M, der mit geschlossenen Lippen gesprochen werde, bedeute *zusammen*; als Belege nennt er die Wörter *Menge, Masse, Mischung, Mutter, malen*. Fenz hat Tabellen über die Bedeutung der einzelnen Buchstaben geschaffen und das System an zahlreichen Wörtern verschiedener Sprachen erprobt. So erläutert er:

Wurzel	oder *Kraft*
W auseinander (sich verzweigend)	K stark anders
U tief und rund	R einer Vielheit entgegen
R einer Vielheit entgegen	A lassen
T fest daran	F feinstem Widerstand entgegen
S fein und scharf eindringend	T fest daran
E eben	
L ohne Hemmung	

Es liegt nahe einzuwenden: es müßten dann ja alle Wörter in allen Sprachen gleich lauten, und es dürfte dann nie der gleiche Laut zwei Begriffe bezeichnen (*Tor, Mohr, Rosen*). Aber beiden Einwänden begegnet Fenz mit der Antwort, das Wort schildere das Ding nicht vollständig, sondern nur eine Seite der Sache; jede Sache habe aber viele Seiten. Fenz zieht die Folgerung, man müsse die lautsymbolische Bedeutung jedes Wortes auch stilistisch auswerten; bisher hätten wir überhaupt noch keine Sprachkunstlehre besessen und daher nicht gewußt, wann etwa wir das Wort *sanft*, wann das Wort *lind* verwenden müßten.

Wäre diese Lehre richtig, so wäre eine neue Epoche der Stilkunst angebrochen. Wir könnten mit diesem Zauberstabe endlich den wahren Sinn der Worte entschleiern, die sinnverwandten Worte klar scheiden, neue ungeahnte Stilwirkungen erzwingen, ja sogar völlig neue Worte lautlich richtig zusammenbrauen. Aber solche Zauberstäbe sind den Menschen nicht beschieden. Wenn wir hören, der mit runder Lippe gesprochene O-Laut bedeute *abgerundet*, so erinnern wir uns gern der Worte *Kopf, rollen, Loch, Globus*, aber es fällt uns auch ein, daß die Worte *Kreis, Zirkel, Rad, Ring, Walze, Faß* kein O enthalten und daß die Sprache offenbar imstande ist, mit allen Selbstlauten Worte zu bilden, welche die charakteristisch runden Gebilde bezeichnen. Und sagen wir eigentlich *spitz, ritzen* und *Gipfel*, weil der Buchstabe I etwas Spitziges hat, oder empfinden wir den Buchstaben I als spitz, weil er in einigen derartigen Worten vorkommt? In *zierlich* und *flink* empfinden wir das I als notwendig, aber haben wir es je in *hurtig* und *schlank* vermißt? Oder in *Stachel, Sporn, scharf* und *Nadel*? Und ebenso sagen wir im Reiche des Buchstaben U *dunkel*, aber *finster; Sturm*, aber *Gewitter; Ruhe*, aber *Frieden*. Und wenn wir in dem O das *Licht*, in dem E den *Geist*, in dem I das *Fleisch* und im U die *mütterliche Erde* anrufen, so müssen wir enttäuscht feststellen: keines dieser Symbolworte enthält den Buchstaben, den es verkörpert. Gewiß hat jeder Laut, besonders jeder Vokal, seinen bestimmten Stimmungswert. Aber auch die Lautsymbolik darf man nicht überanstrengen. Bewußte Lautgebung führt zur lächerlichen Künstelei. Wer seine Worte aus einem großen griffbereiten Wortschatz mit natürlicher Empfindung auswählt, dem glückt die richtige Lautgebung von selbst.

Klanggestalt und Gewicht

Wichtiger als die Lautsymbolik sind Rhythmus und Satzmelodie. Wie entscheidend sie für das innere Gewicht eines Prosawerkes sind, dafür besitzen wir ein lehrreiches Beispiel. Wir brauchen nur die Lutherbibel mit früheren Übersetzungen zu vergleichen:

Luthers Vorgänger:

«Wann ob ich gehe inmitt der Schatten des Todes, ich fürcht nit die übeln Ding, wann du bist bei mir. Dein Rut und dein Stab, die selb haben mich getröstet.»

«Ob ich red in der Zungen der Engel und der Menschen, aber hab ich der Lieb nit, ich bin gemacht als ein Glockspeis lautend oder als ein Schell klingend.»

Luther:

«Und ob ich schon wanderte im finstern Tal, fürcht ich kein Unglück, denn du bist bei mir, dein Stecken und Stab trösten mich.»

«Wenn ich mit Menschen- und mit Engelszungen redete und hätte der Liebe nicht, so wär ich ein tönend Erz oder eine klingende Schelle.»

Kurze Zusammenfassung

Die Prosa kann der nachbarlichen Hilfe der Poesie in Form und Gehalt nicht entraten. Prosa ist nicht ungebundene Rede, sondern minder gebundene, bei der die Logik der Melodik vorangeht.

Für die Klanggestalt, die Musik eines Satzes sind entscheidend Rhythmus, Satzmelodie, Zeitmaß (Tempo) und Lautgebung. Der Rhythmus wird beherrscht durch Häufigkeit, Regelmäßigkeit und Dauer der Pausen und durch die Tonfolge, also Zahl und Abstand der starkbetonten Silben. Die Satzmelodie besteht in der Stimmführung durch Höhen und Tiefen. Rhythmus und Satzmelodie hängen ab von Wortwahl, Wortstellung und Satzbau. Das Zeitmaß schwankt je nach der Art der inhaltlichen Darstellung. Die Lautgebung beruht auf der Anordnung der Selbst- und Mitlaute. Sie alle werden aber in Wahrheit regiert von dem geistigen Gehalt des Prosastücks.

Prosa, die ohne jedes musikalische Gefühl geschrieben ist, verklingt ohne Widerhall. Die Klanggestalt entscheidet über das Schicksal des Satzes. «Musik, Musik vor allen Dingen, der Rest ist Literatur, mein Bester!» (Paul Verlaine) Der Mensch glaubt rhythmisch gut gebauten Sätzen viel eher als unrhythmischen. Wenn Rhythmus und Satzmelodie völlig willkürlich sind, so hat der Satz klanglich keine Führung. Sogleich werden wir auch gegen die geistige Struktur des Satzes mißtrauisch, und meist mit Recht. Die deutsche Literatur ist reich an Sätzen, die nicht nur das dritte Ohr Nietzsches, sondern auch schon die beiden irdischen beleidigen.

Aber Klangschönheit läßt sich nicht willkürlich erzeugen. Sie fällt dem ungewollt in den Schoß, der den lebendigen angemessenen Ausdruck gefunden hat.

Erlernen läßt sich nur die Vermeidung grober Tonschnitzer. Lautes Vorlesen ist der einzige Weg zu diesem Ziel. Kenntnis einiger Erfahrungssätze wird ihn erleichtern. Man schreibt nicht mit der Feder, man schreibt mit Mund und Ohr.

Zuspitzung

Wer ängstlich abwägt, sagt gar nichts. Nur die scharfe
Zeichnung, die schon die Karikatur streift, macht eine
Wirkung. Glauben Sie, daß Peter von Amiens den ersten Kreuzzug zusammengetrommelt hätte, wenn er
so etwa beim Erdbeerpflücken einem Freunde mitgeteilt hätte, das Grab Christi sei vernachlässigt und es
müsse für ein Gitter gesorgt werden?

Theodor Fontane

Bismarck

Bismarck war ein guter Hasser, aber niemanden hat er so gehaßt wie den
Grafen Harry Arnim. Arnim war deutscher Botschafter in Paris, begabt
und ehrgeizig; zweifellos von dem Wunsche beseelt, Bismarcks Nachfolger zu werden. Sein Plan war durchtrieben: er trat – im Gegensatz zu
Bismarck – nach 1871 dafür ein, in Frankreich wieder eine Monarchie zu
errichten; mit diesem Vorschlage wollte er das monarchische Solida-
ritätsgefühl des alten Kaisers aufrufen und so einen Keil zwischen Kanzler und Kaiser treiben. Alles hätte Bismarck eher hingenommen als diesen Versuch, die Grundfesten seiner Stellung in die Luft zu sprengen. Nie
wieder hat Bismarck so zugeschlagen wie gegen Arnim: er umgab ihn
mit einer Schar von Spionen, verwickelte ihn wegen Mißbrauchs amtli-
cher Akten in ein Strafverfahren, schuf ein besonderes ‹Gesetz Arnim›
und ließ den Sohn des weitverzweigten Adelsgeschlechtes, den Freund
des Kaisers und Botschafter des Reichs, zu schwerer Zuchthausstrafe
verurteilen; elend starb der Verfemte im Ausland. Als Bismarck achtzigjährig in seinen Erinnerungen auf dies Erlebnis zu sprechen kommt, was
sagt er zur Charakteristik seines Todfeindes? Etwa:

Graf Arnim war von einem ungezügelten Ehrgeiz erfüllt, den er auch durch-
aus nicht verheimlichte, sondern skrupellos bekannte, wie er überhaupt immer im
Mittelpunkt des allgemeinen Interesses zu stehen wünschte. Er war ein schöner
und gewandter musikalischer Mensch, sehr beliebt bei den Damen, aber ein aus-
gesprochener Schauspieler. Schon in seiner Jugend hatte er viel mit Schauspielern
und Schauspielerinnen verkehrt und mußte das Gymnasium wegen mangelnder
sittlicher Reife verlassen.

Von alledem steht bei Bismarck kein Wort! Vielmehr lautet der Beginn
des Kapitels «Intrigen»:

«Graf Harry Arnim vertrug wenig Wein und sagte mir einmal nach
einem Frühstücksglase: ‹In jedem Vordermanne in der Karriere sehe ich
einen persönlichen Feind und behandle ihn dementsprechend. Nur darf

er es nicht merken, solange er mein Vorgesetzter ist.› Es war dies in der Zeit, als er aus Rom zurückgekommen, durch eine italienische Amme seines Sohnes in rot und gold Aufsehen auf den Promenaden erregte und in politischen Gesprächen gern Macchiavell und die Werke italienischer Jesuiten und Biographen zitierte. Er posierte damals in der Rolle eines Ehrgeizigen, der keine Skrupel kannte, spielte hinreißend Klavier und war vermöge seiner Schönheit und Gewandtheit gefährlich für die Damen, denen er den Hof machte. Diese Gewandtheit auszubilden, hatte er frühzeitig begonnen, indem er als sechzehnjähriger Schüler des Neustettiner Gymnasiums von den Damen einer wandernden Schauspielertruppe sich in die Lehre nehmen ließ und das mangelnde Orchester am Klavier ersetzte, nachdem er schon früher das Kösliner Gymnasium aus Gründen, welche das Lehrerkollegium seiner sittlichen Haltung entnahm, hatte verlassen müssen.»

Was ist der Unterschied zwischen jenem banalen Durchschnittsdeutsch und den Sätzen Bismarcks?

Bismarck gibt keine abstrakten Allgemeinheiten, keine Charakterbeschreibung, sondern lauter Vorfälle und Besonderheiten. Er sagt nicht *in einem unbedachten Augenblicke,* sondern *nach einem Frühstücksglase;* nicht *er war ehrgeizig,* sondern *er sagte mir: in jedem Vordermanne sehe ich einen Feind;* nicht *er war musikalisch,* sondern *er spielte hinreißend Klavier.*

Aber Bismarck geht noch einen großen Schritt weiter: er verwendet nicht nur statt des generellen den speziellen Ausdruck, sondern wählt zur Charakteristik ganz individuelle Einzelheiten. Denn auch in der Welt der Ausdrücke gibt es genus, species und individuum, Gattung, Art und Einzelwesen. Ein trivialer Schreiber hätte von Arnims Vorliebe für das schöne Geschlecht gesprochen, ein durchschnittlich banaler von seinem Umgang mit Schauspielerinnen. Bismarck berichtet eine einprägsame und kennzeichnende Einzelheit: der sechzehnjährige Graf hat sich *von den Damen einer wandernden Schauspielertruppe in die Lehre nehmen lassen und das mangelnde Orchester am Klavier ersetzt.* Der triviale Schreiber hätte gesagt, Arnim habe immer im Mittelpunkt des Interesses stehen wollen, der durchschnittliche, er habe durch auffällig gekleidetes Dienstpersonal die Aufmerksamkeit auf sich gelenkt. Bismarck gibt die anschauliche Einzelheit, daß *die Amme seines Sohnes in rot und gold gekleidet auf der Promenade herumspaziert sei.*

Zeitlebens hat es Bismarck geliebt, durch Einzelheiten, ja durch entlegene, ausgefallene Einzelheiten seiner Darstellung Farbe zu geben. Es war seine Vorliebe für die Wirklichkeit, für das Anschauliche, für die konkreten Tatsachen. Es ist die Vorliebe des Künstlers für das Kennzeichnende, für das Symbolhafte. Denn die Einzelheiten, die Bismarck erzählt, sind nicht anekdotisch, sondern symbolisch: sie spiegeln das

Ganze wider. Der Durchschnittsschreiber liebt die Allgemeinheiten; der Künstler liebt das Symbol.

Zeitlebens schrieb Bismarck einen Stil bis zum Rande gefüllt mit Tatsachen; sie geben seinem Stil die eindringliche Zuspitzung. Wir besitzen von ihm zwei Briefe über die Frage, ob er Landwirt oder Diplomat werden solle. Der eine Brief ist mit neunzehn, der andere mit dreiundvierzig Jahren geschrieben. Als er den ersten Brief schreibt, ist er Student und erwägt, die Hochschule zu verlassen, bei dem zweiten ist er Gesandter in Frankfurt und rechnet damit, ‹abgesägt› zu werden.

Neunzehnjährig:

«Ich werde daher wohl das Portefeuille des Auswärtigen ausschlagen, mich einige Jahre mit der rekrutisierenden Fuchtelklinge amüsieren, dann ein Weib nehmen, Kinder zeugen, das Land bauen und die Sitten meiner Bauern durch unmäßige Branntweinfabrikation untergraben. Wenn Du also in zehn Jahren einmal in die hiesige Gegend kommen solltest, so biete ich Dir an, so viel Kartoffelschnaps zu trinken, als Du willst, und auf der Hetzjagd den Hals zu brechen, so oft es Dir gut erscheint. Du wirst hier einen fettgemästeten Landwehroffizier finden, einen Schnurrbart, der schwört und flucht, daß die Erde zittert, einen großen Abscheu vor Franzosen hegt und Hunde und Bediente auf das brutalste prügelt, wenn er von seiner Frau tyrannisiert worden. Ich werde lederne Hosen tragen, mich zum Wollmarkt in Stettin auslachen lassen, und wenn man mich Herr Baron nennt, werde ich mir gutmütig den Schnurrbart streichen und um 2 Taler wohlfeiler verkaufen; zu Königs Geburtstag werde ich mich besaufen und Vivat schreien und mein drittes Wort wird sein: Auf Ähre! Superbes Pferd! Kurz ich werde glücklich sein im ländlichen Kreise meiner Familie: car tel est mon plaisir.»

Dreiundvierzigjährig:

«Will man über mich lediglich aus Gefälligkeit für Stellenjäger disponieren, so werde ich mich unter die Kanonen von Schönhausen zurückziehen. Abwechslung ist die Seele des Lebens, und hoffentlich werde ich mich um 10 Jahre verjüngt fühlen, wenn ich mich wieder in derselben Gefechtsposition befinde wie 48/49. Wenn ich die Rollen des Gentleman und des Diplomaten nicht mehr miteinander verträglich finde, so wird mich das Vergnügen oder die Last, ein hohes Gehalt mit Anstand auszugeben, keine Minute in der Wahl beirren. Nach dreißig Jahren wird es mir auch gleichgültig sein, ob ich jetzt Diplomat oder Landjunker spiele, und bisher hat die Aussicht auf frischen, ehrlichen Kampf, ohne durch irgendeine amtliche Fessel geniert zu sein, gewissermaßen in politischen Schwimmhosen, fast ebenso viel Reiz für mich, als die Aussicht auf ein fortgesetztes Regime von Trüffeln, Depeschen und Großkreuzen. Nach Neune ist alles vorbei, sagt der Schauspieler.»

Welcher Unterschied zwischen beiden Briefen! Zwischen ihnen liegen nicht nur fünfundzwanzig Jahre, sondern Heirat und Beruf. Aber größer noch als der Unterschied ist die Ähnlichkeit: in beiden Briefen keinerlei begriffliches Abwägen zwischen dem Beruf des Gutsbesitzers und des Diplomaten, keine allgemeinen Betrachtungen über Segen und Unsegen, die diese Berufe für ihn und für andere haben könnten! Vielmehr wird alles konkret gemacht: in einem ganz gegenständlichen Stile ist nur von *Branntweinbrennerei* und *Pferdehandel,* von *Trüffeln* und *Großkreuzen* die Rede. Das konkrete Detail, zu deutsch: die gegenständliche Einzelheit beherrscht den Stil. Sie gibt dem Stil seine Zuspitzung, und wer zugespitzt schreibt, schreibt treffend.

Gegenständlicher Stil

In dem Kapitel «Wortwahl» haben wir gesehen: wir müssen den besonderen Ausdruck wählen, nicht den allgemeinen. Dieses Kapitel ist die Wiederaufnahme jenes Problems auf höherer Ebene: sehr oft dürfen wir uns nicht mit dem besonderen Wort begnügen, sondern müssen versuchen, den Ausdruck noch weiter zuzuspitzen. Einige Beispiele werden das deutlich machen.

In einem Roman Fontanes bezeichnet Frau Kommerzienrat Treibel die Verlobung ihres Sohnes mit der Tochter des Professors Schmidt als einen Skandal. Was läßt Fontane ihren Gatten antworten?

«Wer sind wir denn? Wir sind weder die Montmorencys noch die Lusignans, wir sind auch nicht die Bismarcks oder die Arnims oder sonst was Märkisches von Adel, wir sind die Treibels, Blutlaugensalz und Eisenvitriol, und du bist eine geborene Bürstenbinder aus der Adlerstraße. Bürstenbinder ist ganz gut, aber der erste Bürstenbinder kann unmöglich höher gestanden haben als der erste Schmidt.»

Treibel sagt nicht lediglich *Wir sind nichts Besseres* oder *Wir sind nicht von Adel,* sondern er sagt ganz individuell: *Wir sind weder die Montmorencys noch die Lusignans.* Gerade mit den Namen dieser bestimmten, fast sagenhaften Adelsgeschlechter wird die Widerlegung zugespitzt und schlagend. Die – anscheinend entlegene – Einzelheit stellt den Satz auf viel festere Füße. Sie umgibt obendrein die Darstellung mit dem Lichte einer souveränen Heiterkeit, ganz ähnlich wie auch jene Briefe Bismarcks einen heiteren Unterton besaßen. Das hat gute Gründe: zwischen so entlegenen Tatsachen und dem erörterten Problem besteht ein scharfer, überraschender Gegensatz. Es liegt in solchen Sätzen eine Konfrontation der Theorie mit der schnödesten Wirklichkeit. Wie wir in dem Kapitel «Witz und Humor» sehen werden, ist dies eine der Wurzeln des Komischen.

Der Satz Fontanes, der als Motto über diesem Kapitel steht, ist selbst ein Beweis seiner Richtigkeit: daß Peter von Amiens beim Erdbeerpflükken beiläufig den Kreuzzug angeregt haben könnte: der ungeheure Kontrast zur Wirklichkeit macht diesen Satz einprägsam und heiter.

In den «Mißbrauchten Liebesbriefen» Gottfried Kellers heißt es: «Voll Ärger und Kummer über die verletzte Eitelkeit und Eigenliebe ging er durch die dunklen Straßen. Die Hauptsache, die verlorene Liebe seiner Frau, schien ihm nicht viel Beschwerde zu machen; wenigstens aß er ein großes Stück vortrefflicher Lachsforelle auf der Rathausstube, wohin er sich begab und wo die Angesehenen den Samstagabend zuzubringen und die Nacht durchzuzechen pflegten.» Was bleibt von diesem Satz besonders haften? Die Lachsforelle! Wenn Keller seinen törichten Helden nur eine vorzügliche Abendmahlzeit hätte verspeisen lassen, so wäre uns gar kein besonderer Eindruck zurückgeblieben. Erst die Lachsforelle gibt dem Satz Leben und Farbe. Keller ist konkret, auch wo es der Gang der Erzählung gar nicht erfordert; gerade diese unerwartete Gegenständlichkeit der Darstellung nimmt uns gefangen und stimmt uns heiter. Man könnte diesen Stil mit einem Lieblingswort Goethes einen gegenständlichen Stil nennen. Er greift einzelne Gegenstände heraus, die als Symbol für einen Allgemeinbegriff, für eine Stimmung dienen können.

Matthias Claudius will seinen Mitmenschen die uralte Weisheit predigen: jeder lang ersehnte Besitz, wenn wir ihn erst haben, macht uns nicht so glücklich, wie wir erwartet. Wie drückt er das aus?

«Stellen Sie sich 'n Mann vor, wie Sie den Salomo kennen, von viel Geschick und Gaben, der die Mittel in Händen hatte, sich alles, was dem Menschen gut dünkt und nur halbwegs so aussieht, zu verschaffen, zu kosten und zu versuchen; und der auch nach eignem Geständnis das alles wirklich gekostet und versucht hat; wenn der nun aufrichtig und ohne Affektion sagt: ich habe dies und das getan, ‹bauete Häuser, pflanzte Weinberg, machte mir Gärten und Lustgärten, hatte Knechte und Mägde, sammlete mir Silber und Gold, schaffte mir Sänger und Sängerinnen und Wollust der Menschen und wehrete meinem Herzen keine Freude, aber, siehe da, es war alles eitel!›, so sollte sein Spruch doch eigentlich Sensation machen. Und mich dünkt, er könnte uns viel Mühe ersparen. Zum Exempel: du willst so gerne dies und das sein, Oberschenke und Oberbäcker!, und bringst darüber dein Leben in Sorge und Unlust hin. Lieber! Salomo war mehr als Oberschenke und Oberbäcker; er war König über Israel, und doch war damit ihm nicht geholfen. Wie sollte denn dir geholfen sein? Darum sei fröhlich und habe Geduld und laß die andern Oberbäcker sein. So auch: du wünschest dir dies und das, ein Rittergut oder einen Mahagonitisch, denn groß oder klein ist eins wie das andre. Also du wünschest dir einen Mahagonitisch, kannst darum nicht schlafen, sinnest und sorgst und bildest dir ein, mit dem Tisch werde die Glückseligkeit ins Haus kommen. Lieber! Salomo hatte lauter

Mahagonitische; Lamperie, Eckschränke und Kommoden, Fußboden und Treppen, alles war von Mahagoni; und er sagt, all die schönen Mahagonis täten's nicht, was wird denn der einzige Tisch tun? Darum sei fröhlich an deinem Tisch von Nußbaum- oder Föhrenholz und mache dir dein Leben nicht sauer. Aber der Mahagonitisch und der Oberbäcker schweben dir doch so süß vor Augen!»

Denken wir uns den Mahagonitisch und den Oberbäcker aus diesen Sätzen weg, was bleibt? Eine mittelmäßige Sonntagspredigt! Aber die gegenständliche Einzelheit, die Zuspitzung der irdischen Güter auf das unerwartete Beispiel einer Oberbäckerstellung und eines Mahagonitisches: das gibt der ganzen Darstellung Anmut, Heiterkeit und Gewicht.

Ein anderes Beispiel für die Stilmittel der Zuspitzung: Clemens Brentano schreibt über die Philister:

«Sie nennen Natur, was in ihren Gesichtskreis oder vielmehr in ihr Gesichtsviereck fällt, denn sie begreifen nur viereckige Sachen, alles andere ist widernatürlich und Schwärmerei. Sie begreifen das Abendmahl nicht und halten viel auf Brotstudien. Eine schöne Gegend, sagen sie, lauter Chaussee.

Sie glauben, mit der Welt sei es eigentlich aus, weil es mit ihnen nie angegangen. Sie halten sich für etwas Apartes und können die Augenbrauen bis unter die Haare ziehen. Sie belächeln alles von oben herab, halten allen Scherz für Dummheit und gratulieren einander, in einer Zeit geboren zu sein, worin so vortreffliche Leute wie sie leben, und zwar ganze Tabakskollegia voll... Alle Begeisterten nennen sie verrückte Schwärmer, alle Märtyrer Narren, und können nicht begreifen, warum der Herr für unsere Sünden gestorben, und nicht lieber zu Apolda eine kleine nützliche Mützenfabrik angelegt.»

Jesus Christus als Leiter einer kleinen nützlichen Mützenfabrik in Apolda: hier sind zwei Welten gegenübergestellt und gerade die Einzelheit macht den Kontrast so verblüffend; hätte Brentano gesagt *und warum hat er nicht lieber ein nützliches Wirtschaftsunternehmen aufgebaut,* so wäre der Satz ohne Saft und Kraft.

Kunstmittel der Zuspitzung

Es ist überhaupt ein Kunstmittel der Zuspitzung, einen Begriff aus seiner natürlichen Umgebung in eine ungewohnte zu verpflanzen. Gegensätze dienen der Pointierung. Bismarcks Lieblingsjournalist, Lothar Bucher:

«Die Stuarts, die gottbegnadeten, sind am Kurszettel zugrunde gegangen. Die Entdeckung Amerikas hatte den Wert des Geldes gedrückt, und das Unterhaus wollte die Zivilliste nicht erhöhen. Die Stuarts konnten von der Gnade Gottes allein nicht leben.»

Daß die Stuarts von der Geldentwertung betroffen wurden, hätte man auch banaler ausdrücken können. Erst der Gegensatz zwischen dem Wort Kurszettel und den Stuarts, *den gottbegnadeten* – das Beiwort zum Nachdruck nachgestellt – ergibt die stilistische Wirkung.

Auch Vergleiche und Beispiele sind oft Mittel der Zuspitzung, denn sie geben der Darstellung die Lebenskraft des Individuellen. Sie heben sie aus dem Schattenreich allgemeiner Erwägungen näher an die Lichtwelt der Wirklichkeit, in der es nur individuelle Dinge, nur lauter Einzelheiten gibt.

In seiner Rede über «Wissenschaft als Beruf» will Max Weber zu der nüchternen, oft verachteten Facharbeit des Spezialisten aufrufen:

«Nur durch Spezialisierung kann der wissenschaftliche Arbeiter tatsächlich das Vollgefühl, einmal und vielleicht nie wieder im Leben, sich zu eigen machen: hier habe ich etwas geleistet, was dauern wird. Eine wirklich endgültige und tüchtige Leistung ist heute stets: eine spezialistische Leistung. Und wer also nicht die Fähigkeit besitzt, sich einmal sozusagen Scheuklappen anzuziehen und sich hineinzusteigern in die Vorstellung, daß das Schicksal seiner Seele davon abhängt: ob er diese, gerade diese Konjektur [Auslegung einer unsicheren Textstelle] an dieser Stelle dieser Handschrift richtig macht, der bleibe der Wissenschaft nur fern. Niemals wird er in sich das durchmachen, was man ‹Erlebnis› der Wissenschaft nennen kann. Ohne diesen seltsamen, von jedem Draußenstehenden belächelten Rausch, diese Leidenschaft, dieses ‹Jahrtausende mußten vergehen, ehe du ins Leben tratest, und andere Jahrtausende warten schweigend› – darauf, ob dir diese Konjektur gelingt, hat einer den Beruf zur Wissenschaft nicht und tue etwas anderes. Denn nichts ist für den Menschen als Menschen etwas wert, wenn er es nicht mit Leidenschaft tun kann.»

Hier wie überall zeigt sich der enge Zusammenhang zwischen Form und Inhalt. Man kann sich nicht zugespitzt ausdrücken, wenn man breiartig gedacht hat. Nur eine entschiedene Ansicht läßt sich in eine gegenständliche Form kleiden. Wer nur etwas Ungefähres gedacht hat, wird sich auch nur unbestimmt ausdrücken können. Wer dagegen seine Meinung ohne Abschwächung und Abschweifung ausspricht, wer die Dinge hart und kantig beim Namen nennt, wer sich nicht scheut, den Leser vor den Kopf zu stoßen, wer mit Tatsachen und Einzelheiten seine Darstellung unterbaut, der schreibt ungewollt einen zugespitzten und dadurch eindringlichen Stil.

Alles Entbehrliche wegschneiden ist eine starke stilistische Trumpfkarte. Wer den entschiedensten Ausdruck sucht, gerät von selbst an den knappsten. Der zugespitzte Ausdruck – wenn er nicht überspitzt und gesucht ist – spart viele Worte. Liebig wollte einmal im Examen fragen, welche chemischen Vorgänge den Verwitterungen zugrunde lägen, die der Zeitablauf mit sich bringe. Er drückte das mit den Worten aus: «Herr Kandidat, was ist der Zahn der Zeit im Auge des Chemikers?»

Übertreibung

Ein Mittel der Zuspitzung ist die Übertreibung. Nicht die mechanische Ausdrucksverstärkung, die wir als Schreistil im Kapitel «Tonstärke» kennenlernen werden, sondern die bewußte, ein wenig ironische Übertreibung, die damit rechnet, daß der Leser seinen Teil abzieht. Viele der bisherigen Zitate dieses Kapitels enthielten solche übertreibenden Wendungen: der Student Bismarck schreibt nicht, er werde das Rechtsstudium aufgeben, sondern er werde *das Portefeuille des Auswärtigen ausschlagen.* Er beschreibt sich als künftigen *fettgemästeten Landwehroffizier* und zieht sich im folgenden Briefe *unter die Kanonen von Schönhausen zurück.* Nach der ersten Entbindung seiner Frau schreibt er:

«Johanna liegt still und matt... Ich bin recht froh, daß das erste eine Tochter ist, aber wenn es auch eine Katze gewesen wäre, so hätte ich doch Gott auf meinen Knien gedankt in dem Augenblick, wo Johanna davon befreit war; es ist doch eine arge verzweifelte Sache.»

Freilich verführt die Zuspitzung des Ausdrucks leicht zur Überspitzung des Inhalts. Einseitige Urteile lassen sich leichter formulieren als abgewogene. Mancher Autor kann sich entschieden ausdrücken, weil er alles beiseite ließ, was seine schlagende Formel gefährdet hätte. Schiller erzählt, wie Heinrich IV. in Paris von Ravaillac ermordet wurde, kurz bevor er seinen großen Plan gegen Habsburg durchführen konnte; er glaubt, wenn Heinrich am Leben geblieben wäre, so wäre der Plan gelungen und der Friede Europas gesichert gewesen. So sagt er: «Die Messerstiche Ravaillacs retteten Österreich, um die Ruhe Europas noch um einige Jahrhunderte zu verspäten.» Schiller beschränkt die Darstellung auf den einen – nach seiner Ansicht – schicksalsvollen Zusammenhang; er zwingt einen verwickelten Sachverhalt in die einfachste Form und gewinnt so die Zuspitzung seiner Formulierung. Aber das Beispiel enthüllt die Schattenseite dieses Kunstgriffs: die Freude an der Zuspitzung kann den Autor veranlassen, den Sachverhalt unzulässig zu vereinfachen.

So manche Formulierung ist auch darauf berechnet, daß der Leser sie mit dem nötigen Körnchen Salz lesen werde:

«An etwas glauben und etwas begrifflich denken ist nicht etwa eine Steigerung, sondern ein Gegensatz. Wer Gott definiert, ist schon Atheist. Wer ihn beweist, ebenso.» (Oswald Spengler)

Den verwaschenen, ängstlichen Breitschreibern – und das ist die Mehrzahl – muß man immer wieder zurufen: Schreib entschieden, knapp, zugespitzt. Dem eitlen Pointenjäger dagegen muß man das Wort

Cäsars über den Schreibtisch hängen: «Wie der Schiffer das Felsenriff, so muß der Schriftsteller jeden ungewöhnlichen Ausdruck meiden.» Ungesucht und doch zugespitzt zu schreiben ist schwer. Um diese Kunst zu lernen, muß man zwei Schwächen überwinden: auf der einen Seite die Bequemlichkeit, welche die erste Formulierung, die ihr einfällt, schon für ausreichend hält, auf der anderen Seite die Eitelkeit, welche beifallslüstern die Wahrheit dem Glanz des Ausdrucks aufopfert.

Die Wahrheit in einer Nuß

Besonders dankbar ist der Leser, wenn ihm am Schluß eines Gedankengangs das Ergebnis zugespitzt und verdichtet wiederholt wird. Er liebt es, die Wahrheit gleichsam in einer Nuß zu erhalten, etwa in dem gewollt kühnen Worte Kants: «Der Verstand schreibt der Natur ihre Gesetze vor», oder in dem Satz Wölfflins: «Es ist, als ob das Barock sich gescheut habe, jemals ein letztes Wort auszusprechen.» Ein Meister solcher Schlußformeln ist Windelband in der «Geschichte der neueren Philosophie». Am Schluß der Abschnitte gibt er Charakteristiken wie: «Hegel: Von dem poetischen Philosophieren geht Hegel wieder auf das wissenschaftliche zurück. Darum hat man sein System mit Recht die Rationalisierung der Romantik genannt. Gerade darin besteht die gefährliche Eigentümlichkeit Hegels, daß bei ihm das geniale Philosophieren der Phantasie und der Analogie in dem Kleide begrifflicher Notwendigkeit auftritt.» Zugespitzte Formeln werden oft zu Zitaten und Schlagworten, so viele der Prägungen Nietzsches: der *Sklavenaufstand in der Moral,* das *Jenseits von Gut und Böse,* die *Umwertung aller Werte* und viele andere. Nietzsches ungeheure Stilgewalt erntete hier ihre haltbarsten Früchte.

Tonstärke

A: Freund, Sie haben sich heiser gesprochen.
B: So bin ich widerlegt. Reden wir nicht weiter davon!

Nietzsche

Die Pole der Tonstärke

Dreißigjährig schrieb Goethe an Frau von Stein: «Lavater ist der beste, größte, weiseste, innigste aller sterblichen und unsterblichen Menschen, die ich kenne.» Vierundsechzigjährig vermerkt er in sein Tagebuch: «Lavater als ein vorzüglicher, ins Allgemeine gehender Mensch...»

Die beiden Pole der Tonstärke sind Schreistil und flauer Stil. Wenn das Wort zu groß ist für seinen Gegenstand, entsteht der Schreistil; wenn der Gegenstand zu groß ist für das Wort, der flaue Stil. Der Stilschreier verstärkt den Ausdruck und hofft, mit diesem wohlfeilen Stilmittel seine Worte glaubhafter zu machen. Aber diese Hoffnung trügt: «Jeder Superlativ reizt zum Widerspruch», sagt Bismarck, der seinen Mitarbeitern unbarmherzig alle Superlative zu streichen pflegte.

Schreistil

‹Ausdrucksverstärkung› hat am nötigsten, wer Schablonenstil schreibt. Seine Abklatschworte sind tot; sollen sie etwas besonders Wichtiges ausdrücken, so setzt er sie in die Höchststufe (Superlativ) oder putzt sie mit den herkömmlichen Verstärkungswörtern auf: *ungeheuer ernst, fabelhaft klug, lächerlich billig, unerhört schön.* Es gibt stets einige Modeworte zur Tonverstärkung wie *heillos, verheerend, hanebüchen, unglaublich, prima, haltlos* und andere. Der Ausdruck gewinnt freilich durch sie kein Profil, und die stärksten Beteuerungen verpuffen ohne Wirkung. *Das Buch ist gut* wirkt stärker als *Ich erkläre mit der größten Entschiedenheit, daß dies Buch ungewöhnlich hervorragend ist.* Die seltenere Ausdrucksform ist immer die stärkere. Der Stilschreier dagegen möchte alles in den Superlativ setzen: «Man sattle mir das buckligste meiner Kamele», läßt Nestroy seinen Holofernes ausrufen. Aber ständiger Tubaton macht taub. Man gewöhne sich daran, wenn man eine Niederschrift beendet hat, alle *sehr, ganz, durchaus* und *unbedingt* wieder wegzustreichen. Der Text gewinnt an Nachdruck, denn diese Wendungen sind durch Abnutzung formelhaft geworden und in eine tiefere Stilschicht abgesunken; *einfach* ist stärker als *ganz einfach. Was ich sage, wird Sie umbringen,* diese Hoffnung beseelt alle Stilschreier, aber sie ahnen nicht, daß man dem ruhigen, ja dem leisen Redner aufmerksamer zuhört als dem brüllenden. Wer die Tonstärke übersteigert, steht immer an der Grenze des Lächerlichen. «Ich möchte jeden Augenblick das Menschengeschlecht dem Chaos zu fressen geben und mich nachstürzen.» (Maximilian Klinger)

Zur Tonübersteigerung neigten viele Romantiker, oft um einem allzu blassen Inhalt Gewicht zu geben. Adam Müller spricht nie vom *Wesen* einer Sache, sondern vom *allerinnersten Wesen,* und bei Fichte gehören die *schlechthin, durchaus, unbedingt, nichts anderes* zum ständigen Handwerkszeug. Ein Lieblingsstilmittel der romantischen Dichter war die *Poesie der Poesie, aller Sterne Stern;* aber auch diese Wendung – schön beim erstenmal – verblaßte durch gewohnheitsmäßige Abnutzung.

Schreistil ist auch die Überspitzung des Ausdrucks: *ihre Münder bissen sich an den Rändern der schlanken Sektkelche fest;* Schreistil sind die übersteigerten Vergleiche:

«Denn wirklich diesen Algen im Mikroskop zuzusehen, kann uns dasselbe sein, was den Griechen der Mythos war, wie der tragische Dichter ihn sehen ließ.» (Hermann Bahr)

Ein beliebtes Mittel der Tonverstärkung sind **fette Schrift** und S p e r r d r u c k :

«Notwendig muß sich dieser t h e o r e t i s c h e W i d e r s p r u c h auch p r a k t i s c h betätigen. Notwendig; denn die Liebe ist im Christentum b e f l e c k t durch den Glauben, sie ist nicht frei, nicht wahrhaft erfaßt. Eine Liebe, die durch den G l a u b e n b e s c h r ä n k t, ist eine unwahre Liebe. Die Liebe ist göttlich durch S i c h s e l b s t; sie bedarf nicht der Weihe des Glaubens; sie kann nur durch sich selbst b e g r ü n d e t werden. Die Liebe, die durch den Glauben gebunden, ist eine e n g h e r z i g e, f a l - s c h e, dem Begriff der Liebe, d. h. sich s e l b s t w i d e r s p r e c h e n d e Liebe...» (Ludwig Feuerbach)

Feuerbach hat auf jeder Seite zwanzig gesperrte Worte; solch ständiger Sperrdruck bleibt ohne Wirkung.

Auch Hebbel hat in der «Judith» bisweilen den einen Schritt getan, der das Erhabene vom Lächerlichen trennt:

«Holofernes: ‹Oh, Holofernes, du weißt nicht, wie das tut!› ächzte einmal einer, den ich auf glühendem Rost braten ließ. ‹Ich weiß das wirklich nicht›, sagte ich und legte mich an seine Seite. Bewundere das nicht, es war eine Torheit.»

Nestroys vielgeschmähte Parodie – die Hebbel selbst herzlich belacht hat – ist ein Gegengift gegen jeden Schreistil. Bei ihm sagt Holofernes:

«Ich bin der Glanzpunkt der Natur, noch hab' ich keine Schlacht verloren, ich bin die Jungfrau unter den Feldherren. Ich möcht' mich einmal mit mir selbst zusammenhetzen, nur um zu sehen, wer der Stärkere ist, ich oder ich.»

Oder – nachdem er ein halbes Dutzend seiner Diener erstochen hat – «Laß aber erst's Zelt ordentlich zusamm'räumen, überall lieg'n Erstochene herum – nur keine Schlamperei!»

Echte Tonverstärkung

Die echten Mittel der Tonverstärkung sind anderer Art. Wir brauchen nicht zum Superlativ, nicht zu dem abgegriffenen *sehr,* nicht zu den herkömmlichen Schreiausdrücken zu greifen. Wir haben Stilmittel über Stilmittel, um sie zu ersetzen. Wir können, wie eben gesehen, ein Wort wiederholen *(er wurde reicher und reicher, er schrie und schrie).* Wie können zwei sinnverwandte Worte nebeneinandersetzen: *er ist ein gerissener, ausgekoch-*

ter Kerl; dies Stilmittel ist aber nur sparsam zu gebrauchen, weil es zur Wortmacherei verführt. Wir können auch einen Vergleich als Verstärkungsmittel wählen; statt *ich machte ein völlig ablehnendes Gesicht* schreibt Bismarck *ich machte ein Gesicht wie eine Gefängnistür.* Wir können vor allem auch die Verstärkungssilben der Beiwörter benutzen. Es gibt in der Welt Leute, die früher *bettelarm* waren, aber urplötzlich *steinreich* wurden und einen *Mordsaufwand* treiben; freilich ist die Sache dann gewöhnlich *oberfaul.* Wir sind gelegentlich *todmüde,* aber hoffentlich nicht *stockbesoffen,* sondern *kreuzbrav* und *kerngesund.* Eine besonders schöne, völlig hoffähige Verstärkungssilbe besitzen die Schwaben. Der König von Württemberg hat bei der Beisetzung eines Generals die Grabrede mit den Worten begonnen: «Es ischt eine saumäßig traurige Angelegenheit, die uns zusammenführt...»

Auch Hauptwörter kann man durch verstärkende Vorsilben steigern. In der ersten Fassung des «Kohlhaas» hatte Kleist geschrieben: *Während die Hunde ein entsetzliches Geheul anstimmten...* In der endgültigen Fassung sagte er: *Während die Hunde ein Mordgeheul anstimmten...* Das *Mordgeheul* ist wirksamer, weil wir es noch nicht so oft gehört haben.

Die eigentliche Kunst der Tonsteigerung besteht darin, den Ausdruck anschaulicher und zugespitzter zu machen; hiervon handeln die Kapitel «Bild» und «Zuspitzung». Wer diese Künste beherrscht, der darf auch wie Liliencron schreiben:

«König Niels schlug mit der Faust auf den Tisch.
Im Marmor blieb die Spur.»

Gedämpfter Stil

Je älter Goethe wurde, desto mehr dämpfte er seinen Ausdruck. Namentlich alle abschätzigen Worte wurden abgemildert; *mißwollend, dumpf, unzulänglich, beschränkt, wunderlich, transzendieren* (für *überspannt sein*): stärkere Ausdrücke bekommen selbst die ärgsten Feinde kaum zu hören. Er bevorzugt die *Tagseite des Lebens,* haßt alles *Mißreden* und hat sich, auf dem Gipfel der Weltkenntnis angelangt, dazu erzogen, das meiste *gelten zu lassen* und die Dinge *läßlich* anzusehen. So neigt er zu mildernden Ausdrücken, zu wertfreien Beiwörtern und baut weitschichtige Sätze, um immer eins gegen das andere gerecht abwägen zu können. Aus den «Wahlverwandtschaften» hat Wilhelm Schneider für Goethes Neigung zum gedämpften und damit auch zum begrifflichen, allgemein gehaltenen Stil ein schönes Beispiel angeführt: Als Eduard die Liebe zu Ottilie endgültig durchbrechen fühlt, steht bei Goethe der spröde Satz:

«Der neue Besuch ist Eduarden ungelegen, der eine doppelte Neigung fühlte, sich mit Ottilien zu beschäftigen.»

Beschäftigen sagt Goethe, und *ungelegen* kommt ihm die Störung. Eine ausgesprochene Neigung zur Tondämpfung hat das Umgangsenglisch: das understatement, die Untertreibung. Der Engländer liebt es nicht, sein Gefühl zu entblößen; er wählt lieber eine zurückhaltendere als eine emphatische (nachdrückliche) Wendung. Er haßt überhaupt das ‹putting things too strongly›. So pflegt er Wunschsätze mit *I hope, I wish,* Aussagen durch *I suppose, I should think* einzuleiten oder durch *I am afraid, I suggest* zu mildern und starke Ausdrücke durch *rather* oder *somewhat* abzuschwächen.

Flauer Stil

Wird der Ausdruck allzusehr abgemildert, so entsteht der flaue Stil, der nichts beim Namen nennt. Er ist nicht nur gedämpft, sondern verwaschen. Jedes Urteil wird durch *fast, gleichsam, sozusagen, wohl kaum, doch, irgendein* wieder halb zurückgenommen, durch einen zähflüssigen Umstandsstil unbestimmt gehalten oder durch negative Formulierungen abgeschwächt. Kein Ding ist *groß,* es ist höchstens *nicht unbeträchtlich.* Und *der Rest muß irgendwie Schweigen sein.*

Von dem Wort *fast* hat schon Lessing gesagt:

«Das fast ist ein recht nützliches Wörtchen, wenn man etwas Ungereimtes sagen und auch nicht sagen will.»

Diplomatisierender Stil

Eine Sonderform der Ausdrucksmilderung ist der Euphemismus: man ersetzt ein peinliches Wort durch einen undeutlicheren Ausdruck, sagt also *Ableben* statt *Tod,* oder *Beinkleider* statt *Hosen.* Grimm wollte Euphemismus mit Glimpfwort verdeutschen. Der alte Goethe liebte die euphemistischen Wendungen und schrieb ärgerlich:

«Deutsche haben keinen Geschmack, weil sie keinen Euphemismus haben und zu derb sind. Es kann keine Sprache euphemistisch sein und werden, als die, in der man diplomatisiert.»

Diplomatisierend wird der Stil auch dann, wenn der Text etwas andeuten möchte, das man offen auszusprechen nicht den Mut hat. Er überläßt dem Leser, wieviel er in die Worte hineinlegen will. Von dieser Art sind die gedämpften Bemerkungen, die Richard Wagner in seinen Erinnerungen seiner ersten Gattin widmet:

«Ohne jede Leidenschaft für das Theater, ohne Flattersinn und Neigung zur Gefallsucht, ersah sie in der theatralischen Laufbahn eben nur das Mittel zu einer schnellen, möglicherweise sogar reichlichen Versorgung. Ohne irgendwelche Bildung zur Kunstempfänglichkeit vorbereitet, erblickte sie im Theater genau nur die Schauspielergesellschaft. Ge-

fallen und Nichtgefallen war ihr von Wert für die Behauptung einer
guten bürgerlichen Selbständigkeit: alle Mittel, sich dieser auf dem vorliegenden Wege zu versichern, schienen ihr so zur Sache gehörig, wie
dem Kaufmann es unerläßlich gilt, seine Ware am Schaufenster anzie-
hend auszustellen. Den Direktor, den Regisseur, die beliebtesten Mitglieder sich zu Freunden zu machen, schien ihr notwendigste Klugheit: diejenigen Theaterfreunde, welche durch ihr Urteil oder ihren Geschmack
auf das Publikum, und namentlich wieder auf die Direktion einwirkten,
erkannte sie als Wesen, von denen die Erreichung ihrer innigsten Wünsche abhing; sie nie sich zum Feind zu machen, schien ihr so natürlich
notwendig, daß der Erhaltung ihrer Gewogenheit keinerlei Rücksichten
auf das persönliche Selbstgefühl entgegenzusetzen seien.»

Sache, Autor und Leser

> Wie könnte ich, mit diesem Gefühle der Distanz,
> auch nur wünschen, von den ‹Modernen›, die ich
> kenne – gelesen zu werden!
>
> *Nietzsche*

Der Hohepriesterstil

Von einem berühmten Gelehrten des vorigen Jahrhunderts pflegte man
zu sagen, in seiner Gegenwart habe man stets das Gefühl, als sei man
sonst gescheiter.

Genau dies Gefühl wollen manche Autoren unablässig hervorrufen.
Ohne es ausdrücklich auszusprechen, geben sie dem Leser durch ein Feuerwerk von Stilmitteln zu verstehen, welch gewaltiger Abstand zwischen Autor und Leser klafft. Während der Stil der Aufklärung durch einen freundlich-zuredenden Ton diese Kluft zu überbrücken trachtete,
kultivieren sie einen Stil der äußersten Distanz. Wenn man damals dem
Wort Pascals nacheiferte: «die besten Bücher sind die, bei welchen der
Leser glaubt, er könnte sie auch selbst geschrieben haben», sorgen sie mit
jeder Geste dafür, daß der Leser ständig die Würde des Autors empfinde
und die Nichtigkeit seiner eigenen Person. Es ist der Stil eines Hohen-
priesters, der hier gesprochen wird, aber es bedarf nicht der Geheimnisse
des Alten Bundes, um seine Kunstgriffe zu entlarven.

Wenn freilich dieser Stil von jemandem gesprochen wird, der eine
weltweite Überlegenheit nicht nur vortäuscht, sondern wirklich verkörpert, so können bezaubernde Sprachgebilde entstehen. Einige der vollen-

detsten Prosastücke unserer Sprache sind aus diesem Stilgefühl geboren. Aber es haben auch manche Nachäffer versucht, mit diesem Prophetenmantel die Dürftigkeit ihrer geistigen Gestalt zu verhüllen.

Der Hohepriester stellt zunächst klar, welche Stelle er innerhalb der Weltgeschichte einnimmt; es ist keine kleine: er ist der Sinn der Weltgeschichte:

«Man weiß vor mir nicht, was man mit der deutschen Sprache kann – was man überhaupt mit der Sprache kann. Die Kunst des *großen* Rhythmus, der *große* Stil der Periodik, Ausdruck eines ungeheuren Auf und Nieder von sublimer, von übermenschlicher Leidenschaft, ist erst von mir entdeckt.» (Nietzsche)

«Es handelt sich nach meiner Überzeugung nicht um eine neben andern mögliche und nur logisch gerechtfertigte, sondern um die, gewissermaßen natürliche, von allen dunkel vorgefühlte Philosophie der Zeit. Das darf ohne Anmaßung gesagt werden. Ein Gedanke von historischer Notwendigkeit, ein Gedanke also, der nicht in eine Epoche fällt, sondern der Epoche macht.» (Oswald Spengler)

Bedauernd muß der Hohepriester feststellen, vor ihm habe man das Problem ganz falsch behandelt, vielmehr man hat es überhaupt nicht gesehen; vor ihm ist ein Vakuum, eine geistige Leere. Wie bei einem orientalischen Sultan die erste Regierungshandlung die Hinrichtung seiner Brüder ist, so vernichtet der Hohepriester zunächst sämtliche Vorgänger. Nietzsche versichert oft, eine ernsthafte Geschichtsschreibung der Moral habe es vor ihm nicht gegeben, was freilich den nächsten Hohenpriester – Spengler – nicht behindert zu erklären, der historische Horizont Nietzsches sei auf diesem Gebiete beklagenswert eng und seine «summarischen, vermeintlich weltumfassenden Konstruktionen seien in Wirklichkeit provinzial, völlig willkürlich, zuletzt komisch.»

Der Hohepriester kann sich auch des vornehmeren Weges der Selbstkritik bedienen, indem er bemerkt, das Buch genüge zwar den Ansprüchen, die das Publikum haben dürfe, aber nicht seinen eigenen.

«Mit dem Eingangsvortrag bin ich literarisch persönlich nicht zufrieden: er verdichtet zu viel Stoff in allzu beschränktem Raum. Wer in dem Sinne öffentlich wirkt, wie ich es heute tue, darf leider den Künstler in sich als letzte Instanz nicht anerkennen.» (Hermann Graf Keyserling)

Wenn der Hohepriester auf abweichende Meinungen stößt, so erniedrigt er sich nie so weit, dagegen zu argumentieren, sondern er hat einen festen Wortschatz zur Hand, diese Albernheiten zu erledigen. Daß sie falsch sind, setzt er voraus und beklagt nur den Mißgriff; mit ein paar wohlmeinenden abschätzigen Worten reiht er sie in eine Gruppe von Geisteserzeugnissen ein, deren Belanglosigkeit auf der Hand liegt. Dies darf auch nicht ausführlich dargelegt werden, sondern wird in eine Fußnote oder Einschaltung verbannt:

«Ich frage mich, wenn ich das Buch eines modernen Denkers zur
Hand nehme, was er – außer professoralem oder windigem Parteigerede
vom Niveau eines mittleren Journalisten, wie man es bei Guyau, Berg-
son, Spencer, Dühring, Eucken findet...» (Spengler)

Viele zeitraubende Auseinandersetzungen erspart man sich, wenn man
von hohem Thronsessel aus das ganze Verstandesunwesen in Bausch und
Bogen wegwischt, besonders die Wissenschaft schlechthin, damit der
Leser nirgends eine Plattform für seine Einwände finde:

«Fortschritte der Wissenschaft! O ja, bis in die Sterne weit! Gewiß, sie
hat enorme Fortschritte gemacht. ... Sie sitzt an einem reichen Tisch,
Essen und Trinken sind vollauf da, und da keiner sie preisen will, preist
sie sich selber. Nun, es ist der Tisch des Belsazar. Daß sie gewogen und
zu leicht befunden ist, steht schon lange an der Wand.»

Der Hohepriester will dem Leser den Boden unter den Füßen wegzie-
hen. Daher bringt er ihm nebenher bei, daß das, was der Leser für selbstverständlich hielt, überhaupt unterhalb jeder Möglichkeit einer Erörterung liege, und daß umgekehrt das, was der Leser als vollständig falsch
angesehen hat, das einzig denkbare Urteil ist. Der Hohepriester bringt
aber nicht etwa einfache schillernde Paradoxe nach Art Oskar Wildes,
sondern er betreibt das épater le bourgeois (den Bürger vor den Kopf
stoßen) sehr viel gründlicher. Er trägt seine verblüffende neue Wahrheit
ganz beiläufig als gesicherte Tatsache vor. So beginnt ein Aufsatz über
das italienische Landhaus: «Das Italien unserer Ahnen ist, seit die Eisenbahnen es für den Verkehr erschlossen haben, eines der unbekanntesten
Länder Europas geworden.»

Der Hohepriester liebt es, vielverbreitete Anschauungen in ihrer ganzen Lächerlichkeit zu entblößen; gerade hier glücken ihm oft funkelnde
Formulierungen:

«Jetzt aber taucht das Ibsenweib auf, die Kameradin, die Heldin
einer ganzen weltstädtischen Literatur vom nordischen Drama bis zum
Pariser Roman. Statt der Kinder haben sie seelische Konflikte, die Ehe
ist eine kunstgewerbliche Aufgabe, und es kommt darauf an, ‹sich
gegenseitig zu verstehen›. Es ist ganz gleichgültig, ob eine amerikanische Dame für ihre Kinder keinen zureichenden Grund findet, weil
sie keine Season versäumen will, eine Pariserin, weil sie fürchtet,
daß ihr Liebhaber davongeht, oder eine Ibsenheldin, weil sie ‹sich
selbst gehört›. Sie gehören alle sich selbst und sie sind alle unfruchtbar.»
(Spengler)

Die heiter-ironische Tonart hat auch Nietzsche mit Meisterhand regiert:

«Was bedeuten asketische Ideale? – Bei Künstlern nichts oder zu vielerlei; bei Philosophen und Gelehrten etwas wie Witterung und Instinkt für
die günstigsten Vorbedingungen hoher Geistigkeit; bei Frauen, besten-

falls, eine Liebenswürdigkeit der Verführung *mehr,* ein wenig morbidezza auf schönem Fleische, die Engelhaftigkeit eines hübschen fetten Tiers. ... Versteht man mich? ... Hat man mich verstanden? ,.. ‹*Schlechterdings nicht! mein Herr!*› – Fangen wir also von vorne an.»
Ein erprobtes Kartenkunststück der Hohenpriester ist es, plötzlich vom Leser geringgeschätzte Dinge turmhoch über die Lieblingskinder des Lesers zu stellen, so in Richard Schaukals halb ironischem Vortrag des Herrn Andreas von Balthesser vor dem Klub der ‹Intelligenten›:
«Wenn ein schlanker Mensch mit stahlharten elastischen Sehnen, bekleidet mit einem roten Frack aus weichem Tuch und schneeweißen Breeches, die vom Knie abwärts keine einzige Falte werfen, die Arme eng und doch leicht an den Leib gehalten, in den Bügeln eines galoppierenden Jagdpferdes steht, oder wenn eine jüngere Dame sich während eines unbefangenen Gespräches – Sie, meine Herren, wissen freilich nicht, was ein unbefangenes Gespräch ist, und wenn ich Sie jetzt darum fragte, würden Sie mir irgendeinen dänischen Autor nennen, bei dem Sie eines gefunden zu haben meinten – wenn eine solche junge Dame von großer Familie (denn nur die haben die natürliche Begabung zu unbefangenen Gesprächen); sie ist ohne Apprehension gekleidet (die jungen Damen, die Sie kennen, sind erstens keine Damen, zweitens sind sie nicht gekleidet, sondern mehr oder weniger geschmacklos kostümiert) – wenn eine junge Dame sich während eines unbefangenen Gesprächs erhebt, um ihrem Gegenüber Tee einzuschenken, aus weißem Porzellan, das, lautlos eintretend, der schwarz livrierte Bediente, auf silberner Platte angerichtet, mit behutsam auseinanderlegenden Handgriffen vor sie niedergesetzt hat – sehen Sie, das zum Beispiel sind Dinge, die mir Kultur bedeuten.
Daß aber einer sich an seinen Schreibtisch setzt oder sich im Bette neben einer zuckenden Kerzenflamme aufrichtet, um mit einer Stahlfeder oder mit einem Taschencrayon auf ein Stück Papier, auf einen Briefumschlag ein Gedicht zu schreiben... das scheint mir ‹an sich› belanglos. Es gibt Menschen, die hierin etwas Merkwürdiges erblicken zu müssen meinen; sie tun mir leid.»
Eigentlich will auch der Hohepriester etwas lehren oder erzählen. Aber hierdurch würde er den Abstand zwischen Autor und Leser vermindern. Also hütet er sich, den Schatz seiner Gedanken ganz auszubreiten. Er beschränkt sich darauf, einiges anzudeuten und das übrige im Dunkeln zu lassen. Wenn ihn der Leser nicht versteht, so wird er das seiner eigenen Torheit zuschreiben und seine Bewunderung für den Autor wird noch weiter wachsen:
«Es ist schwer verstanden zu werden: besonders wenn man gangasrotogati denkt und lebt, unter lauter Menschen, welche anders denken und leben, nämlich kurmagati oder bestenfalls, ‹nach der Gangart des Fro-

sches›, mandukagati – ich tue eben alles, um selbst ‹schwer verstanden zu werden›!» (Nietzsche)

Die drei Ausdrücke sind die musikalischen Tempobezeichnungen der Inder und daher ganz leicht zu verstehen, wenn man Sanskrit spricht; sie bezeichnen die Gangart des Flusses Ganges (presto), der Schildkröte (lento) und des Frosches (stakkato).

Ausgefallene fremdsprachliche Ausdrücke benützt der Hohepriester überhaupt gern, um sich dem Leser unverständlich zu machen. Man kann damit den harmlosesten Sätzen einen wahren Königsmantel umlegen. So schreibt der Völkerforscher Bastian über den Papua, dessen Wesen uns hierdurch völlig klar wird:

«Indem sich bei dem Dinge das τότι ἦν εἶναι (bei Aristoteles) anerkennt (das als solches Seiende), in der μορφή (aus der ὕλη) als forma substantialis (b. Thom. Aq.) oder buddh. Rupa (bis in die Bhuta-Rub), so spielt hier antizipierend schon (aus menschlicher Denkschöpfung) ein psychischer Prozeß hinein, der infolge darin tätiger Bewegung, auf ein πρῶτον κινοῦν rückläuft. Da nun auch in dem Psychischen bereits das Tad (Sanskrit) wirkt (aus einem νοῦς ποιητικός), so stellt sich die Vorbedingung vorläufiger Abscheidung individuellen Zwischengreifens, um feste Objektivierung zu gewinnen, gegen das als scheinbar Ruhende, Vorliegende sowohl, wie gegen das im organisch Entwickelten Zusammengeschlossene – gegen das, hier und dort, aus dem Schöpfergedanken (bei Agassiz) Tätige.»

Der Hohepriester gebietet über viele weitere Stilmittel, um den Leser in seine Schranken zurückzuweisen. Das entlegenste Wissen und die Zitate aus den unbekanntesten Schriftstellern kramt er so beiläufig aus, wie wenn sie jedermann bekannt wären. Man zitiert also ein uraltes Buch, das bestimmt niemand kennt, als abschließendes Werk der Wissenschaft:

«An der Hand dieses Streites beginnt die Tierpsychologie sich zu entwikkeln, die ihren einstweiligen Höhepunkt in dem Werke von C. F. Meier ‹Versuch eines Lehrgebäudes von der Seele der Tiere› 1750 erreichte.» (Werner Sombart)

Etwas abgebraucht und bei besseren Hohenpriestern nicht mehr üblich ist der Kunstgriff, ausgefallene Behauptungen mit *bekanntlich* einzuführen:

«Humboldts Einleitung zu dem Werk über die Kawi-Sprache ist jedem gebildeten Deutschen bekannt.» (Theodor Benfey)

«Timosthenes, Admiral des zweiten Ptolemaios, hat ein großes Werk über Häfen ausgehen lassen. Natürlich fußte es auf den alten ionischen Portulanen.» (Ulrich von Wilamowitz-Moellendorf)

Portulanen sind Schifferhandbücher; ich habe es soeben im Brockhaus nachgeschlagen.

Der spielerische Stil

In dem gleichschenkligen Dreieck:

Autor

Leser   Sache

sind zwei Seiten bedroht. Im Hohepriesterstil mißbraucht der Autor seine Machtstellung gegenüber dem Leser, im spielerischen Stil seine Machtstellung gegenüber der Sache.

Karl Immermanns Roman «Münchhausen» beginnt mit dem elften Kapitel. Nach dem 15. Kapitel kommt plötzlich eine Einschaltung, ein Briefwechsel zwischen dem Verfasser und seinem Buchbinder. Der Verfasser beschwert sich, daß man sein Buch falsch gebunden habe. Der Buchbinder antwortet, er habe das mit Absicht getan:

«Ew. Wohlgeboren, die ordentliche Schreibart ist aus der Mode. Ein jeder Autor, der etwas vor sich bringen will, muß sich auf die unordentliche verlegen, dann entsteht die Spannung, die den Leser nicht zu Atem kommen läßt und ihn parforce bis zur letzten Seite jagt. Also nur alles wild durcheinander gestopft und geschoben wie die Schollen beim Eisgange, Himmel und Erde weggeleugnet, Charaktere im Ofen gebacken, die nicht zu den Begebenheiten stimmen, und Begebenheiten ausgeheckt, die ohne Charaktere umherlaufen wie Hunde, die den Herrn verloren haben! Mit *einem* Worte: Konfusion! Konfusion! – Ew. Wohlgeboren, glauben Sie mir, ohne Konfusion richten Sie heutzutage nichts mehr aus.»

Immermann läßt auch in seinem Roman «den bekannten Schriftsteller Immermann» auftreten. Daß die Wirklichkeit in den Roman eingemengt wird und die Romangestalten aus dem Buch heraustreten, war ein Lieblingskunstgriff der Romantik. In Brentanos «Godwi» sagt der Held: «Das ist der Teich, in den ich auf Seite 115 fallen werde.» Bei Tieck beklagt sich ein Jäger, daß er vom Dichter zur Poesie mißbraucht, daß er gedichtet werde. Kurz, in diesen Dichtungen spielt alles durcheinander, und vor allem spielt der Autor mit seinem Stoff.

Spielerische Einstellung ist auf allen Gebieten möglich. Sie unterbricht die Beziehungen zum Ganzen des Daseins und nimmt irgendeinen Ausschnitt für sich allein als bloßes Objekt, um an ihm, wie an einem Turngerät, Geschicklichkeit und Überlegenheit zu beweisen. Wir finden diese spielerische Einstellung in der Poesie schon bei Theokrit, in der Musik bisweilen bei Mozart, in der Religion bei Kierkegaard, in der Philosophie bei Nietzsche, in der Prosakunst vornehmlich bei der deutschen Romantik. In vielen Romanen der Romantiker haben die Figuren keine eigene Schwere, sondern sind Kinder einer Laune, Verkünder einiger Einfälle. Weil sie gar nicht in irgendeinem Ganzen der Wirklichkeit oder der Phantasie verwurzelt sein sollen, kann man sie auch durcheinanderbringen, wie ein Puppenspieler, der aus Spaß die Fäden seiner Figur durchschneidet.

Dieses Umbringen der eigenen Gestalten, dies Widerlegen der eigenen Schöpfung nannte Friedrich Schlegel die romantische Ironie, das Wort Ironie im weiteren Sinn nehmend als üblich. «Ironie ist klares Bewußtsein der ewigen Agilität des unendlich vollen Chaos.» Schlegel hat diese spielende Einstellung gerade deshalb geliebt, weil sie dem körperlich und geistig schweren Manne nicht vergönnt war. Verwirklicht haben sie andere, vor allem Tieck, der seinen «Gestiefelten Kater» ein Stück aus Schaum und leichtem Scherz nannte. Die Figuren spielen mit ihrem Schicksal, der Autor spielt mit seinen Figuren, und das Wort feiert spielerische Triumphe. Losgebunden von der Sache, entwickelt sich eine Sprache der schwebenden Leichtigkeit. Das unbegrenzte Durcheinander, das der Autor seinen Geschöpfen gestattet, tobt sich aus im romantischen Wortspiel. Clemens Brentanos «Ponce de Leon» ist mit Wortspielen bis zur Ungenießbarkeit überladen.

Der Autor im Vordergrund

Der Leser ist kein Untertan, der Gegenstand ist kein Spielzeug und der Autor ist keine Hauptperson. Im dritten Teil dieses Satzes steckt ein weiteres Stilproblem, das in dem Dreieck Autor – Leser – Sache verborgen ist. Wieviel von der Person des Autors soll dem Leser in der Darstellung des Stoffes sichtbar werden?

Der naive Erzähler sieht keinen Anlaß, sein Dasein zu verbergen. Er spricht, während er erzählt, unbekümmert dazwischen, er ruft seinen Leser an und gibt Urteile ab über seine Geschöpfe und über die Vorgänge der Erzählung.

«Du kannst, vielgeliebter Leser, den jungen Menschen, während er so laut- und regungslos dasteht, mit Muße betrachten. Du wirst finden, daß er kaum vier- bis fünfundzwanzig Jahre alt sein kann und dabei von ganz artigem hübschen Ansehen ist.» (E. T. A. Hoffmann)

Eine gemeinsame Front von Autor und Leser gegenüber dem Stoff finden wir auch bei Goethe:

«Die Alte ging murrend beiseite und wir entfernen uns mit ihr und lassen die Glücklichen allein.»

Bisweilen ruft der Autor auch seine Figuren an, wie Selma Lagerlöf in «Gösta Berling» oder Ricarda Huch am Beginn des «Michael Unger»:

«Dies also, dies ist das Leben, Michael Unger? Dies sind die süßen und tödlichen Früchte, die du von seinem Baume zu pflücken gedachtest? Nichts anderes als dies bedeutete das Rätsellied, das die Glücksfee sang, als sie mit glänzendem Leib und stolzem Auge an deiner Wiege stand und Blumen und Verheißungen auf die feine Decke schüttete, unter der du träumtest? Während am unendlichen Himmel eine göttliche Sonne schwebt, von heiteren Herzen unter Gesängen angebetet, trägst du wie ein Esel Tag für Tag deine Säcke voll Arbeit zur Pflichtmühle, auf ödem Futterwege alternd. Darum die Hoffnungen! Darum die unendlichen Wünsche!»

Zwiegespräche mit dem Leser über den Stand der Erzählung liebt vor allem Wilhelm Raabe. Er ist der Klassiker des Dreinredens, und bei ihm ist es nicht mehr die naive Einmischung des lebhaften Erzählers, sondern ein ironisches Spiel mit Sache und Leser:

«Uns aber überfällt es in diesem Moment heiß und kalt, daß wir den alten Eckerbusch und den Zeichenlehrer Windwebel bis jetzt allein im wilden Walde laufen ließen, ohne uns ihnen zur Begleitung mitzugeben; – wie leicht können auch wir nachher es mit dem Staatsanwalt zu tun kriegen, wenn ihnen infolge unserer Vernachlässigung eine Unannehmlichkeit passiert ist, und wir zum Beispiel nur noch ihre verstümmelten Leichname seitab vom Pfade in der Wildnis, und auch nur vermittelst unseres Geruchsinns auffinden?»

Eigenart

Was uns zu strengen Forderungen, zu entschiedenen Gesetzen am meisten berechtigt, ist, daß gerade das Genie, das angeborene Talent sie am ersten begreift, ihnen den willigsten Gehorsam leistet; nur das Halbvermögen wünschte gerne seine beschränkte Besonderheit an die Stelle des unbedingten Ganzen zu setzen und seine falschen Griffe unter Vorwand einer unbezwinglichen Originalität und Selbständigkeit zu beschönigen.

Goethe

Abstand

Ein alter Mann sitzt am Fenster und liest einen Brief. Lächelt er? Nur wenig; die klaren Greisenaugen blicken über den Brief hinweg in eine unermeßliche Weite. Wie lange ist es her, daß er dieser Gräfin glühende Briefe geschrieben hat? Erst fünfzig Jahre? Oder war es in einem anderen

Leben? Und was schreibt das gute Kind jetzt? Heimkehren soll er, heim-kehren zu den Heilslehren des Christentums.

Er steht auf, legt die Hände auf den Rücken und geht langsam auf und ab. Soll man überhaupt antworten? Soll man diese wohlmeinende Vertraute einer leidenschaftlichen Jugend belehren über die eigene Entwicklung? Er knüpft entschieden den blauen Tuchrock zu; das kommt nicht in Betracht. Aber einige allgemeine, möglichst unpersönliche Wendungen... Er beginnt zu diktieren:

«Von der frühsten, im Herzen wohlbekannten, mit Augen nie gesehenen teuren Freundin endlich wieder einmal Schriftzüge des traulichsten Andenkens zu erhalten, war mir höchst erfreulich-rührend; und doch zaudere ich unentschlossen, was zu erwidern sein möchte. Lassen Sie mich im Allgemeinen bleiben, da von besonderen Zuständen uns wechselseitig nichts bekannt ist.

Lange leben heißt gar vieles überleben, geliebte, gehaßte, gleichgültige Menschen, Königreiche, Hauptstädte, ja Wälder und Bäume, die wir jugendlich gesäet und gepflanzt. Wir überleben uns selbst und erkennen durchaus noch dankbar, wenn uns auch nur einige Gaben des Leibes und Geistes übrig bleiben. Alles dieses Vorübergehende lassen wir uns gefallen; bleibt uns nur das Ewige jeden Augenblick gegenwärtig, so leiden wir nicht an der vergänglichen Zeit...

Und so bleiben wir wegen der Zukunft unbekümmert! In unseres Vaters Reiche sind viele Provinzen, und da er uns hier zu Land ein so fröhliches Ansiedeln bereitete, so wird drüben gewiß auch für beide gesorgt sein; vielleicht gelingt alsdann, was uns bis jetzo abging, uns angesichtlich kennen zu lernen und uns desto gründlicher zu lieben. Gedenken Sie mein in beruhigter Treue.»

Goethes Altersstil

Das ist die Sprache des alten Goethe. Sie tönt aus weiter Ferne und weist doch die Empfängerin deutlich in ihre Schranken, wenn auch nur mit der gemessenen Wendung *da von besonderen Zuständen uns wechselseitig nichts bekannt ist.* Es ist ein Stil der Distanzierung, der durch Goethes ganze Altersprosa geht. Er hält Abstand von Leser und Sache. Noch ist der Siebzigjährige voller Glut, voller Problematik. Aber das vielgeprüfte, empfindliche Herz könnte die Erschütterungen der vergangenen Jahrzehnte nicht mehr ertragen. So legt es sich den Eispanzer eines Altersstils an, der die bedrohende Welt in wohlerwogenem Abstand hält.

Abstand will der alte Goethe halten, und so scheut er sich nicht, 1830 an einen jungen Schriftsteller zu schreiben: «Ihr Büchlein habe ich angeblättert. Da man aber bei eindringender Cholera sich vor störenden Unpotenzen hüten muß, so lege ich es beiseite.»

Drei Eigentümlichkeiten hat Goethes Altersstil. Erstens ‹verholzt› er mehr und mehr zu einer begrifflichen Verstandesprosa, bei der alle Kanten abgeschliffen werden. Goethe will nicht mehr gefallen, er will nur noch belehren. Zweitens gerät er in die Breite, denn was er an eindringlicher Glut nicht mehr hergeben will, muß er mit auseinanderfallender Deutlichkeit ausgleichen. Drittens erstarrt er in einem Zeremoniell immer wiederkehrender Wendungen und Lieblingswörter; wie ein König mit seinen Untertanen, so verkehrt Goethe mit seinem Publikum nur noch in festgegebenen Formen. Gelegentlich sind die Formen für die Leser fremdartig; aber es ist Goethe längst gleichgültig, ob er in gewohnten Bahnen bleibt.

Der Stil wird begrifflich, das heißt das Hauptwort beherrscht den Satz. Bei dem jungen Goethe war nur jedes sechste Wort ein Hauptwort; in den «Wahlverwandtschaften» stehen doppelt soviel Hauptwörter wie Verben. Zuletzt grenzt Goethes Hauptwörterei fast ans Komische, zumal sein Altersdrang zur Verdichtung hinzukommt. Der Kundschafter im zweiten Teil des «Faust» will berichten: viele Leute huldigen dem Kaiser, einige aber sind untätig und entschuldigen dies damit, daß es im Volke gäre. Daraus wird:

«Viele schwören reine Huldigung
dir, wie manche treue Schar;
doch Untätigkeits-Entschuldigung:
Innere Gärung, Volksgefahr.»

Aber wenn der Stil auch begrifflich ist, so ist er doch nichts weniger als langweilig; denn jetzt hat Goethe keine Scheu mehr – wie in den mittleren Jahren –, von den üblichen Redeformen abzuweichen. Im Gegenteil, er zieht oft die ungewöhnliche Fügung vor. Die neuen Formen entnimmt er zum Teil der Antike; viele Verse der «Pandora» sind wie aus dem Griechischen übersetzt. Aber noch mehr schöpft er aus sich selber. Eine besondere Vorliebe hat er für neue Zusammensetzungen, von dem ersten *Zartgesang* Mignons, über den *Pappelstrom* und die *schwarmgedrängte* Schar bis zu den *Fettbauch-Krummbein-Schelmen* des «Faust». Die Wortstellung handhabt er völlig nach Belieben, im Vers noch kühner als in Prosa:

«Ein Feld so nach dem andern keimt
und reift und fruchtet bar»,

so daß sich die Gelehrten seit über hundert Jahren den Kopf zerbrechen, ob die beiden letzten Wörter *und wird fruchtbar* bedeuten oder was sonst.

Seltsam zwiespältig ist die Stellung des alten Goethe zu Knappheit und Länge. Die Gedankenentwicklung wird breiter. Die Neigung zur ausführlichen Klarstellung, die Vorliebe des Alternden für die Schilderung der Einzelheiten setzt sich meist durch.

Oft bringt er einen Ausdruck in zwei oder drei Abtönungen: «Es sind alles ehrenhafte, wohldenkende Männer in der Gesellschaft, von der du erzählst; aber freilich gehören sie einer Gilde, einer Konfession, einer Partei an.»

Daneben aber steht die Neigung, die grammatische Form des Ausdrucks möglichst zu verkürzen. So liebt er es, das Geschlechtswort wegzulassen. «Anmutige Übersetzung meiner kleinen Gedichte gab zu nachstehendem Gleichnis Anlaß.»

Aber die bezeichnendste Eigenschaft der Goetheschen Altersprosa ist das Zeremoniell bestimmter Wörter und Wendungen.

Fleißige Leute haben ausgerechnet, daß das oberste Lieblingswort *bedeutend* im «Götz», im «Werther» und in den «Lehrjahren» überhaupt nicht, in den «Wanderjahren» aber vierzehnmal vorkommt. *Welcher* steht im «Werther» dreimal, in den «Wanderjahren» siebenunddreißigmal.

Viele Sätze werden jetzt formelhaft mit Vorreitern eingeleitet wie *ich bemerke, nun schön, es ist unzweifelhaft.* Auch bei den bloßen Formwörtern hat Goethe seine stehenden Wendungen, vor allem das beiläufige *denn*:

«In Gefolge dessen mußt' ich denn auch wieder hören, daß alles Lebendige aus dem Ei komme, worauf ich denn mit bitterem Scherze die alte Frage hervorhob... ob denn die Henne oder das Ei zuerst gewesen, ... wo mir denn ganz neues vorzubringen nicht schwer fiel: denn alle Personen...»

Einige andere Formwörter kommen hinzu: *allenfalls, alsbald, durchaus, jedoch, nunmehr, höchst.* Ihre Häufigkeit ist durch Zählungen erwiesen. Manche Lieblingswörter, etwa das berühmte *und so* verwendet Goethe ganz mechanisch, zum Beispiel an Zelter: «Wie steht es um die Musik des zweiten Teils der Zauberflöte? Und so nur noch ein herzliches Lebewohl.»

Goethes Altersstil ist ein einmaliges Ereignis der Sprachgeschichte: der natürliche Abstand zwischen Leser und Autor wird bewußt gehalten, ein stilistischer Eispanzer sichert ein glühendes Herz.

Es gibt eine ganz Reihe großer Schriftsteller, deren Eigenart in jedem ihrer Sätze durchschlägt. Ein vierzehnjähriger Knabe schrieb einmal an seine Schwester:

«Ich habe zwar an Dich geschrieben, aber Du hast nicht geantwortet. Ich muß also denken: entweder kannst Du nicht schreiben, oder Du willst nicht schreiben. Du bist zwar Deinem Lehrmeister sehr zeitig aus der Schule gelaufen, allein wer weiß, welches die größere Schande ist, in seinem zwölften Jahr noch etwas zu lernen oder in seinem achtzehnten noch keinen Brief schreiben zu können.»

Unschwer zu erraten, daß dies der gleiche Schriftsteller ist, der dreißig Jahre später schreibt:

«Die Religion ist nicht wahr, weil die Evangelisten und Apostel sie lehrten; sondern sie lehrten sie, weil sie wahr ist.»

Fortfahrend gibt er gleich die Theorie zu diesem seinem Lieblingsstilmittel:

«Jede scharfsinnige Unterscheidung läßt sich von einem, der seiner Sprache nur wenig mächtig ist, in eine Antithese bringen.»

Diese Bemerkung wird sogleich in einer Antithese fortgeführt:

«Weil nun aber freilich nicht jede Antithese auf einer scharfsinnigen Unterscheidung beruht; weil oft nur ein bloßes Wetterleuchten des Witzes ist, was ein zerschmetternder Strahl des Scharfsinnes sein sollte: so ist der Name Antithese ein wenig verdächtig geworden.»

Und drei Zeilen später wieder eine Antithese:

«Nun denn!, so muß ich schon das Maß meiner Sünden häufen, und eine Antithese mit einer anderen Antithese unterstützen. Auch das, was Gott lehret, ist nicht wahr, weil es Gott lehren will; sondern Gott lehrt es, weil es wahr ist.»

Antithese und Frage kennzeichnen Lessings Stil; sie kennzeichnen auch die Art seines Denkens.

Ein anderer Prosameister, der in jedem Satze seine Handschrift verrät, ist Kleist. Die Beispiele stehen im Kapitel «Klang». Kleist haßte den glatten, freundlichen, zuredenden Stil des Rationalismus. Für eine allmähliche Weiterbildung unserer Sprache, wie sie den Romantikern glückte, lebte er zu ungeduldig und starb er zu jung. Sein Stil wurde knapp, sinnfällig, spannend, bestimmt, blutvoll; aber die Gewalt des Natürlichen besaß diese herrliche, diese selbstherrliche Prosa nicht. Ja, bisweilen blieb er sogar in der Manier stecken, in der bewußten und nachahmbaren Anwendung bestimmter Kunstmittel, die uns auffallen, statt uns mitzureißen.

Aufgaben

Machen wir noch einen anderen Versuch, um das Auge für die persönliche Eigenart jedes Stils zu schärfen. Die folgenden zwölf Stellen sind sechs Schriftstellern der Gegenwart entnommen, von jedem stammen zwei Abschnitte. Sie sind willkürlich angeordnet, aber es ist nicht schwer herauszufinden, welche beiden Abschnitte jeweils von der gleichen Feder herrühren. (Lösung am Schluß des Buches.)

1. Es gibt also eine separate Zerstörungssucht der Hände, die nicht unmittelbar auf Beute und Töten ausgeht. Sie ist rein mechanischer Art und

hat sich in mechanischen Erfindungen fortgesetzt. Sie ist eben in ihrer Unschuld besonders gefährlich geworden. Sie weiß sich von der Absicht zu töten frei und kann sich darum jede Unternehmung erlauben.

2. Obwohl Oktavia nunmehr siebenundzwanzig Jahre zählte, hatte auf diesem Ankerplatz, der vor der tiefen Bucht ihres Herzens lag, noch niemand sich anzulegen gewagt. Denn sie hütete die Einfahrt durch die Klippen ihres Stolzes und ihrer Überlegenheit, und es stand immer eine abweisende kühle Brandung davor. Sie wußte wohl nicht, daß sie für ihren glücklichen Vetter selbst den Lotsen durch Brandung und Klippen gespielt und er bereits an einem bedrohlichen Platz vor den stillen Gewässern ihres Herzens hielt.

3. Sehr spät geht der Jäger heim. Vielleicht wartet es ganz leise in ihm, daß hier in dem Einfachen der nächtlichen Landschaft etwas geschehen könnte, etwas ebenso Einfaches, damit das Menschliche sich dem Natürlichen verbinde. Aber auch das Warten ist ohne bittere Ungeduld, und wenn nichts geschieht, steht der Jäger auf und tritt zurück in den Wald wie ein stilles Tier, das von den Feldern kehrt.

4. Mein Vater aber war ein großer und breiter Herr in feinem schwarzen Tuchrock und weißer Weste, auf der ein goldenes Binokel hing. Zwischen seinen kurzen, eisgrauen Koteletten trat das Kinn, das wie die Oberlippe glatt rasiert war, rund und stark hervor, und zwischen seinen Brauen standen stets zwei tiefe, senkrechte Falten. Er war ein mächtiger Mann von großem Einfluß auf die öffentlichen Angelegenheiten.

5. Den Erfinder des Reißverschlusses denke ich mir als einen älteren, teils vergnügten, teils mürrischen Mann: vergnügt, wenn seine Frau verreist ist, mürrisch in allen anderen Lebenslagen. Er hat schütteres, weißes Haar, obgleich er noch gar nicht so alt ist; ein leicht lahmes Bein, das er unmerklich nachzieht, eine bedächtige Brille, niedrige Klappkragen, wie sie sein Großvater noch getragen hatte. Er ist Deutsch-Amerikaner und heißt mit Vornamen Sam.

6. Blut verströmen für den Freund. Hinterrücks gemordet werden. Er gab sich Bildern hin. Alle Abenteuer endeten mit dem salzigen Geschmack des eigenen Fleisches auf der Zunge. Nicht der Geschmack war das Letzte. Nicht das Röcheln. Nicht die Taubheit im Tode. Ein warmer Kuß auf kalte Lippen. Eine Berührung. Ein Getragenwerden an der Brust eines geliebten Menschen. Da war sein Schoß eine Lotosblüte, die aufbrach.

7. Wild und zornig hat der Mann dieses alles aus sich herausgestoßen, und seit er in den Krieg gezogen ist, hat er eine solche lange Rede wahrscheinlich nicht gehalten, denn er ist erschöpft und fast beschämt, als erwache er aus einem Traum, in dem er laute und häßliche Worte gesprochen habe, und sieht sich hastig um, als müsse er schnell ausbrechen aus

dieser erzwungenen Gemeinschaft zu zweien, die ihm seine Beichte entrissen hat, eine nutzlose und ganz überflüssige Beichte.

8. Sie trat ein, schon fertig. Sie trug ein Kleid aus seegrüner, glänzender Seide, dessen eckiger Halsausschnitt von einer breiten Ekrü-Stickerei umgeben war. Zwei gestickte Pfauen, einander zugewandt, hielten oberhalb des Gürtels in ihren Schnäbeln eine Girlande. Sieglindens tiefdunkles Haar war nun ohne Schmuck; aber an einer dünnen Perlenkette lag ein großer, eiförmiger Edelstein auf ihrem bloßen Halse, dessen Haut die Farbe angerauchten Meerschaums hatte.

9. Im Hund hat sich der bäuerliche Eigentumstrieb des Menschen selbsttätig gemacht; der Hund ist ein monomaner Kapitalist. Er bewacht das Eigentum, das er nicht verwerten kann, um des Eigentums willen und behandelt das seines Herrn, als gebe es daneben nichts auf der Welt. Er ist auch treu um der Treue willen, ohne viel zu fragen, wem er eigentlich die Treue hält: eine Eigenschaft, die in manchen Ländern hoch geschätzt wird.

10. Die Maus, einmal gefangen, ist in der Gewalt der Katze. Sie hat sie ergriffen, sie hält sie gepackt, sie wird sie töten. Aber sobald sie mit ihr zu spielen beginnt, kommt etwas Neues dazu. Sie läßt sie los und erlaubt ihr, ein Stück weiterzulaufen. Kaum hat ihr die Maus den Rücken gekehrt und läuft, ist sie nicht mehr in ihrer Gewalt. Wohl steht es aber in der Macht der Katze, sie sich zurückzuholen.

11. Wie die Loire, der Strom der Touraine, den sie täglich von den Fenstern ihres Schlosses sah, hell und sonnenfroh, aber auch stolz und eigenwillig, so war die junge Gräfin von Nevers. Der Fluß weiß sich freizuhalten von der Knechtschaft der Schiffahrt; denn nahe unter dem blausilbernen Spiegel zieht er, überall zerstreut, seine gelben Sandbänke hin, die jeden Kiel hemmen, der seine Furchen in die selbstbewußte Flut graben wollte. Auch die junge Gräfin von Nevers hat ihre Sandbänke unter der lachenden Oberfläche; auch sie will frei durch ihr Land ziehen und setzt einen geheimen Widerstand an ihre Freiheit.

12. Man spielte Arzt und Kranker. Ein Kranker, zwanzig Ärzte. Er erhielt die Süßigkeiten als Medizin, minütlich einmal einzunehmen. Er wurde niedergelegt, der Mund ihm aufgerissen. Geheilt mit süßen Medikamenten. Manchmal mußte er sterben. Er wurde im Wald begraben. Mit Laub bedeckt. Alle weinten. Sie waren echte Romantiker.

Eigenart im Gelehrtenstil

Auch der Stil bedeutender Wissenschaftler läßt in jeder Zeile den Menschen durchschimmern, der dahintersteht. Ich zitiere einige Sätze dreier Gelehrter – keine Glanzstellen, sondern willkürlich gegriffene Proben – und setze jedesmal daneben, wie dieser Text im durchschnittlichen Gelehrtendeutsch gelautet hätte. Wer beide Fassungen laut liest, der merkt schnell, daß er beim Urtext in eine ganz andere besondere Sprechweise hineingerät.

Normaldeutsch:
Die starke Differenziertheit des Eindrucks, welche sich beispielsweise bei der Betrachtung von Landschaftsbildern von Ruysdael je nach der Einstellung des Betrachters ergibt, wird offensichtlich weitgehend davon beeinflußt, ob diese Einstellung auf einer mit den grundsätzlichen Eigentümlichkeiten jenes Zeitstils vertrauten Kenntnis beruht. Denn die Einheit der Einzelheiten eines solchen Bildes wird nur dann erfaßt, wenn die Gesamtheit der Form, die Art der Beleuchtung, das Verhältnis, das Himmel und Erde im Bildganzen einnehmen, und schließlich die Harmonie, welche die einzelnen Farben, mit ihren sich gegenseitig beeinflussenden, korrespondierenden und kontrastierenden Tönen gerade in ihrem Zusammenhang ergeben, sozusagen durch die einzelnen Bildbestandteile – Baum, Teich, Hügel usw. – irgendwie optisch faßbar wird, wozu eine hinreichende Schulung eine unerläßliche Voraussetzung bildet. Nur bei einer so eingestellten Aufmerksamkeit wird der innere Sinn des Bildes die entsprechenden Empfindungen in dem Betrachter hervorzurufen imstande sein.

Es ist heute namentlich seitens der Literaten üblich zu erklären, daß der Fachwissenschaftler nicht notwendig sei oder nur den ‹Schauen-

Original:
«Denkt man etwa an eine Landschaft von Jacob Ruysdael, so wird man die Erfahrung machen, daß eine gewisse Erziehung dazu gehört, um die Form so aufzufassen, wie sie aufgefaßt sein will. Das einzelne sieht jeder, die Schwierigkeit liegt im Zusammensehen des Ganzen: daß man nicht den einzelnen Lichtfleck sieht, sondern den Rhythmus des Lichtgangs im großen; nicht den einzelnen Baum, Teich oder Hügel, sondern das gesamte Formgefüge, was für eine Figur Himmel und Erde zusammen machen und wie diese Figur im Rahmen drin steht. Auch in bezug auf Farbe versagt zunächst das Auge vor der Forderung, die Farbengesamtheit aufzufassen, das System der gegenseitig sich stützenden und steigernden Töne, die farbigen Entsprechungen und Widersprechungen, wie sie durch das Bild im ganzen durchgehen. Erst wenn wir die Einheit fühlen, wie diese Elemente sich gegenseitig bedingen, haben wir den Standpunkt gewonnen, von dem aus wir dem Bild in die Augen zu sehen vermögen, so daß nun seine Seele zu uns zu sprechen anfangen kann.»

«Mode oder Literatursehnsucht glaubt heute gern den Fachmann entbehren oder zum Subalternarbeiter für den ‹Schauenden› degraden» behilflich zu sein habe. Wenn auch alle Wissenschaften den Dilettanten allerlei verdanken, so würde es doch das Ende der Wissenschaft bedeuten, wenn der Dilettantismus die Wissenschaft völlig beherrschte. Wer der Intuition allein vertraut, der muß sich an andere Stellen wenden als an die empirische Wissenschaft. Gerade unser Gebiet ist an zweifelhafter Literatur reich. Wir selbst beabsichtigen auf dem Boden der Empirie zu bleiben. Ebenso fern liegt uns auch jede Art normative Wissenschaft, denn die Festsetzung von Werten ist Sache der Religion und der Weltanschauung. Die Wertrelation der hier untersuchten Kulturen bleibt außerhalb des Rahmens der Erörterung, auch wenn der Verfasser noch so sehr von ihren Schicksalen ergriffen wird. Diese Empfindungen gehören nicht in die wissenschaftliche Untersuchung, ebenso wie der Gebildete, der das Meer oder Gebirge vor sich hat, angebrachterweise seine Gefühle hierüber bei sich behält, sofern es sich nicht um einen Dichter oder dergleichen handelt.

Seit dem Mittelalter und seit der Entwicklung der europäischen Völker hat es in Deutschland niemanden gegeben, der einerseits so unformalistisch arbeitete wie Goethe und uns andererseits trotzdem mit so absolut fixierten Formen bereichert hat wie er. Einer weitgehenden Loslösung von den traditionellen und gegebenen Formen

dieren zu können. Fast alle Wissenschaften verdanken Dilettanten irgend etwas, oft sehr wertvolle Gesichtspunkte. Aber der Dilettantismus als Prinzip der Wissenschaft wäre das Ende. Wer ‹Schau› wünscht, gehe ins Lichtspiel: – es wird ihm heute massenhaft auch in literarischer Form auf eben diesem Problemfeld geboten. Nichts liegt den überaus nüchternen Darlegungen dieser der Absicht nach streng empirischen Studien ferner als die Gesinnung. Und – möchte ich hinzusetzen – wer ‹Predigt› wünscht, gehe in Konventikel. Welches Wertverhältnis zwischen den hier vergleichend behandelten Kulturen besteht, wird hier mit keinem Wort erörtert. Daß der Gang von Menschenschicksalen dem, der einen Ausschnitt daraus überblickt, erschütternd an die Brust brandet, ist wahr. Aber er wird gut tun, seine kleinen persönlichen Kommentare für sich zu behalten, wie man es vor dem Anblick des Meeres und des Hochgebirges auch tut, – es sei denn, daß er sich zur künstlerischen Formung oder zu prophetischer Forderung berufen und begabt weiß.»

«Seit das Mittelalter sich aufgelöst hat und die europäischen Völker ihre nationalen Eigenstile entfalten, kennen wir Deutschen keinen Meister, der so unformalistisch arbeitet und doch so sichere neue Formen hervorbringt wie Goethe, keinen, der den überkommenen und vorgezeichneten Formen gegenüber solche Freiheit und in der

steht eine ausgesprochene Konsequenz in der Anwendung der eigenen Form gegenüber. Seine Eigenart können wir sowohl in seinen Produktionen wie in seinen Unterlassungen wahrnehmen. Dies gilt auch für seine naturwissenschaftlichen und verwaltungstechnischen Arbeiten. Auch sie verraten seine geheimnisvolle Stilform und seine Persönlichkeit. Goethe bedurfte im Gegensatz zu anderen berühmten Männern auch keinerlei Anstrengung, um sich vor einer Assimilierung zu sichern und seine Eigenart zu bewahren. Mit Gewalt müssen andere zu diesem Zwecke die gegebenen Beschränkungen und Bildungen zerstören; ja, auch das, was ihnen verwandt und lieb ist, können sie sich nur in gewaltsamen Prozessen einverleiben, und mit noch größerer Leidenschaft greifen sie nach dem, was ihnen an sich fern liegt. Die Spiritualität der Romantik zum Beispiel zeigt diese Wildheit der Vergewaltigung, während die geistige Potenz eines Goethe aller Gewaltsamkeiten entraten kann.

eigenen Form so strenge Treue übt. In allem, was er beginnt und läßt, behauptet er seine besondere Art. Nicht einmal in den Naturwissenschaften, noch in den Geschäften der Verwaltung geht er derart auf, daß nicht auch dort noch das Geheimnis seiner Form gewahrt und sein Stil erkennbar bliebe. Andere Geister, die Mehrzahl der Berühmten, bedürfen gewaltsamer Anstrengungen, um sich hervorzutun, um nicht angeglichen zu werden. Gewaltsam zertrümmern sie daher heimische Schranken und fremde Gebilde, gewaltsam lieben, erobern, schlingen sie das Verwandte in sich hinein und greifen nach dem Fernsten mit Ungestüm. Die Romantiker z. B. waren von dieser wilden Geistigkeit, während Goethe viel zu mächtig ist, um Gewalt zu brauchen.»

Was ist der Unterschied zwischen beiden Fassungen? Die Originale sind in jedem Satz entschiedener, zugespitzter, anschaulicher; sie enthalten weniger Nebensätze, weniger Hauptwörter, weniger Fremdwörter. Aber das ist das wenigste! Wer spürte nicht bei dem ersten Beispiel das spröde Wohlwollen, mit dem Heinrich Wölfflin den Leser auf den rechten Pfad weist; wer hörte nicht hinter den wenigen Sätzen des zweiten die dämonische Leidenschaft Max Webers pochen; wer sähe nicht zwischen den wenigen Zeilen über Goethe die lächelnde, weltmännische Eleganz Karl Vosslers. Mit welcher Kunst hat Heinrich Wölfflin die abstrakte Undurchsichtigkeit und Stubenenge eines durchschnittlichen Gelehrtenstils aufgelockert zu der Ausdrucksklarheit eines weltoffenen Geistes, der, gleichsam mit dem Zeigestab an der Leinwand stehend, mit kargen Worten den Leser anleitet, dem Bild ins Auge zu sehen. Wie kraftvoll ist in den Worten Max Webers – aus dem Vorwort zu seiner «Religionssoziologie» – das Problem aus der Düsternis des Methodenstreits in die Helligkeit eines leidenschaftlichen Lebens emporgehoben! Sein Stil preßt ganze Kapitel in einen Satz. Und mit leichter Hand türmt Vossler die Antithesen nebeneinander, die Goethes Formgefühl herausarbeiten, indem er – eine Lieblingsform seines Stils – einem Objekt mehrere Zeitwörter zuordnet *(beginnt und läßt; lieben, erobern und hineinschlingen)*.

Stilkennzeichen

Sehr viele Schriftsteller erkennen wir schon an ihren Lieblingswörtern. Von Goethe hatten wir zahlreiche Beispiele. Kleists *dergestalt, daß*, Burckhardts *merkwürdig* (in der «Griechischen Kulturgeschichte» 63-, im «Konstantin» 41mal), Rankes *denn anders ist es nicht*, Hegels *von Haus aus*, Grillparzers *flammen* und *Gebein*, Eichendorffs *rauschen*, des Novalis *Traum* (im «Ofterdingen» 70mal) und *Wollust* (selbst die Moral ist bei ihm wollüstig): sie alle sind uns vertraut wie die Kleider guter Freunde.

Der Stil ist so zuverlässig wie ein Fingerabdruck. Man hat lange geschwankt, ob die boshafte «Geheimgeschichte» aus der Zeit des Kaisers Justinian wirklich von dem byzantinischen Hofgeschichtsschreiber Prokop herrühre, der in seinen übrigen Werken nur Gutes und in diesem nur Niederträchtiges von seinem kaiserlichen Herrn zu berichten weiß – so lange, bis ein Forscher durch eine glänzende Stiluntersuchung Prokop als Autor nachwies. Daß die pseudo-isidorischen Dekretalen – eine berühmte kirchengeschichtliche Fälschung – nicht von dem Papst Damasus herrührten, hat man mit Hilfe der Stiluntersuchung bewiesen. Damasus schrieb ein sehr elegantes Latein und grobe Fehler wie *episcopi sunt oboediendi* konnten ihm nicht unterlaufen. Als Herder die «Kritischen Wälder» ohne Namen des Verfassers erscheinen ließ, sagte ihm jeder auf den Kopf zu, das Buch müsse von ihm sein; der Stil sei unverkennbar.

Im Jahre 1866 veröffentlichten die bayerischen Zeitungen einen Brief Ludwigs II. an Hans von Bülow, in dem der König Bülows Gattin Cosima gegen den Verdacht in Schutz nahm, zu Richard Wagner Beziehungen zu unterhalten. Der König schrieb darin, es bliebe ihm nur übrig, «das Unerklärliche jener verbrecherischen öffentlichen Verunglimpfung zu erforschen, um, zur klaren Einsicht des schmachvollen Treibens gelangt, mit schonungslosester Strenge gegen die Übeltäter Gerechtigkeit üben zu lassen.» Sogleich vermerkte der Komponist Cornelius in sein Tagebuch: «Dieser Brief war in einem mir zu wohlbekannten Stil verfaßt, als daß ich den Sekretär des Königs in dieser Angelegenheit auch nur einen Augenblick hätte verkennen können.» Cornelius hatte gute

Stilkenntnis bewiesen; der Brief war tatsächlich von Wagner selbst aufgesetzt worden. Aber es gibt auch Schriftsteller, deren Eigenart nicht so leicht zu umreißen ist. Gottfried Keller hat sicherlich einen großen Stil geschrieben. Aber niemand kann so leicht wie bei Treitschke oder Kleist seine Eigenarten herzählen. Keller meinte von sich selbst: «Es liegt am Stil wie am persönlichen Wesen: ich fürchte immer maniriert und anspruchsvoll zu werden, wenn ich den Mund vollnehmen und passioniert werden wollte.» Kellers Eigenart ist nur schwer mit rationalen Mitteln aufzulösen. Diese Schönheit des scheinbar Unpersönlichen, diese Anmut der Anspruchslosigkeit haben nur wenige deutsche Prosaschreiber.

Stilschulung und Stileigenart

Wenn jeder gute Prosaschreiber seinen eigenen Stil hat wie seine eigene Nase, wozu dann eine allgemeine Stillehre? Sollte man nicht lieber jedem Schüler schon auf der Schule predigen: schreib deinen eigenen persönlichen Stil? Besteht nicht sonst die Gefahr, daß ein bis zur völligen Keimfreiheit sterilisiertes Zweckdeutsch herangebildet wird?

Nein, diese Gefahr besteht nicht! Denn auch in der Stilkunst gilt der Satz: Persönlichkeit hat, wer nur der Sache dient. Wenn jemand rein sachlich schreibt, nur in der Absicht, es dem Leser leicht zu machen, so schlägt seine Persönlichkeit von selbst durch. Will er aber originell schreiben, so wird er zum Hanswurst; der Stil zeigt dann nur die Maske, die er sich vorbinden möchte. «Originalität muß man haben, nicht danach streben.» (Friedrich Hebbel) Wer nach ihr strebt, schreibt sogleich maniriert:

«Befehl, zwei französische Landleute, die A. im Dorfe H., ins Gefängnis nach Aachen zu führen. Unwirsch fuhr ich am kalten Frühjahrsmorgen nach H. Frost buk noch. Frug dem Hause der A. nach. Meine Augen stachen in halbdunkler Stube nach den Verbrechern, sahen aber nur Knöpfe (sie blitzten im Scheine des Herdfeuers) eines aufstrammenden Landjägers. Was für Hauptverbrecher, für die ein Offizier bemüht wird! Vielleicht aber hatte der freundliche Stabsfeldwebel mir ein kleines Abenteuer zugedacht; denn jung war die Frau und schön. Sie trat schlank aus dem Dampfe des Wasserkessels hervor, sie hatte für den Vater und für sich, für den Jäger und für mich Kaffee bereitet. Sie trug ein knappes schwarzes, ein wenig altmodisches Tuchkleid, Stoffknöpfe treppten vom Halse auf die Füße.» (Josef Ponten)

Das ist gewiß keine grobe Originalitätsfatzkerei, aber der Stil ist ein wenig origineller als der Autor: einige Eigenwilligkeiten sind nicht von selbst und um der Sache willen aus ihm emporgestiegen, sondern nur umgehängt, so der «aufstrammende» Landjäger, die vom Halse auf die Füße «treppenden» Stoffknöpfe, die beide zu dem gewollten Offizierston des Berichts nicht passen.

Vor zwanzig Jahren fragte ein Schulmann bei sechsunddreißig deutschen Schriftstellern an, wie die Schulen guten Prosastil lehren sollten. Die treffendste Antwort gab Ricarda Huch:

«Die Schule soll dafür sorgen, daß die Kinder sich klar und richtig ausdrücken, den Stil wird später das Leben entwickeln, wenn die Fähigkeit dazu da ist. Man wird also gut tun, einfache und nicht fern liegende Gegenstände im Aufsatz zu geben; die üblichen Themata entwickeln das Schwafeln und die Phrase.»

Der Ehrgeiz darf nie darauf gerichtet sein abzustechen; sein Ziel muß sein, die überlieferte Form zu wahren. In diesem Reich sind nur unauffälligen Schönheiten dauernde Triumphe beschieden. Der Stil soll die Besonderheit der Sache wiedergeben, nicht die des Autors. Daß jede Aufgabe Anspruch auf ihren eigenen Stil hat: das soll die Stillehre predigen – namentlich denen, die uns alle Gerichte in der gleichen braunen Soße auftragen. Daß aber jeder Autor ein Anrecht auf seinen eigenen Stil hat, das brauchen wir nicht erst zu lehren: wenn sie echt ist, bricht diese Eigenart von selbst durch, auch wenn man sie verbieten wollte. Für sie ist auch Raum genug zwischen den Hürden der Stilregeln. Die Regeln und Ratschläge für den guten Stil sind keine eng zusammenstehenden Hekken, zwischen denen man nur in einer Spur treten kann, sie sind ein weites Gefilde, das genug Auslauf für kühne Galoppaden bietet.

Die Stillehre soll Eigenarten zähmen, nicht züchten. «Wenn ich unglücklicherweise einen Stil hätte, würde ich mich bemühen, ihn zu vergessen.» (Beaumarchais) Originalitätsfatzken, die originell schreiben um der Originalität willen, die nachträglich in ihre marklosen Texte eine persönliche Note hineinkorrigieren und sich bei jedem Satz neugierig über die eigene Schulter schauen, verraten ihre Hohlheit mit jedem dritten Wort. Der persönliche Stil gehört zu den vielen Erdengütern, die nur dem zufließen, der sie nicht sucht. Wer sich im täglichen Leben ein originelles Benehmen beilegen wollte, wird zur komischen Figur. Wer sich einen originellen Stil angewöhnen will, wird zum belanglosen Stilgaukler.

Echtheit und Gewicht

Sie meinen auch, daß sie die Sache hätten, wenn sie davon reden können. Das ist aber nicht, Sohn. Man hat darum die Sache nicht, daß man davon reden kann und davon redet. Worte sind nur Worte, und wo sie so gar leicht und behende dahinfahren, da sei auf deiner Hut, denn die Pferde, die den Wagen mit Gütern hinter sich haben, gehen langsameren Schrittes.

Matthias Claudius

Gestaltet und geredet

In seiner schönen Abhandlung «Umgang mit Dichtung» stellt Johannes Pfeiffer an den Anfang einige Sätze des Philosophen Heidegger und eine Strophe des Matthias Claudius, die beide vom Tod handeln.
Martin Heidegger:
«Keiner kann dem anderen sein Sterben abnehmen. Das Sterben muß jedes Dasein jeweilig selbst auf sich nehmen. Der Tod ist wesensmäßig je der meine. Daß es seinem Tod überantwortet ist, davon hat das Dasein zunächst und zumeist kein ausdrückliches oder gar theoretisches Wissen. Die Geworfenheit in den Tod enthüllt sich ihm ursprünglicher und eindringlicher in der Befindlichkeit der Angst.»
Matthias Claudius:

«Ach, es ist so dunkel in des Todes Kammer,
tönt so traurig, wenn er sich bewegt
und nun aufhebt seinen schweren Hammer
und die Stunde schlägt.»

Den Unterschied zwischen diesen beiden Sprachgebilden setzt Pfeiffer in den Worten auseinander:
«Wovon Heidegger in philosophischer Erhellung spricht, das ist in dem erstaunlichen Vierzeiler des Matthias Claudius ‹leibhaftig› da: was dort gegenständlicher Inhalt einer aufweisend-bestimmenden Mitteilung bleibt, das ist hier der sprachlichen Mitteilungsform als beseelender Atem einverwandelt; dort darf man und soll man hinter den sprachlichen Ausdruck greifen, nämlich nach der Sache, welcher die Sprache zu dienen versucht, hier hat man die Sache nur und nur mit der Sprache, in der Sprache und durch die Sprache, und der Griff hinter den sprachlichen Ausdruck ist ein Griff ins Leere.

Zugespitzt: dort ist das Wie der Mitteilung übersetzbar, das heißt, ich könnte den mitgeteilten Inhalt auch noch auf andere Weise haben; hier ist das Wie der Mitteilung unübersetzbar, das heißt, ich kann den mitgeteilten Inhalt nicht anders haben als gerade in dieser so und so gestalteten Form und Weise.»

Der Gegensatz, den Pfeiffer hier herausarbeitet, ist der Unterschied zwischen Zeichen und Ausdruck, von dem schon im Kapitel «Was ist guter Stil?» gesprochen wurde. Bei einem Zeichen, einer Note, einer Schrift, wissen wir, was gemeint ist, aber die Note ist nicht der Ton, die Buchstaben sind nicht die Laute oder der Sinn. In dem künstlerischen Ausdruck dagegen steckt das Ausgedrückte selbst. Böcklins «Toteninsel» bezeichnet nicht ein Eiland der Toten, sie verkörpert es: sie stellt es vor uns hin.

Mit großem Einfühlungsvermögen untersucht Pfeiffer nun, warum in dem einen Fall das inhaltlich Gemeinte und Beteuerte nur mitgeteilt, in dem andern Fall aber wirklich da ist, das heißt: in sprachliche Gestalt verwandelt. Sorgsam wägt er ab, welche Rolle bei dieser geheimnisvollen Verwandlung Rhythmus und Melodie, Bildkraft und Stimmungsgehalt spielen, und kommt zu dem Ergebnis: ob es einer Dichtung gelingt, ihren Inhalt nicht nur wiederzugeben, sondern in sprachliche Wirklichkeit zu verwandeln, darüber entscheidet ihre rhythmische und melodische Gestaltung und ihre Kraft, ein stimmungserfülltes, von Bewegung durchströmtes Bild heraufzubeschwören.

Vor dem gleichen Problem steht die Prosa. Auch hier haben wir Gebilde, die nur geredet, und Gebilde, die gestaltet sind. Auch hier gibt es einzelne Stücke – freilich seltener als in der Poesie –, bei denen der Inhalt wirklich da ist. Er hat Gestalt angenommen, und man könnte solchen Stücken nie eine andere Gestalt geben, nie ihren Inhalt in eine andere Form gießen, ohne sie völlig zu zerstören. Einen durchschnittlichen Zeitungsaufsatz, ein beliebiges Lehrbuch, einen mittleren Unterhaltungsroman kann man auch auf andere Art wiedergeben: die große Prosa ist in keine andere Form zu übertragen. Die Sprache teilt dann nicht den Inhalt mit; der Inhalt sitzt in der Sprache selbst. Man kann von solchen Prosastücken sagen: sie haben Gewicht.

Die Unterscheidung zwischen gestalteter und geredeter Prosa ist nicht erdacht, sie ist Wirklichkeit; schon Schiller hat diesen Trennungsstrich gezogen in den schönen Sätzen:

«Wenn dort das Zeichen dem Bezeichneten ewig heterogen und fremd bleibt, so springt hier wie durch innere Notwendigkeit die Sprache aus dem Gedanken hervor, und ist so sehr eins mit demselben, daß selbst unter der körperlichen Hülle der Geist wie entblößt erscheint. Eine solche Art des Ausdrucks, wo das Zeichen ganz in dem Bezeichneten verschwindet, und wo die Sprache den Gedanken, den sie ausdrückt, noch gleichsam nackend läßt, da ihn die andere nie darstellen kann, ohne ihn zugleich zu verhüllen, ist es, was man in der Schreibart vorzugsweise genialisch nennt.» Mit welchen Mitteln erreichen die großen Prosaschreiber, daß die Sprache ihre Gedanken nicht nur trägt, sondern verkörpert? Ihnen stehen nicht die Künste zur Verfügung, mit denen Matthias Claudius die Schauer des Todes in vier Zeilen vor uns hinstellt. Gewiß hat auch die Prosa ihre Satzmusik, aber sie ist lockerer und verborgener und nicht so zauberkräftig wie die des Verses; ganz versagt ist der Prosa der Reim. Bildkraft, vor allem die Kraft, Stimmungen zu beschwören, zählt auch zu ihren Mitteln, aber auch in dieser Kunst bleibt sie hinter der schöneren Schwester zurück; sie muß zunächst der Sache dienen, der Erzählung oder Belehrung. Was also sind die Kunstmittel der gewichtigen Prosa, der Prosa, die nicht nur geredet, sondern gestaltet ist, die nicht Dinge mitteilt, sondern Dinge vor uns hinstellt?

Die Kunstmittel, mit denen man den Gehalt eines Satzes in sprachliche Wirklichkeit verwandelt, sind ein Geheimnis, das wir nur zum Teil entschleiern können. Wenn wir versuchen wollen, diesen Schleier zu heben, müssen wir an einige Prosastücke herantreten, die das Problem lebendig vor uns hinstellen.

Hebel und Jean Paul

Ich kenne keine schönere Erzählung als Johann Peter Hebels «Kannitverstan».

«Der Mensch hat wohl täglich Gelegenheit, in Emmendingen und Gundelfingen so gut als in Amsterdam Betrachtungen über den Unbestand aller irdischen Dinge anzustellen, wenn er will, und zufrieden zu werden mit seinem Schicksal, wenn auch nicht viel gebratene Tauben für ihn in der Luft herumfliegen. Aber auf dem seltsamsten Umweg kam ein deutscher Handwerksbursche in Amsterdam durch den Irrtum zur Wahrheit und zur Erkenntnis. Denn als er in diese große und reiche Handelsstadt voll prächtiger Häuser, wogender Schiffe und geschäftiger Menschen gekommen war, fiel ihm sogleich ein großes und schönes Haus in die Augen, wie er auf seiner ganzen Wanderschaft von Tuttlingen bis nach Amsterdam noch keines erlebt hatte. Lange betrachtete er mit Verwunderung dies kostbare Gebäude, die sechs Kamine auf dem Dach, die schönen Gesimse und die hohen Fenster, größer als an des Vaters Haus daheim die Tür. Endlich konnte er sich nicht entbrechen, einen Vorübergehenden anzureden. ‹Guter Freund›, redete er ihn an, ‹könnt Ihr mir nicht sagen, wie der Herr heißt, dem dieses wunderschöne Haus gehört mit den Fenstern voll Tulipanen, Sternenblumen und Levkojen?› – Der Mann aber, der vermutlich etwas Wichtigeres zu tun hatte und zum

Unglück gerade so viel von der deutschen Sprache verstand als der Fragende von der holländischen, nämlich nichts, sagte kurz und schnauzig: ‹Kannitverstan›, und schnurrte vorüber. Dies war ein holländisches Wort oder drei, wenn man's recht betrachtet, und heißt auf deutsch soviel als: Ich kann Euch nicht verstehn. Aber der gute Fremdling glaubte, es sei der Name des Mannes, nach dem er gefragt hatte. Das muß ein grundreicher Mann sein, der Herr Kannitverstan, dachte er und ging weiter. Gass' aus, Gass' ein kam er endlich an den Meerbusen, der da heißt: Het Ei, oder auf deutsch: das Ypsilon. Da stand nun Schiff an Schiff und Mastbaum an Mastbaum, und er wußte anfänglich nicht, wie er es mit seinen zwei einzigen Augen durchfechten werde, alle diese Merkwürdigkeiten genug zu sehen und zu betrachten, bis endlich ein großes Schiff seine Aufmerksamkeit an sich zog, das vor kurzem aus Ostindien angelangt war und jetzt eben ausgeladen wurde. Schon standen ganze Reihen von Kisten und Ballen auf- und nebeneinander am Lande. Noch immer wurden mehrere herausgewälzt und Fässer voll Zucker und Kaffee, voll Reis und Pfeffer und salveni Mausdreck darunter. Als er aber lange zugesehen hatte, fragte er endlich einen, der eben eine Kiste auf der Achsel heraustrug, wie der glückliche Mann heiße, dem das Meer alle diese Waren an das Land bringe. ‹Kannitverstan›, war die Antwort. Da dachte er: Haha, schaut's da heraus? Kein Wunder, wem das Meer solche Reichtümer an das Land schwemmt, der hat gut solche Häuser in die Welt stellen und solcherlei Tulipanen vor die Fenster in vergoldeten Scherben. Jetzt ging er wieder zurück und stellte eine recht traurige Betrachtung bei sich selbst an, was er für ein armer Teufel sei unter so viel reichen Leuten in der Welt. Aber als er eben dachte: Wenn ich's doch nur auch einmal so gut bekäme, wie dieser Herr Kannitverstan es hat, kam er um eine Ecke und erblickte einen großen Leichenzug. Vier schwarz vermummte Pferde zogen einen ebenfalls schwarz überzogenen Leichenwagen langsam und traurig, als ob sie wüßten, daß sie einen Toten in seine Ruhe führten. Ein langer Zug von Freunden und Bekannten des Verstorbenen folgte nach, Paar und Paar, verhüllt in schwarze Mäntel und stumm. In der Ferne läutete ein einsames Glöcklein. Jetzt ergriff unsern Fremdling ein wehmütiges Gefühl, das an keinem guten Menschen vorübergeht, wenn er eine Leiche sieht, und blieb mit dem Hut in den Händen andächtig stehen, bis alles vorüber war. Doch machte er sich an den letzten vom Zug, der eben in der Stille ausrechnete, was er an seiner Baumwolle gewinnen könnte, wenn der Zentner um 10 Gulden aufschlüge, ergriff ihn sachte am Mantel und bat ihn treuherzig um Exküse. ‹Das muß wohl auch ein guter Freund von Euch gewesen sein›, sagte er, ‹dem das Glöcklein läutet, daß Ihr so betrübt und nachdenklich mitgeht.› ‹Kannitverstan!› war die Antwort. Da fielen unserm guten Tuttlinger ein paar große Tränen aus den Augen, und es ward ihm auf einmal schwer und wieder

leicht ums Herz. ‹Armer Kannitverstan›, rief er aus, ‹was hast du nun
von allem deinem Reichtum? Was ich einst von meiner Armut auch be-
komme: ein Totenkleid und ein Leintuch und von allen deinen schönen
Blumen vielleicht einen Rosmarin auf die kalte Brust oder eine Raute.›
Mit diesen Gedanken begleitete er die Leiche, als wenn er dazu gehörte,
bis ans Grab, sah den vermeinten Herrn Kannitverstan hinabsenken in
seine Ruhestätte und ward von der holländischen Leichenpredigt, von
der er kein Wort verstand, mehr gerührt als von mancher deutschen, auf
die er nicht achtgab. Endlich ging er leichten Herzens mit den andern
wieder fort, verzehrte in einer Herberge, wo man deutsch verstand, mit
gutem Appetit ein Stück Limburger Käse, und wenn es ihm wieder einmal schwer fallen wollte, daß so viele Leute in der Welt so reich seien und
er so arm, so dachte er nur an den Herrn Kannitverstan in Amsterdam,
an sein großes Haus, an sein reiches Schiff und an sein enges Grab.»

Neben diese einfache Geschichte stelle ich die Erzählung eines Schriftstellers, den seine Zeitgenossen – selbst Herder – noch über Goethe setzten, ein Stück aus Jean Paul, den Anfang des Romans «Hesperus»:

«Im Hause des Hofkaplans Eymann in Bad-Dorfe St. Lüne waren
zwei Parteien: die eine war den 30. April froh, daß der Held dieser Geschichte, der junge Engländer Horion, den 1. Mai aus Göttingen zurück-
käme und in der Kaplanei bliebe – der andern war's nicht recht, sie
wollte haben, er sollte erst den 4. Mai anlangen.

Die Partei des ersten Maies oder des Dienstags bestand aus dem Ka-
planssohne Flamin, der mit dem Engländer bis ins zwölfte Jahr in London und bis ins achtzehnte in St. Lüne erzogen worden, und dessen Herz
mit allen Aderzweigen in das britische verwachsen, und in dessen heißer
Brust während der langen Trennung durch Göttingen ein Herz zu wenig
gewesen war – ferner aus der Hofkaplänin, einer geborenen Engländerin, die in meinem Helden den Landsmann liebte, weil der magnetische
Wirbel des Vaterlandes noch an ihre Seele über Meere und Länder reichte
– endlich aus ihrer ältesten Tochter Agathe, die den ganzen Tag alles aus-
lachte und lieb hatte, ohne zu wissen warum, und die jeden, der nicht gar
zu viele Häuser weit von ihr wohnte, mit ihren Polypenarmen als Nahrung ihres Herzens zu sich zog.

Die Sekte des vierten Maies konnte sich mit jener schon messen, da sie
auch ein Kollegium von drei Gliedern ausmachte. Die Anhänger waren
die kochende Appel (Apollonia, die jüngste Tochter), deren Küchenehre
und Backbelobebrief dabei litt, daß der Gast früher ankam als die Weiß-
hefen; sie konnte sich denken, was eine Seele empfindet, die vor einem
Gaste steht, die Hände voll Spick- und Nähnadeln, neben der Platte der
Fenstervorhänge, und ohne sogar die Frisur des Hutes und des Kopfes,
der darunter soll, nur halb fertig zu haben. Der zweite Anhänger dieser
Sekte, der am meisten gegen den Dienstag hätte reden sollen – ob er

gleich am wenigsten redete, weil er's nicht konnte und erst kürzlich getauft war –, sollte am Freitag zum ersten Male in die Kirche getragen
werden; dieser Anhänger war das Patchen des Gastes. Der Kaplan wußte
zwar, daß der Mond seinen Gevatterbitter, den P. Ricciolum, bei den Er-
dengelehrten herumschicke und sie als Paten seiner Flecken ins Kirchen-
buch des Himmels bringe; aber er dachte, es ist besser, sich seinen Gevatter schon in einer Nähe von fünfzig Meilen zu nehmen. Der Aposteltag
des Kirchgangs und der Festtag der Ankunft des Herrn Gevatter wären
also schön ineinander gefallen; aber so führte das Wetter (das hübsche)
den Gevatter vier Tage eher her!»

Niemand wird zweifeln, was hier gestaltet und was nur geredet ist. An
dem «Kannitverstan» läßt sich nichts verrücken, ohne die ganze Mär-
chenluft dieses Stückes zu zerstören. Dabei ist die Erzählung nicht eben
‹poetisch› im Alltagssinn. Betrachtet man freilich nach dem Worte Jakob
Grimms die Poesie als «das Leben gefaßt in Reinheit und gebunden im
Zauber der Sprache», dann wird man schnell gewahr, wieviel Poesie und
zugleich wieviel Leben in dieser schlichten Geschichte steckt. Wir gehen
mit dem armen, hungrigen Handwerksburschen durch die satte Luft von
Amsterdam, mit seinen erstaunten Augen sehen wir den Mastenwald
von Het Ei, und mit seinem betrübten, aber erleichterten Herzen stehen
wir am Grabe des grundreichen Herrn Kannitverstan. All diese Welt
wird nicht beschrieben, sie ist leibhaftig da. Sie steckt in den schlichten
Worten der kleinen Erzählung.

Das Prosastück Jean Pauls dagegen hat keine zwingende unabhänderli-
che Form; man könnte oft auch andere Worte wählen. Es berichtet und
beschreibt vielerlei, aber nie steckt hier das Gemeinte und Beteuerte in
der Sprache, wie in jenem Vierzeiler des Matthias Claudius über den
Tod. Die Prosa Jean Pauls ist geistreich, lebendig, temperamentvoll, aber
die Kraft der Einfachheit ist ihr versagt. Seine Geschichte stammt aus einem beweglichen Verstand, die Erzählung Hebels entspringt einem tiefen Herzen.

Luther und Lassalle

Auf dem Reichstag zu Worms 1521 schloß Martin Luther seine Rede mit
den Worten:

«Weil denn Ew. Kaiserliche Majestät, Kur- und Fürstliche Gnaden
eine schlichte, einfältige, richtige Antwort begehren, so will ich die geben, so weder Hörner noch Zähne haben soll, nämlich also: Es sei denn,
daß ich mit Zeugnissen der Heiligen Schrift oder mit öffentlichen klaren
und hellen Gründen und Ursachen überwunden und überweiset werde –
denn ich glaube weder dem Papst noch den Konzilien alleine nicht, weil
es am Tage und offenbar ist, daß sie oft geirret haben und ihnen selbst

widerwärtig gewesen sind – und ich also mit den Sprüchen, die von mir angezogen und eingeführet sind, überzeuget und mein Gewissen in Gottes Wort gefangen sei, so kann und will ich nichts widerrufen, weil weder sicher noch geraten ist, etwas wider das Gewissen zu tun. Hier stehe ich, ich kann nicht anders, Gott helfe mir. Amen.»

Im Jahre 1862 hielt Ferdinand Lassalle mehrere große Vorträge über «Grundfragen der Verfassung», mit denen er eine neue politische Epoche einzuleiten gedachte. Die letzte dieser Reden schloß:

«Vielleicht aber – und dies wäre gar sehr zu Ihrem Vorteil, meine Herren – vielleicht gibt die Regierung nicht augenblicklich nach, sondern bleibt einige Zeit hartnäckig, ohne Kammern fortregierend. Es wäre dies gar sehr zu Ihrem Vorteil, sage ich. Denn um so mehr demütigt sich dann die Regierung vor der Majorität des Volkes, wenn sie später umzukehren sich gezwungen sieht. Um so mehr erkennt sie dann die gesellschaftliche Macht des Bürgertums als die ihr überlegene Macht an, wenn sie erst später umkehrend sich vor Volk und Kammer beugen muß.

Dann werden Sie, meine Herren, in der Lage sein, Ihrerseits und siegreich Ihre Bedingungen zu stellen. Dann werden Sie in der Lage sein, das parlamentarische Regiment, ohne welches nur Scheinkonstitutionalismus bestehen kann, zu fordern und durchzusetzen. Dann also kein Versöhnungsdusel, meine Herren. Sie haben jetzt hinreichende Erfahrungen gesammelt, um zu sehen, was der alte Absolutismus ist. Dann also kein neuer Kompromiß mit ihm, sondern: den Daumen aufs Auge und das Knie auf die Brust.»

Luthers Deutsch klingt uns heute in einigen Wendungen fremd. Aber jeder spürt: hier wird nicht über einen Entschluß geredet, sondern hier ist der Entschluß selbst Gestalt geworden. Hier ist das Wort echt: es ist verwurzelt in dem ganzen Sein seines Sprechers; es kann nur so und nicht anders lauten. Diese Rede läßt sich nicht in irgendeine andere Form übersetzen. Die Form ist hier die Kontur des Inhalts.

Die Rede Lassalles wirkt daneben matt. In ihr ist nichts gestaltet, sondern alles nur geredet. Fast jede Zeile enthält einen albernen Stilschnitzer oder eine schmerzhafte Stilhärte. Er sagt *nicht augenblicklich*, meint aber *in diesem Augenblick noch nicht*. Er sagt *fortregierend*, wo es heißen müßte *weitergehend*; obendrein ist das Mittelwort hier ungeschickt. Die Wendungen *wäre zu Ihrem Vorteil* und *später umkehren* werden innerhalb dreier Zeilen banal wiederholt. Er sagt *um so mehr demütigt sich dann die Regierung,* aber es muß heißen: *um so mehr wird sich die Regierung dann eines Tages demütigen müssen.* Und so geht es fort bis zu dem plumpen *Regiment, ohne welches.* Ohne Führung und Rhythmus klappern die Sätze schlotternd daher. Alles ist rhetorisch – Lassalle hat auch wesentlich bessere Reden gehalten, darunter einige Glanznummern deutscher Prosa, aber hier hat nichts Gewicht.

Wir sehen also, daß zwischen gestalteter und geredeter Sprache ein Abgrund klafft, und wir stehen erneut vor der Frage: mit welchen Mitteln vermögen Hebel und Luther ihren Worten Gewicht zu verleihen?

Geredet

Das Schlechte ist leichter zu beschreiben und zu durchschauen als das Gute; mit dem Schlechten wollen wir deshalb beginnen.

Geredet und nicht gestaltet ist alle Prosa, die in den niederen Stilschichten verbleibt. Zu jenen Schichten gehören die Formeln der Schablonensprache, die steifen Redensarten des Papierstils, die Wendungen nachlässiger Alltagsrede, die Gemengsel des Fremdwortstils: kurz alles, was abgegriffen und verschlissen ist.

Geredet und nicht gestaltet ist alle Prosa, die der Autor nicht völlig durchgearbeitet hat. Wer Schachtelsätze baut, die Handlungen in Hauptwörter zwängt, die Worte nach dem grammatischen Schema stellt und nicht nach dem Sinnwert, wer die saloppe Wendung, den schlampigen Ausdruck, das weitschweifige Gerede duldet, wer verschwommene, undeutliche, nicht zu Ende gedachte Sätze durchgehen läßt, kurz, wer seine ersten Entwürfe vorzusetzen wagt, der mag ein Gelehrter von Rang und Namen sein, aber seine Prosa hat kein Gewicht.

Geredet und nicht gestaltet ist alle Prosa, die in Allgemeinheiten verschwimmt. Wer nicht an jeder Sache das Besondere auszudrücken weiß, wer nicht die anschauliche Wirklichkeit, das gelebte Leben in seinen Worten aufrufen kann, dessen Worte haben kein Gewicht.

Gestaltet

Aber das Schlechte verurteilen heißt noch nicht das Gute beherrschen.

Nicht jede Prosa, welche die Fehler vermeidet, hat darum schon Gewicht. Stilkrankheiten zu überwinden ist unerläßlich, aber es ist nicht ausreichend.

Gestaltet und nicht geredet ist nur eine Sprache, in der wir etwas Lebendiges spüren; in der die Spannungen des Menschenlebens lebendig sind und nicht durch ein geistvolles Schema oder einen gewollten Tonfall verleugnet werden. In der Geschichte Hebels spüren wir Neid und Unschuld des armen Handwerksburschen, in der Rede Luthers lebt Mut und Gottesfurcht des starken Mannes. Solche Prosa kommt nur aus den Tiefen des Herzens. Wer als Denkmaschine zur Denkmaschine anderer spricht, der kann überzeugen und Bewunderung erregen; mitreißen und erschüttern kann er nicht. Nicht einmal Gedanken zu übertragen ist ein bloßes Werk des Gehirns. Jede Mitteilung, die einen anderen Menschen ganz ergreifen soll, muß aus den Quellen emporsteigen, aus denen unser

Lebensgefühl und unsere Willensregungen strömen. Jede Prosa von Gewicht ist mit einem goldenen Bändchen an das Menschliche in uns gebunden.

Gestaltet und nicht geredet ist nur eine Sprache, die geronnenes Leben ist. Nicht als ob der Verfasser selbst in den Vordergrund der Bühne treten dürfte. Aber er muß den Sätzen, die er uns hinstellt, ohne es zu wollen, seinen Herzschlag mitgegeben haben. Jakob Grimm – von der Universität Göttingen wegen seiner Verfassungstreue verwiesen – schließt den Bericht über seine Entlassung:

«Nun liegen meine Gedanken, Entschlüsse, Handlungen offen und ohne Rückhalt vor der Welt. Ob es mir fruchte oder schade, daß ich sie aufgedeckt habe, berechne ich nicht; gelangen diese Blätter auf ein kommendes Geschlecht, so lese es in meinem längst schon stillgestandnen Herzen. Solange ich aber den Atem ziehe, will ich froh sein, getan zu haben, was ich tat, und das fühle ich getrost, was von meinen Arbeiten mich selbst überdauern kann, daß es dadurch nicht verlieren, sondern gewinnen werde.»

Gestaltet und nicht geredet ist nur eine Prosa, in der jeder Teil das Leben des Ganzen lebt. Sie besteht nicht aus gescheit zusammengefügten Sätzen, sondern sie wirkt auf uns wie ein organisches Gebilde, das seine Lebensluft mitbringt und uns in sie einhüllt und verzaubert.

Gestaltet und nicht geredet ist nur eine Prosa, deren Schönheit wir empfinden, ohne sie zu bemerken. Erst in dem befriedigten Gefühl, mit dem wir das Buch aus der Hand legen, spüren wir, daß es in gutem Stil geschrieben war. Stilschönheiten sind unauffällig wie gute Kleidung.

Einfachheit

Deshalb ist die Einfachheit der gerade Weg zu gestalteter Prosa, die nicht über die Dinge spricht, sondern sie vor uns hinstellt. Kein Wort kann besser als dieses den Unterschied bezeichnen zwischen Hebel und Jean Paul, zwischen Luther und Lassalle. Aber einfach zu schreiben ist schwierig, großartig zu schreiben ist leichter. Der großartige Stil ist voller Schlupfwinkel, der einfache zeigt den Menschen, wie er ist. Ein Gedanke muß sehr gut sein, um eine einfache Darstellung auszuhalten. Eben darum wirkt Einfachheit echt und gewinnt das Vertrauen des Lesers. Wir haben in unserer Literatur einige Bücher, deren Verfasser keine Berufsschriftsteller waren, und die gerade deshalb in vollendetem Stil geschrieben sind. Sie besitzen das Gewicht, das die Einfachheit verleiht. Eine Probe aus Nettelbecks Erinnerungen steht in einem früheren Kapitel; die gleiche Kraft und Anmut des Einfachen finden wir in den Erinnerungen des Webers Uli Bräker, des «Armen Mannes im Toggenburg»:

«Meine Mutter war wenige Tage nach unserer Abreise gen Schaffhausen gekommen und mußte, da ihr der Wirt nichts sagen konnte, wann wir zurückkämen, noch welchen Weg wir genommen, wieder nach Haus kehren, ohne ihr liebes Kind gesehen zu haben. Sie hat mir mein Neues Testament und etliche Hemdchen gebracht und dem Wirt befohlen, mirs nachzuschicken, falls ich nicht wieder auf Schaffhausen käme. Ganz trostlos unter tausend Tränen soll sie wieder von Schaffhausen heimgegangen sein. Dies schrieb mir auf ihr Ansuchen bald darauf Herr Schulmeister am Bühl zu Wattwil mit dem Beifügen, sie lasse mir, da sie keine Hoffnung habe, mich jemals wiederzusehen, hiermit ihr letztes Lebewohl sagen und gebe mir ihren Segen. Es war ein schöner Brief, er rührte mich innig. Unter anderm stand auch darin: Als das Gerücht in meine Heimat gekommen, ich müsse über Meer, hätten meine jungen Schwesterchen all ihr armes Gewändlin dahingeben wollen, mich loszukaufen, die Mutter desgleichen. Damals waren ihrer neun Geschwister bei Hause. Man sollte denken, das wären ihrer genug. Aber eine rechte Mutter will keines verlieren, denn keines ist das andere.»

Einfach und gewichtig schreibt Liselotte von der Pfalz, als man ihr, der Mutter des Regenten, die Mitregentschaft von Frankreich anbietet:

«Warum ich mich in nichts mischen will, das will ich offenherzig heraussagen: ich bin alt, habe mehr Ruhe vonnöten als geplagt zu sein. Ich mag nichts anfangen, was ich nicht wohl zu Ende bringen könnte. Regieren habe ich nie gelernt; ich verstehe mich weder auf Politik noch auf Staatssachen und bin viel zu alt, was so Schweres zu lernen. Mein Sohn hat, gottlob, Verstand, die Sache ohne mich auszuführen. Zudem würde es zu viel Jalousie bei seiner Gemahlin und ältesten Tochter zuwege bringen, die er lieber hat als mich; das würde ein ewiger Zank sein, und das ist meine Sache nicht. Wozu sollte es mir nutzen, mich Tag und Nacht zu quälen? Ich begehre nichts als Friede und Ruhe. Alle die Meinigen sind tot; für wen sollte ich mich in Sorge setzen? Meine Zeit ist nun vorbei, muß nur sehen, so zu leben, damit ich ruhig sterben kann: und es ist schwer, in großen Weltgeschäften ein ruhiges Gewissen zu behalten.»

Einfachheit ist nicht Armut. Wer sich einfach kleiden will, braucht nicht in Sack und Asche zu gehen; wer einfach schreiben will, braucht nicht die Stilmittel unserer Sprache zu verschmähen. Einfachheit ist Sparsamkeit der Kunstmittel. Wer einfach schreibt, wendet nicht mehr stilistische Kunst an als jeweils notwendig; aber die angemessenen Mittel auch einzusetzen, scheut er sich nicht.

Die Kunst zu lehren

Lehrbücher sollen anlockend sein. Das werden sie
nur, wenn sie die heiterste und zugänglichste Seite
der Wissenschaften darbieten.

Goethe

Das Geheimnis des Lehrens

Im Vorwort seines ausgezeichneten Lehrbuchs «Vom Einmaleins zum
Integral» sagt Egmont Colerus:

«Die Mathematik ist eine Mausefalle. Wer einmal in dieser Falle gefangen sitzt, findet selten den Ausgang, der zurück in seinen vormathematischen Seelenzustand leitet. Die erste Folge der ‹Mausefalleneigenschaft› der Mathematik ist ein großer Mangel an mathematischen Pädagogen. Nur selten trifft mathematisches Können und leicht faßliche Darstellung zusammen.»

Das gilt nicht nur von der Mathematik, das gilt von jeder Wissenschaft. Wer Tag und Nacht in einer Wissenschaft lebt, der weiß nicht mehr, wie viel oder wie wenig der mitbringt, der das Haus zum erstenmal betritt. Aber gerade das muß wissen, wer ein belehrendes Buch schreiben will. Daß jedes Buch etwas von einem Brief haben und auf den Geist des Empfängers zugeschnitten sein muß: wie fern liegt dieser Gedanke den meisten Gelehrten! Nur wenige erinnern an die ergötzliche Schilderung, die der Nationalökonom Georg Friedrich Knapp von seinem Lehrer Helferich gibt:

«Helferich fühlte die geistige Unbeholfenheit der Schüler heraus, kam ihnen auf halbem Weg entgegen und drehte und wendete die Sätze so lange, bis auch der letzte unter den Landwirten freudig empfand, daß er etwas Schweres spielend begreife. Mit dankbarer Hingebung hingen sie an den Lippen des Lehrers; sie fühlten sich an Wissen gefördert, an Selbstgefühl gehoben. Helferich leitete liebevoll an, war stets geschmackvoll und bewegte sich in den Grenzen der Anmut. Schon wie er auf dem Katheder stand, war bezeichnend: die Arme aufgelegt, die Hände gefaltet und der freundliche Ausdruck des Mundes schien zu sagen: mein Joch ist sanft und meine Last ist leicht.»

Knapp war Helferichs würdiger Schüler: wie in Silber getrieben stehen seine Bücher vor uns, unerbittlich in ihrer Begriffsschärfe, unermüdlich im Ringen um wirkliche Klarheit. Mit der Unbekümmertheit des großen Gelehrten hat er von der Wirtschaftswissenschaft gesagt: «Solange sie als Magd in den Festsaal will mit der ordnungslosen Bürde bloßen Materials, rufe man ihr entgegen: Du hast kein hochzeitlich Gewand an.»

Große Lehrbegabungen machen selbst schwierige Gebiete durchsichtig. Kaum ein Gebiet ist für den Laien so rätselhaft wie die moderne Entwicklung der höheren Mathematik. Aber in dem Buch «Theorie und Anwendung der unendlichen Reihen» von Konrad Knopp erklärt der Verfasser, es habe ihm vorgeschwebt, «alle Untersuchungen über die unendlichen Reihen zusammenzufassen, möglichst voraussetzungsfrei von den ersten Anfängen an, aber fortführend bis an die ausgedehnte Front der gegenwärtigen Forschung, und alles dies möglichst lebendig und leicht faßlich, doch selbstverständlich ohne den geringsten Verzicht auf Exaktheit, um so dem Studierenden eine bequeme Einführung in das fesselnde Stoffgebiet zu geben.»

Schwebt das allen vor, die wissenschaftliche Bücher schreiben? Haben sie alle den Willen, dafür zu sorgen, daß ihr Joch sanft sei? Und kennen sie alle die Wege, die dazu führen?

Vor hundert Jahren gestand ein so grundgescheiter Mann wie Friedrich Theodor Vischer im Vorwort seiner «Ästhetik»:

«Es mag der Stil mehr Schwere angenommen haben, als selbst der streng wissenschaftliche Charakter rechtfertigt. Der Vorwurf frivoler Leichtigkeit in der Behandlung der Wissenschaft kann immerhin dazu verleiten, daß man denkt, man wolle einmal zeigen, ob man es nicht auch schwer machen könne.»

Es schwer zu machen: das gelingt vielen; in jedem Kapitel dieses Buches stehen die Belege. Neben den leuchtenden Werken einiger Meister der Lehrkunst liegt die unendliche Reihe jener Lehrbücher und Abhandlungen, mit denen der Lernende qualvolle Nächte durchwacht; jener Bücher, deren Inhalt sich der Leser mühsam einhämmert und die er trotz aller Mühe nicht bis in die letzten Winkel hinein versteht. Aber alles, was nur zu drei Vierteln verstanden ist, verschmilzt nicht mit der Person des Lernenden, sondern bleibt ein äußerlich umgehänger Mantel ohne wirklichen Bildungswert. Millionen von Arbeitsstunden gehen jedes Jahr durch unzureichende Lehrbücher verloren. Hunderttausende von geistigen Arbeitern, die zähe und wertvolle Arbeit leisten könnten, aber keine schnelle Auffassungsgabe besitzen, gelangen nie zu einer vollkommenen Beherrschung ihres Arbeitsgebietes, weil ihnen das notwendige Wissen nie greifbar genug dargeboten wurde. Die deutsche Sachprosa ist spröder, als die Sache erfordert. Pascal hat gesagt, die besten Bücher seien die, bei denen jeder Leser glaubt, er hätte sie auch selbst schreiben können. Aber dieses Ziel zu erreichen: wieviel Streben nach Einfachheit, nach Klarheit, ja wieviel Selbstverleugnung gehört dazu!

Wie machen es nun die Ostwald, Helferich und Knapp und die anderen Meister der Darstellung, daß ihr Joch so sanft ist und daß bei ihnen das Wissen leicht in den Kopf geht? Welchen Methoden verdanken sie diesen Erfolg?

Von diesen Methoden soll das Kapitel handeln. Man kann freilich sagen, daß es das Arbeitsgebiet einer Stillehre überschreitet. Aber diese Probleme überschneiden sich mit stilistischen Fragen stark und ständig. Es wäre ein größerer Fehler, diese Grenzverletzung zu unterlassen als zu begehen.

Das Kapitel hat die Form von achtzehn Ratschlägen angenommen. Selbstverständlich paßt nicht jeder Ratschlag für jede Art Sachprosa. Regeln, die für eine Darstellung der Geldtheorie zweckmäßig sind, gelten nicht immer für eine Lebensgeschichte Ottos des Faulen oder für ein Lehrbuch der vergleichenden Anatomie. Das muß man in Kauf nehmen.

1. *Auswählen*

«Dante hielt ein. Seine Fabel lag in ausgeschütteter Fülle vor ihm, aber sein strenger Geist wählte und vereinfachte.» Die Stelle stammt aus C. F. Meyers Novelle «Die Hochzeit des Mönchs». Sie gibt genau an, was jeder tun muß, der etwas darstellen will: wählen und vereinfachen. Vor ihm breitet sich ein unübersehbares Meer aus: die Fülle alles dessen, was er über seinen Gegenstand weiß oder erdacht hat. Nur ein Zehntel darf er niederschreiben; es genügt, um dem Leser alle notwendigen Kenntnisse zu übermitteln. So muß er auswählen: darstellen heißt weglassen.

Aber er muß so weglassen, daß er gleichzeitig verdichtet. Aus der Unzahl seiner Urkunden, Akten und Berichte wählt der Geschichtsschreiber diejenigen aus, welche unentbehrlich sind, wenn der Leser jene Zeit verstehen soll. Er muß imstande sein, aus einem Orchesterwerk einen Klavierauszug zu machen.

Auswählen und weglassen kann nur, wer Abstand von seinem Stoff hat. «Das Schwierigste am Sammeln ist das Wegwerfen.» (Hermann Köster) Manche Gelehrte behandeln ihren Gegenstand wie ein verzogenes Kind, dem die Eltern nie weh tun wollen: nicht die kleinste Einzelheit wollen sie entbehren. So entstehen jene Vorlesungen «Über das Leben des jüngeren Plinius vom ersten bis sechsten Lebensjahr, achtstündig». Aber verzogene Kinder bekommen ihre Schläge später im Leben, und verhätschelte Bücher bleiben ungelesen liegen. Vollständigkeit ist kein Nutzen, sondern eine Gefahr. «Das Geheimnis zu langweilen besteht darin, alles zu sagen.» (Voltaire)

Freilich gibt es einige Bücher, die auf Ausführlichkeit nicht verzichten können, etwa weil sie unerschlossene Akten zum ersten Male auswerten. Dann tut der Verfasser klug, alle Belege und alle entbehrlichen Einzelheiten in ein gesondertes Buch zu verbannen, wie es Karl Brandi in seinem Werk über Karl V. getan hat.

Oft bleibt das Buch auch dann noch zu umfangreich. Dann muß der Autor prüfen, ob es nur für Fachgenossen bestimmt ist oder auch für die allgemeine Leserwelt, die umfangreiche gelehrte Bücher ungern liest. Glaubt er auch zu ihnen sprechen zu dürfen, so kann er eine zweite gedrängte Ausgabe seines Buches schreiben. Er selbst wird davon Nutzen haben und das große Publikum Freude.

2. Gliedern

Aber auch durch die übriggebliebenen Tatsachen und Gedanken kann man den Leser nur hindurchführen, wenn man ihm einen Faden in die Hand gibt. Jede Darstellung bedarf eines Planes, einer Leitlinie.

«Wenige schreiben, wie ein Architekt baut, der zuvor seinen Plan entworfen und bis ins einzelne durchdacht hat; vielmehr die meisten nur so, wie man Domino spielt. Kaum daß sie ungefähr wissen, welche Gestalt im ganzen herauskommen wird, und wo das alles hinaus soll. Viele wissen selbst dies nicht, sondern schreiben, wie die Korallenpolypen bauen. Periode fügt sich an Periode, und es geht, wohin Gott will.» (Schopenhauer)

Wer einen klaren Plan hat, der hat auch eine Gliederung, eine ‹Disposition›. Dieses Wort ist den meisten verdächtig – von der Schule her. Wenn uns ein wohlmeinender Oberlehrer versichert: «Schiller zerfällt auf den ersten Blick in drei Teile», so stimmt uns das heiter. Aber kein Mißbrauch kann die Tatsache verrücken: ohne Gliederung keine Klarheit. Der Mensch kann nicht zwei Gedanken auf einmal aussprechen, also muß er sie hintereinander anordnen; die Art dieser Anordnung ist für ihr Verständnis entscheidend. Meist muß man mehrere Gliederungen durchprobieren, bis man die beste findet.

Die Gliederung eines Buches schlägt sich nieder im Inhaltsverzeichnis – von ihm ist nachher die Rede. Die Gliederung einer Abhandlung oder eines Buchabschnittes wird oft am Beginn klar angekündigt:

«Daß Sie ein elender Gegner sind, will ich Ihnen, mein Herr Pastor, in dem ersten Teil meines Briefes erweisen. Der zweite Teil aber soll Ihnen dartun, daß Sie, noch außer Ihrer Unwissenheit, eine sehr nichtswürdige Art zu denken verraten haben, und mit einem Worte, daß Sie ein Verleumder sind. Den ersten Teil will ich wieder in zwei kleine absondern: anfangs will ich zeigen, daß Sie die von mir getadelten Stellen nicht gerettet haben, und daß sie nicht zu retten sind; zweitens werde ich mir das Vergnügen machen, Ihnen mit einer Anzahl neuer Fehler aufzuwarten... Verzeihen Sie mir, daß ich in einem Briefe so ordentlich sein muß! Ein Glas frisches Blumenwasser wird Ihnen sehr dienlich sein, ehe wir zu der ersten Unterabteilung schreiten. Noch eines, Herr Pastor!... Nun lassen Sie uns anfangen.» (Lessing)

Ranke in der Einleitung seiner Darstellung der spanischen Monarchie: «Die Absicht ist, den Kampf zwischen der höchsten Staatsgewalt und

dem abgesonderten Interesse der einzelnen Landschaften in dem Um-
kreise der Monarchie vor Augen zu legen, zuerst Natur und Intentionen
der Regierenden, sowohl der Könige als ihrer Räte, hierauf den Widerstand, den sie in den vornehmsten Provinzen finden, und wie sie ihn
mehr oder minder besiegen, endlich die Staatswirtschaft, welche sie sich
nunmehr einrichteten, und den Zustand, in welchen die Provinzen gesetzt wurden.»

Aber es genügt nicht, wenn die Gliederung im Inhaltsverzeichnis oder
am Anfang des Textes steht. Sie muß auch im laufenden Text deutlich
hervortreten. Die Gelenke der Darstellung sollen nicht von dem Fett allgemeiner Redensarten und kunstvoller Übergänge überwuchert sein,
sondern sie sollen sich deutlich abzeichnen. Der Leser braucht ständig
Wegtafeln.

Als Wegtafeln dienen zunächst die Überschriften der Kapitel. Sind die
Kapitel sehr lang, so müssen die Abschnitte, aus denen sie bestehen, ge-
kennzeichnet werden. Wenn diese Abschnitte gleichfalls Überschriften
haben, so wird der Leser dankbar sein; er weiß dann gleich, was Gegenstand der folgenden Zeilen ist. Diese Inhaltsangaben kann man an den
Rand, über die Seiten oder auch mit abweichendem Druck in den Text
setzen. Es genügt nicht, daß die Abschnittsüberschriften im Inhaltsverzeichnis stehen; der Leser kann nicht dauernd hin und her blättern, um
festzustellen, ob er jetzt in diesem oder jenem Abschnitt steckt. Er will
ständig darüber unterrichtet sein, wo die Untersuchung steht. Ein Meister in dieser Kunst war Lessing: «Ich will geschwind den Weg links und
den Weg rechts ein wenig vorauslaufen, um zu sehen, wohin sie beide
führen.»

Luther pflegte seine Schriften mit *zum ersten, zum zweiten* und so weiter zu gliedern; in der «Freiheit eines Christenmenschen» bis zum Drei-
ßigsten. Dies Verfahren erspart alle künstlichen Übergänge von Absatz
zu Absatz, läßt die Abschnitte klar hervortreten und ist dort zweckmäßig, wo eine Reihe nebeneinander geordneter Gedanken oder Tatsachen
rein sachlich vorgetragen wird.

Aber die Gliederung besteht nur selten aus solchen gleichgeordneten
Teilen (Reihung), meist ist sie geschichtet: übergeordnete und unterge-
ordnete Gedanken wechseln ab. Als Beispiel mag das Inhaltsverzeichnis
dieses Buches dienen.

Die Darstellung geht vom Allgemeinen zum Besonderen, bringt individuelle Beispiele, schweift ab zu Nachbarthemen, geht von Behauptungen zu Beweisen und vom Beweis zu neuen Behauptungen, kehrt zurück
zu allgemeineren Gegenständen, die sich dann von neuem verzweigen,
und so fort. Bei solcher Schichtung ist es sehr schwer, den Übergang
von einem zum anderen Abschnitt in den Text hineinzuflechten; allzuviel
derartige Hinweise wirken leicht aufdringlich und unkünstlerisch. Na-

mentlich für die Rückkehr vom Besonderen zu der nächsten allgemeineren Behauptung fehlt uns eine übliche Wendung. Gerade deshalb ist es klug, die Darstellung durch äußere Hilfsmittel, also durch Kapitel, Absätze, Paragraphen oder Randtitel klar aufzugliedern. Wer diese Mittel als starr und trocken empfindet und verschmäht, der muß die Kunst beherrschen, die Gliederung durch den Text hindurchleuchten zu lassen.

Wer eine Gliederung entwirft, gerät unfehlbar über eine Tatsache in Verzweiflung: alle Kapitel überschneiden sich; jedes Problem gehört sachlich in mehrere Kapitel. Man kann die Kapitel abgrenzen, wie man will: niemals enthält die Sache selbst eine reinliche Trennung. Schlimmer noch: man kann das erste Kapitel nicht verstehen, wenn man nicht das zweite kennt. Noch weniger kann man aber das zweite voranstellen, denn es setzt unbedingt die Kenntnis des ersten voraus. Manche Darlegung wird erst richtig verständlich aus ihren Folgerungen. Schopenhauer hat im Vorwort zu seinem Hauptwerk hieraus den Schluß gezogen, es sei kein anderer Rat «als das Buch zweimal zu lesen, und zwar das erste Mal mit vieler Geduld, welche allein zu schöpfen ist aus dem freiwillig geschenkten Glauben, daß der Anfang das Ende beinahe so sehr voraussetze als das Ende den Anfang».

Aber nicht jeder kann das von seinem Leser verlangen. Er muß sich dann helfen durch Verzahnungen. Von ihnen ist später die Rede.

Jede Gliederung birgt eine Gefahr: wenn sie nicht vom Stoff ausgeht, sondern von einem vorher ausgesonnenen Schema, so vergewaltigt sie oft die Wirklichkeit. Sie preßt den Stoff in das Netz des Schemas; was nicht hineinpaßt, ist nicht auf der Welt. Hegel soll – als man ihn auf eine Tatsache hinwies, die nicht in sein Geschichtssystem paßte – geantwortet haben: «Um so schlimmer für die Tatsache». Nicht jeder hat den Mut, so etwas auszusprechen, aber viele haben den Mut, so zu handeln. Sie lassen nicht nur weg, sondern erfinden auch hinzu, was fehlt. Bei Hegel rühren manche Kapitel nur davon her, daß ein Platz in dem Schema ausgefüllt werden sollte.

Es gibt auch einige wenige Lehrstücke, die ohne jede wirkliche Gliederung, in der Form einer Plauderei, anscheinend ohne jede Ordnung, geschrieben sind. Dies Verfahren gehört in den stilistischen Giftschrank, zu dem nur bewährte Meister Zutritt haben.

3. Inhaltsverzeichnis

Das Inhaltsverzeichnis gehört an den Anfang, nicht an den Schluß, denn vor Beginn des Lesens muß man einen Überblick über den Inhalt haben. Wer sich eine klare Gliederung gemacht hat, dem fällt es auch nicht schwer, ein ausführliches Inhaltsverzeichnis zu schreiben. Jeder Band von Kuno Fischers «Geschichte der Philosophie», einem Meisterwerk kristallklarer Darstellung, enthält ein ausführliches Inhaltsverzeichnis: fast für jede Seite wird eine Abschnittsüberschrift genannt.

Wird das Inhaltsverzeichnis sehr umfangreich, so soll man es durch Verwendung verschiedener Druckarten übersichtlich machen. Man kann es auch in zwei Teile zerlegen: eine Inhaltsübersicht, welche nur die Kapitel nennt, und ein Inhaltsverzeichnis, das die Aufgliederung in kleine Abschnitte enthält. Ein gutes Inhaltsverzeichnis ist der Schlüssel zum Buche. Aber die wenigsten sind gewohnt, mit seiner Hilfe den Inhalt zu erschließen. Ebenso nötig wie das Inhaltsverzeichnis am Anfang ist das Register am Schluß. «Ein Register ohne Buch hat mir manchmal genützt, ein Buch ohne Register nie.» (Carlyle)

4. Voraussetzungen

Voltaire beginnt seine «Geschichte Karls XII.» mit folgenden Sätzen:

«Schweden und Finnland bilden zusammen ein Königreich, welches ungefähr zweihundert Wegstunden breit und dreihundert Stunden lang ist. Sein Klima ist rauh; es gibt hier beinahe keinen Frühling, keinen Herbst. Neun Monate lang herrscht Winter; auf eine außerordentliche Kälte folgt dann plötzlich Sommerhitze. Vom Monat Oktober an gefriert es... Dafür hat die Natur diesem strengen Klima einen heiteren Himmel, eine reine Luft gegeben. Das Vieh ist aus Mangel an Weiden kleiner als in den mittäglichen Ländern Europas. Die Menschen dagegen sind groß, der heitere Himmel erhält sie gesund, das rauhe Klima macht sie kräftig...»

Die Vorbemerkung war notwendig. Keiner seiner Leser hatte eine klare Vorstellung, was für ein Land dies Schweden eigentlich war. Schweden und Finnland gehörten für sie zu den bloßen Wortschällen.

Sehr oft sind die Grundlagen der Dinge, über deren Probleme geredet werden soll, dem Leser unklar. Es ist unterhaltsam, über Seele und Schicksal Hannibals zu plaudern. Aber eigentlich sollte man dem Leser erst sagen, welche Gebiete damals Karthago beherrschte und wie seine Wirtschaft und Verfassung aussah. Wer über die Berechtigung der Grundrente reden will, soll erst einmal nüchtern angeben, wieviel Grundrente in Deutschland jährlich gezahlt wird und was diese Zahl im Vergleich zum Gesamteinkommen ausmacht.

Friedrich Wilhelm IV. fragte bei einem Hofball einen großen Sternforscher: «Nun, was gibt es Neues in der Astronomie?» «Kennen Eure Majestät eigentlich schon das Alte?» war die Antwort.

5. *Fragen lebendig machen*

Nach einem Vortrag wird ein Zuhörer gefragt: «Worüber hat denn der Redner gesprochen?» Verdrießlich antwortet der Gefragte: «Das hat er nicht gesagt.»

Wir haben schon in dem Abschnitt, der von der Gliederung handelte, gesehen: Eine Abhandlung oder ein Aufsatz darf niemals eine Fahrt ins Blaue sein. Der Leser muß zu Beginn die Fragen erfahren, die ihm der Autor beantworten will. Er muß von Anfang an die Probleme deutlich vor sich sehen, um deren Lösung gerungen wird. Der Titel gibt gewöhnlich nur an, auf welchen Gebieten sich die Untersuchung bewegen wird. Damit allein kann man aber weder das Verständnis des Lesers sicherstellen noch eine Spannung hervorrufen. Der Leser muß wissen, wohin die Reise geht. Er muß von Anfang an das Ziel – nicht das Ergebnis – der Erörterung kennen. Harnack, ein Meister der Lehrkunst, setzt in seinem Aufsatz «Was hat die Historie an fester Erkenntnis zur Deutung des Weltgeschehens zu bieten?» als Kapitelüberschriften:

> *Gibt es einen Fortschritt in der Geschichte?*
> *Ist die Weltgeschichte das Weltgericht?*
> *Lähmt die Beschäftigung mit der Geschichte an dem*
> *frischen Handeln und Leben?*

Aber noch mehr: der Leser muß die Probleme, die gelöst werden sollen, nicht nur kennen, sie müssen ihm auch auf den Nägeln brennen. Er muß auf ihre Lösung neugierig sein. Es hat gar keinen Zweck, den Menschen Fragen zu beantworten, die sie gar nicht gestellt haben. Solche Antworten sind ohne Bildungswert, weil kein Leser sie seinem Innern anverwandeln kann. Es gibt eine bekannte Anekdote von einem biederen Spießbürger, dem durch Zufall Kants «Kritik der reinen Vernunft» in die Hände fällt; nach drei Minuten klappt er das Buch wieder zu mit den Worten: «Deine Sorgen möcht' ich haben.»

Wer seinen Lesern die Bedeutung seines Themas nicht klarmacht, hat nie einen aufmerksamen Leser. Wie macht man den Leser auf die Lösung neugierig? Bestimmt nicht damit, daß man die Lösung sofort vor ihn hinschüttet. Das wäre ein Kriminalroman, der auf der ersten Seite die Aufklärung des Verbrechens brächte. Vielmehr muß man dem Leser zunächst die ganze Schwierigkeit der Frage zeigen. Fast möchte ich sagen: man muß es ihm unklar machen, bevor man es ihm klar macht. Er muß am Anfang verzweifeln, wenn er am Schluß triumphieren soll. Wenn der Leser nicht völlig überzeugt ist, daß hier ein wirkliches Problem steckt, liest er die Abhandlung nie mit dem nötigen Tiefgang. An den Anfang gehört ein Denkreiz.

Wie erreicht man, daß die Probleme dem Leser wichtig, lebendig, aufregend werden? Indem man eine Brücke schlägt vom Thema zu den eigenen Angelegenheiten des Lesers. Sehr einfach ist dies in der Wirtschaftswissenschaft. Wer über Geldtheorie schreibt, kann an die Erfahrungen der Inflation anknüpfen, wer Lohnprobleme erörtert, an den Lohnstop. Diese persönlichen Sorgen, diese Fragen, über die sich der Leser schon selbst den Kopf zerbrochen hat, geben die Brückenpfeiler ab, von denen aus man die Brücke zwischen Leser und Problem schlägt. Auch auf vielen anderen Gebieten – Weltanschauung, Politik, Gesundheitslehre – besteht eine solche Brücke zwischen solchen Fragen und wissenschaftlichen Untersuchungen. Man stelle hier diese Fragen voran, und zwar in der Form, wie sie dem Leser geläufig sind: *Ist die Weltgeschichte das Weltgericht?*

Ist keine Brücke zu den alltäglichen oder persönlichen Sorgen möglich, so kann man oft dem Gegenstand eine allgemein menschliche Seite abgewinnen, und zwar wiederum so, daß man zunächst eine Frage stellt und offenläßt. Wer über Wallenstein oder Maria Stuart zu schreiben hat, kann davon ausgehen: War Wallenstein ein Verräter? War Maria Stuart schuldig? Oder man knüpft an die Ansicht an, die der Durchschnittsleser über diesen Gegenstand hat, und legt allmählich dar, was hieran falsch oder unvollständig ist. Um ein trockenes Beispiel zu nehmen: der dritte Band des «Zivilprozeßrechts» von Wilhelm Kisch handelt von den Rechtsmitteln. Der eine oder andere Leser weiß vielleicht nicht, warum es überhaupt Rechtsmittel geben muß; naturgemäß werden ihm dann auch alle Einzelheiten der Rechtsmittel gleichgültig sein. Deshalb beginnt Kisch:

«Die ergangene Entscheidung kann unrichtig sein. Dann muß es einen Weg geben, sie zu bessern. Aber auch im Falle ihrer Richtigkeit trägt es zur Beruhigung des verlierenden Teils bei, wenn er in der gleichen Sache ein höheres und stärker besetztes Gericht anrufen kann. Diesem Zwecke dienen die Rechtsmittel, vermöge deren die Partei eine ihr unerwünschte Entscheidung beim übergeordneten Gerichte anfechten kann, damit dieses die Sache von neuem prüfe und gegebenenfalls in anderem Sinne entscheide.»

Man muß jedem Gegenstand, auch dem kleinsten und gleichgültigsten, einen Rahmen geben, ihn einbetten in einen Zusammenhang, der den Leser berührt, wenn man den Leser zwingen will, die Abhandlung nicht nur zu überfliegen, sondern so gründlich zu lesen, daß sie ein Teil seiner geistigen Welt wird. Bietet ein Problem gar keinen Ansatzpunkt für die Teilnahme des Lesers, so muß man ihm sagen, daß die Lösung dieser Frage den Weg zur Lösung anderer Fragen frei macht oder erleichtert, deren Bedeutung dem Leser eher lebendig ist.

Schließlich gibt es noch einen verwegenen Kunstgriff, um eine Brücke vom Leser zum Gegenstand zu schlagen, das ist das anschauliche Beispiel. Denn das Individuelle scheint ihm immer lebendiger als das Allgemeine. Von diesem Stilmittel handelt ein späterer Ratschlag.

6. Erarbeiten

Auch wenn dem Leser das Problem nunmehr auf den Nägeln brennt, darf man ihm die Lösung nicht schenken. Er darf die entscheidenden Tatsachen, die klärende Formel, die endgültige These nicht wie ein Geburtstagsgeschenk auf den Tisch gesetzt bekommen. Er muß sie Schritt für Schritt erarbeiten. Der Schreiber muß die Lösung vor den Augen des Lesers entstehen lassen, er muß den Leser zur Mitarbeit zwingen. Er darf ihm zu Anfang nur die Frage klarmachen, nicht aber gleich die Antwort geben. Der oft gerühmte Meister dieses Verfahrens ist Lessing. Er gibt nie das Ganze vor den Teilen, nie den Schluß vor den Voraussetzungen. Herder hat gesagt, Lessings Stil sei der eines wahrhaft Schaffenden, «nicht der gemacht hat, sondern der da machet, nicht der gedacht haben will, sondern uns vordenkt. Wir sehen sein Werk werdend, wie den Schild des Achills bei Homer.» Lessing war sich dieses Kunstgriffes wohl bewußt: «Die Art, wie man hinter eine Sache gekommen, ist ebenso viel wert, ebenso lehrreich wie die Sache selbst.» Geschenktes Wissen haftet nur an der Oberfläche und fällt leicht ab, erarbeitetes Wissen wird ein Teil unseres Wesens.

«Die bloß erlernte Wahrheit klebt uns an wie ein angesetztes Glied, ein falscher Zahn oder eine wächserne Nase, die durch eigenes Denken erworbene aber gleicht den natürlichen Gliedern und sie allein gehört uns wirklich an.» (Schopenhauer)

Die These nicht am Anfang wegzuschenken, sondern sie an den Schluß zu stellen, ist vor allem dann wichtig, wenn sie dem Leser unerwünscht oder unglaubhaft sein dürfte. Zu solchen Thesen muß er allmählich hingeführt werden und darf am Anfang gar nicht ahnen, was für ein erstaunliches Ergebnis am Schlusse herauskommen wird.

Nicht immer wird man freilich das entwickelnde Verfahren wählen können. Wenn die These eines Buches oder eines Abschnitts keinerlei Überraschung enthält, wenn das Neue in der Art der Beweise liegt, so kann man diese These getrost an den Anfang stellen. Die Untersuchung ist dann keine Bergwanderung mehr, bei der jede Kehre neue Überraschungen bietet, sondern ein Spaziergang über eine Ebene, der durch schöne Übersicht ersetzt, was ihm an Spannung mangelt.

7. *Schattieren*

Es genügt nicht, daß der Autor versteht auszuwählen, er muß auch schattieren können. Auch wer jedes entbehrliche Wort wegläßt, muß noch Wichtiges bringen und Minderwichtiges. Diesen Unterschied soll er deutlich machen. Das Minderwichtige muß im Schatten bleiben. Wer auf alles das volle Licht der Jupiterlampe fallen läßt, der erhellt gar nichts. Kein lebendiges Gebilde hat fadengerade Umrisse. Das natürliche Symbol des Lebens ist die Welle. Die Form eines Buches soll einheitlich sein, aber nicht eintönig. Der Leser wünscht Gipfelabschnitte, aber auch Ruheabschnitte. Unvermeidliche Abschweifungen soll man als Exkurs kennzeichnen.

8. *Erst vereinfachen, dann ins einzelne gehen*

Wenn der Schreiber den Leser sofort mit der ganzen Buntheit der Wirklichkeit konfrontiert, so beginnt der Leser zu verzweifeln. Denn die Welt ist mannigfacher, als sein Auffassungsvermögen auf einmal aufnehmen kann. Also muß man zunächst vereinfachen, damit er die Grundzüge erkennt. Hat er den Kern begriffen, so kann man ihm mit Einzelheiten lästig fallen. Georg Ostrogorsky in seiner «Geschichte des byzantinischen Staates»:

«Römisches Staatswesen, griechische Kultur und christlicher Glaube sind die Hauptquellen der byzantinischen Entwicklung. Nimmt man eines dieser drei Elemente weg, so ist byzantinisches Wesen nicht denkbar. Erst die Synthese der hellenistischen Kultur und der christlichen Religion mit der römischen Staatsform ließ jenes historische Gebilde entstehen, das wir das byzantinische Kaiserreich zu nennen pflegen. Ermöglicht wurde diese Synthese durch die Verlagerung des Schwergewichtes des Römischen Reiches nach dem Osten, wie sie das Krisenzeitalter des 3. Jahrhunderts mit sich brachte. Ihren sichtbarsten Ausdruck fand sie in der Christianisierung des Imperium Romanum und der Gründung der neuen Hauptstadt am Bosporus. Diese beiden Ereignisse, der Sieg des Christentums und die endgültige Übertragung des Staatenzentrums nach dem hellenisierten Osten, versinnbildlichen den Beginn der byzantinischen Ära.

Die byzantinische Geschichte ist zunächst nur ein neues Zeitalter der römischen Geschichte und der byzantinische Staat nur eine Fortbildung des alten Imperium Romanum. Die Bezeichnung ‹byzantinisch› ist ein Ausdruck der späteren Zeit, den die sogenannten Byzantiner nicht kannten. Sie nannten sich stets Römer, ihre Kaiser betrachteten sich als römische Herrscher, als Nachfolger und Erben der altrömischen Cäsaren. Der Name Roms hielt sie im Banne, solange ihr Reich währte, und römische

Staatstraditionen beherrschten bis zuletzt ihr politisches Denken und Wollen.»

9. *Kleine Schritte*

Von einem sehr klar schreibenden Autor sagte mir ein Bekannter: ich verstehe ihn so gut, weil er so kleine Schritte macht. Das Bild ist sehr anschaulich. Bei schwierigen Beweisführungen darf man kein Glied aus der Kette der Schlußfolgerungen auslassen. Dieser Grundsatz der kleinen Schritte widerstreitet auch nicht dem Satz Voltaires, das Geheimnis zu langweilen bestünde darin, alles zu sagen. Denn dieser Grundsatz gilt keineswegs für die Kunst der Erzählung oder für das Anführen von Belegen; er gilt auch nicht einmal für einfache Schlußfolgerungen. Er gilt vielmehr nur für schwierige Beweisketten. Aber hier ist er oft entscheidend. Lessing hat in seinem Brief an den Herzog von Braunschweig, in dem er Widerspruch gegen das Schweigegebot erhob, dem Herzog schrittweise dargelegt, warum er nicht schweigen könne. Er baut den Satz *Ich bin angegriffen* Stück um Stück aus:

«Nun bin ich für meine eigene Person in eine Streitigkeit verwickelt worden, die ich unmöglich so abbrechen und liegen lassen kann. Denn ich bin in dieser Streitigkeit nicht der angreifende Teil, sondern der angegriffene. Ich bin von einem Manne angegriffen worden, von dem es genugsam bekannt ist, wie intolerant er gegen die unschuldigsten Meinungen ist, sobald es nicht vollkommen seine Meinungen sind. Ich bin von ihm mit einer Wut angegriffen worden, gegen welche das Bitterste, was ich ihm noch zur Zeit geantwortet habe, Komplimente sind. Ich bin mit dieser Wut über Dinge von ihm angegriffen worden, die auf die Wahrheit der christlichen Religion gar keinen Einfluß haben. Freilich stellt er diese Dinge so vor, als ob ‹dadurch die Religion in ihrem Grunde erschüttert, lächerlich und verächtlich gemacht würde›. Aber es ist nur seine Religion, die das zu besorgen hat, und wenigstens zwei Drittel der Lutherischen Gottesgelehrten haben längst erklärt, daß sie mit seiner Religion nichts wollen zu schaffen haben.»

10. *Allgemeines durch Besonderes darstellen*

Ranke sagt einmal, «das Wesentlichste im praktischen und künstlerischen Ausdruck sei, das Allgemeine unmittelbar und ohne lange Umschweife durch das Besondere darzustellen». Er habe in der Geschichtsschreibung diesen Weg einzuschlagen versucht.

Stellen wir diesen allgemeinen Satz ohne lange Umschweife durch ein Beispiel aus Ranke selbst dar. An einer Stelle seiner «Deutschen Geschichte im Zeitalter der Reformation» will er die Schwäche des deutschen Kaisertums schildern. Er beginnt: «In den Zeiten, in welchen alle Monarchien in Europa sich konsolidierten...» und nun fährt er nicht fort: *nahm die Macht der Monarchie in Deutschland mehr und mehr ab,* sondern er stellt diese allgemeine Angabe durch einige anschauliche Besonderheiten dar, welche jenen allgemeinen Satz repräsentieren, und schreibt:

«In derselben Zeit ward der Kaiser aus seinen Erblanden verjagt und zog als Flüchtling im Reich umher; er nahm sein Mahl in Klöstern und den Städten des Reiches, wo man ihn umsonst bewirtete; mit den kleinen Gefällen seiner Kanzlei bestritt er seine übrigen Bedürfnisse; zuweilen fuhr er mit einem Gespann Ochsen seine Straße... der Inhaber einer Gewalt, welche ihrer Idee nach die Welt beherrschen sollte, forderte gleichsam das Mitleid heraus.»

In C. F. Meyers Novelle «Angela Borgia» wird berichtet, Cesare Borgia sei aus der Gefangenschaft entkommen. Ganz Italien ist in Aufregung. Aber der Dichter schildert dies nicht in allgemeinen Wendungen, sondern schreibt:

«Es war ein unheimliches Frühjahr. In den Staatskanzleien wachten die Schreiber über der Feder und nächtlicherweile flogen auf den sturmgepeitschten Landstraßen die Pferde vermummter Boten.»

Die Repräsentation ist eng verwandt mit dem Beispiel. Beim Beispiel wird erst ein allgemeiner Satz aufgestellt und dann ein Einzelfall angeführt; bei der Repräsentation tritt der Einzelfall an die Stelle der allgemeinen Darlegung.

Das Besondere zu erfassen ist die Hälfte aller Darstellungskunst. In Allgemeinheiten steckenzubleiben, ist das schlimmste Stillaster. Der bestimmte Vorfall, der einzelne Mensch, die anschauliche Wirklichkeit, die konkrete Tatsache: das sind die Zielpunkte des guten Lehrstils. Lehrsätze reden, Beispiele sprechen.

Auch einfache Allgemeinsätze gewinnen erst Gewicht, wenn der Einzelfall sie veranschaulicht; ein Beispiel aus einem Buch von Wilamowitz:

«Die Welt hat die Erfahrung gemacht, daß es nicht immer aufwärts geht, daß auch, was als unverlierbarer Gewinn der Menschenarbeit geborgen scheint, verloren gehen kann. Die Kultur kann sterben, denn sie ist mindestens einmal gestorben. Der Schakal heult in Ephesos, wo Heraklit und Paulus gepredigt hatten; in den Marmorhallen von hundert kleinasiatischen Städten wuchern die Dornen und kauern nur vereinzelt verkümmerte Barbaren; Wüstensand wirbelt über dem Göttergarten Kyrenes.»

Selbst Nietzsche, dem das Verständnis seiner Leser nicht besonders am Herzen lag, sagte:

«Der Leser und der Autor verstehen sich häufig deshalb nicht, weil der Autor sein Thema zu gut kennt, so daß er sich die Beispiele erläßt, die er zu Hunderten weiß; der Leser aber ist der Sache fremd und findet sie leicht schlecht begründet, wenn ihm die Beispiele vorenthalten werden.» Besonders an den Anfang gehören Einzelheiten, um den Leser in den Stoff einzuführen. Wer etwas lehren will, muß – wie Helmholtz darlegt – zunächst sinnlich lebendige Vorstellungen hervorrufen; an sie muß er seine abstrakten Sätze anknüpfen. Dieser Weg vom Besonderen zum Allgemeinen sei dem üblichen Verfahren in wissenschaftlichen Abhandlungen gerade entgegengesetzt, und deshalb falle er den Gelehrten so schwer. Aber in der Lehrkunst ist diese induktive Darstellung unentbehrlich.

11. Vergleich

Wo Beispiele nicht helfen oder nicht möglich sind, helfen Vergleiche. Sooft ein Autor an eine schwierige Stelle gerät, die der Leser nur mühsam verstehen wird, muß er prüfen, ob nicht ein Vergleich helfen kann. Freilich muß man die Welt kennen, um passende Vergleiche zu finden.

Eine Reihe vortrefflicher Vergleiche steht in dem Kapitel «Bild», weil sehr viele Vergleiche eine abstrakte Frage durch ein anschauliches Bild klarmachen. Ein Autor, dem nie ein glücklicher Vergleich einfällt, ist entweder so in seinem Fachgebiet versteinert, daß er die übrige Welt nicht mehr fühlt, oder aber er schreibt so banal, daß er keine Vergleiche benötigt.

Selbst physikalische Gesetze können durch Vergleiche verständlich gemacht werden:

«Also die Körper fallen gleich schnell. Wie kommt aber das? Warum fällt der größere Ziegelstein nicht schneller als der kleinere? Das ist sehr leicht einzusehen. Denken wir uns zwei gleiche Ziegelsteine knapp nebeneinander an den Dachrand gebracht und fallen gelassen. Sie müssen natürlich gleich schnell fallen und bleiben auch während des Falles knapp aneinander. Es würde sich also auch nichts ändern, wenn sie aneinander gebunden oder zusammengekittet wären. Dann aber bilden sie einen doppelt so großen Ziegelstein. Warum soll dieser dann schneller fallen?

Eine andere Überlegung. Wie lange braucht wohl ein Mann, um von hier bis zum nächsten Dorf zu laufen? Eine Viertelstunde; gut, wenn er sich nun einen Kameraden mitnähme, der ebenso stark ist wie er, dann hätten beide zusammen doppelt so große Kraft. Brauchen die beiden zusammen nur eine halbe Viertelstunde? Bekanntlich nicht, der doppelten Kraft steht auch die doppelte Leistung gegenüber, es müssen statt eines Menschenkörpers deren zwei in Bewegung gesetzt werden. Aber ganz dasselbe trifft ja auch meist beim doppelt so großen Ziegelstein zu; er wird zwar mit doppelter Kraft zur Erde gezogen; dabei ist aber auch die doppelte Masse in Bewegung zu setzen.» (Pfaundler)

Selbst schwierige, ja umstrittene philosophische Fragen kann man durch Vergleiche so klar machen wie das Einmaleins. Wilhelm Windelband, auch einer der großen Darstellungskünstler, will die Lehre von Leibniz besprechen, daß unsere Welt die beste aller möglichen Welten sei: «Wenn ich mir ein paar Tanzstiefel bestelle und nachher dem Schuster Vorwürfe mache: ‹sie sind schlecht, denn man kann sie nicht essen›, so wird man mich für verrückt halten; wenn ich ihm sage: ‹sie sind schlecht, denn ich kann damit keine Gletscher besteigen›, so wird man mich lächerlich finden; sage ich aber: ‹sie sind schlecht, denn sie sind zu schwer oder zu wenig biegsam›, so werde ich, die Tatsachen vorausgesetzt, in meinem Recht sein. Was ist der Unterschied zwischen diesen drei Beurteilungen? Die erste, offenbar unsinnige, mißt den Gegenstand an einer Bestimmung, die er niemals haben kann; die zweite, nicht gerade unsinnige, aber durchaus unberechtigte, mißt ihn an einem Zwecke, zu welchem ich ihn zwar verwenden könnte, zu welchem er aber seinem ursprünglichen Sinne nach nicht bestimmt war; die dritte, richtige endlich, bezieht ihn auf die Bestimmung, für welche er ursprünglich und seinem ganzen Wesen nach da ist. Von diesen drei möglichen Formen der Beurteilung ist offenbar nur die dritte die objektiv begründete, die beiden anderen unterscheiden sich nur durch den Grad der Willkürlichkeit, mit der ein Gegenstand an einem ihm selbst durchaus fremden Zweck gemessen wird ... Wenn es solchen Willkürlichkeiten der Beurteilung gegenüber nun eine objektive Form des Urteils geben soll, so ist es nur auf dem einen Weg möglich, daß der Zweck, an welchem der Gegenstand gemessen werden soll, wissenschaftlich als derjenige nachgewiesen wird, welcher wirklich die Bestimmung dieses Gegenstandes war. Es geht daraus von vornherein hervor, daß die Anzahl der mit wissenschaftlicher Begründung zu beurteilenden Objekte sich auf diejenigen beschränkt, deren Entstehung aus einem Zweckgedanken unzweifelhaft nachgewiesen werden kann.

Ist dies richtig, so leuchtet ein, daß von einem wissenschaftlich begründbaren Urteil über den Wert des Universums, d. h. also von einer wissenschaftlichen Begründung des Optimismus oder des Pessimismus nur unter der Bedingung die Rede sein könnte, daß erstens das Universum überhaupt einen Zweck oder eine Bestimmung hat, und daß zweitens wir denselben mit Sicherheit wissen.»

12. Einwände

Gegen jede Darstellung gibt es Einwände. Insbesondere ist der Leser selbst kein unbeschriebenes Blatt, auf das der Verfasser jeden beliebigen Text eintragen könnte. Der Leser hat schon bestimmte Ansichten über den Gegenstand. Er hat auch seine kritischen Einfälle, während er liest;

denn viele Menschen sind beim Lesen bemüht, zur Beruhigung ihres Selbstgefühls Fehler zu entdecken. Alle diese Einwände muß der Verfasser erraten und rechtzeitig widerlegen, sonst schleppt sie der Leser ständig mit sich herum und sie versperren ihm das Verständnis für alles Folgende.

Besonders geeignet für die Widerlegung von Einwänden ist die Dialogform. Hier kann man auch Mißverständnisse zu Wort kommen lassen und beheben. So bei Wilhelm Ostwald:

«Lehrer: Was weißt du von dem Verhältnis der Tiere zur Luft?

Schüler: Ohne Luft können sie nicht leben. Darum mache ich immer Löcher in das Papier, womit ich meine Raupengläser zubinde.

Lehrer: Es ist doch Luft außer den Raupen in den Gläsern. Da scheinen doch die Löcher überflüssig.

Schüler: Die Tiere brauchen doch immer frische Luft.

Lehrer: Warum?

Schüler: Ja, das habe ich so gelernt. Auch der Mensch braucht doch frische Luft, wenn er gesund bleiben soll.

Lehrer: Ganz richtig; worauf es ankommt, ist, daß Tier und Mensch genug Sauerstoff bekommen. Das Atmen besteht darin, daß der Sauerstoff der Luft in die Lungen gepumpt und dort vom Blut aufgenommen und in alle Teile des Körpers geführt wird.

Schüler: Was soll er denn da?

Lehrer: Den Körper verbrennen.

Schüler: Das ist doch wohl ein Scherz?

Lehrer: Nein, es ist Ernst. Im Körper geht gerade das vor sich, was ich dir vorher von der Kohle im Keller und vom vermodernden Baumstamm gesagt habe. Die Stoffe des Körpers verbinden sich mit dem Sauerstoff, allerdings nicht so schnell wie brennendes Holz.

Schüler: Kommt daher vielleicht die Wärme des Körpers?

Lehrer: Ganz richtig. Ein toter Mensch atmet nicht mehr, und daher wird auch sein toter Körper kalt. Aber dazu dient die Verbrennung nicht allein. Der Körper leistet doch mancherlei Arbeit, die auch in irgendeiner Form geliefert werden muß, da sie nicht aus nichts entsteht. Auch diese Arbeit oder Energie wird durch die Verbrennung beschafft.

Schüler: Da müßte doch mein und dein Körper längst verbrannt sein.

Lehrer: Ja, wenn man nicht immer neues Brennmaterial in ihn hineinbrächte. Das geschieht in der Nahrung.

Schüler: Aber dann müßte ich mich doch auch von Holz und Kohle ernähren können.

Lehrer: Ja, wenn du die verdauen könntest, d. h. wenn dein Magen imstande wäre, diese Stoffe in lösliche Verbindungen zu verwandeln, die dann von den Körpersäften an alle Stellen mitgenommen würden, wo sie mit dem Sauerstoff zusammentreffen.»

Ostwalds Schüler bringt immer die Fragen, die auch der Leser in sich spürt, also auch diese banale: *Warum riechen die meisten Stoffe in der Chemie so schlecht?* Gerade die Beantwortung solcher Fragen macht dem Leser ein Problem lebendig.

Bevor man Einwände widerlegt, muß man sie ausführlich und liebevoll darlegen. Wenn man sie nur kurz und unwirsch andeutet, so erkennt der Leser die Einwände gar nicht als diejenigen an, die er im Kopfe hatte. Im Drama muß jede Person, solange sie spricht, den Anschein des Rechts für sich haben. So auch die Einwände in der Sachprosa: der Leser muß sie zunächst für berechtigt halten und überrascht sein, wenn sie widerlegt werden. Nur solche Untersuchungen sind spannend.

13. Bestimmte Antworten

Wir haben eingangs gesehen: der Autor muß die Fragen, die er behandeln will, dem Leser lebendig machen. Noch wichtiger ist aber, daß er sie auch beantwortet. Der Leser will nicht nur das Für und Wider hören, sondern auch das Urteil. Namentlich wenn der Autor verschiedene Tatsachen gegeneinander abgewogen hat, wünscht der Leser eine Entscheidung. Harnack über Luther:

«Aber es waren in Luthers Eigenart außerdem noch Schranken gegeben, die keineswegs ‹unvermeidlich› waren. Die empfindlichste war, daß er nahezu unfähig gewesen ist, bei den Gegnern die Wahrheit, die sie vertraten, anzuerkennen, und dazu noch von einem argwöhnischen Mißtrauen gegen ihre Person erfüllt war. Man hebt gewöhnlich nur sein böses Schmähen und Schimpfen hervor und die Robustheit und Rustizität seiner Angriffe, sowohl gegen seine Feinde als gegen die feinen Bauten, welche romanischer Geist und Klugheit gezimmert hatten. Aber das ist das Geringere gegenüber der trotzigen Verhärtung, die er allem entgegensetzte, was von seiten seiner Feinde kam, und sein Feind konnte man leicht werden. Gewiß diente ihm zur Entschuldigung, daß er aus unreinen Händen überhaupt nichts empfangen wollte, und daß er einem schlechten Baum keine guten Früchte zutraute. Aber bei so manchem Gegner traf weder das eine noch das andere zu, und namentlich im Kampfe mit den ‹Schwärmern› und in seinem Urteil über Zwingli hat er schwere Ungerechtigkeiten begangen und seine Sache dauernd geschädigt. Zwar wirkt mit im Kampfe gegen sie auch sein intuitiver Blick für deutsche Eigenart und für die besonderen Gefahren, die den Deutschen drohen (Rottereien), dazu sein treffendes Urteil darüber, was die Stunde verlangt und was der nächste Schritt gebietet; aber das alles entlastet ihn nur zum Teil. Er hat Fortschritte gehemmt, die sich schon damals zu entwickeln begannen.»

Erfreulich sind Schriften, bei denen der Autor eine klare Entscheidung ausspricht, etwa wie Lessing im 17. Literaturbrief, der mit dem Satze beginnt:

«Niemand, sagen die Verfasser der Bibliothek, wird leugnen, daß die deutsche Schaubühne einen großen Teil ihrer ersten Verbesserung dem Herrn Professor Gottsched zu danken habe. – Ich bin dieser Niemand.» Auch wenn der Autor eine Frage noch nicht für entscheidungsreif hält, braucht der Stil nicht unentschieden zu werden. Der Autor muß nur auf alle stilistischen Schleiertänze verzichten und muß unzweideutig aussprechen, daß er diesen Rechtshandel nicht entscheiden könne. Er darf aber nicht den Leser in Zweifel lassen, ob er eigentlich diese oder jene oder keine Meinung hat. Man frage sich am Schluß jedes Aufsatzes, jeder Abhandlung, jedes Buchkapitels: welche Frage hat der Autor eigentlich beantworten wollen und wie hat er sie beantwortet? Diese Probe ist ein Scheidewasser, das sehr schnell das Gold der echten Untersuchung von den billigen Legierungen des allgemeinen Geredes trennt.

14. Fachausdrücke

Justus Möser läßt in den «Patriotischen Phantasien» einen Pfarrer sagen: «Mein Müller spielte mir gestern einen recht artigen Streich, indem er zu mir ins Zimmer kam und sagte: Es müssen vier Stück metallene Nüsse in die Poller und Pollerstücke gegen die Kruke gemacht werden; auch haben alle Scheiben, Büchsen und Bolten und Splinten eine Verbesserung nötig; der eine eiserne Pfahlhake mit der Hinterfeder ist nicht mehr zu gebrauchen, und das Kreytau... ‹So spreche er doch deutsch, mein Freund! Ich höre wohl, daß von einer Windmühle die Rede ist; aber ich bin kein Mühlenbaumeister, der die tausend Kleinigkeiten, so zu einer Mühle gehören, mit Namen kennt.› Hier fing der Schalk an zu lachen und sagte mit einer recht witzigen Gebärde: Machte es doch unser Herr Pfarrer am Sonntag ebenso; er redete in lauter Kunstwörtern, wobei uns armen Leuten Hören und Sehen verging; ich dächte, er täte besser, wenn er, wie ich, seiner Gemeinde gutes Mehl lieferte, und die Kunstwörter für die Bauverständigen sparte.»

Schon Leibniz hat gelehrt: «Den Gebrauch der herkömmlichen Fachausdrücke muß man mehr als Hund und Schlange fliehen.» Den Fachausdrücken eigne eine gewisse Dunkelheit; man solle lieber Ausdrücke verwenden, die nicht nur in einer bestimmten Menschenklasse, sondern allgemein üblich seien:

«Da es sicher ist, daß es schlechthin nichts gibt, was mit Ausdrücken der Volkssprache nicht deutlich gemacht werden könnte, so ist offenbar, daß Regel und Maß für die Auswahl der Ausdrücke möglichst knappe und treffende Volkstümlichkeit sein müssen.»

Leider hinderte diese Einsicht Leibnizen nicht, den ganzen Aufsatz lateinisch zu schreiben. Wer die Glocken läutet, kann nicht in den Gottesdienst gehn. Je mehr Fachausdrücke, desto unverständlicher für den Nichtfachmann. Aber ganz ohne Fachausdrücke kann man dem Leser keine Klarheit aufzwingen; der Fachausdruck verdichtet einen bestimmten Gedanken zur handlichen Formel.

Vermeiden kann man die Fachausdrücke nicht, aber man kann die drei Ratschläge befolgen:

Verwende möglichst wenig Fachausdrücke!

Erkläre alle Fachausdrücke!

Erfinde keine neuen Fachausdrücke!

Neue Terminologien ausdenken macht viel Freude und erleichtert den Ausdruck ungemein. Aber zwei Drittel der Leser verstehen sie nicht, das restliche Drittel behält sie nicht, und daß vollends die Fachgenossen die neu erfundene Terminologie anwenden, ist ein schöner Traum der Worterfinder.

Erläutern soll man auch die fremden Namen ausländischer Einrichtungen, selbst solche, die der Leser zu verstehen glaubt. Von Worten wie *Prätor, Kohorte, Galeere, Fakir, Mandarin, Inka* hat jeder ungefähre Vorstellungen. Was sie genau bedeuten, weiß nur der, dem sie anschaulich, am besten durch Vergleiche mit deutschen Begriffen, erklärt wurden.

Luther hat kurzerhand *Prokurator* mit *Landpfleger, Prokonsul* mit *Landvogt, Synedrium* mit *Hoher Rat* wiedergegeben. Er läßt im Lande der Juden *Feldhauptleute, Rentmeister* und *Kanzler* amtieren, und die fremdländischen Münzen, Maße und Gewichte ersetzt er unerschrocken durch deutsche. Ja, selbst die Pflanzen Palästinas werden durch einheimische Namen übersetzt, damit nicht ein bloßer halbverstandener Wortschall bleibe.

Aber was Luther recht ist, ist darum noch nicht jedem billig. Wir gewöhnlichen Schreiber müssen Fremdes erläutern, nicht ersetzen. Wir verwischen sonst die Eigenart der anderen Welt.

15. *Verzahnung*

Alle Kapitel überschneiden sich. Oft muß man ein schon erörtertes Problem von einer anderen Seite neu anpacken. Dann muß man auf die früheren Überlegungen hinweisen, denn sonst glaubt der Leser, es handle sich um eine ganz neue Sache.

Es ist naiv, einfach zu sagen: *ich verweise auf meine früheren Darlegungen.* Der Leser weiß nie, welche gemeint sind. Es hilft auch nichts, hinzuzufügen *auf Seite 97 bis 103.* Der Leser denkt nicht daran, sie nachzuschlagen. Vielmehr muß man den Kern jener Ausführungen kurz wiederholen.

Wiederholungen an späteren Stellen sind aber nur zulässig, wenn sie wirklich durch den neuen Zusammenhang notwendig werden. Andernfalls verwirren sie nur, und es geht dann wie bei jenem Kinde, das der Mutter auf die Frage, ob es verstanden hätte, antwortet: «Ich verstünde es schon, wenn du es mir nicht so oft erklärtest.»

Genauso wichtig wie die Rückblicke sind die Vorblicke. Der Leser will das Gelände der nächsten Schritte klar vor sich sehen. Wenn in einer Geschichte Spaniens ein Ereignis für Spanien Vorteile und Nachteile hatte, so soll man sie nicht sofort – womöglich noch durcheinander – aufzählen, sondern zunächst sagen: *Dies brachte Vorteile und Nachteile mit sich. Die Vorteile waren . . .*

Ebenso soll der Autor ankündigen, wenn er an eine besonders schwierige Frage herangeht. Der Leser freut sich dann doppelt, wenn der Ast durchsägt ist und er alles verstanden hat. Auch wenn man Bedenken zunächst zurückgestellt hat und nachträglich auflöst, soll man dies deutlich hervorheben.

Ostwald gibt in der «Schule der Chemie» oft kurze Vorblicke und bemerkt dazu: «Das war nur ein Spaziergang durch das künftige Arbeitsgebiet. Das eigentliche Lernen kommt später.»

16. Hilfsmittel fürs Auge

Der Mensch ist ein Augen-Tier. Das Auge ist noch lange aufnahmefähig, wenn der Verstand schon ermattet ist. Sehen ist leichter als Denken. Diese Aufnahmebereitschaft des Auges muß man ausnützen. «Um sich begreiflich zu machen, muß man zum Auge reden.» (Herder)

Jedes Buch, das seine Darlegungen durch Bilder ersetzen oder unterstützen kann, muß Bilder bringen. Die Bildersprache ist eine sehr wirksame Sprache. Mit einiger Übertreibung könnte man sagen: Lehrbücher ohne Bilder sind Häuser ohne Fenster. Bilder ersparen Worte und sind deshalb auch ein Stilmittel. Sie sind kein Vorrecht kunstgeschichtlicher oder naturwissenschaftlicher Bücher: auch die Leser anderer wissenschaftlicher Werke wollen die Dinge mit Augen schauen, welche Gegenstand ihres Nachdenkens sind. Wie sehr gewinnen die neuen Ausgaben von Jakob Burckhards «Griechischer Kulturgeschichte» durch den Reichtum an Bildern! Es findet sich viel mehr Gelegenheit zu Bildern als die armen Schreibtischmenschen glauben; Menschen, Landschaften, Gebäude, Kunstwerke, Geräte: den Leser freut alles, was er sehen kann. Für die Lehrkunst gilt: Worte verwehen leicht, Bilder haften.

Ebenso nützlich wie Bilder sind die übrigen Augenhilfsmittel: graphische Darstellungen, Schemata, Tabellen, Karten, Stammbäume, Jahres-

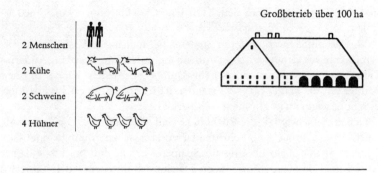

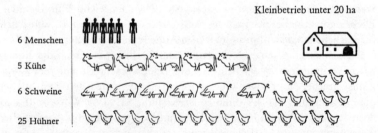

Arbeitskräfte und Viehbestand je 10 Hektar
bei verschiedenen Betriebsgrößen

tafeln und ähnliche Übersichten. Auch sie wenden sich an das Auge; alle Leser sind für sie dankbar.

Die graphische Darstellung ist allgemein üblich zur Wiedergabe von Zahlen. Sie ist durch die neueren Verfahren der Bildstatistik grundlegend verbessert worden: sie beschränkt sich nicht mehr darauf, Kurven zu zie-

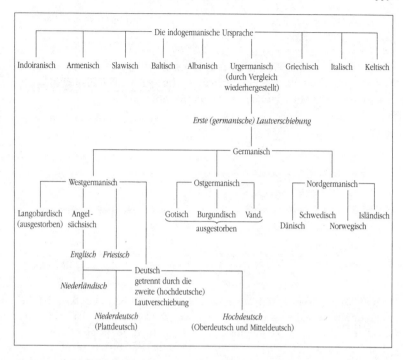

hen und Kreise zu malen, sondern verwendet – wie aus dem Beispiel auf Seite 358 am schnellsten ersichtlich – eine Verbindung von Bildsymbolen, Ziffern und Karten, um auch verwickelte Zusammenhänge anschaulich zu machen. Bilder prägen sich schneller und dauerhafter ein als Zahlen. Oft spiegeln sie die Verhältnisse nur grob wider, aber es ist immer noch besser, ungefähre Größenordnungen bildhaft zu behalten, als genaue Zahlen zu vergessen.

Ein Sonderfall der graphischen Darstellung ist das Strichbild, das in Form eines Stammbaums Gedankengänge veranschaulicht. Solche Strichbilder werden oft angewandt, um Verzweigungen darzustellen, wie in dem obenstehenden Bild aus dem Sprachbrockhaus, das den Stammbaum der deutschen Sprache wiedergibt.

Das Strichbild eignet sich auch vorzüglich, um die Gliederung einer Abhandlung wiederzugeben oder philosophische Systeme zu veranschaulichen; der «Deutsche Kulturatlas» bringt Beispiele für Kant und Hegel. Es ist oft heilsam, sich bei der Ausarbeitung eines Aufsatzes die Disposition graphisch aufzuzeichnen: es zwingt zur Klarheit und hilft über Schwierigkeiten hinweg. Jakob Burckhardt arbeitete sich für seine Vorlesungen solche Strichbilder bis ins kleinste aus.

Auch schematisierte Abbildungen und Karten erleichtern das Verständnis. Schematische Wiedergaben von Gebäudegrundrissen, Schiffen, Maschinen ersparen eine Fülle von Worten. Der klimatische Unterschied zwischen Chile und Argentinien kann nicht schlagender veranschaulicht werden als durch die folgende schematische Zeichnung, die dem Patagonienbuch des Zoologen Hans Krieg entnommen ist:

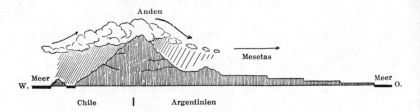

Wirkung der Westwinde: Regenreichtum in Luv, Regenarmut in Lee

An das Auge wendet sich auch die Tabelle. Allgemein üblich sind Tabellen zur Wiedergabe von Zahlen. Größere Zahlenmengen darf man nicht in den laufenden Text hineinstreuen, sondern muß sie übersichtlich in Tabellen zusammenstellen. Aber Zahlentabellen dürfen nicht zu groß werden. Gebilde mit sechs oder acht senkrechten Reihen sind unlesbar; niemand macht sich die Mühe, sie wirklich zu studieren. Sie sind nur in Nachschlagewerken erträglich; in Büchern, die laufend gelesen werden sollen, muß man große Zahlentabellen in kleine zerlegen.

Aber die Tabelle dient nicht nur der Wiedergabe von Zahlen, sondern auch der übersichtlichen Zusammenstellung von Begriffen. Begriffstabellen sind seltener als Zahlentabellen; gerade deshalb muß man auf diesen Weg der Veranschaulichung hinweisen. Es gab einen großen Mann in unserer Geistesgeschichte, der eine unbezähmbare Leidenschaft für Tabellen besaß. Er hängte über seinen Waschtisch eine Geologietabelle und eine Tonlehretafel und tapezierte sich ein ganzes Zimmer, das er ‹Tabellenzimmer› nannte, mit solchen Aufstellungen, die er umhergehend zu studieren pflegte. Noch als Achtzigjähriger bedauerte er, dies Zimmer geweißt zu haben. Er hat selbst Dutzende von Tabellen entworfen, die von der Optik und Knochenlehre bis zur Tafel des Dilettantismus und der Kantschen Kategorien reichten, ja er verfaßte sogar eine «Würdigungstabelle poetischer Produktionen der letzten Zeit». Seine Tabellen dienten ihm nicht nur als Gedächtnisstütze und Unterrichtshilfe, sondern auch als Wegweiser für die Forschung. Dieser Mann war Goethe. Eine seiner kleinen Tabellen sieht so aus:

Uranfänge

tiefsinnig beschaut, schicklich benamst

Poesie	Volksglaube	Tüchtig	Einbildungskraft
Theologie	Ideelle Erhebung	Heilig	Vernunft
Philosophie	Aufklärendes Herabziehen	Klug	Verstand
Prosa	Auflösung ins Alltägliche	Gemein	Sinnlichkeit

Vermischung, Widerstreben, Auflösung

Die Tabelle ist die Verkörperung der systematischen Ordnung: das ist ihre Stärke und ihre Schwäche. Sie erleichtert die Übersicht und damit das Verständnis, aber sie verführt oft den Verfasser, die Wirklichkeit mit Gewalt in den Rahmen seiner Tabelle zu pressen. Oft werden dann Begriffe geschaffen oder umgedeutet, nur um einen leeren Platz in der Tabelle auszufüllen.

Auch durch Wechsel der Druckart kann man sich an das Auge wenden. Andere Buchstaben bei häufiger Einschaltung von Zitaten; Sperrdruck bei scharf betonten Wörtern; kleiner Druck für Anmerkungen: wie sehr erleichtern diese Kleinigkeiten dem Leser das Verständnis!

Ein ständiges Augenhilfsmittel ist der Absatz. Schreiber, welche seitenlang ohne Absatz weiterplaudern, verdienen nicht gelesen zu werden. Jeder Gedankengang hat von Zeit zu Zeit einen Einschnitt. Der Leser muß ihn erfahren. Man braucht darum noch nicht alle drei bis vier Zeilen willkürlich abzusetzen, wie es zeitweise bei Literaten Mode war. Dies Kunststück hat der ältere Dumas erfunden; er schrieb gegen Zeilenvergütung.

Die Buchstabengläubigen pflegen gegen die Bilderverehrer einzuwenden, daß alle diese Hilfsmittel oft völlig klare Auseinandersetzungen nochmals erklären. Aber dieser Einwand verkennt die Bedeutung der Anschauung für den geistigen Haushalt des Menschen:

«Gedanken ohne Inhalt sind leer, Anschauungen ohne Begriffe sind blind. Daher ist es ebenso notwendig, seine Begriffe sinnlich zu machen, d. h. ihnen den Gegenstand in der Anschauung beizufügen, als seine Anschauung sich verständlich zu machen, d. h. sie unter Begriffe zu bringen.» (Kant)

17. Übersetzung von Zahlen

Indien ist 4 684 000 qkm groß; in München fallen jährlich 912 mm Regen: diese Zahlen sagen den meisten Lesern wenig. Sie bleiben leere Wortschälle, denn die Leser können mit ihnen keine anschaulichen Vorstellungen verbinden. Ganz anders, wenn man sagt: *Indien ist zehnmal so groß wie Schweden; in München fällt fast doppelt soviel Regen wie in Berlin:* sofort haben die Zahlen ein Gesicht.

Zahlen sind unentbehrlich; bei vielen Büchern sind die Zahlen, die sie enthalten, das einzig Wissenswerte. Aber die meisten Leser hassen Zahlen, namentlich ausgebreitete Statistiken; sie hassen sie, weil sie abstrakt sind, also unanschaulich und unlebendig. Also muß man sie lebendig machen, indem man sie in einen lebendigen Zusammenhang hineinstellt.

18. Zusammenfassungen

Der Verfasser darf keinesfalls den jeweils vorgetragenen Teil seines Buches als bekannt voraussetzen. Gerade bei Büchern, die wirklich viel zu sagen haben, kann der Leser nicht alles auf einmal behalten. Deshalb ist es gut, wenn der Verfasser von Zeit zu Zeit seine Ausführungen kurz zusammenfaßt, beispielsweise am Ende jedes Kapitels. Solche Zusammenfassungen sind auch erzieherisch für ihn selber. Wenn er eine Zeitlang nur unbestimmte Allgemeinheiten gesagt hat: bei der Zusammenfassung wird er es deutlich gewahr.

Kurze Zusammenfassung

Ein Lehrbuch soll das Lernen leicht machen: die Gründe stehen im Kapitel «Sprachmenschen und Sachmenschen». Ein Lehrbuch kann das Lernen leicht machen: die Wege stehen in diesem Kapitel. Zu dieser Arbeit gehören Wohlwollen und Erfahrung. Wohlwollen: der Lehrer muß sich ganz in die Lage des Schülers denken. Erfahrung: er muß die Handgriffe kennen, mit denen man den Stoff so durchknetet, daß er in des Schülers Kopf wirklich gründlich hineingeht, daß er nicht nur verstanden, sondern der geistigen Welt des Schülers anverwandelt (assimiliert) wird. Diese einzelnen Handgriffe versucht dies Kapitel aufzuzeigen.

Solche Arbeit segnet nicht nur den Schüler, sondern noch mehr den Lehrer. Die Darstellung verbessern, heißt den Gedanken verbessern.

Fünfter Teil
FREMDWORT UND NEUWORT

Das Was bedenke, mehr bedenke Wie.
Goethe

Licht und Schatten der Fremdwörterei

Erster Abschnitt
Ein Streitgespräch als Auftakt

Es sei, daß noch durch keinen Streit die Wahrheit
ausgemacht worden, so hat dennoch die Wahrheit
bei jedem Streit gewonnen. Der Streit hat den Geist
der Prüfung genährt, hat Vorurteil und Ansehen in
einer beständigen Erschütterung erhalten; kurz, hat
die geschminkte Unwahrheit verhindert, sich an die
Stelle der Wahrheit zu setzen.

Lessing

A.: Beginnen wir mit der einfachsten Frage: wieviel Fremdwörter gibt es
eigentlich? Das Fremdwörterbuch von Heyse enthält 100 000 Wörter.
Zum Vergleich: Der deutsche Wortschatz an Erbwörtern wird auf
200 000 Wörter veranschlagt. Ein Drittel der Wörter unseres gesamten
Sprachgebrauchs sind also Fremdwörter.

B.: Ich muß schon hier protestieren. Man findet die Ziffer von 100 000
Fremdwörtern häufig in der Polemik der Puristen. Aber die Ziffer ist
falsch. Der größte Teil der Wörter im Heyse sind gar keine Fremdwörter
im Alltagssinn, sondern ausländische Eigennamen von Personen, Ge-
genden, Einrichtungen und anderen Dingen. Wir müssen die Musen,
Grazien und Furien nun einmal *Musen, Grazien* und *Furien* nennen und
müssen auch jede einzelne von ihnen mit ihrem alten ehrlichen Namen
rufen, auch wenn diese Namen fremdländisch klingen. Wir müssen von
Brahmanen und *Derwischen,* von *Bananen* und *Känguruhs* reden. Wir können den großen Sohn der Thetis nicht plötzlich von *Achill* in *Friedrich*
umtaufen, nur um einen ausländischen Namen loszuwerden.

A.: Das hat auch niemand verlangt!

B.: Ihr großer Vorgänger im 17. Jahrhundert, Zesen, wollte Pallas
durch *Kluginne,* Venus durch *Lustinne,* Vulkan durch *Schmiedegötze,*
Apoll durch *Wahrsagegötze* verdeutschen. Von da ist nur noch ein Schritt
und wir sagen *Bogenhannchen* statt Jeanne d'Arc oder wir erklären, Männer wie *Speck* und *Schüttelspeer* seien doch bedeutender als *Hans Wurzel*
und *Hans Springbrunn,* womit wir Bacon, Shakespeare, Racine und La-
fontaine endgültig für Deutschland gewonnen hätten.

A.: Wer seinem Gegner unsinnige Forderungen unterstellt, kann ihn
leicht widerlegen. Weder ausländische Eigennamen noch jene Fremdnamen, die ausländische Einrichtungen bezeichnen, will jemand verbieten.

B.: Dann schmelzen die 100 000 Fremdwörter des Heyse auf ein bescheidenes Häufchen zusammen. Denn auch rein fachwissenschaftliche Termini muß man gesondert betrachten. Diese Fachausdrücke sind auch für die Entwicklung des allgemeinen Sprachschatzes von begrenzter Bedeutung; sie führen nur in der Stille der Kollegenliteratur ein verborgenes Dasein und dringen nur selten in die Sprache des Alltags. Fremdnamen und Fachausdrücke machen zusammen aber etwa neun Zehntel der Reichtümer des guten alten Heyse aus. Diese Schätzung wird auch durch eine Gegenrechnung bestätigt: jene Fremdwörterbücher, die nur die Alltagsfremdwörter enthalten, bleiben meist unter 10 000 Fremdwörtern.

A.: Wir wollen unterstellen, daß die Zahl der laufend gebrauchten Fremdwörter ‹nur› 10 000 beträgt. Aber auch diese Zahl ist erschreckend, denn der praktisch benutzte Sprachschatz der meisten Menschen liegt wahrscheinlich unterhalb der Ziffer von 20 000 Wörtern. Aus jeder Alltagszeile, aus jeder Buchseite, aus jedem Geschäftsbrief stürmen so viel Fremdwörter auf uns ein, daß man sich in die Zeit des Dreißigjährigen Krieges zurückversetzt fühlt, in eine Zeit, in der die deutsche Sprache in der Flut ausländischer Brocken ganz zu versinken drohte. Vor zweihundert Jahren schrieb Leibniz: «Wenn wir so fortfahren, so wird das Deutsche in Deutschland nicht weniger verloren gehen als das Angelsächsische in England.»

B.: Wir sind weit davon entfernt!

A.: Hören Sie einige Beispiele. Ich lese Ihnen erst einige Sätze vor aus dem Briefe Wallensteins über das Treffen bei Nürnberg und dann Kostproben aus den Werken heutiger Autoren.

«Das Combat hat von frühe angefangen und den ganzen Tag caldissamente gewährt, alle Soldaten Eurer kaiserlichen Armee haben sich tapfer gehalten, als ich's in einiger occasion mein lebenlang gesehen, und niemand hat eine fallo in valor gezeigt. Der König hat sein Volk über die Maßen tief diskuragiert; Eurer Majestät Armee aber, indem sie gesehen, wie der König repussiert wurde, ist mehr denn zuvor assekuriert worden.»

Und jetzt die Muster von heute, beileibe keine beliebigen Schreiber, sondern – in ihrer eigenen Sprache zu reden – prominente Autoritäten und Koryphäen:

«Die Energie der rhythmischen Pointierung der dynamischen Steigerungen und Feinfühligkeit der Temponuancen in der Beethovenschen Symphonie, das alles wurde nur noch von der dynamischen und agogischen Elastizität übertroffen, mit der Hausegger die Schubertsche Musik interpretierte.»

Oder:

«Der Dichter muß die aktuellen Anlässe eliminieren, um dadurch die Gefühlserreger in ihrer vollen Intimität zu isolieren, konzentrieren, prononcieren.»

Wollen Sie angesichts solcher Beispiele widersprechen, wenn ich sage:, die Sprache vieler deutscher Wissenschaftler und Kaufleute, die Sprache zahlreicher deutscher Alltagsunterhaltungen ist nicht mehr deutsch, sondern eine romanisch-griechische Mundart mit starker Deutschfärbung?

B.: Die Sätze, die Sie zitiert haben, wird jeder erbärmlich finden, mag er nun Freund oder Feind der Fremdwörter sein. Aber solch Mißbrauch der Fremdwörter berechtigt uns noch nicht, das Kind mit dem Bade auszuschütten.

A.: Dies Kind und dies Bad ziehen sich – um das Bild endgültig zu erschlagen – wie ein roter Faden durch den Meinungskampf um die Fremdwörter. Aber die deutsche Sprache ist dabei nicht verständlicher geworden. Diese ganze Haltung ist unendlich bequem: gewisse Fremdwörter sind unnötig und schädlich, nämlich die der anderen; andere Fremdwörter dagegen sind unvermeidlich und unbedenklich, nämlich meine eigenen. So ist die Flut der Fremdwörter immer höher angeschwollen und steht uns jetzt bis zum Hals.

B.: Wenn Sie alle Fremdwörter vermeiden wollen, so verkennen Sie das Wesen sprachlicher Entwicklung. Das Leben der Sprache ist tief geheimnisvoll und liegt jenseits menschlicher Willkür. Auch in ihm gilt das Gesetz vom zureichenden Grunde. Wenn die deutsche Sprache Tausende von Wörtern fremder Herkunft angesaugt hat, so hat das seine guten Gründe gehabt.

A.: Diese Gründe will ich Ihnen nennen. Sie heißen Neigung zum Dünkel und Schwindel. Im 17. Jahrhundert haben Tausende von Deutschen ihre ursprünglichen Namen Müller, Schulze und Schmidt umgeändert in Mylius, Scultetus und Fabricius, weil sie diese lateinischen Wörter für vornehmer hielten. Aus demselben Grunde hat man Hunderte von Hausgeräten, Einrichtungen, Mahlzeiten mit lateinischen Namen versehen und eine Fülle von ausländischen Brocken in die Rede eingestreut. Nach dem Dreißigjährigen Krieg dichtete man in dem Stil:

> «Reverierte Dame,
> Phönix meiner Ame,
> gebt mir Audienz,
> Eurer Gunst Meriten,
> machen zu Falliten
> meine Patienz.»

Herr Fabricius ist der rechte Ahn jenes Arbeiters, der vor Gericht auf die Frage: Sind Sie Steinträger? antwortete: Nein, das bin ich nicht, ich bin Baumaterialientransporteur. Ein Vetter, Verzeihung Cousin, dieser Sippe ist jener Germanist, der *Goethes Lebenswerk* nicht für vornehm genug hält und statt dessen *Goethes Oeuvre* schreibt. Natürlich kann er auch nicht von *Goethes Heim* berichten, sondern muß *Goethe intime* sagen. Es ist dies genau der gleiche zureichende Grund, aus welchem sich die Briefmarkensammler *Philatelisten* nennen, was bestenfalls Freunde der Gebührenfreien bedeuten könnte, denn falsches Griechisch ist ja weit vornehmer als richtiges Deutsch. Versteht sich, daß die Postkartensammler nicht nachstehen dürfen und einen *Philokartistenbund* gründen.

Luther ist bei der Bibelübersetzung nahezu ohne jedes Fremdwort ausgekommen, Karl Weizsäcker dagegen, der in einer öffentlichen Erklärung zugunsten der Fremdwörter versichert hat, er wähle seine Worte mit Bedacht, Karl Weizsäcker hat in seiner verbesserten Bibelübersetzung das Pauluswort *Sintemal ich nichts weniger bin als die hohen Apostel sind,* verbessert in die weit feinere ‹Nüance› *denn ich bin in nichts zurückgeblieben hinter den Extraaposteln.* Von den Extraaposteln ist sprachlich nur noch ein kleiner Schritt bis zu dem Blumenhändler, der sich zum *Blumisten* ernennt, oder bis zu der Wissenschaft *Hühnerologie,* denn die deutsche Sprache kann diese Feinheiten ja unmöglich wiedergeben. Sie kann ja nicht einmal die einfachsten Formwörter ausdrücken, und Schiller müßte heute sagen:

Der Lord läßt sich
entschuldigen, er ist per Schiff nach Frankreich.

B.: Lieber Freund, ich opfere Ihnen gern den stolzen Baumaterialientransporteur, den Schmock von Goetheforscher und sämtliche Philatelisten, Philokartisten, Blumisten und Extraapostel. Aber ich glaube, wir klären diese Frage nicht, wenn wir uns darauf beschränken, diese Musterbeispiele menschlichen Dummstolzes dem verdienten Gelächter preiszugeben.

A.: Aber dieser Aberglaube, Fremdwörter seien ein Beweis von Bildung, steckt ja in zahllosen Deutschen. Jener Museumsdirektor, der bei einem Erlaß gegen die Fremdwörter verzweifelt ausrief: «Ja, soll ich denn meine akademische Bildung ganz verleugnen», dieser brave Trottel hat nur naiv ausgesprochen, was andere heimlich denken. Unter den Gelehrten sind die Fremdwörter eine Art wissenschaftlicher Freimaurerhändedruck, an dem sich die Eingeweihten erkennen. *Verordne einem Kranken dreimal täglich Manulavanz statt Händewaschen, und er ist zufrieden.* Berühmt ist die Geschichte, wie sich ein paar Leute beim Wein verabreden, ein völlig neues sinnloses Fremdwort *repunsieren* zu erfinden und in jeder beliebigen Bedeutung zu verwenden. Und wirklich wagt niemand, sie nach der Bedeutung des Wortes zu fragen, jeder tut, als ob er es längst kenne, und versucht je nach dem Zusammenhang seinen Sinn zu erraten: *Gestern haben wir herrlich repunsiert. – O, war es interessant?* Oder *Herr Ober, wo kann man hier repunsieren? – Bitte geradeaus, zweite Tür links.* Nur bei Deutschen, die vor jedem ausländischen Wort auf die Knie fallen, ist dies Experiment möglich.

B.: Selbstverständlich benützen viele Leute Fremdwörter aus Eitelkeit. Aber Ihre heiteren Geschichten entbinden uns nicht von der Pflicht, das Problem von einer höheren Warte aus zu betrachten. Beginnen wir mit dem Einfachsten. Die Fremdwörter sind ein gemeinsames Bildungsgut aller Kulturvölker. Man sollte sie lieber Weltwörter nennen. Sie erleichtern daher die internationale Verständigung.

A.: An dieser Behauptung ist kein heiles Haar. Daß Fremdwörter den Deutschen die Erlernung der Fremdsprachen, den Ausländern die Erlernung des Deutschen erleichtern, ist bloßer Wahn. Denn zahlreiche französisch klingende Fremdwörter stammen gar nicht aus der Sprache Molières, sondern aus dem Berliner-Französisch, einer Mundart, die nur in Deutschland gesprochen wird. Wer sich in Paris ein Zimmer im *Parterre* mietet und dort Wünsche für eine *luxuriöse* Ausstattung mit *Marquisen* und *Rouleaus, Gardinen* und *Plumeaus* äußert, vielleicht auch nach einem *Friseur* fragt, der wird feststellen, daß die Wirtin keine Silbe versteht – im Französischen heißen alle diese Dinge ganz anders –, ja, die brave Frau wird sogar entsetzt sein, denn *luxurieux* heißt *wollüstig*, während unser *Friseur* in Frankreich *Coiffeur* genannt wird. Und genauso steht es mit *Souterrain* und *Quartier, Paletot* und *Portier, Pikanterie* und *Retirade, Figur* und *Taille, Patient* und *Offerte, Coupé* und *Couvert, Akkreditiv* und *Konfektion* und hundert anderen Wörtern. Sie können in Paris auch nicht mit einer *Chansonette* oder einer *Balletteuse* in ein *Kabarett* oder ein *Chambre séparée* gehen und *Pralinés* oder *Baisers* essen und sich womöglich das *Jackett* ausziehen und *fidel* oder *frivol* oder gar *ordinär* werden, o nein, das wäre sehr *fatal*; denn jedes der zehn Haupt- und Beiwörter in diesem Satz bedeutet im Französischen etwas ganz anderes als in unserem Fremdwort-Französisch. Kurzum, es gäbe eine gewaltige Blamage, wenn nicht selbst die *Blamage* auf Französisch auch ganz anders hieße.

Was die Fremdwörter aus lateinischer und griechischer Wurzel angeht, so legen sehr viele den Verdacht nahe, daß die Sprachbildung ihres Schöpfers schon in der Quarta abgeknickt wurde. Bei einem Wort wie *Interessent* würde Cicero der Schlag treffen, so unlateinisch ist es gebildet, und mit zahllosen Wörtern aus dem Küchengriechisch steht es nicht besser. Durch nichts werden die Fremdwörter schlagender widerlegt als durch Fremdsprachen.

B.: Mögen Hunderte vom Fremdwörtern in ihren Heimatsprachen etwas anderes bedeuten als bei uns: Tausende haben dort und hier den gleichen Sinn und erleichtern die Verständigung zwischen den Völkern. Die Gleichheit wissenschaftlicher Fachausdrücke ist ein wichtiger Faktor der internationalen Kultur. Wenn der ausländische Medizinstudent auch noch eine spezielle deutsche Terminologie erlernen sollte, so würde er Länder vorziehen, die ihm das Leben weniger sauer machen.

Aber wichtiger noch als der Weltwortcharakter der Fremdwörter ist etwas anderes: das Deutsche ist eine vokalarme Sprache geworden, in der zum Schaden des Wohlklangs das tonlose e überwiegt. Was im Althochdeutschen *gartinan, hagarusa, niowiht* hieß, ist bei uns zu *Garten, Hexe, nichts* verblaßt. Deshalb kommen Wörter fremden Ursprungs mit ihren sonoren Lauten, ihrem lebhaften Rhythmus und ihrem steigenden Gang dem Wohlklang unserer Sätze zustatten. Worte wie *Musik* und *Melodie, Harmonie* und *Phantasie* lösen in uns andere Schwingungen aus als die an sich vortrefflichen Zusammensetzungen *Tonkunst* und *Sangesweise, Einklang* und *Einbildungskraft*. Wenn ich sage: *er ist elegant,* so gibt die uns ungewohnte Betonung der Endsilben dem Lob besonderes Gewicht.

A.: Die Torheit dieses Satzes ist offenkundig oder vielmehr evident, um dem Tadel mehr Gewicht zu geben. Bei *elegant* betonen Sie nämlich die belanglose, angeleimte Endsilbe. Gerade das Deutsche hat den Vorzug, stets die entscheidende Stammsilbe zu betonen.

B.: Das trifft zu; aber trotzdem bringen die Fremdwörter in unsere Sprache eine rhythmische Abwechslung.

A.: Warum verzichten andere Sprachen auf solche Abwechslung? Kaiser Tiberius – sonst kein Leisetreter – entschuldigte sich in einer Senatsrede ausdrücklich, als er das aus dem Griechischen abgeleitete Wort *monopolium* benutzte; er verlangte auch, daß aus einem Senatsbeschluß das griechische Wort *emblema* entfernt würde. Der Grieche selbst dachte nicht daran, orientalische Worte zu übernehmen. Man merkt dies noch in den Evangelien: Lukas, der griechische Arzt, übersetzt den Ortsnamen Golgatha – *Schädelstätte* – kurzerhand ins Griechische, läßt das Wort *Hosiannah,* weil er es nicht übersetzen kann, einfach weg und gibt – im Gegensatz zu den drei anderen – die letzten Worte Jesu nicht aramäisch, sondern nur griechisch wieder. Auch die skandinavischen und slawischen Sprachen sind fremdwortärmer als die deutsche. Die romanischen Sprachen und das Englische kennen keine Fremdwörter in unserem Sinn; denn bei ihnen stammen auch die Erbwörter zum guten Teil aus lateinischer Wurzel.

B.: All dies ist interessant, aber nicht entscheidend. Denn was ist der Kern des Problems? Ich will Ihnen das in einigen Beispielen darlegen: Wodurch unterscheiden sich die Worte *empfangen, erhalten* und *bekommen?* Zunächst möchte man sagen: gar nicht; sie sind sinngleich: *Ich erhielt, empfing, bekam einen Brief.* Aber bald fallen uns Sätze ein, für die man nicht jedes der Wörter verwenden kann: *das Kind bekommt Zähne,* aber es *erhält* oder *empfängt* sie nicht. Bei *erhalten* und *empfangen* schwingt nämlich die Vorstellung eines Gebers mit. Aber auch diese beiden sind nicht sinngleich. In dem Lied *Wie soll ich dich empfangen* kann man keinesfalls *erhalten* einsetzen; *empfangen* hat die Sinnfärbung eines bewußten

Entgegennehmens: *er empfing ihn sehr frostig.* Die drei Worte sind nicht sinngleich, sie sind nur sinnverwandt.

Wenn man mit dem Fremdwort *synonym* sinngleiche Wörter meint, so muß man rundum sagen: es gibt keine Synonyma. Der Bedeutungsbereich zweiter Worte kann sich überschneiden wie diese beiden Kreise, die ich Ihnen hier aufzeichne.

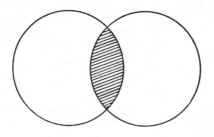

Aber die Kreise fallen nicht zusammen. In dem schraffierten Gebiet der Überschneidung kann man das eine oder das andere Wort anwenden, aber daneben liegen Gebiete, für die nur das eine Wort paßt.

Wenn also eine Sprache auf ein Wort verzichtet, so verzichtet sie auf eine Ausdrucksmöglichkeit. Dieser Satz gilt auch für die Fremdwörter. *Wir müssen dies Problem jetzt im einzelnen untersuchen.* Selbstverständlich kann ich statt *Problem* auch *Frage* sagen. Nur habe ich damit nicht dasselbe gesagt. Denn Problem ist eine bestimmte Art von Frage, nämlich eine Frage von größerem Gewicht, bei der es sich um Dinge von allgemeiner Bedeutung handelt. *Haben Sie schon gefrühstückt* ist eine Frage, aber kein Problem. Unstreitig benötigen wir ein Wort, um die *Probleme* von den übrigen Fragen zu scheiden. Zwischen beiden Wörtern besteht ein Sinnabstand.

Das ist ein entscheidendes Argument! Argument ist in diesem Satz gewichtiger als *Grund.* Das Wort *Grund* muß noch so viele andere Dinge bezeichnen, daß der spezielle Ausdruck *Argument* genauer und hierdurch gewichtiger wird. Auch mit *Beweisgrund* ist uns nicht geholfen. Erstens werden Argumente auch verwandt, wenn es sich nicht um Beweise handelt. Zweitens wirkt es abschwächend, wenn man einen einheitlichen Begriff durch ein zusammengesetztes Wort *(Beweisgrund)* bezeichnet. Das zusammengesetzte Wort wirkt abstrakter.

Wir können das gleiche an einem weiteren Beispiel sehen; es stammt sogar aus der Lyrik, wo das Fremdwort sonst einen schweren Stand hat. Rückert übersetzt einen Vers des Dschelal al Din Rumi:

«Denn wo die Lieb' erwachet, stirbt das Ich,
der dunkele Despot.»

Wie ersetzen wir das Fremdwort *Despot*? Durch *Tyrann*, fällt uns zuerst ein, aber das ist ja auch ein Fremdwort. Das zusammengesetzte Wort *Gewaltherrscher* erzeugt keine geschlossene Vorstellung und eignet sich daher nicht für eine übertragene Verwendung. Das Ich ist kein dunkler Gewaltherrscher. Ein wenig besser wäre *Zwingherr*. Aber auch hier stört uns die Zusammensetzung; sie gibt dem Wort etwas Künstliches. Das Fremdwort *Despot* hat die Lebensluft des Dunklen, Unberechenbaren. Fontanes Effi Briest sagt von ihrem Verlobten, er sei nicht nur ein Mann von Prinzipien, sondern sogar von Grundsätzen. Das Fremdwort soll hier offenbar etwas weniger Edles bezeichnen. Aber damit bezeichnet es eben auch einen anderen Begriff. Jedes Wort, das wir wählen, läßt in uns bestimmte Anklänge wach werden, gewisse Stimmungen mitvibrieren. Rein begrifflich ist kein Unterschied zwischen *sterben, entschlafen, verscheiden, ins Gras beißen* und *verrecken*, aber niemand wird auf eines dieser Wörter verzichten wollen. Wenn ich *Hellas* sage, so ist das nicht dasselbe wie der rein geographische Begriff *Griechenland*: die ganze Welt des klassischen Altertums steigt mit dem Wort *Hellas* in uns empor. Wenn wir von den *Honoratioren* einer Stadt reden, so sehen wir die würdigen Herren vor uns sitzen, bei *Ortsgrößen* geht der altfränkische Schimmer des Begriffs, der leise Spott dieser Bezeichnung völlig verloren. Das Wort *Methode* mag von Haus aus nicht mehr besagt haben als unser Wort *Verfahren*, und in vielen Fällen wird *Verfahren* ebensogut, ja besser sein. Aber das Wort *Methode* hat allmählich den Beigeschmack wissenschaftlicher Strenge, sachlich begründeter Pedanterie gewonnen, und es wäre schmerzhaft, wenn Hamlet uns von der Bühne zurufen würde:

Ist dies schon Tollheit, so hat's doch Verfahren.

Es haben sich überhaupt manche Verdeutschungen zwar eingebürgert, aber neben ihnen ist das Fremdwort am Leben geblieben, und zwischen beiden Wörtern machen wir einen deutlichen Unterschied. Vor dreihundert Jahren hat Philipp von Zesen als Ersatz für *Passion* mit kühnem Griff das schöne Wort *Leidenschaft* erfunden, das uns heute anmutet, als wäre es ältestes Krongut unserer Sprache. Aber die Sprachentwicklung hat dazu geführt, beide Wörter scharf zu unterscheiden. Ob wir von den edlen Leidenschaften des Don Carlos oder von den noblen Passionen des Herrn Meyer reden: Himmel und Erde liegen dazwischen. Gott bewahre uns vor einer Sprachverbesserung, die uns verbietet, zwischen noblen Passionen und edlen Leidenschaften auch sprachlich einen Strich zu ziehen.

Klug ist, wer unterscheiden kann, dumm ist, wer keine Unterschiede kennt. Man untersagt das Denken, wenn man das Unterscheiden verbietet. Die Sprache darf nicht das Denken hemmen. Sie ist um so reicher, je mehr Wörter ihr zur Verfügung stehen, um die unendliche Mannigfaltigkeit der Welt widerzuspiegeln. Ob ein bestimmtes Fremdwort entbehrlich ist, hängt ab von den Ansprüchen, die man an die Sprache stellt. Bei bescheidenen Ansprüchen sind auch drei Viertel der deutschen Wörter entbehrlich. Die deutschen Wörter *sehen, schauen, blicken, gucken, lugen, glotzen* und *gaffen* bezeichnen alle denselben Vorgang. Aber trotzdem möchte ich auf keines verzichten, denn jedes hat eine ganz andere Färbung. Bei diesen Wörtern kann jeder den Unterschied mit Händen greifen, in anderen Fällen ist er zarter und schwerer zu fassen.

Hier liegt die Hauptgefahr der Fremdwörterhetze. Wenn sie uns alle Worte fremden Ursprungs rauben will, so betreibt sie eine Politik der Sprachverarmung. Ich will Ihnen noch einige Beispiele vorlegen. *Laufbahn* ist eine ausgezeichnete Verdeutschung für *Karriere*. Aber sie paßt nicht in allen Fällen. Wenn Storm in dem berühmten Gedicht an seinen Sohn sagt:

> «Was du immer kannst, zu werden,
> Arbeit scheue nicht und Wachen,
> aber hüte deine Seele
> vor dem Karrieremachen»,

so kann kein deutsches Wort *Karriere* ersetzen. Wenn ein großer Fremdwortgegner gerade unter Hinweis auf diesen Vers die Verdeutschung *strebern* anführt, so verkennt er die Feinheit der Stormschen Warnung. Storm warnt seinen Sohn nicht nur vor der Streberei, sondern vor allem davor, ein erfolgreicher Streber zu werden. Das Beispiel zeigt, wie der Fremdworthaß gegen die – verzeihen Sie – Nuancen abstumpft.

Für *Bar* hat man *Schenke* vorgeschlagen. Diese Verdeutschung schließt eine erzieherische Maßnahme durch absichtliches Verächtlichmachen in sich. Für *Bohème* will dasselbe Verdeutschungsbuch *Künstlerwelt* oder *Zigeunerwelt* sagen, aber *Bohème* liegt etwa in der Mitte. Für *Banause* schlägt es *Bildungsloser, Plattgesell* und *Krämerseele* vor, alles ausgezeichnete Worte, nur bringen sie die satte Selbstzufriedenheit, die den Banausen bei seinem Haß gegen Geist und Wissenschaft erfüllen, überhaupt nicht zum Ausdruck.

Das Fremdwort ermöglicht uns, den Ausdruck abzustufen. Für solche Ausdrucksstufungen brauchen wir das Fremdwort vor allem, wenn wir etwas als fremd kennzeichnen oder ihm eine Sonderstellung zuweisen wollen. Die Fremdheit des Fremdwortes benutzen wir zum Beispiel, wenn wir mit seiner Hilfe wissenschaftliche Ausdrucksformen, euphemistische Ausdrücke bilden oder einen Gegner ironisieren wollen.

Kurzum: Reichtum an Wörtern ist für eine Sprache keine Schande, sondern Ruhm und Vorteil.

A.: Aber es sind doch fremde Wörter!

B.: Auch Fremdes kann Heimatrecht gewinnen. Fremdwörter sind ja keine Einfuhrware, die uns einem fremden Lande verschulden. Die Kunstform der ionischen Säule, die Philosophie Platons, die Dramen Shakespeares sind eingegangen in die deutsche Bildungswelt und sind Bestandteile unseres geistigen Lebens. Die Erfindungen der Eisenbahn, des Dampfschiffes oder der Elektrizität verschmähen wir nicht, obwohl sie ausländischen Köpfen entsprungen sind. Es ist nicht einzusehen, warum wir unserer Sprache Wörter nicht einverleiben sollen, die aus fremder Wurzel stammen.

Ich kann diese Philippika gegen den Purismus nicht schließen ohne einen Hinweis auf die vernichtenden Urteile, welche die großen deutschen Sprachmeister über den Purismus abgegeben haben. Ich will Ihnen nur drei Männer zitieren, unseren größten Dichter, unseren klarsten Prosastilisten und unsern größten Sprachforscher: Goethe, Schopenhauer und Jakob Grimm.

Goethe hat mit einer ihm sonst fremden Erbitterung gesagt:

«Ich verfluche allen negativen Purismus, daß man ein Wort nicht brauchen soll, in welchem eine andere Sprache viel mehr und Zarteres gefaßt hat.»

Er hat den Sprachreiniger Campe verhöhnt als die «furchtbare Waschfrau, welche die Sprache des Teut säubert mit Lauge und Sand». Und er hat 1816 ein Spottgedicht «Purismus» geschrieben:

«Gott Dank! daß uns so wohl geschah,
der Tyrann sitzt auf Helena!
Doch ließ sich nur der eine bannen,
wir haben jetzo hundert Tyrannen.
Die schmieden, uns gar unbequem,
ein neues Kontinentalsystem.
Teutschland soll rein sich isolieren,
einen Pestkordon um die Grenze führen,
daß nicht einschleiche fort und fort
Kopf, Körper und Schwanz von fremdem Wort.»

Schopenhauer, der glasklare Stilist, hat – kaum weniger grob – erklärt:

«Für einige Begriffe findet sich bloß in *einer* Sprache ein Wort, welches alsdann in die anderen übergeht: so das lateinische Affekt, das französische naiv, das englische comfortable, disappointment, gentleman und viele andere. Bisweilen auch drückt eine fremde Sprache einen Begriff mit einer Nuance aus, welche unsere eigene ihm nicht gibt, und mit der wir ihn gerade jetzt denken. Dann wird jeder, dem es um einen genauen

Ausdruck seiner Gedanken zu tun ist, das Fremdwort gebrauchen, ohne sich an das Gebelle pedantischer Puristen zu kehren.» Und von Jakob Grimm stammt das vielzitierte Wort: «Deutschland pflegt einen Schwarm von Puristen zu erzeugen, die sich gleich Fliegen an den Rand unserer Sprache setzen und mit dünnen Fühlhörnern sie betasten. Ginge es ihnen nach, die nichts von der Sprache gelernt haben und am wenigsten die Kraft und Keuschheit ihrer alten Ableitungen kennen, so würde unsere Rede bald von schauderhaften Zusammensetzungen für einfache und natürliche fremde Wörter wimmeln.»

Und auch später haben unsere größten Dichter und Gelehrten sich gegen die Fremdworthetze gewandt. Im Jahre 1889 erklärten einundvierzig führende Männer, sie verwahrten sich dagegen, daß über Entbehrlichkeit von Fremdwörtern nach Art der Rechtschreibung durch Sprachbehörden entschieden werde. Unter dieser Erklärung standen die besten Namen; von den Dichtern hatten Fontane, Freytag, Klaus Groth, Spielhagen und Wildenbruch unterschrieben, von den Gelehrten Delbrück, Dilthey, Haeckel, Harnack, Erich Schmidt, Schmoller, Sohm, Sybel, Treitschke, Virchow und Wilamowitz.

A.: Ich habe Ihre Darlegungen mit Aufmerksamkeit und mit Nutzen angehört. Aber auch vor dieser enormen Quantität drastischer Argumente kann ich nicht kapitulieren, zu deutsch: auch vor diesem Ansturm schlagender Beweise kann ich nicht die Waffen strecken.

Dabei gehe ich mit Ihren Grundgedanken ganz einig. Auch ich bin der Ansicht: je mehr Unterschiede eine Sprache machen kann, desto brauchbarer ist sie als Werkzeug des Denkens und Mitteilens. Ein reicher Wortschatz, ein guter Wortschatz! Aber nun kommt der verhängnisvolle Irrtum in Ihren Darlegungen: die Kunst zu unterscheiden wird nämlich durch die Fremdwörter nicht erleichtert, sondern erschwert. Nicht die Fremdwortjagd, sondern die Fremdwortsucht macht unsere Sprache arm. Um das zu beweisen, muß ich freilich etwas ausholen.

Goethe hat einmal gesagt, keiner verstehe den anderen ganz, weil keiner bei demselben Wort genau dasselbe denke wie der andere. Diese Vieldeutigkeit der Worte nimmt zu, je weniger sie uns von Kindesbeinen an vertraut sind, je weniger Gefühlsinhalte sich mit ihnen verbinden und je weniger anschaulich sie sind. In diesen drei Punkten stehen die Fremdwörter hinter den deutschen Wörtern zurück. Jedes leidenschaftliche Gefühl verschmäht die Fremdwörter. Kein Liebender wird seine Liebeserklärung oder Sätze der Zärtlichkeit mit Fremdwörtern ausstatten. Keine Mutter wird zu ihrem Kind in fremden Worten reden, wenn sie eindringlich und herzlich mit ihm sprechen will. Kein ernsthaftes Gebet wird Fremdwörter enthalten. Luther hat die Bibel fast ohne Fremdwörter übersetzt; selbst *Religion* und *Orient* ersetzt er durch

Glaube und *Morgenland*. Es gibt auch kein heiliges *Souper*, sondern nur ein heiliges Abendmahl, keinen *Landespapa*, sondern nur einen Landesvater, kein herzliches *Adieu*, sondern nur ein herzliches Lebewohl. Jede lyrische Dichtung würde durch Fremdwörter um alle Wirkung gebracht.

Psyche ist edler und griechischer als Seele, aber wenn Iphigenie wirklich rufen würde:

> *Und an dem Ufer steh ich lange Tage*
> *das Land der Griechen mit der Psyche suchend.*

dann würden wir doch merken, wie fremd das Wort *Psyche* unserem Herzen geblieben ist. *Total* ist nach Ansicht der Fremdwörtler weit kräftiger als *ganz* und obendrein – ihrem Wunsche entsprechend – vokalreicher, also mag Tasso im entscheidenden Augenblick, Verzeihung: *Moment* seines Lebens sagen:

> *So nimm denn mein totales Wesen hin.*

Moment – sprich *Momang* – ist sicher ein allgemein verständliches Fremdwort, aber wenn Don Carlos etwa ausrufen würde:

> *Doch ein Momang gelebt im Paradiese,*
> *wird nicht zu teuer mit dem Tod gebüßt,*

dann würden wir doch deutlich merken, wie das Fremdwort den Begriff auf eine gemeinere Stufe hinunterzieht. *Restaurant* läßt sich bekanntlich nicht durch *Krug* ersetzen, weil *Restaurant* viel vornehmer ist. So wollen wir denn künftig singen:

> *Im Restaurant zum grünen Kranze* . . .

Damen sind gewiß vornehmer als Frauen. Aber auch dies gilt nicht mehr, wenn es sich um die höchsten Dinge handelt, und die Prinzessin im «Tasso» hütet sich wohlweislich zu sagen:

> *Willst du genau erfahren, was dezent,*
> *so frage nur bei edlen Damen an.*

«Das Genie», sagt Schiller, «ist schamhaft, weil dies die Natur immer ist, aber sie ist nicht dezent, weil nur die Verderbnis dezent ist.» Wir können wohl sagen, Kant sei der Hauptvertreter des deutschen Idealismus gewesen, aber nicht sein Generalagent, denn in edler Umgebung mutet das Fremdwort fremd an. Und – um nicht nur erfundene Beispiele zu geben – Erich Schmidt schreibt einmal:

«In der Tat nicht die Zunftgelehrten Deutschlands, sondern die feinen Schriftsteller haben unsere Prosa zu edler Popularität hingebildet.»

Wer empfindet hier nicht das Wort *Popularität* als unedel? Wenn ein anderer Literarhistoriker von Goethes *Komplettheit*, von seiner *Sozialisierung und Enttitanisierung* redet: wie sehr behalten wir da den Eindruck eines wirklich fremden Wortes. Gerhart Hauptmann läßt in «Griseldis» den Markgrafen Ulrich zu einer Zeit, in der Ravenna noch Raben hieß, sagen: «Ich bin der Brutalität des Lebens nicht gewachsen.» Diese Wortwahl ist wirklich brutal.

Die Fremdwörter gehören unrettbar zu einer unteren Stilschicht: zu der schwunglosen, verstandesmäßigen Auseinandersetzung, zu der nüchternen Umgangssprache des Alltags. Fremdworte geben jeder Sprache eine moderne Färbung, eine gewisse Billigkeit und Alltäglichkeit, die sich mit keiner edleren Tonart verträgt. Es ist kein Zufall, daß Adalbert Stifter in seinen Erzählungen alle Fremdwörter nachträglich ausgetilgt hat; selbst gewohnte Wörter hat er ersetzt, zum Beispiel *komisch* durch *närrisch*, *vertikal* durch *fallrecht*, *Musik* durch *Tonkunst*, *Dessert* durch *Nachessen*, *Amusements* durch *Heiterkeiten*. Sie hätten einen Mißton in das ‹sonntägliche Fürsichsein› seiner Erzählungswelt gebracht.

Zu der Gefühlsarmut des Fremdwortes kommt sein Mangel an Anschaulichkeit. Ich greife willkürlich aus dem Rümelinschen Verzeichnis der fünftausend angeblich unentbehrlichen Fremdwörter ein Zeitwort heraus wie *dominieren*. Für *dominieren* sagt die deutsche Sprache neben *herrschen, beherrschen, vorherrschen, vorwiegen, überragen* und *übertreffen* noch: *den Ton angeben, Trumpf sein, den Herrn zeigen, den Meister spielen, das Zepter schwingen, die Zügel führen, den Ausschlag geben, die Führung haben, das große Wort führen, die Oberhand haben, an der Leine haben, in den Schatten stellen, der Hahn im Korb sein, das Heft in der Hand haben, gängeln, unterbuttern, obenan sein, in den Hintergrund schieben, die Hosen anhaben* und anderes auch noch. Jeder dieser Ausdrücke ist anschaulicher als *dominieren*. Obendrein gestatten uns diese zahlreichen Wendungen, feindifferenzierte Nuancen, will sagen: wohlabgetönte Unterschiede zu machen. Das Wort *dominieren* dagegen sagt dem Lateinunkundigen gar nichts. Fichte erwähnt in seinen Reden an die deutsche Nation, in denen sehr wenig Fremdwörter vorkommen: «Worte wie Humanität, Liberalität, Popularität – ausgesprochen vor einem Deutschen, der keine Sprache gelernt hat – sind ihm ein völlig leerer Schall, der an nichts ihm schon Bekanntes durch Verwandtschaft des Lautes erinnert und so aus dem Kreise einer Anschauung und aller möglichen Anschauungen ihn vollkommen herausreißt.» Fremdwörter sind keine Wörter, sondern Formeln. Sie sind nicht nur fremd in ihrem Ursprung – das ließe sich verschmerzen –, sondern auch fremd in ihrem Wesen.

Wie formelhaft die Fremdwörter die Dinge bezeichnen, zeigt sich auch bei den zahllosen Fehlanwendungen. Ein preußischer Minister hat 1910 erklärt: «Meine Herren, wenn ich sage absolut, so meine ich das natürlich nur relativ.» Ein Germanist schreibt von *kriminellen Verbrechen*, ein Zeitungsschreiber von Englands *numerischer Anzahl* und so fort: all diese Wörter sind ungefühlte Schablonen.

Nun könnte man sich schließlich ja damit abfinden, daß wir in Deutschland neben unserem angestammten Wortschatz auch eine große Anzahl Formeln aus fremder Wurzel verwenden. Aber diese Formelwörter haben eine verhängnisvolle Eigenschaft: sie verwischen die Unterschiede zwischen den Begriffen, verderben auf diese Weise das Denken, begünstigen den geistigen und geschäftlichen Schwindel und fressen eine Reihe guter, anschaulicher deutscher Wörter allmählich auf. Und zwar werden die deutschen Wörter verschmäht, gerade *weil* sie die feinere Abtönung ermöglichen. Das Fremdwort gestattet es dagegen, ohne lange Wortwahl eine Schablone zu verwenden. Erst wenn wir das Fremdwort beseitigen, klären wir den Begriff.

‹Wie war der Vortrag gestern?› *Sehr interessant.* Während wir das Wort aussprechen, fällt uns ein, daß gerade *interessant* ein völlig verwaschenes Fremdwort ist. Genauer wäre *lehrreich* oder *fesselnd* oder *lebendig* oder *aufregend*, oder auch nur *mittelmäßig*, ja wie war der Vortrag eigentlich? Ach, was soll man sich lange den Kopf zerbrechen wegen eines genauen Ausdrucks, das wäre ja *direkt* lächerlich. Er war eben *interessant*.

Die Fremdwörtler machen sich ihre Sache dadurch oft leicht, daß sie nachweisen, dieses oder jenes deutsche Wort decke sich nicht mit irgendeinem Fremdwort. Natürlich deckt sich ein einzelnes deutsches Wort häufig nicht mit dem Fremdwort, aber nur weil das Fremdwort oft als Schwammwort für mehrere Begriffe verwandt wird, für welche die deutsche Sprache getrennte Ausdrücke hat. Rümelin führt als Beleg für die Unentbehrlichkeit von *Exempel* und für die Unzulänglichkeit von *Beispiel* den Satz an: «Das Rechenbeispiel dient dem Vortrag des Lehrers, das Rechenexempel ist eine Aufgabe des Schülers.» Aber dieser Satz beweist genau das Gegenteil dessen, was er beweisen soll: denn das Fremdwort *Exempel* wird für ganz verschiedene Begriffe gebraucht, nämlich für *Beispiel* und *Aufgabe* und noch obendrein für *Muster, Warnung* und *Lehre.*

Die Verwaschenheit macht die Fremdwörter zu gegebenen Werkzeugen des Stilschwindels. Carl Bleibtreu hat einmal stolz erklärt: «Selbstverständlich muß man eine objektive Subjektivität und eine subjektive Objektivität haben.» Das hätte er einmal auf deutsch sagen sollen! Ganze Sätze angesehener Schriftsteller würden ins Nichts zerstieben, wenn man ihnen die Fremdwörter entzöge.

Es gibt Fremdwörter, die nur wegen ihrer Verwaschenheit beliebt sind, zum Beispiel *Interesse, Element, Faktor, Motiv, Apparat, Arrangement, Artikel, funktionieren.* Für *Interesse* hat eine Sonderuntersuchung nachgewiesen, daß es an Stelle von 800 deutschen Wörtern verwandt wird. Worte wie *Faktor* und *Element* gewinnen allmählich die Bedeutung von *Ding* schlechthin und ersparen jede scharfe Begriffsbezeichnung. So verdrängen die Fremdwörter zahlreiche deutsche Wörter aus Umgangssprache und Alltagsschrifttum, vielfach auch aus der Sprache der Wissenschaft, so daß sie nur noch in der Dichtung und in Büchern gehobenen Tones ein kärgliches Dasein fristen. Gegenwärtig sind – um beliebige Beispiele herauszugreifen – Worte wie *würzig, prahlen, Zeug* im langsamen Aussterben begriffen; sie werden durch *aromatisch, renommieren* und *Material* ersetzt. Der *Invalide* hat den *Siechling*, die *Medaille* den *Schaugroschen*, die *Kusine* die *Base* verdrängt. In vielen anderen Fällen hat das Fremdwort die Entstehung eines deutschen Wortes verhindert. Goethes Jugendfreund Lenz hat auf dieses Unheil mit dem schwermütigen Satze hingewiesen: «Mir scheinen in unserer Sprache noch unendlich viele Handlungen und Empfindungen unserer Seele namenlos, vielleicht weil wir bisher als geduldige Bewunderer alles Fremden uns mit auswärtigen Benennungen für einheimische Gefühle begnügt haben, die dann nicht anders als schielend ausgedrückt werden konnten.»

‹Nuancen› sind entbehrlicher, als der Zeitgeschmack glaubt; das beweist die Vergänglichkeit der Fremdwörter. Jedes Jahrzehnt versinken Hunderte von Fremdwörtern im Meere der Vergessenheit, und neue Scharen tauchen auf, um abermals nach fünfzig Jahren vergessen zu werden. Zahlreiche Fremdwörter sind – in ihrem eigenen Stil zu reden – Passanten in der deutschen Sprache. Als unentbehrlich hat Goethe einmal die Wörter *Apprehensionen* und *sekretieren*, Wieland *brigieren, empressiert* und *Festivitäten* bezeichnet: alle diese Wörter sind versunken. Versunken sind etwa ein Drittel der Fremdwörter der Klassikerzeit, darunter viele Prachtstücke aus dem Briefwechsel zwischen Goethe und Schiller, wie *türtüpinieren, radotieren, deployieren, renunzieren, repoussieren, matifizieren*, nebst der *Assiduität*, der *Apparition* und der *Kadespadenz*.

Auch in jüngster Zeit veralten uns Fremdwörter unter den Händen. Delbrück, der Urheber jener Erklärung von 1889, bringt in seinem Gneisenaubuch – erschienen 1900 – Wendungen wie: «Nach der Niederlage zeigte sich Debandade ... Er wollte sich Zeit zur Ralliierung verschaffen ... Man sah die Wucht der wiederholten Chargen ... Der Schlaf wurde immer soporöser ... Die neue Regierung wurde inauguriert.»

Diese Fremdwörter sind heute unverständlich geworden. Andere Fremdwörter haben den Sinn gewechselt. Goethes *polierte Völker Europas* und die *expedite Hand* seines Vaters stimmen uns heiter.

Die Vergänglichkeit der Fremdwörter enthält zugleich eine Warnung. Jedes Werk, das an einem Übermaß von Fremdwörtern krankt, wird innerhalb von hundert Jahren unlesbar. Dies gilt heute für den größten Teil der Werke des 17. Jahrhunderts und wird in fünfzig Jahren für viele Schriftsteller unserer Tage gelten. Eine solche sprachliche und damit geistige Zerklüftung ist verhängnisvoll. Menschen, die einander unverständliche Sprachen sprechen, sind sich fremd. Schon jetzt wird die Fremdwortmauer oft der Sache gefährlich. Im Wirtschaftsleben wird die Abneigung des Volkes gegen viele Dinge dadurch gesteigert, daß sie mit unverständlichen Fremdwörtern bezeichnet werden. Die *Dividenden* und *Tantiemen*, das *Rentabilitätsstreben*, ja selbst die *Generaldirektoren* wären, wenn sie deutsche Bezeichnungen trügen, vielleicht nicht ganz so unbeliebt, wie sie es jetzt sind. So zieht die Fremdwörterei eine Bildungsmauer mitten durch unser Volk. Gewiß sind Unterschiede geistiger Bildung unvermeidlich. Es wäre, schreibt Max Weber, um in die Wüste zu fliehen, wenn das deutsche Volk aus lauter Professoren bestünde, und es wäre nicht minder verhängnisvoll, wenn es in ihm überhaupt keine Professoren gäbe. Aber Wissenschaft und Gelehrtentum wären auch möglich, ohne daß man durch ein Übermaß von Fremdwörtern die Bildungskluft willkürlich vertieft. Es drohen allmählich zwei Sprachen zu entstehen: die fremdwörterreiche Mischsprache der Gebildeten und das überlieferte Deutsch des übrigen Volkes. Der einfache Mann kann jene Gebildetensprache nicht verstehen, und der Gebildete verliert die Fühlung mit dem Volke.

Auch ich will meine Erwiderung nicht schließen, ohne Kronzeugen und Eideshelfer anzuführen. Auch ich will hierfür den größten deutschen Dichter, den klarsten deutschen Schriftsteller und den größten deutschen Sprachforscher wählen: Goethe, Schopenhauer und Jakob Grimm.

Goethe hat in der Tat den Sprachreinigern zahlreiche Grobheiten gesagt, auch deshalb, weil ihm der Kreis um Campe aus ganz anderen Gründen verhaßt war. In der Ausübung aber – dies Wort hat Goethe selbst statt *Praxis* verwandt – verfuhr er ganz anders: er strich Hunderte von Fremdwörtern aus seinen Werken und ersetzte sie durch deutsche Wörter. Er kaufte das Wörterbuch Campes und entnahm daraus zahllose Neuschöpfungen seines Feindes wie *Zueignung, gegenständlich*, ja sogar so mutige Neuwörter wie *Selbstigkeit* für Egoismus. Goethe hat auch selber über hundert eigene Verdeutschungen geschaffen. Manche sind uns heute völlig geläufig wie *Abschattierung* für *Nuance, ausgesprochen* für *prononciert, Eindringling* für *Intrus, Geschäftsmann* für *homme d'affaires, Hingebung* für *Devotion, märchenhaft* für *fabulös, Pflanzenwelt* für *Flora, übertrieben* für *outriert*. Andere Goethesche Verdeutschungen muten selbst den begeisterten Sprachreiniger überkühn an wie *Anhaltsamkeit* für *Intensität, bretterhaft* für *theatralisch, Leberuf* für *Vivat, schrittmäßig* für *rhythmisch, Sicherplatz* für *Asyl, verfratzen* für *karikieren, Witzung* für *Lektion, Menschenverständler* für *Rationalist*. Er sandte «Dichtung und Wahrheit» an Riemer mit dem mehrfach wiederholten Auftrag, «ausländische Wörter zu verdeutschen», und in dem Aufsatz «Deutsche Sprache» steht der Satz: «Die Muttersprache zugleich reinigen und bereichern ist das Geschäft der Köpfe.»

Und auch von Schopenhauer kann ich einen Satz für mich ins Treffen führen:

«Den deutschen Schriftstellern würde durchgängig die Einsicht zustatten kommen, daß man zwar womöglich denken soll wie ein großer Geist, hingegen dieselbe Sprache reden wie jeder andere. Man brauche gewöhnliche Worte und sage ungewöhnliche Dinge: aber sie machen es umgekehrt. Wir finden sie nämlich bemüht, triviale Begriffe in vornehme Worte zu hüllen und ihre sehr gewöhnlichen Gedanken in die ungewöhnlichsten Ausdrücke.»

Wenn dieser Satz auch nicht auf Fremdwörter gemünzt ist: er trifft sie genau ins Herz.

Der Satz Jakob Grimms, den Sie anführen, richtete sich im Grunde nur gegen den Übereifer der Sprachreiniger. Denn Grimm selbst ist ein Sprachreiniger gewesen und hat eben jenen Aufsatz «Über das Pedantische», aus welchem Sie den Satz entnommen haben, mit der feierlichen Erklärung geschlossen:

»Zur schmählichen Fessel gereicht es unserer Sprache, wenn sie ihre eigensten und besten Wörter hintansetzt und nicht wieder abzustreifen sucht, was ihr pedantische Barbarei aufbürdete; man klagt über die fremden Ausdrücke, deren Einmengen unsere Sprache schändet; dann werden sie wie Flocken zerstieben, wann Deutschland, sich selbst erkennend, stolz allen großen Heils bewußt sein wird, das ihm aus seiner Sprache hervorgeht.»

B.: Ich hätte manches zu erwidern. Aber ich glaube, wir werden uns auch bei einer längeren Erörterung nicht verständigen.

A.: Das glaube ich auch. Denn hier liegt die Wahrheit nicht in der Mitte. In der Mitte bleibt das Problem ungelöst liegen.

Zweiter Abschnitt
Übersicht der Argumente

> Ich habe im Leben, und im Umgang mehr als einmal
> die Erfahrung gemacht, daß es eigentlich geistlose
> Menschen sind, welche auf die Sprachreinigung mit
> so großem Eifer dringen: denn da sie den Wert eines
> Ausdruckes nicht zu schätzen wissen, so finden sie
> gar leicht ein Surrogat, welches ihnen ebenso bedeu-
> tend scheint.
>
> *Goethe*

> Was sich im Deutschen ohne entlehnte Worte ver-
> nehmlich sagen läßt, das ist wirklich was Rechtschaf-
> fenes; aber leere Worte, da nichts hinter und gleich-
> sam nur ein leichter Schaum müßiger Gedanken,
> nimmt die reinteutsche Sprache nicht an... Sagen
> die Gelehrten, daß sie nach vielem Nachsinnen und
> Nagelbeißen kein Teutsch gefunden, so ihre herr-
> lichen Gedanken auszudrücken gut genugsam gewe-
> sen, so geben sie wahrlich mehr Armut ihrer ver-
> meintlichen Beredsamkeit als die Vortrefflichkeit
> ihrer Einfälle zu erkennen... Alles was sich nicht
> mit Mitteln der Volkssprache auseinandersetzen läßt,
> damit ist es nichts.
>
> *Leibniz*

Das Streitgespräch hatte die Aufgabe, die Gründe für und wider die
Fremdwörter aufeinanderprallen zu lassen. Die folgenden Seiten sollen
die Argumente systematisch zusammenstellen und so den Inhalt des
Streitgesprächs übersichtlich zusammenfassen. Erst ein späteres Kapitel
wird die Gründe gegeneinander abwägen.

I. Vorzüge der Fremdwörter

1. Ausdrucksstufung

Es gibt keine sinngleichen Wörter. Der Sprachgebrauch verwendet zwei
nebeneinanderstehende Wörter stets mit einem gewissen Sinnabstand.
Die Wörter sind ja nicht die Etiketten gegebener Dinge, sondern sie
schneiden aus der unendlichen Welt bestimmte Teile unter bestimmten
Gesichtspunkten heraus. Jedes zusätzliche Wort ermöglicht uns also, den
Ausdruck abzustufen. Auch die Fremdwörter vermehren daher unsere
Ausdrucksmöglichkeiten.

2. *Sonderworte für Sonderbedeutungen*

Fremdwörter sind sehr geeignet, eine Sache als fremdartig zu kennzeichnen oder ihr eine Sonderstellung zuzuweisen.

a) *Wissenschaftliche Fachausdrücke*

Sonderworte brauchen wir vor allem für die Begriffe der Wissenschaft. Unmöglich kann man für eine bestimmte Richtung der Philosophie statt *Rationalismus* etwa *Vernünftelei* oder *Vernunftsherrschaft* sagen, denn diese Worte werden ja schon für andere Formen der Vernunftbetätigung gebraucht und nicht nur für eine bestimmte philosophische Richtung. Besonders unentbehrlich sind Sonderworte, wenn es sich um ein bestimmtes geschichtliches Gebilde handelt. *Merkantilismus* ist eine bestimmte Wirtschaftslehre des 18. Jahrhunderts. Kein vorhandenes Wort kann *Merkantilismus* ersetzen, denn jedes dieser Worte wird schon in einem allgemeinen Sinn verwandt und ist nicht dieser einmaligen geschichtlichen Erscheinung vorbehalten. Neugeschaffenen Fremdwörtern kann man leicht einen Sondersinn beilegen, weil sie unverbraucht sind. Wenn man dagegen eingeführte deutsche Wörter auch in einer Sonderbedeutung verwenden will, verliert der Begriff seine Scharfdeutigkeit *(Prägnanz)*. Als Leibniz *abstrakt* durch *abgezogen* ersetzen wollte, wandte man ihm ein, man müsse dabei eher an abgezogene Tiere denken als an abstrakte Begriffe.

Nun sind zwar die *reinen* Fachwörter der Wissenschaft für das übrige Sprachleben nicht sehr wichtig. Aber viele wissenschaftliche Begriffe werden auch im Alltag ständig benützt. *Rationalismus, Kapitalismus, Renaissance, Psychoanalyse:* welche vorhandenen Worte könnten hier einspringen? Solche Begriffe bedürfen eigener Wörter.

b) *Milderungsworte*

Fontane läßt den alten Stechlin sagen:
«Ich muß frische Luft haben, vielleicht erste Zeichen von Hydropsie. Kann eigentlich Fremdwörter nicht leiden. Aber mitunter sind sie doch ein Segen. Wenn ich so zwischen Hydropsie und Wassersucht die Wahl habe, bin ich immer für Hydropsie. Wassersucht hat so etwas kolossal Anschauliches.»

Hier wirkt das Fremdwort als Euphemismus, als Milderungswort oder – wie Jakob Grimm es verdeutschen wollte – als Glimpfwort. Aus demselben Grund sagt der Schauspieler *Gage* und der Anwalt *Honorar*; sie wollen einen gewissen Abstand vom Gelde dadurch zum Ausdruck bringen, daß sie Worte wie Gehalt oder Lohn vermeiden.

c) Fremdwörter als Mittel der Ironie

Wenn sich Mutter und Tochter vor dem Weggehen darüber streiten, welchen Hut die Tochter aufsetzen soll, sagt der Vater schließlich: *Wenn ihr die Diskussion über dies schwierige Problem noch lange fortsetzt, versäumen wir den Zug.* Die beiden Fremdwörter mit ihrem sachlicheren Klang werden hier bewußt gerade deshalb verwandt, weil sie eigentlich nicht zu der Art Unterhaltung passen. Sie bringen zum Ausdruck, daß nach Ansicht des Vaters die beiden Frauen der Frage des Hutes zu viel Bedeutung beimessen. Oder wenn man gesagt hat, Nietzsche sei mit seinen selbstbespiegelnden Vorworten *der Begründer der Nietzsche-Exegese* gewesen, so kann man hier *Exegese* nicht durch *Auslegung* ersetzen, ohne die witzige Ironie des Satzes abzuschwächen, denn das Wort *Auslegung* ist weniger anspruchsvoll als *Exegese*.

d) Kennzeichen des Fremdartigen

Der *Bazar* des Morgenlandes ist weder Warenhaus noch Jahrmarkt; wir lassen ihm deshalb seinen eigenen Namen.

e) Verächtlichmachung

Der Sprachgebrauch gibt einigen Fremdwörtern einen abschätzigen Beigeschmack. Die *Koryphäe*, die *haute volée*, die *Prominenten* sind gelegentlich spöttisch gemeint. Wörter wie *Profit, Transaktion, Metier, Routine* werden oft mißbilligend gebraucht. Auch *Genie* hatte ursprünglich einen spöttelnden Klang; noch Lessing erklärte: «Wer mich ein Genie nennt, dem gebe ich eine Ohrfeige, daß er denkt, es wären zwei.»

3. ‹Weltwörter›

Zahlreiche Fremdwörter sind mehreren Sprachen gemeinsam. Sie erleichtern daher die internationale Verständigung. Jedoch werden manche Fremdwörter von uns in anderem Sinn verwandt als in den anderen Sprachen.

II. Nachteile

1. Verschwommenheit der Fremdwörter

Fremdwörter sind manchmal unanschaulich und gefühlsarm. Sie haben daher keinen scharfen Umriß. Die Ausdrucksmöglichkeit, die uns das Fremdwort bietet, muß also nicht notwendig eine feinere Unterscheidung, eine Ausdrucksstufung sein. Vielmehr ist der neue Begriff, den wir mit dem Fremdwort verbinden, oft gerade allgemeiner, unbestimmterer Natur. Solche Fremdwörter dienen dann nicht dazu, den Ausdruck genauer abzustufen, sondern im Gegenteil: sie dienen dazu, den Ausdruck möglichst allgemein zu machen. Im Fremdwortdeutsch: sie dienen nicht zur Ausdrucksdifferenzierung, sondern zur Ausdrucksintegrierung, zum Übergang auf allgemeine Begriffe. Gerade auf diese Fremdwörter wollen die Menschen am allerwenigsten verzichten. Es ist bequem zu sagen, daß etwas gut *funktioniere*, mag es eine Uhr, ein Schlüssel, eine Wasserleitung, ein Wagen, ein Motor, eine Fernsprechverbindung oder auch eine Drohung sein. Will man *funktionieren* durch ein deutsches Wort ersetzen, so benötigt man für jeden dieser Begriffe ein anderes Zeitwort. Man kann dies Verhältnis schematisch so darstellen:

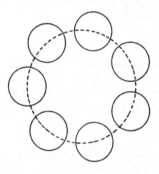

Der große punktierte Kreis ist das Fremdwort; die vielen kleinen Kreise die deutschen Wörter. Sie sind genauer und bezeichnen daher einen kleineren Ausschnitt der Welt. Ein Fremdwortschwärmer hat einmal zweiundsiebzig Ersatzwörter für *System* aufgezählt und erklärt: «Das Wort System muß man zweiundsiebzigmal spalten, ehe die Splitter so viel leisten wie das Urwort allein.»

2. Anschein von Tiefsinn

Wer ein paar großartig klingende Fremdwörter einmischt, gibt sich leicht den Anschein des Tiefsinns. Der Naturforscher Forel will sagen: *Die Mannigfaltigkeit der Naturerscheinungen ist grenzenlos.* Da aber mit dieser Binsenwahrheit nicht viel Ruhm zu ernten ist, so putzt er den Satz mit einigen Fremdwörtern auf:

«Diese Weltpotenz besitzt an sich die plastische Expansionsfähigkeit einer endlosen evolutionistischen Diversifikation im Detail ihrer Erscheinung.»

Ein Gelehrter schreibt den tiefsinnigen Satz:

«Die inhärente Konsequenz dieses spirituellen Materialismus ist die radikale Negation aller positivistischen Quisquilien.»

Kann man das nicht auf deutsch sagen? Nein, das kann man nicht auf deutsch sagen!

3. *Gefährdung der Sprachschönheit*

Daß Fremdwörter in die künstlerische Erzählung kaum einzudringen vermochten, sollte auch jeden mißtrauisch machen, der keine Kunstprosa, sondern schlichte wissenschaftliche Abhandlungen verfaßt. Wenn ein Geschichtsschreiber Storm *produktiv* nennt, so scheint uns das noch erträglich. Wenn er aber von Storms *Novellenproduktion* spricht, so zeigt sich der Pferdefuß des Fremdwortes. Wie peinlich wirken selbst für ein stumpfes Ohr die Fremdwörter in dem folgenden Satz:

«Auf jeder Stufe ihrer Entwicklung hat die christliche Menschheit das Lebensideal abstrahiert und als das Höchste proklamiert.» (Adolf v. Harnack)

Wie schmerzhaft klingt es, wenn sich Fremdwörter häufen:

«Alle Relationen, die das bewußte Denken sich diskursiv appliziert, sind nur Reproduktionen explizierter oder Explikationen implizierter oder explizierter Reproduktionen implizierter Bewegungen.» (Eduard von Hartmann)

Dritter Abschnitt
Aufgaben

Den geduldigen Leser bitte ich, erst selbst zu versuchen, ob und wie ihm die Übertragung gelingt:

«Er war prädisponiert, intellektuelle Leistungen für aktive Leistungen anzusehen.» (Hans Delbrück)

Er war von Natur geneigt, geistige Leistungen für Taten anzusehen.

«Schließlich spielen in dieser Zeit auch eine ganze Reihe psychogener Momente eine Rolle. In der Regel sind es Konflikte, die der Schulbesuch schafft, wo es zur Konversion psychischer Komplexe in physische Leiden kommt, was oft in Form von Kopfschmerzen realisiert wird... Meistens zeigt der Kopfschmerz auffallende

In der Jugendzeit können sich auch mannigfaltige seelische Vorgänge, namentlich Schulsorgen, in Kopfschmerzen umsetzen... Art, Stärke und Ort des Kopfschmerzes wechseln meist stark.

Schwankungen in seiner Qualität, Intensität und Lokalisation.»

Man kann auch umgekehrt einen ursprünglich deutsch geschriebenen Satz in Fremdwörtern wiedergeben. Mommsens Charakteristik Cäsars lautet im Fremdwortdeutsch und im Urtext:

Cäsars Mentalität war absolut rational und realistisch; alle seine Transaktionen basierten auf jener genialen Illusionslosigkeit, welche seine intimste Individualität bezeichnet. Diesem Faktor verdankte er die potentielle Kraft, sich durch Reminiszenzen und Illusionen nicht aus dem Konzept bringen zu lassen; ihm die Fähigkeit, in jedem Moment seine totale Energie einzusetzen und auch jeder Bagatelle seine komplette Genialität zuzuwenden; ihm die Universalität, mit der er konzipierte und beherrschte, was der Intellekt begreifen und der Wille dirigieren kann; ihm die Souveränität, mit der er seine Perioden fügte wie seine Kriegsprogramme entwarf; ihm den brillanten Humor, der ihm in allen Epochen treu blieb; ihm verdankte er es auch, daß er völlig immun war gegen jeden Versuch eines Lieblings, einer Maitresse oder eines Freundes, ihm irgendeine Idee zu suggerieren.

«Cäsar war durchaus Realist und Verstandesmensch; und was er angriff und tat, war von der genialen Nüchternheit durchdrungen und getragen, die seine innerste Eigentümlichkeit bezeichnet. Ihr verdankte er das Vermögen, unbeirrt durch Erinnern und Erwarten energisch im Augenblick mit gesammelten Kräften zu handeln und auch dem kleinsten und beiläufigsten Beginnen seine volle Genialität zuzuwenden; ihr die Vielseitigkeit, mit der er erfaßte und beherrschte, was der Verstand begreifen und der Wille zwingen kann; ihr die sichere Leichtigkeit, mit der er seine Perioden fügte wie seine Feldzugspläne entwarf; ihr die ‹wunderbare› Heiterkeit, die ihm in guten und bösen Tagen treu blieb; ihr die vollendete Selbständigkeit, die keinem Liebling und keiner Maitresse, ja nicht einmal dem Freunde Gewalt über sich gestattete.»

Der Sprachphilosph Karl Vossler hat in der zweiten Ausgabe seines «Dante» Hunderte von Fremdwörtern ersetzt; durchweg wird der Satz anschaulicher, genauer, bezeichnender:

Nichts ist nur Bild, Symbol, Diskussion und Räsonnement...
Die dramatische Dimension der Handlung...

Nichts ist nur Bild, Symbol, Zeichen, Wink und Belehrung...
Die Schauplätze und Ausmaße der Handlung...

Das religiöse Temperament der Zeit...	Die religiöse Spannung der Zeit...
Diese Zeugnisse in ihrer psychologischen oder gar historischen Kontinuität...	Diese Zeugnisse in ihrer seelischen und geschichtlichen Abfolge...
Die Fähigkeit, sich fremde Elemente zu assimilieren...	Die Fähigkeit, sich fremde Gedanken anzugliedern...
Die allzu dogmatische Fixierung anschaulicher Gemälde vom Jenseits...	Die gläubig-sinnliche Ausmalung des Jenseits...
Der korrekte Aberglaube des Philisters...	Der lederne und knechtische Aberglaube des Philisters...

Versuchen Sie einmal, in den folgenden Beispielen das Wort *direkt* zu ersetzen; jedesmal ist ein anderes deutsches Wort angebracht. (Lösung am Schluß des Buches.)

Gehen Sie diesen Feldweg hier, der führt direkt auf das Gehöft.

Direkt verzichtet habe ich nicht auf mein Eigentumsrecht.

Lübecker Hof, 3 Minuten vom Bahnhof, direkt hinter der Post.

Ich würde ihr das lieber nicht so direkt sagen.

Wenn sich's im Gespräch von selbst ergibt, ja; aber so direkt davon anfangen möchte ich nicht.

Direkter Einkauf macht es mir möglich, die Ware so billig zu liefern.

Wenden Sie sich ruhig an Herrn Lindemann direkt.

Anstatt direkt zum Arzt zu laufen, versuchte das Mädchen erst mit allerlei Hausmitteln zu helfen.

Direkt behauptet habe ich es nicht.

Halte uns nicht lange auf, sondern erzähl mal direkt, wie es gewesen ist.

Als ich ihm ernstlich ins Gewissen redete, gab er es auch direkt zu.

Du weißt, er ist sehr empfindlich; hüte dich also, ihm direkt Schuld zu geben.

Ich sagte ihm direkt, daß er der Täter sei.

Ist dies der direkte Wagen nach Luzern?

Wenn Ihr den Zug um 9 Uhr 15 benützt, könnt ihr direkt bis Frankfurt fahren.

Es ist ja direkt lächerlich, daß es möglich sein soll, das Wort *direkt* zu entbehren.

Diese Beispiele lehren: Wenn wir jedesmal das treffende deutsche Wort einsetzen, wird der Ausdruck genauer. Auf die Frage: Wie übersetzen Sie...? muß man stets antworten: In welchem Zusammenhang? Es gibt auch Fremdwörter, die in den meisten Sätzen entbehrlich sind, in einigen aber unersetzlich. Kann man in folgenden Sätzen die Fremdwörter ersetzen? (Lösung am Schluß des Buches.)

1. Nur im harten Joch solcher Pflichten mochte sich das bewegliche Wesen des Dichters vollends fixieren. (Rudolf Haym)
2. Humboldts Briefe sind eine Zierde unserer epistolographischen Literatur. (Karl Busse)
3. Die Arbeitsteilung reduziert den Arbeiter auf eine degradierende Funktion. Dieser degradierenden Funktion entspricht eine depravierte Seele. (Karl Marx)
4. Im Zirkus Schumann sind die Singalesen noch für zwei weitere Abende prolongiert worden. (Tägliche Rundschau)
5. Im Zeitalter der Reformation hat man vielfach...
6. Hier muß sehr viel reformiert werden.
7. Ich begnüge mich meist mit Pflanzenkost, aber ich mache kein Prinzip daraus.
8. Ob diese Episode faktisch passiert ist, kann man nicht kontrollieren.
9. Sie bedeutete für ihn nur eine Episode.
10. Unsere Sprache ist durchaus qualifiziert, alle Dinge, von den prosaischsten bis zu den idealsten, exakt auszudrücken.
11. Mit den Details des Antrags bin ich nicht durchweg einverstanden, aber die Tendenz sagt mir zu.
12. Ehrgeiz war das stärkste Motiv seines Handelns.
13. Das alte System der bürgerlichen Gesellschaft drohte auseinanderzufallen.
14. Das Kaiserinterview von 1909 erregte viel Aufsehen.
15. Die Sängerin war leider etwas indisponiert.
16. Das Kabarett in der Leopoldstraße bringt einige neue Attraktionen.
17. Die Attraktion dieser Familie ist die Hausfrau.
18. Sie ist offenbar nicht sein Typ. – Das ist wieder einmal typisch für ihn.
19. Eine Nuance heller wäre mir der Stoff lieber.
20. Ich muß mich erst über die ganze Sache orientieren. – Seine Weltanschauung ist ganz an Haeckel orientiert. – Er ist in dieser Frage gut orientiert.
21. Er hat intensiv gearbeitet.
22. Er ist ein sehr routinierter Schauspieler.
23. Das komplizierte Problem eines relativ billigen Umbaus... Das Problem der Unsterblichkeit. –
24. Die wissenschaftliche Beobachtung hat ergeben, daß ein je ge-

ringeres Maß von ökonomischer Intelligenz auf der Produktionsseite
waltet, desto beträchtlicher das Volumen der ihr auf der Erfolgsseite entsprechenden subterranen Vegetationsformen von Solanum tuberosum zu
sein pflegt.

Erfahrungen der Sprachgeschichte
oder Können wir die Fremdwörter ersetzen?

> Man läßt sich seine Mängel vorhalten, man läßt sich
> strafen, man leidet manches um ihretwillen mit Ge-
> duld; aber ungeduldig wird man, wenn man sie able-
> gen soll.
>
> *Goethe*

Das Für und Wider der Fremdwörter haben wir erwogen. Wollen wir
diese Erwägungen zu einem knappen Schlußsatz verdichten, so müssen
wir sagen: das Fremdwort schenkt uns zusätzliche Ausdrucksmöglichkeiten, aber hat auch seinen Preis. Denn das Übermaß der Fremdwörterei kann Tiefsinn vortäuschen, die Schönheit der Sprache und die Verständlichkeit des Gesagten gefährden. Können wir überhaupt die Fremdwörter vermeiden?

Diese beiden Fragen – Sollen wir die Fremdwörter ersetzen? und Können wir die Fremdwörter vermeiden? – werden oft vermengt. Wenn jemand bewiesen hat, daß man die Fremdwörter vermeiden solle, glaubt
er auch bewiesen zu haben, daß man sie vermeiden könne. Aber die Geschichte des Fremdwortgebrauchs belehrt uns eines Bessern.

Ist der Gebrauch der Fremdwörter in den letzten Jahrzehnten gesunken
oder gestiegen?

Im Amtsdeutsch, in dem man gegen das Fremdwort seit mehr als
zweihundert Jahren predigt, sind die Fremdwörter rückläufig. Aber sie
sind keineswegs verschwunden.

Die erzählende Prosa war immer fremdwortarm und ist es geblieben.

Viel reicher an Fremdwörtern war stets die Sachprosa, also die Sprache
der Wissenschaft, der Zeitungen, das Deutsch der Kaufleute und Techni-
ker. Hier hat sich wenig geändert. Aber für unser Problem ist nicht nur
die Schriftsprache wichtig, sondern auch die Umgangssprache; aus ihr
wird die Schriftsprache gespeist.

Für die Fremdwörter der Umgangssprache gibt es viele deutsche Wörter. Aber haben Sie schon einmal zu einem Bekannten gesagt: *Gestern war*

ich im Lichtspielhaus oder *Heute wollen wir zur Feier des Tages Schaumwein trinken?* Niemand spricht so. Es gibt zwar in Deutschland – wie wir auf den Firmenschildern lesen können – auch *Lichtspielhäuser,* aber trotzdem läuft alles ins *Kino.* Es gibt von Amts wegen nur *Schaumwein,* aber jeder Mensch trinkt *Sekt,* besser noch: *Champagner.* «Die Behörde spricht von Ruhegehalt, wo der Beamte seine Pension meint. Eine Uraufführung wird angekündigt, und die bessere Welt geht in die Premiere. Man benützt die Kleiderablage und nimmt dort seine Garderobe in Empfang. Man kauft ein Rundfunkgerät und lobt seinen schönen Radioapparat. Und wenn man in einem Geschäft Weinbrand verlangt, wird einem Kognak eingepackt. Das Gericht lädt zur mündlichen Verhandlung, und man geht zum Termin. Ein Brief muß freigemacht werden, und daher frankiert man ihn. Das Gesetz kennt nur Kraftdroschken, aber – sicher ist sicher – man setzt sich in eine Taxe und ruft nach dem Chauffeur, und nicht nach dem Kraftwagenführer.»

In all diesen Fällen – sie sind der Schrift «Papiersprache oder lebendiges Deutsch» von Bernhard Funck entnommen – führen die deutschen Wörter ein Schattenleben. Man verwendet sie, wenn man seinen sprachlichen Sonntagsanzug anzieht: im amtlichen Verkehr, auf den Briefbögen, auf den Firmenschildern. Die Umgangssprache benutzt das Fremdwort.

Zu solchem Schattendasein sind viele deutsche Wörter der letzten Jahrzehnte verdammt. Oder glauben die Sprachreiniger wirklich, man sage in der lebendigen Menschenrede *Mundtuch* statt *Serviette, Gastspielreise* statt *Tournee, Stammiete* statt *Abonnement, Wagenhalle* statt *Garage. Zeig mir doch einmal das Lichtbild, das du gestern von mir gemacht hast.* Wer so redet, wirkt komisch! Und selbst dort, wo sich das neue Hauptwort durchgesetzt hat, fehlen die entsprechenden Zeitwörter. Mag der *Briefwechsel* auch langsam zunehmen, Herr Schulze, der ihn bei Meyer & Söhne führt, *korrespondiert* nach wie vor sehr häufig und nennt sich *Korrespondent.*

Kurz: in der Umgangssprache ist der Anteil der Fremdwörter nicht kleiner geworden. Ganz im Gegenteil: er wird eher größer! Vor allem Rundfunk, Fernsehen und Zeitungen tragen das Fremdwort in jeden Haushalt, in jede Schicht der Gesellschaft.

Wer war der erfolgreichste Sprachreiniger aller Zeiten? Ohne Zweifel der Generalpostmeister Heinrich von Stephan. Auf Bismarcks Geheiß hat er an einem Tag siebenhundert Fremdwörter des Postwesens ersetzt. Das Publikum war empört; man verhöhnte ihn als ‹Generalsprachmeister›, bezeichnete Wörter wie *rekommandiert, poste restante* und *rezepisse* als unentbehrlich und lachte seine urkomischen Neuwörter *eingeschrieben, postlagernd* und *Empfangsschein* einfach aus. Der Reichstag tobte; man versicherte, es sei ganz undenkbar, das Wort *Korrespondenzkarte* durch das ‹viel zu allgemeine› Wort *Postkarte* zu ersetzen. Auch seien gerade im Postverkehr Wörter wie *Poste restante* und *rekommandiert* unbedingt nötig, weil sie für das Ausland viel leichter zu verstehen seien. Aber Stephan wies lächelnd nach, daß diese Postwörter deutsche ‹Spezialitäten› seien und daß man im Ausland ganz andere Bezeichnungen hierfür verwende. Nach wenigen Jahren waren seine Neuwörter selbstverständlich geworden und die meisten Fremdwörter verschwunden.

Dieses Beispiel ist lehrreich: aus ihm lernen wir, welche Fremdwörter sich unschwer durch Neuwörter ersetzen lassen. Es sind die ‹namensähnlichen› Fremdwörter. Sie bezeichnen nicht eine Eigenschaft, eine Tätigkeit, eine Gesinnung oder einen anderen abstrakten Begriff, sondern sie sind gleichsam Namen, die man einer abgrenzbaren Gruppe von Menschen, einem Rechtsbegriff oder einer Gattung konkreter Dinge gegeben hat. Zu diesen namensähnlichen Fremdwörtern gehören die Amtstitel, die Bezeichnungen rechtlicher Gebilde, die Namen bestimmter Speisen, die Ausdrücke des Verkehrswesens. Also *Referendar* und *Archivar*, *Hypothek* und *Kaution*, *Ragoutfin* und *Beefsteak*, *Korrespondenzkarte* und *Perron*, *Avantageur* und *Arrièregarde*. Diese namensähnlichen Fremdwörter lassen sich unvergleichlich leichter durch deutsche Wörter ersetzen als andere, und zwar aus zwei Gründen:

Erstens bezeichnen sie einen scharf umgrenzten Begriff. Bei ihnen ist keine Ausdrucksstufung nötig. Mochte das Wort *Korrespondenzkarte* ursprünglich auch etwas anderes besagen als das Wort *Postkarte*: sobald man eines Tages dieses Gebilde *Postkarte* getauft hatte, bezeichnete das Wort *Postkarte* genau den gleichen Gegenstand.

Zweitens kommt die Mehrzahl der namensähnlichen Fremdwörter hauptsächlich im Rechts-, Amts- und Geschäftsverkehr vor. Für die Benennung dieser Begriffe ist daher der Staat maßgebend. Wie wir die Begriffe *Hypothek* und *Kaution*, *Konkurs* und *Kompensation*, *Indossament* und *Amortisation*, *Inventar* und *Konversion*, *Legitimation* und *Prokurist*, *Prämie* und *Priorität*, *Retention* und *Reallasten*, *Kontokorrent* und *Dividende*, wie wir diese Begriffe zu benennen haben, das bestimmen nicht zuletzt die öffentlichen Institutionen. Wenn sie morgen die Archivare *Urkunder* nennen, so ist das Wort *Archivar* in hundert Jahren ebenso vergessen wie heute der *Auskultator*, der *Konzipient* und hundert andere, längst verblichene Titel. Wer weiß denn noch, was *Liberationslegat*, *Petiteur* oder *Servituten* bedeuten? Diese Namen waren einmal amtliche, unentbehrliche Fremdwörter. Eines Tages gab der Staat diesen Rechtsbegriffen andere Namen, und im Nu waren die alten verschwunden.

Ehe wir aus diesen sprachgeschichtlichen Erfahrungen unsere Schlüsse ziehen, müssen wir noch eine Überlegung einschalten. Wir müssen prüfen, welche Mittel man gegen die Fremdwörter einsetzen kann.

Es gibt drei Wege: Verzicht, Neuwort, Eindeutschung. Der Weg des Verzichts besteht darin, das Fremdwort durch vorhandene deutsche Wörter zu ersetzen. Man kann sagen: Das Fremdwort *absurd* ist überflüssig, denn wir haben dafür die deutschen Ausdrücke: *sinnlos, widersinnig, unsinnig, ungereimt, unvernünftig, töricht, toll, abgeschmackt, albern, närrisch, schnurrig, lachhaft, hirnverbrannt,* vielleicht auch noch *Quatsch, Schnack, Blech,* wozu also *absurd?* Es ist absurd, aber die Menschen bleiben trotz dieser Predigt bei dem Fremdwort. Da zwischen jedem vorhandenen deutschen Wort und dem Fremdwort immer ein gewisser Sinnabstand besteht, so wollen sie auf diese Ausdrucksstufung nicht verzichten.

Zweitens kann man das Fremdwort durch ein neugebildetes Wort ersetzen, wie Passion durch *Leidenschaft* oder Subjekt durch *Satzgegenstand.* Dies ist der Weg des Neuworts. Er ist bei vielen verrufen, denn manche schlecht gebildeten Neuwörter dienen nur der Erheiterung oder fristen in behördlichen Vorschriften ein verachtetes Schattendasein.

Drittens kann man das Fremdwort eindeutschen. Unsere Vorfahren waren hierin Meister. Eben das Wort *Meister* hatten sie dadurch gewonnen, daß sie das lateinische Wort *magister* der deutschen Lautform anpaßten. So machten sie aus *fenestra Fenster,* aus *discus Tisch* und so fort. Alle diese Wörter wirken heute völlig deutsch. Aber in den letzten Jahrhunderten hat man nur noch wenige Wörter eingedeutscht.

Wir müssen in den beiden folgenden Kapiteln die Probleme des Neuworts und des Eindeutschens untersuchen. Erst dann können wir in einem letzten Kapitel eine Bilanz unserer Betrachtungen ziehen.

Neuwort

> Die Muttersprache zugleich reinigen und bereichern,
> ist das Geschäft der besten Köpfe; Reinigung ohne
> Bereicherung erweist sich öfters als geistlos.
>
> *Goethe*

Fremdwörter durch Neuwörter zu ersetzen: dieser Weg gefällt den meisten noch viel weniger als jeder andere. In einem Roman von Hans Fallada sagt der Leiter einer Irrenanstalt: «Labile Psychopathen mit starkem Geltungsdrang, aber schwacher Intelligenz sind nicht eigentlich heilbar; aber wenn man ihnen den Drang zu einer harmlosen Beschäftigung beibringt wie Briefmarkensammeln, schwarze Rosen züchten, Fremdwörterverdeutschungen erfinden, dann richten sie keinen Schaden an.» Neu erfundene Wörter finden die meisten Menschen komisch und oft mit Recht.

Neue Fremdwörter

Freilich vergessen wir leicht zwei Tatsachen. Erstens werden im deutschen Sprachgebiet ständig Neuwörter gebildet. Aber das sind lauter Fremdwörter. So sind erst im 19. Jahrhundert aufgekommen: *agitieren, banal, Dementi, Erotik, Feuilleton, Fiasko, improvisieren, Interview, Komfort, Partner, Polizist, Pose, Prognose, Reklame, sexuell, trainieren.* Viele neue Fremdwörter der letzten fünfzig Jahre sind auch nicht etwa aus einer anderen Sprache übernommen. Sie sind vielmehr unter Verdrehung eines ausländischen Wortstammes völlig neu geschaffen worden und würden daher in keinem Land der Welt verstanden werden. Die Fremdwörter kommen bei uns nicht mehr von außen herein, wir machen sie uns selber.

Neuwörter in gewissem Umfang braucht jede Sprache zur Bezeichnung neu erfundener Gegenstände und neu gebildeter Begriffe. Aber warum decken wir Deutschen unseren Neuwörterbedarf mit Fremdwörtern? Der Grund ist klar: bei Neubildungen in unserer Muttersprache werden wir durch unser Sprachgefühl gehemmt. In der Fremdwortsprache gibt es diese Hemmung nicht. Aus dem schlichten lateinischen Wort *quattuor (vier)* haben wir abgeleitet: *Quart, Quarta, Quartal, Quartett, Quartier, einquartieren, Quadrant, Quadrat, Quadratur, Quadrille, Carré, Karo, kariert, Geschwader.* Keines dieser Worte hätte Cicero verstanden, obwohl er noch mehr Latein konnte als Wilamowitz. Daß wir noch nicht Worte besitzen wie *quartalisieren, Quartalität, Quartalismus,* ist Zufall. Wir würden diese Worte sofort benützen, wenn sich jemand die Mühe machte, ihnen einen Sinn beizulegen. Wenn aber jemand – bevor diese Worte erfunden wurden – gesagt hätte: *Viertelei* statt Quadrat, *Vierteler* statt Quadrant: mit einem Hohngelächter hätte man ihn davongejagt.

Wir bilden aus dem lateinischen *interesse (dabei sein): Interesse, interessieren, interessant, Interessent, Interessiertheit,* oder aus *subicere (unterwerfen): Subjekt, subjektiv, subjektivieren, subjektivierbar, Subjektivismus, Subjektivität, Subjektivierbarkeit,* und es werden sich bestimmt Leute finden, die uns einige weitere Blüten aus diesem Stamm bescheren. Die Römer bildeten einst, weil sie das griechische Wort *Atom* nicht aufnehmen wollten, den wenig schönen Ersatz *Individuum,* das Unteilbare. Aus diesem spätlateinischen Wort machten wir unbekümmert *Individualität, individualisieren, Individualisierbarkeit, individuell, Individualismus.* Wenn nun ein Deutscher statt individualisieren *versondern* sagt, so werden alle erklären: das ist fremdartig, unverständlich, überkühn, obwohl sie die schmerzhafte Bildung *individualisieren* geschluckt haben. Selbst Zusammensetzungen haben bei Fremdwörtern die Illusion eines Grundwortes: *Philosophie* empfinden wir als ein Wort; *Weltanschauung* wirkt zusammengesetzt.

Die Neuwörter von gestern

Zweitens vergessen die grundsätzlichen Neuwortgegner, daß eine große Anzahl deutscher Wörter, die wir ständig gebrauchen, vor ein paar hundert Jahren Neuwörter waren. Denn zu allen Zeiten hat man versucht, Neuwörter als Ersatz für Fremdwörter einzuführen. Die Liste der Neuschöpfungen – meist aus den letzten vierhundert Jahren – umfaßt Hunderte von Wörtern: Luther, Wieland, Lessing, Herder, Goethe haben zu ihr beigetragen; noch mehr freilich die viel belachten Sprachreiniger des 17. und 18. Jahrhunderts wie Zesen und Campe. Ich greife nur – das ABC entlang – einige beliebige Beispiele heraus: *Abhandlung, allmächtig, Anpassung, Ausdruck, befriedigen, Blutschuld, Dampfer, duldsam, Ehrenwort, entsprechen, Ergebnis, Fahrrad, Fernrohr, Flugblatt, fraglich, Gegner, Geschäftsmann, Gewissen, Grundstück, Handstreich, Hauptmann, Kriegsschuld, Kriegsschauplatz, Lebenslauf, Liebreiz, Mehrheit, Muttersprache, Nachahmung, Nußknacker, Oberfläche, Papiergeld, Randbemerkung, Redensart, Schandfleck, Schlafwandler, schmerzhaft, Statthalter, Tatsache, Umsicht, Umstand, unfehlbar, vertagen, Vermächtnis, Verfasser, Vertrag, Volkslied, Vollmacht, Vorstellung, Vorurteil, wesentlich, widerrufen, wiederholen, Zartgefühl, zerstreut, Zufall, zweifellos.*

Fast alle großen Schriftsteller haben gelegentlich auch kühne Neuerungen gewagt, die sich nicht durchgesetzt haben. Für Goethe stehen die Beispiele in dem Kapitel «Streitgespräch»; Lessing schrieb *rechten* für prozessieren; Justus Möser *Mitminner* für Rivale; Wieland *Entknotigung* für Katastrophe; Bürger *Fünftelheit* für Quintessenz; Humboldt *Söhligkeit* für Horizontalität; Helmholtz *Warmheit* für Temperatur, Vischer *Hörsamkeit* für Akustik; Gottfried Keller *Inzichten* für Indizien. Überhaupt ist die Zahl der abgelehnten Neuwörter weit größer als die Zahl der angenommenen. Das ist auch gut so. Campe hat allein siebentausend Neuwörter erdacht. Wenn zahlreiche Neuwörter vorgeschlagen werden, so besteht Auswahl und Wettbewerb.

Nun glauben freilich manche, Neuwörter dürfe man überhaupt nicht schaffen, sie müßten unbewußt aus der Tiefe der Sprachgemeinschaft emporsteigen. Aber das sind Redensarten. Jedes neue Wort ist von einem einzelnen Menschen zuerst erfunden worden. Der Unterschied zwischen dem ‹planmäßig geschaffenen› und dem ‹aus dem Volke aufgestiegenen› Neuwort ist nur der, daß wir bei den planmäßig geschaffenen Worten die Namen der Schöpfer kennen.

Erfordernisse des Neuworts

Aber Neuwörter sind heute schwerer durchzusetzen als früher. Um 1800 waren Fremdwörter nur in einer schmalen Schicht von Gebildeten verbreitet. Diese Schicht war durch eine kleine Zahl von Zeitschriften und Büchern leicht zu erreichen. Sie war geistig beweglich und dem Neuen zugänglich. Heute leben Fremdwörter in aller Munde. Bei vielen Fremdwörtern ist der Gebrauch feste Gewohnheit geworden. Man kann sagen: in den ersten Zeiten der Fremdwörterei gelang es den Neuwörtern oft, das Fremdwort zu ersetzen. Seit hundert Jahren setzt sich das Neuwort sogar sehr häufig nur in der amtlichen Sprache durch, nicht in der alltäglichen.

Wie muß ein Neuwort aussehen, um sich durchzusetzen? Drei Eigenschaften sind unerläßlich:

Kürze

Erstens: das Neuwort muß kurz sein. Zwar ist in Wahrheit der Zeitverlust selbst bei einem sechssilbigen Wort ganz gering. Aber die praktische Erfahrung zeigt: lange Neuwörter bürgern sich nicht ein. Bei Fremdwörtern schluckt der Deutsche selbst *Suggestibilität*; an deutsche Wörter legt er einen strengeren Maßstab. *Postwertzeichen* und *Kleinkinderbewahranstalten* werden in lebendiger Rede nicht benutzt. *Unmittelbar* statt direkt ist zu lang, besonders für den Alltagsgebrauch; obendrein ist es verfehlt, einen so naheliegenden Begriff durch eine umständliche Verneinung – ohne Benutzung von Mitteln – auszudrücken. Neuwörter setzen sich nur durch, wenn sie kurz und leicht auszusprechen sind.

Das Fremdwort hat auch hier einen Vorteil: wir sind viel kühner mit ihm, weil wir unsere Kühnheit nicht merken. Das Wort *Zivil (er kam in Zivil)* heißt *bürgerlich;* aus dem französischen Beiwort haben wir einfach ein Hauptwort gemacht. Ähnlich verfuhren wir mit *Premiere* und *Ensemble.* Aber niemals würden wir uns trauen zu sagen: *er kam in Bürgerlich* oder *das ganze Zusammen war bei der gestrigen Ersten hervorragend.*

Fähigkeit zu Ableitungen

Zweitens: Das Neuwort muß ableitfähig sein, man muß von ihm andere Worte ableiten können. Hierin sind die Fremdwörter den Erbwörtern überlegen; sie sind unbegrenzt ableitfähig; *stenographieren, Stenograph, Stenographie, Stenogramm, stenographisch;* von *Kurzschrift* lassen sich solche Wendungen kaum bilden. Das Neuwort *Fernsprecher* hat sich durchgesetzt, aber man kann von ihm die Verdeutschungen für *telephonieren, antelephonieren, telephonisch, Telephonat, Telephonist* nicht ableiten. *Ich habe mit ihm ferngesprochen, Anfernsprich mich mal!* klingen uns hart. Ableitungen zu bilden ist in unserer Sprache oft schwierig. Im Französischen hängt man an *feuille (Blatt)* die Verkleinerungsendung *et (feuillet = Blättchen)*, an diese die Vergrößerungssilbe *on* und gewinnt so das Wort *Feuilleton.* Aus diesem Wort macht man dann *feuilletoniste,* und im Fremdwortmischmasch ergibt sich noch *feuilletonistisch* und *Feuilletonismus.* Im Deutschen dagegen enden sehr viele Worte auf dem tonlosen *e,* das sich wenig für Nachsilben eignet. Andere Hauptwörter haben die Nachsilben *-ung, -nis, -tum, -heit;* hängt man weitere Nachsilben an, so ergeben sich Härten. Weil wir von *Verwaltung* kein Beiwort ableiten können, müssen wir uns mit schwerfälligen Umschreibungen wie *verwaltungstechnisch* helfen. An die *Musik* schließen sich *Musiker, Musikus, Musikant, musikalisch, musizieren, Musikalien.* Bei der *Tonkunst* wollen uns so viele Ableitungen nicht glücken. Statt *Kalkulation* kann der Kaufmann sehr gut *Kostenrechnung* sagen, aber wir zögern, wenn wir statt *ich habe die Ware neu kalkuliert* sagen sollten: *ich habe sie neu gekostenrechnet.* An diesem Fehler sind Hunderte von Neuwörtern gescheitert.

Weil der deutschen Sprache Ableitungen schwerfallen, so verwenden wir zum Beispiel zur Bezeichnung einer ständigen Gesinnung die Endung *istisch,* die wir aber nur an Fremdwörter anhängen können. So ergibt sich *Form – förmlich – formalistisch; Nutzen – nützlich – utilitarisch* oder *utilitaristisch; Ausdruck – ausdrücklich – expressionistisch.*

Eindeutigkeit

Drittens: Das Neuwort darf nicht den gleichen oder fast gleichen Klang haben wie bestehende Worte und darf auch nicht durch Ähnlichkeit mit anderen Worten falsche Gedankenanklänge hervorrufen. Man hat zum Beispiel vorgeschlagen, statt *Antithese* der *Gegensatz* (mit dem Ton auf Satz) und statt *Element der Urteil* (mit langem U) zu sagen. Beide Worte sind ungeeignet, weil das *Urteil* oder der *Gegensatz* zu ähnlich klingen. *Zerstellen* für disponieren ist ungeeignet, weil die Vorsilbe *zer-* oft einen Anklang von zerstören oder zerteilen hat. All diese Vorschläge überschätzen die Lenkbarkeit des Sprachgebrauchs.

Keine Beschreibung

Eine Eigenschaft braucht dagegen das Neuwort *nicht* zu haben, die viele Menschen zu Unrecht von ihm verlangen: es braucht den Begriff nicht zu beschreiben. Das tun nämlich auch die vorhandenen Wörter nicht. Wörter sind Bezeichnungen, keine Beschreibungen und keine Begriffsabgrenzungen. Sie wollen nicht sämtliche oder auch nur die wichtigsten

Eigenschaften angeben, sondern sie sollen nur den Gegenstand sprachlich faßbar machen. Sie tun dies nicht durch Angabe sämtlicher unterscheidender Merkmale, sondern durch Hinweis auf irgendeine Eigenschaft der Sache. In dem Wort *Eisenbahn* fehlen fast alle wichtigen Merkmale. *Wolf* bedeutet nur *der Reißende* und der *Luchs* heißt so nach seinen leuchtenden Augen. Aber gegen jede Verdeutschung wird eingewandt, daß sie die Sache nicht genau bezeichne. *Sternwarte* für Observatorium erklärte ein hochgestellter Beurteiler für unsinnig, denn man warte dort doch nicht auf die Sterne. Aber solche Einwände ließen sich gegen Tausende von deutschen Wörtern erheben. Der *Kellner* geht nicht in den Keller, der *Tischler* macht nicht nur Tische, die *Schildwache* bewacht keinen Schild, der *Steckbrief* hat nichts zu stecken, die *Feuerspritze* spritzt kein Feuer, der *Bediente* wird nicht bedient, die *Leinwand* ist keine Wand, die *Baumwolle* wächst nicht auf Bäumen und der *Junggeselle* wird oft auch alt. Wenn wir gewohnt wären, einen unverheirateten Mann als *garçon* zu bezeichnen und es würde dann jemand die Verdeutschung *Junggeselle* vorschlagen, so würden alle Fremdwörtler das Wort für hirnverbrannt erklären. Für alle Verdeutschungen gilt der Rat, den Lessing Bode erteilte: Bode wollte *sentimental* mit *empfindsam* verdeutschen, und Lessing empfahl es ihm mit den Worten: «Wagen Sie es! Was die Leser fürs erste bei dem Worte nicht denken, mögen sie sich nach und nach dabei zu denken gewöhnen.» Das Wort *Zweck* im Sinne von Zeitpunkt hat Jakob Böhme vor vierhundert Jahren geschaffen, und Leibniz hat es eingebürgert. Es bedeutete ursprünglich die Zwecke, die man auf der Schuhsohle trägt und die auch oft den Mittelpunkt einer Zielscheibe bezeichnete. Die *Zwecke* war der Zielpunkt der Schützen, und hier anknüpfend schuf Böhme das Wort *Zweck* für den praktischen und philosophischen Begriff der *Intention*.

Eine besondere Gruppe unter den Neuwörtern bilden die Lehnübersetzungen, also die Neuwörter, welche das Fremdwort wörtlich übersetzen: *Ausdruck* statt *Expression*. Manche Lehnübersetzungen sind vortrefflich gelungen wie *Mehrheit* für *Majorität* oder *Vollmacht* für *plein pouvoir*. Aber sehr oft wirken die Lehnübersetzungen künstlich wie *entmitten* für *dezentralisieren*. Sie sind nur ein Weg unter vielen und mit Vorsicht und Geschmack zu benützen.

Wie bescheiden sind dagegen unsere Ansprüche an Fremdwörter: *Bureau* ist wörtlich der Wollstoff, mit dem man Schreibtische bespannt. Mit diesem simplen Merkmal bezeichnete man zunächst den Schreibtisch, dann das Schreibzimmer und schließlich ganze Unternehmen und Behörden. Würde dagegen ein Purist vorschlagen, das Wort *Pult* in solch erweitertem Sinne zu gebrauchen und statt *Fundbüro, Reisebüro, Bürobedarf* zu sagen *Fundpult, Reisepult, Pultbedarf:* jedermann würde den Vorschlag als irrsinnig abtun.

Fassen wir zusammen: das Neuwort soll kurz, ableitfähig und unverwechselbar sein; dagegen braucht es den Begriff nur zu benennen, nicht zu beschreiben. Welche Wörter genügen solchen Ansprüchen?

Zusammensetzungen, Ableitungen

Wir müssen zwei Arten von Neuwörtern unterscheiden: Zusammensetzungen (Beispiel: *Satzgegenstand*) und Ableitungen (Beispiel: *Leidenschaft*). Zusammensetzungen nennen wir Wörter, die aus zwei selbständigen Wörtern bestehen (*Satz* und *Gegenstand*). Ableitungen nennen wir Wörter, die aus einem vorhandenen Wort und einer Vor- und Nachsilbe bestehen (*Leiden* und *schaft*). Der Unterschied ist ungefähr so groß wie der zwischen Tag und Nacht.

Es ist ein Glück und ein Unglück, daß die deutsche Sprache so leicht Zusammensetzungen (Komposita) bildet. Ein Glück, denn wir sind so zu einem großen Wortschatz gekommen; ein Unglück, denn die zusammengesetzten Wörter sind den einfachen keineswegs gleichwertig. Die Zusammensetzungen sind zum Teil eine Erbschaft aus dem kompositionsdurstigen Griechisch. Klopstock, Goethe und Voß haben uns diese Neigung übermittelt. Das Französische setzt oft Ableitungen, wo wir Zusammensetzungen brauchen: *épicerie, minier, pommier, lingerie*. Das «Vaterunser» enthält kein einziges zusammengesetztes Wort. Bei Goethe bilden in den Jugenddramen die Zusammensetzungen nur ein Achtel der einfachen Hauptwörter, in der «Iphigenie» ein Sechstel, im «Faust» über die Hälfte; in Schillers Versdramen ist es ein reichliches Viertel. Von neuen Schriftstellern haben Bierbaum und Arno Holz uns mit einer ganzen Fülle neuer Zusammensetzungen beschenkt, so Holz mit der *Höllenpfuhlmarterqualenverdammnisnacht*. Aber alle Komposita sind nur Ersatz. Das Einfache will einheitlich dargestellt werden. Zusammengesetzte Wörter sind Beschreibungen, keine Anschauungen; nur selten schmelzen die Teile völlig zusammen. Schon Aristoteles hat sich gegen das ‹frostige› Wesen der Zusammensetzungen gewandt. Ableitungen wirken lebendiger: *Hindernis* ist eine einheitliche Vorstellung; *Hinderungsgrund* behält immer etwas Zweiteiliges. Adelung, ein Stillehrer der Goethezeit, verwarf *Stimmung* und wollte *Gemütsstellung* sagen; seien wir froh, daß man damals noch Mut genug zu Ableitungen hatte. Jakob Grimm hat sich über die Pedanterie lustig gemacht, die schon in dem Worte *Zusammensetzung* stecke. Den Franzosen fiele es nicht ein, *ensemble-position* zu sagen.

Die Zusammensetzungen sind das gegebene Betätigungsgebiet für Pedanten. Ein richtiger Kanzleimensch macht an den Schlüssel seines Schreibtisches ein Schild *Schreibtischschlüssel*, ja nicht etwa nur *Schreibtisch*, denn woher soll er dann wissen, daß dies ein Schlüssel ist. In Dresden gab es eine *Straßenbahnzeitkartenmarkenverkaufsstelle*. Das Wort ist für schnelle Zurufe wenig geeignet, aber es entspricht den Wünschen der Vollständigkeitsschwärmer: es führt alle Eigenschaften des bezeichneten Gegenstandes an. Aber damit tut es genau das, was ein Wort nicht tun soll.

Den Wortkompositionspedanten müssen wir nachdrücklich erklären: auch mit den umständlichsten Zusammensetzungen kann man ein Wort nicht so beschreiben, daß es von allen andern klar abgegrenzt wird. Daß *Kraftwagen* ein Auto bedeuten soll: wem es nicht gesagt wird, der könnte es aus dem Wort nicht erraten. *Mittelwörter* oder gar *Hauptmittelformhauptwörter* sind häßlich genug, aber erschöpfend sind sie trotzdem nicht. Warum also nicht gleich ein kurzes, handliches Wort wählen! Obendrein kann man von Zusammensetzungen meist keine Zeitwörter ableiten. Von *Ruhegehalt* oder von *Lichtbild* kann ich keinen Ersatz für *pensionieren* oder *photographieren* abzweigen. Von den drei unerläßlichen Eigenschaften eines Neuwortes fehlen den Zusammensetzungen also meist die beiden ersten: Kürze und Ableitungsfähigkeit.

Alle Neuwörter, die aus schwerfälligen Zusammensetzungen entstehen, sind Totgeburten. Ableitungen sind knapper und schlagender. Aber Ableitungen haben unfehlbar eine Eigenschaft, vor der alle Bildungsphilister in die Knie brechen: sie sind kühn. Bei zusammengesetzten Wörtern bleibt man gleichsam im sicheren Hafen des Gewohnten: an Ruhe und an Gehalt sind die Menschen gewöhnt, so werden sie auch *Ruhegehalt* nicht übelnehmen.

Eindeutschen

Die Gewalt einer Sprache ist nicht, daß sie das
Fremde abweist, sondern daß sie es verschlingt.
Goethe

Lehnworte

Unsere Altvordern im ersten Jahrtausend waren Meister und Künstler der Eindeutschung. Sie gaben jedem fremden Wort eine deutsche Form. Aus paraveredus machten sie *Pferd*, aus diabolos *Teufel*, aus beryllus *Brille*, aus breve *Brief*, aus acetum *Essig* und so fort. Wer empfindet heute noch diese Wörter als fremd? Wir nennen sie Lehnwörter, aber sie sind gleichberechtigte Teile unseres Wortschatzes, denn nur die Sprachgelehrten können sie von den Erbwörtern unterscheiden. Die alten Deutschen haben so unseren Wortschatz um zwölfhundert Wörter bereichert. Stets

haben die einfachen Leute hierbei kräftiger eingedeutscht als die Gebildeten, die früheren Jahrhunderte besser als die späteren. Vergleichen wir
die Sprachentwicklung beim Eindringen der christlichen Religion und
beim Eindringen des römischen Rechtes, so sehen wir: im ersten Jahrtausend machte man kurzerhand aus episcopus *Bischof*, aus presbyter *Prie-
ster*, aus kyriake *Kirche*, aus claustrum *Kloster*, lauter ausgezeichnete
deutsche Wörter, die heute niemand mehr als fremd empfindet. Um
1400 dagegen, als das römische Recht nach Deutschland kam, übernahm
man die fremden Wörter mit Haut und Haar. So entstanden *Delikt, Prozeß, Instanz, Revision, Jurisprudenz, Präjudiz, Hypothek, Legat, Obligation*
und viele andere. Aus palatium machte man um das Jahr 1000 gut
deutsch *Pfalz*, später halbfranzösisch *Palast*, schließlich übernahm man
das französische *Palais*. Das Volk machte aus magister *Meister*, die Gelehrten ließen das Wort *magister* wörtlich bestehen. Der gleiche Unterschied besteht zwischen *Trumpf* und *Triumph, Brief* und *Brevier, Teppich*
und *Tapete, ordnen* und *ordinieren, prüfen* und *probieren*: jedesmal ist das
zweite Wort nur die schwächere Eindeutschung des gleichen Wortstammes.

Volksdeutung

Auch in späteren Jahrhunderten hat man fremde Wörter eingedeutscht.
Sehr oft wurde das fremde Wort völlig mißverstanden, aber das neue
deutsche Wort wurde dadurch nicht schlechter. Das Wort *arcuballista* für
eine Schußwaffe kam von dem lateinischen Wort *arcus* (Bogen) und griechisch *ballein* (werfen). Der Deutsche konnte das nicht ahnen. Er machte
aus arcuballista *Armbrust*, denn man hielt die Waffe mit dem Arm an die
Brust. Das urdeutsch klingende Wort *kunterbunt* ist eine Verdrehung von
Kontrapunkt, weil kontrapunktische Tonsätze *bunt* wirken. Das *Trampel-
tier* ist eine Eindeutschung von Dromedar. Man nennt solche Eindeutschungen Volksetymologien. Wer einen *Kater* hat, ahnt nicht, daß
dieses Wort aus *Katarrh* entstanden ist. Nach der Entdeckung Amerikas
kam das indianische Wort *hamaca* zu uns; man machte daraus kurz entschlossen *Hängematte*. *Pomadig* hat nichts mit Pomade zu tun, sondern ist
eine Eindeutschung des polnischen Wortes *po malu* langsam.

Vereinzelt gelingen auch heute noch bescheidene Eindeutschungen. Im
Jahre 1903 erließ ein weltberühmter Teigwarenfabrikant ein Preisaus-
schreiben für Verdeutschungen des Wortes *Cakes*, also für ein Gebäck,
das man in England *biscuit*, aber niemals *cakes* nennt; cake heißt *Kuchen*.
Es beteiligten sich fünftausend Personen mit fünfzehntausend Vorschlägen. Hundertzwei Vorschläge lauteten auf *Knusperchen*. Das Wort wurde
angenommen, aber die Knusperchen schmeckten keinem Menschen.
Nochmals setzte die Fabrik 1000 Mark aus. Diesmal waren die meisten

Stimmen für *Reschling*, aber kein Cakesesser wollte sich an Reschlinge gewöhnen. Schließlich kam man darauf, das Wort einfach einzudeutschen und *Keks* zu schreiben und mit Keks ist jeder zufrieden. Andere Beispiele sind *Krem* statt Crème, *Krepp* statt Crêpe, *Kontor* statt Comptoir, *Koks* statt coke, *Scheck* statt Cheque. Auch die Mundart hat bisweilen Fremdwörter stark eingedeutscht. Der Münchner empfindet kaum mehr als fremd: *leschär, Gusto, pressant, parat, Bagasch, Visasche, Kurasch, akrat, matsch* (auch *dermatscht*), *dasig* (italienisch *tacito, still*) und andere. Noch stärker eingedeutscht sind *Schäse (Kutsche), Stranitze (Tüte), beppn* (italienisch *pippio, Schnauze*), *zuzeln, muffen, Gschpusi* (italienisch *sposa*), *Spezi, Bambs* (italienisch *bambino*, davon auch *Bamberlwirtschaft*), *Spassetln* und *Gaudi*. Die beliebte Wendung: *Red koan Kas* kommt vom französischen *causerie*.

Aber der Schriftsprache gelingen Eindeutschungen nur selten: Sprachen, die geschrieben werden, können schwerer fremde Worte verschlingen als Sprachen, die hauptsächlich gesprochen werden. Heute sind wir darauf bedacht, das Fremde an ausländischen Worten und Namen beizubehalten. Wir bilden sogar oft bei Fremdwörtern die Mehrzahl nach den ausländischen Formen: die *Themata*, die *Tempi*, die *Kuverts*. Es ist noch nicht lange her, da lauschte man sogar den *Temporibus der Musicorum*. Fremde Städtenamen sprechen manche Leute mit wenigen Ausnahmen (Mailand, Neapel, Belgrad) streng ausländisch oder wenigstens halbausländisch wie Paris. Am besorgtesten sind hier die Leute, die keine fremde Sprache wirklich beherrschen; wer *Madrid* ohne d, *Concepción* mit Anstoßen der Zunge spricht, kann meist darüber hinaus kein Spanisch. *Japan* betonen die ganz Gebildeten auf der letzten Silbe; das gleiche tun wir alle bei *Rekord* und *Boykott*, obwohl es hier völliger Unsinn ist, denn der Engländer sagt *récord* und *bóycott*. Selbst eine so internationale Figur wie Don Juan genießt in Deutschland alle Rechte seiner spanischen Abkunft: er wird spanisch *Don Chuan* oder wenigstens berlin-französisch *Dongschuang* ausgesprochen.

Ganz anders dagegen verhalten sich die Franzosen. Auch der Engländer unterwirft jedes fremde Wort, jeden fremden Eigennamen seinen Ausspracheregeln. *Creature* reimt sich bei ihm auf *teacher*; wenn er das französische *moment* übernimmt, so spricht er es *móment*. Jeden Städtenamen, jeden Personennamen spricht er englisch aus. Amalfi heißt *Emmelfei*. Der Franzose rief 1870 mit Nasallaut *à Berlin*; er nennt Breslau *Brälo*, der Italiener spricht *Amburgo*; aber welcher Deutsche würde die Stadt Bordeaux kurzerhand auch *Bordeaux* aussprechen? Das aus dem Französischen stammende Wort *Marquis* (Markgraf) wird auch im Englischen und im Deutschen verwendet. Aber der Engländer spricht es völlig englisch: *mahrkwis*, der Deutsche sagt *markih*. Der Russe macht alle Fremdwörter russisch. Da er h nicht kennt, so sagt er *galstuk* für Halstuch.

Genauso verfuhren die Griechen und Römer; selbst vor Eigennamen kannten sie keine Gnade und gaben ihnen eine griechische oder römische Form. Namen wie Xerxes oder Ahasver sind griechische Verballhornungen persischer Wörter. Die Römer machten aus Platon *Plato*, denn sie kannten kein römisches Wort auf *on*.

Der Kern der Fremdwortfrage

> Ganze, Halb- und Viertelirrtümer sind nur schwer
> und mühsam zurechtzulegen und zu sichten und das
> Wahre daran hinzustellen, wohin es gehört.
>
> *Goethe*

Wider die Fremdwortgegner

Wer mit aufgeschlossenem Geiste ohne dogmatische Verhärtung die letzten Kapitel gelesen hat, der wird zugeben: wir können die Fremdwortfrage nicht in Bausch und Bogen lösen. Weder können wir die Fremdwörter samt und sonders beseitigen noch samt und sonders behalten. Wir müssen eine Lösung finden, die zwischen diesen Polen liegt.

Diese beiden äußersten Ansichten sind unschwer zu widerlegen. Dem Fremdwortgegner werden wir sagen: auch das Fremdwort ist ein sprachliches Kunstmittel; es schenkt uns ein Mittel der Ausdrucksstufung. Der Sinnabstand zwischen Fremdwort und Erbwort scheint dem anspruchsvollen Kopf größer als dem bequemen; sinngleiche Wörter gibt es nicht. Vor allem brauchen wir dies Stilmittel, wenn wir einen Begriff mit einem Hauch des Fremden umgeben, also wenn wir einen wissenschaftlichen Begriff bilden oder von einer Sache abrücken wollen.

Wider die Fremdwortschwärmer

Aber auch den Fremdwortschwärmern, die unsere Sprache unbegrenzt mit Fremdwörtern überfluten wollen, können wir leicht entgegentreten. Sie können nicht ernsthaft bestreiten, daß viele Fremdwörter den Anschein von Tiefsinn erwecken, daß sie die Stilschichten der Sprache entstellen können und daß ihr Übermaß eine Bildungsmauer durch die Sprachgemeinschaft zieht.

Der Stand in der Mitte

Mit diesen Überlegungen stehen wir zwischen Fremdwortgegnern und Fremdwortschwärmern. Die meisten Fremdwortgegner pflegen zu erklären: Das Fremdwort bietet – abgesehen von einigen Ausnahmen – keine neuen Ausdrucksmöglichkeiten; wir können sehr gut statt Manuskript *Handschrift*, statt Problem *Frage*, statt Theorie *Lehre* sagen; es besteht kein Unterschied, das Fremdwort ist überflüssig! Aber diese gutgemeinten Ratschläge sind unnütz, denn sie lassen sich leicht widerlegen. Vielmehr müssen wir offen zugeben, daß immer ein Sinnabstand zwischen Fremdwort und deutschem Wort besteht. Aber wenn dieser Abstand nicht unüberbrückbar ist, können wir auf manche Nuance, die nur das Fremdwort schenkt, bewußt verzichten – um der Gefahren willen, die eine übermäßige Fremdwörterei mit sich bringt.

Dies Ergebnis scheint verdrießlich. Wer einen Knoten durchhaut, steht immer eleganter da als einer, der ihn mühsam aufknüpft. Grundstürzende Lösungen wirken geistreicher und prächtiger als Mittelwege. Wer alles Für und Wider gegeneinander abwägt, verzichtet auf den Strahlenglanz funkelnder Einseitigkeit und gewinnt nur das bescheidene Licht der Wahrheit.

In der Fremdwortfrage sind mittlere Lösungen besonders verrufen, denn die Erfahrung zeigt, daß sie unfruchtbar sind. Wer nur die entbehrlichen Fremdwörter vermeiden will – ohne anzugeben, was als entbehrlich gelten soll –, der wird überhaupt kein Wort beseitigen. Es genügt nicht zu sagen, die Wahrheit liegt in der Mitte. Die Mitte ist groß und unübersehbar. Wir müssen daher versuchen, das Ergebnis unserer vielen Überlegungen genauer festzulegen. Aber bevor wir diese Formulierung versuchen, wollen wir die Sachverständigen hören. Die Sachverständigen sind die großen deutschen Sprachmeister, wobei zu bedenken ist: Zwischen den älteren von ihnen und der heutigen deutschen Sprache liegt immerhin ein gutes Stück Sprachgeschichte, in dem sich die Einstellung zum Fremdwort spürbar gewandelt hat. Dennoch ist es nicht müßig zu fragen: Wie haben die Sprachmeister über die Fremdwortfrage gedacht?

Die Ansicht der Sprachmeister

Einige Urteile habe ich schon angeführt; namentlich in dem Streitgespräch haben die beiden Gegner Eideshelfer angerufen, aber freilich so, wie die Menschen im Streite zu zitieren pflegen: nur ein paar herausgerissene Sätze werden ins Treffen geführt, welche der eigenen Meinung entsprechen. Aber was war die wirkliche Meinung der großen Sprachmeister über unser Problem?

Sie waren hier alle der gleichen Meinung: keiner von ihnen wollte alle Fremdwörter missen, keiner alle behalten. Keiner hat sich auch damit begnügt, einen unbestimmten Mittelweg zu empfehlen. Sie haben vielmehr alle klar ausgesprochen, was uns not tut.

Leibniz hielt ein Übermaß an Fremdwörtern für eine Gefahr, hauptsächlich, weil sie das unklare Denken großziehe. Aber er wollte das Fremdwort nicht völlig ersetzen:

«Es ist demnach meine Meinung nicht, daß man in der Sprache zum Puritaner werde und mit einer abergläubischen Furcht ein fremdes, aber bequemes Wort als eine Todsünde vermeide, dadurch aber sich selbst entkräfte und seiner Rede den Nachdruck nehme; denn solche allzu große Scheinreinigkeit ist einer durchbrochenen Arbeit zu vergleichen, daran der Meister so lange feilt und bessert, bis er sie endlich gar verschwächet. Ich erinnere mich gehört zu haben, daß, wie in Frankreich auch dergleichen Reindünkler aufkommen, da soll die gelehrte Jungfrau von Gournay, des berühmten Montaigne Pflegetochter, gesagt haben: was die Leute schrieben, wäre eine Suppe von klarem Wasser, nämlich ohne Unreinigkeit und ohne Kraft.»

Leibniz hat sich aber nicht mit einem unbestimmten ‹einerseits-andererseits› begnügt. Er hat vielmehr klar ausgesprochen: einen Teil einbürgern, einen Teil ersetzen und einen Teil erhalten. Seine Ansicht über das Eindeutschen:

«Man müßte gewisse noch gleichsam zwischen Deutsch und Fremd hin und her flatternde Worte einmal für allemal als deutsch erklären und künftig nicht mehr zum Unterschied mit anderen Buchstaben, sondern eben wie die Deutschen schreiben und somit die Gewissensskrupel der wohlmeinenden ehrlichen Deutschen und Eiferer gänzlich aufheben.»

Über den Ersatz durch deutsche Wörter sagt er:

«Solches könnte geschehen durch Aufsuchung guter Wörter, die schon vorhanden, aber jetzo fast verlassen, mithin zu rechter Zeit nicht beifallen, wie auch ferner durch Wiederbringung alter verlegener Worte, so von besonderer Güte; auch durch Einbürgerung fremder Benennungen, wo sie solches sonderlich verdienen, und letztens durch wohlbedächtige Erfindung oder Zusammensetzung neuer Worte, so vermittelst des Urteils und Ansehens wackerer Leute in Schwang gebracht werden müßten. Was die Einbürgerung betrifft, ist solche bei guter Gelegenheit nicht auszuschlagen und den Sprachen so nützlich als den Völkern.»

Genau wie Leibniz hat Goethe über die Fremdwörter geurteilt. Seine wichtigsten Äußerungen lauten im Zusammenhang:

«Ich verfluche allen negativen Purismus, daß man ein Wort nicht brauchen soll, in welchem eine andere Sprache Vieles oder Zartes gefaßt hat. Meine Sache ist der affirmative Purismus, der produktiv ist und nur davon ausgeht: Wo müssen wir umschreiben und der Nachbar hat ein entscheidendes Wort? Die Gewalt einer Sprache ist nicht, daß sie das Fremde abweist, sondern daß sie es verschlingt.

Die Muttersprache zugleich reinigen und bereichern ist das Geschäft der besten Köpfe; Reinigung ohne Bereicherung erweist sich öfters geistlos: denn es ist nichts bequemer als von dem Inhalt absehen und auf den Ausdruck passen. Der geistreiche Mensch knetet seinen Wortstoff, ohne sich zu bekümmern, aus was für Elementen er bestehe, der geistlose hat gut rein sprechen, da er nichts zu sagen hat. Wie sollte er fühlen, welches kümmerliche Surrogat er an der Stelle eines bedeutenden gelten läßt, da ihm jenes Wort nie lebendig war, weil er nichts dabei dachte. Es gibt gar viele Arten von Reinigung und Bereicherung, die eigentlich alle zusammengreifen müssen, wenn die Sprache lebendig wachsen soll.»

Goethe nennt seinen Standpunkt einen «affirmativen (bejahenden) produktiven Purismus». Dieser Purismus, der sich selbst humorvoll mit drei Fremdwörtern bezeichnet, dachte nicht daran, alle Fremdwörter zu beseitigen. Goethe wünschte keine Austilgung der Fremdwörter, weil er sich seine Ausdrucksmöglichkeiten nicht verkümmern lassen wollte. Er war für Sprachreinigung, aber nur sofern sie mit einer Bereicherung Hand in Hand ging. Bereichern wollte er erstens durch Neuwörter, von denen er selbst Dutzende geschaffen hat, und zweitens durch Eindeutschungen, die er nachdrücklich empfahl: «Die Gewalt einer Sprache ist nicht, daß sie das Fremde abweist, sondern daß sie es verschlingt.» Das nannte er mit gutem Recht «eine schöpferische, sprachbejahende Reinigung». Und wie er lehrte, hat er gehandelt: er hat Hunderte von Fremdwörtern aus seinen Werken nachträglich hinausgeworfen und zum guten Teil durch selbstgeschaffene Neuwörter ersetzt. Er hat auch eine große Anzahl stehenlassen, sogar mehr als dem Leser lieb ist, denn sein Briefwechsel wird dadurch für uns an einigen Stellen fast unverständlich.

Von den großen Philosophen war Kant zwar theoretisch gegen die Fremdwörter:

«Die deutsche Sprache ist unter den gelehrten lebenden die einzige, welche eine Reinigkeit hat, die ihr eigentümlich ist. Alle fremden Worte sind in ihr auf immer kenntlich ... deswegen belohnt es der Mühe, darauf zu achten ... fremde Wörter verraten entweder Armut, welche doch verborgen werden muß, oder Nachlässigkeit.»

Aber seine Werke wimmeln von unnötigen Fremdwörtern. Er hat selbst als Siebzigjähriger geklagt, daß er «die scholastische Geschmacklosigkeit nicht habe umgehen können», und verspricht, dies künftig zu bessern. Ganz ähnlich Hegel. Er schreibt 1805 in einem Brief, er wolle versuchen, die Philosophie deutsch sprechen zu lehren. Er hat sogar erklärt: «Alles in der Muttersprache aussprechen zu können, bekundet höchste Geistes- und Seelenbildung.» Aber es bleibt bei diesen Vorsätzen; in seinen Büchern ist er einer der eifrigsten Fremdwörtler aller Zeiten.

Schopenhauer hat gegen die Versuche, alle Fremdwörter auszutilgen, mit gewohnter Grobheit gewettert. Aber er hat auch die Schwäche der Fremdwörter, vor allem ihre Verschwommenheit, deutlich an den Pranger gestellt:

«Wer sich selber bis auf den Grund klar ist und ganz deutlich weiß, was er will und denkt, der wird nie undeutsch schreiben, wird nie schwankende, unbestimmte Begriffe aufstellen und zur Bezeichnung derselben aus fremden Sprachen höchst schwierige und komplizierte Ausdrücke zusammenstellen...»

Lessing ist dafür eingetreten, Fremdwörter zu verdeutschen oder einzudeutschen; er hat in seinen eigenen Werken Fremdwörter ersetzt und hat zahlreiche Neuwörter geschaffen oder durchgesetzt. Bei der Besprechung eines Buches von Wieland schreibt er:

«Lizenz, visieren, Education, Disziplin, Moderation, Eleganz, Aemulation, Jalousie, Corruption, Dexterität – und noch hundert solche Worte, die alle nicht das Geringste mehr sagen als die deutschen, erwekken auch dem einen Ekel, der nichts weniger als ein Purist ist.»

Wieland hat später seine Werke selbst von Fremdwörtern gereinigt. In einer Besprechung von Campes Verdeutschungswörterbuch schreibt er, er werde sich bei ihm künftig für jedes Fremdwort, das ihm vor die Feder komme, Rat holen, «nur die Fremdwörter, für die ich im Notfall mein Leben lassen würde, ausgenommen». Als Beispiele nennt er: *Harmonie, Dämon* und *Genie*. Er erkennt Campes Verdienste an, verwahrt sich aber gegen dessen ‹Sprach-Jakobinismus›.

Eine mittlere Stellung nahm auch Jakob Grimm ein. Die hemmungslosen Fremdwortgegner hat er verhöhnt, vor allem, wenn sie ‹Kompositionen› zusammenbrauten. Aber im ganzen war er entschieden gegen Fremdwörter in Lehre und Leben. Im Vorwort zum «Deutschen Wörterbuch» hat er geschrieben:

«Der Ausländerei und Sprachmengung soll das Wörterbuch keinen Vorschub leisten... ich will ihr allen redlichen Abbruch tun. Es ist Pflicht der Sprachforschung und zumal des Wörterbuchs, dem maßlosen und unberechtigten Vordrängen der Fremdwörter Widerstand zu leisten.»

Zusammenfassung

Versuchen wir jetzt, die Ergebnisse zusammenzufassen, die wir in den letzten Kapiteln schrittweise erarbeitet haben:

1. Fremdwörter, die keine fremden Wörter mehr sind, soll man nicht verdeutschen. Zu dieser Gruppe gehören zum Beispiel *Kultur, Religion,*

Alkohol, sozial, Technik, Minister, Regierung und *Kapitel.* Sie sind unentbehrlich und allgemein verständlich. Für viele Fremdwörter dieser Gruppe ist überhaupt noch nie ein ernsthafter Ersatzvorschlag gemacht worden; unangefochten sind *Diplomat, incognito, Schema, Polemik, konkret, Dogma.* Diesen Wörtern soll man Gastrecht gewähren.

2. Neben diesen stehen eine Reihe von Fremdwörtern, die durch einen erheblichen Sinnabstand von dem nächsten deutschen Wort getrennt sind. Beispiele sind: *Problem, Argument, Methode, Manuskript, Diktat, abstinent, amputieren, abstrakt* und einige hundert andere. Wollten wir auf diese Fremdwörter verzichten und sie durch vorhandene deutsche Wörter ersetzen, so würden wir wesentliche Ausdrucksabstufungen einbüßen. Wir müssen daher bei dem heutigen Sachstand diese Wörter als unvermeidbar bezeichnen. Solange wir sie nicht durch glückliche Neuwörter verdeutschen können, sind sie unentbehrlich. Für eine Eindeutschung sind sie nicht hinreichend bekannt.

3. Aber diese beiden Gruppen umschließen nur einen Teil aller Fremdwörter. Für alle anderen müssen wir uns mit dem Satz begnügen: Ihr Lebensrecht ist eine Frage der Stilschicht. Sie sind auf bestimmten Stilebenen schädlich und lächerlich, auf anderen erlaubt, ja notwendig.

Die Poesie kennt kaum Fremdwörter. Die kunstvolle Erzählung und die Prosa großen Stils setzen Fremdwörter sparsam.

Anders die Sachprosa. Je mehr ein Werk wissenschaftlichen Charakter hat, je mehr es sich an die Fachgenossen wendet, desto mehr ist es berechtigt, Fachsprache zu verwenden. In der Kollegenliteratur werden die fremdsprachigen wissenschaftlichen Termini stets einen Naturschutzpark genießen. Je mehr sich aber der Gelehrte an die große Leserwelt wendet, desto mehr wird er sich von diesen Fesseln frei machen müssen, die seine Sprache schwerverständlich und unschön machen können.

Aber auch in gepflegter Sachprosa ist es schwer, ja fast unmöglich, fremdwortfrei zu schreiben. Denn in vielen Fällen ist das Fremdwort notwendiges Kunstmittel, zum Beispiel wenn wir die Atmosphäre des Fremden heraufbeschwören oder Abstand schaffen wollen zwischen einem Begriff und den herkömmlichen Worten.

Aber wenn wir auch eine fremdwortfreie Sachprosa nicht erreichen können, so können wir eine fremdwortarme Sachprosa schreiben. Denn wenn wir prüfen, warum in einem Satz ein Fremdwort eingesetzt wurde, so finden wir oft: das Fremdwort entspringt der Bequemlichkeit.

Die Sprachreiniger pflegen zu sagen: Die Ungebildeten gebrauchen die Fremdwörter falsch, die Halbgebildeten richtig, die Gebildeten nie. Der Satz ist wenig glücklich. Richtig ist: Der Ungebildete braucht die Fremdwörter ständig – aus Bequemlichkeit; der Gebildete gebraucht sie sparsam – aus Gewissenhaftigkeit; der Dogmatiker gebraucht sie nie – aus Prinzipienreiterei.

4. Eine fremdwortarme Sprache können wir nur schreiben, wenn der Quell der Neuwörter nicht versiegt. Gegen das Übermaß der Fremdwörter sind gute Neuwörter unentbehrlich. Auch wer jedem Neuwort von Herzen abgeneigt ist, kann den Satz nicht bestreiten: Nach allen Erfahrungen der Sprachgeschichte haben wir nur die Wahl, das bisherige Ausmaß der Fremdwörterei beizubehalten oder einen Teil der Fremdwörter durch Neuwörter zu ersetzen.

Einen Teil! Denn die Sprache nimmt überhaupt Neuwörter nur allmählich und tropfenweise auf, und mit Recht, denn wenn morgen schlagartig Tausende von Neuwörtern eingeführt würden, hörte die Verständlichkeit auf; die Neuwörter würden dann unverständlicher als die Fremdwörter. Neuwörter sind unentbehrlich, aber man kann nicht die zehntausend landesüblichen Fremdwörter durch zehntausend Neuwörter ersetzen.

Irrwege und Seitenpfade

> Niemand bedenkt leicht, daß uns Vernunft und ein tapferes Wollen gegeben sind, damit wir uns nicht allein vom Bösen, sondern auch vom Übermaß des Guten zurückhalten.
>
> *Goethe*

Mißgriffe

Der gefährlichste Feind des guten Neuworts ist das schlechte Neuwort. Von jeher hat es wohlmeinende Menschen gegeben, die – teils aus freier Hand, teils nach festen Methoden eines sprachlichen Mosaikspiels – erstaunliche Füllhörner ungeschickter und unnötiger Neuwörter über uns ausgegossen haben. Sie haben damit in den Augen vieler gescheiter Leute den Gedanken des Neuworts unheilbar bloßgestellt.

Von dem großen Sprachschöpfer des 17. Jahrhunderts, Zesen, dem wir *Vertrag, Verfasser, Augenblick, Abhang* und *Umgang* verdanken, hat man behauptet, er habe für Mantel *Windfang*, für Nase *Gesichtserker*, für Katze *pelzene Mausefalle* sagen wollen. Diese Beispiele sind erfunden. Tatsächlich hat er aber vorgeschlagen: *Meuchelpuffer* (Pistole), *Tageleuchter* (Fenster), *Großerzvater* (Papst), *Jungfernzwinger* (Kloster), *Schnauber* (Nase), *Dachschnauber* (Schornstein), *Zeugemutter* (Natur), *Hauptstürze* (Hut), ja sogar *Pflanzherr* für Vater. Von Campe, der uns Dutzende brauchbare Wörter verschafft hat, stammt *Dörrleiche* statt Mumie, *Gedankenmaut* statt Zensur, *bemorgenländern* statt orientieren.

Die Fehler, die in diesen Vorschlägen stecken, sind lehrreich. Zum Teil werden Worte ersetzt, die nach Form und Verbreitung völlig eingedeutscht waren *(Nase, Hut, Papst)*. Mehrfach werden durchaus einheitliche Begriffe durch Zusammensetzungen beschrieben *(Tageleuchter, Zeugemutter, Pflanzherr)*. Schließlich ist überhaupt keine Rücksicht genommen auf die Atmosphäre der Worte, die zusammengeklebt werden *(Dörrleiche, Meuchelpuffer)*.

Wir können das Übermaß unserer Fremdwörterei nicht überwinden, ohne Neuwörter in begrenztem Maße zu Hilfe zu nehmen. Freilich gehört zur Schaffung von Neuwörtern Sprachkenntnis, Geschmack und Finderglück.

Aküspra

Diese Eigenschaften fehlen auch jenen Leuten, die unseren Wortschatz mit Hilfe der Akü-Sprache auffüllen wollen.

Seit etwa sechzig Jahren nennen wir die «Hamburg-Amerikanische-Paketfahrt-Aktiengesellschaft» *Hapag*; die wenigsten wissen, wie das Wort *Hapag* eigentlich entstanden ist. In letzter Zeit verwenden wir solche Abkürzungen immer häufiger, um längere Wortverbindungen kurz zu bezeichnen. Die Abkürzungsprache – auch Aküsprache oder Aküspra genannt – wird allmählich ein Bestandteil unserer Muttersprache. Manchmal bilden wir das neue Wort einfach aus den Anfangsbuchstaben (Beispiel: *ADAC* für «Allgemeiner Deutscher Automobilclub»); manchmal fügen wir die Anfangsbuchstaben auch so zusammen, wie sie in ABC genannt werden (*KaDeWe* für «Kaufhaus des Westens»).

Die Aküspra ist schwer zu entbehren bei längeren Namen von Vereinigungen, Firmen, Behörden, also bei bestimmten Arten von Eigennamen. Wer ständig mit dem *Datsch* zu tun hat, wird sich schwer entschließen, jedesmal «Deutscher Ausschuß für technisches Schulwesen» zu sagen und zu schreiben. Auch können wir aus Abkürzungen leichter Zusammensetzungen bilden. Oder sollte man statt Datsch-Mitglieder künftig sagen: Deutscher-Ausschuß-für-technisches-Schulwesen-Mitglieder? Zwar kann man solche Worte umschreiben, aber der Sprachgebrauch läßt sich Verlängerungen schwer aufzwingen.

Aber hier liegt auch die Grenze der Aküspra. Sie ist das Kind einer Denkart, die die Sprache möglichst rational gestalten möchte und das wirkliche Wesen der Sprache nicht versteht. Sie muß beschränkt bleiben auf den Ersatz langer Wortverbindungen bei Eigennamen. Auch müssen diese Abkürzungen dem Kreis geläufig sein, an den sie sich wenden. Dringt dagegen die Aküspra noch weiter ein, so beeinträchtigt sie Verständlichkeit und Wohlklang. Wenn wir andere Worte der Aküspra unterwerfen, wenn wir statt Guten Morgen *Ge Em*, statt Mittagessen *EmE*, statt Nachmittagsschlaf *Namischla* murmelten, so wäre das unbestritten ein *Riblö*, ein Riesenblödsinn. Zu solchen Gewohnheiten sollte man nicht sagen *mw* (machen wir), sondern *knif* (kommt nicht in Frage).

Mundartwörter

Neuwörter können der Schriftsprache auch aus zwei anderen Quellen zufließen: sie kann Mundartwörter aufnehmen oder verschollene Wörter neu beleben.

Je älter eine Sprache wird, desto papierener wird sie, desto mehr bürgern sich der verschlungene Satzbau, die herkömmliche Formel, der unanschauliche Ausdruck und das verschwommene Fremdwort ein. In diesem Vergreisungsvorgang sind die Mundarten ein Kraftquell der Sprache. Sie halten den kurzen Satz und den kraftvollen, zugespitzten, bildlichen Ausdruck lebendig.

Zum Glück wird in Deutschland sehr viel Mundart und mundartlich gefärbtes Hochdeutsch gesprochen. Goethe hat gefrankfurtert, Schiller geschwäbelt, Wagner gesächselt; wenn wir es nicht von Ohrenzeugen wüßten: viele Reime würden es uns verraten. Goethe hat noch achtzigjährig sein Frankfurterisch verteidigt: «Man soll sich sein Recht nicht nehmen lassen; der Bär brummt nach der Höhle, wo er geboren ist», brummte er zu Wilhelm Grimm.

Schon die Minnesänger haben diejenigen gelobt, die Mundartwörter in die Schriftsprache einbürgern. In früheren Jahrhunderten sind auch eine Anzahl niederdeutscher Wörter ins Schriftdeutsch eingedrungen: *ahnen, behagen, Bord, Damm, dreist, flink, Hafen, Kerl, Lappen, Plunder* und viele andere. Aber in den letzten hundert Jahren ist auch der Zustrom aus der Mundart versiegt. Bessern würde sich das nur, wenn einzelne entschlossene Schriftsteller oder Zeitungsschreiber geeignete Mundartworte in ihre Arbeiten einfließen ließen, notfalls mit kurzen Erklärungen. Aber meist verstehen wir mundartliche Wörter auch ohne Erläuterung, so, wenn Storm schreibt: «Karoline wollte lieber auch für ihren Doktor die Arbeit mittun, als noch ein so junges flusiges Ding neben sich herumdammeln zu sehen.»

Freilich dürfen die Mundarten nicht Alleinherrscher werden: denn wir brauchen die Schriftsprache als Band der Einigung; auch haben die Mundarten schätzungsweise nur drei- bis fünftausend Wörter. Aber heute besteht nur die entgegengesetzte Gefahr: die Mundarten drohen unter dem Einfluß des Rundfunks, des Fernsehens und der Zeitung auszusterben.

«Die Mundarten leben im ewigen Landfrieden mit der Gesamtsprache und treten vor den Riß, sobald in der Schriftsprache Lücken entdeckt werden. Ohne Mundarten wird der Sprachleib ein Sprachleichnam. Die

Schriftsprache ist die höchste Anwaltschaft der Spracheinheit, die Mundarten bleiben die dazu höchst nötigen Urversammlungen der vielgestalteten Einzelheit.» (Friedrich Ludwig Jahn)

Altwörter

Viele deutsche Wörter sind verschollen; manche sind durch Lehn- oder Fremdwörter verdrängt worden. Veraltete oder ausgestorbene Wörter wiederzubeleben, hat man oft versucht und manchmal auch erreicht. So bezeichnen die Wörterbücher des 18. Jahrhunderts manche Wörter als lächerlich und veraltet, die wir heute als lebendig empfinden: *Dirne, Forst, Gaul, Abenteuer, beginnen, behaglich, Drang, Wonne, zierlich, Ansicht, bangen, Gebilde, Inschrift, sühnen, Wagnis, Stegreif, Heimat, findig, Sinnlichkeit, barfuß.* Aus der Lutherbibel hat man vor zweihundert Jahren die Wörter *sich beraten, verkünden, peinigen, verursachen,* weil veraltet, entfernen wollen; sie sind heute *gang und gäbe,* ein Ausdruck, den man gleichfalls beanstandet hatte. Es sind die Klassiker, die Shakespeare-Übersetzer und die Sprachreiniger, die diese Wörter wieder zu Ehren gebracht haben.

Dürfen wir nach diesen Erfolgen hoffen, noch weitere Altwörter wiederzuerwecken? Ich glaube, diese Hoffnung wäre eitel. Denn die letzten einhundertfünfzig Jahre bieten ein ganz anderes Bild. Ludwig Uhland hat *Gadem* für Gemach, *Wat* für Gewand geschrieben; er wollte auch gern *Elend* wieder in dem alten Sinn für Fremde, *fromm* in dem alten Sinn von tüchtig verwendet sehen. Wagner hat viele alte Worte neu verwendet: *Minne, freislich* (fürchterlich), *sehren* (beschädigen), *gehren* (begehren), *Mißwende* (Unglück), *Harst* (Kriegshaufe). Nicht ein einziges dieser Wörter hat sich durchgesetzt.

Eine Belebung von Altwörtern im größeren Umfang erscheint unmöglich; Altwörter bleiben unverstanden und haben oft eine verstaubte Lebensluft um sich, die uns befremdet. Nur in Einzelfällen wird es gelingen, das eine oder andere Wort aus diesem Brunnen zum Ersatz von Fremdwörtern herauszuholen.

Sechster Teil

EINZELFRAGEN

In jeder Kunst ist es ratsam, sich an die Meister zu
halten und vor den Systemen zu hüten. Dies gilt
auch von der Kunst, die Sprache zu gebrauchen.

Otto v. Gildemeister

Witz und Humor

Der Scherz, dem eine Stelle zu gönnen in diesem
durchweg zweideutigen Leben kaum irgendein Blatt
zu ernsthaft sein kann . . .

Schopenhauer

Beispiele für Humor

Schon der Abgeordnete Bismarck-Schönhausen war bei seinen Parteigenossen wegen seiner Vorliebe für unangebrachte Scherze verhaßt und gefürchtet. Als er Botschafter in Paris wurde, erklärte Napoleon III. nach der ersten Unterhaltung: ‹Der Mann ist nicht seriös›; die weit gescheitere Eugenie sagte lächelnd: ‹Er ist ein besserer Causeur als die Pariser.› Als Kanzler hat er kaum eine Rede gehalten, ohne seinem Gegenstand oder seinem Gegner eine heitere Seite abzugewinnen. Und durch seine Briefe fließt ein ganzes Leben lang ein Strom überlegenen Humors, der in sehr vielen Dingen dieser Welt einen Anlaß zur Heiterkeit findet. Als zwanzigjähriger Student schreibt er an seine Schwester:

«Bei Euch Samojeden soll ja haushoch Schnee liegen; ich komme in meinem ganzen Leben nicht wieder hin. Neues gibt es hier nicht; alles Trauer; der König von Schweden ist nun auch tot, ich fühle immer mehr, wie ich allein stehe in der Welt.»

Diesen heiter-ironischen Tonfall behält er bei bis ins hohe Alter, mochte nun der Brief von seinen Kollegen, von seiner ersten Verlobten oder von seiner Frau handeln:

«Meine Lage wird etwas erschwert, durch das Kreuzfeuer von Atem, dem ich zwischen meinen Nachbarn ausgesetzt bin. Der Geruch des ersten wird dir noch in Erinnerung sein, es ist eine kräftige Mischung von unausgespülten hohlen Zähnen und mit etwas Rippe, wenn er den Rock öffnet. Der andere liefert den unverfälschten Ausdruck verdorbenen Magens vor dem Essen, die unausbleibliche Wirkung der Kombination häufiger und schwerer Diners bei geringer Körperbewegung, der natürliche Geruch der Diplomaten und Hofmarschälle.

Ich hatte sehr günstige Aussichten für das, was man eine glänzende Karriere nennt; und vielleicht hätte der Ehrgeiz, der damals mein Lotse war, noch länger und für immer mein Steuer geführt, wenn nicht die bildschöne Engländerin mich verleitet hätte, den Kurs zu ändern und 6 Monate ohne den geringsten Urlaub auf ausländischen Meeren in ihrem Kielwasser zu fahren. Ich nötigte sie endlich zum Beilegen, sie strich die Flagge, doch nach zweimonatigem Besitz ward mir die Prise von einem einarmigen Obristen mit 50 Jahren, 4 Pferden, 15 000 Talern Vermögen wieder abgejagt.

Johanna hat mich in der Nacht mit dem Jungen auf dem Arm überfallen, und mit allen Künsten, die uns um das Paradies brachten, natürlich erreicht, daß alles beim Alten bleibt.»

Als Bismarck seine «Gedanken und Erinnerungen» schreibt, da flicht er eine Fülle heiterer kleiner Geschichten ein, die oft mit dem großen Strom seiner Darstellung gar nichts zu tun haben. Nicht einen Augenblick glaubt der Achtzigjährige, die Würde seines großen Werks durch diese Abschweifungen zu gefährden. Er beschreibt eingehend einen komischen Sühneversuch, den er in seiner Referendarzeit bei einer Ehescheidung erlebte, er berichtet einige Napoleonanekdoten oder erzählt uns ausführlich die schöne und lehrreiche Geschichte von dem Posten, der in Petersburg bei einem vor hundert Jahren verblühten Schneeglöckchen stand. Mit unverwüstlicher Heiterkeit schildert er einen österreichischen Agenten Levinstein, der ihn mit 30 000 Talern hatte bestechen wollen:

«... ich ersuchte Levinstein, mich zu verlassen und schickte mich zum Ausgehen an. Er folgt mir auf die Treppe unter beweglichen Redensarten über das Thema: ‹Sehen Sie sich vor, es ist nicht angenehm, die Kaiserliche Regierung zum Feinde zu haben.› Erst als ich ihn auf die Steilheit der Treppe und auf meine körperliche Überlegenheit aufmerksam machte, stieg er vor mir schnell die Treppe hinab und verließ mich.»

Bismarck war ein hartgesottener Anekdotenerzähler; den Übergang zu seinen Geschichten fand er notfalls mit einem kühnen «dabei fällt mir ein» oder «kennen Sie die Geschichte?»

Cäsar sammelte nicht nur die Witze anderer, sondern liebte es auch, seine eigenen Witzworte zu wiederholen. Friedrich der Große – um zunächst bei den Staatsmännern und Feldherrn zu bleiben – besaß sehr viel überlegenen Witz: seine Randbemerkungen in den Akten sind nicht nur spitz, sie sind auch treffend. Unter die Anfrage eines Stadtmagistrats, wie ein Bürger zu bestrafen sei, der Gott, den König und den Magistrat gelästert habe, schreibt er:

«Daß der Arrestant Gott gelästert hat, ist ein Beweis, daß er ihn nicht kennt; daß er mich gelästert hat, vergebe ich ihm; daß er aber einen edlen Rat gelästert hat, dafür soll er exemplarisch gestraft werden und auf eine halbe Stunde nach Spandau kommen.»

Eine pommersche Gemeinde bittet um Abberufung ihres Pfarrers; er habe an der Auferstehung gezweifelt. Der König vermerkt am Rand: «Der Pfarrer bleibt. Wenn er am Jüngsten Tag nicht mit aufstehen will, kann er ruhig liegen bleiben.»

Moltkes weltüberlegene Natur entfaltet sich in dem Abendsonnenschein eines Humors, der vom bescheidenen Wortspiel bis zu einer von

Bitterkeit freien Ironie reicht. Der Sechzigjährige schreibt an seinen Neffen:

«Wenn in Zukunft Dir jemand anbieten sollte, Deine Rechnungen zu bezahlen, ein Fall, der allerdings in Praxi recht selten vorkommt, so möchte ich Dir raten, ihn nicht vierzehn Tage auf Antwort warten zu lassen... Wenn ich zwar nicht Tetenreiter der zweiten Reitabteilung bin, so habe ich doch sonst mancherlei Geschäfte auf dem Hals und zu unnötigen Briefen keine Zeit, aber die Viertelstunde zu einem nötigen hat man unter allen Umständen.»

Und die großen Dichter? Von Homer, dessen ganze Götterwelt mit Humor gesehen ist, über Shakespeare, Cervantes und Goethe bis zu Knut Hamsun und Selma Lagerlöf, bei denen der Humor den beruhigenden Untergrund ihrer Lebenswelt bildet: keiner von ihnen ist von jenem unerschütterlichen Ernst erfüllt, der die Würde seines Daseins nur durch eine gefrorene Feierlichkeit verteidigen kann.

Bei Shakespeare stehen die heiteren Szenen so dicht neben den trübsten und härtesten, daß das heutige schwerlebige Geschlecht nur mit Mühe Schritt zu halten vermag. Schon Platon hatte am Schluß des «Gastmahls» den Sokrates sagen lassen, daß niemand die Kunst der komischen Dichtung besser verstehen müsse als die tragischen Dichter.

Die heitersten Stücke unserer Litertur stehen nicht bei den Possenschreibern und Lachpillenverfassern, sie stehen bei den Dichtern, sie stehen gerade bei jenen, denen die Nachtseiten des Lebens vertraut waren, bei Luther und Lessing, bei Schiller und Kleist, bei Keller und Mörike, bei Storm und Fontane, bei Hauptmann und Liliencron; sie stehen vor allem bei unserem humorvollsten Dichter, bei Goethe. Hinter seinem Werke blickt aus tiefem Spiegelgrunde das rätselhafte Angesicht jenes Humors hervor, der mehr mit dem Auge als mit dem Munde lächelt, von der Schülerszene des «Faust» und dem «Vorspiel auf dem Theater» bis zu den Gedichten des «Westöstlichen Divan».

Wenn Humor Weltüberlegenheit bedeutet, so ist der Humor eine Amtspflicht der Philosophen, und die größten von ihnen haben dieser Pflicht auch entsprochen. Platons Werke durchwaltet eine göttliche Heiterkeit. Hume war ein ausgesprochen witziger Denker. Voltaire liebte den Witz vielleicht noch mehr als die Wahrheit. Kant besaß nach dem Bericht seiner Zeitgenossen einen unerschöpflichen Vorrat lustiger Geschichten und war ein Meister heiterer Antworten und Anmerkungen. Und bei Schopenhauer finden wir jenen Widerspruch, der bei ihm auch sonst zwischen Leben und Lehre so verdrießlich zu klaffen pflegt. Er nahm manche Dinge heiterer, als es ihm nach seinem eigenen System zukam, so wenn er in der Vorrede zu seinem Hauptwerk sagt:

«Der bis zur Vorrede, die ihn abweist, gelangte Leser hat das Buch für bares Geld gekauft und frägt, was ihn schadlos hält? Meine letzte Zuflucht ist jetzt, ihn zu erinnern, daß er ein Buch, auch ohne es gerade zu lesen, doch auf mancherlei Art zu benutzen weiß. Es kann, so gut wie viele andere, eine Lücke seiner Bibliothek ausfüllen, wo es sich, sauber gebunden, gewiß gut ausnehmen wird. Oder auch er kann es seiner gelehrten Freundin auf die Toilette oder den Teetisch legen. Oder endlich, er kann ja, was gewiß das Beste von allem ist und ich besonderes rate, es rezensieren.»

Schopenhauers Humor ist selten frei von Stacheln und Ironie. Er nennt die Erdbeben «kleine schalkhafte Anspielungen auf die Möglichkeit der Zerstörung alles Lebenden». Berühmt ist sein Schriftwechsel mit dem Kommerzienrat Muhl in Danzig. Muhl hatte mit seinen sämtlichen Gläubigern einen Vergleich gemacht, wonach er ihnen nur 30 Prozent seiner Schulden bezahlte; der einzige Gläubiger, der ihm nichts nachließ und seine ganze Forderung ausgezahlt erhielt, war der weltfremde Gelehrte Schopenhauer:

«An Ihrer Zahlungsfähigkeit hege ich nicht den leisesten Zweifel. Konnten Sie mir vor Jahr und Tag siebenzig Prozent bieten, so können Sie auch jetzt diesen Wechsel bezahlen. Ihr mir unendlich werter Brief vom 27. März vorigen Jahres sagt so deutlich, daß ein Kind es verstehen müßte, daß Sie damals im Begriffe standen, mir die siebenzig Prozent auf einmal auszuzahlen. Es hätte nur eines kleinen Anstoßes von mir bedurft und ich hätte die siebenzig Prozent an dem Hals gehabt; allein ich verstand Sie vollkommen und gab den Anstoß nicht, da hundert besser sind als siebenzig und sie durch jenen Brief sich bei mir in besseren Kredit setzten als Ihre Absicht wohl sein mochte. Seit jenem Brief, den ich in Rahmen und Glas möchte fassen lassen, sind Sie mir wieder ein gutes sicheres Haus.

Sollten Sie also doch noch Zahlungsunfähigkeit vorschützen wollen, so werde ich Ihnen das Gegenteil beweisen durch die famose Schlußart, welche der große Kant in die Philosophie eingeführt, um damit die moralische Freiheit des Menschen zu beweisen, nämlich den Schluß vom Sollen aufs Können. Das heißt: zahlen Sie nicht gutwillig, so wird der Wechsel eingeklagt. Sie sehen, daß man wohl ein Philosoph sein kann, ohne deshalb ein Narr zu sein . . .

Ich finde, daß, wenn ich mich zu Ihren Vorschlägen verstünde, ich selbst ein Merinoschaf sein müßte, würdig unter Ihrer Herde zu weiden.»

Von dem Humor manch anderer – Luther, Lessing, Nietzsche – ist in anderen Kapiteln die Rede. Sie alle hätten das Wort Hebbels unterschrieben: «Für einen vorzüglichen Witz soll man eine Million gewöhnlicher Jamben hergeben.»

Begriff des Witzes

Was bedeuten die Begriffe Witz und Humor? Humor ist, was man bestimmt nicht hat, wenn man's definiert: die Richtigkeit dieses alten Satzes wird durch die meisten Abhandlungen über das Wesen des Komischen bewiesen. Viele von ihnen sind nur wertvoll, weil sie unfreiwillig jene Wirkung hervorrufen, die sie definieren wollten. Alle ihre Definitionen sind reine Privatsache des Autors geblieben: seine Nachfolger wiederholen sie nur, um sie zu widerlegen. Gemeinsam sind diesen Abhandlungen nur die Beispiele: die schreiben sie seit Generationen voneinander ab. Vor zweitausend Jahren sagte Cicero: Ich finde, ein leidlich gebildeter Mensch kann über jedes Thema witziger schreiben als über den Witz.

Die meisten Definitionen weisen darauf hin, daß der Witz eine unerwartete Zusammenstellung von Gegensätzen enthält. «Der Witz ist der verkleidete Pastor, der jedes Paar traut.» (Jean Paul)

Nehmen wir ein einfaches Beispiel: Papst Leo XIII. stellte einmal einen bayerischen Kammerdiener ein, Xaver Hornbichler aus Niederaibling. Hornbichler muß ihn jeden Morgen wecken und ihm sagen, was für Wetter ist. Am ersten Morgen sagt Xaver: «Eir Heiligkeit, acht Uhr, schön Wetter is!» «Ich danke dir, mein Sohn», erwidert der Papst, «der liebe Gott und seine Heiligkeit wußten es bereits.» Am folgenden Tag die gleiche Meldung und die gleiche Antwort. Am dritten Tag hat Xaver verschlafen, trotzdem meldet er «Eir Heiligkeit, acht Uhr, schön Wetter is!» «Ich danke dir, mein Sohn, der liebe Gott und seine Heiligkeit wußten es bereits.» «An Dreeck wißts alle zwoa, halba neune is's und regna tuats!»

Der unerwartete Gegensatz klafft hier zwischen den feierlichen Worten des Heiligen Vaters und der überraschenden Antwort Xavers. Zugleich zeigt das Beispiel eine andere notwendige Eigenschaft des Witzes: Die Zusammenfügung der Gegensätze muß durch den Fluß der Geschichte sachlich und unauffällig begründet sein. Die sogenannten faulen Witze sind jene, bei denen zwar auch ein verblüffender Gegensatz zusammengebracht wurde, aber nur auf künstlichen, unwahrscheinlichen Wegen. Um einem Witz die Farbe der Echtheit zu geben, muß der Erzähler die Einleitung etwas breiter ausmalen, um die Zuhörer ganz in jene Stimmung zu versetzen, aus der sie nachher der verblüffende Gegensatz herausreißen soll. Oft enthält die Einleitung auch einen harmlosen Satz, der die Berechtigung zu der späteren überraschenden Zusammenfügung der Gegensätze gibt. Den kommenden Gegensatz sachlich zu unterbauen, daß er zwar ganz unerwartet, aber trotzdem wohlbegründet ist, darin beruht die Hauptkunst der Witzeerzähler.

Nehmen wir noch ein Beispiel: eine Laienbühne spielt «Don Carlos». Im fünften Akt spricht Posa im Gefängnis des Prinzen seine letzten Worte:

«Das Königreich ist dein Beruf.
Für dich zu sterben ist der meinige!»

In diesem Augenblick soll aus dem Hintergrund der tödliche Schuß fallen, mit dem König Philipp ihn ermorden läßt. Aber der Schuß fällt nicht. Posa wiederholt schwermütig:

«. . . ist der meinige!»

Der Schuß fällt immer noch nicht. Da weiß sich der Schauspieler nicht anders zu helfen: er schlägt die Fäuste auf die Brust und ruft: «Ich spür's, ich bin vergiftet!» und bricht zusammen. In diesem Augenblick fällt endlich der Schuß. «Auch das noch!» ruft Posa und gibt den Geist auf.

Zwischen der feierlichen Szene Schillers und diesem gutgemeinten Ausruf besteht ein verblüffender Kontrast, aber er ist begründet durch die vorher geschilderten Vorgänge.

Je feiner der Witz, desto mehr bedient er sich eines weiteren Kunstmittels: um die Überraschung herauszubringen, werden einige gedankliche Zwischenglieder nur angedeutet. Wenn Xaver ausführlich dargelegt hätte: *Eure Heiligkeit sind hierin nicht unfehlbar, Eure Heiligkeit sind mir in eine Falle gegangen, es ist nämlich schon halb neun Uhr und schlechtes Wetter:* dann wäre die Überraschung und damit der Witz dahin. Der gute Witz läßt vor der Pointe einige gedankliche Zwischenglieder aus und begnügt sich damit, auf sie anzuspielen. Gerade diese Anspielung muß der Zuhörer richtig auffassen, sonst hat er den Witz nicht verstanden. Das, worauf angespielt wird, gehört manchmal zu jenen Gebieten, über die man nicht zu sprechen pflegt.

Es gibt eine oft erzählte Geschichte, wie vor dem Ersten Weltkrieg bei einem Hofball in Montenegro der deutsche Gesandte vom König gefragt wurde, warum er ein so verdrießliches Gesicht mache: «Meine Uhr ist verschwunden, Majestät.» «Haben Sie einen Verdacht?» «Ja, den langen schwarzen Herrn dort in der Ecke.» «Ach du lieber Gott, das ist gerade mein Justizminister.» «Aber, Majestät, dann habe ich mich natürlich getäuscht, ich möchte keine Verwicklungen heraufbeschwören . . .» Fünf Minuten später bringt der König dem Gesandten die Uhr. «Das ist mir aber sehr peinlich, Majestät! Was hat denn Seine Exzellenz nur gesagt?» «Gesagt?», lacht der König, «gesagt?, der hat's noch gar nicht gemerkt.»

Auch hier haben wir alle Elemente des Witzes beisammen: der Gegensatz klafft zwischen den Begriffen *König* und *Taschendieb;* der rechtfertigende Zusammenhang wird hergestellt durch die berüchtigten Rechtsverhältnisse Montenegros; der entscheidende Vorgang wird nicht ausgesprochen, sondern nur angedeutet.

Ja, es können sogar alle Elemente des Witzes in einem einzigen Wort liegen; wenn auch solche Witze freilich mehr ein vergnügtes Schmunzeln auslösen werden als ein schallendes Gelächter. Ein alter Herr sagte in seiner Dankesrede an seinem achtzigsten Geburtstag: «Ich danke Ihnen, daß Sie gekommen sind, mir die vorletzte Ehre zu erweisen.» Das Wort *vorletzte Ehre* umspannt hier den ganzen Gegensatz zwischen Geburtstagsfest und Beerdigung; das entscheidende Wort *Beerdigung* wird aber nicht ausgesprochen.

Nicht jedes unerwartete, aber sachlich begründete Zusammentreffen zweier Gegensätze wirkt komisch. Wenn auf einem Faschingsfest der heitere, schlagflüssige Gastgeber plötzlich tot umsinkt, dann haben wir einen überraschenden Gegensatz; das Zusammentreffen der Gegensätze ist auch sachlich begründet: aber von witziger Wirkung kann keine Rede sein. Denn zum Witz gehört noch etwas anderes: die spielende Betrachtung der Dinge. Der Mensch ist im Leben von der Wirklichkeit bedingt und bedrängt. Diese Enge sprengt er, wenn er die wirkliche Bedeutung der Dinge außer acht läßt und sie einen Augenblick lang losgelöst vom Lebensganzen betrachtet. Wer alles nur vom Blickpunkt der nackten Wirklichkeit sieht, der kann nichts komisch finden: er muß entrüstet sein, wenn ein König nebenher ein geübter Taschendieb ist oder wenn die Torheit eines Laienschauspielers den großartigen Ausgang des «Don Carlos» zur fratzenhaften Posse herabwürdigt. Der Witz dagegen sieht auf die Wirklichkeit herab. Er betrachtet das Große gerne von einer Seite, auf der es klein aussieht, und weil er immer um die Dinge herumgeht, hat er eine Abneigung gegen jeden festen Standpunkt. Eben darum sagt Schiller:

«Krieg führt der Witz auf ewig mit dem Schönen,
er glaubt nicht an den Engel und den Gott.»

Begriff des Humors

Der Humor ist der edlere Bruder des Witzes. Beide haben es mit dem Lächerlichen zu tun, aber sie betrachten es von verschiedenen Blickpunkten aus, sie ruhen auf verschiedenen Fundamenten.

Der Witz begnügt sich damit, uns mit komischen Einfällen zu beschenken; der Ernst des Lebens ist für ihn nicht vorhanden; er geht über ihn hinweg, indem er seine witzigen Gebilde aus dem Lebensganzen herausschneidet.

Der Humor läßt die Welt gelten, wie sie ist. Der Ernst der Wirklichkeit wird weder geleugnet noch vertuscht. Aber er nimmt die Dinge heiter, weil er sie mit dem notwendigen Abstand betrachtet und aus diesem Abstand jedes Geschehnis in größerem Zusammenhang sieht. Der mürrische Ernst, mit dem die meisten den jeweiligen Augenblick, die Sorge dieser Stunde, die Bedeutung des jetzt vor ihnen liegenden Problems empfinden und überschätzen, ist ihm fremd. Während dem gewöhnlichen Menschen der heutige Alltagsärger erst nach einem Jahr belanglos erscheint und zum heiteren Gesprächsstoff herabsinken wird, betrachtet der Humor die Widerwärtigkeit der Welt schon heute aus jener Entfernung, in der die Dinge auf ihr wirkliches Maß zusammenschrumpfen, und blickt auf sie mit der gelassenen Überlegenheit, welche das Dunkle erhellt und das Bittre versüßt. Diesen Abstand hat der humorvolle Geist vor allem zu seiner eigenen Person. Er vermag sein Ich nicht so wichtig zu nehmen, daß es ihm den Blick auf die Welt versperrt; er kann daher die Komik der Welt auch noch in Situationen empfinden, die den Ewig-Ernsten nur in seiner Würde kränken. Und wie er den Verdruß des Tages nur in dem Zusammenhang der Zeit sieht und entgiftet, so ordnen sich für ihn auch ernstere Probleme in den Rahmen einer höheren Ordnung, der ihnen das Unbedingte nimmt und ihre heitere Seite dem Menschenauge preisgibt. Der Humor weiß zu gut, wie bunt, wie wandlungsfähig, wie vielgestaltig alles Irdische ist; von dem Druck des Weltlaufs befreit er sich, indem er seinen gelassenen Blick zu dem Ewigen hinüberschweifen läßt. Denn sein Auge umfaßt die Welt: er steckt nicht in dem Gehäuse erstarrter Überzeugungen, sondern läßt Dinge und Menschen gelten, wie sie ihm begegnen. Vor dem Witz hat er die Liebe voraus, daher denn Thackeray den Humor die Einheit von «wit and love» genannt hat. Indem er die Wirklichkeit weder verleugnet noch überschätzt, lebt er in einem Reich innerer Freiheit. Er kann die Dinge anscheinend spielerisch behandeln, grad weil er sie ernst nimmt. Er sieht die Welt nicht aus der Menschen-, sondern aus der Gottesperspektive.

> «Man spricht von Humor jetzt oft und viel
> und denkt dabei nur an leeres Spiel.
> Mancher kursiert als Humorist,
> der nichts weiter als Spaßmacher ist,
> nichts ahnt von dem inneren Widerspruch,
> von dem Zick-Zack, dem tiefen Bruch,
> der durch das ganze Weltall dringt,
> daß man immer fürchtet, es zerspringt,
> während die also geborstene Welt
> doch immer noch steht und zusammenhält!»
> (Friedrich Theodor Vischer)

Der Witz lacht, der Humor lächelt. Der Witz ist geistreich, der Humor liebevoll. Der Witz funkelt, der Humor strahlt. Der Witz entlarvt die

Unzulänglichkeit der Welt, der Humor hilft uns über sie hinweg. Das Fundament des Humors ist die Aufgeschlossenheit gegenüber der Welt. Die Bitterkeit des Daseins versucht er nicht zu bestreiten, sondern er lebt darüber hinweg: «Humor ist, wenn man trotzdem lacht.» Er kann sich dann bis zu jenem Galgenhumor steigern, von dem Wilhelm Busch erzählt:

> «Es sitzt ein Vogel auf dem Leim,
> er flattert sehr und kann nicht heim.
> Ein schwarzer Kater schleicht herzu,
> die Krallen scharf, die Augen gluh.
> Am Baum hinauf und immer höher
> kommt er dem armen Vogel näher.
> Der Vogel denkt: Weil das so ist,
> und weil mich doch der Kater frißt,
> so will ich keine Zeit verlieren,
> will noch ein wenig quinquilieren
> und lustig pfeifen wie zuvor.
> Der Vogel, scheint mir, hat Humor.»

Witz und Humor als Stilmittel

Was bedeuten nun Witz und Humor in der Stilkunst? Alles! Grabreden abgerechnet, gibt es kein Stück Prosa, das nicht durch ein wenig Heiterkeit gewinnen würde. Der Mensch wünscht nichts sehnlicher, als aus dem graugestrickten Netz des Alltags, aus dem ewigen Räderwerk von Ursache und Wirkung, aus der Menschenperspektive herauszukommen. Keine andere Leiter führt ihn so sicher aus diesem Bereich hinaus, kein anderer Flügel erhebt ihn so behutsam über die Wirklichkeit in das Reich der Freiheit. Die Heiterkeit – in diesem Wort berühren sich Witz und Humor am deutlichsten – ist ein Fenster des Menschen nach dem Ewigen. Menschen und Werk, die völlig ohne Humor – das heißt dem Wortsinn nach: ohne Feuchtigkeit, ohne Saft – dahinleben, sind ganz trocken und daher völlig ungenießbar.

Namentlich der Erzähler ist ohne Witz oder Humor verloren. Bloße Tatsachen sind zu belanglos, zu dürftig, um den Leser auf die Dauer fesseln zu können, es sei denn, daß eine ungeheure Leidenschaft wie im «Werther» die Brücke auf ein jenseitiges Ufer schlägt. Durch die Werke unserer größten Erzähler fließt ein unterirdischer Strom stiller Heiterkeit; er tritt nicht in dem Springbrunnen geistreicher Wortspiele und Pointen zutage und sammelt sich auch nicht in den trüben Tümpeln endloser Späße, aber wir hören ihn rauschen, wenn Gottfried Keller durch die Straßen Zürichs oder Seldwylas seine bittersüßen Frauengestalten

wandeln läßt, wenn die schwer erkämpfte Resignation des alten Fontane
seine Bürger und Edelleute ihre gescheiten Gespräche führen läßt oder
wenn die sanfte, aber feste Hand der Ebner-Eschenbach die Welt des
sterbenden Österreich an die Wand zeichnet. Miguel de Cervantes, Gottfried Keller und Charles Dickens wird man immer lesen; die ganz ernsthaften Romane aber sind vom Untergang bedroht, mag ihr Held selbst
Wilhelm Meister oder Nana heißen.

Schwieriger steht es mit Witz und Humor in der Sachprosa. Je mehr
ein Buch aus der Kollegenliteratur herüberragt in die Allgemeinliteratur,
desto mehr bedarf es eines Strahles aus dem höheren Reich der ästhetischen Freiheit. Daß eine Vorlesung durch Scherze – selbst durch bescheidene – gewinnt, ist jedem Gelehrten geläufig. Aber in einem wissenschaftlichen Buch zu scherzen und sich damit als heiteren Kopf schriftlich festzulegen: das verstößt gegen die Würde der Wissenschaft. Sooft ein
Gelehrter seine Lebenserinnerungen schreibt, flicht er – oft recht gewaltsam – einige heitere Geschichten ein. Greift er aber eine halbe Stunde
später nach einem anderen Bogen und schreibt über das Konzil von
Nicäa, so hält er sich zu mürrischem Ernst verpflichtet.

Diese Verächter der Heiterkeit sehen die Fülle des Lebens nicht, weil
ihr ganzer bescheidener Horizont von ihrem jeweiligen Gegenstand ein-
genommen wird. Weil sie ihrem Stoff mit künstlerischen Mitteln kein
Gewicht zu geben vermögen, so versuchen sie es mit moralischen: sie
umgeben ihr Thema mit einer gefrorenen Würde, die kein Lächeln anta-
sten, kein Zweifel gefährden dürfe. Das Bunte, Wechselnde, Gebrechli-
che alles Irdischen soll nicht gelten für ihr Gebilde: unnahbar und feierlich werden sie vor den Augen des verdutzten Lesers aufgebaut. Aber
wer nur feierlich aufzutreten vermag, ist selten groß, und überaus frag-
würdig sind jene Abhandlungen, die von dem Henkel jeder Kaffeetasse
eine Senkrechte bis in den Mittelpunkt der Erde fällen und über jedem
umgefallenen Kinderwagen unter dem Aspekt berichten: *Was ist der
Mensch?*

> «Ich liebe mir den heitern Mann,
> am meisten unter meinen Gästen:
> Wer sich nicht selbst zum besten haben kann,
> der ist gewiß nicht von den Besten.»   (Goethe)

Mit großem Recht spricht man von tierischem Ernst und von olympischer Heiterkeit. Zum Wesen des Tieres gehört es, den jeweiligen Augenblick für die alleinige Wirklichkeit zu halten, daher man auch den
Menschen definiert hat als das einzige Lebewesen, das zu lachen vermag.
Und Sache olympischer Naturen ist es, über den Dunst der Erde «der
reinen Wolken unverhofftes Blau» zu erblicken und unter ihrem Schutze
die Angst des Irdischen von sich zu werfen.

Goethe hat den Humor als ein Element des Genies bezeichnet, aber er fährt fort, «wenn er jedoch vorwaltet, ist er nur ein Surrogat desselben». Dieser Satz – sichtlich auf Jean Paul gemünzt – steckt die notwendigen Grenzen ab: das Heitere ist ein unentbehrliches Salz künstlerischer Darstellung, aber sein Übermaß verdirbt jedes Gericht. Wer alles ernstnimmt, ist ein mürrischer Langweiler; wer nichts ernstnimmt, ein spielerischer Witzbold, der keinen Boden unter den Füßen hat. Aber nur auf der nahrhaften Erde eines handfesten Wirklichkeitssinns kann echte Heiterkeit gedeihen.

Kronzeugen des Humors

Heiterkeit ist Gnade. Witz und Humor lassen sich nicht lehren; die Stilkunde kann nur den Rang darlegen, auf den sie Anspruch haben, sie kann nur beweisen, daß und warum auch ein wissenschaftliches Buch nicht ständig von einem mürrischen Ernst erfüllt sein muß und daß die Heiterkeit eines belehrenden Buches kein Einwand gegen das Buch ist.

Für diese ketzerische Ansicht über die Zulässigkeit, ja die Notwendigkeit des Humors als Stilmittel will ich zwei Eideshelfer aufrufen. Ich werde mir die Sache nicht leicht machen und hierfür einen großen Kirchenvater und einen berühmten Göttinger Mathematikprofessor auswählen:

Wir lesen bei Tertullian in der «Apologetik»:

«Es gibt viele Dinge, die es verdienen, daß man Spott und Spiel mit ihnen treibt, schon damit man ihnen nicht durch einen ernsthaften Angriff ein unverdientes Gewicht gibt. Nichts gebührt der Eitelkeit mehr als verlacht zu werden, und der Wahrheit steht das Lachen ganz eigentümlich zu, weil sie fröhlichen Sinnes ist. Ihr kommt es auch zu, mit ihren Widersachern Scherz zu treiben, denn sie ist ihres Sieges gewiß.»

Georg Christoph Lichtenberg schreibt:

«Übrigens ist es allerdings merkwürdig, daß in Deutschland, wo Witz vielleicht seltener ist als unter irgendeiner schreibenden Nation, jedermann über zuviel Witz schreit. Es ist dieses zumal der rechte Lieblingsseufzer der Weisen in den oberen Fakultäten geworden, wo man alles, was mit Lächeln gesagt wird, gern für Possen, und alles, was mit bewölkter Stirne vorgetragen wird, für tiefe Weisheit gehalten wissen wollte: hingegen nicht bedenkt, daß die eigentlichen, die ins Große gehenden Sottisen, womit sich ganze Fakultäten vor ganzen Zeitaltern lächerlich gemacht haben, meistens mit der Miene der betitelten und besoldeten Bedächtigkeit und der altklugen Herabsehung begangen worden sind. Ich wünschte von Herzen, daß jemand seine Apologie dieser schönen Eigenschaft unseres Geistes unternähme.»

Und um diese Predigt über den Humor nach Art aller erfahrenen Prediger abzuschließen, indem ich das Ende an den Anfang anknüpfe, will ich auch an den Schluß dieses Kapitels ein Wort Schopenhauers setzen: «Wir sollen der Heiterkeit, wann immer sie sich einstellt, Tür und Ohr öffnen: denn sie kommt nie zur unrechten Zeit; statt daß wir oft Bedenken tragen, ihr Eingang zu gestatten, indem wir erst wissen wollen, ob wir denn auch wohl in jeder Hinsicht Ursach haben, zufrieden zu sein; oder auch, weil wir fürchten, in unseren ernsthaften Überlegungen und wichtigen Sorgen dadurch gestört zu werden: allein was wir durch diese bessern, ist sehr ungewiß; hingegen ist Heiterkeit unmittelbar Gewinn. Sie allein ist gleichsam die bare Münze des Glücks und nicht, wie alles andere, bloß der Bankzettel; weil nur sie unmittelbar in der Gegenwart beglückt... Wer fröhlich ist, hat allemal Grund es zu sein, nämlich daß er es ist.»

Wortspiel

How every fool can play upon the word (Wie jeder Tor mit Worten spielen kann).

Shakespeare

Wesen des Wortspiels

Eine Sängerin der Münchner Staatsoper behauptete, sie müsse nie auf der Bühne zu Unzeit lachen. Als sie bald darauf im «Rheingold» als Erda, von unten blau beleuchtet, aus dem Boden emporsteigt, ruft ihr ein Kollege aus der Kulisse zu: «Essen Sie harte Eier lieber oder weiche?» Im gleichen Augenblick muß sie machtvoll einsetzen: *Weiche, Wotan, weiche!*

An dieser kleinen Geschichte kann man das Wesen des Wortspiels klarlegen. Jedes Wortspiel beruht auf Klangverwandtschaft: zwei verschiedene Begriffe werden durch zwei Worte gleichen oder ähnlichen Klanges bezeichnet. Das Wortspiel benutzt diese Lautähnlichkeit, um im Feuer des Gleichklanges starre Gegensätze überraschend zu verschmelzen. In unserer Geschichte sind es die beiden Begriffe *weichen* im Sinne von *zurückgehen* und *weich* im Gegensatz zu *hart;* der eine Klang *weich* ist doppelsinnig und bezeichnet beide Begriffe. Der herbe Gegensatz zwischen dem feierlichen Zuruf Erdas und ihrer Vorliebe für weiche Eier ruft die heitere Wirkung hervor.

Aus der Geschichte des Wortspiels

Das Wortspiel ist so alt wie die Menschheit. Bei Homer nennt Odysseus sich *Utis (Niemand)* und täuscht mit Wortspielen über diesen Namen den Polyphem. Penelope träumt von den zwei Pforten des Traumreichs; die täuschende Pforte ist aus Elfenbein (ἐλέφας), weil ἐλεφαίρεσθαι täuschen heißt. Bei Heraklit finden wir schon die ersten Wortspielrätsel: *Was ist das? Haben wir's, so haben wir's nicht mehr und haben wir's nicht, so haben wir's noch immer.* Die Antwort heißt: *Läuse.* Das Wortspiel beruht auf dem Doppelsinn von *haben.*

Die Sophisten lebten zum guten Teil von Wortspielen; Platon hatte eine unglückliche Neigung für dies Kunstmittel; Aristoteles hat sie zustimmend besprochen; Cicero war wegen seiner Wortwitze berüchtigt, und vollends in der spätantiken Literatur gehört das Wortspiel zum Handwerkszeug des Schriftstellers. Wortspiele finden wir in der Bibel wie in der Edda, in den Heldensagen des Orients wie in dem Lied der Nibelungen. Das berühmte Wort Jesu zu Petrus (Petrus heißt deutsch: Fels): *Du heißt Fels und auf solchen Felsen will ich meine Kirche bauen* ist ein Wortspiel. Die Bücher der Kirchenväter – geschrieben unter dem Einfluß der spätantiken Rhetorik – wimmeln von Wortspielen, so bei Tertullian: *est enim severitas quasi saeva veritas (Strenge ist gleichsam beißende Wahrheit).*

Luther liebte das Wortspiel ebenso wie Melanchthon, aber kräftiger fielen die Wortspiele Luthers aus, der die päpstlichen Dekrete hartnäckig *Dreckete* nennt. Reformation und Gegenreformation waren überhaupt eine Glanzzeit des Wortspiels, denn jeder Kampfstil neigt zum Wortspiel. Johannes Fischart bildete den *Schandvokaten* und die *Jesuwider.* Der Wiener Prediger Abraham a Santa Clara – Schillers Vorbild für die Kapuzinerpredigt im «Wallenstein» – überschüttet seine Zuhörer mit Wortspielen.

Ein König des Wortspiels war Shakespeare. Nicht nur in seinen Lustspielen: auch Hamlets erste Worte sind zwei Wortwitze. Auf dem Schlachtfelde zu Azincourt in «Heinrich IV.» fallen fast ebenso viele Wortspiele wie Schwertstreiche. Shakespeare beherrschte alle Tonarten des Wortspiels, von den billigsten Wortverdrehungen seiner Narren bis zu dem kunstvollen Vers Heißsprons:

> «We must have bloody noses and crack'd crowns
> And pass them current too.»
> (Nun jetzo muß es blutige Nasen geben,
> zerbrochene Kronen, die wir doch im Handel
> für volle anbringen.)

Crowns bedeutet hier Köpfe, Kronen und Münzen. Mercutio verspricht noch im Sterben, die Freunde würden ihn morgen als *a grae man* – einen

ernsten Mann und einen Mann des Grabes – finden. Das Englische ist
reich an Gleichklangwörtern; die Wortspiele ergeben sich fast von selbst.
Shakespeare liebte auch – ein Sohn seiner Zeit – eine Art von Späßen, für
die sich das Wortspiel besonders eignet: die unanständigen Wortwitze aus
dem Gebiet der Erotik. Von der ersten Szene des «Ende gut, alles gut»
bis zum Schlußvers des «Kaufmanns von Venedig» zieht sich eine bunte
Kette solcher Witze. Sie sind selbst in «Romeo und Julia» – so am Anfang
des zweiten Aktes – zu finden. Schlegel hat sie bei der Übersetzung teils
verharmlost, teils weggelassen.

Mit dem Ausklang des Barock verebbte der Strom der Wortspiele,
ohne aber zu versiegen. Lessing erklärte: «Was ist pöbelhafter als Wortspiele», doch hinderte ihn das nicht, ein Reihe vortrefflicher Wortspiele
zu machen. Bei Goethe und Schiller sind sie selten. Die Romantiker
schwelgten im Wortspiel, namentlich Brentano. Uhland hat in seiner politischen Legende gelegentlich die Ursprungsbedeutung eines Wortstammes ausgespielt:

> «Den wird man für erlaucht erkennen,
> der von dem Recht erleuchtet ist,
> den wird man einen Ritter nennen,
> der nie sein Ritterwort vergißt,
> den Geistlichen wird man verehren,
> in dem sich regt der freie Geist,
> der wird als Bürger sich bewähren,
> der seine Burg zu schirmen weiß.»

Der größte Wortspieler unserer Sprache war Nietzsche. Seinem Spieler-
glück verdankt unsere Sprache viele funkelnde Wendungen, aber auch
manch vortrefflicher Gedanke ist in seiner Wortspielhölle zugrunde gegangen. Nicht unverdient hat man ihn den *Poeta kalaureatus* genannt.

Arten des Wortspiels

Ursprünglich ist das Wortspiel sicherlich aus dem Wortaberglauben entstanden: in den Köpfen urtümlicher Völker hingen Wort und Sache eng
zusammen. Wenn man das Wort nannte, beschwor man die Sache. Das
Wortspiel war ein Mittel, verborgene Wahrheiten zu finden. Noch Jean
Paul erklärt, bei Gleichheit des Widerhalls sei einige Ähnlichkeit der Sachen zu erwarten, denn in der Ursprache sei der Klang des Zeichens stets
der Nachhall der Sache gewesen. Erst allmählich merkte man, daß die
Klangverwandtschaft ganz andere Möglichkeiten bot, Möglichkeiten aus
dem Reich der Komik: aus dem Wortspiel entwickelte sich der Wortwitz.

Einzelne Gelehrte haben sehr kunstvoll verschiedene Arten von Wortspielen unterschieden: Witzwort und Wortwitz, Sinnspiel und Klang-

spiel. Aber keine dieser Einteilungen hat praktische Bedeutung erlangt.
Die äußere Mechanik des Wortspiels wird am durchsichtigsten, wenn
man lediglich unterscheidet:

Wortspiele, die von dem Doppelsinn eines Wortes, also von dem
Gleichklang zweier Bezeichnungen ausgehen (Doppelsinn-Wortspiel).

Wortspiele, die auf dem ähnlichen Klang zweier Worte beruhen (Ähnlichkeits-Wortspiel).

Wortspiele, bei denen nur ein Teil eines Wortes einem anderen ähnlich
ist und bei denen Worte umgeformt werden (Wortumformungen).

Wortspiele, bei denen die Klangähnlichkeit durch Satzumdrehungen
erzielt wird (Satzumdrehungen).

Doppelsinnwortspiele

Die Doppelsinnwortspiele sind am schlagendsten, wenn das doppelsinnige Wort so in einen Satz eingesetzt wird, daß seine beiden Bedeutungen einen Sinn ergeben:

«Als Pythagoras seinen berühmten Lehrsatz gefunden hatte, opferte er
den Göttern eine Hekatombe Ochsen. Seitdem zittern alle Ochsen, so oft
eine neue Wahrheit entdeckt wird.» (Ludwig Börne)

«Falstaff: Ich will Euch sagen, was mir vorschwebt ...
Percy: Ein Wanst von 100 Pfund, Sir John.» (Shakespeare)

«Viel Ehre will ich nicht, noch große Schätze, aber schlecht schläft es
sich ohne einen guten Namen und einen kleinen Schatz.» (Nietzsche)

Diese drei Wortspiele beruhen auf dem Doppelsinn von *Ochsen, vorschweben* und *Schatz*.

In der Polemik sind Wortspiele als billiges Kampfmittel überhaupt
häufig. Als 1848 der hessische Minister Hassenpflug viel umkämpft war,
schrieb Glaßbrenner: «Hassenpflug bildet geradezu den Knotenpunkt
der deutschen Verwicklungen. Wann wird man sich entschließen, diesen
Knoten entweder gewaltsam zu durchhauen oder friedlich aufzuknüpfen?»

Reich an Doppelsinnwortspielen sind Scherze des Volksmunds: *Warum
muß der Meyer sitzen? Weil er gestanden hat,* oder: *Was haben Kuß und Schiefertafel gemeinsam? Kleine Mädchen rechnen darauf.*

Auch den scherzhaften Berufsbezeichnungen des Volksmundes
liegt der Doppelsinn eines Wortes zugrunde, so wenn man den Zahlmeister einen *Scheinwerfer,* den Schutzmann ein *Abführmittel,* den
Packträger einen *Tragiker* und den Scharfrichter einen *Hauptkassierer*
nennt.

Manches Doppelsinnwortspiel ist so künstlich, daß man es leicht überliest; in dem Satz Nietzsches: «Was einst Geheimnis hieß, heute gehört es den Gassentrompetern und anderen Schmetterlingen» werden viele den Doppelsinn von *Schmetterlingen* nicht beachten.

Ähnlichkeitswortspiele

All diese Wortspiele beruhten darauf, daß ein Wort zwei Begriffe bezeichnet. Noch zahlreicher sind Wortspielereien, denen nur die Klangähnlichkeit zweier Wörter zugrunde liegt:

«Über diese alle blicke ich hinweg, wie ein Hund über den Rücken wimmelnder Schafherden wegblickt. Es sind kleine wohlwollige, wohlwillige graue Leute.» (Nietzsche)

«Wer alles unter den Menschen begreifen wollte, der müßte alles angreifen. Aber dazu habe ich zu reinliche Hände.» (Nietzsche)

Bis zum Überdruß hat Nietzsche klangverwandte Wörter nebeneinandergestellt, oft auch der Klangverwandtschaft durch Neubildungen nachhelfend: *weitsichtige, weitsüchtige Augen – Narrenzierrat, Narrenschmierrat – Dunkler und Munkler* und so fort. Nietzsche vermochte kein Wortspiel zu unterdrücken; selbst wenn er das Zweifelhafte und Widerwärtige dieser Technik bemerkt, macht er abermals ein Wortspiel daraus: «Hörst du nicht, wie der Geist hier zum Wortspiel wurde? Widriges Wortspülicht bricht er heraus.»

Auch bei den Wortspielen, die auf Klangähnlichkeit beruhen, wirken die am meisten, welche die ähnlich klingenden Begriffe scharf gegeneinanderstellen. Als 1870 die lange Dauer des Konzils über das Unfehlbarkeitsdogma die päpstliche Kasse zu erschöpfen drohte, sagte der witzige Papst Pius IX.: «Questi infallibilisti mi faranno ancora fallire.» (Diese Unfehlbarkeitsleute werden mich noch bankerott machen.) Das Wortspiel *infallibilisti – fallire* ist unübersetzbar.

Wortumformungen

Oft besteht Klangverwandtschaft nicht zwischen zwei ganzen Wörtern, sondern nur zwischen Wortteilen. Dann muß man Wörter umformen, um zu einem Wortspiel zu kommen. Man kann hierfür Wörter zerlegen oder verschmelzen oder Teile auswechseln.

Ein Beispiel einer Wortzerlegung ist das lateinische Wortspiel: «studiosus sine studio sus est.» (Ein Student ohne Studium ist keiner.)

Wortverschmelzungen erfolgen, wenn zwei Wörter eine Silbe gemeinsam haben. Aus Journalist und Kanaille bildet Eugen Dühring die *Journaille,* aus Aufklärung und Kehricht den *Aufkläricht.* Aus solchen Verschmelzungen entstanden auch der *Halbweltschmerz* bestimmter Literaten, die *Kanniballadiker* (Münchhausen), das *Diletalent* (Morgenstern) und der Spitzname jener dicken Wiener Schauspielerin, die man die

Obers-Schaumgeborene nannte. Heine sprach, als der ehemalige Revolutionär Dingelstedt Hofrat wurde, von seiner *Verhofräterei*, und versicherte, daß Rothschild ihn *famillionär* behandelt habe.

Auch die berühmtesten Wortspiele Nietzsches sind Wortumformungen. Er liebte es, in zusammengesetzten Worten den einen Teil durch sein Gegenteil zu ersetzen und so ein neues Wort zu bilden:

«Du legtest dein höchstes Ziel diesen Leidenschaften ans Herz; da wurden sie deine Tugenden und Freundschaften.»

«Vertriebene sollt ihr sein aus allen Vater- und Urvaterländern! Euer Kinderland sollt ihr lieben – das unentdeckte im fernsten Meer.»

Ähnlich spricht er von *Trauerspielen und Trauerernsten*, von *Tunichtguten und Tunichtbösen*, von *nicht neugierig und nicht altgierig* und so fort.

Zur Gruppe der Wortumformungen gehören auch die meisten Namenswitze. Keller nennt in einem Briefe Varnhagen von Ense *Harnwagen von Ense;* die Hessen machten aus ihrem Minister Hassenpflug einen *Hessenfluch,* und als der junge Otto von Wittelsbach König von Griechenland wurde, sagte man *Bisher standen die Griechen unter den Ottomanen, jetzt stehen sie unter dem Ottokinde.*

Satzumdrehungen

Die vierte Gruppe der Wortspiele sind die Satzumdrehungen:

«Nicht jedermann ist glücklich, der sich für weise hält, aber jedermann ist weise, der sich für glücklich hält.»

«Wedekind hat die fatale Neigung, gewisse Parallelen zwischen sich und Christus – nicht zu ziehen, aber anzudeuten, daß man allmählich die fatale Neigung verspürt, ihm 25 Parallelen nicht anzudeuten, sondern zu ziehen.» (Hofmiller)

Oder das Tischgebet eines Pastors, der nach einem üppigen Hochzeitsessen betet: *Unser heutiges Brot gib uns täglich.*

Viele ähnliche Wortspiele stehen bei Shakespeare; zum Beispiel *How much better is it to weep at joy than to joy at weeping. (Wieviel besser ist es, über die Freude zu weinen als sich über das Weinen zu freuen.)*

Wortspielqualitäten

Wovon hängt das Gelingen eines Wortspiels ab? Wann wirkt es geglückt und erheiternd?

Wenn jemand fragt: *Warum legt man um die Kiefern Ringe?*, und die Antwort lautet: *Damit man Ober- und Unterkiefer unterscheiden kann* – solch ein Wortspiel wird selbst dem wohlwollenden Zuhörer kein Lächeln ablocken. Oder wenn derselbe Mann erzählt, in einem Eilzug hätte jemand eine Prügelei angefangen und sich darauf berufen, daß ihm der Schaffner eine Zuschlagskarte verkauft habe, so wird man ihm erklären, solche Witze seien nicht nur *Kalauer*, sondern – *Kaheißer*.

Kalauer nennt man schlechte Wortwitze; das Wort kommt nicht von der Stadt Kalau, sondern vielleicht von dem französischen *calembour* (Wortspiel), das vielleicht mit den witzigen Predigten des Pfaffen von Kalenberg zusammenhängt. Bei manchen Menschen ist der Kalauer unbezähmbare Gewohnheit. Man erzählt von einem Vater, der seinen Sohn ersuchte, ihm keinen Kalauer mehr zu erzählen, worauf der Sohn gekränkt antwortete: *Nie wieder sollst du von mir einen Kalauer hören, und wenn du lauerst, bis du kahl wirst.*

Die Theoretiker und Propheten des Wortspiels haben gepredigt: ein Wortspiel ist geglückt, wenn die Klangverwandtschaft der beiden Begriffe eng und der inhaltliche Gegensatz groß ist. Aber diese Hoffnung ist eitel. Ein Wortspiel ist gut, wenn der Satz auch ohne das Wortspiel einen guten Sinn ergibt. Er muß richtig und neu sein. Ist er gekünstelt oder banal, so wird das Wortspiel zum Kalauer. Es geht mit dem Wortspiel wie mit dem Reim: wenn das Reimwort nur des Reimes wegen dasteht, ist der Vers verloren. Auch ein wortspielender Satz wirkt kläglich, wenn er nur des Wortspiels wegen geschrieben wurde. Die gewerbsmäßigen Wortspieler glauben, ein Wortspiel mache selbst einen schwachen Satz gut. Das Gegenteil ist richtig: ein Satz muß einen sehr gediegenen Inhalt besitzen, damit er ein Wortspiel tragen kann.

Gekünstelt sind viele Wortspiele Jean Pauls:

«Das Kindbett hatte man ins ritterschaftliche Territorium geschoben, weil es einen Sohn geben konnte, den man durch die Bettstelle der Bettstelle den landesherrlichen Händen entzog.»

«Wir Deutsche gingen überall leicht mit der Zeit, die uns denn auch immer mitnahm.»

Gehäufte Wortspiele sind stets gekünstelt und widerwärtig. Ein sonst so feiner Prosaschreiber wie der Verfasser der «Briefe eines Unbekannten», Alexander von Villers, läßt den Satz durch:

«Daß ein Mann von Aktion, wie Sie, unter Akten aufgewachsen, in jedem Schauspielakte seines Lebens, dort bei Aktienunternehmungen auch noch Sinn für Aktium bewahrte, läßt mich vermuten, daß zwischen den Wurzeln unseres Wesens und denen der Sprache eine geheime Wechselwirkung bestehen möge, und bei Ihrer eingestandenen Liebe für Frauen würde ich für Sie das Schicksal des Aktäon befürchten, hätte ein solches Schicksal heute noch eine Aktualität.»

Der gute Wortwitz und der gute Reim stehen da, wie wenn sie sich zufällig ergeben hätten. Tausendmal hat man Schleiermachers Wortspiel zitiert: «Eifersucht ist eine Leidenschaft, die mit Eifer sucht, was Leiden schafft.» Warum gilt dieser Satz als das Muster eines Wortspiels? Weil ein ganz ungekünstelter, sachlich zutreffender Satz, der einen allgemein bekannten Tatbestand in neuer Beleuchtung zeigt, weil ein solcher Satz hier gleichsam von selbst zwei Wortspiele mitbringt. Oder wenn Johannes Müller sagt: «Man soll niemandem etwas nachtragen, wir haben alle schon genug zu schleppen», so erhält ein sachlicher Ratschlag einen besonderen Nachdruck durch ein ungezwungenes Wortspiel, das sich aus dem Wurzelsinn des Wortes *nachtragen* ergibt. Wenn man von einer gewissen Spielart der Psychoanalyse gesagt hat: *Ein guter Psychiater ist ohne weiteres imstande, dich in seine Lage zu versetzen,* so wirkt das Wortspiel erheiternd, weil der Satz an sich sinnvoll ist und das Wortspiel daher wie eine zufällige Fügung wirkt.

Wenn Friedrich List einmal von dem *bodenlosen Kosmopolitismus* der Freihändler spricht, so wirkt das kleine Wortspiel gerade wegen seiner Anspruchslosigkeit erheiternd. Anspruchsvolle Wortspiele ergötzen meist den Verfasser mehr als den Zuhörer. Spontini rief auf dem Sterbebett immer wieder aus, er wolle nicht sterben. Schließlich sagte ihm Berlioz: «Sie können ja nicht sterben, Meister, Sie sind unsterblich», worauf Spontini nur wütend ausrief: «Lassen Sie doch die dummen Scherze!»

Überraschung und Paradox

> Der Weg des Paradoxes ist der Weg zur Wahrheit.
> Um die Wirklichkeit zu prüfen, muß man sie auf
> dem Seil tanzen lassen. Wenn Wahrheiten zu Akrobaten werden, kann man sie beurteilen.
>
> *Oscar Wilde*

Überraschung

Lesen ist eine einseitige, oft ermüdende Beschäftigung. Jede Unterbrechung des gewohnten Gleichschritts, wenn sie nicht sinnlos ist, wirkt erquickend. Gelingt es, einen richtigen Gedanken überraschend auszudrücken, so ist der Leser dankbar.

Eine einfache Art der Überraschung ist die kühne Verdrehung eines Sprichwortes, eines Zitates oder einer gewohnten Redensart:

«Selbsterkenntnis ist der erste Schritt zur Verstellung.»

«Wer andern keine Grube gräbt, fällt selbst hinein.»

«Es kommt gewiß nicht nur auf das Äußere einer Frau an. Auch die Dessous sind wichtig.»

«Edel sei der Mensch – aber er hat zu tun.» (Richard Schaukal)

Nietzsche hat dies Stilmittel hundertmal angewandt:

«So wir nicht umkehren und werden wie die Kühe, so kommen wir nicht in das Himmelreich.»

«Man muß aufhören sich essen zu lassen, wenn man am besten schmeckt, das wissen die, welche lang geliebt werden wollen.»

«Ach, es gibt so viel Dinge zwischen Himmel und Erde, von denen sich nur die Dichter etwas haben träumen lassen!»

Wie wirkungsvoll ist es, einen gewohnten Satz in das gerade Gegenteil zu verdrehen:

«Alles Unvergängliche, das ist nur ein Gleichnis.»

Nietzsche liebte auch eine andere Form der Überraschung, die man die Vorgebirgsform seiner Sätze genannt hat: der Satz beginnt harmlos, dann kommt Nietzsches Lieblingszeichen, der Gedankenstrich – und nun ganz knapp eine möglichst ketzerische Behauptung, die der harmlose Anfang vorbereitet hat.

«Mein Ehrgeiz ist, in zehn Sätzen zu sagen, was jeder andere in einem Buch sagt – was jeder andere in einem Buche *nicht* sagt.»

«Es ist eine Feinheit, daß Gott Griechisch lernte, als er Schriftsteller werden wollte – und daß er es nicht besser lernte.»

Eine andere Art der Überraschung erzielt man, wenn ein Satz im weiteren Verlaufe einen ganz anderen Sinn erhält, als er ihn zunächst zu haben schien: «Meinen Unwillen über des Mannes Unverschämtheit kann ich hier kaum zurückhalten: sagt der Nachbar von meinem Ungenannten. Behüte Gott, daß meine Leser glaubten, ich wäre imstande, so etwas von meinem Nachbarn zu sagen!» (Lessing)

Man glaubt zunächst und sollte glauben, daß Lessing selbst seinen Unwillen nicht mehr bezähmen könne. Erst mit dem folgenden Satz merkt man, daß der Satz ein Zitat aus der Abhandlung des Gegners war.

Auch ein Vergleich kann überraschend sein. In einem französischen Roman sagt ein Bankier: *Kleines, du siehst so traurig aus wie ein ungedeckter Scheck.* Der Vergleich prägt sich ein, weil er verblüfft. *Taktlos wie ein Erlöser – Sentimental wie ein Gassenhauer – Illusionslos wie eine Versicherungsanstalt:* solche überraschenden Vergleiche wirken stets erheiternd.

Paradox

Ein Sonderfall der Überraschung ist das Paradox. Paradox nennen wir Sätze, die das genaue Gegenteil einer allgemein verbreiteten Überzeugung behaupten: «An einer Theorie ist es wahrhaftig nicht ihr geringster Reiz, daß sie widerlegbar ist: gerade damit zieht sie feinere Köpfe an.» (Nietzsche)

Der Zweck der paradoxen Formulierung ist zunächst, einen Gedanken besonders zugespitzt auszudrücken, indem man ihn scharf von der üblichen Ansicht abhebt. Darüber hinaus will aber das Paradoxon den Leser verblüffen, ja verärgern, um so einen nachhaltigen Eindruck zu machen. Was den Leser verblüfft, imponiert ihm. Der Meister in dieser Kunst war Oscar Wilde. Viele seiner Paradoxe sind offenbar nur geprägt, um den Leser vor den Kopf zu stoßen. «Das Leben ist zu wichtig, um darüber ernsthaft zu sprechen.» «Die Voraussetzung der Vollkommenheit ist der Müßiggang. Das Ziel der Vollkommenheit ist die Jugend.» «Die erste Pflicht des Lebens ist, so künstlich als möglich zu sein. Die zweite Pflicht ist noch nicht entdeckt.» Auch die kühne Versicherung Wildes, das Paradox sei der Weg zur Wahrheit, gehört in diese Gruppe.

Das Paradox gehört in das Reich des spielenden Geistes. Wie der Kalauer ein Wortspiel, so ist das Paradox ein Gedankenspiel. Der Autor, müde der gleichmäßigen Gedankenform, wirft die Fesseln ab, in die ihn sein eigenes System zu schlagen droht.

Häufig beruht das Paradox darauf, daß es ein Urteil, das in einigen Fällen zutrifft, zum allgemeingültigen machen will:

«Der Unterschied zwischen einem Heiligen und einem Sünder ist der, daß jeder Heilige eine Vergangenheit und jeder Sünder eine Zukunft hat.» (Wilde)

«Moralität ist eine Pose: wir wenden sie gegen Leute an, die uns unangenehm sind.» (Wilde)

Die besten Paradoxe sind jene, die uns beim ersten Lesen zum Kopfschütteln, beim zweiten zur Zustimmung zwingen. Bei ihnen ist mehr die Formulierung paradox als der Gedanke:

«Wer sein Leben gewinnt, der wird es verlieren, und wer sein Leben verliert um meinetwillen, der wird es gewinnen.» (Matthäusevangelium)

«Der Dichter ist der absichtliche Darsteller des Unwillkürlichen.» (Richard Wagner)

«Le cœur a ses raisons que la raison ne connaît pas.» (Das Herz hat seine Gründe, die der Verstand nicht kennt.) (Blaise Pascal)

«Solange wir uns selbst suchen, werden wir uns nie finden. Ein Mensch kommt nur dadurch zu sich selbst, daß er von sich selbst loskommt.» (Johannes Müller)

Ironie

> Ich gelte überall für einen Meister der Ironie. Aber
> auf den Gedanken, eine Freiheitsstatue im Hafen von
> New York zu errichten, wäre selbst ich nicht gekom-
> men.
>
> *Bernard Shaw*

Ironie nennen wir die Redeform, mit der wir das Gegenteil dessen sagen, was wir meinen. Sie ist eine Lieblingsfigur aller Streit- und Schimpf-schriften: sie greift einen Gegner an, indem sie ihn und seine Welt schein-bar lobt oder wenigstens gelten läßt, aber der Leser merkt, daß sie diese Welt in Wahrheit verachtet oder verlacht.

Allmähliche Ironie

Es gibt viele Formen der Ironie. Die einfachste ist das ironische Wertur-teil: wir nennen einen Mann tapfer, den wir für feige halten. Diese Art von Ironie kann so unmerklich beigemischt werden, daß der Spott erst allmählich durch die rühmenden Worte hindurchschimmert. Das be-kannteste Beispiel solcher allmählichen Ironie ist des Antonius Grabrede in Shakespeares «Julius Cäsar». Antonius schildert erst ausführlich, wie gütig und uneigennützig Cäsar war; nur beiläufig erwähnt er seine Mör-der mit den immer wiederkehrenden Versen:

> «Doch Brutus sagt, daß er voll Herrschsucht war,
> und Brutus ist ein ehrenwerter Mann.
> Das sind sie alle, alle ehrenwert.»

Zoll für Zoll schiebt er dann seinen Angriff gegen Brutus vor, bis schließlich der Haß der Volksmenge über Cäsars Mörder zusammen-schlägt.

Lessing gibt in der Besprechung von Wielands Trauerspiel «Lady Jo-hanna Gray» ein heiteres Beispiel einer sich allmählich entschleiernden Ironie. Lessing sagt zunächst:

«Das Trauerspiel des Herrn Wieland muß ein vortreffliches Stück sein; und davon überzeugt mich ein ganz besonderer Umstand. Dieser nämlich: ich finde, daß die deutsche Johanna Gray in ihrem wahren Vaterlande bekannt geworden ist und da einen englischen Dichter ge-reizt hat, sie zu plündern, sie recht augenscheinlich zu plündern. Die englischen Highwaymen aber berauben, wie bekannt, nur lauter *reiche* Beute.»

Sodann führt er mehrere Verse Wielands an und fügt die Übersetzung des Engländers hinzu, der «Herr Wielanden in der Wahl der edelsten und stärksten Ausdrücke fast erreicht hat». Erst in dem folgenden Literaturbrief geht es weiter:

«So? Vermuten Sie, daß hinter meinem Engländer, der den Herrn Wieland soll ausgeschrieben haben, eine kleine Bosheit stecke? Sie meinen doch wohl nicht, daß ich die englischen Verse selbst gemacht habe? Allzu viel Ehre für mich! Nein, nein; mein Engländer existiert und heißt – Nicholas Rowe. Was kann Herr Wieland dafür, daß Nicholas Rowe schon vor vierzig und mehr Jahren gestorben ist?

Aber Scherz beiseite! Es sei fern von mir, dem Herrn Wieland ein Verbrechen daraus zu machen, daß er bei seinem Stücke einen der größten englischen Dichter vor Augen gehabt habe. Mich befremdet weiter nichts dabei als das tote Stillschweigen, welches er wegen dieser seiner Nachahmung beobachtet. Und wenn er dem Rowe nur noch bloße einzelne Stellen zu danken hätte! Allein so hat er ihm auch den ganzen Plan zu danken, und ich kann ohne die geringste Übertreibung behaupten, daß fast keine einzige Situation sein eigen ist.»

Bismarcks Ironie

Bismarck verstand es, ironische Bemerkungen anderer mit gesteigerter Ironie abzufertigen:

«Der Abgeordnete von Mansfeld hat gestern eine meiner Bemerkungen mit besonderer Emphase mit dem Epitheton ‹scharfsinnig› belegt. Ich habe zu viel Hochachtung vor diesem Mitgliede, als daß ich glauben möchte, er habe damit ein Argument anwenden wollen, welches in den Kathederzänkereien der letzten drei Jahrhunderte von gereizten Professoren vollständig abgenutzt worden ist, nämlich Behauptungen, welche man nicht widerlegen kann, damit abzufertigen, daß man ironisch sagt, ‹sehr scharfsinnig, sehr geistreich›, wie wir das denn auch heute wieder gehört haben. Ich muß also annehmen, daß der verehrte Abgeordnete mir ein aufrichtiges Lob hat erteilen wollen. Ich nehme es für bare Münze und statte deshalb dem verehrten Abgeordneten meinen Dank dafür ab, mit dem Versprechen der Erwiderung, indem ich meinesteils nicht verfehlen werde, es öffentlich anzuerkennen, wenn er mir zu ähnlichem Lobe Veranlassung geben wird?»

Die Ironie ist eine gefährliche Waffe, weil sie eine vergiftete Waffe ist. Die Maske, die der Angreifer sich vorbindet, erbittert den andern viel mehr als ein offener Hieb; die Menschen ertragen Beschimpfung und Drohung eher als Spott und Ironie. Deshalb soll man gegen Untergebene und Kinder nie ironisch werden.

Ironische Geschichtsschreibung

Das Hauptgebiet der Ironie ist die Streitschrift, aber wir finden sie auch in der Geschichtsschreibung, Abhandlung und Erzählung. Schopenhauer hat gesagt, der natürliche Stil der Geschichtsschreibung sei der ironische. Er sah in der Geschichte nur eine Wiederholung der gleichen Torheiten und Schlechtigkeiten und wünschte sich daher einen Geschichtsschreiber, der durch ironische Behandlung von seinem Stoffe Abstand hielte. Der Geschichtsschreiber solle so tun, wie wenn er die angeblich edlen Beweggründe der Menschen und ihre immer erneuten fruchtlosen Bemühungen völlig ernstnähme, sollte aber dabei die Nichtigkeit des ganzen irdischen Treibens durchblicken lassen. Geschichte in diesem Sinne ist nie geschrieben worden. Der einzige, der ein wenig von diesem Stil hat, ist Tacitus. So beginnt das dritte Kapitel der «Annalen», das von der Zeit des Tiberius handelt:

«Im Innern herrschte Frieden; die Namen der Behörden waren die gleichen. Die Jüngeren waren nach dem Sieg von Aktium, ja selbst die meisten Greise erst in der Zeit der Bürgerkriege geboren; wie wenige lebten noch, die die Zeit der Republik kannten.»

Der Sinn dieser Sätze ist bitter ironisch: der zweite Halbsatz bildet die Begründung des ersten; das Bindewort *denn* läßt Tacitus weg, wie er überhaupt seine Sätze stets wie Steinquader aufeinandertürmt. In Wahrheit will Tacitus sagen, daß Tiberius jede Freiheit unterdrückte und daß sich die Römer die Knechtschaft gefallen ließen, weil die meisten die Zeit der Freiheit nicht mehr gekannt haben. Tacitus mußte sich der Ironie bedienen, weil er nicht frei schreiben durfte.

Der Erzähler gerät oft in eine leichte Ironie, wenn er sich von seinen Figuren distanzieren will. Raabe hat die Ironie geliebt; sie entsprach seiner Neigung, die Geschöpfe seiner Phantasie wie Figuren eines Puppentheaters anzusehen, über die sich der Puppenspieler nach Belieben lustigmachen kann.

Die berühmteste ironische Erzählung ist Voltaires «Candide». Mit dieser Geschichte wollte Voltaire die Ansicht verspotten, daß diese Welt die beste aller möglichen Welten sei. Er läßt den armen Candide die traurigsten Schicksale erleben, aber aus jedem Erlebnis zieht er den überraschenden Schluß, daß es ihm eigentlich recht gut ergangen sei.

Das Italien der Philister

Am kunstvollsten wird die Ironie, wenn sie dem Gegner Worte in den Mund legt, die er nicht ausgesprochen hat, die er aber ausgesprochen haben könnte, wenn man seine Ansichten ein wenig übersteigert. In seinem Buch über Italien warnt Viktor Hehn in einem Kapitel «Ratschläge, die nicht im Baedeker stehen», alle diejenigen vor einer Italienreise, die nicht nach Italien gehören. Er beschreibt Italien so, wie es die Philister sehen:

«Sollte ich nun allen diesen und auch den anderen, behaglichen Eheleuten, die sich etwas zugute tun können, Rittergutsbesitzern im Moment, wo keine dringende Arbeit vorliegt, Kaufleute in der Zwischenzeit, wo der Handel ruht, Rentiers, die die lange Weile plagt, Ratschläge mit auf den Weg geben, so wäre der erste gleich sonderbar genug – er lautet: Geht nicht über die Alpen, nicht ans Mittelländische Meer, nicht ins Zitronenland! Es ist nicht so schön, wie ihr denkt, ihr werdet nicht finden, was ihr suchet!...

Dem Deutschen ist es Bedürfnis, wie er als Jüngling geturnt hat, so auch als Mann die Muskeln zu regen und die Sehnen zu spannen, Kegel zu schieben, zu heben und zu werfen, zu steigen und zu reiten, vor allem aber zu Fuß zu wandern, meilenweit, bis zur Ermüdung. Wo aber ließe sich diese Lust schöner befriedigen, als auf den deutschen, immer abwechselnden Berg- und Waldwegen? Überall winken da an passenden Punkten Wirtshäuser zu willkommener Ruhe, manche schon prächtig und in modernem Stil aufgebaut, andere noch erwünscht bescheiden und reinlich. Und was die Hauptsache ist – nirgends fehlt das kühle, schäumende Lebenselixier, das deutsche Bier, das morgens genossen für den weiteren Weg stärkt, mittags fröhlich macht, abends bald alle Spuren der Anstrengung tilgt und wo und wann es auch sei, die Empfindung für Welt und Natur erhöht und belebt.

In Italien geht niemand zu Fuß und wer es dennoch unternimmt, wird verachtet oder verlacht: was hätte es auch für einen Zweck, auf staubiger Landstraße, an einförmigen Kulturen und den ewigen Bäumen und Bäumchen vorüber, Schritte zu machen und sich in Schweiß zu setzen? Auch erhabene Punkte besteigt niemand, es müßte denn sein, daß oben eine Kapelle mit einem wundertätigen Bilde stünde, dessen Gnadenwirkung den Betenden für die verhaßte Anstrengung entschädigt. Auch ländliche Schenken gibt es keine, denn alles drängt sich dort in Städten zusammen, und wo sich etwa eine findet, da führt der Herr Wirt nur sauren Wein, ein Nachtlager kann er nicht bieten und der Wanderer richte es nur ja so ein, daß er vor Einbruch der Dunkelheit eine größere Ortschaft und damit ein Obdach erreiche...

Tor, wer aus der Frische unserer Berge herabsteigt zu den schwülen Ebenen Italiens, im Wahne dort etwas ganz Besonderes oder etwas von gleichem Werte zu finden. Daß es auf der ganzen italienischen Halbinsel keine Natur noch Landschaft gebe, dafür haben ihre Bewohner seit Jahrhunderten gesorgt. Sie wohnten schon in Städten, als es in Deutschland nur noch Urwälder gab. Kein Wunder, daß dem Italiener die Wildnis widerwärtig, das Element feindlich, das von selbst Gewordene und Entsprossene entweder unverständlich und gleichgültig oder ein Vorwurf ist. Auch duldet er es nicht, wo er es trifft: kann er es nicht verwenden, umgestalten, so zerstört er es lieber. Bäume in Kultur, z. B. berupfte Maulbeerbäume oder hohle Oliven, sind ihm lieb, aber ein frei gewachsener Baum irgendwo, der den Ziegen zufällig entgangen ist, scheint ihm ein Fund, ein roher Stoff, ein vergessenes Überbleibsel, das er sich zunutze, eine Ungebühr, die er wieder gut macht: er fällt ihn oder schält ihn oder hackt ihm wenigstens die Äste ab. Begegnet er einer Quelle in den Bergen, die ungebunden über Felstrümmer forteilt, so macht ihn der Anblick unwillig: die Quelle ist vernachlässigt, weil sie nicht in Marmor gefaßt ist – natürlich mit der Inschrift dessen, der das Werk besorgt hat – oder nicht in dünne Strahlen zerlegt zur Bewässerung der Maispflanzung oder des Artischockengartens dient.»

So geht es noch lange weiter, und erst, nachdem er alle Leute und alle Vorwürfe abgefertigt hat, die Italien mit deutschen Maßstäben messen wollen, beginnt er endlich die Größe und Herrlichkeit des Landes zu schildern.

Görres' Proklamation Napoleons

Noch kühner wird die Ironie, wenn sie dem Gegner erfundene Worte geradezu in den Mund legt. Das berühmteste Beispiel ist die Proklamation Napoleons, die Görres 1814 verfaßte und die von vielen für echt gehalten wurde; in ihr heißt es:

«Ich Napoleon Bonaparte, einst Kaiser der Franzosen, jetzt in das Privatleben zurückgekehrt, will der Welt ein Zeugnis zurücklassen über meine Gesinnung und die Weise, wie ich gehandelt habe...

Gegen Teutschland hab ich vor allem zuerst den Blick gewendet. Ein Volk ohne Vaterland, eine Verfassung ohne Einheit, Fürsten ohne Charakter und Gesinnung, ein Adel ohne Stolz und Kraft, das alles mußte leichte Beute mir versprechen... Zwiespalt durfte ich nicht stiften unter ihnen, denn die Einigkeit war aus ihrer Mitte längst gewichen. Nur meine Netze durfte ich stellen, und sie liefen mir wie ein scheues Wild von selbst hinein.

Ihre feine Welt, die immer um französische Leichtigkeit gebuhlt, hat an dem Stachel meiner Rauheit so unermüdet ohne Unterlaß geleckt, und die Schärfe mit ihrem Schleim begossen, bis sie ihr als die glatteste Artigkeit erschien.

Wenn ich endlich einmal ihre süße, rosenrote Galle zum Überfließen aufgeregt, und sie sich zum Widerstand gegen mich erhoben, so war's ein Jammer anzusehen, wie die Gesellen sich ungelenk benahmen.»

Totale Ironie

Schriften, die von Anfang bis zum Ende ironisch sind, gibt es bei uns nicht viele. Eine der wenigen völlig ironischen Schriften ist die Abhandlung Oskar Panizzas «Psychopathia criminalis» (1898). Sie beweist mit den Fachausdrücken der Psychiatrie und mit eigener Rechtschreibung, daß alle Gegner der Monarchie geistesgestört seien. Ein harmloses Gemüt könnte die Beweisführung völlig ernstnehmen: «Das früheste System dieser Krankheit ist eine Änderung des Charakters. Es dürfte nun ein Leichtes sein, dieselbe bei unserer Kategorie von Kranken aufzufinden, da Leute, die dem Staat Opposition machen, immer einen anderen Charakter annehmen und meist schlechte Charaktere sind. Denn der menschliche Charakter, die menschliche Seele wird, immer ohne Fehler, ohne primäre Sünde, ohne Lust zum Bösen, zur Opposition geboren. Erst der Verkehr mit Angesteckten, mit Taugenichtsen, mit Frondörs, mit Linksliberalen, mit der Vorfrucht des Irrenhauses, bringt den Keim in die Herzen dieser jungen Leute, von denen vielleicht mancher ehemals in dem Verein christlicher junger Männer seinen Tee der Unschuld geschlürft hatte. Jetzt noch etwas oratorische Begabung, der flammende Blick einer zweifelhaften Schönen nach einer gelungenen Rede, eine Offenbachsche Operette, die revolutionären Klänge einer wüsten Richard Wagnerschen Musik, das häufige Studieren politischer Programme, der Besuch der Reichstagtribüne, wo man sieht, wie charakterlose, vaterlandslose Gesellen von der Opposition umringt und beglückwünscht werden, vielleicht noch der vom Erfolg begleitet gewesene Besuch eines Bordells – und die unheimliche Zerstörung in den höchsten Lebenszentren der psychischen Genese wächst und wächst – bis der Betroffene entweder als rotglühender Agitator, mit dem Hauch der Majestätsbeleidigung noch auf den Lippen, auf dem Schafott endet, oder den von der psychopathia criminalis Befallenen noch rechtzeitig eine gütige Landesirrenanstalt aufnimmt.»

Swift

Das erschütterndste Beispiel der Ironie ist jene berüchtigte Streitschrift Jonathan Swifts wider die Ausbeutung Irlands durch die Engländer: «Ein bescheidener Vorschlag, wie man die Kinder der Armen hindern kann, ihren Eltern oder dem Lande zur Last zu fallen, und wie sie vielmehr eine Wohltat für die Öffentlichkeit werden können.»

Swift, der Verfasser von «Gullivers Reisen», war irischer Geistlicher und einer der angesehensten Schriftsteller seiner Zeit. In dieser kleinen Abhandlung, die ihren sachlichen Ton Seite für Seite durchhält, erreicht die Ironie einen – freilich grausigen – Gipfel. Die wichtigsten Stellen lauten:

«Es ist ein melancholischer Anblick für alle, die in dieser großen Stadt umhergehen oder im Lande reisen, wenn sie die Gassen, Straßen und Türen der Hütten voller Bettlerinnen sehen, hinter denen sich drei, vier oder sechs Kinder drängen, die, alle in Lumpen, jeden Vorübergehenden um ein Almosen belästigen...

Ich denke, alle Parteien sind sich darüber einig, daß diese übertriebene Kinderzahl in den Armen oder auf dem Rücken oder an den Fersen ihrer Mütter und oft genug ihrer Väter bei dem gegenwärtigen, beklagenswerten Zustand des Königsreichs nur eine Plage mehr ist, und wer daher eine gute, billige und leichte Methode fände, diese Kinder zu nützlichen Gliedern des Staates zu machen, würde sich ein solches Verdienst um die Öffentlichkeit erwerben, daß man ihm als einem Retter der Nation eine Statue errichten müßte...

Die Frage ist also, wie diese Kinder aufgezogen und versorgt werden sollen, denn nach all den bisher vorgeschlagenen Methoden ist dies völlig unmöglich; wir können sie weder im Handwerk noch im Ackerbau verwenden; wir bauen weder Häuser (ich meine auf dem Lande) noch bebauen wir Felder; höchst selten können sie sich von dem sechsten Jahr durch Stehlen ihren Lebensunterhalt suchen, es sei denn, wo die Veranlagungen besonders günstig sind; ich gebe freilich zu, daß sie die Anfangsgründe weit früher lernen, doch können sie während dieser Zeit eigentlich nur erst als Novizen gelten...

Ich werde also jetzt demütig meine eigenen Gedanken darlegen, die, wie ich hoffe, nicht dem geringsten Einwand begegnen können. Mir ist von einem sehr unterrichteten Amerikaner meiner Bekanntschaft in London versichert worden, daß ein junges, gesundes, gutgenährtes Kind eine sehr wohlschmeckende, nahrhafte und bekömmliche Speise ist, einerlei, ob man es dämpft, brät, bäckt oder kocht, und ich zweifle nicht, daß es auch in einem Frikassee oder einem Ragout in gleicher Weise seinen Dienst tun wird.

Ich unterbreite also der öffentlichen Erwägung den Vorschlag, daß von den hundertzwanzigtausend Kindern zwanzigtausend für die Zucht zurückbehalten werden; von ihnen soll nur ein Viertel aus Knaben bestehen, was immerhin schon mehr ist, als wir bei Schafen, Hornvieh oder Schweinen erlauben; mein Grund ist der, daß diese Kinder selten die Frucht der Ehe sind, auf die unsere Wilden nicht viel Gewicht legen; und deshalb wird ein Knabe für vier Mädchen genügen. Die übrigen hunderttausend mögen nach ihrem ersten Lebensjahr im ganzen Königreich vornehmen und reichen Leuten zum Kauf angeboten werden: dabei mag man der Mutter raten, die Kinder im letzten Monat reichlich zu säugen, damit sie für eine gute Tafel prall und fett werden. Ein Kind wird bei

einer Freundesgesellschaft zwei Schüsseln abgeben, und wenn die Familie allein speist, so wird das Vorder- und Hinterviertel ganz ausreichen; mit ein wenig Pfeffer und Salz gewürzt, wird es gekocht noch am vierten Tag ganz ausgezeichnet schmecken, besonderes im Winter...
Ich gebe zu, daß diese Kinder als Nahrungsmittel etwas teuer kommen werden; aber eben deshalb werden sie sich sehr für den Großgrundbesitzer eignen; da die Gutsherrn bereits die meisten Eltern gefressen haben, so haben sie offenbar auch den nächsten Anspruch auf die Kinder...
Wer wirtschaftlich ist (und ich muß gestehen, die Zeiten drängen dazu), kann den Leichnam häuten; die Haut wird, kunstvoll gegerbt, wundervolle Damenhandschuhe und Sommerstiefel für elegante Herren ergeben...
Ich möchte, daß die Politiker, denen mein Vorschlag mißfällt und die vielleicht verwegen genug sind, eine Erwiderung zu versuchen, zunächst einmal die Eltern dieser Streblichen fragen, ob sie es nicht heute für ein großes Glück halten würden, wenn sie auf die beschriebene Weise im Alter von einem Jahr als Nahrungsmittel verkauft worden wären, so daß ihnen die ewige Straße des Elends erspart geblieben wäre, die sie seither durch die Unterdrückung der Gutsherren, durch die Unmöglichkeit, ohne Geld und Gewerbe Pacht zu zahlen, durch den Mangel an der alltäglichen Notdurft, ohne Haus und Kleider, die vor der Unbill des Wetters schützen könnten, und in der unvermeidlichen Aussicht, auf ewig ihrer Nachkommenschaft das gleiche oder auch noch größeres Elend zu vermachen, gezogen sind.
Ich versichere in der Aufrichtigkeit meines Herzens, daß ich nicht das geringste persönliche Interesse verfolge, wenn ich versuche, dieses notwendige Werk zu fördern, denn ich habe nichts weiter im Auge als das öffentliche Wohl meines Landes; ich will unsere Kinder versorgen, unseren Armen Erleichterung verschaffen und auch den Reichen ein wenig Vergnügen gönnen. Ich selbst habe keine Kinder, durch die ich auch nur einen Heller verdienen könnte. Mein Jüngster ist neun Jahre alt und meine Frau über die Zeit des Gebärens hinaus.»

Ironie als Grundhaltung

Für Swift, Hehn oder Görres war die Ironie ein Stilmittel neben anderen. Die deutsche Literatur besitzt aber einen Schriftsteller – und es ist einer ihrer größten –, dessen ganzes Werk von einer tiefsinnigen Ironie durchwaltet ist, einer sehr deutschen, sehr wunderlichen und sehr musikalischen Ironie, die zu definieren, zu rühmen und zu verdächtigen dieser Schriftsteller nie müde geworden ist, ein kunstreicher Orgelspieler der Stilkunst, der alle Register der deutschen Sprache gezogen und seinem erstaunten Instrument immer neue und verblüffende Tonabstufungen entlockt hat. Bewundernd und gelehrig lauschte Deutschland, und nichts gleicht dem erzieherischen Einfluß, den dieser oberste Zauberkünstler auf die deutsche Prosa ausgeübt hat – dergestalt, daß selbst seine gehässigsten Kritiker heute platterdings einen anderen Stil schreiben würden, wenn sie ihn nie gelesen hätten. Die Ironie dieses großen Meisters ist ein mit den Mitteln einer bewundernswerten und abgefeimten Sprachkunst unternommener und mit Anmut und Erfolg gekrönter Versuch, die behandelten Gegenstandes dem Leser lieb und verdächtig zu machen und in seltsamer Vermählung von reinlicher, wenn auch beschwerlicher Gewissenhaftigkeit mit beweglichem Advokatentum das schlichte Material unserer Sprache mit jener überaus deutschen Zwiespältigkeit zu erfüllen, die das ganze Innere des Autors durchsetzt und bereichert. Man kennt die Definition – um dem Künstler selbst das Wort zu geben –, die er von der Ironie – einem Begriff, den man ‹nicht weit genug fassen könne› – gegeben hat, wie etwa, daß sie einer delikaten Mittlerstellung zwischen Geist und Leben entsprungen sei, daß sie die Selbstvernichtung, ja der Selbstverrat des Geistes zugunsten des Lebens wäre, freilich dies nicht ganz ernst, nicht ganz unbedingt, vielmehr als ein erotisches Werben des Geistes um das Leben – ‹immer war Eros ein Ironiker› –, ja, daß es auch einen politischen Terminus für diesen Zusammenhang gebe, nämlich Konservatismus –, denn Konservatismus sei nichts anderes als die ‹erotische Ironie des Geistes›. Es steht zu vermuten, daß das Gefährliche und Doppelbödige dieser ganzen Haltung einem so luziden und durchdringenden Autor nicht verborgen bleiben konnte, und in der Tat hat er nicht versäumt, eine seiner Figuren darlegen zu lassen, daß die Ironie ein Sumpfgewächs sei, eine Liederlichkeit, eine unsaubere Liebelei mit dem Ungeist, ja dem Laster, und daß man sie nur dort gelten lassen dürfe, wo sie dem gesunden Sinn keinen Augenblick mißverständlich sei. ‹Aber eine Ironie›, läßt er sogleich den jungen Mann antworten, an den diese Denunziation gerichtet ist, ‹eine Ironie, die keinen Augenblick mißverständlich ist, was wäre denn das für Ironie, frage ich in Gottes Namen, wenn ich schon mitreden soll? Eine Trockenheit und Schulmeisterei wäre sie!›

Solche Trockenheit und Schulmeisterei zu meiden, das ist ein Bestreben, dem unser Autor ein Leben lang mit großer Umsicht und wechselndem Erfolg nachgegangen ist, ein schlau verschmitzter Hexenmeister, bald machtbegeistert wie ein Dargoneroffizier, bald fortschrittsfreudig wie ein echter Demokrat, stark genug, um heute die Operngeste des humanen Jakobiners, morgen den großen deutschen Erziehungsroman und übermorgen sich selbst zu parodieren. Thomas Mann – um es mit einem Wort zu sagen – hat die deutsche Sprache Künste gelehrt, deren sie sich vorher nicht versehen hatte.

Stilmittel Manns

Und was sind nun die Stilmittel, mit deren Hilfe der Dichter das Zwielicht einer geheimnisvollen Ironie über seine Welt zu breiten vermag? Da ist zunächst die alte klassische Redefigur, das Gegenteil dessen zu sagen, was man meint, aber freilich ist es hier ein Gegenteil, bei dem man merkt, daß es bis zu einer unbestimmten Hälfte doch der Ansicht des Autors entspricht. «Ein Dichter», heißt es zum Beispiel in einem autobiographischen Abriß, «ist, kurz gesagt, ein auf allen Gebieten ernsthafter Tätigkeit unbedingt unbrauchbarer, einzig auf Allotria bedachter, dem Staate nicht nur nicht nützlicher, sondern sogar aufsässig gesinnter Kumpan, der nicht einmal sonderliche Verstandesgaben zu besitzen braucht, sondern so langsam und unscharfen Geistes sein mag, wie ich es immer gewesen bin, – übrigens ein innerlich kindischer, zur Ausschweifung geneigter und in jedem Betrachte anrüchiger Scharlatan, der von der Gesellschaft nichts anderes sollte zu gewärtigen haben – und im Grunde auch nichts anderes gewärtigt – als stille Verachtung.»

Was ist da weiter an Stilmitteln der höheren Ironie? Da ist die ganz beiläufige Zusammenstellung ein wenig blamabler Gegensätze – ‹sie ging zu Gott und Buddenbrooks bekamen eine Menge Geld›; da ist die verschlagene Kunst, Nebenfiguren durch einige nüchterne Feststellungen von vornherein der Lächerlichkeit preiszugeben, lernen wir doch zum Beispiel die Oberhofmeisterin, Freiin von Schulenburg-Tressen, kennen als ‹eine beleibte und asthmatische Dame von unterstrichen spießbürgerlichem Äußern, die jedoch auf den Hofbällen eine Welt von Busen zu entblößen pflegte›. Da ist vor allem ein ordnender, nachmittäglich-gedämpfter, oft pedantisch-umschreibender Ton des Ausdrucks; da ist die Vermeidung alles Abgegriffenen, Gewohnten – Joseph spricht zu Potiphar nicht von dem springenden, sondern von dem hüpfenden Punkt jeglicher Sache –; da ist eine fast dekadente Vorliebe für ausgefallene und zwielichtige Fremdwörter – agacant, perfektionierend, die Voluptuosität der Demokratie –, da sind jene mit Atmosphäre geladenen Eigennamen, voller Anspielung, aber ohne Aufdringlichkeit, von dem großherzoglichen Finanzdirektor Grafen Trümmerhauff bis zu der mythischen Gestalt des armen Leverkühn. Merkwürdig genug zu sehen, wie der einfache Griff in eine höhere Stilschicht die Darstellung zu einem ironischen Spiel macht, so wenn wir von einem Hunde erfahren:

«Zum Überfluß hatte sich bald herausgestellt, daß Lux, wahrscheinlich von langer Hand her, an einer Diarrhöe litt, was uns zu häufigem Verweilen unter den Augen der Städter zwang. Wir umstanden dann schützend in Kreise sein inniges Elend, indem wir uns fragten, ob es nicht schon die Staupe sei, die da ihre schlimmen Merkmale kundgebe – eine hinfällige Besorgnis, wie die Zukunft lehrte, die überhaupt an den

Tag brachte, daß wir es mit einer reinen und festen Natur zu tun hatten, welche sich gegen Seuchen und Süchte bis auf diesen Augenblick im Kerne gefeit erwiesen hat.»

Man denke dann weiter an die überaus kluge Auswahl der Adjektive: bald distanziert sich der Autor durch biedere Naivität – ‹geschickte Werkmeister zogen in das Alte Schloß, um es von oben bis unten mit Dampfheizung zu versehen› –, bald durch sanfte Übertreibung – der Hund Percy wird durch die ‹ritterliche Kugel› des Büchsenmachers vor dem ‹abscheulichen Zugriff› des Wasenmeisters gerettet –, bald durch offenen Hohn – ‹entschlossene Menschenliebe ist niemals blutscheu›, bald durch abgefeimte Vergleiche, so wenn er 1917 ein Europa prophezeit ‹literarisch wie eine Pariser Kokotte›, bald schließlich durch jene mit großartiger Künstlerhand geprägten funkelnden Wendungen wie die des ‹unwidersprechlich schwadronierenden› Dr. Überbein, der von des Lebens ‹schmallippigem Anlitz› spricht. Gern verwandelt der Meister auch die Adjektiva in Hauptwörter: das Gewählte, Abgetönte, selbst Gesuchte in seinem Vortrag einzusetzen, achtet er nie für Raub: ‹etwas Amtlich-Erzieherisches trat mit der Zeit in Gustav Aschenbachs Vorführungen ein.›

Aber es sind nicht so sehr solche kleinen Mittel als vielmehr einige tiefgreifende und ausgepichte Kunstgriffe, die dem Meister der Ironie zu Gebote stehen. Wenn man die immer wiederkehrenden, einfältig-eitlen Gedankengänge der Figuren mit gespielter Selbstverständlichkeit in die Darstellung einfließen läßt: welch vortreffliches Werkzeug der Ironisierung: ‹Als gereifte Frau, die das Leben kennengelernt hatte und kein dummes Ding mehr war, sah sie sich nicht mehr in der Lage...› Wohl möglich und desto besser, wenn der naive Leser den ironischen Unterton solcher Sätze nicht durchhört.

Aber wer könnte die Ironie verkennen bei jener seltsamen Form des ‹Dreinredens›, die unser Dichter entwickelt. Das ist nicht ein unschuldiges Dreinreden wie bei Hauff oder Ricarda Huch, bei dem der Autor seine eigenen Empfindungen nicht unterdrücken kann. Nein, nicht die wirklichen Meinungen des Autors werden in die Darstellung eingeschoben, sondern die Kommentare eines fingierten, überaus naiven Erzählers, der etwa den Standpunkt eines ganz tumben, weltfremden Biedermanns vertritt: «Für diesen jungen Mann also war Amra Jacoby in sträflicher Neigung entbrannt, und er seinesteils hatte nicht genug Sittlichkeit besessen, ihren Anlockungen zu widerstehen... Nun war, um jedes Herz zu erfreuen, der Frühling ins Land gezogen...»

Bisweilen wird die Ironie noch verwickelter. Wenn die amerikanische Milliardärstochter Imma Spoelmann, welche die vor dem Bankrott stehenden Minister so gern mit dem Prinzen Klaus Heinrich vermählt sähen, mit Hochrufen der Menge gefeiert wird, dann heißt es:

«Ferner ist eine Behauptung nicht ganz mit Stillschweigen zu übergehen, die später von höhnischem Charakter verbreitet wurde und wonach
unter der Volksmenge um das Automobil ein im Solde des Herrn von
Knobelsdorff stehender Agent, Mitglied der geheimen Polizei, sich befunden hätte, der die Hochrufe angestimmt und mit Fleiß unterhalten
habe. Man kann das dahinstellen und den Verkleinerern bedeutender
Vorgänge ihre Genugtuung gönnen. Geringsten Falles, das heißt, wenn
die Angabe jener Leute zutraf, hatte es sich um die mechanische Auslö-
sung von Empfindungen gehandelt, die eben lebendig vorhanden sein
mußten, um ausgelöst werden zu können.»

Auch die fortlaufende Erzählung wird aus dem Blickwinkel dieses naiven Berichterstatters vorgetragen, so wenn es nach geglückter Vermählung von dem vorher so kränklichen Finanzminister heißt:

«Er trug sich aufrecht und frei, sein Gang ward schwebend, die gelbe
Farbe verschwand aus seinem Antlitz, es ward weiß und rot, seine Augen blitzten, und so völlig kam in wenigen Monaten sein Magen zu
Kräften, daß der Minister, wie man von befreundeter Seite vernahm,
sich ungestraft dem Genusse von Blaukraut und Gurkensalat überlassen
durfte. Das war eine erfreuliche, doch rein persönliche Folge von Spoel-
manns Eingreifen in unser Finanzwesen, die leicht ins Gewicht fiel, im
Vergleich mit den Wirkungen, die dieses Eingreifen auf unser Staats- und
Wirtschaftsleben ausübte.»

Und die Ironie legt sich keine Fesseln mehr an, wenn wir von der
Trauung erfahren:

«Als es verhallte, bleib einzig die wohllaute Stimme des Oberkirchen-
präsidenten D. Wislizenus zurück, der im Silberhaar und den gewölbten
Stern auf dem seidigen Talar, vor dem hohen Paare stand und kunstreich
predigte. Motivistisch arbeitete er und sozusagen auf musikalische Art.
Und das Thema, das er handhabte, war der Psalterklang, der da lautet:
‹Er wird leben, und man wird ihm vom Golde aus Reich Arabien geben.› – Da
war kein Auge, das trocken blieb.»

Keine Frauengestalt ist Thomas Mann so lebendig geraten wie diese
durch und durch ironische Imma, welche immer ‹redensartlich und
schriftmäßig› daherredet. Es ist die versöhnende Ironie des Märchen-
erzählers, die den Roman von der ‹Königlichen Hoheit› zu einem der
schönsten und humorvollsten Romane unserer Sprache macht, und niemand wird die Szene vergessen, in der der Thronfolger Klaus Heinrich
bei der Besichtigung eines Krankenhauses Imma zum erstenmal begegnet:

«Mit geschlossenen Absätzen reichte Klaus Heinrich ihr die Hand im
weißen Militärhandschuh, und indem sie ihr schmales, mit braunem
Rehleder bekleidetes Händchen hineinlegte, gab sie der Bewegung des
Händedrucks eine waagerechte Richtung, machte ein englisches shake-

hands daraus, wobei sie gleichzeitig mit spröder Pagenanmut etwas wie einen Hofknicks andeutete, ohne ihre großen Augensterne von Klaus Heinrichs Gesicht zu wenden. Er sagte etwas sehr Gutes, nämlich: ‹Sie machen also auch dem Spital einen Besuch, gnädiges Fräulein?›

Und rasch wie vorhin, mit vorgeschobenen Lippen und dem kleinen hochmütigen Hin und Her des Kopfes antwortete sie mit ihrer gebrochenen Stimme: ‹Man kann nicht leugnen, daß manches für diese Annahme spricht›.»

Leitmotiv

Wir begegnen in diesen Sätzen auch der berühmtesten Stileigenart Thomas Manns, dem Leitmotiv, will sagen der Gewohnheit, jedesmal beim Auftreten einer Person eine bestimmte Eigenschaft ihres Äußeren mit genau gleichen Worten zu erwähnen: Immas vorgeschobene Lippen und ihr hochmütiges Hin und Her des Kopfes bekommen wir jedesmal zu sehen, wenn sie die Szene betritt. Schon in der allerersten Erzählung Manns finden wir diese merkwürdige Form des Selbstzitats, der er offenbar – und nicht mit Unrecht – kehrreimartige Reize zuschreibt: Pfiffi Friedemann hat ‹eine drollige Art, sich bei jedem Wort zu schütteln und Feuchtigkeit dabei in die Mundwinkel zu bekommen›, und so gut hat unserem Autor diese Gewohnheit gefallen, daß er wörtlich die gleiche auch einer der Gestalten der «Buddenbrooks» in den Mund gelegt; wie überhaupt manche dieser Leitmotive späterer Erzählungen – so die vorgeschobenen Unterlippen und die bläulichen Schatten in den Augenwinkeln – die Leitmotive früherer Romangestalten wieder aufnehmen.

Parodistische Neigungen

Das Pathos der Distanz ist es, das sich in diesen ironischen Leitmotiven niederschlägt, das souveräne Abstandsgefühl des Puppenspieldirektors, der das bloße Gefühl als unbrauchbar betrachtet, seine Einfälle bald zelebriert, bald verdächtig macht und der es für nichts achtet, daß solch hohe Stilkünste abgelöst, nachgeahmt und parodiert werden können. Ja, sogar der Meister selbst spielt sehenden Auges mit der Gefahr, in schwebende Parodien seiner eigenen Kunst zu verfallen. Wenn die «Bekenntnisse des Hochstaplers Felix Krull» beginnen:

«Indem ich die Feder ergreife, um in völliger Muße und Zurückgezogenheit – gesund übrigens, wenn auch müde, sehr müde (so daß ich wohl nur in kleinen Etappen und unter häufigem Ausruhen werde vorwärtsschreiten können), indem ich mich also anschicke, meine Geständnisse in der sauberen und gefälligen Handschrift, die mir eigen ist, dem geduldigen Papier anzuvertrauen, beschleicht mich das flüchtige Bedenken, ob ich diesem geistigen Unternehmen nach Vorbildung und Schule denn auch gewachsen bin.»

– wer will eigentlich entscheiden, wer alles hier ironisiert und parodiert wird: Felix Krull, der Autor oder die ganze Tradition des deutschen Erziehungsromans? Daß der hieratische Meisterton des «Todes in Venedig» parodistisch sei: der Meister hat es selbst bekannt. Immer und immer wieder läßt der Dichter – einen naiven, eigenwüchsigen Stil verschmähend – ‹die Dinge sprechen›, und es ist kein Zufall, daß er im «Doktor Faustus» die ganze Erzählung in den Mund des biedern, hochgebildet-pedantischen Schulmeisters Dr. Serenus Zeitblom legt, dessen Ton er verdächtig gut getroffen hat. Ja, dieser überaus wackere Schulmann ist – unbeschadet aller charakterlichen Verschiedenheit – stilistisch sogar ein naher Verwandter des elenden Krull, wenn er in human-abgeklärter Tonart freilich sein großes Opus mit den Sätzen anhebt:

«Mit aller Bestimmtheit will ich versichern, daß es keineswegs aus dem Wunsche geschieht, meine Person in den Vordergrund zu schieben, wenn ich diesen Mitteilungen über das Leben des verewigten Adrian Leverkühn, dieser ersten und gewiß sehr vorläufigen Biografie des teuren, vom Schicksal so furchtbar heimgesuchten, erhobenen und gestürzten Mannes und genialen Musikers, einige Worte über mich selbst und meine Bewandtnisse vorausschicke. Einzig die Annahme bestimmt mich dazu, daß der Leser – ich sage besser: der zukünftige Leser; denn für den Augenblick besteht ja noch nicht die geringste Aussicht, daß meine Schrift das Licht der Öffentlichkeit erblicken könne, – es sei denn, daß sie durch ein Wunder unsre umdrohte Festung Europa zu verlassen und denen draußen einen Hauch von den Geheimnissen unserer Einsamkeit zu bringen vermöchte; – ich bitte wieder ansetzen zu dürfen: nur weil ich damit rechne, daß man wünschen wird, über das Wer und Was des Schreibens beiläufig unterrichtet zu sein, schicke ich diesen Eröffnungen einige wenige Notizen über mein eigenes Individuum voraus, – nicht ohne die Gewärtigung freilich, gerade dadurch dem Leser Zweifel zu erwecken, ob er sich auch in den richtigen Händen befindet, will sagen: ob ich meiner ganzen Existenz nach der rechte Mann für eine Aufgabe bin, zu der vielleicht mehr das Herz als irgendwelche berechtigende Wesensverwandtschaft mich zieht.»

Der parodistische Untergrund seines Stils: er tritt am glänzendsten hervor in der kühnen Tetralogie des Joseph-Romans. Wenn in dem dritten Band die Potiphar-Episode, die in der Bibel eine halbe Seite einnimmt, uns auf 752 Seiten anschaulich gemacht wird – wie nun, wenn Thomas Mann die ganze Bibel verfaßt hätte? Welch großartiger, wenn auch ein wenig schreckhafter Gedanke! – so wird die Erzählung eingeleitet mit gewollt umständlichen Wendungen wie etwa:

«Abzuwehren bleibt etwa noch der Mißverstand, es sei seine Jugendkeuschheit die eines Gimpels vom Lande und hölzernen Dummkopfs in Liebesdingen gewesen, – die Sache linkischer Dämlichkeit, deren Vorstellung ein unternehmendes Temperament gar leicht mit der der ‹Keuschheit› verbindet. Daß Jaakobs Sorgenliebling in pikanter Hinsicht ein Dämelack und toter Hund gewesen sei, ist eine Annahme, die sich schlecht mit dem Bilde vertrüge, das uns an allem Anfang zuerst von ihm vor die Seele trat!»

Und über den weltberühmten Liebesbrief ‹Komm, daß wir uns eine Stunde des Schlafens machen›, sagt unser treuherziger Autor:

«Was für ein Dokument! Goldes wert, höchst ehrwürdig und ergreifend, wenn auch mißlich, bedrückend und schlimm von Natur. Wenn aber wir schon bewegt sind bei seinem Anblick, wie sehr fuhr es dem Joseph erst in die Glieder, da er's entzifferte!»

Der Humor des Romans ist der Humor des Zeitsprungs, will sagen, der kühnen Anwendung moderner Ausdrücke auf ein antikes Milieu. Schreckt doch Potiphars Freundin nicht davor zurück, zu versichern, ‹und daß er ein Ausländer ist, ein Jüngling von Asien, ein sogenannter Ebräer, das fügt der Sache noch eine pikante Note hinzu, es verleiht ihr Cachet›, während die Torhüter Potiphars einfach sagen: ‹Die Herrin ist scharf auf den Jungmeier, er aber weigert sich ihrer! Ist das eine Hetz'!› und ein Sklave dem Kämmerer Potiphar berichtet, seine Frau sei in Joseph ‹verknallt wie eine Küchenmagd›, was freilich Potiphar zunächst für ‹platterdings unmöglich› erklärt.

Auch die Fertigkeit des Autors, die Dinge kunstvoll-umständlich zu umschreiben, wie herrlich kann sie sich hier entfalten: Montkaw droht nicht den Dienern Peitschenhiebe an, sondern sagt: ‹Still, ihr Untervolk, sonst gibt es Ledernes›, und Dûdu, der Zeugezwerg, antwortet nicht ‹Ja›, sondern: ‹Das hat sein Zutreffendes.› Dieser Dûdu ist es auch, der unserm Joseph einige ebenso verführerische wie wohlabgewogene Informationen zukommen läßt:

«Wenn ich bedenke und meiner Seele einbilde, welche Wollust dir diese Vereinigung gewähren müssen wird, so schwindelt selbst mir, dem stämmigen Manne. Ich spreche nicht von der fleischlichen, erstens aus Keuschheit und zweitens, weil sie selbstverständlich sehr groß sein wird infolge der Seidenhaut und der köstlichen Gliederung der Betreffenden. Wovon ich rede, das ist die Wollust der Seele...»

Aber vergebens ruft das buhlerische Weib unserm Helden die hinreißenden Worte zu:

«Ach, feiger Knabe, ließest du dir träumen, welche aufgesammelte Lust dich erwartet nahe bei mir, du dächtest darüber nicht hinaus und lachtest etwaiger Strafen, die, wie immer bemessen, in gar keinem Verhältnis stünden zu dem, was du mit mir genossen!»

Gestützt auf sieben vortreffliche Gründe widersteht er ihrem unkeuschen Verlangen, widersteht auch ihrer kunstvoll formulierten Drohung, es werde ihm «eine Todesart blühen, die an Ausgesuchtheit auch nicht das geringste werde zu wünschen übrig lassen». Ja, der ‹Gottesfratz› verharrt in seiner Keuschheit sogar, als der Dichter, alle eigenen Ironien, alle Künste Offenbachs und alle pedantischen Kühnheiten überparodierend, das unselige Weib sich in der großen Liebesszene die Lippen wundbeißen läßt, damit sie wie ein Kind lispeln könne, so daß die Arme dem Joseph versichert, sie habe sich weh getan und in die Tunge debissen, der Vorteher solle nicht acht darauf deben, ja schließlich lallt ‹Slafe bei mir› und zum Schlusse, als sie ihm anbietet, ihren Mann zu ermorden, dies in die Worte kleidet: ‹Is tann ihn doch töten.›

Gesamturteil

Soweit der Liebes-Roman des keuschen Joseph! Aber billig und töricht wäre es, über den kunstvollen Verstiegenheiten dieses Altersbuches die Größe des stilistischen Gesamtwerks zu unterschätzen. Nie hat ein deutscher Autor mit solcher Mühsal den treffenden Ausdruck gesucht, nie mit solcher Kunst unsagbare Zwischenwelten hinter seinem Text erscheinen lassen, nie mit solcher kundigen Hand den musikalischen Fluß der Perioden in den Dienst hintergründiger Absichten gestellt wie dieser große Prosadirigent. Die neuere deutsche Literatur besitzt in Friedrich Nietzsche, Thomas Mann und Hugo von Hofmannsthal ein Dreigestirn von Prosameistern, die der deutschen Sprache Leistungen abgezwungen haben, welche wir bei unsern Klassikern vergeblich suchen würden. Wenn das Deutsche mit dem Ausgang des vorigen Jahrhunderts nicht in selbstzufriedener Behaglichkeit erstarrt ist, so haben wir das vor allem diesen dreien zu verdanken.

Zitat

> Eine Katze, die einen Kanarienvogel gefressen hat,
> kann darum noch nicht singen.
>
> *Sprichwort*

Wesen und Arten des Zitats

Christus starb am Kreuz mit einem Zitat auf den Lippen: die Worte «Mein Gott, mein Gott, warum hast du mich verlassen» aus dem 21. Psalm.

Als Cäsar über den Rubikon ging und den entscheidenden Krieg seines Lebens begann, versäumte er nicht, ein Zitat anzubringen, das Wort des griechischen Lustspieldichters Menander: «Der Würfel falle!» (Wie so viele berühmte Zitate zitieren wir den Satz gewöhnlich falsch: der Würfel ist gefallen.) Im Altertum war es überhaupt üblich, auf feierliche Augenblicke mit einem Zitat zu antworten. Scipio hat, als er Karthago zerstört hatte, auf den Trümmern den Vers Homers zitiert: «Kommen wird einst der Tag, da das heilige Ilion hinsinkt.» Pompejus zitierte Verse des Sophokles, als er den Todesnachen bestieg; Sulla Zeilen von Aristophanes, als man ihm den Kopf des Marius brachte. Und der Große Kurfürst hat bei der Unterzeichnung eines schimpflichen Friedens die Worte Vergils ausgerufen: «Möge aus meinen Gebeinen dereinst ein Rächer entstehen.»

Wir gebrauchen das Wort ‹Zitat› im doppelten Sinn, einem weiteren und einem engeren. Im weiteren – wissenschaftlichen – Sinne bezeichnen wir jede Stelle, die jemand aus einem fremden Schriftsteller anführt, als Zitat. Im engeren Sinn, im Sprachgebrauch des Alltags, meinen wir mit dem Ausdruck ‹Zitat› nur die sogenannten ‹geflügelten Worte›, das heißt jene landläufigen Stellen aus Literatur und Geschichte, die von Mund zu Mund gehen. In diesem Sinne sagen wir: Der «Don Carlos» enthält eine Fülle von Zitaten. Die Zitate in diesem engeren Sinne, die geflügelten Worte – der Ausdruck ist ein Zitat aus Homer – hat Büchmann in seinem berühmten, weit verbreiteten Buch gesammelt. Es enthält rund dreitausendsiebenhundert Zitate. Andere Sammlungen, die auch Sentenzen, Aphorismen, Sprichworte und Redensarten umfassen, wie das «Spruchwörterbuch» von Lipperheide, bringen es bis auf dreißigtausend Stellen.

Belege und Eideshelfer

Zitate können sehr verschiedene stilistische Aufgaben erfüllen. In erster Linie verwenden wir sie als Belege: Wer über den Zustand Germaniens schreibt, wird Cäsar oder Tacitus als Quellen zitieren. Wer eine Abhandlung über die Philosophie Herbarts verfaßt, wird Stellen aus ihm als Beleg anführen. Das Maß solcher Zitate hängt ab von der Sache. Zu viele Belege machen die Darstellung unübersichtlich; zu wenige schwächen ihre Überzeugungskraft.

Noch häufiger benötigen wir die Worte anderer als Eideshelfer. Wenn unsere Ansicht auch von Kant oder Goethe vertreten worden ist, dann werden wir das gern ins Treffen führen. Aber hierin sollte man ebenfalls Maß halten:

«Durch viele Zitate vermehrt man seinen Anspruch auf Gelehrsamkeit, vermindert aber den auf Originalität, und was ist Gelehrsamkeit ohne Originalität! Man soll sie also nur gebrauchen, wo man fremder Autorität wirklich bedarf!» (Schopenhauer)

Oft deckt ein Zitat die Blößen des Autors auf: nämlich dann, wenn es von seinem eigenen Stil allzu kraß absticht. Wie formelhaft und führungslos mancher Stil ist, wird uns deutlich, wenn zwischen seinem Gerede plötzlich ein paar Sätze eines wirklichen Stilmeisters auftauchen.

«Die jungen Autoren wissen nicht, daß der gute Ausdruck, der gute Gedanke sich nur unter seinesgleichen gut ausnimmt, daß ein vorzügliches Zitat ganze Seiten, ja ein ganzes Buch vernichten kann, indem es den Leser warnt und ihm zuzurufen scheint: gib acht, ich bin der Edelstein und rings um mich ist Blei, bleiches schmähliches Blei.» (Nietzsche)

Zitate als Kurzschrift

Das Zitat, vor allem das geflügelte Wort, hat noch andere Aufgaben: es kann als eine Art geistiger Kurzschrift dienen. Manchmal fassen geflügelte Worte gleichsam in einer Nuß zusammen, was sonst langer Worte bedürfte. Oft hat ein weitverzweigtes Gebilde in einem Zitat einen knappen und allgemeinverständlichen Ausdruck gefunden. Wie viele Auseinandersetzungen ersparen uns kurze Wendungen wie:

«Es erben sich Gesetz' und Rechte wie eine ew'ge Krankheit fort.»
«Bilde Künstler, rede nicht!»
«Vom sichern Port läßt sich's gemächlich raten.»

Wer sich solcher Zitate bedient, ist sicher, verstanden zu werden, weil er bei jedem Gebildeten mit diesem Tastenanschlag eine bestimmte Atmosphäre heraufbeschwört.

Die reichste Zitatenquelle ist die Bibel. Hunderte von Bibelworten sind in unseren Sprachschatz eingegangen; Generationen unserer Vorfahren haben aus Bibelstellen Trost und Halt gewonnen. Als dem großen Theologen Adolf von Harnack ein kranker Sohn geboren wurde, schrieb er in das Familienbuch seines Hauses das Wort Jesu: «Was ich jetzt tue, das weißt du nicht, aber du wirst es einmal erfahren.»

Wie sehr ein Zitat ein Problem verdichten kann, das sehen wir am besten aus Zitaten, die überraschend auf eine Situation angewandt wurden, für die sie nicht gedacht waren. Als 1849 die Frankfurter Nationalversammlung Friedrich Wilhelm IV. die deutsche Kaiserkrone anbot, war Bismarck für Ablehnung, denn sonst – rief er aus – wird später einmal das Parlament vor den König hintreten mit dem Worte dem Freischütz: «Glaubst du, dieser Adler sei dir geschenkt?»

Auch Zitate, die nicht bekannt genug sind, um in den Büchmann zu gelangen, können als Ersatz langer Darlegungen dienen. In einem Rechtsstreit hatte der Anwalt der einen Partei seine Ansicht mit gehässigen Schimpfreden vertreten. Der Anwalt der anderen erwiderte ruhig: «Die Höflichkeit verbietet mir, aus dem Tasso zu zitieren:

‹Durch Heftigkeit ersetzt der Irrende,
was ihm an Wahrheit und an Kräften fehlt.›»

Das Zitat hat hier nicht nur die schlagende Form der Sentenz für sich; es wirkt zugleich entwaffnend, indem es den Gegner von der höheren Warte des Dichterischen aus betrachtet und erledigt.

Schopenhauer vermerkt in einem Buch Fichtes neben einer besonders undurchsichtigen Stelle den Vers aus Bürgers «Leonore»:

«Lisch aus, mein Licht, auf ewig aus,
stirb hin, stirb hin, in Nacht und Graus!»

Friedrich der Große liebte es, Randbemerkungen in Form von Bibelzitaten zu machen. Als der Vorstand der Katharinenkirche zu Potsdam gegen einen Umbau Einspruch erhob, weil er die Kirche verdunkle, schrieb der König an den Rand: «Selig sind, die nicht sehen und doch glauben.»

Auch von Papst Leo XIII. berichtet man ein Zitat, das die Bibel zu weltlichen Zwecken gebrauchte. Als ihn ein schlechter Maler gemalt hatte, sandte er das Bild an Freunde mit der Unterschrift: «Fürchtet euch nicht, ich bin es!»

Heiter und befreiend von dem Alltagstrott wirken auch bewußte Selbstzitate, so wenn Mozart in der Tafelszene des «Don Giovanni» plötzlich Takte aus dem «Figaro» aufklingen läßt und Leporello singt: «Die Musik kommt mir äußerst bekannt vor.» Oder wenn in den «Meistersingern» an der Stelle «Hans Sachs war klug und wollte nichts von Herrn Markes Glück» das Liebeszaubermotiv aus dem «Tristan» zu hören ist.

Prahlzitate

In all diesen Fällen diente das Zitat dazu, ein geistiges Gebilde heraufzubeschwören, das schon ein anderer in Worte gebannt hatte. Der andere Grund zur Verwendung geflügelter Worte ist der schlichte Wunsch zu imponieren. Das Renommier- oder Prahlzitat ist leicht erkennbar: es ist sachlich unnötig oder weit hergeholt.

Nicht alle geflügelten Worte sind die Verdichtung eines verwickelten geistigen Gebildes. Wenn die Hausfrau ihren Gästen entgegenruft: «Spät kommt ihr, doch ihr kommt», oder wenn der Gatte sagt «Treues Weib, gebiete deinen Tränen», so hätte man dies ohne Zitat genauso gut ausdrücken oder noch besser verschweigen können. Es gibt viele solche verschlissene Zitate. «Was tun, spricht Zeus». «Laßt, Vater, genug sein des grausamen Spiels». »Sieh da, sieh da, Timotheus». «Die Szene wird zum Tribunal». «Herr, dunkel war der Rede Sinn». «Raum ist in der kleinsten

Hütte»: All diese Zitate wollen wir nicht mehr hören. Abgegriffene und banale Zitate eignen sich nur zu scherzhaften Wirkungen; sie geben einer Alltagssituation einen komisch-feierlichen Anstrich. Da sie in eine tiefe Stilschicht abgeglitten sind, bewirken sie einen peinlichen Stilbruch, wenn man sie ernsthaft zitiert, so in einem Zeitungsartikel Hauptmanns: «Wolkenloser Himmel. Morgenlicht, Morgenlicht auf weiten grünen Plänen; ringsum endloser Thüringer Wald, kräftig gebaute Männer, hinter den frei schreitenden Amazonen. ‹Es freue sich, wer da atmet im rosigen Licht.› Da, der Wecker des Telefons: Hugo von Hofmannsthal ist gestorben. ‹Rasch tritt der Tod den Menschen an, es ist ihm keine Frist gegeben.›»

Haushohes Bildungsgepäck an falscher Stelle wirkt lächerlich. 1919 schrieb eine kommunistische Zeitung über die Sozialdemokraten: «Einer Partei, die dem Namen einer Umsturzpartei nur eben durch den Umsturz ihrer eigenen Grundsätze Ehre gemacht hat und deren Festigkeit in einem großen historischen Moment so gering war, daß ein Kartenhaus im Vergleich dazu ein Festungswall erscheint, einer solchen Partei wird sowohl Vertrauen wie Respekt fehlen. Um so mehr, je mehr ‹sozialistische› Frühlingslerchen mitten im unwirtlichen Winter des imperialistischen Mißvergnügens herumflattern und dem Volke den Wahn eines nahen Kanaans einzutrillern versuchen.»

Ein geschraubtes Papierdeutsch, ein abgenützter Vergleich, ein mißglücktes Bild: es fehlte wirklich nur noch das Shakespearezitat vom «Winter unseres Mißvergnügens», um Herrn Schmock leibhaftig vor uns erstehen zu lassen.

Weit hergeholte Zitate sind so schlecht wie verschlissene. Wenn jemand beim Tee plötzlich einfließen läßt: *Der heilige Chrysostomos sagt einmal* ... oder wenn er den Eindruck eines Sonnenuntergangs mit einem Zitat aus dem «Rolandslied» veranschaulichen will, so soll das Zitat mutmaßlich weniger der Sache dienen als dem Ruhm des Sprechers.

Man soll auch nicht in einer Form zitieren, die beim Leser mehr Kenntnisse voraussetzt, als man billigerweise erwarten darf. «Man denkt unwillkürlich an jene schöne Stelle in Platos Phädrus, wo der Dämon Theuth stolz mit seinen eben erfundenen Buchstaben vor den Gott Ammon tritt und dessen feine Antwort hören muß.» (R. Deinhardt)

Zitatverdrehungen

Berüchtigt sind die absichtlich verdrehten Zitate. Wenn jemand, der Bauchgrimmen hat, aus dem Carlos zitiert: *Der Aufruhr tobt in meinen Niederlanden,* oder wenn jemand in leichter Abänderung eines Bibelverses sagt: *Wohlzutun und es mitzuteilen vergesset nicht,* so wollen wir das hingehen lassen, denn beide Verdrehungen sind noch nicht abgegriffen. Aber die meisten dieser Scherze sind durch Abnützung unerträglich geworden (*die Ibiche des Kranikus; er bildet sich Talent ein in der Stille* usw.); sie wirken wie alles Verbrauchte in Schrift und Sprache störend und lächerlich. Es gibt Leute, die alle Taschen voller wahllos aufgegriffener Lesefrüchte haben und ihren Mitmenschen damit lästig fallen. Aber zuviel ist unbekömmlich.

Antithese

> Der Urgrund des Schönen besteht in einem gewissen
> Zusammenklang der Gegensätze.
>
> *Thomas von Aquino*

Das Wesen der Antithese

Das Wesen der Antithese wollen wir untersuchen an dem einfachen Satz Schopenhauers: «Moral predigen ist leicht, Moral begründen schwer.» Schematisch kann man diesen Satz so darstellen:

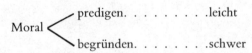

Die beiden Begriffe *predigen* und *begründen*, über die das gegensätzliche Urteil *leicht* und *schwer* gefällt wird, werden durch ein gemeinsames Band zusammengehalten: sie handeln beide von der Moral. Die Sentenz Schopenhauers setzt zunächst zwei Begriffe parallel (*Moral predigen* und *Moral begründen*) und stellt dann diese beiden Parallelbegriffe einander gegenüber. Ein Gegensatz allein gibt noch keine wirkliche Antithese; die beiden kontrastierten Begriffe müssen etwas Gemeinsames haben. *Die Sonne geht unter, die Fledermäuse beginnen zu fliegen* ist keine Antithese. «Kontraste sind inverse Ähnlichkeiten.» (Novalis)

Ein Musikkritiker schrieb einmal über eine Sängerin: *Sie besitzt viel Empfindung und guten Willen, aber die stark nasale Färbung ihres Organs macht den Gesang schwer erträglich.* Der Chefredakteur strich den Satz durch und schrieb statt dessen: *Man fühlt, daß das Lied aus dem Herzen kommt, aber es geht durch die Nase heraus.* Er machte aus einem belanglosen Durchschnittssatz eine Antithese.

Wir finden Antithesen auf vielen Gebieten:

«Wer neue Heilmittel scheut, muß alte Übel dulden.» (Francis Bacon)

«Das Glück in der Liebe liegt in der Leidenschaft, die man empfindet, nicht in der, die man erregt.» (La Rochefoucauld)

Schönheit der Antithese

Am schönsten sind jene Antithesen, bei denen die Parallelsetzung eine Überraschung enthält. Die häßliche, aber gescheite Katharina von Sedlay, die Geliebte Jakobs II., hat von dem König gesagt: «Ich weiß nicht, was ihn an mir reizt. Von meiner Schönheit kann er nichts bemerken, weil ich keine besitze, und von meinem Verstand kann er nichts bemerken, weil er keinen besitzt.» Die Parallele, die Katharina hier herstellt, kommt unerwartet; in dieser Überraschung liegt die funkelnde Wirkung. Ganz ähnlich in dem Satz La Rochefoucaulds: «Wenn wir unseren Leidenschaften widerstehen, so danken wir das mehr ihrer Schwäche als unserer Stärke.»

Oft erzielt der Autor die Überraschung, indem er in dem zweiten Teil der Antithese eine unerwartete Steigerung bringt; eine berühmte Antithese dieser Art sind Hebbels Verse über Schiller und Goethe:

«Mutvoll drang er hinauf zum wolkenverhüllten Gipfel,
und der olympischen Burg Tore, sie sprangen ihm auf.
Aber der andere ruhte gelassen am Fuße des Berges;
sieh, es kamen zu ihm alle die Götter herab.»

Oft bestehen die beiden Gegensatzurteile nur in den Begriffen ‹Ja› und ‹Nein›, so in dem Vers Tells:

«Der See kann sich, der Landvogt nicht erbarmen.»

Gemeinsam ist der Begriff des Erbarmens. Die glänzende Wirkung beruht auf der unerwarteten Gegenüberstellung von See und Landvogt. Die Antithese hilft uns dazu, daß wir ein Problem nicht nur bereden, sondern in Gestalt verwandeln. Sie ist kein Schmuck, den man anlegen oder auch weglassen kann: sie ist ein unentbehrlicher Teil jeder lebendigen Darstellung. Erst der Kontrast läßt die Eigenart einer Sache scharf hervortreten.

Rationale Naturen drängen zur Antithese: sie sehen die Welt in ihrer Gegensätzlichkeit. Der analytische Kopf, für den sich die Welt von selbst in ihre verschiedenen Gebilde auseinanderfaltet, findet in der Antithese sein natürliches Ausdrucksmittel. Sie ermöglicht, ja erzwingt eine steingeschnittene Kürze, weil alles Rankenwerk die Konturen der Gegenüberstellung unscharf machen würde.

Es ist noch nicht hundert Tage her, daß die Nation hinter dem Sarge Wilhelms I. herschritt, der nach einem reichen Leben voll unerhörter Erfolge ruhig verschieden war. Heute ist abermals ein Kaiser von uns gegangen; nach furchtbaren

*Leiden ist der unglückliche Kaiser Friedrich III. zu seinen Vätern heim-
gegangen, nur wenige Monate nach seiner Thronbesteigung.* Nicht so lautet der Text in Treitschkes Trauerrede! Kurz und schlagend formte er die Antithese: «Zum zweiten Male binnen hundert Tagen steht die Nation klagend an der Bahre ihres Kaisers. Nach dem glücklichsten aller ihrer Herrscher beweint sie den unglücklichsten.»

Oft beschränkt sich die Antithese darauf, zwei Begriffe nebeneinanderzustellen und dem einen den Vorzug zu geben, so in dem berühmten Ausspruch des menschenscheuen Ludwig II.: «Lieber Attentate als Ovationen.»

Antithesen sind ein wirksames Mittel der Verdichtung. Wenn die beiden Gegensatzbegriffe schroff aufeinanderprallen, gewinnt der Satz elementare Kraft:

«Und nennst du Wahl, wenn Unvermeidliches
Unmöglichem sich gegenüberstellt?» (Goethe)

Nicht nur zu unserem Verstand, auch zu unserem Ohr spricht die Antithese. Sie dient nicht nur der Klarheit, sondern auch dem Rhythmus. Jeder Gegensatz ist ein Tonverstärker und eine Tonbrücke. Wir heben ihn auch rhythmisch scharf ab und schlagen gleichzeitig einen Bogen zwischen zwei Teilen:

«Wenn der Schulvorstand, immer vor Irrtum bange, seine Worte wie seine Begriffe an das Kreuz der Grammatik und der Logik schlägt, hart und steif ist, um ja nicht unbestimmt zu sein, viele Worte macht, um ja nicht viel zu sagen, und dem Gedanken, damit er ja den Unvorsichtigen nicht schneide, lieber die Kraft und die Stärke nimmt, so gibt das Genie dem seinigen mit einem einzigen glücklichen Pinselstrich einen ewig bestimmten, festen und dennoch ganz freien Umriß.» (Schiller)

Das Stilmittel der Antithese ist uralt, von den antiken Schriftstellern über die Kirchenväter bis zu Nietzsche. In Deutschland sind Lessing und Schiller wegen ihrer Antithesen berühmt, in Frankreich ist bei Victor Hugo die Antithese vollends zur Manier geworden.

Antithesen sind verführerisch. Wer eine gallenbittere Tablette genommen hat, dem schmeckt gewöhnlich Wasser süß. So kann man durch Kontraste halbwahren Sätzen den Anschein der Richtigkeit geben. Montesquieu hat erklärt, man müsse unterscheiden, ob ein Autor eine Wahrheit oder ein Bonmot aussprechen wollte; als Beispiel eines bloßen Bonmots nennt er die Antithese Augustins: «Qui te creavit sine te, te non salvabit sine te» (der dich geschaffen hat ohne dich, wird dich nicht retten ohne dich). Es gibt viele funkelnde Antithesen, die den ersten Blick blenden, aber dem zweiten nicht standhalten.

Polaritäten

Nicht nur einzelne Sätze kann man antithetisch aufbauen, sondern ganze Abschnitte.

Die Antithese verhilft dann zu einem festen Knochengerüst und zu einprägsamen Formulierungen:

«Mit Wieland rebelliert das leichte und heitere, sinnlich farbige und weltoffene süddeutsche Wesen gegen die norddeutsch-schwer-dunkelerhabene Gemütspoesie Klopstocks.

Klopstock von Anfang an ohne Schwanken, aber auch ohne Entwicklung den einmal eingeschlagenen Weg verfolgend, bis zuletzt der maßlose unverständige, heilige Begeisterungstränen sammelnde Jüngling; Wieland im Zickzack und in Extremen suchend, bis er den ihm entsprechenden Weg gefunden hat, und dann ein sich mäßigender, verständiger, liebenswürdig überzeugen wollender Mann... Ist Klopstock, der nur wenig geschrieben hat, knapp bis zur Dunkelheit, so ist der Vielschreiber Wieland redselig bis zur Geschwätzigkeit. Wandelt jener feierlich im Talar des Propheten, so schlendert dieser graziös im Mantel des Philosophen. Siegt bei jenem die Sittlichkeit allzu vollkommen über die Sinnlichkeit, so geht es bei diesem gerade umgekehrt, und hier wie dort, sowohl in der krampfhafthochgestemmten Wolkenwelt Klopstocks wie in der vergnüglich oberflächlichen Genußwelt Wielands überschleicht uns am Ende ein Gefühl der Leere.» (Karl Busse)

Es gibt ganze Bücher, die auf der glücklichen Antithese zweier Begriffe beruhen: nichts ist dankbarer als Polaritäten entdecken. Mit einem kühn erdachten Gegensatzpaar kann man viele Dinge neu beleuchten. Schillers *naive und sentimentalische Dichtung*, Nietzsches *apollinische und dionysische Kunst*, Spenglers *Kultur und Zivilisation* haben sich als fruchtbare Begriffspaare erwiesen. Freilich pflegen solche Begriffspaare die Welt in einer Art Schwarzweißmalerei stark zu vereinfachen.

Antithetische Wortverschränkung

Am kunstvollsten wird die Antithese, wenn sie sich mit einer Wortverschränkung verbindet: mehrere Begriffe sind beiden Sätzen gemeinsam, aber sie sind so verschränkt, daß gerade sie den Gegensatz zuspitzen:

«Wallenstein fiel nicht, weil er Rebell war, sondern er rebellierte, weil er fiel.» (Schiller)

«Lykurg schuf nicht nur Gesetze für seine Bürger, sondern er schuf auch Bürger für seine Gesetze.» (Schiller)

«Schelling hat sich im Alter von der Offenbarung der Philosophie zu der Philosophie der Offenbarung gewandt.» (Schopenhauer)

Oder in etwas anderer Form der Antithese:

«Dieses Buch enthält Neues und Gutes, aber das Gute ist nicht neu und das Neue ist nicht gut.» (Lessing über Gottsched)

Ähnliche Satzgebilde finden wir oft bei Nietzsche: «Ich brach die Ehe, doch vorher hat die Ehe mich gebrochen.» Dieses Schema einer Schüttelprosa hat Nietzsche anscheinend mit jedem Satz versucht und manche hübschen Effekte erzielt.

Chiasmus

Eine Sonderform der Antithese ist der sogenannte Chiasmus (Kreuzstellung). Hier werden zwei Gegensatzpaare der Antithese nach Art des griechischen Buchstabens Chi (χ) gestellt, also a b b a: «Die Schönheit hat Anbeter, Liebhaber hat nur Grazie» (Heinrich v. Kleist). Die beiden Gegensatzworte (*Anbeter* und *Liebhaber*) stoßen hier aneinander und wirken dadurch besonders nachdrücklich.

Auch der Chiasmus kann in beiden Sätzen die gleichen Begriffe verwenden und verschränken. Ein berühmtes Beispiel ist das Wort des Bischofs Remigius zu dem Frankenkönig Chlodwig: «Verbrenne, was du angebetet hast, und bete an, was du verbrannt hast.»

Reihe und Gleichlauf

> Die Vielzahl ist ein Zaubermittel, was wir brauchen
> dürfen, um den Rhythmus zu schaffen, das aber alles
> verdirbt, wo wir sie gedankenlos wuchern lassen.
> *Hugo v. Hofmannsthal*

Die Figur der Ordnung

Es ist ein kleiner Aufsatz über die Gärten Wiens, dem ich diese Worte entnehme, und der Rhythmus, von dem sie erzählen, ist nicht ein Rhythmus der Worte, sondern der Blumen. Ein paar Zeilen weiter hören wir von diesen Gärten:

«Diese Zehntausende von kleinen, wundervoll variierten Erhöhungen und Senkungen, von Kuppen und Rücken und Wällen, von Abhängen, Klüften, Mulden, Terrassen, Hohlwegen, Überschneidungen – ich glaube, es gibt nicht einen älteren und mittelgroßen Garten in Heiligenstadt oder Pötzleinsdorf, in Döbling, in Dornbach, Lainz oder Mauer, der an diesem unerschöpflichen Reichtum nicht seinen Anteil hätte.»

Wir beginnen zu merken, daß auch im Reich der Worte der Zauberstab der Vielzahl den Rhythmus schafft, selbst wenn er nur so irdische Dinge berührt wie die Namen der Wiener Vororte, und wir merken es noch deutlicher, wenn wir auf der folgenden Seite lesen:

«Ein Strauch oder eine Staude ist für sich allein weder hoch noch niedrig, weder unedel, noch edel, weder üppig, noch schlank: erst seine Nachbarschaft macht ihn dazu, erst die Mauer, an der er schattet, das Beet, aus dem er sich hebt, geben ihm Gestalt und Miene. Dies alles ist ein rechtes ABC, und ich habe Furcht, es könnte trotzdem scheinen, ich rede von raffinierten Dingen. Aber ein jeder Blumengarten hat die Harmonie, die ich meine: seine Pelargonien im Fenster, seine Malven am Gatter, seine Kohlköpfe in der Erde, das Wasser dazwischen hin, und, weil das Wasser schon da ist, Büschel Schwertlilien und Vergißmeinnicht dabei, und wenn's hochkommt, neben dem Basilikum ein Beet Federnelken, das alles ist einander zugeordnet und leuchtet eins durchs andere.»

Was all diesen Sätzen ihre Anmut gibt, das sind die Reihen, die an uns vorbeiziehen, die Reihe der Hügel, Mulden und Erdterrassen; die Reihe der Eigenschaften eines Strauches; die Reihe der Nachbarschaften, aus denen er aufragt; die Reihe der Gewächse des Blumengartens. Es sind keine einförmigen Reihen, die der Dichter vor uns hinstellt; mit leichter Hand nimmt er zum Schluß Schwertlilien, Vergißmeinnicht und Federnelken heraus und gibt ihnen einen eigenen Platz. Hofmannsthal ist einer der größten deutschen Prosakünstler.

Wir alle sind erfüllt von einer angeborenen Liebe zum Ebenmaß. Wenn an einem Bauwerk die einzelnen Teile einander entsprechen, wenn große Linien in ihm symmetrisch verlaufen, wenn in einem Gemälde die Farbe eines Gewandes an anderer Stelle wiederkehrt, wenn in einem Musikstück eine Tonfolge wiederanklingt: dann erfüllt uns ein Gefühl tiefer Befriedigung. Der Mensch ist nicht dem Chaos verhaftet, er strebt zum Kosmos, zur Ordnung, zur Symmetrie. Er liebt es zu spüren, daß im Lebendigen dasselbe immer wiederkehrt, daß ein Gesetz herrscht und ein Gleichmaß die Welt erfüllt. Was in der Wirklichkeit nebeneinanderliegt, das soll auch in der Welt der Sprache in Form der Reihen parallel geordnet sein. Die übersichtliche Reihe befriedigt unseren Sinn für Harmonie. Sie fördert zugleich Klang und Klarheit. Die Parallele ist so mächtig wie die Antithese. Sie ist die Figur der Ordnung.

Solch paralleler Aufbau gibt selbst Sätzen von geringem Gehalt Gewicht und Bedeutung:

«Es kann so weit kommen, daß manchem die Welt, von der ästhetischen Seite betrachtet, als ein Karikaturenkabinett, von der intellektuellen als ein Narrenhaus und von der moralischen als eine Gaunerherberge erscheint.» (Schopenhauer)

Ein besonders wirksames Kunstmittel wird die Reihe, wenn wir mehrere Zeitwörter nebeneinanderstellen, die das gleiche Satzziel (Objekt) haben:

«Diese Frau, die er umwirbt, gewinnt und verläßt...»

«Darin besteht der kultartige Zug dieser ganzen Geistesbildung, daß ihre Teilhaber nicht so sehr unterrichtet und aufgeklärt, als unterhalten, umworben, erheitert, erbaut und in ihrem Lebensgefühl bestärkt, gesteigert und aufgeregt sein wollen.» (Karl Vossler)

Wir ordnen Verben meist nur dann nebeneinander, wenn sie sinnverwandt sind. Aber gerade wenn wir gegensätzliche Verben parallel aufbauen, geben wir dem Satz die edle Kontur des knappen Stils:

«Die vornehmste Ursache rührte her von seiner Furcht, Germanicus möchte die Herrschaft lieber besitzen als erwarten wollen.» (Tacitus)

Gleichlauf

Nicht nur einzelne Wörter, auch ganze Sätze können wir parallel anordnen. Diese gleichlaufenden Linien erleichtern dem Leser den Überblick; parallel laufende Gedanken verlangen parallelen Sprachbau.

Parallel angelegte Sätze – man könnte diese Figur *Gleichlauf* nennen – sind ein altes Stilmittel:

«Weder fürchte ich ihn als Ankläger, weil ich unbescholten bin, noch scheue ich ihn als Mitbewerber, weil ich Antonius bin, noch sehe ich in ihm den künftigen Konsul, weil er Cicero ist.» (Antonius gegen Cicero)

Oft haben solche Parallelsätze einen antithetischen Inhalt. Sie stellen dann ihre Behauptungen in ein unerbittlich klares Rampenlicht:

«Die Kunst ist lang, das Leben kurz, die Gelegenheit flüchtig, das Urteil schwierig.» (Goethe)

Bisweilen liegt der Parallelismus nur im Aufbau einer Periode: eine Reihe von Bedingungs- oder Folgesätzen werden nebeneinandergestellt, und manche solcher Sätze beweisen, welch großgeschwungener Satzgefüge unsere Sprache fähig ist, wenn eine geschickte Hand sie in durchsichtiger flacher Schichtung aufbaut:

«Aber wenn sich die große Krise der Weltgeschichte erneuert, wenn in schweren Stunden das Gemüt der Denkenden mit Entschiedenheit verlangt, hinter dem Unzulänglichen ein Höheres zu erkennen, dem es den Zoll unbedingter Ehrfucht entrichten kann, wenn die Zerfahrenheit und die wechselseitige Verschuldung durch einen Strahl aus höheren Welten gespalten werden muß, sollen wir dem Druck der Gegenwart standhalten, so tritt die Gestalt dieses Heros (Prinz Eugen) aus dem ehrwürdigen Dunkel, und Staunen durchfährt uns: jedes Atom an ihr ist lebendig.» (Hugo v. Hofmannsthal)

Aber Reihe und Gleichlauf sind gefährliche Kunstmittel; denn gefahrlos ist nur das Einfache. Sie sind gefährlich, denn sie verführen zur Wortmacherei, wenn man sie gedankenlos wuchern läßt. Der Wunsch, die wohlklingende Figur der Reihe anzubringen, läßt uns leicht mehrere Worte schreiben, wo eines genügt hätte. Rhetorische Schriftsteller wie Adam Müller setzen gewohnheitsmäßig drei Worte für einen Begriff: *von der Flamme des Witzes verzehrt, vernichtet, geopfert.* – *Auch in der höchsten, ernsthaftesten, innigsten Hingebung.* – *Die gezirkelte, geschweifte, geschliffene Geschwätzigkeit des Cicero.* Dieser Verführung müssen wir widerstehen. Wir dürfen nicht das Einfache auseinanderfalten, um die Teile aufreihen zu können. Wir dürfen Reihen von Worten und Gleichlauf von Sätzen nur dann vor den Leser hinstellen, wenn es wirklich gilt, gleichlaufende Linien zu empfinden und nachzuzeichnen. Es gibt ein gutes Beispiel dafür, wie ein großer Schriftsteller das Verwirrte zu ordnen vermag: Von Schillers Darstellung der Inquisition in der «Geschichte des Abfalls der Niederlande» haben wir zwei Fassungen, die erste pathetisch, aber ohne Halt und Figur, die zweite kraftvoll geordnet in wohlabgewogenen Parallelen:

Erste Fassung:

«Die Vernunft unter den blinden Glauben herabzustürzen und die Freiheit des Geistes durch eine tote Einförmigkeit zu zerstören, war das Ziel, worauf dieses Institut hinarbeitete; seine Werkzeuge dazu waren Schrecken und Schande. Bis ins Gebiet der geheimsten Gedanken dehnte es seine unnatürliche Gerichtsbarkeit aus. Jede Leidenschaft stand in seinem Solde, Freundschaft, eheliche Liebe und alle Triebe der Natur wußte es zu seinem Zwecke zu brauchen; seine Schlingen lagen in jeder Freude des Lebens. Wohin es seine Horcher nicht bringen konnte, versicherte es sich der Gewissen durch Furcht, ein dunkler Glaube an seine Allgegenwart fesselte die Freiheit des Willens, selbst in den Tiefen der Seele. Alle Instinkte der Menschheit beugte es unter das Formular

Zweite Fassung:

«Schändung der Vernunft und Mord der Geister heißt ihr Gelübde; ihre Werkzeuge sind Schrecken und Schande. Jede Leidenschaft steht in ihrem Solde, ihre Schlinge liegt in jeder Freude des Lebens. Selbst die Einsamkeit ist nicht einsam für sie; die Furcht ihrer Allgegenwart hält selbst in den Tiefen der Seele die Freiheit gefesselt. Alle Instinkte der Menschheit hat sie herabgestürzt unter den Glauben; ihm weichen alle Bande, die der Mensch sonst am heiligsten achtet. Alle Ansprüche auf seine Gattung sind für einen Ketzer verscherzt; mit der leichtesten Untreue an der mütterlichen Kirche hat er sein Geschlecht ausgezogen. Ein bescheidener Zweifel an der Unfehlbarkeit des Papstes wird geahndet wie Vatermord und schändet wie So-

eines willkürlichen Glaubens; alle Ansprüche an seine Gattung waren für einen Ketzer verscherzt, mit der leichten Untreue an der Kirche hatte er sein Geschlecht ausgezogen. Die heilsamen Schauer des Instinkts, womit uns der Urheber unseres Wesens gegen unnatürliche Verbrechen gewappnet hat, trug es willkürlich auf ein elendes Priesterwerk über; ein bescheidener Zweifel an der Unfehlbarkeit des Papstes wird geahndet wie Vatermord, und schändet wie Sodomie. Kein Schicksal konnte seine Opfer ihm unterschlagen, an Leichen, an Gemälden wurden seine Sentenzen vollstreckt, vor dem Arme der Inquisition war das Grab selbst keine Zuflucht, und die Schuld des Vaters lebte fort im Elend ganzer Generationen.»

domie; ihre Urteile gleichen den schrecklichen Fermenten der Pest, die den gesundesten Körper in schnelle Verwesung treiben; selbst das Leblose, das einem Ketzer angehörte, ist verflucht; ihre Opfer kann kein Schicksal ihr unterschlagen; an Leichen und Gemälden werden ihre Sentenzen vollstreckt, und das Grab selbst ist keine Zuflucht vor ihrem entsetzlichen Arme.»

Es sind fast die gleichen Worte, aber die neue Anordnung hat Geist und Satzmelodie neu gestaltet. In der ersten Fassung sind die Sätze beinahe ohne rhythmische Führung; willkürlich, fast zufällig folgen betonte und unbetonte Silben. In der zweiten Fassung hat Schiller die Sätze parallel aufgebaut (*jede Leidenschaft . . . alle Instinkte . . . alle Ansprüche . . .*) und jeder Satz besteht aus zwei ähnlichen Hälften (*Schändung der Vernunft und Mord der Geister heißt ihr Gelübde; ihre Werkzeuge sind Schrecken und Schande*).

Im Munde des Dichters verbindet sich die Figur der Reihe oft mit zwei anderen Kunstmitteln: der Steigerung und der Wiederholung. Dann erst wird die ganze Macht des kunstvoll aufgebauten Ebenmaßes lebendig:

> «es wacht der Rausch, die Qual,
> der Haß, der Geist, das Blut: das Leben wacht,
> das Leben, das lebendige, allmächtige.»

Die letzten Verse sind wie das Motto dieses Kapitels und die Sätze über die Gärten Wiens und über Prinz Eugen dem Werke eines Prosakünstlers entnommen, dem die hohe Kunst anspruchsloser Anmut geschenkt ist. Es ist nicht leicht zu zergliedern, warum es so angenehm ist, die Prosa Hugo von Hofmannsthals zu lesen. Das Geheimnis seines Stils liegt vielleicht in einem einzigen Kunstgriff: nie verwendet er einen verbrauchten, nie einen gesuchten Ausdruck. In seinen Arbeiten ist keine Silbe Zufall, aber an keiner merkt man eine Absicht. In seinen Prosadichtungen atmet die Sprachkultur von dreihundert Jahren, aber sie wirken so frisch wie ein Bergquell.

Anspielung, Sentenz und andere Stilfiguren

> Zweckmäßig angebracht, schmücken die Figuren
> die Rede; im Übermaß verlangt, sind sie höchst
> läppisch.
>
> *Quintilian*

Stilfiguren

Die griechische und römische Literatur über Rhetorik unterscheidet mehrere Dutzend Stilfiguren. Einige von ihnen – Metapher, Wortspiel, Antithese, Paradox, Ironie – haben wir besprochen. Andere sind:

Periphrase oder Umschreibung: «Kennst du das Land, wo die Zitronen blühen?»

Hyperbel oder Übertreibung: «Ich fühle eine Armee in meiner Faust.»

Litotes oder Untertreibung: «Wenn ich schließlich von meiner Wenigkeit sprechen darf.»

Epizeuxis oder Wiederholung im gleichen Satz: «Auferstehn, ja auferstehn wirst du...»

Anapher oder gleicher Anfang mehrerer Sätze: «Dich hob, dich trug und dich verdarb die Zeit.»

Asyndeton oder Auslassung der Bindewörter: «Er kam, sah, siegte.»

Polysyndeton oder Häufung der Bindewörter: «Und es wallet und siedet und brauset und zischt...»

Klimax oder Steigerung: «Es ist eine Schande, einen römischen Bürger zu fesseln; ihn zu geißeln, ist ein verruchtes Verbrechen; ihn zu töten, wäre fast ungeheurlich wie die Frevel des Elternmordes; aber ihn ans Kreuz zu schlagen – wie soll ich das nennen?» (Cicero)

Korrektion oder Verbesserung: «Diese Widersprüche, nein, nicht diese Widersprüche – die Antworten, die sein Scharfsinn so sonder Mühe auf diese Widersprüche fand –, diese seine – wie man will – kunstlosen oder kunstreichen Antworten –, was spott' ich? – diese eklen Mißgeburten seines eigenen Gehirnes.» (Lessing)

Die Stillehren des vorigen Jahrhunderts haben sich ausführlich mit diesen Gebilden beschäftigt. Heute glaubt niemand mehr, daß der gute Stil ein Mosaik geschickt zusammengesetzter Stilfiguren sei; sie gleiten allmählich in den geschichtlichen Teil der Stilbücher hinab. Lebendig geblieben sind nur wenige; von ihnen müssen wir sprechen.

Anspielung

Jede Unterhaltung steckt voller Anspielungen. Das sind zunächst die banalen Anspielungen auf allbekannte Sprichwörter, Zitate und geschichtliche Tatsachen. Wenn wir sagen: *das sollte man niedriger hängen,* so spielen wir auf ein Wort Friedrichs des Großen an. Wenn wir erklären, *du bist auf diese Weise der lachende Dritte,* so enthält die Wendung einen Anklang an ein Wort des Horaz.

Stilistisch wichtiger sind jene bewußten Anspielungen, bei denen eine bestimmte Tatsache nur im Vorbeigehen angedeutet wird:

«Ein exaltierter Journalist, namens Rousseau, schreibt ein paar bizarre Flugschriften, und sechs Jahre lang zerfleischt sich ein hochbegabtes Volk. Ein weltfremder und von aller Welt gemiedener Stubengelehrter, namens Marx, schreibt ein paar dicke und unverständliche philosophische Bände, und ein Riesenreich ändert seine gesamten Existenzbedingungen von Grund auf.» (Egon Friedell)

Hätte Friedell Frankreich und Rußland beim Namen genannt, so wäre der Satz gänzlich verblaßt. Der stilistische Reiz der Anspielung liegt darin, daß der Leser selbst mitarbeiten muß. Er muß das ergänzen, was nur angedeutet wurde, und freut sich bei dieser Gelegenheit, wie gescheit er ist.

Dieser Erfolg tritt freilich nur ein, wenn der Leser die Anspielung versteht. Aber es gibt viele Anspielungen, die der Leser nicht versteht, weil er den zugrunde liegenden Sachverhalt nicht kennt oder weil die Andeutung zu unklar gehalten war.

Voll schwer verständlicher Andeutungen ist Raabe. In dem Roman «Die Akten des Vogelsangs» schreibt der nach Amerika gegangene Andres – nicht einmal ein besonders literarischer Mensch – an seine Mutter:

«Sollte Freund Krumhardt . . . aus seiner Geschäftspraxis demnächst einmal einen neuen edlen Kinkel nebst Spulrad und Märtyrerglorie in der lieben Heimat für einen überseeischen Herosbefreier zur Verfügung haben, so reflektiere ich darauf und bitte, aus guter, alter Kameradschaft mir die Vorhand zu lassen. Eine republikanische Bürgerkrone für einen Märtyrer aus dem neuen deutschen Reich! Das Ding wird leider schwer zu finden sein, denn den alten wahren Otto den Schützen von seinem Wergzupfen und Wollespulen im Reichstage zu entführen, würde ihm doch selber auch jetzt noch nicht recht in die gelbweiße Kürassiermütze passen.»

Wie viele Anspielungen stecken in den paar Sätzen dieses Briefes! Wer den Satz verstehen soll, muß wissen, daß der Deutschamerikaner Schurz den Freiheitskämpfer Kinkel aus dem Gefängnis befreit hatte, daß es eine tirolische Sage von Otto dem Schützen gibt, über die Kinkel ein Epos gemacht hat, daß Raabe Bismarcks Tätigkeit im Reichstag mit dem Wollezupfen eines Zuchthäuslers gleichsetzte und daß Bismarck Reserveoffizier bei den Halberstädter Kürassieren war. Um 1880 wußte das jeder, aber wer weiß es heute? Bücher mit aktuellen Anspielungen veralten schnell.

Ein großer Anspieler war der Germanist Erich Schmidt; das folgende Musterbeispiel stammt nicht etwa aus einer Abhandlung für Fachgenossen, sondern aus einer Festrede:

«Auch die Parodie heftet den Blick auf die Eigenheiten oder wirkliche Unarten, die gesteigert werden, mögen die ‹Thesmophoriazusen› minder diskret als das ‹Symposion› einen spielerigen Agathon mimisch treffen, Aristophanes, den Euripides karikiert, zum Worte rufen, Gottfried von Straßburg die Sprünge Wolframs auf der Wortheide verlachen, Wilhelm Schlegel den allerdings nur für Kenner genießbaren ‹Wettgesang dreier Poeten› anstimmen und die ‹Ehrenpforte› für Kotzebue bauen oder neuerdings ein witziger Schalk die Condensed novels auf ‹berühmte Muster› Deutschlands übertragen.»

Der Satz enthält acht Anspielungen; jede von ihnen hätte an Klarheit nur gewonnen, wenn sie auf ihre Geheimnistuerei verzichtet und das klar mitgeteilt hätte, was sie halb ausspricht und halb verschweigt.

Dialog

In der antiken Welt liebte man eine Form der Abhandlung, die wir heute kaum mehr anwenden: den Dialog. Fast alle Werke Platons sind solche Wechselgespräche. Wissen wurde bei den Hellenen meist mündlich vermittelt; es lag daher nahe, auch Abhandlungen in Dialogform zu halten. Im Mittelalter wurde das Streitgespräch noch oft angewandt. In neuerer Zeit hat Lessing den Dialog gelegentlich benützt; auch seine fortlaufenden Abhandlungen gehen oft in Dialogform über, wenn sie lebhafter werden. Besonders eindrucksvoll ist der Kanzeldialog im «Anti-Goeze», in dem er unterstellt, daß Goeze predigt und er Zwischenbemerkungen macht; die Worte Goezes sind dessen Streitschriften entnommen und gehen daher an Lessings Einwendungen stets blind vorüber.

Dem 19. Jahrhundert fehlte die erste Voraussetzung eines literarischen Dialogs: eine vornehme Geselligkeit mit festen Lebensformen, welche die Sprache des Buches und des Gesprächs einander annähert und einem kunstvollen Dialog den Hintergrund der Wahrheit gibt. So sind Dialogabhandlungen selten geworden. Der Hauptvorzug des Dialogs ist die Lebendigkeit der Darstellung; der Leser hat es mit Menschen zu tun, nicht nur mit Problemen. «Die beste Methode, um die Ecken des Lehrvortrags abzurunden, ist die Dialogform.» (Herder). Der Dialog kann zwei entgegengesetzte Ansichten gegeneinander abwägen. Aber hierin liegt auch seine Schwäche: der Verfasser hat schließlich nur eine Meinung und muß daher am Schluß einem Gesprächspartner recht und dem anderen unrecht geben. Der Partner, der unrecht bekommt, gerät meist in eine künstlich gezwungene Redeweise hinein: diese Unnatur entsteht nicht nur am Schluß des Ganzen, sondern am Abschluß jeder einzelnen Erörterung.

Wilhelm v. Humboldt hat über die Dialogform gesagt: «Am schönsten und seelenvollsten tritt die Individualität der Sprache in den philosophischen Gesprächen auf... Die Empfindung nimmt die Ruhe und die Milde des Gedankens, der Gedanke die Wärme und die Farbe der Empfindung an, und die Beschäftigung damit scheint ein leichtes, nur durch freiwillige Freude daran fortgesetztes Spiel.»

Zeitsprung

Eine bewährte Stilfigur ist der Zeitsprung:

«Gleichzeitig mit dem ‹Positivisten› Meng-tse (372–289) beginnt plötzlich eine mächtige Bewegung von Alchymie, Astrologie und Okkultismus.» (Oswald Spengler)

Das ist ein bewußter Wechsel der Stilschicht: längst Vergangenes wird in den Begriffen von heute erzählt. Dieser Kunstgriff bringt uns eine entschwundene Welt näher. Aber wenn Mommsen von römischen Gardeleutnants spricht oder andere Geschichtsschreiber von dem Rationalismus Abälards oder von der Romantik Petrarcas, so wird sich der ungeschulte Leser falsche Vorstellungen machen. Das Eigentümliche einer Zeit geht leicht verloren.

Oft hat man solche bewußten Zeitsprünge als Mittel der Komik benützt. Es stimmt uns heiter, wenn in einem englischen Roman Antigone sagt: *Meine Tante Klytämnestra neigt dazu*... Oder wenn in einer Parodie Nestroys Holofernes der Judith zuflüstert: *Schatz, gib mir a Busserl,* und sie ihm antwortet: *Aber Sie san a Schlimmer!* Oder wenn in einem französischen Lustspiel Alkmene sich mit Leda unterhält, in welcher Gestalt ihr der angekündigte Jupiter erscheinen werde, und dabei erklärt: *Aber das sage ich dir: Mineralreich kommt für mich nicht in Frage!* Das Kunstmittel des bewußten Zeitsprungs – im Gegensatz zum ungewollten Zeitschnitzer – ist von Holberg bis Shaw immer mit großem Erfolg angewandt worden.

Eine Stilfigur ohne Namen

Es gibt eine Stilfigur, welche uns oft begegnet und meist erfreut, für die aber weder die antike Rhetorik noch die moderne Stilistik einen Namen festgelegt hat.

«Germanien wird von den Sarmaten und Daciern durch wechselseitige Furcht oder hohe Gebirge geschieden.» (Tacitus)

«Mamsell Hornbostel, die vom Kirchbuche Julia, Theresa, Adolphine, von ihren Freundinnen und Freunden Julchen und Jule und von ihren Feindinnen und Feinden eine heimtückische, geizige alte Katze genannt wurde, war die einzige Erbin des weiland Syndici Hornbostel.» (Wilhelm Raabe)

«Dank ihrer Farbenbeständigkeit, der trockenen Luft Madrids und der langen Verschonung mit Galeriedirektoren sind die Werke des Velasquez auch fast alle von einer Erhaltenheit, wie man sie nicht besser verlangen kann.» (Carl Justi)

In all diesen Beispielen werden zwei Begriffe wie selbstverständlich nebeneinandergestellt, die einander völlig fremd sind. Lichtenberg betitelt eine Schrift «Verteidigung zweier Israeliten, die durch die Kräftigkeit der Lavaterischen Beweisgründe und die Göttinger Mettwürste bewogen, den wahren Glauben angenommen haben». C. F. Meyer sagt von dem Papste Alexander VI., er habe in ungeheuerlicher Naivität nie an den Dogmen und Wundern einer Kirche gezweifelt, deren «Haupt und Schande» er war. Nietzsche hat auch dies Stilmittel zu Tode gehetzt: «Daß mir nicht in meine Gärten die Schweine und Schwärmer brechen.» – «Um Licht und Freiheit flatterten sie einst gleich Mücken und jungen Dichtern.» – «Christentum und Branntwein – die europäischen Narkotika».

Dies Stilmittel ist verwandt mit der antiken Stilfigur des Zeugmas, der Verwendung eines Zeitworts für zwei Hauptworte, von denen nur eines zu dem Zeitwort paßt *(Entzahnte Kiefern schnattern und das schlotternde Gebein)*.

Replik mit der Waffe des Gegners

Es gibt noch eine andere glanzvolle Stilfigur, die keinen rechten Namen trägt.

Während des Aufstandes der Polen gegen die Russen 1863 unterstützte Bismarck den Zaren. Der Abgeordnete Virchow forderte ihn daraufhin im Landtag auf, er solle lieber, statt «den Polizisten für Rußland zu spielen», dem Zaren nahelegen, in Polen eine Politik zu betreiben, die solche Aufstände unnötig mache. Bismarck antwortete:

«Ratschläge an fremde Staaten über innere Angelegenheiten haben immer etwas Mißliches. Sie führen leicht zur Reziprozität [zu der gleichen Maßnahme des anderen Teils]. Die Ratschläge aber, die S. M. der Zar mir für die Behandlung des preußischen Landtags erteilen würde, wage ich in Ihrer Gegenwart gar nicht auszumalen.»

Vier Jahre später erklärte ein Abgeordneter der Fortschrittspartei, er sehe in Bismarck einen verlorenen Sohn des großen deutschen Vaterlandes. Bismarck antwortete, mit der Hand über das Haus hindeutend, er hoffe, «daß der verlorene Sohn von der idyllischen Beschäftigung, die er in der Fremde betreiben mußte, bald in sein Vaterhaus zurückkehren werde». Einige Abgeordnete waren bibelfest genug, um sich zu erinnern, daß der verlorene Sohn des Evangeliums in der Fremde die Schweine gehütet hat.

Bei jeder dieser Wendungen packt der Angegriffene gerade den Speer, den man nach ihm geworfen hatte, schleudert ihn auf den Gegner zurück und trifft ihn mitten ins Herz. Ein Bild des andern wird aufgegriffen, ein Zitat weitergeführt, ein Ausdruck aufgenommen und gegen den Urheber gekehrt. Bismarck beherrschte diese Kunst in einem fast unheimlichen Maß.

Friedrich der Große schrieb 1742 an den Bischof von Breslau:

«Der Heilige Geist und Ich sind übereingekommen, daß der Prälat Schaffgotsch Koadjutor von Breslau sein soll, und daß diejenigen von den Domherren, die sich dem widersetzen, als Leute betrachtet werden, die dem Wiener Hof und dem Teufel ergeben sind und den höchsten Grad der Verdammung verdienen, weil sie dem Heiligen Geist Widerstand leisten.»

Der Bischof erwiderte:

«Das große Einvernehmen zwischen dem Heiligen Geist und Eurer Majestät ist für mich eine große Neuigkeit. Ich wußte nicht einmal, daß die Bekanntschaft hergestellt war, und wünsche nur, daß der Heilige Geist dem Papste und den Domherren alle Eingebungen schicke, die unseren Wünschen entsprechen.»

An Hermann Bahr sandte ein Dichterling eine Novelle mit einem Schreiben, das er mit der gezierten Wendung schloß:

«Nie fühle ich mich mehr geadelt,
als wenn ein großer Mann mich tadelt.»

Bahr fügte der Rücksendung nur den lakonischen Vermerk bei: «Von mir aus können Sie sich als Großherzog betrachten.»

Es gibt auch ernste Beispiele dieser Art von Replik. König Friedrich Wilhelm III. schrieb 1807 eigenhändig an den Freiherrn vom Stein einen Brief, der mit den Worten schloß:

«Aus allem diesen habe ich mit großem Leidwesen ersehen müssen, daß Sie als ein widerspenstiger, trotziger, hartnäckiger und ungehorsamer Staatsdiener anzusehen sind, der, auf sein Genie und seine Talente pochend, weit entfernt, das Beste des Staates im Auge zu haben, nur durch Kapricen geleitet, aus Leidenschaft und aus persönlichem Haß und Erbitterung handelt. Dergleichen Staatsbeamte sind aber gerade diejenigen, deren Verfahrensart am allernachteiligsten und gefährlichsten für die Zusammenhaltung des Ganzen wirkt . . . Da Sie indessen vorgeben, ein wahrheitsliebender Mann zu sein, so habe ich Ihnen auf gut deutsch meine Meinung gesagt, indem ich noch hinzufügen muß, daß, wenn Sie nicht Ihr respektwidriges und unanständiges Benehmen zu ändern willens sind, der Staat keine große Rechnung auf Ihre ferneren Dienste machen kann.»

Sogleich antwortete Stein:

«Eurer Königlichen Majestät Allerhöchste Kabinettsordre vom 3. Januar a. c. habe ich in diesem Augenblick erhalten. Da Höchstdieselben mich für einen ‹widerspenstigen, trotzigen, hartnäckigen und ungehorsamen Staatsdiener ansehen, der, auf sein Genie und seine Talente pochend, weit entfernt, das Beste des Staates vor Augen zu haben, nur durch Kapricen geleitet aus Leidenschaft und persönlichem Haß handelt›, und da ich gleichfalls überzeugt bin, daß ‹dergleichen Staatsbeamten am allernachteiligsten und gefährlichsten für die Zusammenhaltung des Ganzen wirken›, so muß ich Eure Königliche Majestät um meine Dienstentlassung bitten.»

Sentenz

Wir alle lieben es, unsere Erfahrungen zu verallgemeinern und in der Form grundsätzlicher Thesen auszusprechen. So entsteht die Sentenz. Sentenzen, die für sich allein stehen, nennen wir Aphorismen.

Die gute Sentenz ist knapp, abgerundet, einprägsam. Aber es ist sehr schwer, einen bedeutenden, allgemeingültigen Gedanken in einen kurzen Satz zu verdichten und ihn ohne alle Vorbereitung so auszusprechen, daß er jedermann überzeugt. Wer einen weiten Überblick geben will, muß auf einem Berge stehen; aber wer Aphorismen schreibt, darf den Leser nicht allmählich zur Höhe hinanführen, sondern muß ihn mit einem Schlag heraufzaubern. Jede gute Sentenz ist daher auch ein Meisterstück der Stilkunst. Sie muß so völlig abgerundet sein, daß der Leser weder nach ihren Ursprüngen noch nach ihren Folgen fragt.

Viele Aphorismenschreiber machen sich den Weg zur Allgemeingültigkeit leicht: sie bleiben auf der Ebene der Banalität. Die Banalität ist der Todfeind der Sentenz. Überspitzte, ja falsche Sentenzen sind immer noch besser als banale.

Die gute Sentenz muß einen neuen Gedanken enthalten. Neu muß entweder der Tatbestand der Sentenz sein oder der Zusammenhang, in den er hineingestellt wird.

Sentenzen der ersten Art sind selten. Einen neuen allgemeingültigen Satz so kurz auszusprechen, daß ihn jeder versteht und glaubt, scheint unmöglich. Oder – wie es Marie von Ebner-Eschenbach ausgedrückt hat – «Sage etwas, das sich von selbst versteht, zum erstenmal, und du bist unsterblich.» Sie selbst hat einige Aphorismen dieses Ranges geschrieben: «Die Menschen, denen wir eine Stütze sind, geben uns den Halt im Leben.» – «Die meisten Menschen brauchen mehr Liebe, als sie verdienen.» – «Der Gescheitere gibt nach! Eine traurige Wahrheit; sie begründet die Weltherrschaft der Dummheit.» – «Eine gescheite Frau hat viele geborene Feinde: alle dummen Männer.»

Einige andere Beispiele solcher wahrhaft großen Sentenzen:

«Unsere Meinungen sind nur Supplemente unserer Existenz. Wie einer denkt, daran kann man sehen, was ihm fehlt.» (Goethe)

«Wer, in den äußersten Fall gesetzt, zur Nachgiebigkeit bereit erscheint, ist auch schon verloren.» (Goethe)

«Die Menschen denken über die Vorfälle des Lebens nicht so verschieden wie sie darüber sprechen.» (Lichtenberg)

«Man mag Frauen finden, die niemals eine Liebschaft gehabt haben, aber selten eine, die nur eine einzige gehabt hätte.» (La Rochefoucauld)

Häufiger sind Sentenzen, bei denen nicht der Gedanke neu ist, sondern der Ausdruck, die Beleuchtung, der Zusammenhang. Für diese Art Sentenzen gibt es viele Rezepte. Das billigste Rezept ist die Begriffsverpflanzung, von der schon früher die Rede war: man verwendet einen Begriff in einem Gebiet, das von seiner sonstigen Heimat recht weit entfernt ist: «Der Witz ist ein brillanter Emporkömmling von zweifelhafter Abstammung» (Marie v. Ebner-Eschenbach), oder – weit verstiegner – «Soldaten tragen bunte Kleider, weil sie der Blütenstaub des Staates sind» (Novalis).

Manche Sentenzen verwenden einen Begriff in etwas anderem Sinn als üblich: «Wer das Glück sucht, kann das Leben nicht finden. Wer aber das Leben findet, hat Glückes genug.» (Johannes Müller) Die Knappheit dieses gescheiten Satzes beruht auf der Art, wie er das Wort *Leben* verwendet: er verengt den Begriff auf die lebendige, aufgeschlossene Form des Daseins, auf die Hingabe an die Aufgaben der Welt.

Sehr viele Aphorismen beruhen auf treffenden Vergleichen; ein wohlbekannter Tatbestand wird so ganz knapp zusammengedrängt:

«Die Hindus der Wüste geloben gern, keine Fische zu essen.» (Goethe)

«Wer das erste Knopfloch verfehlt, kommt mit dem Zuknöpfen nicht zurecht.» (Goethe)

«Während ein Feuerwerk abgebrannt wird, sieht niemand nach dem gestirnten Himmel.» (Marie v. Ebner-Eschenbach)
Andere Sentenzen beruhen auf Antithesen oder Überraschungen:
«So mancher meint ein gutes Herz zu haben und hat nur schwache Nerven.» (Marie v. Ebner-Eschenbach)
«Es ist sehr schwer, das Glück in uns zu finden, und es ist ganz unmöglich, es anderswo zu finden.» (Sébastien R. N. Chamfort)
«Durch längeres Zusammenleben können wir einen Freund verlieren, durch Trennung nie.» (Johannes Müller)
So mancher Aphorismus verdankt seine schlagende Wirkung einem uralten Kunstgriff: er zerreißt den konventionellen Schleier, mit dem wir das Unerfreuliche im menschlichen Charakter zu bedecken pflegen, und stellt die Fragwürdigkeit des Menschenwesens mit der Miene völliger Selbstverständlichkeit vor uns hin. Eine pessimistische Psychologie ermöglichst geistreiche Sentenzen:
«Wir haben immer Kraft genug, um die Leiden der anderen zu ertragen.» (La Rochefoucauld)
«Selbst der bescheidenste Mensch hält mehr von sich, als sein bester Freund von ihm hält.» (Ebner-Eschenbach)
«Es gibt wenig aufrichtige Freunde – die Nachfrage ist auch gering.» (Ebner-Eschenbach)
Marie von Ebner-Eschenbach steht unter den deutschen Aphoristikern mit an erster Stelle; einer ihrer größten war unstreitig Goethe. Seine «Sprüche in Prosa» verzichten darauf, geistreich zu sein: da funkeln keine Antithesen, da schillern keine Begriffe. Jedes Wort bleibt an seiner Stelle; die Ironie ist milde und räumt ihren Platz gern einem wohlwollenden großväterlichen Humor; das wichtigste, nein, das einzige Kunstmittel dieser knappen Sätze ist eine geniale Nüchternheit:
«Wenn ein paar Menschen recht miteinander zufrieden sind, kann man meistens versichert sein, daß sie sich irren.»
«Wenn man alle Gesetze studieren sollte, so hätte man gar keine Zeit, sie zu übertreten.»
«Was sogar die Frauen an uns ungebildet zurücklassen, das bilden die Kinder aus, wenn wir uns mit ihnen abgeben.»
«Seelenleiden, in die wir durch Unglück oder eigene Fehler geraten, sie zu heilen, vermag der Verstand nichts, die Vernunft wenig, die Zeit viel, entschlossene Tätigkeit dagegen alles.»
In Erzählung und Drama legt der Verfasser seine Sentenzen oft seinen Figuren in den Mund. Den Dramengestalten Schillers fallen oft mehr Sentenzen ein, als man hätte von ihnen erwarten sollen; die Sentenzen hängen dann nur lose wie Christbaumschmuck am Dialog. Mehr aus dem Augenblick geboren sind die Aphorismen der Romanfiguren Fontanes:

«Wer eine Tänzerin heiratet, hat allemal ein weiches Herz.»

«Leichtes Leben verdirbt die Sitten, aber die Tugendkomödie verdirbt den ganzen Menschen.»

Wenn der Erzähler dagegen seine Sentenzen selbst vorbringt, entsteht leicht jenes Dreinreden, von dem wir im Kapitel «Sache, Autor und Leser» gesprochen haben. Diese eigenen Sentenzen liebt vor allem Raabe; oft durchzieht eine Sentenz als Leitmotiv das ganze Buch, so das «Geh heraus aus dem Kasten» in «Stopfkuchen» oder «Sieh nach den Sternen, hab acht auf die Gassen» in den «Leuten aus dem Walde». Oft verschmilzt er auch seine Lebensweisheiten mit dem Text der Erzählung:

«Und nun laßt mir endlich Wunnigel, den Herrn Regierungsrat a. D. Wunnigel aus Königsberg, ein wenig mehr in den Vordergrund! Alle haben sie immer das Wort, nur die wirklich Liebenswürdigen nicht.»

Manchmal bleibt auch in der Schwebe, ob eine Sentenz dem Verfasser zukommt oder seinen Figuren:

«Herr Kortüm stellte darüber Betrachtungen an: Freunde sind eine Gnade Gottes. Aber der Weg zur Hölle ist mit guten Bekannten gepflastert. Niemand kommt ohne die guten Bekannten aus. Ob man sie haben will oder nicht – sie haben jedenfalls uns, dachte Herr Kortüm. Die guten Bekannten begleiten uns freundlich durchs Leben. Begegnet uns das Glück, so feiern sie mit uns. Bleibt das Glück zu lange in unseren Armen liegen, tun sie das ihrige, daß wir es wieder los werden. Trifft uns wirkliches Leid, können wir auf ihren Kondolenzbesuch rechnen. Bedürfen wir einer Stützung, so sind sie guten Rats voll. Müssen wir fünf Mark von ihnen fordern, fehlen ihnen genau fünf Mark zu ihrer Sommerreise. Aber wenn wir begraben werden – dessen sollen wir uns getrösten: die guten Bekannten stehen alle wie eine Mauer um unser Grab und geben uns die letzte Ehre. Denn wer sollte sie uns sonst geben?» (Kurt Kluge)

Streitschriften und Kraftausdrücke

> Der Verfasser liebt den schleichenden, süßen Kom-
> plimentierton überhaupt nicht; er sucht mehr das
> Lob der Bescheidenheit als der Höflichkeit. Die Be-
> scheidenheit richtet sich genau nach dem Verdienste,
> das sie vor sich hat; sie gibt jedem, was jedem ge-
> bührt. Aber die schlaue Höflichkeit gibt allen alles,
> um von allen alles wieder zu erhalten.
>
> *Lessing*

Polemik als Stilschule

Ein guter Teil aller Stilkrankheiten entsteht aus Mangel an Leidenschaft. Deshalb sind Streitschriften fast immer in gutem Stil geschrieben. Gleichviel ob der Kämpfer für eine gute Sache ficht: «Der Scharfsinn verläßt geistreiche Männer am wenigstens, wenn sie Unrecht haben.» (Goethe) Wer von Leidenschaft lodert, der schreibt keinen Papierstil, baut keine langen Perioden, verwendet keine Formeln. Aus dem Zorn seines Herzens fließen ihm von selbst Bilder und Antithesen, Witze und Wortspiele zu. Weil er jemanden treffen will, schreibt er treffend, weil er schlagen will, schreibt er schlagend. Er kann nicht im Nebelhaft-Allgemeinen bleiben: er muß einen bestimmten Gegner packen und die Katze eine Katze nennen. Die Polemik ist eine Stilschule der Prosakunst.

In Streitschriften finden wir alle großen Stilmittel, die wir besprochen haben, versammelt: die Entrüstung bringt nicht nur Verse, sondern auch gute Prosa zustande. Es gibt aber auch einige besondere Stilmittel der polemischen Literatur. Von ihnen handelt dieses Kapitel.

Grobianismus

Das einfachste dieser Stilmittel ist das Schimpfen. Deutschland besitzt zwei Klassiker der Schimpfliteratur: Luther und Schopenhauer. Nie ist in einer Sprache etwas Gröberes geschrieben worden als Luthers Schrift: «Wider Hans Worst»; mit diesem Namen bezeichnet er den Herzog Heinrich von Braunschweig.

«Denn du weißt, daß alle Welt von dir weiß, wie du deine löbliche Fürstin hältst, nicht allein als ein voller, toller Filz und Trunkenbold, sondern als ein unsinniger, wütender Tyrann, der sich nicht voll Weines, sondern voll Teufel gefressen und gesoffen habe, täglich und alle Stunde, wie Judas im Abendmahl. Denn du speiest auch eitel Teufel aus deinem ganzen Leibe in allen deinen Werken und Wesen mit Gotteslästern, Fluchen, Lügen, Ehebrechen, Wüten, Schinden, Morden, Mordbrennen, daß man deines gleichen in keiner Historie findet . . .

Und daß ich auch zum Ende komme, achte ich für mich, daß Heinz Teufel darum solche böse, lästerliche Lügenbücher vorgenommen habe zu schreiben: er weiß, daß er bei aller Welt viele schändliche Namen hat und stinkt wie ein Teufelsdreck, in Deutschland geschissen; wollte er vielleicht gern, daß er nicht allein vor andern so scheußlich stänke, sondern auch andre löbliche Fürsten bestänkern.»

Freilich war auch die allgemeine Tonart dieser Zeit weit schärfer als unsere. Luthers Gegner wetterte ähnlich: Thomas Murner schrieb gegen Luther eine «Schutzrede und Antwort wider das geistlose, sanftlebende Fleisch zu Wittenberg», die mit dem Satze beginnt: «Doktor Lügner ist ein einfältiger Mann . . .» und sich zu dem freundlichen Wunsche steigert: «Aber schlaf sanft, liebes Fleisch! Ich röche dich lieber gebraten in deinem Trotze durch Gottes Grimm im Hafen oder Topf beim Feuer (Jeremias 1). Denn in deinem eigenen Söttlein gekocht, sollte dich der Teufel fressen (Hesekiel 23). Du bist ein Eselsfleisch, du würdest langsam gar werden und ein zähes Gericht werden deinen Milchmäulern.»

Luther hat die schärfste Tonart auch in den großen politischen Auseinandersetzungen nicht gescheut. Als er in dem Bauernaufstand eine Gefahr für die evangelische Sache erkannte, da holte er aus zu den furchtbarsten Sätzen, in denen er jedes Wort aufs äußerste zuspitzte:

«So erfüllt denn Aufruhr ein Land mit Mord und Blutvergießen und macht Witwen und Waisen und verstöret alles, wie das allergrößest Unglück. Drum soll hier zuschmeißen, würgen und stechen, heimlich und öffentlich, wer immer kann, und soll dabei denken, daß nichts Giftigeres, Schädlicheres und Teuflischeres sein kann, denn ein aufrührerischer Mensch, welchen man totschlagen muß wie einen tollen Hund. Schlägst du nicht zu, so schlägt er dich und dein ganzes Land mit dir . . . Solch wunderliche Zeiten sind heute schon, daß ein Fürst den Himmel leichter mit Blutvergießen verdienen kann, als andere ihn durch Beten verdienen.»

Schopenhauer hat Luthers Leidenschaft nicht besessen, wohl aber seine Grobheit – wenigstens in seinen Schimpfschriften gegen Hegel. In einer Schrift über das Künstlerische in der Sprache Schopenhauers sind die Titel, mit denen Schopenhauer seinen Gegner Hegel bedacht hat, übersichtlich zusammengestellt:

«Erznarr, Afterphilosoph, Hanswurst, Tollhäusler, Alltagsmensch, Bierwirtphysiognomie, ein so durchweg erbärmlicher Patron, Absurditätenlehrer, Philosophaster, Gaukler, Spaßphilosoph, Papier-, Zeit- und Kopfverderber, Ministerkreatur, so ein sublimer, hypertranszendenter, aerobatischer und bodenlos tiefer Philosoph, Unsinnschmierer, hohlster, sinnleerster, gedankenlosester Wortkram, frevelhafter Mißbrauch der

Sprache, Unsinn als bodenloser Tiefsinn erscheinend, Alteweiber- und Rockenphilosophie, von höchst verderblichem, recht eigentlich verdummendem, man könnte sagen pestilenzialischem Einfluß.» Luthers Schimpfgewitter entsprachen dem üblichen Verkehrston der religiösen Polemiker seiner Zeit; vielleicht war seine Grobheit noch etwas größer als üblich, weil bei Luther alles groß war. Dagegen wirkt Schopenhauers Grobheit gegen Hegel gewaltsam, fast gekünstelt.

Gelegentlich verließ übrigens auch den alten Goethe sein Gefühl für Abstand; bei dem Kampf um die Farbenlehre bedenkt er Newton mit Wendungen wie: «bis zum Unglaublichen unverschämt!... barer Unsinn... fratzenhafte Erklärungsart... aber ich sehe wohl, Lügen bedarfs und über die Maßen.»

Reine Streitschriften sind selten geworden. Eine ihrer bedeutendsten ist der «Hessische Landbote» Georg Büchners:

«Friede den Hütten! Krieg den Palästen!

Im Jahr 1834 siehet es aus, als würde die Bibel Lügen gestraft. Es sieht aus, als hätte Gott die Bauern und Handwerker am 5ten Tage, und die Fürsten und Vornehmen am 6ten gemacht, und als hätte der Herr zu diesen gesagt: Herrschet über alles Getier, das auf Erden kriecht, und hätte die Bauern und Bürger zum Gewürm gezählt. Das Leben der Vornehmen ist ein langer Sonntag, sie wohnen in schönen Häusern, sie tragen zierliche Kleider, sie haben feiste Gesichter und reden eine eigne Sprache; das Volk aber liegt vor ihnen wie Dünger auf dem Acker. Der Bauer geht hinter dem Pflug, der Vornehme aber geht hinter ihm und dem Pflug und treibt ihn mit den Ochsen am Pflug, er nimmt das Korn und läßt ihm die Stoppeln. Das Leben des Bauern ist ein langer Werktag; Fremde verzehren seine Äcker vor seinen Augen, sein Leib ist eine Schwiele, sein Schweiß ist das Salz auf dem Tische des Vornehmen... Wer sind denn die, welche diese Ordnung gemacht haben, und die wachen, diese Ordnung zu erhalten? Das ist die Großherzogliche Regierung. Die Regierung wird gebildet von dem Großherzog und seinen obersten Beamten... Ihre Anzahl ist Legion: Staatsräte und Regierungsräte, Landräte und Kreisräte, Geistliche Räte und Schulräte, Finanzräte und Forsträte u. s. w. mit allem ihrem Heer von Sekretären u. s. w. Das Volk ist ihre Herde, sie sind seine Hirten, Melker und Schinder; sie haben die Häute der Bauern an, der Raub der Armen ist in ihrem Hause; die Tränen der Witwen und Waisen sind das Schmalz auf ihren Gesichtern; sie herrschen frei und ermahnen das Volk zur Knechtschaft...»

Polemik zwischen den Zeilen

Weit wirksamer als mancher blanke Schimpfstil ist der verdeckte, bei dem die Schimpfnamen wenigstens nicht geradeswegs herausgepoltert werden, sondern nur allmählich, oft nur zwischen den Zeilen zum Vorschein kommen. Das Meisterwerk dieses Stiles sind die «Juniusbriefe», namenlose politische Streitschriften, in England 1770 erschienen; wahrscheinlich rühren sie von Sir Philip Francis her. Junius warf dem damaligen Erstminister, dem Herzog von Grafton, Treubruch, Raub und Mord vor und fügte hinzu:

«Sie würden ein Kompliment für Ihre Galanterie darin finden, wenn ich zu diesem Verzeichnis die Notzucht hinzufügte, aber der Stil Ihrer Liebschaften sichert Sie vor Widerstand.»

Oder gegen einen anderen politischen Gegner:

«Ich will Sie nicht einen Lügner, Jesuiten oder Schuft nennen, aber mit aller möglichen Höflichkeit werde ich vielleicht beweisen, daß Sie es sind.»

Scharfe Polemik wird durch Witz erträglich. «Man soll an seine Schriften keinen Essig tun, man soll Salz hineinstreuen.» (Montesquieu) Salz finden wir in den Polemiken Lichtenbergs, so in einer Schrift gegen Schleichdrucker, also gegen jene Druckereien, die unberechtigt Bücher nachdrucken:

«Und Ihnen, mein Herr, gebe ich folgende Betrachtung zum Abschied zu beherzigen. Ich kenne zwei Männer, die behaupten, der Schleichdrucker sei ein Dieb; davon ist der eine ein großer Rechtslehrer und der andere ein großer Weltweiser, beide von dem Grad, daß sie Deutschland Ehre machen. Und dann weiß ich auch von zwei Verteidigern der Schleichdruckerei, davon ist der eine zu Leipzig im Zuchthaus gestorben und der andere sind – Sie. Leben Sie wohl.»

Bei einer witzigen Streitschrift spürt der Leser, daß der Verfasser Abstand von Sache und Gegner hat. Beim blanken Schimpfen mißtraut er instinktiv der Sachlichkeit und Sachkenntnis. Je mehr der Schreiber die eigentlichen Angriffe in bloß beiläufige Bemerkungen drängt, desto wirksamer werden sie. So, wenn Lessing die Beweisgründe Klotzens anführt und dann sagt: «Ich kann mir nichts Armseligeres denken – es wäre denn was nun folgt!» Diese Wendung steht fast genauso bei Nietzsche in der Streitschrift gegen Wagner: «Man nehme irgendeinen ‹Knoten› Wagners unter das Mikroskop – man wird dabei zu lachen haben, das verspreche ich. Nichts erheiternder als der Knoten des Tristan, es müßte denn der Knoten der Meistersinger sein.»

Polemik vor den Zeilen

Noch wirksamer ist jede Polemik, wenn der Angriff weder in den Zeilen noch zwischen den Zeilen, sondern vor den Zeilen liegt: die Minderwertigkeit des Gegners wird stillschweigend vorausgesetzt und als selbstverständlich betrachtet. Von allen Schimpfkanonaden Schopenhauers ist keine so eindrucksvoll wie jene, die er plötzlich mit der Wendung abbricht:

«Diese Windbeutel Fichte und Schelling und dieser Charlatan, der Hegel... aber der Leser künftiger Zeiten entschuldige, daß ich ihn von Leuten unterhalte, die er überhaupt nicht kennt.»

Berüchtigt ist der Kunstgriff, den Gegner durch geschickt arrangierte Zitate aus eigenen Werken lächerlich zu machen; so Nietzsche gegen Wagner:

«Tatsächlich hat er sein ganzes Leben einen Satz wiederholt: daß seine Musik nicht nur Musik bedeute! Sondern mehr! Sondern unendlich viel mehr!... ‹Nicht nur Musik› – so redet kein Musiker. Er blieb Rhetor als Musiker – er mußte grundsätzlich deshalb das ‹es bedeutet› in den Vordergrund bringen. ‹Die Musik ist immer nur ein Mittel›: das war seine Theorie, das war vor allem die einzige ihm überhaupt mögliche Praxis. Wagner hatte Literatur nötig, um alle Welt zu überreden, seine Musik ernst zu nehmen, ‹weil sie Unendliches bedeute›; er war zeitlebens der Kommentator der ‹Idee›. Was bedeutet Elsa? Aber keinen Zweifel: Elsa ist ‹der unbewußte Geist des Volks› (‹mit dieser Erkenntnis wurde ich notwendig zum vollkommenen Revolutionär›).»

Echte Polemik

Eine ganz andere Tonart hat jene Polemik, die den Gegner nicht beschimpfen, sondern überzeugen will. In dem Streit zwischen Lessing und dem Hauptpastor Goeze hat Goeze diesen Ton einmal angeschlagen. Lessing hatte die «Fragmente eines Ungenannten» herausgegeben, eine theologische Abhandlung, die an den Evangelien scharfe Kritik übte. Nach längerem Streit, meist in Form von offenen Briefen geführt, schreibt Goeze – und zeigt schon mit dieser stilistischen Leistung, daß er durchaus nicht der Einfaltspinsel war, den Lessing aus ihm gemacht hat –:

«Lieber Herr Hofrat! Erbittern Sie sich nicht, wenn ich bei dieser Gelegenheit ein Wort aus einem ganz anderen Tone, als derjenige bisher gewesen ist, den Sie mir abgedrungen haben, mit Ihnen rede. Gott weiß, daß ich Sie herzlich liebe. Ich verkenne die schönen Talente nicht, die Ihnen die Güte Gottes geschenkt hat, auch nicht die vorzüglichen Einsichten und Kenntnisse, die Sie sich durch rechte Anwendung derselben in manchen Teilen der sogenannten schönen Wissenschaften erworben haben. Ich vergebe es Ihnen von ganzem Herzen, daß Sie alle Ihre Kräfte anwenden, mich vor den Augen der Kirche, der gelehrten Welt und meiner Gemeinde zum unwissenden, dummen Laffen zu erniedrigen. Aber eben diese Liebe, eben diese Achtung bewegt mich, Sie vor dem Angesicht Gottes zu bitten, folgendes in einer stillen Stunde, da Ihre Leidenschaften nicht brausen, in reife Betrachtung zu ziehen. Sie erklären, daß Sie um des Druckes der Fragmente willen vor Ihrer Todesstunde nicht zittern würden. Bedenken Sie um Gottes und Ihres ewigen Heils willen, was Sie hier niedergeschrieben haben. Denken Sie an die Rechenschaft, welche der Herr, dessen Wort Sie so tief unter elende menschliche Schriften herunterzusetzen suchen, an jenem Tage von Ihnen fordern wird. Fragen Sie Ihr Gewissen, ob es eine lebendige Überzeugung habe, daß die Scheingründe, welche Sie zur Rechtfertigung desselben itzt verwenden, auch vor dem einen Wert haben werden, dessen Augen heller sind als Feuerflammen? Stellen Sie sich vor, daß an jenem Tage nicht einer, sondern Hunderte gegen Sie auftreten und sagen werden: Herr! wir sind im Unglauben gestorben, aber wir glaubten entweder schon an dich oder wir würden doch zum Glauben an dich gebracht sein, denn unser Herz war noch nicht völlig verstockt; allein der Mann da ist Ursach, daß wir deinem Geiste hernach beständig widerstrebt haben... Herr! sei ein Richter zwischen uns und ihm.»

Ein ähnliches Beispiel bietet die Auseinandersetzung zwischen Treitschke und Schmoller über den Sozialismus der siebziger Jahre des letzten Jahrhunderts. Treitschkes Streitschrift «Der Sozialismus und seine Gönner» richtete sich gegen die ‹Kathedersozialisten›, das heißt gegen die Professoren der Wirtschaftswissenschaft, die eine Reform des Wirtschaftslebens verlangten. Sie war in Treitschkes reich ausgestattetem Stil gehalten, aber ohne sachlichen Tiefgang:

«Widerspricht nun ein ehrlicher Mann diesen Zukunftsschilderungen, so donnern ihm die Weltbeglücker barsch entgegen: Die träge Welt hat noch jede neue Wahrheit zuerst als Narrheit belächelt!

Nicht jedermann findet auf solche Prahlereien die trockene Antwort, daß die träge Welt nicht bloß neue Wahrheiten, sondern auch alte Narrheiten, die sich für neue Wahrheiten ausgeben, zu belächeln pflege, und daß es dem Propheten obliege, Recht und Sinn seiner frohen Botschaft zu beweisen. Auf das arglose Gemüt des Gelehrten macht die diktatorische Zuversicht der sozialistischen Apostel doch einigen Eindruck.»

Schmoller antwortete in überaus würdigem Tone:

«Ihre Erklärung wird von der Masse ganz anders aufgefaßt, als Sie sie beabsichtigten. Sie liest nichts aus derselben heraus, als daß die Welt, wie sie bestehe, die beste der Welten sei, daß alle die Toren seien, die etwas daran bessern wollen, daß es auf eine Reform unserer Sitten, unserer Geschäftsgewohnheiten, unseres Rechts viel weniger ankomme, als darauf, evtl. den Knüppel in die Hand zu nehmen und jeden auf den Kopf zu schlagen, der das, was da ist, nicht auch recht und vernünftig finde...

Ich will darüber mit Ihnen nicht rechten; nicht mir ja kommt es zu, darüber zu urteilen, ob die Geschichte Ihnen recht geben wird; ich möchte auch deswegen nicht mit Ihnen darüber rechten, weil ich nicht

bitter werden, weil ich Ihnen gegenüber nie das Gefühl freundschaftlicher Hochachtung auch nur einen Moment abstreifen möchte. Aber
dazu gibt mir die Art, wie Sie uns behandeln, ein Recht, Sie daran
zu erinnern, daß wir alle dem Spezialstudium dieser Frage wohl ebenso viele Jahre gewidmet haben als Sie Wochen... Die wiederholte Lektüre Ihrer Essais hat in mir den Eindruck bestätigt: es sitzt hier ein
äußerst begabter Richter zu Gericht, der es unternahm, einen sehr verwickelten großen Prozeß plötzlich zu entscheiden, aber trotz allen Geistes deswegen kein so gerechtes Urteil sprechen kann als mancher Unbegabtere, weil er einen sehr großen Teil der Vorakten nicht Zeit hatte zu
lesen.»

Schlüsselabhandlungen

Es gibt eine stilistische Sonderform der Polemik: die Abhandlung, die
einen ganz anderen Gegenstand meint, als sie behandelt. Bei ihr liegt der
Angriff gleichsam hinter den Zeilen. Man könnte sie entsprechend dem
Schlüsselroman die Schlüsselabhandlung nennen. Swifts «Gulliver»
schildert Liliput, das Reich der Zwerge, aber in den Ministern dieses Reiches zeichnete er die damalige englische Regierung. Voltaires «Mahomet» griff scheinbar den Fanatismus des Islams an, meinte aber die römische Kirche; daß er die Schrift dem Papste widmete, war ein taktischer
Schachzug, der den Reiz erhöhte.

Der berühmteste Fall einer solchen verdeckten Streitschrift ist die Abhandlung von David Friedrich Strauß: «Der Romantiker auf dem
Throne der Cäsaren (Julian der Abtrünnige)». Sie handelt nur von dem
römischen Kaiser Julian Apostata und erzählt sein Leben an Hand von
Quellen mit allen Mitteln wissenschaftlicher Genauigkeit. Aber jedermann wußte, daß die meisten Sätze auf einen ganz anderen Mann
gemünzt waren: auf den damaligen preußischen König Friedrich Wilhelm IV. Die wirkliche Ähnlichkeit zwischen ihm und Julian war gering.
Aber Strauß hob gerade die Seiten Julians hervor, die er mit Friedrich
Wilhelm IV. gemeinsam hatte. Überaus kunstvoll umschifft er die
Klippen der Zensur. Fast jeder seiner Sätze hat einen doppelten Boden.
Langsam und vorsichtig leitet er den Leser auf die Nutzanwendung
seiner Gedanken hin. Er legt zunächst dar, was man unter einem romantischen Dichter, einem romantischen Philosophen und einem romantischen Fürsten verstehen müsse, und lenkt dann zu seinem Gegenstand
über:

«Auf solchen Markscheiden der Weltgeschichte werden Menschen, in
denen Gefühl und Einbildungskraft das klare Denken überwiegt, Seelen
von mehr Wärme als Helle, sich immer rückwärts zum Alten kehren; aus
dem Unglauben und der Prosa, die sie um sich her überhandnehmen se

hen, werden sie nach der gestaltreichen und gemütlichen Welt des alten Glaubens, der urväterlichen Sitte sich sehnen, und diese für sich und womöglich auch außer sich wiederherzustellen suchen.»

Und nun folgt – immer unter dem sorgfältig bewahrten Deckmantel von Schilderungen Julians – eine vernichtende Charakteristik des Preußenkönigs:

«Mit diesem Schulmäßigen in der Bildung Julians hängt auch das zusammen, daß er sich gern reden hört, und jede Gelegenheit benützte, wo eine Rede anzubringen war... Aber gemacht, aus Reminiszenzen zusammengesetzt, vor dem Spiegel geschrieben, sind nicht bloß die Schriften Julians, sondern sein ganzes Wesen leidet an dieser Gesuchtheit und Absichtlichkeit... Schon seine Zeitgenossen fanden in seiner Frömmigkeit, seiner Herablassung etwas Affektiertes. Sein eitles Haschen nach dem Beifall des Publikums hat gleichfalls schon der mehr erwähnte ehrliche Ammian gerügt. Auch die bekannte Wendung fehlte ihm nicht, wenn er bei der Bevölkerung auf unerwarteten Widerstand stieß, daß nur eine schlechte Minorität sich den Namen der Gesamtheit anmaße. Überhaupt zeigt sich der gekrönte Romantiker zwar wohl eigensinnig, aber doch nicht fest. Nicht nur seine Maßregeln gegen das Christentum erlitten im Lauf seiner kurzen Regierung manche Abänderung, sondern auch Richtersprüche, die er den einen Tag gefällt hatte, sollen ihn oft am folgenden Tag schon wieder gereut haben und von ihm kassiert worden sein. Sicher ist, daß er von Natur heftig und äußerst erregbar war und sich in der Hitze leicht übernahm. Daß der Witz dem gekrönten Romantiker nicht fehlen darf, versteht sich von selbst. Selbst in amtlichen Sentenzen und offiziellen Aktenstücken konnte er sich des Witzes nicht immer enthalten.»

Bruderkampf im Schlüsselstil

Noch weit glänzender ist dieser Schlüsselstil in einer Polemik angewandt worden. 1914 schrieb Thomas Mann eine Abhandlung «Friedrich der Große und die große Koalition, ein Abriß für den Tag und die Stunde», in der er die Lage Friedrichs am Beginn des Siebenjährigen Krieges in eine beziehungsvolle Parallele zu der Deutschlands im Jahre 1914 stellte und den Einfall in Belgien mit Friedrichs Einfall in Sachsen entschuldigte:

«Da gab Friedrich Befehl, die sächsische Grenze zu überschreiten. Die sächsische Grenze?! Aber Sachsen war ja neutral! Sachsen spielte ja gar nicht mit!! – Das war ganz einerlei –, Friedrich fiel am 29. August mit sechzigtausend Schnurrbärten in Sachsen ein.

Von dem Lärm, der sich über diesen unerhörten Friedens- und Völkerrechtsbruch in Europa erhob, macht man sich keine Vorstellung. Oder doch, es ist wahr, ja, neuerdings macht man sich wieder eine Vorstellung davon...

Europa schrie auf wie aus einem Halse, es war schrecklich anzuhören. Das Publikum bezahlte ja keine Kujons, die es auf dem laufenden hätten halten können, in seinen Augen geschah der jähe Einmarsch ins Sachsenland sozusagen im tiefsten Frieden und bedeutete eine so schamlose Widerrechtlichkeit, einen Raubanfall so ungeahnt abscheulicher Art, daß niemand sich zu fassen wußte. Ein neutrales Land zu vergewaltigen, ein gutes, schuldloses Land, das sich solcher Roheit nicht im geringsten versah und noch ganz kürzlich seine Heeresmacht auf eine rührendfriedliche Ziffer herabgemindert hatte, auf knappe zweiundzwanzigtausend Mann, damit Brühl sich weitere Perruquen, Kutschen und Riechfläschchen kaufen könne! Es war unleidlich, es zerriß einem das Herz, es konnte und durfte nicht sein, daß dieser schnupfende Satan alles, was Gesittung, Gerechtigkeit, Menschlichkeit hieß, alles, was das Leben veredelte und woran zu glauben dem Redlichen Bedürfnis ist, unter seine Kanonenstiefel trat.»

Diese patriotische Streitschrift rief eine Antwort hervor, die sich in verschlagener Meisterschaft gleichfalls des Schlüsselstils bediente: Thomas Manns Bruder Heinrich veröffentlichte einen Aufsatz über Zola und den Dreyfus-Skandal, in dem er – nur für Eingeweihte erkennbar – jene Arbeit seines Bruders angriff. Hatte Thomas in seinen Aufsätzen geschrieben, «Deutsch ist der kategorische Imperativ jenseits der abgründigsten Skepsis», so wandte sich Heinrich gegen jene «Schwätzer, die sich einbildeten, jenseits aller Erkenntnisse könnten sie die Ruhmredner der ruchlosen Gewalt sein». «Man müßte sie sich ansehen», versicherte er, «ob es nicht auch sonst schon die waren, die das Profitieren verstanden!»

«Waren sie etwa Kämpfer? – Durch Streberei Nationaldichter werden für ein halbes Menschenalter, wenn der Atem so lange aushält; unbedingt aber mitrennen, immer anfeuernd, vor Hochgefühl von Sinnen, verantwortungslos für die heranwachsende Katastrophe und übrigens unwissend über sie, wie der Letzte!... Jetzt macht es nichts aus, daß man in eleganter Herrichtung gegen die Wahrheit und gegen die Gerechtigkeit steht; man steht gegen sie und gehört zu den Gemeinen, Vergänglichen. Man hat gewählt zwischen dem Augenblick und der Geschichte und hat eingestanden, daß man mit allen Gaben doch nur ein unterhaltsamer Schmarotzer war.»

Thomas Mann antwortete in den «Betrachtungen eines Unpolitischen», und seine Antwort ist ein stilistisches Meisterwerk der Polemik. Wort für Wort zitiert er die vorstehenden Sätze Heinrichs, freilich ohne ihn zu nennen: «Anzugeben, welcher Mund das war, lehne ich ab; denn es hat eine melancholische und blamable Bewandtnis damit.» Er führt selbst den bittern Satz an, der sich sichtlich gegen den Jugenderfolg seiner «Buddenbrooks» richtet: «Sache derer, die früh vertrocknen sollen, ist es, schon zu Anfang ihrer zwanzig Jahre bewußt und weltgerecht hinzutreten» und fährt fort:

«Ich gestehe, für einen Dichter der Menschenliebe und gelernten Philanthropen ist das alles, was man erwarten kann. Radikale Polemik darf man das nennen. Es ist ja ein kleiner Guß Schwefelsäure, en passant dem Nächsten ins Angesicht.»

Im Sperrdruck spricht er dann von den «Bruderkriegen» des europäischen Herzlandes, wendet sich gegen das «Durcheinander von zischender Medisance und schönrednerischem Hochsinn» und zitiert:

«Waren sie etwa Kämpfer? O nein, nie war ich ein Kämpfer, nie etwas Ähnliches! Ich stand nicht da, eine Hand auf dem Herzen, die andre in der Luft, und rezitierte den Contrat social.»

Aus Leidenschaft sei er zu jener begeisterten Sympathie für Friedrich gekommen – «und nie werde ich mich ihrer schämen» –, und er fährt fort:

«Wenn es wahr ist – und ich fühle, es ist wahr: daß die Wechselwirkung von historisch-poetischer Vorbereitung und aktuellem Erlebnis meine Seele in den Stand setzte, den Heldenmut des Mannes, ‹durch dessen Taten der erste höhere Lebensgehalt in die deutsche Prosa gekommen›, so intensiv und stark zu begreifen, wie er nie zuvor begriffen worden ist... wenn es so ist, wie stehst du dann vor mir, Mensch, Künstler, Bruder, mit deinem reißenden Geschwätz?... Achtest du die Leidenschaft, das Erlebnis nicht mehr, beschimpfst du sie, falls sie ‹dem Geiste›, das heißt: deiner radikalen Lehrmeinung nicht dienen? Dann bist du verloren! Dann mag deine Prosa noch so hartbunt und schmissig, deine Geste noch so genialisch steil, dein Atem noch so heiß, deine Kantilene noch so schmelzend sein –, dann bist du kein Künstler mehr und auch kein Mensch: dann bist du ein in Bigotterie verknöcherter Doktrinär und Schulmeister.»

Kraftausdrücke

Ludwig XIV. fragte einmal Bossuet, ob ein Christ in die Komödie gehen dürfe. «Es gibt starke Gründe dagegen und große Beispiele dafür», antwortete der gescheite Prälat.

Genauso liegen die Dinge hinsichtlich eines Stilmittels, das wir zum Schluß streifen wollen: der Kraftausdrücke und anstößigen Wörter.

Luther schreibt in der erwähnten Streitschrift gegen Heinrich II. von Braunschweig:

«Wir sind weiland auch der höllischen Hure, des Papstes neuen Kirche, im Hintern gesteckt mit ganzem Ernst, daß uns leid ist so viel Zeit und Mühe, in dem Loche schändlich zugebracht. Aber Gott Lob und Dank, der uns von der roten Lästerhure erlöst hat...

Wollen sie weiter hören, wer sie sind, so mögen sie ihren Heinz weiter lassen von der Sache schreiben, weil sie keinen bessern wissen. Denn er ist ein trefflicher Mann, in der Heiligen Schrift fertig, behend und läufig wie eine Kuh auf dem Nußbaum oder eine Sau auf der Harfe. Sind auch nicht wert, daß sie einen Bessern haben sollten; es ist Vieh und Stall, sprach der Teufel und trieb seiner Mutter eine Fliege in den Hintern.»

Von diesem Buch schrieb Luther später an Melanchthon:

«Ich habe mein Buch wieder gelesen und wundre mich, wie es gekommen ist, daß ich so mäßig war. Ich rechne das dem Befinden meines Kopfes zu: dadurch ist mein Geist gehindert worden, freimütiger und heftiger dreinzufahren.»

Auch bei der Bibelübersetzung hat er kräftige Ausdrücke nicht gemieden, bisweilen verstärkt, so wenn er Phil. 3, 8 das griechische σκύβαλα (das Weggeworfene) übersetzt mit «und ich achte es für Dreck, daß ich Christum gewinne».

Bei Goethe steht eine Fülle von Sätzen, die sich jeder Wiedergabe an dieser Stelle entziehen, und selbst wenn er mildert, geschieht es in diesem Ton, mit dem er den «Götz» an einen Freund sendet:

«Und bring, da hast du meinen Dank,
mich vor die Weiblein ohn Gestank,
mußt all die garstigen Worte lindern,
aus Scheißkerl Schurk, aus Arsch mach Hintern!»

Die Sprachgeschichte lehrt: je lockerer die Sitten, desto verhüllter die Sprache. Beim Ausgang der römischen Republik sind die Kraftworte des älteren Cato verschwunden, aber seine strenge Sittlichkeit mit ihnen.

Auch für alle anstößigen Worte gilt der Satz: sie sind an sich weder gut noch böse. Nicht der Autor soll einen bestimmten Ton anschlagen, sondern jeder Gegenstand und jeder Anlaß hat seinen Ton, und es gibt Themen und Anlässe – freilich nur sehr wenige –, die des derbsten Tones bedürfen. Carl Spitteler – in seinen eigenen Schriften eher zu erhaben als zu derb – hat erklärt:

«Soll eine ganze Nation mit einem Scheuleder von der Wiege zum Grabe pilgern wie ein Mädchenpensionat hinter einer Gouvernante? Jeder kann lesen oder lassen, was er will; aber ein Künstler kann nicht schreiben, was man will, sondern was er muß. Falls daher ein Schriftsteller im Namen der Wahrheit etwas Anstößiges schreibt, so lautet die Frage billiger- und einfacherweise: ist das Anstößige wahr oder nicht; oder, vom Schweinestandpunkt betrachtet: ist die Wahrheit ein Schwein oder nicht? Wenn ja, dann möge man sich über die Wahrheit beklagen, nicht über ihren Berichterstatter. Dies schreibt jemand, welcher persönlich an einer wahren Idiosynkrasie gegen jede Zote leidet.»

Es gibt Gegenstände, die ohne anstößige Worte nicht erörtert werden können, und Anlässe, welche die derbste Grobheit erfordern. Freilich muß jedermann wissen, wann und vor wem er solche Gegenstände behandelt. Und wer zu solchen Gewaltmitteln greift, tut gut, sich zu erinnern, daß das bloße Schimpfen nicht überzeugt, sondern abstößt. Die Beweise müssen vorangegangen sein, ehe die Grobheit beim Leser ein offenes Ohr findet. Wer grob sein will, muß so offenkundig recht haben, daß niemand daran zweifelt, sonst schadet seine Grobheit nur ihm selbst. Kraftausdrücke sind ein Stilmittel, das nur einer guten Sache nützt. Die schlechte Sache wird durch sie nicht verbessert, sondern vollends zugrunde gerichtet.

Titel

> Ein Titel muß sie erst vertraulich machen.
>
> *Goethe*

Aufgaben und Gefahren

Ein Buchtitel hat zwei Aufgaben: er soll angeben, wovon das Buch handelt, und er soll den Leser anlocken. Nach beiden Richtungen hin kann man des Guten zu viel tun.

Im Jahre 1803 wurde ein Buch veröffentlicht: *Was haben Obrigkeiten zu tun, um dem gemeinen Mann das scheinbare Mißtrauen gegen die Obrigkeiten zu benehmen und ihn zu überzeugen, daß die Bestrebungen der letzteren nur die Wohlfahrt der ersteren zum Ziele haben?* Dieser Titel ist ausführlicher als nötig.

Während der Münchener Rätezeit erschien eine Zeitung mit dem Titel: *Jedermann sein eigener Fußball.* Der Herausgeber bekannte in der ersten und einzigen Nummer, der Titel habe nicht das mindeste mit dem Inhalt zu tun. Er habe ihn nur gewählt, um die Menschen neugierig zu machen und zum Kauf zu veranlassen. Solche Titel sind anlockender als zulässig.

Schlägt das Pendel zu weit nach der einen oder anderen Seite aus, so mißglückt der Titel. Daumer nannte sein Buch über Hauser: *Kaspar Hauser, sein Wesen, seine Unschuld, seine Erduldungen und sein Ursprung in neuer gründlicher Erörterung und Nachweisung.* Das ist zu gründlich. *Kaspar Hauser* hätte genügt.

Gefährlicher sind Übertreibungen nach der anderen Seite, die markt-
schreierischen Locktitel. Zschokke taufte eines seiner Machwerke *Kuno
von Kyburg nahm die Silberlocke des Enthaupteten und ward Zerstörer des
heimlichen Vehmgerichts*. Die Hersteller gewisser Unterhaltungsromane
pflegen ihren Verlegern grundsätzlich ein halbes Dutzend lockender Titel
zur Auswahl vorzuschlagen. Am lästigsten werden die Locktitel, wenn
sie geistreich sein wollen, so, wenn jemand einen Aufsatz über Nähnadeln betitelt *Die einäugige Königin der modernen Kultur* oder über Blei-
stifte *Womit Goethe den Faust schrieb*.

Beispiele

Die guten Buchtitel liegen zwischen dem Küchenzettelverfahren und der
Anlockmethode. Sie nennen den Gegenstand des Buches, nicht den
Inhalt. Bei Erzählungen ist es oft schwer, den Gegenstand kurz zu bezeichnen. Deshalb tragen viele Romane kurzerhand den Namen der Hauptperson, oft auch nur eine Angabe ihres Standes (*Die Richterin, Der Find-
ling*). Fast alle Dramen Goethes und Schillers führen Personennamen als
Titel. Goethe nannte auch die *Natürliche Tochter* stets *Eugenie*, und der
schreckliche Titel *Kabale und Liebe* stammt von Iffland; bei Schiller heißt
das Stück *Luise Millerin*. Oft nennt der Titel auch einen Begriff, der den
Inhalt des Romans symbolisch andeutet: *Der Schüdderump* für Raabes To-
desroman, *Am Südhang* für einen Adelsroman von Eduard von Keyserling oder *Wolf unter Wölfen* für einen Inflationsroman Falladas. Manchmal
wird die Symbolik erst aus dem Werk selbst verständlich, wie bei Ibsens
Wildente. Auch Fragetitel sind möglich: *Warum geht dieser Mißklang durch
die Welt?* (Schubin), *Kleiner Mann, was nun?* (Fallada) oder *Nationalökonomie, wozu?* (Eucken)
    Wenn man einen Einzelfall als Anlaß nimmt, um ein allgemeines Pro-
blem zu behandeln, so ergibt sich oft ein Doppeltitel wie *Laokoon oder
Über die Grenzen zwischen Poesie und Malerei; Fontane oder Die Kunst zu
leben*.
    Es gibt einige Bücher mit funkelnden Titeln. Der Opernsänger Slezak
brachte seine Erinnerungen unter dem Titel *Meine sämtlichen Werke* heraus.
Als er nach ein paar Jahren doch noch ein Buch schrieb, nannte er es *Der
Wortbruch*, und nach abermals ein paar Jahren ein drittes *Der Rückfall*. – Im
Jahre 1892 erschien eine Schrift Bambergers gegen die kirchlich geleiteten
Schulen, die sich besonders gegen den Versuch wandte, durch Androhung
von Höllenstrafen die Menschen politisch einzuschüchtern. Sie hatte den
Titel *Der staatserhaltende Beruf der Hölle*. – Auf die Abhandlung Schäffles
Über die Aussichtslosigkeit der Sozialdemokratie antwortete Hermann Bahr
mit seiner Schrift *Über die Einsichtslosigkeit des Herrn Schäffle*.

Manche Bücher verdanken einen Teil ihres Erfolges einem glücklich gegriffenen Titel. Spengler hätte sein Buch nach herkömmlichen Begriffen etwa nennen müssen: *Über den Parallelismus in der Entwicklung der großen Kulturen.* Er griff statt dessen die aufregendste Anwendung dieses Gedankens heraus und nannte es *Der Untergang des Abendlandes.*

Glanzvolle Buchtitel liebte Nietzsche: von der *Geburt der Tragödie aus dem Geist der Musik* über die *Morgenröte* bis zur *Götzendämmerung* und dem *Willen zur Macht.* Kapitelüberschriften sind meist sachlicher als Buchtitel, weil sie keine Lockaufgaben haben. In der Sachprosa sollte man keinesfalls nur sagen *Erstes Kapitel,* sondern gleich auch angeben, wovon es handeln soll.

Nichtssagend und unnötig ist es, Bekanntmachungen in der Zeitung oder auf einem Plakat mit *Bekanntmachung* zu überschreiben. Daß es kein Theaterzettel ist, sieht man ohnehin.

Anfang

Tritt frisch auf,
tu's Maul auf,
hör bald auf!
Luther

Ratschläge

Erster Ratschlag: Falle nicht mit dem Portal ins Palais, sondern beginne zwei Meilen vor dem Anfang. Also:

«Bevor ich zu dem eigentlichen Gegenstand meines heutigen Vortrags komme, gestatten Sie mir kurz darauf hinzuweisen, daß ich natürlich mit Rücksicht auf die Kürze der mir zur Verfügung stehenden Zeit nicht im einzelnen darauf eingehen kann, ob und inwieweit... ich kann vielmehr nur grundsätzlich die Methode herausstellen...»

Solche Anfänge bereiten natürlich dem Leser oder Hörer die allergrößte Freude. Das Methodologische ist ihm immer ungeheuer interessant. Wer sich zum Mittagessen setzt, will ja auch nicht gleich mit dem Essen anfangen, sondern hört gern erst einen Vortrag über die Soziologie der Suppe. Sage den Leuten ausführlich, was du sagen wirst und was du nicht sagen wirst, dann merken sie am Schluß gar nicht, daß du nichts gesagt hast. Wenn du es geschickt anfängst, kannst du die Hälfte deiner Zeit mit Vorbemerkungen anfüllen. Das ist auch viel leichter, als über die Sache zu sprechen.

Zweiter Ratschlag: Wenn du schließlich nicht anders kannst, als vom Thema zu sprechen, dann pack es historisch! Je weiter hinten, desto besser! Wenn du über den Bau von Kaninchenställen reden willst, dann beginne mit den Schwierigkeiten bei der Errichtung der Cheopspyramide und bei der Agrarpolitik Karls des Dicken.

Dritter Ratschlag: Willst du dem Leser ganz seriös kommen, dann versetze ihm gleich als ersten Satz eine recht abstrakte Definition deines Gegenstandes. Die versteht er nicht, und das imponiert ihm immer. Du sollst über Unfallversicherung sprechen, also fängst du an:

«Vom nationalökonomischen Standpunkt aus sind als Sozialversicherung im weitesten Sinne des Wortes zu bezeichnen alle auf Gegenseitigkeit beruhenden wirtschaftlichen Veranstaltungen, welche der Deckung zufälligen schätzbaren Vermögensbedarfs des Arbeiter- und Mittelstandes dienen.»

Vierter Ratschlag: Aber der beste Anfang ist der Weg vom Allgemeinen zum Besonderen. Wenn du deinem Sohn einen Aufsatz über die Rütliszene des «Tell» machen mußt, so beginnst du:

«Unter allen Dichtern unseres Volkes ist keiner so volkstümlich wie Schiller. Von allen Stücken Schillers ist das beliebteste und am meisten gespielte das Drama von dem Freiheitskampf der Schweizer. Keine Szene des Tell aber steht unserem Herzen so nahe wie die Rütliszene.»

Das nennt man Deduktion; es ist eigentlich der vornehmste Anfang. Wenn du das Verfahren gründlich ausbeutest, kommst du erst gegen Schluß deines Aufsatzes an den eigentlichen Gegenstand.

Künstliche Anfänge

Alle künstlichen Anfänge sind schlecht. Historische Einleitungen langweilen den Leser; ein französischer Schriftsteller schildert den Beginn einer Gerichtsrede:

«Avocat: Avant la naissance du monde... (Vor dem Anfang der Welt...)

Juge: Ah, passons au déluge! (Kommen wir zur Sintflut!)»

Definitionen sollen entwickelt, nicht wie ein kalter Wasserstrahl auf den Leser abgeschossen werden. Ebenso lästig sind die Hasenfußanfänge, die erst lange die Methoden auseinandersetzen und sich umständlich entschuldigen, daß der Verfasser diesen Gegenstand zu berühren wage.

Den Deduktionsanfang schließlich lieben nicht nur die Tertianer. Kuno Fischer beginnt seine Abhandlung über den Witz, also über einen Gegenstand, der wirklich eine weniger steife Behandlung verdient hätte:

«Unter den verschiedenen Formen, worin die menschliche Natur sich in ihrer eigensten Art bestätigt, haben mich von jeher die ästhetischen

Vorstellungsweisen besonders angezogen . . . Und hier möchte dem Versuch einer wissenschaftlichen Auflösung gegenüber sich kaum eine so schwierig verhalten als die Erscheinung des Witzes, der ohne Zweifel zu den ästhetischen Vorstellungsarten gehört, aber von so flüchtiger Gestalt ist, daß es schwer hält, ihn zu beobachten.»

Alle diese künstlichen Anfänge, die mit einem möglichst allgemeinen Begriff beginnen, tun so, als ob der Mensch eigentlich immer über die ganze Welt schreiben müßte und als müsse er erst begründen, warum er sich auf diesen einen Gegenstand beschränke. Aber alles Wissenswerte ist etwas Bestimmtes, Besonderes und benötigt keine allgemeinen Betrachtungen und Redensarten als Vorläufer. Obendrein wird der Verfasser durch dies Verfahren gezwungen, seinem Gegenstand eine Bedeutung zuzuschreiben, die er nicht hat, denn er muß ja begründen, warum er aus dem unendlichen Reichtum der Welt gerade dieses Thema erwählt hat.

Beginn der Erzählung

Welche Anfänge falsch sind, haben wir beschrieben. Welcher Anfang ist richtig?

Der Anfang muß die Aufmerksamkeit des Lesers erzwingen. Er darf daher nichts Langweiliges, nichts Entbehrliches enthalten. Aber der Anfang muß auch mit der Natur des Lesers rechnen. Er darf ihm daher mit dem ersten Satz nichts zumuten, was er unvorbereitet nicht aufnehmen kann. Wir müssen auch hier unterscheiden zwischen Erzählung und Sachprosa.

In der Erzählung gibt es eine Fülle von Anfängen, die alle schön und berechtigt sind. Manche Stilbücher lehren freilich, eine Erzählung dürfe nur ganz allmählich anlaufen; es sei unkünstlerisch, im ersten Satz schon einen Menschen zu erwähnen, gar zu beschreiben. Aber es ist nicht wahr, daß der erste Satz nur einen Schatten heraufbeschwören dürfe, der erst allmählich Fleisch und Blut gewinnen müsse. Hunderte der schönsten Erzählungen beweisen das Gegenteil. Die isländischen Sagas beginnen so: «Ein Mann hieß Olvis. Er war im Hofstaat des Königs.» Einer der berühmtesten Romane der Weltliteratur, der «Don Quichote», fängt an: «In einem Dorfe der Mancha, auf dessen Namen ich mich nicht besinnen mag, lebte vor nicht langer Zeit einer von jenen Edelleuten, welche einen Spieß am Lanzenbrett, einen alten Schild, ein mageres Roß und einen flinken Windhund besitzen.»

Ähnlich sachlich und geradezu beginnen viele unserer schönsten Erzählungen:

«Friedrich Mergel, geboren 1738, war der einzige Sohn eines sorgenvollen Halbmeiers oder Grundeigentümers geringerer Klasse im Dorfe B.» (Annette v. Droste-Hülshoff: Die Judenbuche)

«Über Berge, auf denen der Schnee noch nicht geschmolzen war, ging Lux Bernkule, ein junges verwitwetes Weib, mit ihren zwei Kindern, dem zehnjährigen Brun und der kaum dreijährigen Lisutt, nach dem jenseitigen Orte Klus, der ihre Heimat werden sollte.» (Ricarda Huch: Wonnebald Pück)

Ja, der große Erzähler kann es sogar wagen, gleich im ersten Satz ein aufregendes Ereignis zu bringen:

«In M..., einer bedeutenden Stadt im oberen Italien, ließ die verwitwete Marquise von O..., eine Dame von vortrefflichem Ruf und Mutter von mehreren wohlerzogenen Kindern, durch die Zeitungen bekannt machen: daß sie, ohne ihr Wissen, in andre Umstände gekommen sei, daß der Vater zu dem Kinde, das sie gebären würde, sich melden solle; und daß sie, aus Familienrücksichten, entschlossen wäre, ihn zu heiraten.» (Heinrich von Kleist)

Oder:

«An einem schönen Sommerabend, als die Schwalben ungemein hoch flogen und sich mutwillig überschlugen und die Stare sich viel zu erzählen hatten und die Ochsen mit feierabendlicher Behaglichkeit recht breitbeinig einen mit duftendem Klee beladenen Wagen heimwärts zogen, kam der Kommerzienrat Schragl aus seinem schönen Landhaus hervor, um im Garten zu lustwandeln.

Er legte die Hände auf den Rücken und wollte eben seines angenehmen Lebens froh werden, als er plötzlich zu straucheln anfing und tot war.

Der schnell herzuspringende Gärtner sah ihn schon als Leiche und stürzte mit der traurigen Meldung in das Haus.» (Ludwig Thoma)

Oder der Erzähler beginnt mitten in einem Gespräch:

«‹G'nug g'schimpft, Bauer›, sagte der Großknecht Seppl mit unendlichem Gleichmut und machte einen Katzenbuckel, um die Joppe, die ihm über den Rücken herabzurutschen begann, festzuhalten.» (Marie v. Ebner-Eschenbach)

Noch kühner und überraschender Willibald Alexis in «Ruhe ist die erste Bürgerpflicht»:

«‹Und darum eben›, schloß der Geheimrat. In seiner ganzen Würde hatte er sich erhoben und gesprochen. Charlotte hatte ihn nie so gesehen. Der Zorn strömte über die Lippen, bis vor dem Redefluß des Kindermädchens die allezeit fertige Zunge verstummte.»

Auch ohne mitten in einem Gespräch zu beginnen, kann der Erzähler so einsetzen, als wenn er gerade im Erzählen fortfahre:

«Der König hatte das Zimmer der Frau von Maintenon betreten und, luftbedürftig und für die Witterung unempfindlich wie er war, ohne weiteres in seiner souveränen Art ein Fenster geöffnet, durch welches die feuchte Herbstluft so fühlbar eindrang, daß die zarte Frau sich fröstelnd in ihre drei oder vier Röcke schmiegte.» (Conrad Ferdinand Meyer)

Und woher stammt dieser Anfang?

«Das Schauspiel dauerte sehr lange. Die alte Barbara trat einigemal ans Fenster und horchte, ob die Kutschen nicht rasseln wollten. Sie erwartete Marianen, ihre schöne Gebieterin, die heute im Nachspiele, als junger Offizier gekleidet, das Publikum entzückte, mit größerer Ungeduld als sonst, wenn sie ihr nur ein mäßiges Abendessen vorzusetzen hatte.»

Dieser lebhafte, unfeierliche Anfang eröffnet nicht etwa einen modernen Unterhaltungsroman, sondern so beginnen «Wilhelm Meisters Lehrjahre». Eine Humoreske von Dohm fängt sogar mit dem Satze an: «Inzwischen war es später geworden». Und ein großer Hegelianer begann einen Vortrag mit einem monumentalen «Andererseits».

Schon Abraham a Santa Clara begann eine Predigt mit den rätselhaften, aber darum die Aufmerksamkeit fesselnden Worten: «Allerhand Nasen, allerhand Nasen.»

Freilich gibt es auch berühmte Erzähler, die einen ganz behutsamen Anfang lieben und erst auf dem Wege über allgemeine Betrachtungen, Landschaftsbeschreibungen oder persönliche Bemerkungen zu der eigentlichen Geschichte gelangen, so Stifter oder Raabe.

«Ich eröffne dieses Buch recht passend mit einer kleinen Reiseerinnerung und durch dieselbe mit einer Erklärung und Rechtfertigung des Titels, um nicht späterhin, d. h. im Laufe der Erzählung, allzu oft über diesen Titel zu stolpern oder mit Vergleichen, Folgerungen und Nutzanwendungen an demselben hängen zu bleiben.» (Wilhelm Raabe)

Der Verfasser schreibt solche allmählichen Einleitungen mit großem Behagen. Wie schade, daß sie der Leser oft überschlägt und daß er durch sie nur mißtrauisch wird gegen die eigentliche Geschichte. Sie haben nur dann einen künstlerischen Sinn, wenn sie die Stimmung heraufbeschwören, in die uns der Autor verweben will.

Beginn in der Sachprosa

Soviel vom Anfang der Erzählung. Und wie steht es bei der Sachprosa? Darf man es hier wirklich wagen, sofort in die Sache hineinzugehen? Ist es nicht besser, den Leser allmählich zu dem Thema hinzuleiten, sein vielleicht vorhandenes Mißtrauen zu zerstreuen, sein Wohlwollen zu erringen?

Bei einem Vortrag, bei dem sich der Hörer erst sammeln und an das Organ des Redners gewöhnen muß, bei einem Drama, bei dem die ersten Sätze im Rascheln der Zuspätkommenden unterzugehen pflegen, sind inhaltsarme Anfangssätze berechtigt. Anders bei einem Buch! Hier kann der Leser den ersten Satz zweimal lesen, wenn er ihm zu nüchternsachlich erscheint. Eine Ouvertüre ist hier nur erträglich, wenn sie schon ein Teil der Sache selbst ist.

Aber mit der Sache anfangen heißt nicht in der Mitte der Sache anfangen. Seine Hauptthese wird der Autor erst bringen, wenn der Leser aufnahmereif ist. Die ersten Sätze sollen von der Sache handeln, aber sie sollen an Bekanntes anknüpfen und das Problem lebendig machen. In dem Kapitel «Die Kunst zu lehren» haben wir hierüber schon gesprochen. Ein guter Anfang darf den Leser nicht hinhalten, aber er muß das Lebendige des Gegenstands an die Spitze stellen.

Es gibt eine Methode des Anfangs, die diesen Forderungen entspricht; man könnte sie die Beispielmethode nennen. Sie ist das genaue Gegenteil jener Schulmethode, die wir am Anfang des Kapitels besprochen haben. Der Tertianeranfang steigt von Allgemeinheiten zum Thema herab; die Beispielmethode geht von einem lebendigen Beispiel aus, von einem bestimmten Vorfall, von einer kennzeichnenden Anekdote, kurz vom Besonderen und führt von da schnell zum Thema empor. Sie fängt nicht mit allgemeinen Redensarten an, sondern mit einem eindrucksvollen Geschehnis. Ernst Robert Curtius beginnt einen Vortrag über die nationalen Festspiele der Griechen:

«Als Xerxes die Heere des Morgenlandes über den Hellespont geführt und das feste Tor des innern Griechenlands, den Seepaß der Thermopylen, sich durch Verrat geöffnet hatte, konnte er nichts anderes glauben, als daß die Hellenen der südlichen Landschaften in Zittern und Angst des über sie hereinbrechenden Schicksals warteten. Da kamen Überläufer aus Arkadien in das Lager, unstete Leute, die des Lebens Not hintrieb, wo es zu verdienen gab. Man brachte sie vor den König, um sie auszufragen, was die Hellenen machten. ‹Sie feiern das Fest der Olympien›, war die unerwartete Antwort, ‹sie schauen den Wettkämpfen und Wagenspielen zu.› Und als man sie weiter fragte, um welchen Preis jene Kämpfe gehalten würden, erwiderten sie: ‹Um den Kranz vom Ölbaum.› Da sprach einer der persischen Großen ein Wort aus voll edler Weisheit, wenn es ihm auch als Feigheit ausgelegt wurde: ‹Wehe, Mardonius, gegen was für Männer hast du uns geführt, die nicht um Gold und Silber Wettkämpfe halten, sondern um Männertugend!›»

Max Weber setzt an den Anfang seiner Abhandlung «Die protestantische Ethik und der Geist des Kapitalismus» konkrete Angaben über die Vermögensverhältnisse der Protestanten und Katholiken im damaligen Deutschland. Wölfflin beginnt seine «Grundbegriffe der Kunstgeschichte» mit einer Anekdote von Ludwig Richter. Dies Verfahren hat große Vorteile: der Leser wird durch einen bestimmten Vorfall noch weit sicherer und gründlicher gepackt, als wenn man ihn sofort dem Kern des Themas gegenübergestellt hätte. Das Anschauliche, Menschliche der er-

sten Sätze erleichtert ihm, sich in der Sache zurechtzufinden. Besonders
bei abstrakten Themen ist der Leser für solche Hilfe dankbar.

Der Anfang kann auch an den Anlaß des Aufsatzes anknüpfen;
doch verführt dies oft zur Künstelei. Ein sympathisches Beispiel
solcher Anknüpfung enthält ein Vortrag, den Ernst von Bergmann
über «Die geschickte Hand des Chirurgen» im Verein Berliner Kaufleute
hielt:

«Sie haben mir mit der Aufforderung zu einem Vortrag in Ihrer Mitte
so freundlich die Hand entgegenstreckt, daß ich gern einschlage, um so
mehr, als unsere Hände schon deswegen zusammengehören, weil die
Hand unser gemeinsamer Pate ist, denn sie hat Ihnen wie mir den Namen gegeben. Das Wort Handelsstand leitet ebenso von der Hand seinen
Ursprung ab wie die Bezeichnung Chirurg. Das griechische Cheir ist
nämlich das deutsche Wort Hand, und die Chirurgie somit nichts anderes
als ein Tun und Schaffen mit der Hand, ein Handeln wie das Ihrige zum
Besten der Menschheit.»

Quintilian empfiehlt für die Gerichtsrede, den Anfang möglichst an
ein Wort des Gegners anzuknüpfen, weil hierdurch die ganze Rede wie
aus dem Stegreif wirke.

Der einfachste Weg

Aber nicht immer steht uns ein Beispiel, eine Anknüpfung zur Verfügung. Was sollen wir dann tun? Sollen wir dann doch zur deduktiven
oder historischen Vorbemerkung greifen?

Für solche Fälle gilt der Ratschlag: beginnen Sie ohne Vorrede mit der
Sache selbst.

Helmholz fängt eine Abhandlung über die Entstehung des Planeten-
systems mit dem Satze an:

«Ich habe die Absicht, heute vor Ihnen die vielbesprochene Kant-La-
placesche Hypothese über die Bildung der Weltkörper auseinanderzuset-
zen.»

Justi schreibt am Beginn des großen Velasquez-Buches:

«Diego De Silva Velasquez – dieser Name war vor hundert Jahren
diesseits der Pyrenäen noch wenig gehört worden, am wenigsten in
Deutschland. Der Kreis der Maler erster Ordnung schien längst geschlossen, und niemand ahnte, daß fern im Südwesten, in den Schlössern
von Madrid und Buen Retiro, die Rechtstitel eines Künstlers verborgen
lägen, der auf einen Sitz unter jenen oberen Göttern vollen Anspruch
hatte.»

Ja, die großen Künstler der Sachprosa haben sogar oft schon in den
ersten Sätzen die Grundgedanken ihres Werkes niedergelegt, so Fechner
am Beginn des «Büchleins vom Leben nach dem Tode»:

«Der Mensch lebt auf der Erde nicht einmal, sondern dreimal. Seine erste Lebensstufe ist ein steter Schlaf, die zweite eine Abwechslung zwischen Schlafen und Wachen, die dritte ein ewiges Wachen... Der Übergang von der ersten zur zweiten Lebensstufe heißt Geburt, der Übergang von der zweiten zur dritten heißt Tod.»

Es gibt freilich auch einige wenige Fälle, bei denen der Schreiber aus guten Gründen mit allgemeinen Betrachtungen beginnen muß. Nämlich dann, wenn seine eigentliche These den unvorbereiteten Leser abstoßen würde, und wenn er sie deshalb zunächst verborgen halten will, um ihn erst darauf vorzubereiten. In seiner berüchtigten Besprechung von Bürgers Gedichten geht Schiller nicht sofort auf Bürger los; sondern er untersucht erst ausführlich, welches eigentlich die Aufgaben lyrischer Poesie seien. Er stellt fest, daß sie die ganze Weisheit ihrer Zeit in einem Spiegel sammeln und mit idealisierender Kunst aus den Jahrhunderten selbst ein Muster für Jahrhunderte erschaffen müßte. Erst nachdem er dem Leser diese wunderliche Ansicht glaubhaft gemacht hat, beginnt er von Bürgers Gedichten zu reden und kann sie nunmehr – mit diesem Maßstab in der Hand – völlig verdammen.

Vorwort und Einleitung

Zum Kapitel «Anfang» gehören auch die Fragen des Vorworts und der Einleitung. Im Vorwort pflegt der Autor von sich selbst zu reden. Die Einleitung soll den Leser in die Probleme des Buches einführen; sie ist schon der Beginn der sachlichen Darstellung.

Ein großer Teil aller Vorworte sind ein Gemisch aus Angst und Eitelkeit, es gibt für sie ein festes Schema:

«Die Voraussetzungen, auf denen Anlage, Ausführung und allgemeiner Charakter der vorliegenden Forschungen beruht, müssen sich letzten Endes aus dem Ganzen der nachfolgenden Darstellung erklären und durch dieses Ganze rechtfertigen. Aber die Besonderheit unseres Problems liegt in der schwer zu leugnenden Tatsache, daß, wenn auch eine überaus umfangreiche Literatur hierüber existiert, doch die entscheidenden Gesichtspunkte noch nicht Gegenstand einer einheitlichen wissenschaftlichen Darstellung geworden sind, bzw. nur unter irreführenden Gesichtspunkten in Angriff genommen wurden, ja daß die hier klaffende Lücke im eigentlichen Sinne noch nicht einmal bemerkt worden ist. Wenn nun auch eine lückenlose Darstellung dieses Problemkreises in dem begrenzten Rahmen dieser Arbeit selbstverständlich nicht von uns beabsichtigt werden konnte, so glauben wir doch, daß eine wohlwollende, die Schwierigkeiten des Gegenstandes überblickende Kritik wenigstens dem hier zugrunde liegenden Streben eine gewisse Anerkennung nicht wird versagen können.»

Ein Vorwort ist kein Entschuldigungszettel. Ein gutes Buch bedarf seiner nicht, und ein schlechtes wird dadurch nicht besser. Wenn man aus den Vorworten alles Unnötige herausstriche, würden viele ganz verschwinden. Selbst in einem so vortrefflichen Buch wie Gegenbauers «Lehrbuch der Anatomie» schließt das Vorwort mit dem Satze: «Mit diesen Bemerkungen, die schon den früheren Auflagen vorangestellt waren, schließe ich auch das Vorwort dieser ab und möchte bezüglich alles Übrigen auf das Buch selbst verwiesen haben.»

Bei Erzählungen sind Vorworte meist ein Zeichen dafür, daß der Erzähler seiner Geschichte selbst nicht genug zutraut. Keller an Storm: «Ich glaube, daß Sie Ihre Vorreden besser weglassen, Küchenrezepte gehören nicht zu den Gastgerichten der Tafel.»

Im Grunde ist Anfangen nicht schwerer als Schreiben überhaupt. Denn die Schwierigkeit des Anfangs besteht hauptsächlich darin, daß man mit den ersten Sätzen Plan und Tonart weitgehend festlegt. Über sie muß man aber ohnehin im klaren sein, bevor man den Bleistift zur Hand nimmt. Die Schwierigkeit liegt also nicht im eigentlichen Beginn, sondern in der vorher nötigen Entscheidung über diese Fragen.

Das Anfangen selbst ist leichter, als man glaubt. Man muß sich nur von dem Vorurteil frei machen, daß jeder Text eines Vorreiters bedürfe. Wer entschlossen sogleich von der Sache selbst redet, der findet einen guten Anfang von selbst, gerade weil er ihn nicht sucht.

Überleitung

> Gut zugehauene Steine schließen sich ohne Mörtel aneinander.
>
> *Cicero*

Echte und falsche Übergänge

Im «Prolog im Himmel» zu Goethes «Faust» spricht Gott der Herr zunächst mit Mephisto über den Lauf der Welt. Mephisto weiß davon allerhand Amüsantes zu sagen, aber der Herr möchte das Gespräch auf einen anderen Gegenstand überleiten, auf den Doktor Heinrich Faust, der ja der Held der ganzen Dichtung werden soll. Er findet hierfür einen überaus feinen Übergang. Mephisto hat von den Menschen gesprochen, und die Unterhaltung hat sich so entwickelt:

«Der Herr:
      Hast du mir weiter nichts zu sagen?
      Kommst du nur immer anzuklagen?
      Ist auf der Erde ewig dir nichts recht?
Mephistopheles:
      Nein, Herr! ich find' es dort, wie immer, herzlich schlecht.
      Die Menschen dauern mich in ihren Jammertagen,
      Ich mag sogar die armen selbst nicht plagen.
Der Herr:
      Kennst du den Faust?»

Die Feinheit dieses Übergangs besteht darin, daß er gar nicht vorhanden ist. Es wäre sicherlich für den Herrn eine Kleinigkeit gewesen, eine elegante Überleitung von dem Menschenlos im allgemeinen auf das besondere Los des Doktors Heinrich Faust zu finden. Aber Gott verschmäht dies; er fängt kurzerhand an, von dem zu reden, von dem er sprechen will. Anders die Menschen! Der Literaturgeschichtsschreiber Richard M. Meyer will von Wilhelm von Humboldt auf Hölderlin überleiten. Nichts leichter als das: «Aber der gleiche Geist der Aktivität ergreift selbst den weltscheuen, früh gebrochenen Träumer...» Oder von Luise Hensel, der Verfasserin des «Müde bin ich, geh' zur Ruh», auf Arthur Schopenhauer. Der Zusammenhang ist ganz einfach:

«Aber auch sie trieb es aus der Welt, in die müde Stille des Kirchenwinkels, wo sie kniete. Und eine gläubige Andacht ist die letzte Zuflucht auch für den Philosophen dieser Zeit.»

Haben zwei Leute gar nichts gemeinsam, so kann man doch wenigstens bestimmt sagen, daß sie in irgendeiner Eigenschaft verschieden sind:

«Lange nicht so fest wie Kurz in schwäbischer Eigenart wurzelte Levin Schücking in westfälischer.»

Es gibt viele solche Künstler der Überleitung. In einem Buch über Gottfried Keller will der Verfasser von dem Heidelberger auf den Berliner Aufenthalt des Dichters übergehen:

«Hatte Gottfried Keller in Heidelberg unter dem Einfluß Feuerbachs den Gedanken an eine persönliche Fortdauer nach dem Tode für immer verabschiedet, so sollte er in Berlin in harter Leidensschule das Anrecht auf seine dichterische Unsterblichkeit gewinnen.»

Der einfachste Weg

In Wahrheit liegt das Problem der künstlerischen Überleitung einfach: Sehr häufig besteht zwischen den beiden Gegenständen ein sachlicher

Zusammenhang, und zwar einer, auf den man den Leser hinweisen muß. Dann ergeben sich die überleitenden Sätze von selbst. Oder aber ein solcher Zusammenhang ist nicht vorhanden. Dann gibt es nur eine einzige wahrhaft künstlerische Form der Überleitung, nämlich diese:

★

Man setzt ein Zeichen, daß der Abschnitt zu Ende ist. Alle anderen Überleitungen sind in solchen Fällen überflüssiges Gerede oder sogar Schaumschlägerei, wie in den Beispielen aus R. M. Meyer. Es ist ja nicht wahr, daß die künstlerische Einheit einen Übergang dort erfordert, wo keiner da ist. Wenn der Zoologe vom Löwen geredet hat und zum Tiger übergehen will, soll er nicht die Tierseelenkunde bemühen, sondern einen schlichten Strich machen und dann von dem Tiger anfangen. Wo in der Wirklichkeit keine Überleitung besteht, braucht sie der Schreiber nicht zu erquälen. Und wo sie belanglos oder allgemein bekannt ist, braucht er sie nicht zu erwähnen. Der Leser ist dankbar, wenn ihm ein Stern oder auch nur ein Gedankenstrich am Schluß eines Absatzes zeigt, daß er einen Augenblick verschnaufen darf. Der Stern bezeichnet einen stärkeren, der Gedankenstrich am Schluß des Absatzes einen schwächeren Abschnitt. Kleister, der über die Fugen quillt, ist häßlich.

Unnötig und komisch sind abgegriffene Wendungen wie: *Ich möchte dies Kapitel nicht schließen, ohne zu erwähnen* . . . oder *Unsere Darstellung der Mystiker wäre nicht vollständig ohne den Hinweis darauf* . . . Oder gar: «Im Anschluß an die im dritten Abschnitt des ersten Teils besprochenen Einteilungen der Reden ist nunmehr zu der Zusammensetzung der Parteireden überzugehen und zunächst zu dem Eingang oder der Einleitung der Reden.» (Ortloff: Redekunst)

Gewiß muß in der Sachprosa der Leser wissen, wo die Untersuchung in jedem Augenblick steht und wohin sie geht. Aber das kann man angemessener erreichen als mit solch umständlichen Überleitungssätzen. Manchmal ist es auch übersichtlicher, den Gegenstand des neuen Abschnittes als Randtitel (Marginalie) an den Rand der Seite zu setzen.

Abschnitte, die nebengeordnet sind, soll man getrost mit erstens, zweitens, drittens verbinden. Auch das einfache *ferner, sodann, schließlich* genügt, um den Beginn eines neuen Abschnittes zu kennzeichnen. Solch schlichte Stilmittel sind weit angemessener als Wendungen wie: «Auch auf Gneisenaus Familie können wir in dieser Zeit des Waffenstillstandes wieder einen Blick fallen lassen.» (Hans Delbrück). Auch wenn im Juni 1813 kein Waffenstillstand geschlossen worden wäre, hätte Delbrück uns über das Schicksal der Familie Gneisenau berichten können!

Ende

Sei leicht der Anfang oder schwer,
das Ende nur bringt Lob und Ehr.

Anastasius Grün

Das Problem des Endens

Enden ist schwerer als anfangen. Das Ende eines Buches oder eines Aufsatzes soll einen Abschluß bedeuten. Sämtliche Fragen, die in einem Rahmen liegen, sollen beantwortet sein. Aber dies Ziel ist unerreichbar. In der Wirklichkeit hängen alle Probleme miteinander zusammen; es gibt keinen festen Rahmen, mit dem man bestimmte Fragen abgrenzen könnte. Es gibt auch selten Antworten, die wir als endgültige Lösung empfinden, und wenn eine schwierige Liebesgeschichte siegreich bis zur Heirat durchgeführt ist, so fragen wir: Wie wird es ihnen nach der Hochzeit ergehen? So ist jeder Schlußstrich eine Täuschung. Freilich enthält auch jeder Anfang eine gewisse Willkür. Daß man eine deutsche Geschichte mit dem Jahre 1815 beginnen läßt oder den «Ring des Nibelungen» mit dem großen Es der Rheingoldouvertüre: das ist auch Willkür. Aber über diese Willkür reißt uns der Fluß der Darstellung hinweg. Ganz anders beim Ende! Wenn wir das Buch aus der Hand gelegt, bleibt uns Zeit genug, die Unzulänglichkeit alles Endlichen zu empfinden.

Um uns über dies Gefühl hinauszutragen, verlangen wir unwillkürlich von dem Ende mehr als von der übrigen Darstellung. Der Schluß soll inhaltlich eine Steigerung in sich tragen und formal sich in einem gewissen Abstand zu dem übrigen Werk halten. Ein Buch darf nicht enden, wie eine Uhr abläuft, die man vergessen hat aufzuziehen und die nun in irgendeiner Minute zufällig stehenbleibt. Das Ende darf nicht verplätschern, es muß einen deutlichen Schlußpunkt bringen.

Jeder Zauberkünstler und jede Tänzerin hebt sich die beste Darbietung als Schlußnummer auf. Der Zuhörer ermüdet mit der Zeit; man muß ihm daher gegen Ende etwas Besonderes bieten und mit dem Höhepunkt abschließen. Der Dramatiker wägt seine Aktschlüsse, besonders den des letzten Aktes, sorgfältig ab. Richard Strauß beschwert sich bei seinem Textdichter sehr nachdrücklich, wenn er ihm einen Aktschluß gesandt hat, bei dem sich – wie Strauß zu schreiben pflegt – «keine Hand rührt».

Wie kann man nun diesen Schlußanstieg erreichen? In der Sachprosa gibt es zwei oft begangene Wege: Zusammenfassung und Ausblick. Die Zusammenfassung versucht den Inhalt der Abhandlung kurz zusammenzudrängen. Der Ausblick zieht aus dem Ergebnis Folgerungen, oft auch für andere Gebiete. Beide Schlußformen eignen sich nicht für jedes Thema. Die Zusammenfassung wird leicht zur bloßen Wiederholung; wenn nun der erste Aufguß schon inhaltlich dünn war, wird der zweite ungenießbar. Auch passen Zusammenfassungen mehr für Kapitel eines Lehrbuchs als für einen Essay. Und der Ausblick verleitet oft zum Moralisieren oder zu Grenzüberschreitungen in Gebiete hinein, die der Autor nicht beherrscht.

Zitat

Wer diese Klippen vermeiden will, wählt gern einen naheliegenden Ausweg: er setzt an den Schluß ein Zitat, einen Vers oder einen Spruch. Mit dem Zitat erreicht er schlagartig eine andere Tonart und den notwendigen Abstand zu dem übrigen Werk. Selbst ein bescheidenes Zitat gibt noch einen gewissen Schlußstrich. So schließt Ludwig Bamberger, der ein wahrhaft anmutiger Stilist war, eine Weihnachtsplauderei über das Schenken:

«Nun habe ich aber so viel vom Schenken geredet, daß es unangenehm auffallen würde, wollte ich dem Leser selbst nichts schenken. Ich schenke ihm also den Rest dessen, was ich über dieses interessante Thema noch sagen könnte, und bin gewiß, dafür wird er mir dankbar sein. Im übrigen wünsche ich ihm, mit der Inkonsequenz, die eine wahre Lebensweisheit zeigt, daß ihm zum Feste so viel geschenkt werde, und was noch schöner, daß er selber viel schenke. Sollte er aber nach der einen oder anderen Richtung hin nicht mit seinem Schicksal zufrieden sein, so empfehle ich ihm jenes Gedicht, welches schließt:

Braver Mann, er schafft mir zu essen.
Werd' es ihm nie und nimmer vergessen!
Schade, daß ich ihn nicht küssen kann,
denn ich bin selbst dieser brave Mann.»

Goethes «Dichtung und Wahrheit» endet mit den Worten Egmonts, die Goethe bei seiner Abfahrt nach Weimar seiner Wirtin zugerufen haben will:

«Kind, Kind! nicht weiter! Wie von unsichtbaren Geistern gepeitscht, gehen die Sonnenpferde der Zeit mit unsers Schicksals leichtem Wagen durch, und uns bleibt nichts, als mutig gefaßt die Zügel festzuhalten und bald rechts, bald links, vom Steine hier, vom Sturze da, die Räder wegzulenken. Wohin es geht, wer weiß es? Erinnert er sich doch kaum, woher er kam.»

Allgemeine Betrachtungen

Aber Zitate sind nur eine Aushilfe. Die meisten Autoren suchen am Schluß die inhaltliche Steigerung und den formalen Kontrast auf dem einfachsten Wege: sie begeben sich in das weite Reich der Allgemeinheiten. Wenn wirklich der Verfasser auch hier etwas Neues und Wichtiges zu sagen hat – der Fall ist selten – oder wenn Gott ihm gab, wenigstens für alte Allgemeinheiten eine neue Form zu finden, damit gibt die Steigerung ins Allgemeine einen guten Abschluß.

Der Übergang ins Allgemein-Menschliche kann ganz bestimmt gehalten sein, so in den Erzählungen des Dekameron: «Gott schenke uns auch solch ein Liebesglück!» Oder der Verfasser ergreift schnell noch einmal selbst das Wort, um uns sein eigenes Urteil vorzulegen:

«Ein Geschlecht der Menschen vergeht nach dem andern, ein Geschlecht gibt die Waffen des Lebens weiter an das andere; erst wenn der Ruf: ‹Kommet wieder, Menschenkinder!› zum letztenmal erklungen ist, wird mit ihm zum letztenmal *der* Hunger geboren werden, welcher die beiden Knaben aus der Kröppelstraße durch die Welt führt. Gib *deine* Waffen weiter, Hans Unwirrsch.» (Wilhelm Raabe: Hungerpastor)

«Sie schwieg und reichte ihrem alten Eheherrn die Hand, der sie wie das Kleinod seines Lebens in die seine nahm. – Und dafür, indem wir jetzt die Feder fortlegen, halten auch wir die Hand einer jeden wahrhaft guten Frau.» (Theodor Storm)

Eleganter wirkt es, wenn der Verfasser die Schlußsentenz einer seiner Gestalten in den Mund legt, wie das Fontane oft meisterhaft gemacht hat:

«‹Ob wir sie nicht anders in Zucht hätten nehmen müssen. Gerade wir. Denn Niemeyer ist doch eigentlich eine Null, weil er alles in Zweifel läßt. Und dann, Briest, so leid es mir tut... deine beständigen Zweideutigkeiten... und zuletzt, womit ich mich selbst anklage, denn ich will nicht schuldlos ausgehen in dieser Sache, ob sie nicht doch vielleicht zu jung war?›

Rollo, der bei diesen Worten aufwachte, schüttelte den Kopf langsam hin und her, und Briest sagte ruhig: ‹Ach, Luise, laß... das ist ein *zu* weites Feld.›» (Effi Briest)

Oft beschränkt sich der Verfasser auch darauf festzustellen, daß das Buch zu Ende ist; manchmal kurz, wie etwa in den Andersenschen Märchen: «Sieh, das ist die Geschichte», manchmal ausführlicher und verbunden mit allgemeinen Betrachtungen:

«Es ist genug, meine Freunde – es ist zwölf Uhr, der Monatszeiger sprang auf einen neuen Tag und erinnerte uns an den doppelten Schlaf, an den Schlaf der kurzen und an den Schlaf der langen Nacht.» (Jean Paul)

Natürliche Schlüsse

Aber die besten Buchschlüsse verzichten auf alle diese Wege. Sie gewinnen die Würde, die dem Ende zukommt, lediglich dadurch, daß sie den Schlußworten der Erzählung durch einen höheren Blickwinkel und einen abgewogeneren Rhythmus, bisweilen auch durch Bildkraft, Gleichnis oder Humor ein stärkeres Gewicht geben. Das unerreichbare Vorbild ist der «Werther»:

«Um zwölfe mittags starb er. Die Gegenwart des Amtmanns und seine Anstalten tuschten einen Auflauf. Nachts gegen eilfe ließ er ihn an die Stätte begraben, die er sich erwählt hatte. Der Alte folgte der Leiche und die Söhne, Albert vermocht's nicht. Man fürchtete für Lottens Leben. Handwerker trugen ihn. Kein Geistlicher hat ihn begleitet.»

Diese sparsame und kraftvolle Art des Schlußstrichs zeigen auch die Novellen Conrad Ferdinand Meyers:

«Ich kehrte mich ab und ließ meinen Tränen freien Lauf. Dann erhob ich das Haupt und wandte mich zu Gasparde, die mit gefalteten Händen an meiner Seite stand, um sie in das verödete Haus meiner Jugend einzuführen.» (Amulett)

«Viktoria trat zu dem Gatten. Pescara lag unbewaffnet und ungerüstet auf dem goldenen Bette des gesunkenen Thronhimmels. Der starke Wille in seinen Zügen hatte sich gelöst und die Haare waren ihm über die Stirn gefallen. So glich er einem jungen, magern, von der Ernte erschöpften und auf seiner Garbe schlafenden Schnitter.» (Versuchung des Pescara)

Gottfried Kellers «Grüner Heinrich»:

«Ich hatte ihr einst zu ihrem großen Vergnügen das geschriebene Buch meiner Jugend geschenkt. Ihrem Willen gemäß habe ich es aus dem Nachlaß wieder erhalten und den andern Teil dazu gefügt, um noch einmal die alten grünen Pfade der Erinnerung zu wandeln.»

Aufklang

Es gibt noch eine andere Art des Endens: der Schluß schließt nicht wirklich ab, sondern reißt ein neues Tor auf. Das berühmteste Beispiel sind die Dramenschlüsse Schillers. Fast jedes seiner Stücke bringt in der letzten Zeile noch ein neues, unerwartetes Ereignis. Manchmal ist es nur eine Arabeske wie im Wallenstein: «Dem Fürsten Piccolomini». In «Maria Stuart» ist es ein kalter Wasserstrahl, der den bisherigen Sieger herabstürzt:

«Der Lord läßt sich
entschuldigen, er ist zu Schiff nach Frankreich»

Ja, das Ende der meistgespielten Schlußfassung des «Fiesko» – es gibt drei Fassungen – stellt sogar den Sinn des ganzen Stückes in Frage mit dem Wort Verrinas: «Ich geh' zum Andreas.» Ebenso wirkungsvoll auch:

«Ich erinnere mich, einen armen Schelm gesprochen zu haben, als ich herüberkam, der im Taglohn arbeitet und elf lebendige Kinder hat. Man hat tausend Louisdor geboten, wer den großen Räuber lebendig liefert. Dem Manne kann geholfen werden.» (Räuber)

«Jetzt Euer Gefangener!» (Kabale und Liebe)

«Kardinal, ich habe das Meinige getan. Tun Sie das Ihre!» (Don Carlos)

Am häufigsten sind effektvolle Abschlüsse in Reißern, wie sie in Frankreich Sardou, in Deutschland Hermann Sudermann geschrieben haben. Sudermanns «Ehre» endet damit, daß der alte Mühlingk seine Tochter wegen einer unerwünschten Heirat verfluchen will, als er plötzlich hört, daß der reiche Kaffeegraf Trast den Bewerber zum Teilhaber gemacht hat. Er sagt:

«Aber – Herr Graf – warum haben Sie das nicht – –?

Trast (weggehend): Ihren geehrten Segen erbitte schriftlich.»

Und der Vorhang fällt.

Einen starken Akzent bekommt der Schluß auch dann, wenn er die letzten Ereignisse in ganz kurzer Verdichtung bringt. Thoma hat im «Wittiber» geschildert, wie ein verwitweter Bauer sich mit seinem Sohn überwirft, und deutet im letzten Kapitel an, daß die Geliebte des Vaters, die man auf einem Heuboden erhängt findet, von dem Sohne ermordet wurde. Dem folgen drei Sternchen und der kurze Absatz:

«Das Anwesen des Sebastian Glas zum Schormayer in Kollbach ist im Herbst des selbigen Jahres zertrümmert worden, nachdem sein Sohn Lorenz zur schwersten Zuchthausstrafe verurteilt worden war.

Der Vater bewohnt in Dachau ein kleines Haus und ist durch starkes Trinken in seiner Gesundheit sehr zurückgekommen.»

Starke Akzente haben alle Buchschlüsse Nietzsches, zum Beispiel:

«...jene freien Geister, welche in ihrer bald fröhlichen, bald nachdenklichen Weise Wanderer und Philosophen sind. Geboren aus den Geheimnissen der Frühe, sinnen sie darüber nach, wie der Tag zwischen dem zehnten und zwölften Glockenschlage ein so reines, durchleuchtetes, verklärt-heiteres Gesicht haben könne: – sie suchen die *Philosophie des Vormittags.*»

Besonders stolz war Nietzsche darauf, daß er mit der «Morgenröte» das einzige Buch geschrieben habe, das mit einem *Oder* endige:

«Und wohin wollen wir denn? Wollen wir denn *über* das Meer? Wohin reißt uns dieses mächtige Gelüste, das uns mehr gilt als irgend eine Lust?

Warum doch gerade in dieser Richtung, dorthin, wo bisher alle Sonnen der Menschheit *untergegangen* sind? Wird man vielleicht uns einstmals nachsagen, daß auch wir, *nach Westen steuernd, ein Indien zu erreichen hofften* – daß aber unser Los war, an der Unendlichkeit zu scheitern? Oder, meine Brüder? Oder?»

Im ähnlichen Tonfall, wenn auch weniger kokett, schließt Lessings «Erziehung des Menschengeschlechts»:

«Oder weil so zu viel Zeit für mich verlorengehen würde? – Verloren? – Und was habe ich denn zu versäumen? Ist nicht die ganze Ewigkeit mein?»

Anmerkungen

> Wer die lange Reise zur Nachwelt vor hat,
> darf nicht viel Gepäck mit sich schleppen.
> *Schopenhauer*

Soll ein Buch Fußnoten oder andere Anmerkungen haben?

Manche Leute halten jedes belehrende Buch, das nicht mindestens zu einem Viertel aus Anmerkungen besteht, für seichten Schwindel. Andere wiederum glauben, sie hätten das Problem der künstlerischen Darstellung durch Weglassung der Anmerkungen im wesentlichen gelöst. Beide haben unrecht.

Was enthalten die Anmerkungen? Drei sehr verschiedene Dinge, über die wir getrennt sprechen müssen: Exkurse, Polemik und Belege.

Exkurse

Exkursanmerkungen dienen mehr der Eitelkeit oder Bequemlichkeit des Schreibers als der Belehrung des Lesers. Man hat einen guten Einfall, der zwar leider mit der Sache nur lose zusammenhängt, den man aber doch mitteilen möchte: also schnell eine kleine Fußnote. Oder man hat etwas zu erwähnen vergessen, man will nicht den ganzen Text umstilisieren: also preßt man das Vergessene in eine Anmerkung. Der Leser fragt sich dann oft, warum der Autor diese Mitteilung in eine Fußnote verbannt hat.

Oswald Spengler setzt in der Einleitung zum «Untergang des Abendlandes» in eine Anmerkung, was man mit Recht im Haupttext erwartet: die Herkunft seiner eigenen Philosophie:

«Was mich zum ersten Nachdenken über diese *Grundfrage* unsres Welt-
bewußtseins brachte, war die Beobachtung, daß der heutige Historiker,
an den sinnlich greifbaren Ereignissen, dem Gewordenen herumtastend,
die Geschichte, das Geschehen, das *Werden* selbst bereits ergriffen zu haben glaubt, ein Vorurteil aller nur verstandesmäßig Erkennenden, nicht
auch Schauenden[1], das schon die großen Eleaten stutzig gemacht hatte,
als sie behaupteten, daß es, für den Erkennenden nämlich, kein Werden,
nur ein Sein (Gewordensein) gebe. Mit anderen Worten: man sah die Geschichte als Natur, im Objektsinne des Physikers, und behandelte sie danach.

[1] Die Philosophie dieses Buches verdanke ich der Philosophie Goethes, der
heute noch so gut wie unbekannten, und erst in viel geringerem Grade der Philosophie Nietzsches. Die Stellung Goethes in der westeuropäischen Metaphysik
ist noch gar nicht verstanden worden. Man nennt ihn nicht einmal, wenn von
Philosophie die Rede ist. Unglücklicherweise hat er seine Lehre nicht in einem
starren System niedergelegt; deshalb übersehen ihn die Systematiker. Aber er war
Philosoph. Er nimmt Kant gegenüber dieselbe Stellung ein wie Plato gegenüber
Aristoteles, und es ist ebenfalls eine mißliche Sache, Plato in ein System bringen
zu wollen. Plato und Goethe repräsentieren die Philosophie des Werdens, Aristoteles und Kant die des Gewordnen. Hier steht Intuition gegen Analyse. Was verstandesmäßig kaum mitzuteilen ist, findet sich in einzelnen Vermerken und Gedichten Goethes wie den Orphischen Urworten, Strophen wie ‹Wenn im Unendlichen› und ‹Sagt es niemand›, die man als Ausdruck einer ganz bestimmten Metaphysik zu betrachten hat. An folgendem Ausspruch möchte ich nicht ein Wort
geändert wissen: ‹Die Gottheit ist wirksam im Lebendigen, aber nicht im Toten;
sie ist im Werdenden und sich Verwandelnden, aber nicht im Gewordnen und Er-
starrten. Deshalb hat auch die Vernunft in ihrer Tendenz zum Göttlichen es nur
mit dem Werdenden, Lebendigen zu tun, der Verstand mit dem Gewordenen, Er-
starrten, daß er es nutze› (zu Eckermann). Dieser Satz enthält meine ganze Philosophie.»

Exkursanmerkungen sind meist unkünstlerisch, ja störend. Der wesentliche Gedankengang soll im Text lückenlos vorgetragen werden. Ist
im Gedankengang einiges weniger wichtig, so kann man dies ausdrücklich erwähnen, vielleicht auch den Absatz kleiner drucken. Aber die Darstellung soll ein Ganzes bleiben. Anmerkungen verführen den Autor zu
unnötigen Zutaten. Der Leser, der sich ein Buch über ägyptische Wasser-
bauten gekauft hat, will keineswegs bei dieser Gelegenheit den gesamten
Wissensschatz des Professors Emil Schulze kennenlernen, sondern er will
nur das Notwendige über diesen Gegenstand hören. Neun Zehntel aller
ergänzenden Anmerkungen gehören entweder in den Text oder in den
Papierkorb.

Polemische Anmerkungen

Auch die polemischen Anmerkungen sind meist dem Schreiber wichtiger als dem Leser. Daß der verehrte Kollege Hintertupfer bei seiner Rezension in Meyers «Ästhetischen Jahrbüchern» offensichtlich die grundlegenden Ausführungen Tiftelhubers in der «Zeitschrift für frühgermanische Musikgeschichte» übersehen hat, wird zwar Tiftelhuber mit Recht empören, der Leser aber wird diesen Hinweis überschlagen. Polemische Anmerkungen sind nur angebracht, wenn es sich um wichtige Streitfragen handelt oder wenn man die Polemik so witzig gestalten kann, daß sie der Leser um ihrer selbst willen mit Vergnügen liest.

Belege

Am schwersten zu entbehren sind Anmerkungen, welche Belege bringen. Das notwendige Ausmaß ist strittig. Rudolf Ungers Hamann-Buch enthält fünftausend solcher Anmerkungen.

Die meisten Beleg-Anmerkungen enthalten Angaben, in welchem Buch und auf welcher Seite ein bestimmtes Zitat zu finden ist. Solche Angaben sind vor allem nötig in Büchern, die sich nicht an die Allgemeinheit, sondern an die Fachgenossen wenden; sie sind besonders dann nötig, wenn das Zitat ein wichtiges Glied einer Beweiskette bildet. Bei Zitaten, die nur der Veranschaulichung dienen, wirkt die ausführliche Quellenangabe oft fast prahlerisch. Hätte ich in diesem Buch für jedes Zitat den Fundort aufgeführt, so würde der Leser das als pedantische Belästigung empfinden.

Stellung der Anmerkungen

Wo soll man die Anmerkungen hinstellen: an den Schluß der Seite oder an den Schluß des Buches? Soweit jeder Leser die Anmerkungen kennen muß, um den Text ganz zu verstehen, gehören sie als Fußnote an den Schluß der Seite; denn der Leser denkt nicht daran, ständig zwischen Text und Anhang hin- und herzublättern. Aber solche Anmerkungen sind selten: was wirklich unentbehrlich ist, soll in den Text hineingearbeitet werden.

Soweit dagegen die Anmerkungen nur für Leser wichtig sind, die etwas nachprüfen oder ergänzt wissen wollen, setzt man sie besser an den Schluß des Buches. Auf diese Weise verunstalten sie auch nicht das Schriftbild und ermöglichen dem Leser ein glatteres Lesen. Namentlich die Angabe von Fundstellen gehört ans Ende.

Ungeschickt ist der Quellennachweis: *Ernst Schmidt a. a. O.* (am angeführten Orte). Der Leser muß dann zurückblättern, bis er die Stelle findet, wo das Buch Ernst Schmidts zum ersten Male zitiert wurde. Wer einzelne Bücher oft zitieren muß, führt sie am besten am Schluß des Buches in Form einer durchnumerierten Liste auf und kann dann auf diese Nummern verweisen.

Ratschläge und Beispiele

Adolf von Harnack hat einige Ratschläge sehr klar zusammengestellt:

1. Fasse deinen Text so, daß er auch ohne Anmerkungen gelesen werden kann.

2. Vergiß nicht, daß es auch Parenthesen im Text gibt und Exkurse am Schluß des Buches, die Anmerkungen ersetzen können.

3. Sei sparsam mit Anmerkungen und wisse, daß du deinen Lesern Rechenschaft geben mußt über jede unnütze Anmerkung. Betrachte die Anmerkungen nicht als Rumpelkammer, sondern als Schatzhaus.

4. Halte dich nicht für zu vornehm, um Anmerkungen zu machen, und wisse, daß keine Berühmtheit dir die Beweise deiner Behauptungen erspart.

5. Schreibe keine Anmerkung, wenn du etwas in der Hauptdarstellung vergessen hast. Schreibe überhaupt die Anmerkungen nicht nachträglich.

6. Schreibe nichts in die Anmerkungen, was wichtiger ist als der Text.

7. Betrachte die Anmerkungen nicht als Katakomben, in denen du deine Voruntersuchungen beisetzest, sondern entschließe dich zur Feuerbestattung.

8. Mache die Anmerkungen nicht ohne Not zum Kampfplatz; tust du es aber, so schmeichle dir nicht, daß du das letzte Wort hast.

9. Versuche es, die Kunst zu lernen, durch Anmerkungen der Darstellung Obertöne und Akkorde zu geben, aber spiele kein Instrument, das du nicht verstehst.

Anmerkungen als Werkzeug einer bewußten Tonabstufung: diese Kunst ist Sache der Meister. In der Aufklärungszeit waren in Pierre Bayles Wörterbuch die Artikel selbst vom christlichen Standpunkt aus geschrieben, die Anmerkungen enthielten kräftige und ausführliche Einwürfe dagegen. Edward Gibbon macht in seiner «Geschichte des Untergangs Roms» einen scharfen Tonunterschied zwischen dem Text und den Hunderten von Anmerkungen: der Text wird straff und würdevoll gestaltet, in den Anmkerungen gibt er seinen Launen freien Spielraum und erlaubt seinem Witz sich auszutoben. Auch der Schweizer Geschichtsschreiber Johannes Müller ersetzt in den Anmerkungen seinen nachgemachten Tacitusstil durch eine menschliche Ausdrucksweise.

Der größte Künstler auf dem Gebiet der Anmerkungen war König Ludwig I. von Bayern. Er hat die Kunst entwickelt, auch Gedichte mit

zahlreichen Fußnoten zu versehen. Er befürchtete nämlich, seine Untertanen könnten die doch nur poetisch gemeinten Ansichten seiner Gedichte ernst nehmen, und verband deshalb mit Hilfe von Anmerkungen
die Kühnheit des Dichters mit der Vorsicht des Landesvaters:

«*Freudelied*
Was mit ihren flücht'gen Schlingen
uns die Horen freundlich bringen.[1]

. . . .
Teutsches Volk, das einst so fromm und bieder,
nun ergriffen von dem Schwindelgeist,[2] . . .

Gedanken in der Cholerazeit
Eben weil wir sie nicht kennen, so soll nicht den Frohsinn es stören,
was da kommen soll, kommt, freudevoll find' uns der Tod.[3]

An die besten der Frauen
Nur, als hätte ich all' die Gedichte der Liebe empfunden[4],
unverehelicht noch, sehe der Leser sie an.

Sappho
An dem Meere ragt noch immer   Die als Denkmal sich erheben
auf Leukades stillem Strand   ewig wird, der Lieb' geweiht,
in des Mondes bleichem   welcher Sappho hat gegeben
            Schimmer   ihres Ruhms Unsterblichkeit.[5]
geisterhaft die Felsenwand,

[1] Nur von dem der Tugend nicht Zuwiderlaufenden darf die Rede sein; dieses
bemerke ich, um nicht mißverstanden zu werden.
[2] Keineswegs soll dies von allen Teutschen gesagt sein: ja bei weitem die meisten blieben frei von demselben.
[3] Weder der Vernachlässigung der erforderlichen Vorsicht, noch dem Unge-
horsam gegen ärztliche Vorschrift soll hiermit das Wort geredet werden.
[4] Dieses gilt hinsichtlich der früheren sowohl als der späteren.
[5] Das ist aber nicht so zu nehmen, als wenn Selbstmord je gerechtfertigt werden könnte.»

Ratschläge und Hilfsmittel

> Meine ersten Gedanken sind nicht viel anders als
> jedermanns erste Gedanken.
>
> *Lessing*

Stilübungen

Mancher, der all dies geduldig gelesen, wird jetzt am Schluß des Buches fragen: Und was soll ich selbst tun, um zu einem guten Stil zu gelangen? Wie muß ich es anfangen, wenn ich aus den vielen Ratschlägen praktischen Nutzen ziehen will?

Einen guten Stil zu schreiben, dazu gehört zweierlei: Stilgefühl und Stiltechnik. Stilgefühl, damit wir gut und schlecht unterscheiden; Stiltechnik, damit wir imstande sind, das Schlechte zu unterlassen, und das, was wir als gut empfinden, zu verwirklichen.

Das Stilgefühl zu schulen, hat das Buch in allen Kapiteln versucht. Wer seine Beispiele studiert hat, wer sich von seinen Werturteilen überzeugen ließ, der wird in seinem Innern ein Stilgefühl verspüren, das sich nicht leicht zufrieden gibt. Er wird manchen Satz als mißglückt empfinden, über den er früher hinweglas, manchen andern als schön, dessen unscheinbare Anmut ihm bisher entging.

Aber durch bloßes Lesen lernt niemand einen guten Stil schreiben, sowenig wie einer, der durch ein Museum schlendert, das Malen lernt. Wer sein Stilgefühl schulen will, muß sich Rechenschaft ablegen, warum er diesen Satz als verdrießlich, jenen als vortrefflich empfindet. Ja, er muß sogar selbst versuchen, wie er den einen oder anderen unglücklichen Satz in ein gutes Deutsch verwandeln könne. So wie niemand schwimmen lernt, der nicht ins Wasser geht, so lernt niemand schreiben, der nicht den Bleistift zur Hand nimmt und es versucht, sich gut auszudrücken.

Viele wohlmeinende Stilbücher empfehlen ihren Lesern hierfür Fingerübungen der seltsamsten Art. Sie sollten sich Sammelbücher ihrer Einfälle und «Listen eigenmundiger Sprache» anlegen, sie sollen die Dinge beschreiben, die sie sehen, Erlebnisse schildern, die ihnen begegnen, planmäßige Übungen der Phantasie anstellen, ja sogar Erzählungen ausdenken und niederschreiben; dies Schulungssystem sei ein «unfehlbares Mittel, Geist zu bekommen».

Solche Ratschläge sind Anstiftung zur geistigen Falschmünzerei. Es ist nicht anders, als wenn man jemandem, der Klavierspielen lernen will, in der zweiten Stunde raten würde, zu diesem Zweck zu komponieren.

Denn ein anderes ist es, eigene geistige Gebilde zu schaffen; ein anderes, einen gegebenen Inhalt in guter Form auszudrücken. Niemand kann über etwas schreiben, das ihm nicht auf den Nägeln brennt. Man kann niemanden lehren, seine Phantasie zu schulen oder Erzählungen zu erfinden, sowenig wie man ihn lehren kann, Gedichte zu machen. Mit solchen Lehrmethoden zwingen wir ihn, über seine geistigen Verhältnisse zu leben.

Dichterische Prosa ist unlehrbar. Wir können nur den Gelehrten, den Richtern, den Anwälten, den Kaufleuten und all den anderen, die Beruf oder Privatleben zur Niederschrift ihrer Gedanken zwingt, die schlichte Kunst lehren, sich gut auszudrücken. Den Inhalt ihrer Arbeiten tragen ihnen Beruf und Wirklichkeit zu. Wir dürfen ihnen nicht empfehlen, als Fingerübung Inhalte zu empfinden und erfinden, die zum Amt des Dichters gehören. Wir machen sie sonst unfehlbar zu solch komischen Figuren, wie jener Viggi Störteler war, der in Gottfried Kellers «Leuten von Seldwyla» sich zum Schriftsteller ausbildet:

«Weiter gehend stieß er auf eine arme Landdirne, hielt sie an, gab ihr einige Münzen und bat sie, fünf Minuten still zu stehen, worauf er, sie vom Kopf zu Füßen beschauend, niederschrieb: ‹Derbe Gestalt, barfuß, bis über die Knöchel voll Straßenstaub; blaugestreifter Kittel, schwarzes Mieder, Rest von Nationaltracht, Kopf in rotes Tuch gehüllt, weiß gewürfelt› – allein urplötzlich rannte die Dirne davon und warf die Beine auf, als ob ihr der böse Feind im Nacken säße. Viktor, ihr begierig nachsehend, schrieb eifrig: ‹Köstlich! Dämonisch-populäre Gestalt, elementarisches Wesen.› Erst in weiter Entfernung stand sie still und schaute zurück; da sie ihn immer noch schreiben sah, kehrte sie ihm den Rücken zu und klopfte sich mit der flachen Hand mehrere Male hinter die Hüften, worauf sie im Walde verschwand.»

Dichterische Anstrengungen wie die Viggi Störtelers werden bei jedem Verständigen ähnliche Gefühle und Gebärden hervorrufen wie die des armen Landmädchens.

Den Stil üben: das können wir nur, wenn wir gegebene Inhalte gut auszudrücken versuchen. Die beste Fingerübung ist: schlecht geschriebene Texte in einfachem, gutem Deutsch neu auszudrücken. Es schult auch den Stil, wenn wir uns bemühen, einige Seiten aus einer fremden Sprache in ein flüssiges Deutsch zu übersetzen.

Vorspiel

Diese Ratschläge behandelten die Fingerübungen; die folgenden behandeln das wirkliche Schreiben selbst.

Das Schreiben beginnt nicht mit dem Schreiben. Wer den lockenden Bogen weißen Papiers vor sich sieht, soll erst zu schreiben beginnen, wenn das geistige Gebilde in seinem Kopf Gestalt gewonnen hat. Am Schreibtisch haben wir selten Einfälle. Aus dem Federhalter kaut man nur Banalitäten. Die Einfälle haben wir, wenn wir durch einen kühlen Buchenwald schlendern, wenn wir morgens dämmernd den Tag heranwachen, wenn wir träumend im Gras unseres Gartens liegen, wenn wir im Theater unsere Gedanken von den leeren Stellen des Stücks ins Weite schweifen lassen, kurzum: Einfälle haben wir nur, wenn wir sie nicht suchen. Aber diese Gedanken wären schwerlich in unseren Kopf eingefallen, wenn wir nicht vorher manche Stunde fruchtlos über die Probleme gegrübelt hätten. So ergeben sich drei Akte geistiger Arbeit: wir müssen erst unseren Problemkreis denkend durchwandern, wir müssen dann warten, bis die Einfälle wie wahre Kinder Gottes plötzlich vor uns stehen, und zum Schluß erst können wir den Bleistift zur Hand nehmen: «Nie konnte ich etwas schaffen mit der Feder in der Hand, vor einem Tisch und Papier. Auf den Spaziergängen zwischen Feldern und Bäumen, nachts in meinem Bett, während der Schlaf mich flieht, schreibe ich in meinem Gehirn. Man mag ermessen, mit welcher Langsamkeit – und dies vor allem für einen Mann, der keinerlei Wortgedächtnis hat und in seinem Leben sich keine sechs Verse merken konnte.» (Jean-Jacques Rousseau)

Gewiß gibt es Menschen, die zugleich denken und schreiben können, bei denen die geistige Empfängnis und Geburt in die gleiche Stunde fällt. Aber dies Talent ist selten und unerlernbar.

Ob man sich vor Beginn des Schreibens in Stimmung versetzen soll – durch Musik oder Alkohol, durch Kaffee oder Nikotin – ist kein Problem der Stillehre. Aber ein anderes Reizmittel müssen wir besprechen. Cicero hat darauf hingewiesen, daß der Stil frisch gelesener Bücher auf uns so sicher abfärbe, wie die Sonne uns auf einem Spaziergang braun brenne. Demosthenes hat den Thukydides achtmal mit der Hand abgeschrieben, um seinen Stil in sich aufzunehmen. Stendhal pflegte, bevor er schrieb, im Code Napoléon zu lesen. Es ist sicher richtig: wenn wir eine Stunde in «Egmont» oder in Hebels «Schatzkästlein» gelesen haben, werden wir nachher manche banale Wendung, manchen verschnörkelten Ausdruck nicht niederzuschreiben wagen. Die Melodie des Gelesenen tönt in uns nach. Seine Stilschicht hält uns noch im Bann und zwingt uns auf eine höhere Ebene. So ist dieser Kunstgriff, vor dem Schreiben eine Stunde gute Prosa zu lesen, nicht zu verwerfen, solange sich der Schreiber nicht zur Nachäfferei verführen läßt.

Formen der Niederschrift

Wir können auf vier verschiedenen Wegen unsere Gedanken zu Papier bringen: wir können mit der Hand oder mit der Maschine schreiben, wir können stenographieren oder diktieren. Jedes dieser Verfahren hat Vorzüge und Schwächen.

Mit der Hand schreiben ist am einfachsten und bedarf keiner Vorberei-
tungen. Aber die Langsamkeit der Handschrift bremst die Gedanken.
Auch sind handschriftliche Manuskripte wenig übersichtlich und lassen
sich deshalb schlecht durchbessern. Die Schreibmaschine arbeitet schneller und übersichtlicher, aber das Geräusch und das Mechanisierte des
Vorgangs stört und ernüchtert.

Wer stenographiert, beseitigt die zeitliche Reibung zwischen Denken
und Sprechen; ja Stenographie und Diktat können sogar zu schädlicher
Eile verführen. Aber auch bei stenographischen Manuskripten ist die
Feilarbeit mühsam. Diktieren hat den großen Vorzug, daß der Autor seinen Text sogleich hört; das erzieht ihn zu kurzen, klaren Sätzen. Goethe
hat alles diktiert, mochte zuletzt überhaupt nicht mehr fortlaufend
schreiben und hatte keinen eigenen Schreibtisch in seinem Arbeitszim-
mer. Cäsar soll sieben Schreibern zugleich diktiert haben, aber wirklich
jedem einen anderen Text? Napoleon hat seine Schreiber zu Tode gehetzt. Aber für die meisten Menschen ist Diktieren vom Übel: es verführt – sofern man einem Stenographen diktiert – zur Eile. Vor allem
aber können die meisten nur wahrhaft schaffen, wenn sie allein sind.
Schon Quintilian hat mit dieser Begründung vom Diktieren abgeraten.

Vom Entwurf bis zur letzten Fassung

Wenn die erste Niederschrift fertig ist, beginnt die eigentliche Arbeit:
dem Text seine endgültige Gestalt zu geben.

Es soll – namentlich in Deutschland – Leute geben, welche allen Ernstes glauben, es sei möglich, schon bei der ersten Niederschrift die endgültige Fassung zu treffen. Sie irren, und dieser Irrwahn ist eine der Ursachen unseres Prosaelends. Mit diesem Satz bin ich an einer der wichtigsten Stellen dieses Buches. Ich muß deshalb noch einmal eine Schar von
Eideshelfern aufrufen:

«Alles Eigene gefällt, solange es im Entstehen begriffen ist. Deshalb
müssen wir immer wieder mißtrauisch überprüfen, was wir fertiggebracht haben.» (Quintilian)

«Denn daß er alles mit eigener Hand und sehr schön schrieb, zugleich
mit Freiheit und Besonnenheit, daß er das Geschriebene immer vor Augen hatte, sorgfältig prüfte, veränderte, besserte, unverdrossen bildete
und umbildete, ja nicht müde ward, Werke von Umfang wiederholt ab-
zuschreiben, dieses gab seinen Produktionen das Zarte, Zierliche, Faßliche, das Natürlich-Elegante, welches nicht durch Bemühung, sondern
durch heitere genialische Aufmerksamkeit auf ein schon fertiges Werk
hervorgebracht werden kann.» (Goethe über Wieland)

«Es kann eine Stunde kosten, bis ich einer Periode die bestmögliche
Rundung gegeben habe.» (Schiller)

«Was die Einfälle betrifft, so ist es eine eigne Sache mit denselben, und es gehört ein Raffael dazu, jeden Strich stehen lassen zu können, wie er ist. Wie manche Blume, die man in aufgeregter Abendstunde glaubt gepflückt zu haben, ist am Morgen ein dürres Strohwisch! Wie manches schimmernde Goldstück, welches man am Werktage gefunden, verwandelt sich an einem stillen Sonntagmorgen, wo man es wieder besehen will, in eine gelbe Rübenschnitte! Man erwacht in der Nacht und hat einen sublimen Gedanken und freut sich seines Genies, steht auf und schreibt ihn auf bei Mondschein, im Hemde, und erkältet die Füße: und siehe, am Morgen ist es eine lächerliche Trivialität, wo nicht gar ein krasser Unsinn! Da heißt es aufpassen und jeden Pfennig zweimal umkehren, ehe man ihn ausgibt!» (Gottfried Keller)

«Meine Prosa hat mich stets mehr Zeit gekostet als Verse.» (Theodor Storm)

«Drei Viertel meiner ganzen literarischen Tätigkeit ist überhaupt Korrigieren und Feilen gewesen. Und vielleicht ist drei Viertel noch zu wenig gesagt.» (Fontane)

«Was meine eigenen Arbeiten betrifft, so glaube ich, daß ich niemals die letzte Korrektur einer Abhandlung beendet hatte, ohne 24 Stunden später wieder einige Punkte gefunden zu haben, die ich besser oder vollständiger hätte machen können.» (Hermann v. Helmholtz)

Die Stilmeister haben das Feilen nicht nur gepredigt, sie haben auch selbst unermüdlich gefeilt. Thukydides hat – wie ein Zeitgenosse berichtet – während des ganzen Peloponnesischen Krieges an dem Stil seines Buches gearbeitet, bald ein Wort zu einem Satz ausgedehnt, bald einen Satz in ein Wort zusammengezogen, hier ein Substantiv durch ein Verbum, dort ein Verbum durch ein Substantiv ausgedrückt. Platon hat den Anfang der «Republik» in sieben verschiedenen Fassungen geschrieben. Luther hat bei der Bibelübersetzung oft in vier Tagen kaum drei Zeilen fertiggebracht und nach einem Wort vier Wochen gesucht – «und wir haben's dennoch zuweilen nicht gefunden.» Friedrich der Große hat von seinem «Antimacchiavelli» drei Fassungen angefertigt. Bei fast allen großen Schriftstellern sehen die Manuskripte wie Schlachtfelder aus: nicht ein Wort des ursprünglichen Textes haben sie stehenlassen. Einer der unermüdlichen Feiler war Balzac; er hat die Hälfte seiner Honorare dafür ausgegeben, um die Druckbogen noch ändern zu lassen.

Auch Feilen will gelernt sein. Da wir nicht bei *einer* Durchsicht auf alle Fehler achten können, so müssen wir unsere Entwürfe mehrmals durchgehen und jedesmal etwas anderes im Auge behalten, nämlich 1. inhaltliche Fehler, 2. Knappheit, 3. Zuspitzung und Anschaulichkeit des Ausdrucks, 4. Vermeidung unnötiger Haupt- und Beiwörter, 5. Satzbau, 6. Klang.

Oft müssen wir inzwischen das Manuskript mit der Maschine neu schreiben lassen, denn nur ein übersichtliches Gebilde kann man wirksam durchsehen. Wer nicht von einem zähen Willen zum Ändern und Wiederändern, zum Umgießen und Wiederumgießen beseelt ist, der wird nie ein erträgliches Deutsch schreiben. Mit dem ersten Griff eine gültige Fassung auszuprägen, vermag niemand. Nietzsche hat den tiefen Stand unserer Prosa damit begründet, daß der Deutsche nur eine improvisierte Prosa kenne. Aber in Wahrheit sei es schwerer, Prosa zu schreiben als Poesie, so wie für den Bildhauer die Darstellung der nackten Schönheit schwerer sei als die der bekleideten; «an einer Seite Prosa müsse man arbeiten wie an einer Bildsäule». Der mühsame Pfad vom ersten Entwurf bis zur letzten Fassung ist nicht kürzer als der Weg von der Bleistiftskizze des Bildhauers bis zu der vollendeten Brunnenfigur. Wer aber diesen Weg auf sich nimmt, der wird dankbar spüren, daß auch im Reiche der Sprache Gehalt und Gestalt so untrennbar sind wie bei einer steinernen Statue. Nur wenn wir den Meißel des Wortes mit Geduld und ehrlicher Hingabe führen, geben wir dem geistigen Gebilde, das aus unserem Innern emporsteigt, seine gültige Gestalt.

ANHANG

Nachwort der Bearbeiter
Person und Werk von Ludwig Reiners

Ludwig Reiners (1896–1957) hat ein Gesamtwerk hinterlassen, dessen Umfang und thematische Fülle beeindrucken. Wer in einem nur etwas mehr als sechzigjährigen Leben rund zwanzig gewichtige, lesbare und – wie die Auflagenzahlen zeigen – gewiß auch gelesene Bücher geschrieben hat, der dürfte, so möchte man meinen, seine gesamte Zeit und Kraft dieser Beschäftigung gewidmet haben. Doch Ludwig Reiners schrieb «nebenberuflich».

Von Haus aus promovierter Jurist und Staatswissenschaftler, betätigte sich Reiners hauptsächlich als Kaufmann. Sein tägliches Brot verdiente er zunächst als Börsenvertreter einer Großbank, später als Direktionsassistent in der Schwerindustrie, als Holzhändler auf dem Balkan und schließlich als Verkaufsdirektor einer Textilfabrik in München. Daneben begann er schon 1931 eine erfolgreiche Karriere als Autor vorwiegend populärer Sachbücher. Auf beiden Gebieten machte er seinen Weg, so daß es nicht nur ein schönes Wortspiel war, als ein Freund zum sechzigsten Geburtstag mit den Worten gratulierte, Reiners sei der bedeutendste Schriftsteller unter den Textilfabrikanten und der bedeutendste Textilfabrikant unter den Schriftstellern.

Reiners selbst nannte sich einen «Sonntagsschriftsteller», der dem inneren Drang, anderen bei der Bewältigung ihres Lebens behilflich zu sein, auf seine Weise nachkam. Er verfaßte, wie er sagte, «Gebrauchsliteratur», die nicht den Anspruch auf Wissenschaftlichkeit erheben, dafür aber dem praktischen Leben dienen wollte. Heute würden wir eine solche Literatur vermutlich als «Sachliteratur» bezeichnen, wenngleich es zwischen den modernen Sachbüchern und denen Reinersscher Prägung einen wichtigen Unterschied gibt: Während die heutige Sachliteratur oft mit der Autorität eines über- und unpersönlichen Expertenwissens auftritt, läßt Reiners' Gebrauchsliteratur den persönlichen Horizont ihres Autors aufscheinen, der als Mensch erkennbar und damit auch kritisierbar bleibt. Genau das gibt seinen Werken ihre Originalität, macht die Lektüre seiner Schriften, allen Zeitströmungen zum Trotz, auch für nachfolgende Generationen noch lohnend.

Ludwig Reiners fand nicht nur die Zeit, neben der täglichen Bürotätigkeit Bücher zu lesen und selbst zu verfassen, er ließ sich für seine Schriftstellerei auch durch seinen Beruf, in dem Reden, Schreiben und Diktieren eine wichtige Rolle spielten, anregen. Seine praktischen Ratgeber «Fräulein, bitte zum Diktat. Hand- und Wörterbuch der Sekretärin»

(München 1953) oder «Die Kunst der Rede und des Gesprächs» (Bern 1955) dienten dem beruflichen Alltag. Auch die hier vorliegende «Stilkunst» und mehr noch die knapp gefaßte, für das Selbststudium angelegte «Stilfibel» (München 1951, 1979) gehören in diese Reihe. Unmittelbar berufsbezogen, wenngleich eher erklärend als belehrend, sind auch die Bücher «Die wirkliche Wirtschaft» (2 Bände, München 1930–33) und «Die Sache mit der Wirtschaft. Briefe eines Unternehmers an seinen Sohn» (München 1956), mit denen Reiners einem größeren Publikum das Funktionieren der Volkswirtschaft durchsichtig macht.

Der Kaufmann Reiners beschränkte seine Schriftstellerei jedoch nicht auf die Weitergabe beruflicher Erfahrungen. Als Lebenspraktiker kannte er die täglichen Freuden und Leiden und verfaßte Bücher wie «Sorgenfibel oder Über die Kunst, durch Einsicht und Übung seiner Sorgen Meister zu werden» (München 1948, 1988) und «Fibel für Liebende» (Hamburg 1950). Doch damit nicht genug.

Reiners, ein Liebhaber von Geschichte und Literatur, ließ auch aus diesen Neigungen bleibende Werke hervorgehen: Biographien über den Preußenkönig «Friedrich» (München 1952) und den Reichskanzler «Bismarck» (2 Bände, München 1956/57, 1970) sowie Monographien zur englischen und deutschen Geschichte: «Roman der Staatskunst. Leben und Leistung der Lords» (München 1951, 1968) und «In Europa gehen die Lichter aus. Der Untergang des wilhelminischen Reiches» (München 1954, 1961).

Die Literatur beschäftigte Reiners sein Leben lang als Leser, als Sammler und auch als Schreiber. Mag der Band «Wer hat das nur gesagt? Zitatenlexikon» (Bern 1956) auch ein beiläufiges Produkt seiner reichen Lektüre gewesen sein, so legt die Sammlung «Der ewige Brunnen. Ein Hausbuch deutscher Dichtung» (München 1955, 1988) das schönste Zeugnis ab von der Belesenheit und literarischen Kennerschaft des Ludwig Reiners. Noch heute erweist sich diese Anthologie mit einer Gesamtauflage von nahezu einer halben Million Exemplaren als eine unersetzliche Fundgrube.

Was nun das Thema ‹Sprache› angeht, so ist Reiners einer der erfolgreichsten Autoren – nicht nur, was die Auflagenhöhe seiner «Stilfibel» und seiner «Stilkunst» betrifft. Auch inhaltlich waren die meisten Rezensenten des Lobes voll.

Die «Stilkunst» von Ludwig Reiners ist ein Klassiker geworden. Vor einem halben Jahrhundert geschrieben, hat das Werk nichts von seinen Qualitäten und Vorzügen eingebüßt. Viele nach ihm erschienene «Stilkunden» haben sich auf dieses Buch berufen. Es scheint unersetzlich und wird es nach menschlichem Ermessen auch noch lange bleiben.

Gerade deshalb legt der Verlag nun mit dem 129. Tausend der Gesamtauflage eine überarbeitete Fassung des Buches vor. Die Überarbeitung betrifft einige zeitbedingte Eigentümlichkeiten, die, wie Leserzuschriften zeigen, mit der Zeit als störend empfunden wurden: Formulierungen und Beispiele patriotischen und militärischen Inhalts (wenn auch zitiert aus klassischen Werken); gewisse Über- bzw. Unterschätzungen von Leistungen der deutschen Sprache im Vergleich mit anderen Sprachen; eine für die vierziger Jahre verständliche, für heute aber überlange Auseinandersetzung mit der Problematik «Fremdwort und Neuwort» (wobei die für damals erstaunlich ausgewogene These des Autors auch heute noch gültig ist); eine gelegentliche zeitbedingte Einschätzung von zitierten Autoren, die wir heute anders sehen; schließlich die an wenigen Stellen übermäßig lange Kette von Beispielen (Zeugnis der Belesenheit des Autors) sowie einige wenige Zusammenfassungen von an sich kurzen, übersichtlichen Kapiteln. In den meisten Fällen haben sich die Bearbeiter mit Streichungen geholfen, an wenigen Stellen wurden Beispiele durch andere ersetzt. Die Literaturangaben in den Anmerkungen wurden ergänzt und aktualisiert.

Bei Gelegenheit des Neusatzes wurden auch einige formale Eigenheiten des Textbildes geändert: Die Marginalien mit den Stichwörtern wurden als Zwischenüberschriften in den Satzspiegel hineingenommen; die Hervorhebung durch Kursive blieb den Beispielwörtern und -sätzen vorbehalten; Zitate und Titel stehen jetzt durchgehend in Anführungszeichen; bei den zitierten Autoren wurden in der Regel die Vornamen ergänzt.

Zum Schluß noch ein Wort darüber, was der Leser von der «Stilkunst» erwarten kann, was sie leistet und wo ihre Grenzen liegen. Reiners geht, gleich seinen Gewährsleuten Wilhelm von Humboldt und Jacob Grimm, davon aus, daß die Sprache das «bildende Organ des Gedankens» sei und daß sich aus den (formalen) Eigentümlichkeiten einer Sprache auch eine eigentümliche «Weltansicht» ergebe. «Sprache» meint in diesem Sinne also nicht ein bloßes System von Zeichen, die dazu dienen, den gedanklichen Inhalten einen Ausdruck zu geben, um damit bestimmte kommunikative Zwecke zu erfüllen. «Sprache» meint hier vielmehr einen geschichtlich gewachsenen Organismus, den der Mensch vorfindet und dessen «Wesen» er sich aneignen muß. Demnach kann «Stil» für Reiners auch nicht, wie es in neueren, linguistisch untermauerten Stilistiken definiert wird, die «funktional motivierte Wahl einer sprachlichen Ausdrucksvariante» sein, sondern muß die möglichst umfassende Aneignung jenes «Organismus» bedeuten, den die «lebendige Muttersprache» verkörpert. Diese Sichtweise hat selbstverständlich ihre Konsequenzen. In seiner Haltung zur Fremdwortfrage beispielsweise kann für Reiners nicht die Verständlichkeit von Fremdwörtern – und, damit zusammenhängend, auch die von Fachwörtern – im Vordergrund stehen, sondern er muß danach fragen, ob sich Fremdwörter in die Gestalt der Muttersprache einpassen lassen, ohne diese in ihren wesentlichen Teilen zu verändern. Immerhin erkennt Reiners aber schon, daß Fremdwörter eine Sprache durch neue Ausdrucksmöglichkeiten bereichern können, so daß er schließlich zu einem ausgewogenen, noch heute bedenkenswerten Urteil über ihren Nutzen und Nachteil gelangt.

Ludwig Reiners' «Stilkunst» ist – nicht zuletzt wegen des darin ständig aufscheinenden «lebendigen» Sprachbegriffs – kein trockenes Lehrbuch mit festumrissenen, streng wissenschaftlich untermauerten Regeln, das womöglich den «richtigen» Stil zu kennen und zu lehren beansprucht. Es ist vielmehr ein Lesebuch, das durch die Lektüre das Sprach- und Stilgefühl anzusprechen und zu schärfen sucht, ohne dabei in eine subjektive Unverbindlichkeit abzugleiten. Stil läßt sich, das wußte Reiners, nicht lehren, wie Grammatik sich lehren läßt. Doch Stil läßt sich lernen: durch Aufmerksamkeit für die eigene und die Sprache anderer, durch bewußte und ständige Übung, durch das Wahrnehmen guter Vorbilder. Für all das liefert die «Stilkunst» von Ludwig Reiners eine Fülle hilfreicher Anregungen, Ratschläge und Beispiele.

Freiburg i. Br., im Januar 1991

Stephan Meyer
Jürgen Schiewe

Literaturhinweise

Einige Beispiele, namentlich für mißglückte Sätze, sind nachstehenden Büchern entnommen:

Deinhardt, Richard: Ausdruck und Gedanke in deutschen Amtsstuben. Gegen die vertrocknete Tintenweis – für lebensfrische Muttersprache und eigne Wesensgestalt. 4. Auflage Jena 1927.

Eitzen, Wilhelm: Der Irrgarten der Sprachen. Gefährliche Fremdwörter, Mißverständnisse und Entgleisungen. Berlin/Bonn 1927.

Engel, Eduard: Deutsche Stilkunst. Leipzig 1911.

Erdmann, Karl Otto: Besinnliches zum Fremdwörterstreit. 1917 (= Flugschrift des Dürerbundes, Nr. 165).

Forst de Battaglia, Otto: Der Kampf mit dem Drachen. 10 Kapitel von der Gegenwart des deutschen Schrifttums und von der Krise des deutschen Geisteslebens. Berlin 1927.

Fries, Albert: Stilbeobachtungen zu Goethe, Schiller und Hölderlin. Aus dem Nachlaß herausgegeben. Berlin 1927.

Geißler, Ewald: Vom deutschen Stil. Lockrufe und Warnungen. Leipzig 1937.

Jancke, Oskar: ... und bitten wir Sie ... Ernsthafte und heitere Glossen zur deutschen Sprache. München 1936.

Lobedank, Emil: Deutsche ärztliche Stilkunst. Kampfschrift gegen ärztliche Sprachverhunzung. Leipzig 1932.

Müller, Hans: Vom guten Ausdruck. Ein Leitfaden. Bremen 1932.

Müller, Hans: Wie sag ich's deutsch? Eine Beispielsammlung. Bremen 1940 (= Der Bremer Sprachschlüssel. 1).

Münch, Paul Georg: Dieses Deutsch!! Ein Führer zu gutem Stil. Leipzig 1925.

Schneider, Karl: Was ist gutes Deutsch? Ein Führer durch Schwierigkeiten und Zweifelsfälle. München 1930.

Schneider, Wilhelm: Ausdruckswerte der deutschen Sprache. Stilkunde. Leipzig 1931.

Steche, Theodor: Neue Wege zum reinen Deutsch. Breslau 1930.

Storz, Gerhard: Laienbrevier über den Umgang mit der Sprache. Stuttgart 1937.

Strohmeyer, Fritz: Der Stil der französischen Sprache. Berlin 1910.

Süskind, W. E.: Vom A-B-C zum Sprachkunstwerk. Eine deutsche Sprachlehre für Erwachsene. Stuttgart 1940.

Tschirch, Fritz: Deutsche Stil- und Aufsatzlehre. Der Weg vom schlechten Aufsatz zum guten Stil. Potsdam 1936–40.

Whately, Richard: Elements of Rhetoric. Oxford 1830. Deutsche Übersetzung: Grundsätze der Rhetorik. Von G. Hildebrand. Gotha 1884.

Wolf, Heinrich: Federkiel gibt Fersengeld. Heitere Verteidigung der deutschen Sprache gegen das böse Binnenwelsch. Wien 1939.

Zeitschrift des Allgemeinen Deutschen Sprachvereins. 1886–1924.

Zelle, Arnold: Kampf der Papiersprache. Wege zum guten Deutsch. Berlin 1935.

Treffliche Anleitungen zur Schulung des Auges sind:
Brandt, Paul: Sehen und Erkennen. Eine Anleitung zu vergleichender Kunstbetrachtung. Leipzig 1911.
Lichtwark, Alfred: Die Erziehung des Farbensinns. Berlin 1901.
Lichtwark, Alfred: Übungen in der Betrachtung von Kunstwerken. Nach Versuchen mit einer Schulklasse herausgegeben von der Lehrervereinigung zur Pflege der künstlerischen Bildung. Berlin 1914.
Mollbert, Albert: Erziehung des Auges – Erziehung zur Kunst. Ein Wort an Haus und Schule. Berlin 1905.
Pfeilstücker, Suse: Wege zur Bildung des Kunstgeschmacks. Ein Buch für Haus und Schule. Leipzig 1920.

Als Fremdwörterbücher seien empfohlen:
Deutsches Fremdwörterbuch. Begonnen von Hans Schulz, fortgeführt von Otto Basler, weitergeführt im Institut für deutsche Sprache. 7 Bände, Straßburg (Band 1), Berlin (Band 2), Berlin/New York (Bände 3–7) 1913–1988.
Duden. Fremdwörterbuch. 5., neu bearbeitete und erweiterte Auflage. Mannheim/Wien/Zürich 1990 (= Duden. Band 5).
Heyse, Johann Christian August: Allgemeines verdeutschendes und erklärendes Fremdwörterbuch mit Bezeichnung der Aussprache und Betonung der Wörter nebst genauer Angabe ihrer Abstammung und Bildung. Hannover 1922. Nachdruck Hildesheim/New York 1978.

Über sinnverwandte Wörter geben Auskunft:
Dornseiff, Franz: Der deutsche Wortschatz nach Sachgruppen. 7., unveränderte Auflage. Berlin/New York 1970.
Wehrle, Hugo; Eggers, Hans: Deutscher Wortschatz. Ein Wegweiser zum treffenden Ausdruck. 12., völlig neu bearbeitete Auflage. Stuttgart 1961.

Nützliche Helfer sind die folgenden Bildwörterbücher:
Der Sprach-Brockhaus. Deutsches Bildwörterbuch. 8., völlig neubearbeitete und erweiterte Auflage. Wiesbaden 1972.
Duden. Bildwörterbuch der deutschen Sprache. 3., vollständig neu bearbeitete Auflage. Mannheim/Wien/Zürich 1977 (= Duden. Band 3).

Herkunft und Geschichte der Wörter sind verzeichnet in:
Friedrich Kluge: Etymologisches Wörterbuch der deutschen Sprache. 22. Auflage unter Mithilfe von Max Bürgisser und Bernd Gregor völlig neu bearbeitet von Elmar Seebold. Berlin/New York 1989.

Lösung der Aufgaben

Wortwahl S. 59f.

Das Wasser kann fließen, bespülen, bewässern, durchlaufen, sich ergießen, fluten, glucksen, gurgeln, herausquellen, hervorbrechen, laufen, perlen, plätschern, quatschen, quellen, quirlen, rauschen, rieseln, rinnen, schwitzen, sickern, sintern, sprudeln, strömen, tröpfeln, tropfen, überfließen, überlaufen, überschwappen, umfluten, umspülen, wallen, wirbeln, wogen, abfließen, austreten, münden, überfließen, überschwemmen, gießen, schütten, träufeln.

Gefäße, in denen man Flüssigkeiten aufbewahren kann: Becher, Becken, Behälter, Biete, Bocksbeutel, Bottich, Bowle, Brenk, Brunnen, Buddel, Bütte, Eimer, Faß, Fingerhut, Flasche, Gefäß, Glas, Hafen, Humpen, Kanne, Karaffe, Kasserolle, Kelch, Kelle, Kerne, Kessel, Kolben, Krug, Kruke, Kopf, Kumpen, Kumme, Kübel, Kuffe, Lavoir, Maß, Mulde, Molle, Napf, Pfanne, Phiole, Pokal, Pott, Römer, Satte, Schaff, Scheffel, Schale, Scherbe, Schöpfer, Schoppen, Tank, Terrine, Tonne, Trinkhorn, Topf, Trog, Wanne, Zisterne, Zuber, Schüssel, Seidel, Tiegel, Tippel, Vase, Untersatz, Tasse, Teller.

Mißerfolg haben = abblitzen, auffahren, aufsitzen, ausgleiten, sich blamieren, durchfallen, entgleisen, erliegen, ertrinken, fallen, herunterkommen, nachhinken, scheitern, stolpern, straucheln, untergehen, verderben, sich verfahren, verlieren, verunglücken, zerschellen, übel ankommen, zu kurz kommen, sich umsonst bemühen, schlecht wegkommen – abschneiden, mit langer Nase – wie ein begossener Pudel abziehen, es nicht weit bringen, auf keinen grünen Zweig kommen, nichts erreichen, zurückweichen müssen, das Ziel verfehlen, nicht treffen, übers Ziel hinausschießen, ins Blaue schießen, in den Wind reden, leeres Stroh dreschen, sich umsonst – vergeblich abmühen, anstrengen, nichts zustande bringen, sitzenbleiben.

Pleite – Fiasko machen, leer ausgehen, zu nichts kommen, ausgelacht – ausgepfiffen – ausgezischt – überstimmt werden, einen Korb bekommen, schön ausschauen, das Feld räumen müssen, die Rechnung ohne den Wirt machen, eine Nase davontragen, Dummheiten begehen, Mißgriffe machen, Böcke schießen, Fehlfarbe ausspielen, über die eigenen Füße stolpern, zu Fall kommen, zugrunde gehen, unter die Räder – auf die Schokoladeseite kommen, die Zahlungen einstellen, bankrott werden, sich nicht halten können, sich nicht mehr zu retten wissen.

Besiegt – betrogen – unterdrückt werden, zu Schaden kommen, Pech haben, den kürzeren ziehen, zur Beute fallen, sich in die Nesseln setzen, für die Kosten aufkommen – herhalten müssen, ein blaues Auge davontragen, im Nachteil sein, sein Glück versäumen, das Nachsehen haben, den Boden unter den Füßen verlieren, auf eine Sandbank geraten, auf den Hund kommen.

Die Gegensatzbegriffe sind: schmal, weit, fest, spitz, glatt, gewissenlos, wertlos, willkommen, bedächtig, verträglich, zugeben, verweichlichen, schwinden, allmählich, Augenblick, Unregelmäßigkeit (Mißgestalt), Lösung, Fehlbetrag.

Das Trinken von Mensch und Tier: hinunterstürzen, nippen, saufen, saugen, schlappen, schlürfen, trinken, den Durst stillen, bechern, kneipen, kümmeln, picheln, schnapsen, zechen.

Zu den Abbildungen:

Der Kuhstall (Rinderstall): 1. die Kuh (das Rind); 2. die Laufkette; 3. der Futtertisch; 4. die Selbsttränke; 5. der Kuhfladen (Dünger); 6. die Jauchenrinne; 7. der Gang.

Der Pferdestall: 1. das Strohbündel; 2. die Stallaterne; 3. die Mistgabel; 4. das Kumt (Kummet); 5. der Stallbursche; 6. das Pferd im Pferdestand (Einzelstand, in der Box); 7. die Strohschütte (Streu); 8. die Krippe; 9. die Heuraufe (Raufe); 10. der Querbalken (Querbaum); 11. die Kette.

Flächenmuster und Ränder: 1. punktiert (gepunktelt); 2. gestrichelt; 3. strichpunktiert; 4. liniert; 5. schraffiert; 6. gestreift; 7. gewürfelt (kariert); 8. getupft; 9. gesprenkelt (gefleckt); 10. gemasert; 11. getigert; 12. gewässert (geflammt, moiriert); 13. gezackt (gesägt); 14. gezähmt (gezahnt); 15. gekerbt.

S. 69

J. P. Hebel: «Es gibt doch einfältige Leute in der Welt. In dem Städtlein Witlisbach im Kanton Bern war einmal ein Fremder über Nacht, und als er ins Bett gehen wollte und ganz bis aufs Hemd ausgekleidet war, zog er noch ein Paar Pantoffeln aus dem Bündel, legte sie an, band sie mit den Strumpfbändern an den Füßen fest, und legte sich also in das Bett. Da sagte zu ihm ein anderer Wandersmann, der in der nämlichen Kammer über Nacht war: ‹Guter Freund, warum tut Ihr das?› Darauf erwiderte der erste: ‹Wegen der Vorsicht. Denn ich bin einmal im Traum in eine Glasscherbe getreten. So habe ich im Schlaf solche Schmerzen davon empfunden, daß ich um keinen Preis mehr barfuß schlafen möchte.›»

Wortstellung S. 83f.

Der Täter setzte sich bei seiner Verhaftung zur Wehr.
Karl hat lange nicht geschrieben; wir hoffen ...
Die Freunde feierten abends im Goldenen Löwen in aller Stille seinen Geburtstag (erst Zeit, dann Ort, dann Art und Weise).
Jules Farvre sah bei seiner Abreise sehr vergnügt aus.
Er hat sich während der sechs Jahre ...
So erfüllte sich meine Hoffnung nicht, daß ...
Wismar besitzt ein neues städtisches Krankenhaus (städtisches Krankenhaus ist ein einheitlicher Begriff).
Karl erklärte diesen Vorschlag für nicht hinreichend.
Die Frau suchte vergeblich nach dem Mädchen.
Als auf der Fahrt von Gotha nach Eisenach ein harmloser Wanderer sich hinten an den Wagen klammert und zu schreien beginnt, wie ihn der Postillon mit der Peitsche schlägt, erblickt seine überreizte Phantasie in ihm einen fürchterlichen Räuber (die Pole ‹schreit› und ‹sieht› mußten verstärkt werden).

Nach all den furchtbaren Kämpfen, die sich in den letzten Tagen in seinem Haus abgespielt hatten, und nach den Erfahrungen, die er hierüber in den letzten Jahren hatte machen müssen, wollte Fritz weitere Auseinandersetzungen vermeiden und erklärte...

Nur bei Vernunftmenschen sind die Urteile Ursachen oder Gründe ihres Handelns; bei Stimmungsmenschen sind die Urteile Folgen ihres Tuns (oder: der Vernunftmensch handelt auf Grund seines Urteils, der Stimmungsmensch urteilt auf Grund seines Handelns.)

Die Diebe kamen auf Wegen, die vom Haus her nicht sichtbar waren, in den Graben geschlichen.

Nietzsche will den Gedanken angreifen, daß freiwillige Leiden gottgefällig sind.

Zeitwort S. 118f.

Mit Hilfe aller Kräfte, über die man dank des neu in Betrieb genommenen Werkes verfügte, wurde das Material instandgesetzt.

Die Kammer hat die Sache erneut geprüft, bleibt aber bei ihrer Rechtsauffassung.

Daß der Wagen dem Beklagten übereignet wurde, ist anfechtbar.

Es ist verboten, mit dem Wagenführer zu sprechen.

Wir waren sehr überrascht, Karl nicht anzutreffen.

Nur wenige haben sich an dem Wettbewerb beteiligt.

Ich werde durch Inserat mitteilen, wann ich vom Urlaub zurückkehren und meine Praxis wieder aufnehmen werde.

Zur Aufgabe des ersten Schuljahres gehört es, die Schüler allmählich von der Mundart oder Haussprache zur Schriftsprache zu führen, an freies Sprechen zu gewöhnen, ihr Gehör zu schärfen, ihren Besitz an Wort- und Sprachformen zu mehren.

Wird die Zulassung abgelehnt oder der Antragschein versagt, so ist Einspruch zulässig.

Beiwort S. 123f.

blaßrot, blutrot, bordeauxrot, dunkelrot, entzündet, feuerrot, feurig, fuchsrot, gelbrot, hellrot, hochrot, karmin, kirschrot, krebsrot, mattrot, purpurn, puterrot, rosa, rosenrot, rosig, rot, rötlich, rubinfarben, scharlachrot, tiefrot, weinrot, ziegelrot, zinnoberrot.

brüchig, gebrechlich, gläsern, locker, knusprig, krackelig, morsch, mürbe, schiefrig, spaltbar, splitterig, zerbrechlich, geschamig, jungferlich, keusch, prüde, scheinheilig, tugendhaft, tugendsam, tuntig, zierig, zimperlich, zipp, züchtig.

er ist ein Mordskerl, sie hat Augen wie eine Göttin, die Sache kostet mich ein Heidengeld, das ist eine Gemeinheit.

bildschön, wunderschön; saugrob, sacksiedegrob; kuhdumm, mordsdumm, saudumm; gertenschlank, überschlank; pudelnackt, splitternackt.

Papierstil S. 155
Nach der Besprechung mit den Herren X. und Y. bitte ich die Eröffnungsfeier wegen des schlechten Wetters in den Mai zu verlegen. Die Einzelheiten der Durchführung möchte ich bis zum 15. April vorschlagen.

Stilgecken und Stilgaukler S. 166
«Ich nenne Dürers Kunst eine Darstellungskunst und denke dabei als Gegensatz an Grünewald, dessen Kunst in erster Linie Ausdruckskunst war. Dürer ist immer sachlich gestimmt gewesen. Er hat sich nie vergessen, nie zu hinreißender Äußerung erhitzt, der Rausch der Empfindung fehlt völlig. Es müßte eine merkwürdige Auseinandersetzung gegeben haben, wenn er mit dem Meister des Isenheimer Altars sich einmal getroffen hätte, der alle Mittel in den Dienst des Ausdrucks stellte und der sich – darin mit Böcklin verwandt – nie ein Gewissen daraus gemacht hat, das Richtige zugunsten der stärkeren Gefühlswirkung umzubiegen. So bescheiden Dürer von sich dachte und so sehr er überall bereit war, fremdes Verdienst anzuerkennen, so ist doch zu glauben, daß Grünewald ihm ein innerliches Grauen verursacht hätte, gerad weil ihm die Macht dieses ‹gewaltsamen› Künstlers wohl zum Bewußtsein gekommen wäre. Er hätte ein ähnliches Wort brauchen können, wie es einmal der alte Cornelius gegen Feuerbach fallen ließ. ‹Sie haben vollkommen erreicht, was ich zeitlebens zu vermeiden bemüht war.› Nur würde er es ohne den Aplomb von Cornelius gesagt haben.» (Wölfflin)

Stilschlamperei S. 179
Ich wäre kaum gerecht, wenn ich nicht davon überzeugt wäre.
Klingeln ist mir verboten.
Ich möchte meine Tochter nicht einer Blamage aussetzen.

Sprachschnitzer S. 187
Der Athlet brachte die numerierten Zigarettenpakete in die Drogerie, trank im Galopp eine Bouillon, faulenzte und war selig.

Anschauung S.225
Der Bedarf des Verbrauchers ist der Motor der Volkswirtschaft. Er beeinflußt, was und wo erzeugt wird und wie groß die Betriebe sind, er bewirkt, daß ihre Beschäftigung schwankt und für Krisen anfällig ist. Aber an dieser Stelle brauchen wir nicht die Fäden zu verfolgen, mit denen er die Erzeugung regelt. Wir brauchen hier nur zu betonen: der Bedarf des Verbrauchers ist Antrieb und Ziel der Volkswirtschaft.

S. 225
Das Schreibzeug: Auf meinem Arbeitstisch steht ein Schreibzeug: Dem Benutzer zugekehrt, liegt flach eine rechteckige Platte, mit der Längstseite nach vorne. Auf der Oberfläche sind, parallel der Längstseite, drei Mulden eingesenkt; sie dienen dazu, Federhalter und Bleistift aufzunehmen. An die rückwärtige Längstseite der Platte fügt sich eine schmale Wanne an. Ihre Wände erheben sich um Daumendicke über die Höhe der Platte. Rechts und links schließt die Wanne mit halbkreisförmiger Rundung ab; dieses gerundete Endstück ragt über die Länge der

Platte hinaus. In die beiden äußeren Drittel der Wanne können Federn, Radiergummi oder die sonstigen kleinen Schreibbedürfnisse gelegt werden. Das mittlere Drittel der Wanne nimmt der Tintenbehälter ein. Für zweierlei Tinte bestimmt, stehen in der Wanne zwei zylindrische Tönnchen nebeneinander, um Fingerbreite auseinandergerückt. Doch nur die vordere Hälfte ihres Körpers springt gerundet frei in den Raum, so weit, daß sie sogar den Vorrand der Wanne etwas überragt. Die rückwärtige Hälfte ist verschmolzen in einem Block von der Gestalt eines Doppelwürfels, der die beiden Tönnchen wie die Zwillingstürme einer Burg oder eines Stadttors zu einem einzigen Stück zusammenfaßt. Die Tönnchen schließen oben in gleicher Fläche mit dem Doppelwürfel ab. Je eine flache Deckelscheibe mit kegelförmigem Griff bedacht ihre Öffnung.

Kürze S. 242
Unbekümmert, was seine Familie sagen würde . . .
Wir wissen heute: für dieses ganze Problem ist nicht der Augenarzt zuständig, sondern der Sprachforscher. Ja, das Problem ist geeignet, das Wesen der Sprache klarzumachen.
Ein anderes Volk findet vielleicht, die Farbe des Heideröschens und die Farbe eines jungen Birkenblättchens hätten ein gemeinsames Merkmal, nämlich die Helligkeit; dies Volk würde aus rosa und hellgrün den Begriff hellfarbig bilden.
Wer sich einfach kleidet, braucht nicht in Sack und Asche zu gehen. Wer einfach schreiben will, braucht nicht auf die Kunstmittel unserer Sprache zu verzichten. Alle Mittel der mündlichen Rede sind seiner Prosa geläufig.

S. 248f.
«Indem der Mensch die Sonderung der Kasten zerstört, tauscht er das Glück gegen die Chance ein.» (Ernst Jünger)
«Der Ausgang gibt den Taten ihre Titel.» (Goethe)

Klarheit S. 274f.
Der Arianismus erlosch in sich selbst. Er hatte versucht, das Christentum mit rationalistischer Dialektik zu versetzen. Dieser Versuch – der erste dieser Art – war naturgemäß vergeblich. Er unterlag der nicäischen Lehre: Vater und Sohn sind unterschieden und doch wesensgleich (Homousie); in dem Begriff der Dreipersönlichkeit und Dreieinigkeit Gottes fand diese Lehre später ihre endgültige Form. Sie siegte, weil sie das Unbegreifliche unbegreiflich sein läßt und das wunderbare Geheimnis der Person Christi zugleich zeigt und keusch verhüllt.

Die Kommission bestand aus elf Juristen; sie trat 1874 in Berlin zusammen. Erst 1888 veröffentlichte sie ihren Entwurf. Er erregte infolge seiner unvolkstümlichen Form und seines romanistischen Inhalts überall Enttäuschung.

S. 275f.
Bis zum Tode Karls II. waren Neapel und Sizilien spanisch. Der Friede von Utrecht gab Neapel an Österreich, Sizilien an Piemont-Savoyen. Aber Spanien versuchte, diese Länder zurückzugewinnen. Zunächst ohne Erfolg: in dem Hin und Her der nächsten Jahre schlugen die Unterzeichner des Utrechter Friedens sogar

auch Sizilien zu Österreich, dafür mußte Wien auf Sardinien verzichten. Aber als der Polnische Erbfolgekrieg Österreich und Frankreich entzweite, wurde über beide Länder von neuem entschieden: im Frieden zu Wien kamen Neapel und Sizilien als Sekundogenitur in den Besitz eines spanischen Bourbonen.

Klang S. 291

an dem Tage des Gerichtes, an dem Tage des Gerichts, am Tage des Gerichtes, am Tage des Gerichts, an dem Tag des Gerichtes, an dem Tag des Gerichts, am Tag des Gerichtes, am Tag des Gerichts.

Eigenart S. 319–321

1. Canetti, 2. Binding, 3. Wiechert, 4. Th. Mann, 5. Tucholsky, 6. Jahnn, 7. Wiechert, 8. Th. Mann, 9. Tucholsky, 10. Canetti, 11. Binding, 12. Jahnn.

Fremdwörterei S. 388

gerade, förmlich, gleich, unvermittelt, ohne weiteres, aus erster Hand, persönlich, sofort, schlankweg, ohne Umschweife, unumwunden, unverblümt, auf den Kopf zu, durchgehend, ohne Umsteigen, einfach.

S. 389 f.

1. ... vollends festigen.
2. ... unsrer Briefliteratur.
3. Die Arbeitsteilung drückt den Arbeiter auf eine entwürdigende Tätigkeit herab. Diese entwürdigende Tätigkeit läßt seine Seele verkümmern.
4. ... ist das Auftreten der Singalesen verlängert worden.
5. ‹Reformation› als geschichtlicher Begriff ist unentbehrlich.
6. Hier muß sehr viel verbessert (oder erneuert) werden.
7. ... aber ich mache mir kein Gesetz (keine Weltanschauung) daraus.
8. Ob sich diese kleine Begebenheit wirklich zugetragen hat, kann man nicht nachprüfen.
9. Hier ist ‹Episode› unentbehrlich.
10. Unsere Sprache besitzt die Kraft, alle Dinge, von den alltäglichsten bis zu den erhabensten, unzweideutig wiederzugeben.
11. Einzelheiten ... Grundrichtung.
12. ... die stärkste Triebfeder.
13. Das alte Gefüge ...
14. ‹Interview› ist ohne Neuwort nicht entbehrlich.
15. ... war leider nicht gut bei Stimme (freilich ist ‹indisponiert› ein höflicheres Glimpfwort).
16. Die Kleinkunstbühne (heute in etwas anderer Bedeutung gebräuchlich) bringt einige neue Zugstücke (Glanznummern).
17. Jede Verdeutschung (‹der Reiz dieser Familie›) schwächt den spöttischen Beiklang ab, den das Fremdwort hier hat.
18. ... sein Fall ... bezeichnend für ihn.
19. Eine Spur heller ...
20. Ich muß erst einen Überblick über die ganze Sache gewinnen. – Seine Welt-

anschauung lehnt sich an Haeckel an. – ... sehr bewandert, gut beschlagen, unterrichtet, zu Hause.

21. Er hat mit Hochdruck (lebhaft, emsig, anhaltend, angespannt) gearbeitet.
22. ‹Routiniert› ist oft nicht zu entbehren, solange wir dafür kein Neuwort bilden. Den Ersatzwörtern (geübt, bewandert, erfahren) fehlt der Beigeschmack des Kalten, Seelenlosen, den ‹routiniert› hat.
23. Die verwickelte Frage eines möglichst billigen Umbaus ... In der zweiten Wendung ist ‹Problem› unentbehrlich.
24. Die dümmsten Bauern haben die dicksten Kartoffeln.

Personenverzeichnis

Die *kursiv* gestellten Seitenzahlen verweisen auf Hauptstellen

Sachverzeichnis

Die *kursiv* gestellten Seitenzahlen verweisen auf die entsprechenden Kapitel.

Dialektbücher und Lexika

Horst Beyer
Annelies Beyer (Hrsg.)
Sprichwörterlexikon
Sprichwörter und sprichwörtliche Ausdrücke
aus deutschen Sammlungen vom 16. Jahrhundert
bis zur Gegenwart
Mit 204 Holzschnitten aus dem 15. und 16. Jahrhundert.
34. Tsd. 1987. 712 Seiten. Leinen

Gunter Bergmann
Kleines sächsisches Wörterbuch
Ausgewählt und zusammengestellt aus dem Material der
Sächsischen Akademie der Wissenschaften zu Leipzig
von Gunter Bergmann.
1987. 235 Seiten. Gebunden

Nabil Osman (Hrsg.)
Kleines Lexikon untergegangener Wörter
Wortuntergang seit dem Ende des 18. Jahrhunderts
Mit einer Vorbemerkung von Werner Ross.
5. Auflage. 1988. 263 Seiten. Pappband.

Eberhard Wagner
Das fränkische Dialektbuch
Mit einem Beitrag von Reinhard Rascher.
1987. 264 Seiten, 6 Abbildungen, 5 Karten. Gebunden

Ludwig Zehetner
Das bairische Dialektbuch
Unter Mitarbeiter von Ludwig M. Eichinger,
Reinhard Rascher, Anthony Rowley und Christopher J. Wickham.
1985. 302 Seiten, 11 Abbildungen, 5 Karten. Pappband

Hans Friebertshäuser
Das hessische Dialektbuch
1987. 242 Seiten, 2 Abbildungen, 15 Karten. Gebunden

Hans Friebertshäuser
Kleines hessisches Wörterbuch
1990. 227 Seiten. Gebunden.

Verlag C. H. Beck München

Arbeitsbücher zur Literaturgeschichte

Herausgegeben von Wilfried Barner und Gunter E. Grimm
unter Mitwirkung von Hans-Werner Ludwig (Anglistik)
und Siegfried Jüttner (Romanistik)

Volksstück
Vom Hanswurstspiel zum sozialen Drama
Von Hugo Aust, Peter Haida und Jürgen Hein.
Herausgegeben von Jürgen Hein.
1989. 370 Seiten.
Broschiert

Der deutsche Bildungsroman
Gattungsgeschichte vom 18. bis zum 20. Jahrhundert
Von Jürgen Jacobs und Markus Krause.
1989. 246 Seiten.
Broschiert

Hartmann von Aue
Von Christoph Cormeau und Wilhelm Störmer.
1985. 256 Seiten mit 4 Abbildungen.
Broschiert

E. T. A. Hoffmann
Von Brigitte Feldges und Ulrich Stadler
Mit je einem Beitrag von
Ernst Lichtenhahn und Wolfgang Nehring
1986. 315 Seiten.
Broschiert

Lessing
Von Wilfried Barner, Gunter E. Grimm,
Helmuth Kiesel, Martin Kramer unter Mitwirkung
von Volker Badstübner und Rolf Keller.
5., neubearbeitete Auflage. 1987. 478 Seiten.
Broschiert

Thomas Mann
Von Hermann Kurzke
2., überarbeitete Auflage. 1991. 348 Seiten.
Broschiert

Verlag C. H. Beck München

A